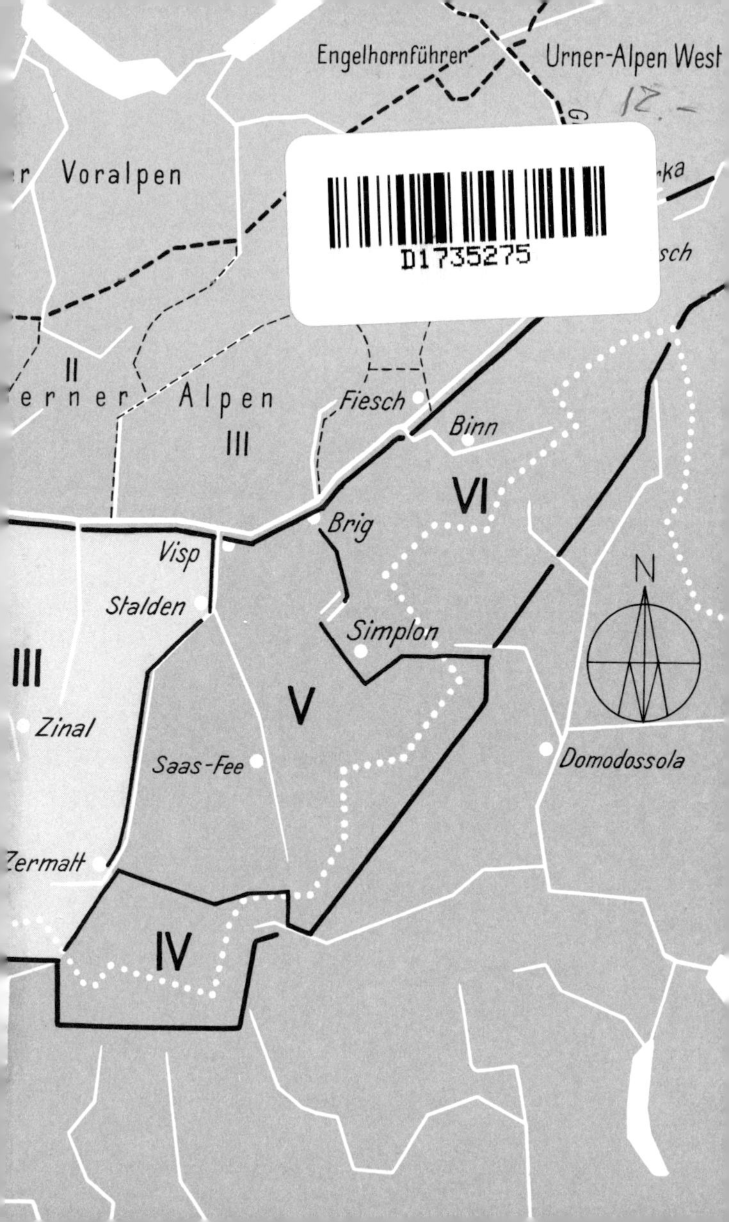
Engelhornführer
Urner-Alpen West
Voralpen
II
Alpen
III
Fiesch
Binn
VI
Brig
Visp
Stalden
Simplon
III
V
Zinal
Saas-Fee
Domodossola
IV
N

WALLISER ALPEN

Band 3

WALLISER ALPEN

Band 3

Col Collon – Theodulpass

Verfasst im Auftrag des SAC von

MAURICE BRANDT

Mit 84 Skizzen und 17 Fotos

Herausgegeben vom
SCHWEIZER ALPEN-CLUB

Führer durch die Walliser Alpen

Band 1: Vom Trient zum Gr. St. Bernhard

Band 2: Vom Gr. St. Bernhard zum Col Collon

Band 3: Vom Col Collon zum Theodulpass

Band 4: Vom Theodulpass zum Monte Moro

Band 5: Vom Strahlhorn zum Simplon

Band 6: Vom Simplon zum Nufenenpass

Fotos: Air Zermatt, S. 579
Klopfenstein AG, S. 103, 109, 159, 179, 201, 239, 325, 367, 375, 379, 507, 511, 571
Miniphot, S. 233
A. Roch, S. 175
Chr. Portmann, S. 339

Druck: Schüler AG, Biel
Einband: Mayer et Soutter SA, Renens

Printed in Switzerland
ISBN 3-85902-127-3

INHALTSVERZEICHNIS

Zum Geleit

Nach zehn Jahren war es an der Zeit, eine Neuausgabe dieses Bandes, der einen grossen Teil der bedeutendsten Gipfel der Schweizer Alpen beschreibt, vorzusehen. Die Ausgabe von 1975 war praktisch ausverkauft, und auch in diesem Gebiet – wie anderswo in den Alpen – waren zahlreiche neue Routen eröffnet worden. Die Publikationenkommission hat einmal mehr Maurice Brandt diese Aufgabe anvertraut, der, wie schon so oft, eine bemerkenswert vollständige Arbeit vorgelegt hat. So ist dieser Band für Tourenleiter und Alpinisten, die das Gebiet kennenlernen möchten, ein wertvolles, ja unentbehrliches Nachschlagewerk.

Es versteht sich von selber, dass der Verfasser nicht jede Route selber begangen und überprüft hat, und Irrtümer, Ungenauigkeiten und Mängel sind nicht auszuschliessen. Wer solche entdeckt, ist gebeten, sie dem Sekretariat des SAC in Bern zu melden.

Maurice Brandt weist mit grossem Bedauern auf die fortschreitende Zerstörung der Alpenwelt hin. An uns ist es, der Gefährdung unserer Berge Einhalt zu gebieten. Für ein SAC-Mitglied ist es selbstverständlich, auf Touren keine Abfälle liegen zu lassen, doch wir wollen noch einen Schritt weitergehen: Warum nicht im Rucksack ein Plastiksäcklein mitführen, in dem wir die von unachtsamen Touristen zurückgelassenen Konservendosen, Flaschen und Aluminiumabfälle zu Tale tragen können? So wäre schon ein kleiner Beitrag im Kampf gegen die Verschmutzung der Bergwelt geleistet.

Mit Stolz und Befriedigung möchten das Zentralkomitee und die Publikationenkommission auch diesmal Maurice Brandt Dank und grösste Anerkennung aussprechen für die riesige Arbeit, die er in seiner Freizeit für den SAC geleistet hat. Auch allen andern, die mehr oder weniger direkt zum guten Gelingen dieses Bandes beigetragen haben, sei hier gedankt.

Alpinisten und Bergwanderer werden sich freuen, dass ihnen für die prächtigen Touren im Gebiet des Mittleren Wallis wieder ein Clubführer zur Verfügung steht.

St. Gallen, 10. Dezember 1986

Der Zentralpräsident:
Jakob Hilber

Der Publikationenchef:
Hanspeter Lebrument

AUS DEM VORWORT DES VERFASSERS

Dem Bergsteiger, der während zehn Jahren nicht mehr im Wallis aktiv gewesen ist, fallen, wenn er dorthin zurückkehrt, vor allem die z. T. erschreckenden Veränderungen im Landschaftsbild auf.

Zwischen 1973 und 1983 ist die Zahl der Bahnen und Lifte im Wallis von 121 auf 485 angestiegen, hat sich also vervierfacht (mit 526 km Anlagen liegt dieser Kanton an der Spitze). Mancherorts hat die Landschaft so stark gelitten, dass sie an Attraktivität für den Sommertourismus eingebüsst hat, denn in einem für den Skisport «erschlossenen» Gebiet zu wandern, ist oft alles andere als erhebend.

So wird der Sommertourismus dem Skisport geopfert, der auch die letzten zum Skifahren einigermassen geeigneten Hänge «auffrisst». Der Glaube an den wirtschaftlichen Fortschritt mittels dieser Art von Tourismus grenzt an Besessenheit, und die Flucht nach vorn (d.h. nach oben) sei das Heilmittel, glaubt man. Mit Strassenbauten, Pistenverbreiterungen und -nivellierungen, Bahnen und Liften, die verschiedene Skistationen miteinander verbinden, und mit der Herrichtung von Gletschern für das Sommerskifahren fügt man der Natur gewaltigen Schaden zu. Es ist zu hoffen, dass der Sinn für ein gesundes Mass im Wallis wieder Oberhand gewinnt und das Skifieber abklingt, bevor auf jedem Plätzchen Ferienwohnungen (die 40 Wochen im Jahr leerstehen) und an jedem Hang ein Skilift gebaut sind.

Trotz dieser bitteren Worte wollen wir nicht vergessen, dass das Wallis unser schönster Kanton ist, und gerade weil es uns so lieb ist, betrachten wir es mit so viel Wohlgefallen, aber auch Besorgnis und Strenge.

Im Gebiet dieses Führers liegen die schönsten und berühmtesten Viertausender der Schweizer Alpen. In der Neuausgabe sind zahlreiche neue Routen aufgenommen worden, die in den Jahren seit 1975 von einheimischen Bergführern oder von andern Alpinisten eröffnet wurden.

Neu ist eine Schwierigkeitsskala für die Gesamtbewertung von Touren im voralpinen Gelände eingeführt worden. Gleichzeitig habe ich Touren in mittleren Höhenlagen teilweise etwas ausführlicher beschrieben als früher, um den Bergwanderern eine bessere Orientierungshilfe zu bieten.

Besondere Beachtung habe ich auch den Zufahrtsstrassen und -wegen geschenkt und in jedem Fall eventuelle Benützungsbeschränkungen angegeben. Der Bergsteiger muss selber entscheiden, wie weit er diese Strassen befahren will. Sie erleichtern zwar den Zugang zu manchen Touren, führen aber andererseits oft zu einer Anhäufung von Fahrzeugen in den Bergen (z.B. Moirystausee). – Die Überarbeitung der Clubführer «Walliser Alpen» hat eine Erweiterung des Gebietes und eine Neueinteilung der Bände mit sich gebracht. Ein neuer Band beschreibt das Gebiet Mont Dolent – Argentière (Trient) und erscheint als Nr. 1 der Reihe. Die alte Nr. 1, die schon einen Teil dieses Gebietes enthielt, wird dann zur Nr. 2, und so fort. In einer Reihe von sechs Bänden wird dann praktisch das ganze Gebiet der Walliser Alpen beschrieben sein.
Ich halte meine Aufzeichnungen stets auf dem neusten Stand und versuche herauszufinden, ob im Gebiet Neutouren stattgefunden haben, damit der Clubführer möglichst aktuell bleibt. Bergsteiger geben traditionsgemäss ihre Neutouren nicht unbedingt spontan bekannt; ich erfahre davon oft per Busch- (oder besser Gipfel-)telefon und mache Nachprüfungen.
Was die Beschreibung der Touren auf italienischem Gebiet betrifft, besteht eine offizielle Zusammenarbeit zwischen dem TCI (italienischer Touring-Club), dem CAI (italienischer Alpen-Club) und dem SAC. Gino Buscaini, Verantwortlicher für die italienischen Führer, hat mir die neusten Beschreibungen der Routen auf italienischem Gebiet zukommen lassen (die ich übersetzt habe). Dem italienischen Führer «Alpi pennine II» haben wir einige Anregungen für Skizzen entnommen. Diese wechselseitige Zusammenarbeit (auch wir haben unseren Kollegen Informationen vermitteln können) ist etwas sehr erfreuliches.
Dieser Band enthält ein separates Kapitel «Klettergelände». Es ist vor allem für die meist jüngeren Kletterer gedacht, die Freude an schwierigsten, aber rasch erreichbaren, kurzen Routen haben. Wir tragen damit dem Umstand Rechnung, dass sich parallel zum klassischen Alpinismus die Sportkletterei entwickelt hat.
An dieser Stelle möchte ich allen danken, die mir Informationen beschafft oder Fragen beantwortet haben. Es sind dies in alphabetischer Reihenfolge:

André Anzévui
Stefano De Benedetti
Christian Bindschaedler
Christoph Blum
Manfred Hunziker
Luzius Kuster
François Labande
El. Mooser

René Broglie
Lukes Cestmir
Lucien Devies
Denis Eng
Jean Blaise Fellay
Patrick Gabarrou
Jean Gaudin
André Georges
Karl Hausmann
Willy Hofstetler
Pierre et Grégoire Nicollier
Marino Dall'Oglio
Renzo Quagliotto
Jacques Perroud
Germain Paratte
Joseph Savioz
Michel Siegenthaler
Piero Sobrà
Società Guide del Cervino
E.L. Sutter

Die Kapitel über Geologie, Flora und Fauna des Wallis sind im Band I (Trient – Grosser St. Bernhard) enthalten; es schien uns unnötig, sie in allen weiteren Bänden zu wiederholen. Sie sind aber eine sehr wertvolle Anregung für den Alpinisten, die Gebirgswelt besser kennen zu lernen.
René-Pierre Bille, der mit Hingabe ein Leben lang Tiere beobachtet hat, führt uns die Welt der Säugetiere, Vögel, Reptilien, Amphibien und Fische liebevoll vor Augen.
Jean-Louis Richard malt uns ein so farbenprächtiges Bild der Flora, dass der Alpinist vielleicht plötzlich des kleinen Wunders einer sich im Gletscherwind wiegenden Blume gewahr wird...
Brigitte Schildknecht schliesslich erklärt uns das Terrain, auf dem wir uns bewegen, die Entwicklungen und Wandlungen, die es durchgemacht hat, bis es zum Ziel unserer Abenteuerlust werden konnte.
Diese Kapitel dienen der Bereicherung und Erweiterung des Horizontes: Beim Bergsteigen steht leider heute überwiegend die körperliche Leistung im Vordergrund; für Besinnung und Beschaulichkeit ist kaum Platz. Möge der Alpinist, der das Wallis besucht, sich die Zeit nehmen zum Verweilen, zum Nachdenken, und sich seiner Bedeutungslosigkeit und Vergänglichkeit bewusst werden!
Ganz besonders möchte ich nun noch die Verdienste Alfred Oberlis hervorheben und würdigen, der nach seinem Rücktritt aus dem Berufsleben sich noch bereit erklärt hat, die ältesten und am wenigsten aussagekräftigen Skizzen der Walliser Führer neu zu zeichnen. Sein Stil und seine unerreichte Perfektion im Detail haben den Ruf der SAC-Führer wesentlich mitbegründet. Wir möchten ihn hier zu seinem bemerkenswerten Werk (von dem nur ein Teil in unseren Führern zu sehen ist) beglückwünschen und ihm danken im Namen aller Benützer, die kaum Gelegenheit haben, dies selber zu tun.

Auch Michel Pétermann gehört zu unseren langjährigen Mitarbeitern, und seine immer sehr klaren und verständlichen technischen Skizzen prägen den Stil unserer Führer.
Zum Schluss möchte ich Michel Ziegenhagen für seine wertvolle Mithilfe danken. Als Kenner der Walliser Alpen hat er mir mit Rat und Tat beigestanden und die Druckabzüge gelesen. So hat er mir die mühsame Arbeit sehr erleichtert.
Jeder Clubführer ist das Resultat langer, geduldiger Rekognoszierungen im Gelände, gefolgt von manchmal mühsamer Schreibarbeit. Die ständigen Veränderungen, denen die Gebirgswelt unterworfen ist – langsame, wenn die Natur ihren Lauf nimmt, brüske und gewaltsame, wenn ihr der Mensch den Stempel seiner Hoffart aufdrückt –, machen eine fortwährende Überarbeitung der Führer nötig. Bis heute wird diese Arbeit für den SAC von Autoren gemacht, die ihre Freizeit dafür hergeben. So ist es natürlich nicht möglich, jede Route zu überprüfen; oft muss man sich auf Beschreibungen in den alpinen Zeitschriften stützen, oder auf die raren Mitteilungen der Alpinisten. Absolute Fehlerlosigkeit kann es nicht geben, weshalb ich die Benützer der Führer immer wieder bitte, Irrtümer und Mängel dem Sekretariat des SAC, Helvetiaplatz 4, 3005 Bern, mitzuteilen, damit die Führer verbessert werden können zum Nutzen derer, die sie gebrauchen.
Ich hoffe, dass dieser Band denjenigen, die Touren abseits der klassischen und überlaufenen Gebiete suchen, neue Horizonte eröffnen wird, und dass sie in den Bergen Stille und Einsamkeit finden als Ausgleich zu unserem oft sinnlos hektischen täglichen Leben.
Mögen sich der gute Geschmack und die sportliche Gesinnung eines jeden darin zeigen, dass er die Gebirgswelt respektiert!

HINWEISE ZUM GEBRAUCH DES FÜHRERS

Karten
Die Landeskarte 1:25 000 ist die Grundlage des Führers.
Sie ist für das Verständnis der Routenbeschreibungen unentbehrlich.

Folgende Blätter decken das beschriebene Gebiet ab:

293	Valpelline
1287	Sierre
1288	Raron
1306	Sion
1307	Vissoie
1308	St. Niklaus
1327	Evolène
1328	Randa
1347	Matterhorn
1348	Zermatt
2515	Zermatt – Gornergrat

Punkte und Namen
Die Höhenangaben der Punkte beruhen auf der LK 1:25 000. Ist die Kote nicht exakt, sondern mit «ca.» angegeben, wurde sie nach den Höhenkurven berechnet und ist auf der Karte nicht eingetragen.
In Klammern gesetzte Höhenangaben auf Skizzen stammen aus Plänen 1:10 000; allgemein bedeutet die Klammer in Skizzen und Fotos, dass die Angabe nicht in der LK enthalten ist.

Numerierung
Die Routenbeschreibungen sind fortlaufend mit fetten Ziffern numeriert.
Die leichteste Route wird jeweils als erste beschrieben, die weiteren Routen folgen dann im Uhrzeigersinn.

Skizzen
Die auf den Skizzen eingezeichneten Routen tragen die gleiche Nummer wie die zugehörige Beschreibung. Die Skizzen wurden nach Fotografien gezeichnet.

Zeitangaben
Der fast überall angegebene Zeitbedarf entspricht der effektiven Marschzeit einer Seilschaft (zwei bis drei Personen) von mittlerer Stärke bei guten Verhältnissen. Je nach Verhältnissen und Umständen sind Zuschläge oder Abzüge zu machen. Zeitangaben in Klammern beziehen sich auf Teilstrecken.

Richtungsangaben
Grundsätzlich sind die Angaben «links» und «rechts» für die Marschrichtung, in der die Route beschrieben ist, zu verstehen. Die Ausdrücke «rechtes Ufer», «linkes Ufer» (eines Bachs, eines Gletschers, eines Couloirs) sind jedoch im orografischen Sinne zu verstehen (d.h. auf die Richtung bezogen, in der das Wasser fliesst).

Bewertung der Schwierigkeiten
Jede Tour wird in ihrer Gesamtheit nach folgender Skala eingestuft:

Im voralpinen Gelände:

B = Bergwanderer
Diese Routen folgen Wegen, die in steilem Gelände gut ausgebaut und an exponierten Stellen gesichert sind, oder in flacherem Weidegelände gut sichtbaren Wegspuren. Gutes Schuhwerk ist zu empfehlen.

EB = Erfahrener Bergwanderer
Route durch wegloses Gelände oder auf ungesicherten Wegen, was sicheres, schwindelfreies Gehen und allenfalls auch Anseilen erfordert. Man muss sich orientieren, das Gelände beurteilen und kurze Passagen im Schnee (z.B. Queren eines Couloirs) bewältigen können. Die Hände braucht man nur für die Wahrung des Gleichgewichts. Ein Misstritt kann zu einem tödlichen Sturz führen. Gute Bergschuhe unbedingt erforderlich.

BG = Berggänger
Steiles, felsdurchsetztes Gras, oft heikel, Griffe und Tritte bestehen aus Grasbüscheln und brüchigen Felsen, deren Festigkeit man richtig einschätzen muss. Ein Sturz kann oft nicht aufgehalten werden. Kenntnisse der Seilhandhabung und -sicherung erforderlich. Einzelne Stellen im Fels können Schwierigkeiten vom Grad (I) bis (II) bieten. Pickel zum Sichern.

Alpine Routen

L leicht (niedrigste Bewertung für Gletscher)
WS wenig schwierig

ZS ziemlich schwierig
S schwierig
SS sehr schwierig
AS äusserst schwierig
EX extrem schwierig

Diese Gesamtbewertungen sind vergleichbar mit der Skala der sieben Schwierigkeitsgrade für einzelne Stellen, die weiter unten folgt.
Die Bewertung kann von der Stufe (ZS) an noch durch (+) oder (−) verfeinert werden.
Immer werden günstige Verhältnisse vorausgesetzt.

Die Schwierigkeiten in der freien Felskletterei werden mit den römischen Ziffern (I) bis (VII) wie folgt bewertet:

(I) Geringe Schwierigkeiten. Einfachste Form der Felskletterei mit Gebrauch der Hände. Anfänger ev. anseilen.

(II) Mässige Schwierigkeiten. Fortbewegung an Griffen und Tritten; Gleichgewichtssinn.

(III) Mittlere Schwierigkeiten. Steile Stellen erfordern Kraft und Wendigkeit. Zwischensicherungen an exponierten Stellen empfehlenswert. Geübte Bergsteiger können solche Stellen noch frei hinunterklettern.

(IV) Grosse Schwierigkeiten. Erfahrung, Training und gute Klettertechnik nötig. Im Abstieg werden solche Stellen kaum frei geklettert. Zwischensicherungen empfehlenswert.

(V) Sehr grosse Schwierigkeiten, die neben einer ausgezeichneten Technik auch grosse Kraft und bestes Training erfordern.

(VI) Überaus grosse Schwierigkeiten. Routine im Klettern auf Adhäsion oder an winzigsten Griffen nötig. Sehr exponierte Stellen können nur bei besten Verhältnissen überwunden werden (trockener Fels, usw.). Oft sehr enge Standplätze. Passagen dieses Schwierigkeitsgrades erfordern hervorragendes Training und vollen Einsatz.

(VII) Aussergewöhnliche Schwierigkeiten. Auch die besten Kletterer benötigen ein speziell der Gesteinsart entsprechendes Training, um diese akrobatischen Stellen zu meistern. Höchste Beherrschung und höchster Einsatz sind vonnöten. Selten werden solche Stellen auf ersten Anhieb überwunden.

Die Grade (I) und (II) werden normalerweise bei den Routenbeschreibungen nicht erwähnt. Von (III) an aufwärts kann die Bewertung noch mit (+) oder (−) präzisiert und mit Ausdrükken wie «ausgesetzt», «heikel», «athletisch» ergänzt werden. Hinweis auf die benötigte Kraft und Ausdauer geben die Ausdrücke «ziemlich anstrengend», «anstrengend» und «sehr anstrengend».
Künstliche Kletterei wird mit dem Grossbuchstaben A, gefolgt von einer Zahl zwischen 0 und 3, bewertet. Folgt darauf noch der Kleinbuchstabe e, bedeutet dies, dass Bohrhaken verwendet werden, z.B. (A2e).

(A0) in der Hauptsache freie Kletterei, wobei jedoch Haken als Griffe oder Tritte benützt werden. Strickleitern nicht nötig.

(A1) Haken und andere künstliche Hilfsmittel sind relativ leicht zu plazieren; die Stelle erfordert nicht allzu viel Kraft und Mut; Strickleitern unentbehrlich.

(A2–A3) Bezeichnet die zunehmenden Schwierigkeiten beim Hakenschlagen und die zunehmenden Anforderungen an die Kondition; allzu kompakter oder bröckliger, unzuverlässiger Fels, Überhänge, Dächer, versperrte Risse o.ä. Stets ist weit überdurchschnittliches Können erforderlich.

Die Bewertung berücksichtigt die Festigkeit der Haken, Länge und Steilheit der Stelle und zusätzlich die Schwierigkeit, Haken zu erreichen. Sie bezieht sich auf die gemäss Beschreibung ausgerüstete Stelle und setzt günstige Verhältnisse voraus.
Die Stellen af (all free), d.h. ohne Hilfsmittel, sind als solche angegeben, mit dem entsprechenden Schwierigkeitsgrad.
Da die Informationen über die Routen aus verschiedenen Quellen stammen, ist auch die Bewertung der Schwierigkeiten nicht absolut einheitlich. Es ist ja nicht möglich, dass ein und dieselbe Person alle Routen begeht und sie mit immer gleicher Objektivität beurteilt.
Die Angaben gehen entweder auf die Erstbegehung zurück (und sind manchmal sehr alt), oder, wenn die Route wiederholt wurde, auf spätere Begehungen.

Bewilligte Landeplätze im Gebirge
Das Eidgenössische Luftamt hat Landungen auf folgenden Plätzen bewilligt:

Äschhorn – Rothorngletscher	621,100/101,000 (im Pass)
Arolla	603,550/ 95,825
Grimentz	610,300/113,550
Theodulgletscher	621,050/ 87,000 (Plateau)

Landungen abseits dieser offiziellen Landeplätze sind (sofern sie nicht Rettungszwecken dienen) dem

Zentralkomitee des SAC
Sekretariat
Helvetiaplatz 4
3005 Bern

zu melden unter Angabe von Datum, Zeit, Ort, Nummer der Maschine und Anzahl der Passagiere.

Abkürzungen

Std. = Stunde
m = Meter
Min. = Minute
P. = Punkt (kotiert)
R. = Route
△ = Trigonometrischer Punkt mit Signal
N = Norden
S = Süden
E = Osten
W = Westen
Abb. = Abbildung
St. = Stand
H = Haken
Hk = Holzkeil
Kk = Klemmkeil
Bh = Bohrhaken
SL = Seillänge
S. = Seite
LK = Landeskarte

Trotz aller Sorgfalt bei der Arbeit an diesem Führer können sich Fehler eingeschlichen haben. Der Autor bittet die Benützer, sie dem Sekretariat des SAC, Helvetiaplatz 4, 3005 Bern, zu melden.

Der Führer enthält die bis Ende 1990 eingegangenen Nachträge.

ALPINES RETTUNGSWESEN

Der Schweizer Alpen-Club, SAC, und die Schweizerische Rettungsflugwacht, REGA, besorgen gemeinsam den alpinen Rettungsdienst.
Die rund um die Uhr in Betrieb stehende Alarmzentrale der REGA dient der Koordination und gewährleistet eine rasche und zweckmässige Hilfeleistung.
Der Einsatz der Flugrettung bzw. der Rettungsmannschaften kann infolge schlechter Witterung oder Nacht verzögert oder gar verunmöglicht werden.

Alpine Gefahren

Objektive Gefahren:
(naturbedingte Gefahren)

- Steinschlag
- Eisschlag und Eislawinen
- Wächtenabbrüche
- Lawinen
- Spaltenstürze
- Wetterstürze
- Gewitter

Achtung: Bei Nebel vervielfachen sich die Gefahren oder werden falsch eingeschätzt.

Subjektive Gefahren:
(Selbstverschulden des Menschen)

- Sich überschätzen
- Fehldispositionen
- mangelnde Vorbereitung
- mangelnde Ausbildung
- mangelnde Ausrüstung
- ungeeignete körperliche Verfassung
- Gruppendynamik

Vorbeugen ist besser als heilen

Gute Kenntnisse und ständiges Beobachten der Berge sind die besten Voraussetzungen, um Unfälle zu vermeiden.

Diese Kenntnisse muss man sich selbst aneignen, indem man:

- Fachliteratur liest und studiert,
- fachspezifische Kurse besucht,
- das Gelernte in die Praxis umsetzt und ständig übt.

Tourenvorbereitung:

- Wetterbericht abhören **Tel. 162**
  oder Spezialwetterbericht **Tel. 01 252 76 44**
- Tourenplanung auf LK 1:25 000 vornehmen.
- Zeitplan unter Beachtung der Jahreszeiten und Schlüsselstellen (Umkehr) aufstellen.
- Tourenziel und Route den eigenen Fähigkeiten und denen der Teilnehmer anpassen.
- Im Zweifelsfalle stets einen Bergführer engagieren.
- Tour ev. mit Bergführern, Hüttenwarten u.a. besprechen.
- Beabsichtigte Tour mit Rückkehrsort und -zeit einer Kontaktperson bekanntgeben bzw. im Hüttenbuch vermerken.

Tourenbeginn:

- Ausrüstung kontrollieren
- Lokale Beurteilung der Verhältnisse
- Routenwahl: den Verhältnissen und den einzelnen Teilnehmern anpassen.

Während der Tour:

- Wetterentwicklung beobachten (Wind, Temperatur, Nebel, usw.)
- Teilnehmer beobachten
- Mögliche Gefahren und gefährliche Stellen frühzeitig erkennen und ausweichen.
- Zeitplan einhalten – ev. Umkehr vor Schlüsselstelle.

Verhalten bei Bergunfällen:

- Ruhe bewahren
- Lage beurteilen
- Verunfallte(n) vor weiteren Unfällen schützen
- Eigene Sicherheit
- ERSTE HILFE leisten

Alarmieren:

– Alarmierungsmittel:	Eigene Funkgeräte (ev. Notfunk) SAC-Hüttentelefon (ev. nur SOS) SOS-Telefone bei Kraftwerkanlagen usw. Meldung zu Fuss zum nächsten Telefon stets zu zweit, Meldung schriftlich.
– Alarmstellen:	REGA Tel. 01 383 11 11 Polizei Tel. 117

– Inhalt einer Meldung:

WER	Name, Standort, Verbindungsmittel
WAS	Art, Umfang und Wichtigkeit des Unfalles
WO	Koordinaten, Höhe ü.M. und Ortsbezeichnung
WANN	genaue Zeit des Ereignisses
WIEVIELE	Verletzte – Verletzungsart
WETTER	Sichtweite, Wind, Niederschläge usw.
HINDERNISSE	Kabel, Leitungen usw.
EIGENE MITTEL	Funk, Rettungsmaterial usw.
GETROFFENE MASSNAHMEN	(Was bereits unternommen wurde)
ACHTUNG	Bei SOS-Telefonen Rückruf verlangen. Telefon nicht verlassen. Bei schlechter Funkverbindung sich etwas verschieben.

Alpine Notsignale:

Zeichengebung für die Flugrettung:

NO
Hilfe nicht notwendig

YES
Hilfe notwendig

Internationales Notrufzeichen

Sechsmal in der Minute ein Zeichen geben (blinken, rufen, pfeifen), eine Minute warten, Zeichen wiederholen. Antwort: dreimal in der Minute ein Zeichen geben, eine Minute warten, Zeichen wiederholen.

Helikopter-Rettung

- Helilandeplatz ausserhalb Lawinenfeld vorbereiten:
  Hindernisfreier Platz, 20 auf 20 m festtreten
  Horizontale Aufsetzfläche 4 auf 4 m
  Keine losen und aufrechtstehenden Gegenstände am Platz
  Hindernisfreier Anflug, in zwei Richtungen mit 45°
  Bei diffusem Licht Umgebung markieren

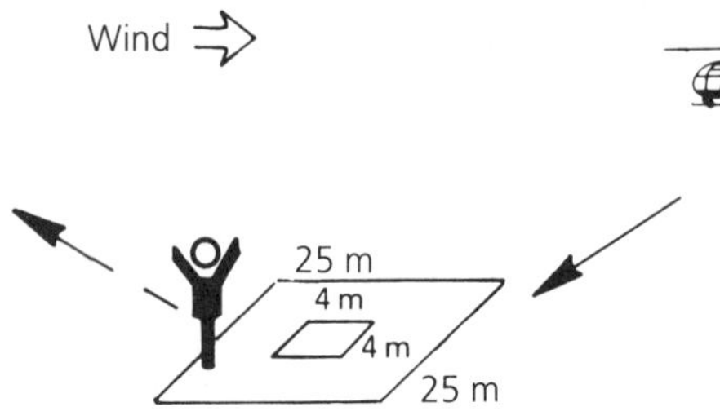

25 x 25 m= hindernisfreier Raum
4 x 4 m= Aufsetzfläche

- Verhalten am Landeplatz:
  Ausser Einweiser alle mindestens 20 m vom Landeplatz weg
  Einweiser mit Rücken zum Wind, Arme erhoben
  Beim Einschweben des Helis Standplatz halten, ev. kauern
  Annäherung zum Heli erst bei stehendem Rotor und von vorn
  Achtung mit Skis, Stöcken und Sonden

Keine losen Gegenstände liegen lassen

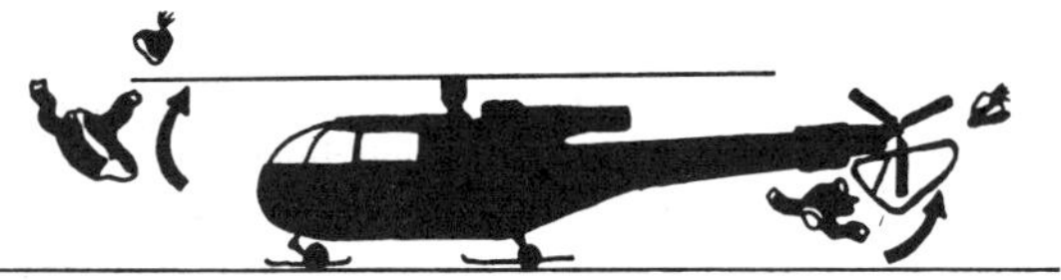

Achtung auf Antennen, Skis, Sondierstangen usw.

Sich nur von vorn und in gebückter Haltung dem Heli nähern

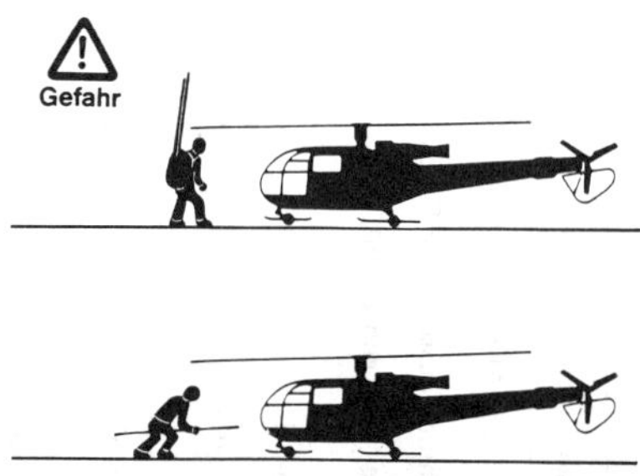

Nur von der Talseite herangehen

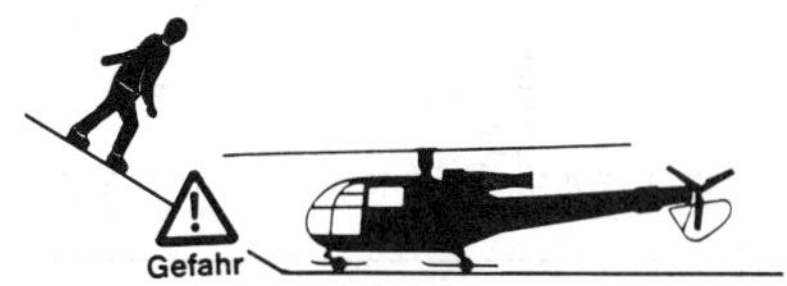

Augenkontakt zum Piloten behalten
Bei laufenden Rotoren, sich dem Helikopter immer nur von vorne und erst auf Zeichen der Besatzung nähern

ERSTE HILFE. Erste Hilfe bei Unterkühlung siehe Seite «Lawinenunfall»

Frage	Zeichen/Symptome	Zustand	Lebensrettende Sofortmassnahmen
1. Gibt er Antwort?	● nicht ansprechbar ● nicht weckbar (in den Arm kneifen, nie schütteln, um bestehende Verletzungen nicht zu verschlimmern) ● reagiert nicht	bewusstlos Erstickungsgefahr	Kopf nach hinten, Mund nach unten 1. Wenn Atmung ausreichend: Seitenlagerung 2. Vor Kälte (auch von unten), Nässe und Hitze schützen 3. Ununterbrochen überwachen Äusserste Sorgfalt bei Wirbelsäulen- und Schädelverletzten
2. Atmet er?	● Atmung rasch, oberflächlich, unregelmässig, röchelnd oder schnappend ● Gesicht (vor allem Lippen) und Fingernägel blau verfärbt ● keine Atembewegung sicht- und fühlbar ● Ein- und Ausströmen der Atemluft weder hör- noch spürbar (mit Ohr an Nase und Mund des Patienten prüfen)	Atemstillstand oder ungenügende Atmung Akute Erstickungsgefahr	Sofort beatmen (Mund zu Nase, notfalls Mund zu Mund) 1. Kopf schonend nach hinten strecken, Unterkiefer gegen Oberkiefer, Unterlippe gegen Oberlippe pressen 2. Vorsichtig Luft in die Nase einblasen, Ausatmen beobachten (sehen/hören), dann 12–15 Beatmungsstösse pro Minute 3. Bei starkem Widerstand und/oder fehlendem Ausatmen Kopfhaltung verbessern, Fremdkörper entfernen

Frage	Zeichen/Symptome	Zustand	Lebensrettende Sofortmassnahmen
3. Blutet er?	● Venenblutung: flächenhaft sickernd bis stark fliessend ● Schlagaderblutung: entsprechend dem Pulsschlag spritzend oder strömend ● Mischblutungen (Venen- und Schlagaderblutungen) sind häufig ● an innere Blutungen denken ● auf Blut achten, das von den Kleidern aufgesogen wurde	Blutversorgung lebenswichtiger Organe gefährdet Kreislaufversagen Schockgefahr	1. Patienten flach lagern 2. Blutenden Körperteil (wenn möglich senkrecht) hochhalten 3. Bei ungenügender Blutstillung Fingerdruck herzwärts 4. Druckverband mit weichem Druckpolster (Stoff, möglichst hoch und schmal) und Binde anlegen, notfalls doppelt 5. Falls Druckverband ungenügend: Finger- oder Faustdruck direkt in die Wunde (eventuell mit Druckpolster) 6. Verletzte Gliedmasse hochlagern und ruhigstellen
4. Ist Puls fühlbar?	● rascher, nur schwach fühlbarer Puls ● blasse, nasse (feucht-klebrige) und kühle Haut ● Teilnahmslosigkeit oder auch auffallende Unruhe, Erregung ● flache, beschleunigte Atmung	Schock Kreislaufversagen	1. ● In der Regel und bei unbekannter Ursache horizontale Lagerung ● Ist die Schockursache mit Sicherheit eine starke Blutung oder ein grosser Flüssigkeitsverlust (z.B. bei Verbrennungen): Beine etwa 30 cm anheben ● Nichtbewusstlose Schockpatienten mit Atemnot, Brustverletzung (ohne Blutung in den Luftwegen), Schädelverletzung, Herzinfarkt: Oberkörper hochlagern 2. Schutz vor Kälte, Nässe, Hitze: Zuspruch, Überwachung

Haftung für die Kosten einer Rettungsaktion

Ob eine Rettungskolonne des SAC, die REGA oder die Polizei durch einen unbeteiligten Dritten, einen Kameraden des Hilfsbedürftigen oder durch den in Not geratenen selbst aufgeboten wird, hat keinen Einfluss auf die Frage, wer die Kosten des Einsatzes zu tragen hat. Hiefür gelten folgende Regeln:

- Der in Not Geratene hat alle in seinem Interesse gemachten Auslagen zu ersetzen, die notwendig oder nützlich und den Verhältnissen angemessen waren. Dieser Anspruch besteht auch in dem Falle, wo der beabsichtigte Erfolg nicht eintritt.
- Wer sich von einer Tour nicht wie vereinbart zurückmeldet und trotz telefonischen oder anderen Nachforschungen nicht gefunden wird, muss die Kosten für die daraufhin angeordnete Suchaktion ersetzen, auch wenn diese unnötig oder ergebnislos war.
- Wer für einen Dritten, der sich in Not befindet, Hilfe besorgt, haftet nicht für die Kosten der durch ihn veranlassten Hilfeleistung.
- Wer einem in Not geratenen Menschen hilft und dabei Aufwendungen beisteuert oder zu irgendwelchem Schaden kommt, muss diese Auslagen nicht selbst tragen.

SCHUTZ DER GEBIRGSWELT

– *Hilf die Alpenwelt bewahren*

Als Alpinisten und Wanderer möchten wir uns in einer ursprünglichen, naturnahen Landschaft bewegen. Infolge vielfältiger Nutzung durch den Menschen steht die Natur aber auch in den Alpen von vielen Seiten her unter Druck. Jeder kann zum Schutz der Alpen beitragen, indem er sich in den Bergen als Gast und Bewahrer verhält und nicht als Eindringling, Störer oder gar Zerstörer.

– *Schone Tiere, Pflanze und Stein*

Nimm Rücksicht auf Tiere aller Art. Wir ängstigen Tiere am wenigsten, wenn wir uns an Wege und Routen halten und nur disziplinierte Hunde mit uns führen. Besonders schädigend für Wildtiere ist es, sie aus Winterstandorten aufzuscheuchen; in tieferen Lagen ist dies der Wald, oberhalb der Waldgrenze sind es Strauchpartien, Einzelbäume und Blockgruppen.

Blumen und andere Pflanzen, seien sie nun gesetzlich geschützt oder nicht, sind am schönsten an ihrem ursprünglichen Standort. Der Bergwald ist heute durch mancherlei Einflüsse geschwächt und gefährdet; er benötigt besonderen Schutz. Verzichte auf das jungwaldschädigende Variantenskifahren! Meide auf Abfahrten von Skitouren nach Möglichkeit den Wald.

Halte Mass beim Mineraliensuchen. Orientiere Dich über Einschränkungen und Verbote sowie über den Kodex der Mineraliensucher.

– *Lass nichts zurück*

Die Sauberhaltung der Berge muss uns Selbstverständlichkeit und Ehrensache zugleich sein.

Nimm alle Abfälle von der Tour und von der Hütte mit zurück ins Tal. Vermeide Proviant mit aufwendigen und unnötigen Verpackungen aus Glas, Blech, Aluminium oder Kunststoffen.

Verlasse Rast-, Biwak- und Notdurftplatz sauber und im ursprünglichen Zustand.

Mit dem Auto bringen wir Abgase, Gestank und Lärm in die Berge. Benütze wo immer möglich öffentliche Verkehrsmittel. Wenn Du nicht auf das Auto verzichten kannst, dann
- nütze die Kapazität durch gemeinsames Fahren voll aus,
- stelle den Wagen auf tiefgelegene Parkplätze und
- halte Dich an Fahrverbote auf Alp- und Forststrassen.

– Respektiere das Eigentum Einheimischer

Wiesen, Weiden, Wälder, Zäune und Alphütten haben einen Besitzer, auch wenn er häufig nicht zugegen ist!

– Auch Du bist Konsument

Wenn Du Dich im Gebirge gelegentlich über zu viele Seilbahnen, über Pistenplanien, verschandelte Siedlungen, Staudämme, wasserlose Bäche oder Fluglärm ärgerst, bedenke, dass vieles davon mit unseren Konsumgewohnheiten in der Freizeit und im Alltag zusammenhängt.

HÜTTEN UND UNTERKÜNFTE

Clubhütten des SAC

Sie sind das ganze Jahr offen und stehen vorab den Mitgliedern des SAC, aber auch andern Gästen und Alpinisten zur Verfügung. Das in den Hütten angeschlagene Hüttenreglement ist zu beachten. In der Hochsaison ist oft ein Hüttenwart anwesend.

Bertolhütte, 3311 m

Auf einer Schulter des Clocher de Bertol gelegen, im N des Col de Bertol (3279 m). Eigentum der Sektion Neuenburg des SAC. 80 Plätze. Telefon 027/83 19 29.

1 *Von Arolla*

EB Vom Col de Bertol, 10 Min.
Vom Ende der Fahrstrasse, 4 Std.

Von Arolla (1956 m) folgt man R. 170 des Col de Bertol bis zum Pass. Von dort folgt man einem Band in der E-Flanke der Felsen, das gegen Norden führt (Kette). Man steigt weiter einige Meter über leichte Stufen empor (Kette) und gelangt über zwei Leitern auf den Grat. Über ein Band auf der Westseite der Felsen erreicht man eine Metalltreppe, die zur Hütte führt.

Von Ferpècle

Über Routen 171, 172, 173 zum Col de Bertol.

Bouquetinshütte, 2980 m

200 m südlich von P. 3086,5 gelegen, auf dem rechten Ufer des Haut Glacier d'Arolla. Eigentum der Sektion Val de Joux SAC. 18 Plätze, Notfunk.

2 *Von Arolla*

L Vom Ende der Fahrstrasse, 3 Std.

Von Arolla (1956 m) folgt man R. 170 des Col de Bertol bis über den Bach von Bertol (ausgetrocknet). Man nimmt den Pfad zur

Rechten, der unter der Terrasse mit alten Baueinrichtungen (grosser Platz mit Betonbögen und einer Marienstatue in den Felsen) vorbeigeht. Man steigt etwas ab und erreicht das rechte Ufer des Bas Glacier d'Arolla. Der Pfad steigt im Zickzack durch den Geröllhang, dann führt eine Metalleiter zu einer kleinen Schutzhütte (geschlossen). Man geht weiter in Richtung der Wasserfassung und durchquert die Anschwemmebene, indem man sich auf dem rechten Bachufer hält. Man gelangt leicht auf den aperen Haut Glacier d'Arolla, der bis auf etwa 2900 m spaltenfrei ist. Über den Gletscher bis unter den SW-Hang unter der Hütte, die man auf schlechtem Pfad im Moränenschutt erreicht.

2a *Von Arolla*

L Vom Ende der Fahrstrasse 3 Std.

Von Arolla (1956 m) folgt man R. 170 des Col de Bertol bis Plans de Bertol (2664 m). Dort wendet man sich nach SE, erreicht die Moränen des Haut Glacier d'Arolla und R. 2.

Dent-Blanche-Hütte, 3507 m

Die Hütte liegt auf den untersten Felsen des Felssporns 3703 m des Südgrats der Dent Blanche. Eigentum der Sektion Jaman SAC. 55 Plätze. Telefon 027/83 10 85.

3 *Von Ferpècle*

L Von Ferpècle, 6 Std. Abb. S. 223

Von La Forclaz (1727 m) führt eine Strasse bis Ferpècle und zum See bei 1963 m. Von der Verzweigung bei 1828 m an ist die Strasse ausschliesslich für Fahrzeuge der Grande Dixence S.A. offen. Von dort führt ein Pfad in 2 Std. nach Bricola (2415 m) und weiter zur rechten Seitenmoräne des Glacier des Manzettes. Er steigt auf der Moräne an bis gegen 2760 m und führt dann schräg gegen rechts zum Glacier des Manzettes hinunter. Man überquert den Unterteil des Glacier des Manzettes in südlicher Richtung gegen den Fuss des Grates des Roc Noir (3105 m). (2½ Std.). Von hier an kann man entweder den Felsgrat verfolgen, oder ihn auch erst weiter oben von links her dort erreichen, wo er eine kleine Einsenkung bildet. Er besteht aus grossen Blöcken. So gelangt man zum Fuss des Gletschervorsprungs, über den man zur Hütte aufsteigt.

Biwak Col de la Dent Blanche, 3540 m

Im Col de la Dent Blanche gelegen, leicht nördlich der tiefsten Einsenkung. Eigentum der Sektion Jaman SAC. 15 Plätze. Notfunk.

Zugang über die Routen des Col de la Dent Blanche.

Schönbielhütte, 2694 m

Auf der unteren Terrasse von Schönbiel gelegen. Eigentum der Sektion Monte Rosa SAC. 80 Plätze. Telefon 028/67 13 54.

4 *Von Zermatt*

EB Von Zermatt, 4 Std.

Nahe der Luftseilbahnstation Zermatt-Klein Matterhorn beginnt ein Saumweg, der in angenehmer Steigung durch Weiden und Lärchenwald (In den Grueben) nach Zmutt (1936 m) führt. (1¼ Std.). Von hier führt ein Fussweg über dem Stausee nach Bodmen (2056,2) und Chalbermatten (2105 m), (¾ Std.) und weiter zur Verzweigung bei P. 2161. Man nimmt den Pfad zur Rechten, der über Trümmer aus Kalkfelsen, dann im Zickzack, den Felsriegel am Ausgang des Arbentales ersteigt. Von hier ist die Hütte sichtbar. Man folgt dem Pfad durch die Moränenmulde nach Hohle Bielen (2429,3 m) und weiter auf der linken Seitenmoräne des Zmuttgletschers bis in die Nähe der Hütte, die man im Zickzack über den Schlusshang erreicht.

5 *Von Furi*

EB Von Furi bis zur Hütte, 3 Std.

Von Furi (1864 m), Zwischenstation der Luftseilbahnen Zermatt-Schwarzsee und Zermatt-Klein-Matterhorn, folgt man der Werkstrasse oder einem darüber gelegenen Fussweg über Stafel (2139 m), Stafelalp (2199 m, Restaurant) bis zu den Moränen des Zmuttgletschers. Eine Werkstrasse führt quer durch die Moränen in Richtung NW zum Ausgang des Arbentals, wo man auf R. 4 trifft.

Arbenbiwak, 3224 m

Auf einer Felsinsel im Arbengletscher gelegen. Eigentum der Sektion Zermatt SAC. 15 Plätze. Nottelefon.

6 *Von Zermatt*

Der Zugang erfordert eine gute Orientierung auf dem Gletscher.

L Von Zermatt, 5 Std.

Von Zermatt (1614 m) folgt man R. 4 oder 5 der Schönbielhütte bis zum Ausgang des Arbentales. Von dort führt ein Weg, dann ein Pfad, zur grossen Moräne Arbengandegge. Man folgt ihr bis zu P. 2892. Ein kurzes Geröllfeld (einige Steinmänner) und ein Pfad in rutschigem Moränenschutt führen zum Arbengletscher. Man muss jedoch den Pfad auf ca. 2960 m verlassen, denn er führt im Gletscher in eine Sackgasse. Man überwindet eine kleine Felswand ganz in der Nähe, die parallel zur Spur von rechts nach links ansteigt (ein Schritt II, Ringhaken). Markierung mit grossem rotem Pfeil. So gelangt man auf eine Schutterrasse.
Beim *Abstieg* kann man die Terrasse rechts lassen und schon auf dieser Höhe ein kleines Weglein finden, dort, wo sich die kleine Felswand im Gelände verliert.
Von hier hält man sich im allgemeinen links des Biwaks. Man packt den gewöhnlich apern Gletscher an, dort, wo er am wenigsten steil ist, überwindet eine erste Steilstufe und gelangt in flacheres Gelände, wo Spalten zu einigen Quergängen zwingen können. Eine zweite Steilstufe am Fuss der Felsen, auf denen das Biwak steht, wird wiederum gegen links haltend überwunden. Auf ca. 3170 m steigt man in die Felsen ein (Markierungspfeil) und erreicht das Biwak rechts haltend und dicht dem Rand der Wand folgend, die den Gletscher überragt. In mittlerer Höhe, in der Verlängerung des Pfeils, befindet sich ein Haken. Besser nicht allzu direkt aufsteigen; unbequem, geneigte Platten.

Moiryhütte, 2825 m

Erbaut auf einem Vorsprung des rechten Ufers des Moirygletschers, am Westfuss der Aiguilles de la Lé. Eigentum der Sektion Montreux SAC. 92 Plätze. Telefon 027/83 10 18.

7 *Von Grimentz*

EB Vom See 2349 m, 1½ Std. Von der Staumauer 2½ Std. Abb. S. 209, 245

Von Grimentz (1564 m) führt die Strasse zum Staudamm von Moiry (Postauto) und weiter auf dem rechten Ufer des Sees bis zum kleinen See 2349 m am Fuss des Moirygletschers. Vom Ende der Strasse folgt man einem Weg gegen E und gelangt auf die rechte Seitenmoräne des Moirygletschers. Bei P. 2558 führt der Pfad in eine Moränenmulde und steigt dann in zahlreichen Windungen den steilen Hang zur Hütte hinauf.

Mountethütte, 2886 m

Auf dem rechten Ufer des Glacier de Zinal und des Glacier du Mountet gelegen. Eigentum der Sektion Diablerets SAC. 115 Plätze. Telefon 027/65 14 31.

8 *Von Zinal über Petit Mountet, alter Zugang*

Diese Route ist ab Petit Mountet wegen des Gletscherrückgangs gefährlich geworden. Route 8.1 ist vorzuziehen.
Der alte Zugang wird heute wieder öfter benützt, nämlich dann, wenn man für den Auf- und Abstieg verschiedene Routen wählen und/oder die Petit-Mountet-Hütte besuchen möchte.

L Von der Brücke 1675 m, 5 Std. Abb. S. 333

Von Zinal (1675 m) führt die Strasse der Navisence entlang bis zur Brücke 1675 m (Parkplatz). Es ist auch möglich, weiter bis zu P. 1723,5 zu fahren (Fahrverbot). Von dort steigt der Weg in 1 Std. zur Hütte von Le Vichiesso (1862 m), von wo drei Pfade nach Petit Mountet führen. Man wählt am besten den mittleren. Er quert einen kleinen Wald, geht dann unter einem Wasserfall durch und folgt dem Kamm einer alten Moräne. Von Petit Mountet geht der Pfad weiter auf der Moräne des linken Ufers des Gletschers, schneidet schräg eine Felsbastion und führt darüber auf die Moräne zurück. Man folgt dieser bis zum Bach, der vom Pigne de la Lé herunterkommt, um in Wegwindungen den begrasten Platz von Plan des Lettres zu erreichen (2464,9 m). Nun führt der Pfad abwärts auf den Gletscher, oberhalb seines Abbruchs. Man überquert den Gletscher Richtung SE, betritt den Gras- und Geröllhang unter der Hütte bei etwa 2640 m und steigt zur Hütte auf.

8.1 *Von Zinal über die W-Flanke des Besso, neuer Zugang*

EB Von der Brücke 1675 m, 4½ Std.

Von Zinal (1675 m) folgt man R. 9 der Ar-Pitetta-Hütte bis zu den zwei Brücken (1907 m) über die Navisence. Der Pfad nähert sich den Moränen des Glacier de Zinal und steigt dann über die

Grashänge von Moming auf etwa 2500 m empor. Dann quert er den ganzen unteren Teil der Westseite des Besso. Nach Tsina de Vio ermöglicht eine Galerie mit Seilgeländer und Stufen das Überschreiten des Nant, eines Lawinencouloirs, das auf beiden Seiten von Felswänden begrenzt ist. An die Stelle der Grashalden treten nun Felsen und Geröll. Der Pfad überschreitet den SW-Grat des Besso über den Grépon und führt dann durch Blockfelder in Richtung SW-Fuss des Mammouth, von wo es nicht mehr weit ist zur Hütte.

Ar-Pitetta-Hütte, 2786 m

Im oberen Teil der Mulde von Ar Pitetta gelegen, im SSE des Col de Milon. Eigentum der Sektion La Dôle SAC. 24 Plätze, Nottelefon.

9 *Von Zinal (über Le Vichiesso)*

EB Von der Brücke 1675 m, 4½ Std.

Von Zinal (1675 m) folgt man R. 8 der Mountethütte bis zur Hütte Le Vichiesso (1862 m). Man wählt den Pfad, der zur Navisence hinunterführt, und überschreitet zwei Brücken (1907 m). Von hier steigt der Weg nach Chiesso (2082 m) und weiter gegen N über P. 2154,9 bis zu einem Bach. Man wendet sich nach rechts, folgt dem Bach, geht an einem kleinen See vorbei und weiter über die Abhänge der Pointe d'Ar Pitetta (△ 3132,7 m), bis man den grasigen Platz erreicht, auf dem die Hütte steht.

10 *Von Zinal (über den Pas du Chasseur)*

EB Von der Brücke 1675 m zur Hütte, 4 Std.

Von Zinal (1675 m) folgt man der Strasse entlang der Navisence bis zur Brücke 1675 m (Parkplatz). Man folgt nun dem Weg auf dem rechten Ufer der Navisence. Nach der Brücke bei 1731 m steigt der Weg links an zur Côte de Meya. Nun quert man horizontal nach rechts bis an den Fuss der Felswand, wo der Pas du Chasseur beginnt, ein steiler Durchschlupf, der mit Ketten versehen ist. (Am Fuss der Felswand blau angeschrieben «Pas du Chasseur».) Der Pfad steigt dann durch den Wald an und erreicht R. 9 bei P. 2154,9.

Tracuithütte, 3256 m

Auf dem Col de Tracuit gelegen, 300 m südöstlich der tiefsten Einsattelung und 150 m südöstlich von P. 3250. Eigentum der Sektion Chaussy SAC. 112 Plätze. Telefon 027/65 15 00.

Zugang über die Routen des Col de Tracuit.

Rothornhütte, 3198 m

Die Hütte liegt auf dem «Eseltschuggen», am Fuss des SE-Grates des Zinalrothorns. Eigentum der Sektion Oberaargau SAC. 100 Plätze. Telefon 028/67 20 43.

11 *Von Zermatt*

EB Von Zermatt, 4–5 Std. Abb. S. 321

Von Zermatt (1614 m) geht der Weg über Alterhaupt (1961 m) und führt dann durch die Schlucht des Triftbachs, den man bei P. 2058 (Stellistein) überschreitet, aufwärts. Dann verlässt er die Schlucht und gelangt zum Hotel Trift (2337 m). Der Pfad steigt in der Mulde des Triftbachs an (östlich der Moränen des Gabelhorn- und Triftgletschers), geht beim Vieliboden (2455,9 m, 2488 m) vorbei, führt über den Bach und auf die östliche Seitenmoräne des Triftgletschers. Dann wendet er sich bald nach rechts, überschreitet einen Bach und gelangt auf den Kamm einer alten, grasbewachsenen Moräne. Bei den letzten Grasflekken biegt er wieder nach rechts und erreicht den Kamm der Hauptmoräne, dem er bis oben folgt. Über die Schneefelder gelangt man bald zu den untersten Felsen des Eseltschuggen, wo die Hütte steht.

Schalijoch-Biwak, ca. 3780 m

In den untersten Felsen des Schaligrates gelegen, 30 m über und nordöstlich der tiefsten Einsattelung des Passes (3750 m). Eigentum der Sektion Basel SAC. 8 Plätze. Notfunk.

Zugang über die Routen des Schalijochs.

Ein möglicher Zugang von der Rothornhütte: Auf R. 650 zum Hohlichtpass und Überschreiten des Schalihorns über die R. 651 und 655. Er wird ziemlich oft benützt.

Weisshornhütte, 2932 m

In den oberen Hängen des Hohlicht gelegen, 500 m über dem Hohlichtgletscher. Eigentum der Sektion Basel SAC. 36 Plätze. Telefon 028/67 12 62.

12 *Von Randa*

EB Von Randa, 4½ Std.

Von Randa (1407 m) führt der Pfad über die Mattervispa nach Eien (1414 m). Dann steigt er im Zickzack durch den Wald bis Rötiboden (1970 m). (1¼ Std.). Unmittelbar vor den Hütten zweigt ein Pfad rechts ab und steigt im Zickzack zu der Hütte von Jatz (△ 2246,4 m). Von dort führt er durch eine Grasmulde (P. 2472) und gelangt auf eine Art Schulter. Dann quert er schräg aufwärts den Hang von Hohlicht zur Hütte, die man erst in der letzten Viertelstunde sieht.

Turtmannhütte, 2519 m

Auf einem Felssporn am Fuss des Brunegggletschers gelegen, im WNW der Barrwang. Eigentum der Sektion Prévôtoise SAC. 50 Plätze. Telefon 028/42 14 55.

13 *Von Gruben*

EB Von der Brücke des Vord. Sänntum, 2 Std.
Abb. S. 398

Von Gruben-Meiden (1822 m) führt eine Fahrstrasse zur Brücke bei 1901 m über die Turtmänna vor dem Vord. Sänntum. Die Strasse (Fahrverbot) führt auf dem linken Ufer der Turtmänna zu den vor dem Turtmanngletscher gelegenen Seen (2174 m) und zur rechten Seitenmoräne des Gletschers (P. 2281), wo eine kleine Transportseilbahn beginnt. Von hier führt ein Fussweg zur Hütte.

14 *Von Gruben*

EB Von der Brücke des Vord. Sänntum zur Hütte, 2 Std.

Von Gruben-Meiden (1822 m) führt eine Fahrstrasse zur Brücke bei 1901 m über die Turtmänna vor dem Vord. Sänntum. Vor der Brücke beginnt ein Fussweg auf dem rechten Ufer der Turtmänna. Er steigt in zahlreichen Windungen durch einen Lärchenwald, geht beim Spicherli (1946 m) vorbei und gelangt an den Fuss einer kleinen Felswand (Holustei), über der sich eine Hütte und eine Kapelle erheben. Von dort führt der Pfad, zuerst leicht fallend, dann wieder ansteigend, zu P. 2281, wo man auf R. 13 trifft.

14 a

EB

Von der Kapelle kann man auch in östlicher Richtung zu P. 2343 steigen (steiler Weg). Man stösst hier auf den Weg, der vom Vord. Sänntum nach Brändji Oberstafel (2297 m) führt. Man folgt diesem Weg, ganz leicht absteigend, bis zu P. 2281, wo man auf R. 13 trifft.

Topalihütte, 2674 m

Auf dem östlichsten Punkt des Distulgrates gelegen, am Ostfuss der Barrhörner. Eigentum der Sektion Genf SAC. 20 Plätze. Telefon 028/ 56 21 72.

15

EB Von St. Niklaus, 4½ Std.

Von St. Niklaus (1114 m) folgt man der kleinen Fahrstrasse bis Ze Schwidernu (1163 m). Von da steigt der Fussweg steil nach W und führt zu einer Abzweigung (1360 m). Man wendet sich scharf nach rechts und ersteigt den sehr steilen, bewaldeten Hang auf gutem Zickzack-Weg. Man wendet sich dann auf breiten Grasbändern abermals nach rechts, geht um einen Felskopf herum und steigt sehr steil nach Bode (1905 m). Nun weniger steil zur Hütte von Walkerschmatt (2139 m) und, nach einer längeren Querung, nach Scheidchrommo, wo man die Hütte sieht. Der Weg quert nun eine kleine Ebene (Grüner Boden), führt ein Stück weit über die Moräne des Untern Stelligletschers und steigt dann zwischen Felsen und Rasen zur Hütte.

15 a

EB

Von der Abzweigung 1360 m folgt man dem Pfad gegen SW, steigt im Zickzack durch den Wald und überschreitet den Blattbach bei P. 1728. Dann steigt man durch einen schönen Lärchenwald aufwärts, zunächst Richtung SE, dann wieder zum Blattbach, den man ein zweites Mal überschreitet. Nun in Windungen nach Unnerbächji, das man zur Rechten lässt. Weiter oben überschreitet man den Bach, der vom Unt. Stelligletscher kommt, und gelangt schliesslich nach Scheidchrommo, wo man auf R. 15 trifft.

Hörnlihütte, 3260 m

Am Fuss des NE-Grates des Matterhorns (Hörnligrat) gelegen. Eigentum der Sektion Monte Rosa SAC. 50 Plätze. Telefon 028/67 27 69.

Unmittelbar neben der Hütte steht das Hotel Belvedere-Berghaus (Privatbesitz). Hütte und Hotel stehen unter gleicher Leitung.

16 *Vom Schwarzsee*

EB Vom Schwarzsee, 2 Std. Abb. S. 555

Von Zermatt (1614 m) fährt eine Luftseilbahn mit Zwischenstation in Furi zum Schwarzsee (2583 m). Der Weg führt dann zum S-Fuss des Hirli (△ 2888,7 m), geht der Felswand entlang, ersteigt den Grat (Hirlischneide) und führt in zahlreichen Windungen zur Hütte.

17 *Vom Restaurant Stafelalp*

EB Vom Restaurant zur Hütte, 2¾ Std.

Von der Station Furi (1864 m) der Luftseilbahn Zermatt-Schwarzsee erreicht man auf der Baustrasse oder dem Fussweg darüber das Restaurant Stafelalp in 1 Std. Von dort steigt ein steiler Weg über P. 2306, P. 2412 und Seickren (P. 2546) im Zickzack zum Grat (Hirlischneide), wo man auf R. 16 trifft.

Solvayhütte, 4003 m

Die Hütte liegt auf dem Hörnligrat, unmittelbar oberhalb der Moseleyplatte. 10 Plätze. SOS-Telefon.

Die Hütte darf nur in Notfällen benutzt werden.

Zugang R. 1106. Abb. S. 555

SEKTIONSEIGENE (PRIVATE) HÜTTEN

Diese Hütten sind geschlossen und in erster Linie für Mitglieder der Sektionen da. Auf Anfrage bei den Sektionen können aber Gäste aufgenommen werden.

Illhornhütte, 2130 m

An der Waldgrenze über Chandolin gelegen. Privateigentum der Sektion Monte Rosa SAC, Ortsgruppe Sierre. 45 Plätze. Telefon 027/65 11 78.

19 *Von Chandolin*

B Von Chandolin, ½ Std.

Von Chandolin (1979 m) folgt man dem Fahrweg (Fahrverbot) der Alp Chandolin bis zu einem Reservoir (auf der LK eingezeichnet), in dessen Nähe der Hüttenweg abzweigt.

ANDERE HÜTTEN

La-Tsa-Hütte, 2607 m

Die Hütte liegt auf einem Vorsprung in den Abhängen am Fuss der W-Flanke der Pointe de Tsalion. Eigentum des Bergführervereins des Val d'Hérens. 60 Plätze. Telefon 027/83 18 68.

20 *Von Arolla*

EB Von Arolla, 1¾ Std. Abb. S. 117

Von Arolla (1956 m) steigt man zur Brücke über die Borgne d'Arolla ab und anschliessend zu einer schönen Terrasse mit einem mächtigen Block (Gedenktafel) auf. Der markierte Pfad (der nördlichste) führt zuerst durch Wald, dann über Weiden (P. 2388) zur Hütte, die man nach einer horizontalen Traverse erreicht.

20 a *Von Arolla*

EB Von Arolla, 1¾ Std.

Der alte Pfad (der südlichere) wird nicht mehr unterhalten, ist aber noch leicht begehbar. Sein Beginn nach der schönen Terrasse mit dem mächtigen Block ist erkenntlich (wenn auch nicht sehr deutlich) an einem rotmarkierten Block mit gelb-schwarzem Wegzeichen. Zuerst schwer sichtbar in den Erlen, wird er später ausgeprägter, und man findet noch verblichene Markierungen.

Bella-Tola-Hütte, 2346 m

Am Südwestfuss des Rotsé gelegen, im NW von Garboula. Eigentum des Ski-Club Sierre, 120 Plätze. Telefon 027/65 15 37.

21 *Von Saint-Luc*

B Von Tignousa, ½ Std.

Von Saint-Luc (1684 m) fährt die Sesselbahn Saint-Luc–Tignousa (TLT) bis Tignousa (ca. 2180 m). Von dort führt ein steiler Pfad zur Hütte. Die Fahrstrasse, die bei P. 1756 von der Strasse Saint-Luc–Chandolin abzweigt und an den Fuss der Bella Tola führt, darf nicht befahren werden (Fahrverbot).

Mont-Noble-Hütte, 2244 m

Die Hütte liegt auf dem Plan Tsalet, im WNW des Mont Noble, auf einer deutlichen Terrasse in den obersten Bäumen und Weiden. Privateigentum. 30 Plätze.

22 *Von Nax*

B Von Chiesso, 20 Min. Von Nax, 2½ Std.

In Nax, am Ostrand des Dorfes, bei P. 1409 (Mayens de Nax) beginnt eine Fahrstrasse, die nach Chiesso (2068 m) führt. Von dort steigt ein Fussweg zur Hütte.

Petit-Mountet-Hütte, 2142 m

Auf der linken Seitenmoräne des Glacier de Zinal gelegen. Privateigentum. 40 Plätze. Telefon 027/65 13 80 oder 65 17 38.

Von Zinal

Zugang über Route 8.

Gandegghütte, 3029 m

Auf dem Felsgrat zwischen Oberem und Unterem Theodulgletscher gelegen. Privateigentum. 30 Plätze.

23 *Von Trockener Steg*

B Von Trockener Steg, ½ Std.

Von Trockener Steg (2939 m), Zwischenstation der Luftseilbahn Zermatt-Klein Matterhorn, folgt man dem Pfad am Rand des Gletschers Richtung S zur Hütte.

24 *Von Rotenboden*

L Von Rotenboden, 2½ Std.

Von Rotenboden (2815 m), Zwischenstation der Zermatt-Gornergratbahn, folgt man dem Monte-Rosa-Hüttenweg bis zur Abzweigung 2775 m. Zur Rechten führt ein kleines Weglein sehr steil auf den Gornergletscher hinunter. (20 Min.). Man quert ihn Richtung SW, indem man auf den grünen Fleck Triftji zuhält. Man überschreitet mehrere Moränen, um auf den Unteren Theodulgletscher zu gelangen. Man ersteigt ihn schräg gegen W und folgt seinem linken Ufer (N), bis man sich direkt unterhalb der Hütte befindet, die von weitem sichtbar ist. (1½ Std.). Vom Gletscher gelangt man auf einem kleinen Pfad durch Geröll, Gras und Felsen zur Hütte.

ITALIENISCHE HÜTTEN

Diese Hütten gehören dem CAI (Club alpino italiano), dem CAAI (Club alpino academico italiano) oder sind Privateigentum.

Die Hütten und Biwaks sind grösstenteils während der Sommersaison immer offen.

Rifugio del Col Collon, 2818 m

Im oberen Teil der Comba d'Oren auf einer Felsbank gelegen. Eigentum der Sektion Turin CAI. 25 Plätze. Immer offen.

Neben dem Rifugio del Col Collon ist 1990 eine neue Hütte als unabhängige Winterhütte gebaut worden. Sie heisst Rifugio Alessandro Nacamuli, zur Erinnerung an den Turiner Alpinisten. 28 Plätze. Telefon 0165/73 09 69.

50 *Von Valpelline (Von der Staumauer Place Moulin)*

L Von der Staumauer, 3½ Std.

Man gelangt zur Comba d'Oren:

a) Vom Parkplatz bei der Staumauer Place Moulin (ca. 1950 m) folgt man der kleinen Werkstrasse (Fahrverbot) am N-Ufer des Sees während etwa 5 Min. bis zu einer nicht sehr deutlich sichtbaren Abzweigung. Man nimmt den Pfad zur Linken, der schräg ansteigt und in sumpfiges Weidegelände führt. Man gelangt dann zu einer kleinen Strasse über dem See, im Abhang der Alpe Greysemma (2128 m, ohne Namen und Kote auf der LK). Man folgt ihr bis zu ihrem Ende, wo ein Fussweg in der Mitte des Hangs weiterführt. Man folgt ihm auf und ab, bis sich die Comba d'Oren auftut und man auf die Alpe d'Oren gelangt (2161 m, ohne Namen in der LK). (¾ Std.).

b) Vom Parkplatz bei der Staumauer Place Moulin (ca. 1950 m) folgt man der kleinen Werkstrasse (Fahrverbot). Man kommt bei einer kleinen Kapelle vorbei und gelangt zur Alp La Lé (1992 m, ohne Namen und Kote auf der LK). Hier verlässt man die Strasse, die nach Prarayer weiterführt, und steigt links hinauf, um über eine Brücke den Bach, der von der Comba d'Oren herunterkommt, zu überqueren. Unmittelbar danach steigt man gegen rechts an und erreicht über Weiden den Pfad a), der zur Alpe d'Oren führt (2161 m, ohne Namen auf der LK). (1 Std.).

Von der Alpe d'Oren geht man weiter durch das begraste Tal, in dem man sich auf dem rechten Ufer des Baches hält, bis zur Brücke von La Garda (2211 m). Auf der anderen, ebenfalls grasbewachsenen Seite des Baches gelangt man schliesslich in steileres und steiniges Gelände. Etwas ausholend am Hang erreicht man eine kleine, fast immer schneebedeckte Einsattelung, die auf die sandige Ebene des Plan du Gan (ca. 2450 m, ohne Namen und Kote auf der LK) führt. (1 Std.). Immer auf der gleichen Seite geht man der Ebene entlang und übersteigt ein Blockfeld. Dann steigt man nach rechts in ein enges Couloir ein, in dem oft Schnee liegt und wo Wasser herunterkommt (Le Pissonet, ohne Namen in der LK). Man erreicht die Felsbastion (gut sichtbarer Punkt) in zahlreichen Windungen und gelangt an ihr äusseres Ende, wo zahlreiche, für den Abstieg nützliche Steindauben stehen. Von hier aus (ca. 2700 m) ist die Hütte am andern Talhang endlich sichtbar. Man überschreitet den Bach an der günstigsten Stelle und folgt den Wegspuren, die im kurzen, steinigen Steilhang zur Hütte führen.

Rifugio Aosta, 2781 m

Am WSW-Fuss der Tête de Valpelline gelegen, auf einem steilen Grasrücken. Eigentum der Sektion Aosta CAI. Momentan nicht benützbar. Neubau für 1993 geplant.

51 *Von Prarayer*

L Von Prarayer, 4 Std.

Von Prarayer (2005 m), das man über R. 50 (b) des Rifugio del Col Collon erreicht, folgt man weiter dem Talweg am rechten Ufer des Buthier und überschreitet den Bach, der vom Gletscher des Mont Braoulè herunterkommt (P. 2021). Man gelangt zu einer alten Holzbrücke über den Buthier, überschreitet sie aber nicht, sondern folgt einem ausgeprägten Pfad, der etwas links beginnt und in Windungen bis auf ca. 2300 m steigt und wieder etwa 50 m fällt. Man folgt weiter über Geröll den winzigen Steindauben und überschreitet dann den Bach, der von der Alpe Tsa de Tsan herunterkommt. Nun steigt der Pfad in zahlreichen Windungen an und folgt schliesslich der langen rechten Seitenmoräne des untern Glacier de Tsa de Tsan bis zu P. 2715. Von hier steigt man wieder etwa 20 m ab bis zum Felsblock, wo sich zwei mögliche Wege bieten:

a) über die Moräne rechts unten
b) über den Gletscher

Der zweite Weg ist der bessere. Man ersteigt ein Schneefeld und überquert den Gletscher bei ca. 2750 m bis zum Fuss eines Felsriegels (wo man Wasser findet). Der Pfad ist jetzt gut markiert und führt in wenigen Minuten zur Hütte.

Biwak Tête des Roèses, ca. 3120 m

Auf der WSW-Seite der Tête des Roèses im Glacier des Grandes Murailles gelegen. Eigentum des CAAI. 4 Plätze. Immer offen.

52 *Von Prarayer*

L Von Prarayer, 4 Std.

Von Prarayer (2005 m) folgt man R. 51 des Rifugio Aosta bis zu P. 2250 (grosser Steinmann und Steg über den Buthier). Man steigt östlich über felsdurchsetzte Grashänge an, indem man ein steiles Couloir benützt. So gelangt man in flacheres Gelände (Terrassen, ca. 2700 m). Man quert 200 m nach rechts (Steinmann), steigt über einige Felsen und erreicht einen Grasrücken, dem man in Richtung der Tête des Roèses folgt. Dann steigt man über nasse Felsen und wendet sich nach links, um am Fuss des W-Grates der Tête des Roèses vorbeizugehen. Man ersteigt ein Couloir auf der N-Seite des Grates, und da, wo es breiter wird, quert man den Grat nach rechts und gelangt durch eine Art Fenster zum Biwak.

52 a *Über Bellatza*

L Von Prarayer zum Biwak, 4 Std.

Von Prarayer (2005 m) folgt man R. 51 des Rifugio Aosta über P. 2021 zur alten Holzbrücke. Man überschreitet die Brücke und steigt nach Deré la Vieille und Bellatza hinauf. Dann quert man über Bänder die Westseite der Petite Tête de Bellatza (2907 m, ohne Namen auf der LK). Man geht weiter durch die Schneemulde des Südarms des Glacier des Grandes Murailles, direkt unter den Séracs durch (Eisschlag) und erreicht R. 52 bei den Terrassen auf ca. 2700 m.

Biwak Umberto Balestreri des Cors, 3142 m

Das Biwak liegt auf dem E-Grat, der vom Col des Cors abfällt. Eigentum des CAAI. 4 Plätze. Immer offen.

53 *Von Breuil*

L Von Breuil, 4 Std. Abb. S. 523, 529

Von Breuil (2006 m) führt ein zuerst breiter, dann schmaler Pfad in 1 Std. zur Montagne des Cors (2252 m). Man hält über Weiden auf gelegentlich unterbrochenem Weg auf den grossen Grat der Cors zu. Man folgt dem Vallon des Pierres (ohne Namen auf der LK) und wendet sich dann nach rechts über manchmal von Felsvorsprüngen unterbrochene Grasbänder. Dann geht man unter einem kleinen Wasserfall durch. Über steile Hänge, teils Gras, teils leichte Felsplatten, steigt man empor, bis die Vegetation aufhört. Nun steigt man auf den felsigen Grat der Cors, dem man bis zum Biwak folgt.

Biwak Perelli-Cippo, ca. 3870 m

Ohne Kote auf der LK.

300 m nordöstlich des Col des Grandes Murailles gelegen (613.00/90.450). Eigentum der Società Guide del Cervino. 9 Plätze. Immer offen.

Zugang über Routen des Col des Grandes Murailles. Abb. S. 529

Biwak Camillotto Pellissier, ca. 3325 m

Ohne Kote auf der LK.

Ersetzt das von einer Lawine zerstörte Biwak Albertini. Auf dem SSE-Grat der Schneeschulter 3957 m der Dent d'Hérens gelegen. Eigentum der Società Guide del Cervino. 9 Plätze. Immer offen.

54 *Von Breuil*

WS Von Breuil, 5 Std. Abb. S. 523, 529

Von Breuil (2006 m) führt ein Fussweg nach Crot (2367 m). Man steigt links über Geröll und die Moräne des Gh. di M. Tàbel an. Am Fuss des Grates der Cors findet man einen leichten Zugang zum Gletscher, über den man aufsteigt (Steinschlag). Auf einer Terrasse kann man sich nach rechts wenden und unter der obersten Felsinsel durchgehen (Eisschlag). Nun steigt man in der Gletschermitte auf, um auf das obere Plateau auf der Höhe des Biwaks zu gelangen. Über den Gletscher querend erreicht man das Biwak.

54 a

WS Abb. S. 523, 529

Von der Gletscherterrasse geht man auf dem rechten Ufer weiter und erreicht R. 1080.

55 *Von Breuil über die untere Cresta Albertini*

Gianni Albertini mit Louis Carrel dem Kleinen und Jean Pellissier, 15. Juli 1937.

Dieser Zugang vermeidet die gefährlichen Stellen auf dem Gh. di M. Tàbel. Er benutzt den unteren Teil der Cresta Albertini und bietet eine schöne, schwierige Kletterei in wunderbarer Umgebung. Dieser Zugang, kombiniert mit Route 1072 auf die Dent d'Hérens, ergibt eine sehr lohnende Tour.

S Von Breuil, 6 Std. Abb. S. 529

Von Breuil (2006 m) folgt man R. 54 bis zur Moräne unter dem Gh. di M. Tàbel. Man steigt über die Moräne und Schneefelder bis zum Fuss des Sporns. Nach etwa 80 m erklettert man rechts von einem grossen Schneekegel einen kurzen, schuttbedeckten Vorsprung. Er führt zum Beginn eines gut sichtbaren Bandes unter einer gelben, überhängenden Wand auf ca. 2700 m. (2 Std.). Man folgt dem Band nach links (Gedenktafel) gegen den Sporn. Nun packt man eine markante Verschneidung an und überwindet einige leicht überhängende Stellen (IV+, H), bis man zum ersten Standplatz gelangt. Drei wenig schwierige Seillängen führen zu einem kleinen Grateinschnitt. Weiter in sehr schöner Kletterei über eine kleine Wand von 35 m (IV, H). Oberhalb eines Sporns gelangt man links auf den Grat zurück

1 H) und folgt ihm auf mehrere Seillängen bis zum Fuss eines schönen Turms, den man rechts über ein bequemes Band umgeht. Man betritt nun ohne Schwierigkeiten den Gh. di M. Tàbel und erreicht das Biwak.

Biwak Giorgio e Renzo Novella, 3706 m

Ohne Namen auf der LK.

Auf der Punta Maria Cristina gelegen (ohne Namen auf der LK). Eigentum der Società Guide del Cervino. 9 Plätze. Immer offen.

Zugang über R. 1070 der Dent d'Hérens. Abb. S. 529

Biwak Benedetti, ca. 3510 m

Ohne Kote auf der LK.

Etwas westlich des Colle Tournanche gelegen, fast zuoberst auf der markanten Felsspitze, die über dem Pass nach E zeigt. Das Biwak steckt oft tief im Schnee. Eigentum der Società Guide del Cervino. 4 Plätze. Immer offen.

Zugang über die Routen des Colle Tournanche. Abb. S. 529

Rifugio Duca degli Abruzzi (Rifugio Lo Riondè), 2802 m

Am S-Fuss der Testa del Leone gelegen, südöstlich vom See 2803 m, auf einem hübschen Plateau, wo der letzte Rasen wächst. Privateigentum. 40 Plätze. Private Funkverbindung des Hüttenwarts mit Breuil. Offen vom 1.7. bis 30.9. Zubringerdienst mit Jeep möglich.

56 *Von Breuil*

B Von Breuil, 2¼ Std.

Von Breuil (2006 m) führt eine Fahrstrasse (Fahrverbot) im Zickzack (Abkürzungen für Fussgänger) über Crot de Palet (2268 m), P. 2362, L'Eura (2544 m) und P. 2664 zur Hütte.

57 *Von Plan Maison*

Dieser Zugang führt grösstenteils über Geröll und ist unangenehm.

EB Von Plan Maison, 1¾ Std.

Von der Station Plan Maison der Luftseilbahn des Plateau Rosa gelangt man nach Torrent la Vieille und wendet sich dann Richtung W über Weiden (R. 1141 und 1142 des Breuiljochs). Wegspuren führen zur linken Seitenmoräne des Gh. della Forca. Man steigt über ihren Kamm bis vor das oberste Stück ihres steilen Abschnittes. Dann wendet man sich nach links und überschreitet zwei steile rechte Seitenmoränen des Gletschers. Man hält sich oberhalb einiger Felsbänder und gelangt zur Hütte.

Rifugio Jean Antoine Carrel, 3829 m

Auf der Arête du Lion des Matterhorns gelegen, am Fuss des grossen Turms (Grande Tour). Die alte Hütte Luigi Amedeo di Savoia dient nur noch als Notunterkunft (16 Plätze). Eigentum der Società Guide del Cervino. 40 Plätze. Funkverbindung mit dem Bergführerbureau Breuil. Ständig offen.

58 *Von Breuil*

WS Vom Rifugio Duca degli Abruzzi, 4 Std.
Abb. S. 560

Von Breuil (2006 m) erreicht man auf R. 56 in 2¼ Std. das Rifugio Duca degli Abruzzi (Rifugio Lo Riondé, 2802 m). Von dieser Hütte folgt man dem Pfad Richtung NW bis zu einer ersten Felsstufe, dem *Grand Escalier du Lion*, die man über bequeme Bänder ersteigt. An der *Croce di Carrel* (2920 m) vorbei, kommt man weiter oben im Schutt auf Wegspuren zu einem Schneefeld mit Lawinenkegel. Man steigt auf seiner W-Seite auf und quert dann nach links, um die Wand zur Linken durch ein leichtes, diagonal ansteigendes Couloir zu überwinden. Vom Schuttplateau an seinem Ausgang führen Wegspuren über einen gestuften Felsrücken zum steilen Firnfeld auf der S-Seite der Testa del Leone. Man steigt zuerst am untern Rand des Firns gegen rechts hinauf (Steinschlag vom Ausstieg aus dem Couloir bis zum Ende der Traverse unter dem Firn) und dann über eine Rippe (leichter Fels) am östlichen Rand des Firns, hoch über dem Gh. Sup. del Cervino, direkt bis unter die Testa del Leone. Der ganze Pfad bis zum Pic Tyndall wird nun sichtbar. Man quert fast horizontal nach rechts am Fuss der Ostwand der Testa del Leone (Steinschlag, heikel) über Schutt, steile Schneecouloirs und Felsbänder, die zum *Colle del Leone* (3580 m) führen. (2½ Std.). (Quert man höher oben, direkt unter den Felsen der Wand, findet man einige Sicherungshaken.) Auf dem Colle del Leone beginnt die *Arête du Lion*. Man geht auf der italienischen (S –) Seite dem Grat entlang; ein Firnhang und Geröll führen zu steilen Platten mit den ersten fixen Seilen. Man ersteigt sie schräg gegen rechts, sich nahe am Grat haltend (II, schwierig, wenn verschneit). Glatte, leicht überhängende

Stufen (Seil) führen gegen rechts zur Plaque Seiler (die nicht sehr steil, aber oft verschneit und vereist ist). Über eine Stufe und leichte Felsen erreicht man den Fuss einer offenen, senkrechten Verschneidung von ca. 12 m Höhe *(La Cheminée)*. Fixes Seil, mühsam, Stand in halber Höhe, ausgezeichnete Sicherungsmöglichkeit beim Ausstieg. Man folgt dem Grat bis zur Hütte über Stufen und Platten (Sicherungsstifte).

58 a

WS Abb. S. 560

Steinschlägige Route.

Statt zum steilen Firnfeld der S-Seite der Testa del Leone aufzusteigen, geht man rechts über ein breites, mit kleinen Schneeflekken übersätes Band, um den Gh. sup. del Cervino (R. 1126) zu erreichen. Man ersteigt ihn und gelangt zum vom Colle del Leone herunterziehenden Couloir. Diesem folgt man kurz, dann erklettert man die Felsen rechts des Couloirs, über die man den Pass erreicht, wo man auf R. 58 trifft.

Biwak Oreste Bossi, ca. 3300 m

Am Fuss des Furggengrates des Matterhorns gelegen, 100 m nordwestlich des Breuiljochs. Eigentum der Società Guide del Cervino. 9 Plätze. Ständig offen.

Zugang über die Routen des Breuiljochs.

Rifugio del Teodulo, 3317 m

Auf einem Fels- und Schuttsporn nördlich über dem Theodulpass auf italienischem Gebiet gelegen. Eigentum der Sektion Turin CAI. 86 Plätze. Telefon 0166/94 94 00. Offen vom 26.3. bis 25.9.

59 *Von Trockener Steg*

L Von Trockener Steg, 1¾ Std.

Von Trockener Steg (2939 m), Zwischenstation der Luftseilbahn Zermatt-Klein Matterhorn, steigt man nach Gandegg (3029 m) hinauf und folgt dann dem Pfad bis nördlich von P. 3108. Von hier quert man den Gletscher Richtung Theodulhorn. Man geht dem Fuss seiner Ostflanke entlang, gelangt zum Theodulpass (3301 m) und von da in einigen Minuten zur Hütte.

60 *Von der Testa Grigia*

L Von der Testa Grigia, ½ Std.

Von der Testa Grigia (3479,6 m), Bergstation der Luftseilbahn Plateau Rosa, steigt man ohne Schwierigkeiten über den Oberen Theodulgletscher zum Theodulpass (3301 m) hinunter, indem man sich etwas rechts (östlich) des Grenzgrats hält. Vom Pass in einigen Minuten zur Hütte.

Rifugio delle Guide del Cervino, 3479,6 m

Ohne Namen auf der LK.

Auf der Testa Grigia, direkt bei der Station der Luftseilbahn Plateau Rosa gelegen. Eigentum der Società delle Guide del Cervino. 40 Plätze. Immer offen.

UNTERKÜNFTE – BERGGASTHÄUSER MIT ÜBERNACHTUNGSMÖGLICHKEIT

Hotel Berggasthaus Belvedere, 3260 m 028/67 22 64	618.48/ 92.32
Hotel Schwarzsee, 2583 m 028/67 22 63	621.04/ 93.31
Hotel Silvana Furi, 1864 m 028/67 20 12	622.62/ 94.50
Hotel Weisshorn, 2337 m 027/65 11 06	613.81/117.44
Hotel Schwarzhorn 028/42 14 14	620.66/117.83
Hotel Trift, 2337 m	621.86/ 97.65
Cabane Chante au Vent, Crêt du Midi, 2331,8 m 027/55 32 98	606.97/119.78
Alp Restaurant Junger Stübli, Jungu, 1955 m 028/56 24 08	627.83/116.05
Cabane de Sorebois, 2438 m 027/65 13 78	612.73/110.30
Cabane Tignousa 027/65 13 60	613.25/119.70
Cabane La Remointsette, 2302 m 027/55 17 33	613.33/122.49
Hôtel du Col d'Hérens, Salay, 1766 m 027/83 11 54	608.14/101.61

ABSCHNITT I

Bouquetins- – Dents-de-Perroc-Gruppe

Vom Col Collon zum Col d'Hérens; zwischen den Tälern von Arolla und Ferpècle, der Comba d'Oren und der Comba de Tsa de Tsan

Diese von Norden gegen Süden von den Bouquetins zur Dent de Veisivi verlaufende Bergkette bietet die besten Klettereien dieses Führers. Die Bouquetins, Douves Blanches, Pointe de Tsalion, Dent de Perroc und Petite Dent de Veisivi sind bekannte Kletterberge mit gutem Fels. Sie sind alle über 3000 m hoch und mit entsprechender Ausrüstung anzugehen.
Auf der N-Seite des Mont Brulé (Pointe Marcel Kurz) findet man noch Eistouren, während die Blanche de Perroc immer mehr ausapert.
Ausgangspunkte sind Arolla, die Tsa-Hütte und die Bouquetins-Hütte.

Fahrwege und -strassen

Es werden nur jene Fahrwege aufgeführt, die für die Durchführung einer Tour von Nutzen sind. Manchmal ist ihre Benützung beschränkt erlaubt, manchmal besteht ein allgemeines Fahrverbot. Wer eine solche Strasse trotzdem benützt, tut dies auf eigene Verantwortung. Sie sind oft sehr schmal und müssen mit der nötigen Vorsicht und passenden Geschwindigkeit befahren werden.

- Arolla–Bas Glacier d'Arolla (P. 2092). Fahrverbot ab P. 1973!
- Strasse Les Haudères–Arolla, Saint-Barthélemy–Mayens de Veisivi.
- Les Haudères–Ferpècle, in der Nähe von P. 1828 Fahrverbot, jedoch befahrbar bis zum See 1963 m.
- Valpelline, von Bionaz ist die Strasse bis zur Staumauer Place Moulin gut, dann bis Prarayer eher schwierig.

Col Collon, 3087 m

Zwischen dem E-Gipfel d'Oren (3525 m) und La Vierge; vom Haut Glacier d'Arolla (Bouquetins-Hütte) zur Comba d'Oren (Rifugio del Col Collon).
Altbekannter, früher mit Vieh benützter Übergang.

101 *Von Westen (Vom Col de l'Evêque)*

L Vom Col de l'Evêque, ¾ Std.

Vom Col de l'Evêque (3392 m) steigt man gegen E ab bis zur Spaltenzone, wo man sich nach rechts wendet, um dem Fels- und Geröllrücken (3263,7 m; 3138,6 m) zu folgen, der die Grenze bildet und zum Col Collon abfällt.

102 *Von der Nordseite*

L Von der Bouquetins-Hütte, 1 Std.

Von der Bouquetins-Hütte (2980 m) steigt man ab über die Firnfelder des Haut Glacier d'Arolla, den man Richtung SW quert, um darauf die Schneehänge der Mulde des SW-Armes des Haut Glacier d'Arolla zwischen L'Evêque und La Vierge zu ersteigen. Man geht dabei am Fuss der Felsen des Echos de Collon (3294 m, ohne Namen in der LK, natürlicher Unterstand) durch. Auf ca. 3050 m überquert man den Gletscher nach S und erreicht den Pass.

103 *Von SW*

L Vom Rifugio del Col Collon, 1 Std.

Vom Rifugio del Col Collon (2818 m) geht man zuerst etwas abwärts auf dem Weg und wendet sich dann nach NE, Wegspuren im Geröll folgend. Man gelangt in eine weite Schneemulde und von dort, in der gleichen Richtung, zu immer steileren Moränenhängen und schliesslich zu Firnfeldern, die über P. 3098 zum Pass führen.

104

L Von der Staumauer Place Moulin, 5 Std.

Wenn man direkt von der Staumauer Place Moulin über R. 50 aufsteigt, braucht man nicht beim Rifugio del Col Collon (2818 m) vorbeizugehen. Man folgt dem Hüttenweg bis zum Bach nach der Felsbastion, wo die zahlreichen Steinmänner stehen (ca. 2700 m). Den Bach überschreitet man nicht, sondern folgt ihm bis unter die steilen Moränen unter dem Pass, den man über steile Schneehänge erreicht.

La Vierge, 3232,2 m

Vom Col Collon verläuft die Landesgrenze über den Gipfel der Vierge und biegt dann rechtwinklig nach SE gegen den Grat zum Mont Brulé.

105 *Von SW*

L Vom Fuss, 20 Min.

Vom SW-Fuss, den man in einigen Minuten vom Col Collon (3087 m) her erreicht, ersteigt man ein Couloir / Kamin und einige leichte Felsen.

Col du Laurier Noir, 3291 m

Zwischen P. 3498,3 (Pointe Marcel Kurz) und der Becca Vanetta; vom Rifugio del Col Collon nach Prarayer.
Es handelt sich um einen kleinen felsigen Einschnitt, 550 m von der Becca Vanetta entfernt. Da er auf der E-Seite ein steiles und unangenehmes, ca. 50 m hohes Couloir aufweist, geht man leichter über eine breite Schneeschulter 200 m von der Becca Vanetta entfernt.

Arthur Cust, J.B. Parish mit Jean Maître, 26. August 1881.

106 *Von Westen*

L Vom Rifugio Col Collon, 1½ Std.

Vom Rifugio Col Collon (2818 m) folgt man R. 103 des Col Collon bis gegen 3000 m und kommt dann Richtung SSE über einen kurzen, steilen Schneehang zurück, oberhalb von P. 2989 und P. 3127. Weiter über den Schnee bis zur Stelle des Übergangs. Die Felsbastion von P. 3127 kann nicht direkt erstiegen werden.

107 *Von Osten*

L Von Prarayer, 4½ Std.
Von der Staumauer Place Moulin, 5½ Std.
Abb. S. 55, 63

Vom Parkplatz bei der Staumauer Place Moulin (ca. 1950 m) folgt man R. 50 (b) des Rifugio Col Collon bis oberhalb der Kapelle und geht die kleine Strasse bis Prarayer (2005 m) weiter. Von dort folgt man dem Talweg und überschreitet den Bach, der

vom Mont Brulé herunterkommt, über drei Stege. Nach ca. 100 m verlässt man den guten Weg und folgt Wegspuren gegen links, indem man auf eine Gruppe grosser Lärchen zuhält, auf einem Grasrücken rechts im Aufstieg. Der Pfad, jetzt gut sichtbar, nähert sich dem Bach, umgeht einen kurzen Felsvorsprung, ersteigt den ganzen felsiger Rücken und erreicht, weniger ausgeprägt, die Ruinen von Braoulè (2355 m), wo er aufhört. Hier betritt man das wilde Tal des Mont Braoulè, in dessen Hintergrund man das Gletschertor des Glacier du Mont Braoulè sieht. Etwas rechts, fast auf der gleichen Höhe wie das Gletschertor, befindet sich ein kleiner Schneesattel, der vom Gletscher durch glatte Felsvorsprünge abgetrennt ist. Vom Sattel fällt ein manchmal unterbrochenes Couloir hinunter, der einzige schwache Punkt in der Felsbarriere, die das Tal abriegelt.
Von Braoulè (2355 m) folgt man dem Tal ohne Spur, indem man auf das Couloir zuhält. Man ersteigt es in Richtung des Schneesattels, einige Felsvorsprünge links umgehend (schwierig zu finden, undeutliche Spuren). Ein letztes steiles Schneecouloir führt auf den Sattel, auf Höhe des nun sanften Gletschers. Man steigt gegen NW über leichte, nur wenige Spalten aufweisende Schneehänge direkt zur Schneeschulter an der Stelle des Übergangs.

Pointe Marcel Kurz, 3498,3 m

Ohne Namen auf der LK.

Charakteristischer Punkt im WNW-Grat des Mont Brulé mit schöner, vereister N-Wand und einem SW-Grat.
Obschon Marcel Kurz (1887–1967) sehr dagegen war, Gipfel nach Personen zu benennen, übernehmen wir hier den Vorschlag von Gino Buscaini, der in seinem Führer «Alpi pennine» des CAI den namenlosen Gipfel nach dem grossen Schweizer Topographen und Verfasser von Führern benannte. In den Aiguilles Rouges du Dolent gibt es eine Pointe (Louis) Kurz (Vater von Marcel), die auf der Karte eingezeichnet ist.

Über den WNW-Grat

Siehe R. 112.

Über die N-Wand

Diese Wand besteht grösstenteils aus Eis mit einigen Felsinseln. Der Gletscherzustand ist veränderlich. Für einen schnellen Abstieg kann der Gletscherhang zwischen R. 108 und der Vierge in Frage kommen; er vermeidet den Umweg über den Col Collon.

Glacier du Mont Braoulè von ESE

108 *Route rechts*

Giuliano Clerici, Antonio Pagnoncelli, Carlo und Levi Spadotto, 11. Juli 1976.

ZS Von der Bouquetins-Hütte zum Gipfel, 4 Std., Abb. S. 57

Von der Bouquetins-Hütte (2980 m) steigt man auf dem Haut Glacier d'Arolla ab und überquert ihn in Richtung SW zum Fuss der Wand. Man ersteigt sie über Schnee und Eis, bis man auf ca. 3430 m auf den WNW-Grat gelangt (R. 112), dem man zum Gipfel folgt.

109 *Direkte Route*

Ugo Manera, G.C. Ricompensa, 10. August 1962.
Erste Winterbesteigung: F. Deshusses, Maurice Dandelot, Jaques Jenny, M. Jossen, 22. Dezember 1974.

Die N-Wand weist in der Mitte einen vor Eisschlag geschützten Gletschersporn auf. Die Route, von grosser Schönheit, führt über diesen Sporn. Die Schwierigkeiten hängen vom Zustand des Eisbruchs ab.

S– Von der Bouquetins-Hütte, 4 Std. Abb. S. 57, 61

Von der Bouquetins-Hütte (2980 m) steigt man auf dem Haut Glacier d'Arolla ab und überquert ihn in Richtung SSW zum Fuss der Wand. Man steigt über den Eissporn östlich von P. 3193 empor über schwierige Eisbrüche (Eisschrauben). Der Sporn läuft in eine weniger steile Gletschermulde aus, die man ersteigt. Man bezwingt den schwierigen Bergschrund und ersteigt einen sehr steilen, gefurchten Schneehang. Einige Seillängen führen unter den Eisbuckel (Blankeis), der den oberen Teil der Wand abriegelt. Man übersteigt diesen Buckel von rechts nach links und gelangt auf einen Eisvorsprung (sehr schwierig, Eishaken/-schrauben). Man steigt eine Seillänge gerade empor, überschreitet eine Spalte und gelangt über einen Schneehang auf den Gipfel.

109 a *Variante*

Piero Sobrà, 15. Juni 1969.

ZS Abb. S. 57

Von der Gletschermulde wendet man sich nach rechts und erreicht den WNW-Grat (R. 112) über einen Schneehang und leichte, verschneite Felsen. Man könnte sich auch links halten und R. 110 erreichen.

110 *Route links*

Carlo Darchino, Piero Sobrà, 8. Juli 1979.

ZS–S Von der Bouquetins-Hütte, 4 Std. Abb. S. 57

Von der Bouquetins-Hütte (2980 m) steigt man auf den Haut Glacier d'Arolla ab und quert ihn in Richtung S bis in die Fallinie eines charakteristischen Couloirs, das sich links von einer gegen oben zugespitzten Felszone öffnet.
Man ersteigt das Couloir (45°–50°) auf seinem linken Ufer nahe den Felsen. Etwa auf halber Höhe der Wand stösst das Couloir

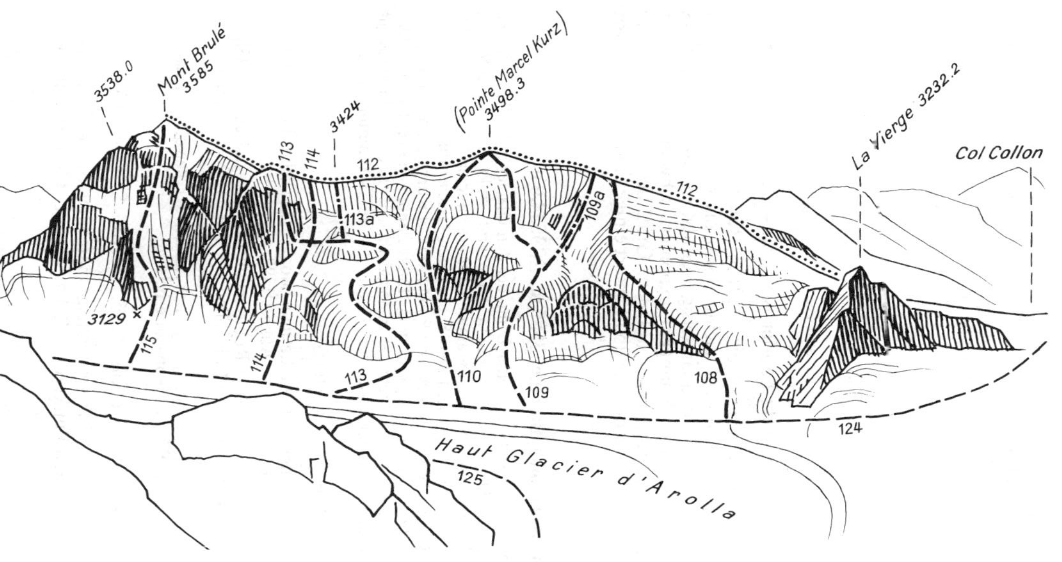

Mont Brulé, N-Seite

auf einen Eisbruch, den man durch eine mächtige Spalte durchsteigt. Oberhalb steigt man einige Seillängen nahe eines kleinen, eleganten Schneegrätleins auf, wendet sich dann im weniger steilen Hang leicht nach rechts und gelangt zum Gipfel.

Über den E-Grat

Siehe R. 112.

111 *Über den SW-Grat*

Langer, grösstenteils felsiger und ziemlich luftiger Grat.

WS Vom Col du Laurier Noir, ca. 4 Std. Abb. S. 55

Vom Col du Laurier Noir (3291 m) führt ein Geröllgrat zu P. 3373. Weiter auf dem leichten Grat bis zu einem Einschnitt (ca. 3260 m). Nun folgt ein felsiges Gratstück, das man rittlings überwindet oder im N umgeht (exponiert, schwierigster Teil der Route). Man geht weiter auf dem Grat, der nun aus Schnee besteht, und umgeht oder überklettert einige Gendarmen, bevor man den Gipfel betritt.

Mont Brulé oder Braoulè, 3585 m, △ 3538,0 m

Der Mont Brulé ist ein breiter Dom, der den Glacier d'Arolla im Süden abschliesst. Der schneeige, leichte Grenzgrat senkt sich wellenförmig nach WNW, bildet die Felspyramide La Vierge und endet im Plateau des Col Collon. Im SW speist sein Schnee den Glacier du Mont Braoulè. P. 3498,3 des WNW-Grates wird Pointe Marcel Kurz genannt. Einzig die Nordseite bietet schwierige Routen. Interessanter Aussichtspunkt. Das neue Signal (△ 3538,0) steht 125 m nordöstlich des höchsten Punktes auf dem felsigen Grenzgrat, der zum Col de Tsa de Tsan hinunterführt.

112 *Über den WNW-Grat*

Alphonse Chambrelent, André und Edouard Michelin, Pierre Puiseux, Bernard und Marc Wolff, 6. August 1892.

Wahrscheinlich wurde diese Route schon früher begangen. Der Gipfel des Mont Brulé wird vom Col Collon aus von der Pointe Marcel Kurz verdeckt.
Schöne Route im Schnee, die jedoch wegen der gewöhnlich nach N überhängenden Wächten Vorsicht erheischt.

WS Vom Col Collon, 2 Std. Abb. S. 57, 61, 63

Vom Col Collon (3087 m) ersteigt man einen Schneehang bis zu seinem höchsten Punkt (ca. 3430 m), wo der Grat beginnt. Man folgt ihm (Wächten links) und umgeht rechts, kurz bevor man auf die Pointe Marcel Kurz (3498,3 m) gelangt, eine seltsame, auffällige Wächte. Über den steilen E-Grat und die rechte Flanke dieser Pointe steigt man in eine breite Senke (3424 m) ab. Von hier kann man

a) auf ein nahes Pässchen zur Linken steigen und dem steilen NW-Grat folgen (Wächten links); Abb. S. 63
b) den Gipfel schwach ansteigend auf seiner W-Seite umgehen, um auf den S-Grat zu gelangen (R. 118), über den man zum Gipfel steigt. Länger, aber weniger steil. Abb. S. 63

Über die N-Wand

In der fortgeschrittenen Jahreszeit meist felsig; nur der rechte Teil ist vergletschert.

113 *Über die Eisbrüche rechts*

Jacques und Olivier Barbey, Constantin Topali, 28. Juli 1923.
Erste Winterbegehung: Francis Dechany, Daniel Heymans, 2. Januar 1975.

Diese Route hat einzig den Vorteil, in der Fliessrichtung des Gletschers anzusteigen. Sie ist aber von Stein- und Eisschlag und abbrechenden Wächten bedroht.

S Von der Bouquetins-Hütte zum Gipfel, 4 Std.
Abb. S. 57, 61

Von der Bouquetins-Hütte (2980 m) steigt man auf den Haut Glacier d'Arolla ab und quert ihn Richtung S zum Fuss der Schneewand, die man in der Fallinie der tiefsten Senke (3424 m) zwischen dem Mont Brulé und der Pointe Marcel Kurz (3498,3 m) anpackt. Man sucht sich einen Weg durch das Labyrinth von Spalten und Schründen, wendet sich dann nach links (E), um über brüchige, schwierige Felsen und eine Schnee- und Eisrippe von ca. 100 m Höhe den WNW-Grat (R. 112) zu erreichen. Von hier in ¼ Std. zum Gipfel.

113 a *Variante*

ZS Abb. S. 57

Man kann die brüchigen Felsen vermeiden, indem man in die Senke 3424 m des WNW-Grates aussteigt.

114 *Direkt über den Eisbruch rechts*

Grégoire und Pierre Nicollier, 20. Juli 1980.

ZS Von der Bouquetins-Hütte zum Gipfel, 4 Std.
Abb. S. 57

Von der Bouquetins-Hütte (2980 m) folgt man R. 113 bis in die Fallinie der Senke 3424 m. Dann steigt man direkt durch das grosse Couloir/Schneehang, das östlich der Senke 3424 m auf den WNW-Grat mündet. Die Wächte kann Schwierigkeiten bereiten. Von da in ¼ Std. auf R. 112 auf den Gipfel.

115 *Direkte Route*

Maurice Brandt, Jean Braun, André Meyer, René Theytaz, Michel Zuckschwerdt, 27. Juni 1965.
Erste Winterbegehung: Jean-René Affolter, Raymond Monnerat, 4. Januar 1975.
Erster Alleingang im Winter: Dominique Neuenschwander, 8. Februar 1976.

Das ist die wirkliche N-Wand-Route. Gemischtes Gelände, etwas steinschlägig. Verhältnisse zu Beginn der Tourensaison am günstigsten. Höhe 450 m.

SS Von der Bouquetins-Hütte, 5 Std. Abb. S. 57, 61

Von der Bouquetins-Hütte (2980 m) folgt man R. 114 bis in die Fallinie der Senke 3424 m und geht noch etwas weiter bis unter P. 3129. Man überquert den Bergschrund rechts eines Plattensporns (P. 3129) und steigt schräg links an in gemischtem Gelände, das äusserst schwierig sein kann, wenn die Platten aper sind. Über drei Felsinselchen erreicht man den Mittelfirn (54° Neigung), den man direkt ersteigt. Die Felsen des oberen Teils sind weniger schwierig als es scheint (III mit einigen Stellen IV). Man schwenkt leicht nach rechts ab, um den Schneegipfel zu erreichen.

116 *Über den NE-Grat*

Arthur Cust mit einem Träger, 7. August 1876.
Diese Route ist wegen der brüchigen Felsen günstiger für den Aufstieg.

L Vom Col de Tsa de Tsan, 1½ Std. Abb. S. 61

Vom Col de Tsa de Tsan (3243 m) folgt man dem leichten, aber sehr brüchigen Felsgrat, eventuelle Schwierigkeiten auf der Ostseite umgehend.

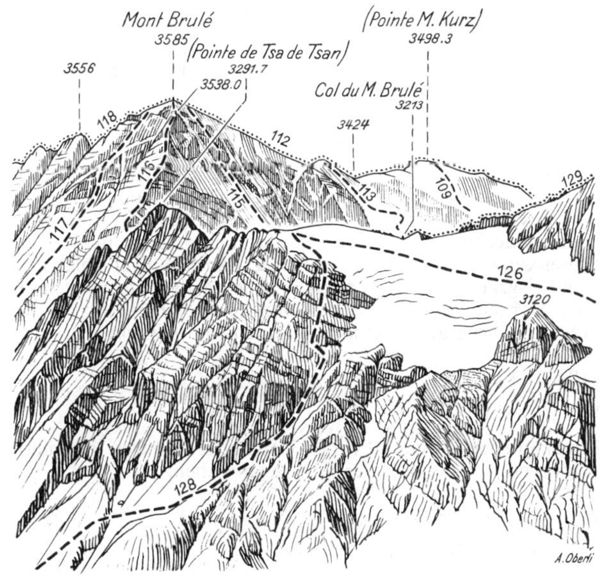

Mont Brulé – Col du Mont Brulé, von NNE

117 *Über die E-Seite*

Scipione Borghese mit A. Brocherel und A. Chenoz, 1912.

Diese mächtige, ca. 600 m hohe Flanke besteht aus losen Felsen und ist dem Steinschlag ausgesetzt.

WS Vom Rifugio Aosta, 6 Std.
Von Prarayer, 8 Std. Abb. S. 61

Indem man von R. 51 des Rifugio Aosta abschwenkt, gelangt man zur Ruine der Alp Tsa de Tsan (2610 m). Dann erreicht man den Fuss der Felsen (P. 2913) und steigt über brüchige Felsrippen und durch Couloirs direkt zum Gipfel.

118 *Über den Glacier du Mont Braoulè und den S-Grat*

Julien Gallet mit Antoine Bovier Vater und Sohn, 15. Juli 1896, im Abstieg bei der Überschreitung Mont Brulé-Aig. de Lancien.

Einsame Route in wild-schöner Landschaft.

WS Von Prarayer, 5 Std. Abb. S. 61, 63

Von Prarayer (2005 m) folgt man R. 107 des Col du Laurier Noir bis dort, wo sie auf den Gletscher führt. Statt ihn gegen NW zu traversieren, folgt man dem linken (E-)Ufer und steigt über Schneehänge, Schutt und einige Felsen leicht in die tiefe Einsenkung nördlich der Aiguille de Lancien. Man folgt nun dem Felsgrat, P. 3556 und mehrere andere Felsköpfe überschreitend. Der letzte bildet eine Felsspitze (ca. 3580 m), von der ein breiter Schneegrat in wenigen Minuten zum Gipfel leitet.

118 a *Variante*

WS Abb. S. 63

Man kann den Einschnitt vor P. 3556 durch ein enges, im Innern schneegefülltes Couloir der W-Seite erreichen.

119 *Über die Westwand*

Gino und Silvia Buscaini, 23. Juli 1969.

ZS, dann L Vom Fuss zum Gipfel, 1½ Std. Abb. S. 63

Vom Gletscherbecken des Glacier du Mont Braoulè, das man auf R. 107 des Col du Laurier Noir erreicht, gelangt man an den Fuss der steilen, von zwei Felsbastionen eingeschlossenen Wand. Der Gletscher ist hier gewöhnlich aper und weist einige kleine Spalten auf. Man steigt weiter im nun weniger steilen Hang, einige Querspalten umgehend, und geht dann links an einigen Felsinselchen vorbei, um den WNW-Grat (R. 112) 200 m vor dem Gipfel zu erreichen.

Col de Tsa de Tsan, 3243 m

Am Fuss des NE-Grates des Mont Brulé; von Arolla (Bouquetins-Hütte) nach Prarayer (Rifugio Aosta). Früher von Schmugglern viel begangen. Vom Haut Glacier d'Arolla sieht man den Pass als schneeige, gewundene Einsattelung am Fuss des NE-Grates des Mont Brulé. Er ist viel ausgeprägter als der Col du Mont Brulé.

T. Blanford, E.P. Rowsell, 12. August 1863.

Mont Brulé, von SSW

120 *Von NW*

L Von der Bouquetins-Hütte, 1 Std. Abb. S. 65

Von der Bouquetins-Hütte (2980 m) folgt man R. 125 des Col du Mont Brulé und gelangt an den Fuss der Schneemulde, die vom Col de Tsa de Tsan herunterzieht. Bei guten Schneeverhältnissen erreicht man vom Gletscher aus den Pass leicht.

121 *Von SE*

Die Wand unter dem Pass ist dem Steinschlag ausgesetzt.

WS Vom Rifugio Aosta, 2¼ Std.
Von Prarayer, 5 Std.

Von Prarayer (2005 m) oder vom Rifugio Aosta (2781 m) folgt man dem Hüttenweg (R. 51) bis zu den Ruinen der Alp Tsa de Tsan (2610 m). Von dort über Geröll und Schneezungen zum Fuss der Felswand. Einigen Spuren folgend, steigt man über verwitterte Felsrippen und Couloirs zum Pass.

Pointe de Tsa de Tsan, 3291,7 m

Ohne Namen auf der LK.

Kleine Erhebung auf dem felsigen Verbindungsgrat vom Col du Mont Brulé zum Col de Tsa de Tsan. Schöner Aussichtspunkt.

122 *Über den SSW-Grat*

L Vom Col de Tsa de Tsan, ¼ Std. Abb. S. 65

Vom Col de Tsa de Tsan (3243 m) folgt man dem Grat über Blöcke und Geröll.

123 *Über den NNE-Grat*

L Vom Col du Mont Brulé, 20 Min. Abb. S. 65

Vom Col du Mont Brulé (3213 m) über Schneefelder und den Grat aus Schutt und Blöcken.

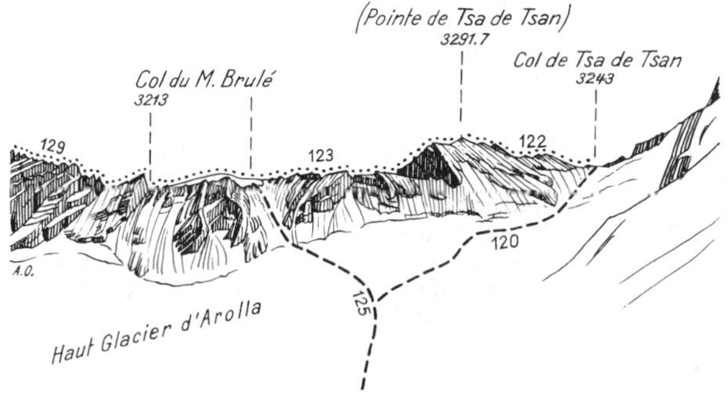

Col du Mont Brulé – Col de Tsa de Tsan, W-Seite

Col du Mont Brulé, 3213 m

Zwischen der Pointe de la Grande Arête und der Pointe de Tsa de Tsan: Sehr praktischer Übergang vom Haut Glacier d'Arolla zum Haut Glacier de Tsa de Tsan.
Klassischer Pass, welcher einen Teil der Haute Route bildet.
Diese High Level Road (auch in der deutschsprachigen Schweiz als Haute Route bekannt) wurde 1861 durch Mitglieder des Alpine Club eröffnet. Die Originalroute führt von Chamonix ins Val Ferret suisse über den Col d'Argentière; nach Bourg Saint-Pierre über den Col des Planards; nach Chermontane über den Col de Sonadon; nach Prarayer über den Col d'Oren: nach Zermatt über den Col de Valpelline. Seither sind eine ganze Anzahl von Varianten entstanden. Statt über den Col d'Oren nach Prarayer zu gehen, vermeidet man diese Etappe, indem man über den Col du Petit Mont Collon, den Col de l'Evêque und – den Col Collon zur Rechten lassend – den Col du Mont Brulé und zuletzt über den Col de Valpelline Zermatt in einem Tag von Chanrion aus erreicht. Es ist dies eine sehr lange, aber lohnende Gletschertour, namentlich mit Ski. Im Sommer wird sie immer weniger ausgeführt. Die Touristen ziehen vor, über die Pässe des Mont Rouge und von Cheilon zu gehen, la Ruinette oder den Mont Blanc de Cheilon *en route* zu nehmen, um in der Cabane des Dix zu übernachten, von wo sie Arolla über den Pas de Chèvres erreichen.
Über die Pässe des Petit Mont Collon und de l'Evêque kann man auch von Chanrion nach Bertol gelangen und von hier am andern Tag über den Col d'Hérens nach Zermatt.

E.E. Bowen, C.H. Pilkington, George Young mit B. Nägeli, I.V. Favret und Michel Payot, 11. August 1862.

124 *Vom Col de l'Evêque oder vom Col Collon*

L Vom Col Collon zum Pass, 1 Std.
Vom Col de l'Evêque zum Pass, 1½ Std.
Abb. S. 57

Vom Col de l'Evêque (3392 m) erreicht man den Col Collon über R. 101. Vom Col Collon (3087 m) kann man im Frühsommer direkt unter dem Nordfuss der Vierge vorbeigehen, um R. 125 und die SE-Bucht des Glacier d'Arolla zu erreichen. Es ist aber im allgemeinen besser, am Fuss des Echos de Collon (3294 m, ohne Namen auf der LK) vorbeizugehen (R. 102) und dann Richtung E R. 125 und den Pass zu gewinnen

125 *Von der W-Seite*

L Von der Bouquetins-Hütte, ¾ Std. Abb. S. 57, 65

Von der Bouquetins-Hütte (2980 m) steigt man auf den Haut Glacier d'Arolla ab und geht dann aufwärts über den sanft geneigten Hang der SE-Bucht des Gletschers. Über den Bergschrund, dann über Geröll zum Pass.

126 *Von der E-Seite (vom Col de Valpelline)*

L Vom Col de Valpelline, 1¾ Std. Abb. S 61, 145

Vom Col de Valpelline (3568 m) geht man auf dem Haut Glacier de Tsa de Tsan in einiger Entfernung von den Felsen der Tête Blanche (3724 m) und der Tête de Chavannes (3670,6 m) abwärts. Man kommt unter dem Col des Bouquetins (3357 m) vorbei und wendet sich dann in einem grossen Bogen entlang dem Fuss der Bouquetins nach S. Vom Fuss der E-Flanke der Pointe de la Grande Arête (3350,5 m) steigt man in Richtung des Passes an und erreicht ihn etwas südlich des in der LK kotierten Punktes.

127 *Von E (vom Col de la Division)*

L Vom Col de la Division zum Col du Mont Brulé, 1½ bis 1¾ Std.

Vom Col de la Division (3314 m) kann man entweder:

a) R. 158 des Col des Bouquetins folgen bis unter den Pass, wo man auf R. 126 trifft; oder
b) gegen N ca. 100 m absteigen, sich scharf nach W wenden und nördlich unter dem Rocher de la Division (3333 m, ohne Namen auf der LK) durchgehen. Ein kurzer Abstieg führt

zum Plateau oberhalb des Eisbruchs, der den Haut Glacier de Tsa de Tsan vom unteren Teil (ohne Namen auf der LK) trennt. Von dort erreicht man bald R. 126. Abb. S. 145

128 *Von E (Abstieg auf den Hüttenweg des Rifugio Aosta)*

Den Jägern schon lange bekannter Abstieg auf den Hüttenweg von Prarayer zum Rifugio Aosta, den man bei P. 2715 erreicht. Es ist jedoch günstiger, den Col de Tsa de Tsan zu überschreiten. Die Beschreibung wird im *Abstieg* gegeben, da die Route meist in dieser Richtung begangen wird.

WS Vom Col du Mont Brulé zum Rifugio Aosta, 2¼ Std.
Vom Col du Mont Brulé nach Prarayer, 3½ Std.
Abb. S. 61

Etwas südlich vom Col du Mont Brulé steigt man auf einem Schneefeld abwärts Richtung NE, ca. 200 m den Felsen entlang. Dann erreicht man eine kleine Graterhebung (ca. 3128 m, Steinmann). Nördlich der Erhebung fällt das Schneefeld noch ca. 80 m gegen die darunterliegenden Felsen ab. Über den Schnee (oder Schutt) auf der E-Seite der Erhebung (ca. 3128 m) zu einem ca. 40 m hohen, glatten und von Wasser überronnenen Couloir/Verschneidung hinunter. Zuerst etwa 20 m in den Felsen rechts (I), dann im Couloir selbst absteigen, und weiter über Schutterrassen, rechts haltend. Ein charakteristischer Felsdaumen etwas oberhalb kann, vor allem für den Aufstieg, als Orientierungspunkt dienen. In rötlichem Geröll geht man unter den Felsen durch, gelangt auf eine wenig ausgeprägte Grasschulter und quert von dort mindestens 150 m horizontal nach S (rechts). Ein tief eingeschnittenes 5–6 m breites Couloir mit Schnee, das wenig oberhalb beginnt, wird gequert. Der Einstieg ist nicht leicht; einige Meter aufsteigen. Man erreicht so (Steinmann) eine breite, steile, aber grasbewachsene Rippe, die man direkt hinuntersteigt, nachdem man zwischen einigen Felsbänken durchgeschlüpft ist. Nun erreicht man R. 51 auf der Seitenmoräne des unteren Glacier de Tsa de Tsan (ohne Namen auf der LK).

Pointe de la Grande Arête, 3350,5 m

Unter Grande Arête versteht man den Grenzgrat, der zu den Bouquetins führt.

A. Alvazzi Del Frate mit einer Militärpatrouille, 12. März 1918.

129 *Über den S-Grat*

L Vom Col du Mont Brulé, ½ Std. Abb. S. 61, 65

Vom Col du Mont Brulé folgt man dem Grat, dessen Felsen mittelmässig sind.

130 *Über den NNW-Grat*

L Vom Col de la Grande Arête, ¼ Std.

Vom Col de la Grande Arête (3295 m, ohne Namen auf der LK) folgt man einem eleganten Schneegrat.

Col de la Grande Arête, 3295 m

Ohne Namen auf der LK.

Zwischen der Pointe Barnes und der Pointe de la Grande Arête; vom Haut Glacier d'Arolla zum Haut Glacier de Tsa de Tsan.
Als Übergang kaum benutzt, jedoch als Zugang zu den Graten der Pointe Barnes und der Pointe de la Grande Arête.

131 *Von W*

WS Von der Bouquetins-Hütte, ¾ Std.

Von der Bouquetins-Hütte (2980 m) über den Haut Glacier d'Arolla (SE-Bucht) zum Fuss des Passes. Ein Schneehang, gefolgt von einem steilen, gewundenen, oft vereisten und über 100 m hohen Couloir, führen zum Pass.

132 *Von E*

L Vom Col de la Division, 1¼ bis 1½ Std.
Vom Col de Valpelline, 1½ Std.

Vom Col de Valpelline (3568 m) folgt man R. 126 des Col du Mont Brulé bis zum Fuss des Passes.
Vom Col de la Division (3314 m) folgt man R. 127 des Col du Mont Brulé bis zum Fuss des Passes.
Durch ein breites, steiles Schneecouloir erreicht man den Pass.

BOUQUETINS

Nördlich des Col de la Grande Arête beginnt die Kette der Bouquetins als mächtiger Felswall von nahezu 3 km Länge, zwischen den Gletschern Haut Glacier d'Arolla, Tsa de Tsan und Mont Miné. Von W macht sie den Eindruck eines düstern, sägeartigen Grates, der den Glacier des Bouquetins, am Fuss der Westwand gelegen, um 700 m überragt. Die Wand ist von Bändern und Couloirs durchfurcht; Steinschlag ist sehr häufig. Die entgegengesetzte Seite ist weniger steil und weniger hoch (400–500 m), da die Schneefelder von Tsa de Tsan und Mont Miné weiter hinaufreichen als diejenigen des Glacier d'Arolla. Auf dem weiten Plateau des Col du Bouquetin münden zwei Schneecouloirs; das südliche kommt direkt vom höchsten Punkt herunter, das nördliche (sehr breit, eine Art Gletscher) kommt vom *Col des Dents des Bouquetins*, dem einzigen nennenswerten Einschnitt der ganzen Kette. Vom Col de la Grande Arête erhebt sich der gewaltige Felsgrat schroff bis auf ca. 3360 m, ein Schichtenkopf ohne Höhenangabe auf der LK. Von hier führt der Grat fast geradlinig weiter bis zu einer Lücke, nördlich davon steht ein spitzer, charakteristischer Felszahn (ca. 3455 m).
Jenseints der Gratlücke schwingt sich der Grat in Stufen zu einem Turm auf (3612 m), der sich dort erhebt, wo sich die Gratschneide mit einem Felssporn vereinigt, der seitlich (westlich) gegen den Glacier d'Arolla abfällt (mit Ausläufer P. 3150). Dieser Turm ist unter dem Namen *Pointe Barnes* bekannt. Im Norden dieser Spitze führt die schartige Gratschneide, ohne stark anzusteigen, auf den *Südgipfel*, der auch *Petit Bouquetin* (3670 m) genannt wird. Obwohl es sich um eine wirkliche Felsnadel (Aiguille) handelt, überragt sie kaum die benachbarten Grattürme. Die beiden einzigen wichtigen Gipfel der Bouquetins sind der *höchste Punkt* oder *Mittelgipfel* (3838 m) und der N-Gipfel (3779 m), getrennt durch den *Col des Dents des Bouquetins* (3675 m). Bis zum nördlichen Gipfel bleibt der Grat felsig und ist mit Grattürmen gespickt. Dagegen besteht die N-Flanke des nördlichen Gipfels aus Schnee, oft auch aus Eis. Sie senkt sich schroff auf das Gletscherplateau, das die Bouquetins von den Dents de Bertol trennt.
Im ganzen Massiv wechseln Gneisschichten mit schwächern Schieferschichten, die gegen NNW fallen. Im allgemeinen sind die Felsen der Bouquetins ausgezeichnet, hauptsächlich im zentralen Teil der Kette zwischen der Pointe Barnes und dem Hauptgipfel. Für den Nord- und den Mittel-(Haupt-)Gipfel ist die Bertolhütte der beste Ausgangspunkt; für die Überschreitung S–N kann man die Bouquetins-Hütte (2980 m) benützen.

Pointe Barnes, 3612 m

133 *Über die SW-Flanke und den S-Grat*

G.S. Barnes, Miss Blair Oliphant, W. Cecil Slingsby mit Martin Vuignier, 30. August 1887.

ZS Von der Bouquetins-Hütte, 2¼ Std. Abb. S. 73, 75

Von der Bouquetins-Hütte (2980 m) steigt man durch eine Schneemulde im NE der Hütte bis zum Bergschrund. In der Fallinie des Gendarmen (ca. 3455 m) bildet ein immer steiler werdendes Schnee-(oder Fels-)Couloir (Steinschlag), das nach oben enger wird, die Fortsetzung der Schneemulde. Man steigt durch dieses Couloir hinauf bis dort, wo es sich unter einer kleinen Wand verengt. Auf einem Band hält man gegen links und benützt dann die Felsen der rechten Seite des Couloirs (steil, lose Steine, einige Kamine) bis zum Grenzgrat, den man oberhalb eines Grateinschnitts nördlich eines grossen Turms erreicht (siehe R. 134). Man folgt dem zum Teil schneeigen Kamm bis an den Fuss des Gipfelturms. Nun quert man in die W-Seite und gewinnt den Gipfel durch einen Kamin.

133 a *Variante*

WS Von der Bouquetins-Hütte zum Gipfel, 2 Std.
Abb. S. 73, 83

Von der Bouquetins-Hütte (2980 m) ersteigt man den kleinen Pass 3096 m zwischen P. 3150 und der Pointe Barnes. Der WSW-Grat der letzteren bildet zwei Absätze, die man auf der N-Seite durch leichte, nachmittags aber dem Steinschlag ausgesetzte Couloirs umgeht. Man erreicht so ein Band, dem man in östlicher Richtung folgt, um R. 133 zu erreichen.

134 *Über den ganzen südlichen Grenzgrat*

Daniel Bach, Alfred Tissières, September 1943.

Die Ersteigung des Turms ist der schwierigste, aber interessanteste Teil der ganzen Traversierung der Bouquetins.

S Vom Col de la Grande Arête zum Gipfel, 4 Std.
Abb. S. 73

Auf dem Col de la Grande Arête (3925 m, ohne Namen auf der LK) beginnt der Grat mit einem steilen Absatz (ca. 3360 m), den man links (westlich) umgeht. Man folgt nun ständig dem Grat, eine Anzahl Gendarmen überkletternd oder umgehend, so P. 3401 und zwei andere schwierige Gratzacken. Man gelangt so an den Fuss eines steilen, ca. 40 m hohen Turmes (ca. 3455 m). Schwierige Passage von 10–12 m (V, 3 H). Unmittelbar nördlich dieses Turms öffnet sich 30 m weiter unten die Scharte, wo man auf R. 133 trifft.

135 *Über den WSW-Grat*

F. Deshusses, Jacques Jenny, Frl. D. Sierro, August 1975.

S Von der Bouquetins-Hütte, 2 Std. Abb. S. 73, 83

Von der Bouquetins-Hütte (2980 m) folgt man R. 133a bis zum kleinen Pass 3096 m. Man folgt dem ganzen Grat, wobei man die schönen, steilen Stellen auf der S-Seite des Grates sucht. Hübsche Kletterei, unterbrochen von eher mittelmässigen Stellen. Alle steilen Passagen können auf der N-Seite des Grates umgangen werden (z.B. im Abstieg). Sehr guter Fels an den steilen Stellen. Einige Haken vorhanden (IV und V).

Über den NNE-Grat

Siehe R. 137.

Südgipfel, Petit Bouquetin, 3670 m.

136 *Über die E-Seite*

Alfred G. Topham mit Jean Maître und Pierre Maurys, 18. Juli 1894. Die 250 m hohe Wand besteht aus brüchigem Fels.

WS Vom Haut Glacier de Tsa de Tsan zum Gipfel, 3–4 Std. Abb. S. 75

Von den oberen Firnfeldern des Haut Glacier de Tsa de Tsan, die man über R. 126 des Col du Mont Brulé erreicht, gewahrt man nahezu in der Fallinie des Gipfels einen Schuttkegel und rechts oberhalb ein Firnfeld, das schräg gegen SE abfällt. Man ersteigt den Schuttkegel, dann die Felsen rechts vom Firnfeld. Nun traversiert man dieses bis an den Fuss der Gipfelwand und steigt dann direkt in den tiefsten Einschnitt des Grenzgrats zwischen dem S- und Mittelgipfel über Felsstufen, Bänder, Couloirs und Schutt. Dann auf R. 142 zum Gipfel.

136 a *Variante*

WS Abb. S. 75

Ist das Firnfeld vereist, steigt man besser durch das Couloir unmittelbar links (südlich) des Firnfelds auf, um die Normalroute etwas höher oben zu erreichen.

137 *Über den SSW-Grat*

B. Eric Smith, G.H. Villiers mit Jean Maître und Pierre Maurys im Abstieg, 12. August 1909.
I.A. Richards mit Joseph Georges («le skieur») im Aufstieg 21. Juli 1925.

Dieser zerhackte und mit Gendarmen gespickte Grat hat im zweiten Drittel einen senkrechten, ca. 12 m hohen Absatz, der den schwierigsten Teil der Besteigung bildet. Die erste Partie befestigte einen Haken auf dem höchsten Punkt des Absatzes und seilte ab. Der Führer Joseph Georges war der erste, der dieses Hindernis im Aufstieg bewältigte.

S Von der Pointe Barnes, 1 Std. Abb. S. 73, 75

Von der Pointe Barnes (3612 m) steigt man über eine Platte und einen Riss in eine Lücke ab. Dann folgt man dem Grat über sägezahnartige Zacken. Eine kurze Kletterei über rötlichen Fels führt zum Fuss des Aufschwungs. Dieser erscheint als stumpfkantiger Schiffsrumpf. Die glatten, kompakten Flanken erlauben keine Umgehung. Man überwindet ihn direkt über die Kante an spärlichen kleinen Griffen (V–), keine Möglichkeit zum Hakenschlagen. Dann steigt man in die nächste Gratlücke ab, umgeht einige schwierige Stellen auf der W-Seite und folgt dem Grat zum Gipfel.

138 *Über den W-Grat*

Frau D.E. Pilley, I.A. Richards mit Joseph Georges, 9. September 1921.

ZS Von der Bouquetins-Hütte, 4 Std. Abb. S. 73

Von der Bouquetins-Hütte (2980 m) gewinnt man den kleinen Pass 3096 m zwischen P. 3150 und der Pointe Barnes (R. 133a). Man steigt auf den südlichen Teil des Glacier des Bouquetins ab und erreicht den Fuss des W-Grates, der zuerst aus Blöcken und Schutt besteht. Dort, wo er sich aufrichtet, steigt man in einem ca. 150 m hohen Couloir/Kamin zur Rechten weiter. Es ist nicht leicht (oft vereist, lose Steine), und besonders der Ausstieg ist schwierig. Anschliessend gelangt man leicht auf den Gipfel. Nicht lohnende und gefährliche Route.

139 *Über die W-Seite*

B. Eric Smith, G.H. Villiers mit Jean Maître und Pierre Maurys, 12. August 1909.

Diese Route ist nur für den Aufstieg am Morgen zu empfehlen, wenn die Flanke noch im Schatten liegt. Sonst grosse Steinschlaggefahr.

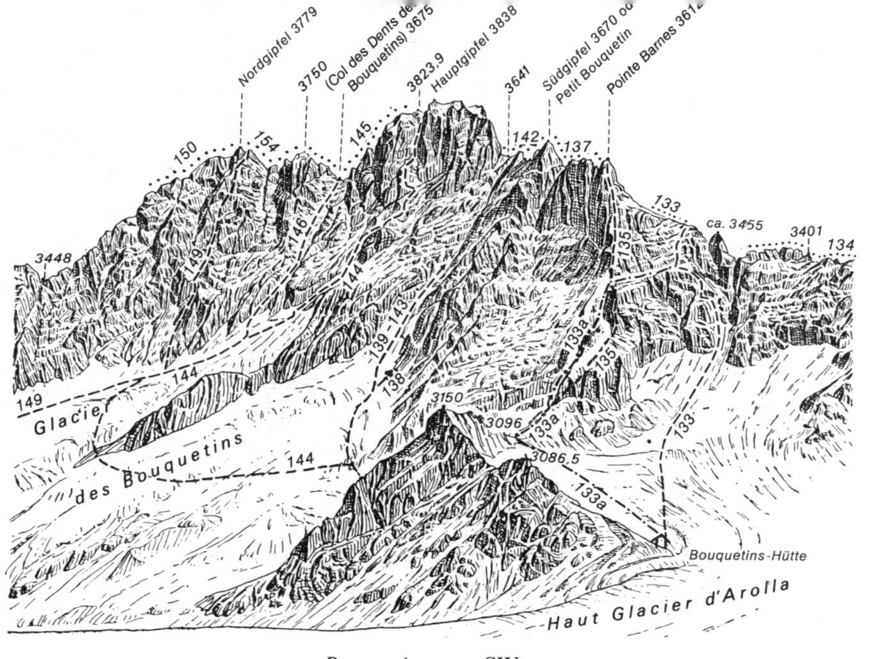

Bouquetins, von SW

ZS Von der Bouquetins-Hütte zum Gipfel, 3 Std.
Abb. S. 73, 83

Von der Bouquetins-Hütte (2980 m) erreicht man den kleinen Pass 3096 m zwischen P. 3150 und der Pointe Barnes auf R. 133a. Man steigt auf den S-Teil des Glacier des Bouquetins ab und wendet sich zum Schneecouloir, das südlich des Mittelgipfels am weitesten hinaufreicht. Man überschreitet den Bergschrund, verlässt dann das Hauptcouloir, um ein engeres und noch steileres zu benützen, das sich rechter Hand öffnet und direkt in die tiefste Gratsenke zwischen dem Süd- und Mittelgipfel führt, wo man auf R. 142 stösst.

Mittelgipfel, 3838 m (Hauptgipfel)

140 *Über die E-Seite*

A.B. Hamilton mit J. Anzevui (dem Richter) und Jos. Vuignier, 6. September 1871.

Die E-Seite weist ein System von Rippen und Felscouloirs auf, die gegen den Punkt des Grates zusammenlaufen, wo die Grenze Schweiz–Italien einen Winkel bildet. Dieser Punkt (Falscher Gipfel) erhebt sich 150 m nördlich des Hauptgipfels und trägt ein schweizerisches Triangulationssignal (△ 3823,9). Das Rippensystem liegt zwischen den beiden erwähnten Schneecouloirs, welche vom weiten Plateau des Col des Bouquetins aus gehen. Die Felsrippen sind fast alle begehbar, weshalb fast jede Partie einen andern Weg benützt. Massgebend sind die Verhältnisse am Berge, und es ist deshalb unmöglich, eine genaue Route anzugeben. Im Frühsommer wird man mit Vorteil das breite Couloir (oder kleiner Gletscher) des Col des Dents des Bouquetins benützen. Später vermeidet man den Schnee besser und benützt die Felsen.

WS Vom Firnplateau des Col des Bouquetins, 2 Std.
Abb. S. 75, 79

Vom Plateau des Col des Bouquetins überschreitet man den oft sehr breiten Bergschrund und klettert auf einem schrägen Felsabsatz, der das grosse Schneecouloir links begrenzt, das vom Col des Dents des Bouquetins herunterkommt. Man folgt nun den Randfelsen nach links bis dort, wo man ein kleines Couloir traversieren und die Felsrippe gewinnen kann, die beim Signal △ 3823,9 endigt. Man steigt über diese Rippe bis unterhalb des Signals, wendet sich dann nach links, quert ein Couloir und gewinnt so den höchsten Punkt.

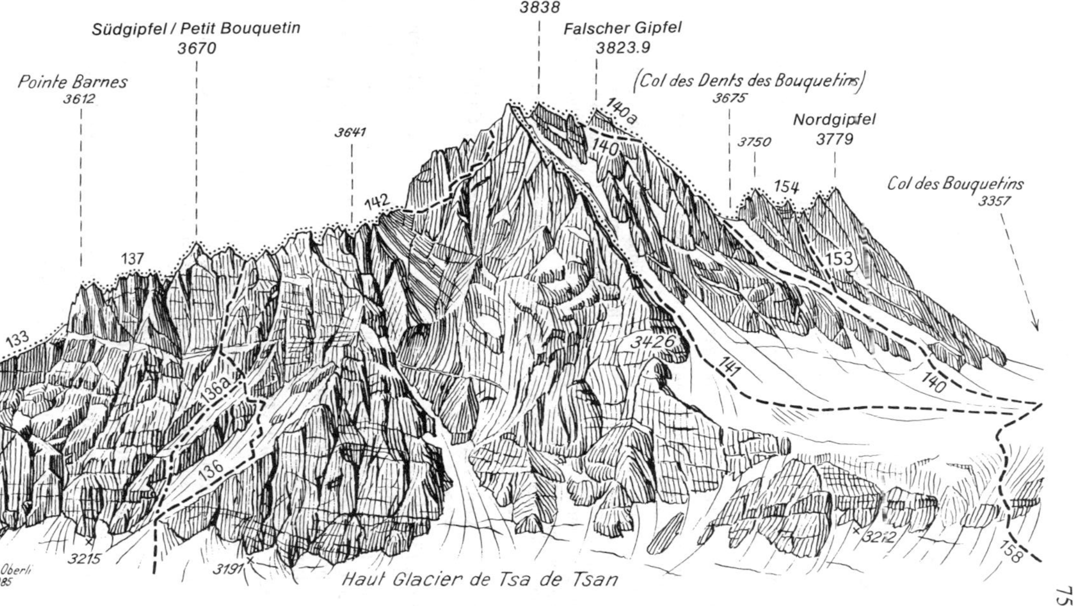

Bouquetins, E-Seite

140 a *Variante*

WS Abb. S. 75, 77, 79

Man kann auch auf den Falschen Gipfel (△ 3823,9 m) klettern und dann dem Grat bis zum Hauptgipfel folgen (R. 145).

140 b *Variante*

WS Abb. S. 79

Wenn die Schneeverhältnisse gut sind, wird man im Couloir bis gegen den Col des Dents de Bouquetins ansteigen, um dann links haltend durch ein steiles Couloir oder dessen Randfelsen direkt zum Falschen Gipfel (△ 3823,9 m) aufzusteigen.

141 *Über den italienischen (E-)Gratpfeiler*

E. Oppenheim, Gerald Arbuthnot, mit Jean Maître und Josef Pollinger, 4. September 1895.

Wir benennen damit den ersten Grat südlich des Rippensystems der E-Seite (R. 140). Er ist von diesem Rippensystem durch das lange Schneecouloir getrennt, das vom Gipfel direkt auf den Col des Bouquetins herunterkommt. Der Gratpfeiler endigt nicht auf dem Gipfel selbst, sondern etwas weiter südlich.
Der Pfeiler sieht zwar einladend aus, ist aber nicht empfehlenswert, da das Couloir steinschlägig ist.

WS Vom Plateau des Col des Bouquetins zum Gipfel, 4 Std. Abb. S. 75, 79

Vom Firnplateau des Col des Bouquetins überschreitet man den Bergschrund am Fusse des Couloirs und steigt durch dieses an, soweit Schnee liegt, wendet sich dann nach links und erklettert die Felsen des rechten (S-)Ufers, die aus dachziegelartigen, nicht leichten Platten bestehen. Man erreicht den SSW-Grat (R. 142) 5 Min. vom Gipfel.

142 *Über den SSW-Grat*

I.A. Richards mit Joseph Georges (le skieur), 21. Juli 1925.

Der Fels ist ziemlich fest bis gut. Im ersten Teil besteht der Grat aus zahlreichen Felstürmen. Die imposante Gipfelwand wird östlich umgangen.

ZS Vom Petit Bouquetin, 3 Std. Abb. S. 73, 75, 77, 83

Vom Petit Bouquetin (3670 m, Südgipfel) folgt man der Gratkante, zahlreiche Felstürme überkletternd, luftig, manchmal etwas ermüdend (II, III). Umgehungen sind nicht ratsam, denn

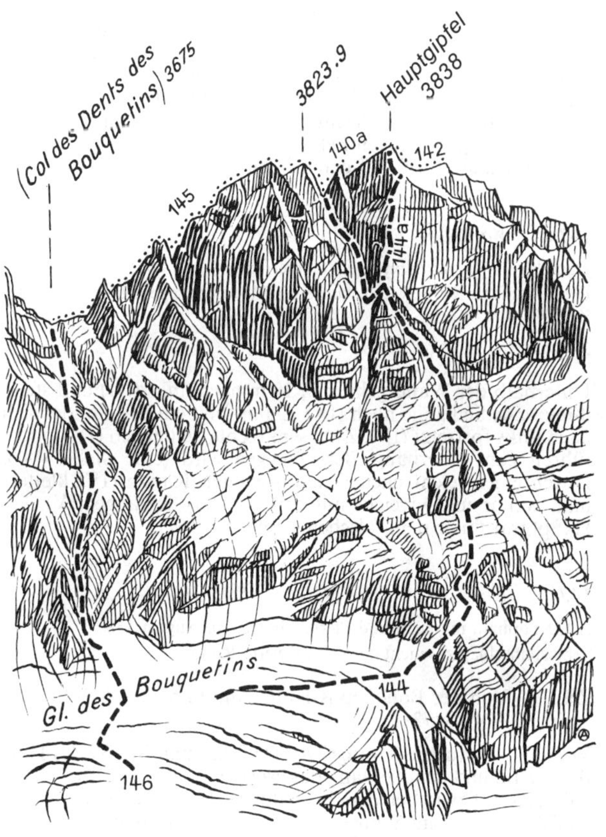

Bouquetins, W-Seite

in den Flanken ist der Fels zerborsten und glatt. Nach zwei grossen Zwillingszacken (der nördliche kotiert mit 3641 m) gelangt man in eine tiefe Scharte. Nach einem ersten Absatz trägt der Grat vier kleine Gendarmen und stösst dann an die gelbliche senkrechte Gipfelwand des Mittelgipfels. Biwakplatz. Rechts einem Band in die E-Flanke folgend steigt man leicht abwärts (ca. 80 m) und gewinnt einen ersten Kamin (III+), dann einen zweiten, längeren aber leichteren, etwas rechts vom Ende des ersten. Über geborstenen Fels und lose Blöcke gelangt man auf den Grat und von E auf den Gipfel.

142 a *Variante*

Daniel Wenger mit Alphonse Vuignier, 20. August 1975.

Die senkrechte Gipfelwand wurde direkt durchstiegen. Freie Kletterei, sehr luftig.

S+

Unterhalb der Wand geht man 10 m nach links (III) und steigt direkt eine Seillänge hoch (IV). Dann folgt ein Kamin, der sich nach links fortsetzt (IV). Zwei senkrechte Seillängen (IV und V) führen zum Überhang, der erstiegen wird (eine Stelle V+). Durch einen leicht nach rechts geneigten Kamin (IV) klettert man weiter und erreicht mit einer letzten Seillänge (IV) den Hauptgrat unter dem falschen Gipfel (R. 142).

143 *Über die W-Seite und den SSW-Grat*

A.G. Topham mit Jean und Pierre Maître, 10. August 1889.

Sehr steinschlägige, nicht empfehlenswerte Route.

ZS Von der Bouquetins-Hütte zum Gipfel, 4½ Std.
Abb. S. 73

Von der Bouquetins-Hütte (2980 m) folgt man R. 139 des Petit Bouquetin und benützt dann das grosse Couloir, das bei P. 3641 auf den Grat zwischen dem Petit Bouquetin und dem Mittelgipfel führt. Zuerst im Schnee des Couloirs, dann über die Felsen des rechten (N-)Ufers aufwärts. (Mit Trümmern übersäte, dem Steinschlag stark ausgesetzte Platten.) Man gelangt in eine Gratlücke und von dort über R. 142 auf den Gipfel.

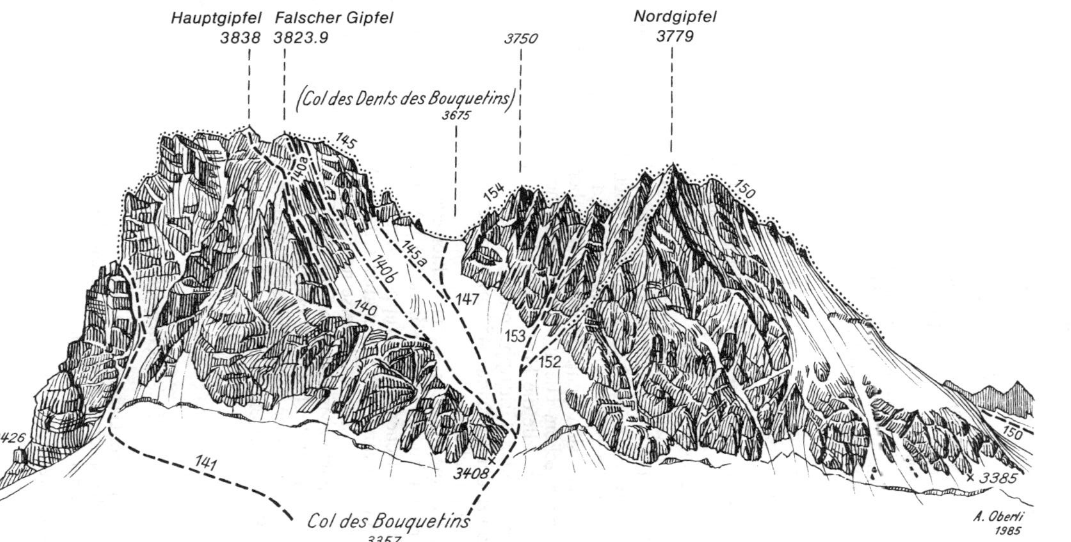
Hauptgipfel
3838
Falscher Gipfel
3823.9
(Col des Dents des Bouquetins)
3675
3750
Nordgipfel
3779
145
140a
154
150
145a
140b
147
140
153
152
3426
141
3408
150
3385
Col des Bouquetins
3357
A. Oberli
1985

Bouquetins, E-Seite

144 *Über die W-Seite und den W-Grat*

René Rey mit Henri Chevrier, 20. August 1933.

Dieser Grat taucht im Glacier des Bouquetins unter und teilt ihn in zwei ungleiche Teile. Seine allgemeine Richtung ist WNW. Der Grat endigt direkt auf dem höchsten Punkt, sein oberer Teil ist aber so steil, dass er bis jetzt nicht forciert werden konnte. (Diese Route ist anscheinend mehrmals versucht worden, u.a. auch durch A. Stuart Jenkins und seine Führer, in ihren Führerbüchern ist darüber aber nichts enthalten). Steinschlag.

S Von der Bouquetins-Hütte zum Gipfel, 5 Std.
Abb. S. 73, 77

Von der Bouquetins-Hütte (2980 m) folgt man R. 139 des Petit Bouquetin zum S-Teil des Bouquetins-Gletschers und weiter zum N-Teil, über dessen Schneefelder man (auf der N-Seite des W-Grates) so hoch wie möglich gegen die W-Wand der Bouquetins aufsteigt. (Es kann vorteilhaft sein, dem Grat von seinem Beginn an zwischen den Felsen und dem Gletscher entlang zu gehen.) Man überschreitet den Bergschrund auf ca. 3300 m, dann steigt man, sich rechts wendend (SE), über lose Felsen und einige Schneeflecken. Hierauf quert man eine erste, dann eine zweite Felsrippe, die die Fortsetzung der vom höchsten Punkt herunterziehenden Gratrippe bildet. Über leichte Platten gelangt man zu der Stelle (ca. 3450 m), von wo sich der Grat gegen den Gipfel aufschwingt.
Man packt diesen Grat in seiner rechten Flanke an (schwierig) und übersteigt ihn dann weiter direkt (IV). Man erreicht so einen kleinen Pass zwischen einer Gruppe von mächtigen Gendarmen und der Gipfelwand, die ungangbar scheint. Vom Pass führt eine sehr heikle, riskante Traverse nach links (N) ins Couloir, das in der Scharte zwischen dem Falschen Gipfel (△ 3823,9 m) und dem Hauptgipfel (3838 m) endet.
Man steigt auf dessen (orographisch) rechtem Ufer zum Grat, wo man R. 145 erreicht.

144 a *Variante: Direkter Ausstieg*

Henri Cloes mit Jean Gaudin, 13. August 1971.
Erste Winterbegehung: Robert Willi, allein, 10./11. Januar 1976. Er verunglückte beim Abstieg tödlich.

Sehr schöne, direkte Kletterei. Man benötigt ca. 20 H und grosse Kk.

SS Abb. S. 77

Man steigt vom kleinen Pass zwischen der Gruppe von mächtigen Gendarmen und der Gipfelwand eine Seillänge schräg nach rechts in die senkrechte, solide Felswand (V+, H). Nach einer weiteren Länge in mittelmässigem Fels kommt man wieder auf die Gratschneide (V, V+, H). Die folgende Länge in gutem Fels führt zu Schnee- oder Eisplatten (IV). Man steigt rechts daran eine Länge (IV–, H) aufwärts. Die nächste Seillänge in gutem senkrechtem Fels (V, H) ermöglicht den Zugang zu Platten und Geröll, über die man zum Gipfel gelangt.

145 *Über den N-Grat*

H. Seymour King mit Ambros Supersaxo und L. Anthamatten, 1. September 1885.

Empfehlenswerte Route von der Bertolhütte aus. Die Felsen sind nicht sehr fest, oft verschneit.

WS Vom Col des Dents des Bouquetins, 1 Std.
Abb. S. 73, 77, 79, 83

Vom Col des Dents des Bouquetins (3675 m, ohne Namen auf der LK) folgt man dem Grat bis zum Falschen Gipfel (△ 3823,9 m), indem man die Schwierigkeiten auf der E-Seite umgeht. Auf R. 140a steigt man in eine tiefe Lücke ab, und von dort leicht auf den Gipfel.

145 a *Variante*

WS Abb. S. 79

Kommt man von der Bertolhütte (3311 m) auf R. 147 des Col des Dents des Bouquetins, kann man auch direkt in die Lücke links (südlich) des ersten Gratturmes südlich des Passes aufsteigen. Dieser Turm ist übrigens der einzige markante auf diesem Grat und wird vom Col in ¼ Std. erklettert. (Seinen höchsten Punkt umgeht man links).

Col des Dents des Bouquetins, 3675 m

Ohne Namen auf der LK. Zwischen dem Nord- und dem Mittel-(Haupt-)gipfel der Bouquetins.
Der Pass hat als Übergang gar keine Bedeutung. Er wird auf seiner E-Seite sehr oft als Aufstieg zu den beiden Gipfeln, zwischen denen er liegt, benützt; die W-Seite ist sehr gefährlich wegen des häufigen Steinschlages, namentlich nachmittags. Der Pass ist als solcher wahrscheinlich nie überschritten worden. Er wurde erstmals über den E-Seite von der Partie Seymor King 1885 erreicht (siehe R. 145 des Mittelgipfels). Sein W-Seite wurde erstmals (im Abstieg) durch F. W. Oliver mit Pierre Maître und einem Träger am 19. September 1892 begangen.

146 *Über die W-Seite*

Die W-Seite ist gefährlich und nicht empfehlenswert.

WS Von der Bouquetins-Hütte, 3–4 Std. Abb. S. 73, 77

Von der Bouquetins-Hütte (2980 m) folgt man R. 144 des Mittelgipfels bis zum N-Teil des Bouquetins-Gletschers und gelangt zum Fuss des Couloirs, das zum Pass führt. Man steigt so direkt als möglich zu diesem hinauf, indem man mit Vorteil die Felsrippen statt das Couloir benützt.

147 *Über die E-Seite*

Im Spätsommer ist der Schneehang unter dem Pass oft vereist.

WS Vom Plateau des Col des Bouquetins, 1 Std. Abb. S. 79

Vom Schneeplateau des Col des Bouquetins überschreitet man den oft sehr breiten Bergschrund, folgt dem Felsabsatz von R. 140 ein kurzes Stück und steigt dann direkt zum Pass auf über einen Schnee- oder Eishang.

Nordgipfel, 3779 m

Der N-Gipfel wird gewöhnlich von der Bertolhütte (3311 m) aus bestiegen. Von N gesehen ist der Gipfel ganz freistehend; sieht man ihn von E oder W, so scheinen ihn die grossen Gendarmen, welche sich zwischen ihm und dem Col des Dents des Bouquetins erheben, zu erdrücken.

148 *Über die W-Seite und den S-Grat*

F.A. Monnier mit Jos. Quinodoz, 8. August 1884.

Die Erstbegeher stiegen vom Haut Glacier d'Arolla über die W-Seite auf, was gar nicht zu empfehlen ist.

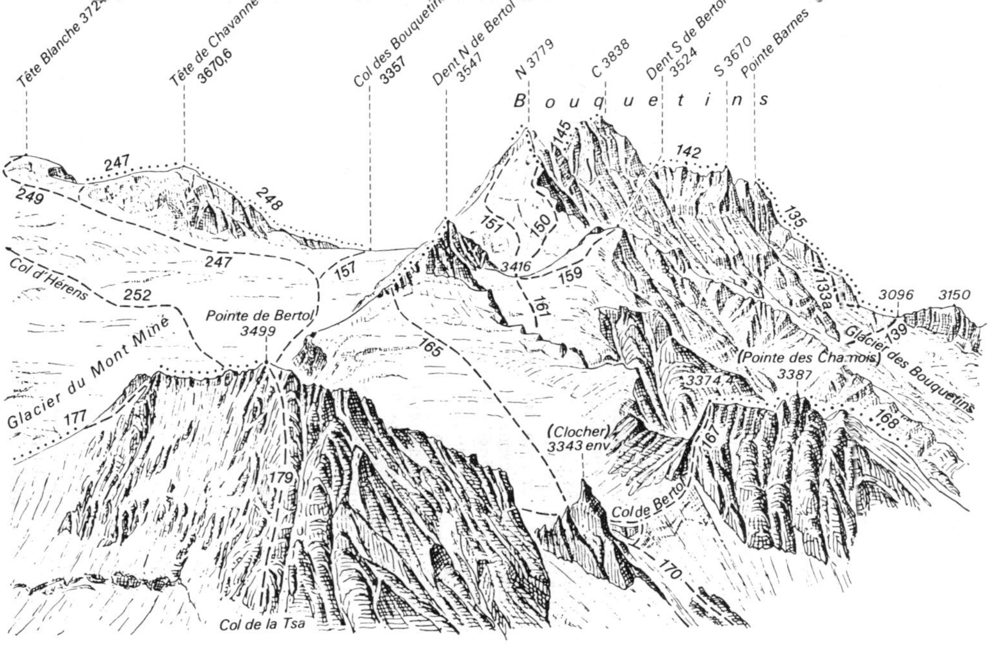

Tête Blanche – Bouquetins, von NW

WS Von der Bouquetins-Hütte zum Gipfel, 4 Std.

Von der Bouquetins-Hütte (2980 m) folgt man R. 146 des Col des Dents des Bouquetins bis zum Couloir, das vom Pass herunterkommt. Man nimmt ein anderes, grosses Couloir südlich der Fallinie des Gipfels, steigt in den Felsen links, dann über einen Kamm zwischen zwei Couloirs und schliesslich durch einen Kamin zu einer tiefen Einsattelung des S-Grats, über den man die Besteigung beendet (R. 154).

149 *Über die W-Flanke*

André Chevrier, André Georges, 21. August 1974.

Diese Route bietet interessante Kletterei.

S+ Von der Bouquetins-Hütte, 6–8 Std. Abb. S. 73

Vom Glacier des Bouquetins, N-Teil, den man über R. 144 des Mittelgipfels oder direkt vom Haut Glacier d'Arolla erreicht (vom Hüttenweg, R. 2, abbiegen und nördlich von P. 2791 durchgehen), gelangt man in der Fallinie des Gipfels zum linken Felssporn, der sich am weitesten zum Gletscher hinabsenkt. Man ersteigt diesen, der zwei Stellen (IV+) aufweist und sich nach einigen Längen verliert. Dann folgen einige Längen in leichtem brüchigem Fels. Der Sporn weitet sich zu einer breiten, sich aufbäumenden Wand aus festem gelblichem Gestein, die anstrengende Kletterei (IV) fordert. Über der Wand nimmt die Steilheit ab, und die Kletterei wird während einer Seillänge leichter. Man schwenkt ein wenig nach rechts, wo zwei Längen mit zwei Stellen (V, 2 H) in schönem, rotem Gneis zum Gipfelfirn und zum höchsten Punkt führen.

150 *Über den NW-Grat*

H.A. Beeching, H.W. Reade, L.W. Rolleston mit Antoine Bovier und Sohn, im Abstieg 22. Juli 1899.

Abwechslungsreiche, interessante Route in ausgezeichnetem Fels. Besonders für den Aufstieg zu empfehlen.

ZS Von der Bertolhütte, 4 Std. Abb. S. 73, 79, 83

Von der Bertolhütte (3311 m) gewinnt man über Route 157 des Col des Bouquetins den schneeigen, namenlosen Col (3448 m), der zum NW-Fuss des N-Gipfels führt. (1 Std.). Man lässt diesen Col sofort rechts liegen, überschreitet den Bergschrund

und steigt so direkt als möglich über den steilen Schneehang, den ganzen untern Teil des Felsgrates zur Rechten lassend. Man gewinnt diesen auf ca. 3600 m. Nun in schöner Kletterei in ausgezeichneten Felsen (es ist ein schwieriger Absatz zu überwinden) direkt auf den Gipfel.

151 *Über die N-Flanke*

Dieser Weg war schon Joseph Georges (le skieur) 1925 bekannt. Bei günstigen Verhältnissen nützlich für den Abstieg, wenn man es eilig hat. Man vermeidet die schwierigen Stellen des NW-Grates.

ZS Von der Bertol-Hütte, 4 Std. Abb. S. 83

Von der Bertolhütte (3311 m) folgt man R. 150 bis zum Fuss der Flanke, über die man aufsteigt, am Schluss eine Felsrippe benützend.

152 *Über die E-Seite*

Erasmo Barisone, Paolo Micheletti, im Abstieg, 9. August 1975.

Steinschlägige Route.

WS Abb. S. 79

Vom Gipfel folgt man zuerst ein gutes Stück dem Sporn aus bröckligem Fels, der sich bis zum Bergschrund herabsenkt. Dann wendet man sich nach rechts und überschreitet Rippen und Couloirs, um den Schnee- und Eishang des Col des Dents des Bouquetins (3675 m, ohne Namen auf der LK) zu erreichen (R. 147).

153 *Über die E-Seite und den S-Grat*

J.M. Archer Thomson, G.L. Collins, G.K. Edwards, 14. August 1911. Steinschlaggefahr.

ZS Vom Plateau des Col des Bouquetins zum Gipfel, 2–3 Std. Abb. S. 75, 79

Vom Schneeplateau des Col des Bouquetins überschreitet man den Bergschrund wie für den Col des Dents des Bouquetins (R. 147), dann steigt man über einen steilen Schneehang aufwärts, um eines der Couloirs oder eine der Felsrippen zu erreichen, welche auf der Gratschneide südlich des Gipfels endigen, nördlich von P. 3750. Von da auf R. 154 zum Gipfel.

154 *Über den S-Grat*

H. Seymour King mit Ambros Supersaxo und L. Anthamatten, 1. September 1885.

Abwechslungsreiche, interessante Kletterei.

WS Vom Col des Dents des Bouquetins, 1½ Std.
Abb. S. 73, 75, 79

Vom Col des Dents des Bouquetins (3675 m, ohne Namen auf der LK) überklettert man eine Gruppe von schönen Gendarmen (P. 3750) und steigt dann über brüchigen Fels in eine tiefe Scharte ab. Über einen kleinen Kamm und eine Art breiten Kamin direkt zum Gipfel.

Überschreitung der Bouquetins

I. A. Richards mit Joseph Georges (le skieur), 21. Juli 1925, erste vollständige Traversierung von S nach N.

Erste Winterbegehung S–N (nach der Überschreitung des Mont Brulé): Die Führer Louis Favre und Candide Pralong, 14./15. Januar 1970.

Die Überschreitung wird gewöhnlich von S nach N gemacht, um die Hauptschwierigkeiten zu Beginn der Tour zu haben und weil die Bouquetins-Hütte (2980 m) einen guten Ausgangspunkt darstellt.
Es handelt sich um eine lange Kletterei in meist gutem Fels und eindrücklicher Umgebung.
Einmal eingestiegen, sind die Möglichkeiten, die Tour zu unterbrechen, gezählt (und auf der E-Seite zu suchen):
Vom Petit Bouquetin Abstieg auf R. 136 auf den Haut Glacier de Tsa de Tsan;
vom Mittelgipfel Abstieg auf R. 140 auf das Plateau des Col des Bouquetins;
vom Col des Dents des Bouquetins Abstieg auf R. 147 auf das Plateau des Col des Bouquetins.

155 *Überschreitung S–N*

S Von der Bouquetins-Hütte zur Bertolhütte,
ca. 12 Std.

Von der Bouquetins-Hütte (2980 m) folgt man R. 133 zur Pointe Barnes. (2¼ Std.).
Wer Wert auf Vollständigkeit legt, steigt zum Col de la Grande Arête (¾ Std.) und von dort auf R. 134 zur Pointe Barnes. (3¼ Std.). Von dort führt R. 137, mit der Schlüsselstelle der Überschreitung (V–), zum Petit Bouquetin oder Südgipfel. (1 Std.).

Weiter über den SSW-Grat (R. 142) auf den Mittelgipfel. (3 Std.). Abstieg über den N-Grat (R. 145, Schwierigkeiten werden rechts umgangen) auf den Col des Dents des Bouquetins. (1 Std.). Aufstieg auf den N-Gipfel über den S-Grat (R. 154). (1½ Std.). Letzter Abstieg über die N-Flanke (R. 151). Über einen kurzen Absatz abseilen und über den grossen Schneehang direkt auf den Pass 3448 m absteigen. (2 Std.). Bei schlechten Schneeverhältnissen muss man dem ganzen NW-Grat (R. 150) folgen: Ein grosser Gendarm wird nördlich zwischen Fels und Eis umgangen. Dann zweimal 30 m abseilen (Haken vorhanden) bis zu einer Scharte. Über den nun weniger steilen Fels- und Schneegrat zu einem letzten Absatz. Abseilen (Haken vorhanden) oder kurze Traverse links. Ein kurzes Couloir mit geborstenem Fels führt auf den Pass 3448 m. Von da zur Bertolhütte über den Glacier du Mont Miné, die Dent N de Bertol östlich umgehend (1 Std.).

156 *Überschreitung N–S*

Man kann die Überschreitung auch von N nach S durchführen, mit Ausgangspunkt Bertolhütte (3311 m).
Abseilen über den senkrechten, ca. 12 m hohen Absatz im SSW-Grat (R. 137) des Petit Bouquetin (Haken vorhanden). Ein guter Biwakplatz befindet sich am Fuss der gelblichen, senkrechten Wand im SSW-Grat (R. 142) des Mittelgipfels.

Am 7. August 1974 gelang André Georges im Alleingang die Überschreitung vom Col du Mont Brulé zum Col de Tsarmine in einem Tag, über die Bouquetins, die Aiguille de la Tsa und die Dents de Perroc.

Col des Bouquetins, 3357 m

Zwischen den Bouquetins (Mittelgipfel) und der Tête de Chavannes; vom Glacier du Mont Miné (Bertolhütte) zum Haut Glacier de Tsa de Tsan (Rifugio Aosta).

K.E. Digby, W.E. Hall mit Franz Biner («Weisshornbiner»), Ende August 1862.

157 *Von der N-Seite*

L Von der Bertolhütte, 1¼ Std. Abb. S. 83

Von der Bertolhütte (3311 m) steigt man zuerst in SE-Richtung leicht ab und folgt dann den obern Firnfeldern des Glacier du Mont Miné, indem man am Fuss des Felssporns 3229 m, von wo aus der Pass sichtbar wird, vorbeigeht. Man nimmt nun direkt Richtung auf den Pass und erreicht ihn ohne Schwierigkeiten.

158 *Von der S-Seite*

L Vom Col de la Division, ¾ Std. Abb. S. 75, 145

Vom Col de la Division (3314 m), den man vom Rifugio Aosta (2781 m) über R. 1047 erreicht, quert man, etwas absteigend, leicht den Haut Glacier de Tsa de Tsan zum Fuss des Passes. Man benützt die brüchigen Felsen am E-Ende des Gletscherwalls, der dort am wenigsten gefährlich ist, und steigt zuerst gegen links, dann gegen rechts (Schutt) zu einem Korridor, der auf den Pass zwischen dem Gletscher und den Felsen der Tête de Chavannes führt.

DENTS DE BERTOL

Man bezeichnet mit diesem Namen das zwischen den Bouquetins und dem Col de Bertol gelegene Stück des Hauptkammes.
Der erste Schneesattel (3448 m) im N der Bouquetins könnte streng genommen als Übergang zwischen dem N-Arm des Glacier des Bouquetins und dem Firn des Glacier du Mont Miné dienen. Er wird in der Literatur nicht mit einem Namen bedacht. Auf der SW-Seite fällt er in einer ca. 250 m hohen Felswand ab, die jedoch nicht schwierig aussieht. Nördlich dieses Sattels folgt ein ca. 500 m langes, grösstenteils felsiges Gratstück. Sein nördlichster Punkt wird von einer mit 3524 m kotierten Schneekuppe gebildet, die den stolzen Namen Dent S de Bertol trägt. Sie wird von der Dent N de Bertol durch einen Schneesattel getrennt (Col des Dents de Bertol, ohne Namen auf der LK), der gegen NW einen kleinen, namenlosen Gletscher entsendet. In diesen beiden Spitzen treten zwei übereinandergelagerte geologische Schichten zutage, was von W gut sichtbar ist.
Die beiden Gipfel wurden von Alfred Barran, Fred Corbett und J. Gordon Addenbrock mit Jos. Quinodoz am 13. August 1886 erstiegen.

Dent S de Bertol, 3524 m

159 *Über die NE-Kuppe*

L Vom Col des Dents de Bertol, ¼ Std. Abb. S. 83, 91

Vom Col des Dents de Bertol (3416 m, ohne Namen auf der LK) ersteigt man die Schneekuppe.

160 *Über den SSE-Grat*

L Vom Pass 3448 m, ½ Std.

Vom Pass 3448 m, den man auf R. 150 erreicht, folgt man dem zum Teil felsigen Grat.

Col des Dents de Bertol, 3416 m

Ohne Namen auf der LK.

Zwischen der Dent N und der Dent S de Bertol; vom Haut Glacier d'Arolla zum Glacier du Mont Miné (Bertolhütte). Man hat manchmal einen Col S und einen Col N des Dents de Bertol unterschieden. Der südliche Col, den wir Col des Dents de Bertol nennen, ist der charakteristische Schneesattel, der die beiden Spitzen deutlich voneinander trennt. Der nördliche Col wurde 1887 von Coolidge überschritten. Es handelt sich um die erste Lücke im NW-Grat der Dent N de Bertol. Sie entsendet ein Couloir zum kleinen, unter R. 161 erwähnten Gletscher. Die Westseite kann mancherorts erstiegen werden. Sie überragt ein steiniges Tal, das auf den Haut Glacier d'Arolla mündet.

161 *Über die NW-Seite*

Abfahrt mit Ski: Dominique Crisinel, Patrick Vuilleumier, 19. Februar 1984.

L Vom Ende der Fahrstrasse, 4 Std. Abb. S. 83, 91

Von Arolla (1956 m) folgt man R. 2 der Bouquetins-Hütte bis zum Haut Glacier d'Arolla auf ca. 2600 m. Über Schutthänge nach NE an P. 2818 vorbei gelangt man auf ca. 2920 m auf den namenlosen Gletscher, der zum Pass führt. Man folgt ihm in einem Bogen bis zum Pass.

162 *Über die SE-Seite*

L Von der Bertolhütte, ¾ Std.

Von der Bertolhütte (3311 m) folgt man R. 150 des N-Gipfels der Bouquetins bis auf ca. 3320 m. Dann zweigt man rechts ab, um den Pass zu gewinnen.

163

Zwischen der Dent N de Bertol (3547 m) und der Pointe de la Crête du Plan (△ 3374,4 m) gelangt man vom Haut Glacier d'Arolla fast überall auf den Gratkamm, indem man zuerst R. 161 des Col des Dents de Bertol folgt. Von der Bertolhütte (3311 m) zum Haut Glacier d'Arolla geht man am besten über die SE-Schulter der Pointe de la Crête du Plan (ohne Namen auf der LK, △ 3374,4 m). Vom Col de Bertol (3279 m) steigt man zuerst über Schnee in Richtung dieses Gipfels auf, dann links auf der E-Seite über ein breites, graues Geröllband und gelangt auf einen kleinen Pass südöstlich auf dem Grat des Signals (△ 3374,4 m) der Pointe de la Crête du Plan (10 Min.). Von diesem kleinen Pass erreicht man auf der anderen Flanke über Schutt und Schnee R. 161 des Col des Dents de Bertol.

Dent N de Bertol, 3547 m

Im Gegensatz zu seinem südlichen Nachbarn verdient dieser Zahn seinen Namen. Er wurde von allen Seiten erstiegen. Die Überschreitung wird mit Vorteil über den Kamm von S nach N ausgeführt. Seine N-Schulter hat die Kote 3510,6 m.

164 *Über den SW-Grat*

L Vom Col des Dents de Bertol, 20 Min. Abb. S. 91

Vom Col des Dents de Bertol (3416 m, ohne Namen auf der LK) folgt man dem zum Teil felsigen Grat.

165 *Über den NNW-Grat*

WS Von der Bertolhütte, 1 Std. Abb. S. 83, 91

Von der Bertolhütte (3311 m) steigt man über Firnfelder zum grossenteils felsigen NNW-Grat auf. Über den Grat zum Gipfel, Schwierigkeiten je nachdem auf der E- oder W-Seite umgehend.

166 *Über die SW-Seite*

L Von der Bertolhütte, 1 Std.

Von der Bertolhütte (3311 m) folgt man R. 162 des Col des Dents de Bertol. Am Fuss der SW-Seite angelangt, ersteigt man ein Couloir, das die Flanke durchzieht.

Pointe de la Crête du Plan, 3374,4 m

Ohne Namen auf der LK.

Es ist dies der erste freistehende Gipfel im NW der eigentlichen Dents de Bertol. Er ist von der Bertolhütte und dem Clocher de Bertol (ohne Namen auf der LK) durch den Col de Bertol getrennt.

Der ganze Grat zu den Dents de Bertol ist auf der E-Seite grossenteils schneeig und auf der W-Seite felsig. Vom Gipfel △ 3374,4 zweigt ein Felsgrat Richtung SW ab, der nach 100 m einen Gendarmen (3387 m) bildet, *Pointe des Chamois* genannt von den Erstersteigern (s. R. 168), aber ohne Namen auf der LK. 50 m weiter im SW verzweigt sich der Grat. Der nördliche Arm begrenzt im S den Glacier de Bertol: Es handelt sich um einen breiten, gewundenen Felsrücken, vom südlichen Arm durch Firnfelder getrennt. Dieser letztere bildet bei der Verzweigung einen ersten Winkel, weiter südlich einen zweiten, und fällt dann gegen SW als ausgeprägter Felsgrat, die eigentliche *Crête du Plan*, ab.

167 *Über die NE-Seite*

Fred Corbett, Echallaz, C.E. Groves, Meares, Townley mit Martin Vuignier, 16. August 1890.

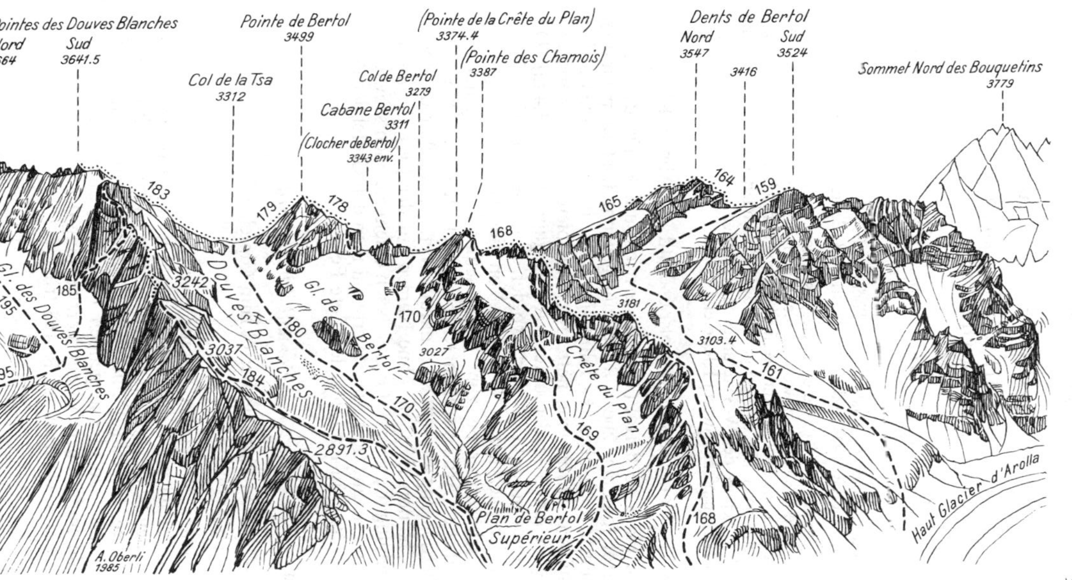
Pointes des Douves Blanches
Nord
3664
Sud
3641.5
Col de la Tsa
3312
Pointe de Bertol
3499
(Clocher de Bertol)
3343 env.
Cabane Bertol
3311
Col de Bertol
3279
(Pointe de la Crête du Plan)
3374.4
(Pointe des Chamois)
3387
Dents de Bertol
Nord
3547
3416
Sud
3524
Sommet Nord des Bouquetins
3779
183
179
178
168
165
164
159
Gl. des Douves Blanches
195
195
185
3242
Douves Blanches
Gl. de Bertol
180
170
3037
184
3027
170
2891.3
3181
3103.4
161
Crête du Plan
169
Plan de Bertol Supérieur
168
Haut Glacier d'Arolla
A. Oberli
1985

Kette Grandes Dents – Dents de Bertol, W-Seite

WS Von der Bertolhütte, ½ Std. Abb. S. 83, 101

Von der Bertolhütte (3311 m) steigt man direkt zum Gipfel über einen Schneehang und die Gratfelsen.

168 *Über den SW-Grat (genannt Crête du Plan oder Arête de Bertol).*

Ellis Carr, Chas. H. Pasteur und Töchter, F.W. Oliver, Claude Wilson mit Antoine Georges und Pierre Maître, 13. September 1892.

Dieser lange Grat ist eine gute Kletterschule, vergleichbar mit dem Grat der Douves Blanches, obwohl er nicht in gleichem Mass das Gefühl der Ausgesetztheit erweckt und weniger Hochgebirgscharakter hat. Unzählige Gendarmen. Ein einziger grosser Aufschwung, der schwierig ist, kann auf dem Schnee der W-Seite umgangen werden.
Hübsche, empfehlenswerte Kletterei.

ZS Von Plans de Bertols, 6–7 Std. Abb. S. 83, 91

Von Plans de Bertol (2664 m), erreicht auf R. 170 des Col de Bertol, folgt man zuerst R. 169 und gewinnt den Grat mehr oder weniger hoch oben. Es lohnt sich aber, ihn von unten auf zu benützen, wo er eine nette Kletterei bietet. Die Erstersteiger folgten ihm von der untern Abzweigung an (3103,4 m). Die Kletterei ist leicht bis dort, wo der Grat ein erstes Knie bildet und sich nach links (N) wendet. Von hier wird er stark gezackt und schwieriger bis zum Punkt seiner Vereinigung mit dem nördlichen Arm, wo man R. 169 erreicht und wo der Grat in NE-Richtung abbiegt. Kurz darauf überschreitet man die Pointe des Chamois (3387 m, ohne Namen auf der LK), die höchste Erhebung des ganzen Grates. Nach einem ziemlich schwierigen Abstieg in eine tiefe Scharte erreicht man den Gipfel der Pointe de la Crête du Plan über leichtere Felsen.

169 *Über die SW-Seite und den SW-Grat*

ZS– Von Plans de Bertol zum Gipfel, 3 Std.
Abb. S. 91

Von Plans de Bertol (2664 m), erreicht auf R. 170 des Col de Bertol, steigt man über Geröll gegen E aufwärts, um die zwischen den beiden Armen des SW-Grates gelegenen Firnfelder zu gewinnen. Sie bilden eine Art Mulde, die in der Mitte durch einen leicht zu übersteigenden Felsabsatz abgeriegelt ist. Die Mulde endigt oben bei der Verzweigung der beiden Arme des SW-Grates, wo man auf R. 168 trifft.

Col de Bertol, 3279 m

Zwischen dem Clocher de Bertol (ca. 3343 m) und der Pointe de la Crête du Plan (△ 3374,4 m), dient der Pass vor allem als Zugang zur Bertolhütte oder als Übergang von Arolla nach Zermatt, kombiniert mit dem Col d'Hérens oder dem Col de la Tête Blanche. Erste touristische Überschreitung: A.W. Moore, Horace Walker mit Jakob Anderegg, 8. Juli 1865.

170 *Über die W-Seite*

L Vom Ende der Fahrstrasse, 4 Std. Abb. S. 83, 91

Von Arolla (1965 m) folgt man der Fahrstrasse (Fahrverbot ab P. 1973) zum Bas Glacier d'Arolla. Am Ende der Strasse steigt man zuerst gegen NE zu P. 2201 an, kommt gegen S zurück, an den alten Baueinrichtungen vorbei, und steigt im Zickzack nach Plans de Bertol (2664 m), wo sich eine baufällige Baracke befindet. (2 Std.). (Eine für den Abstieg günstige Abkürzung vermeidet den Bogen nach NE zu P. 2201.)
Von dort erreicht man in Richtung ENE über Gras, Geröll und Moränen den Glacier de Bertol bei P. 3027. Man geht auf den grossen Felsen in der Mitte des Gletschers zu und dann rechts seinem Fuss entlang. Über einen steilen Schneehang steigt man direkt zum Pass, links oder rechts an einem Felsinselchen vorbei. Im Frühsommer braucht man nicht zum Felsinselchen zu gehen, sondern kann im Firn aufsteigen.
Im *Abstieg* schöne Rutschpartien.

171 *Über die E-Seite*

Diese Routen führen über spaltenreiche Gletscher und erheischen grösste Vorsicht.

WS Von Ferpècle zur Hütte, 6 Std. Abb. S. 101, 132

Von La Forclaz (1727 m) führt eine Fahrstrasse nach Ferpècle und weiter bis zum Moränensee 1963 m. Von der Abzweigung 1828 m ist die Strasse nur für Fahrzeuge der Grande Dixence offen.
Vom Moränensee 1963 m steigt man über Moränenschutt nach S zum Glacier du Mont Miné. Man betritt ihn an seinem linken (W-)Ufer und geht gerade nach S, dort wo es am wenigsten Spalten hat. Auf ca. 2360 m geht man auf Moränenschutt über, um bei P. 2679 die Zunge des Glacier de l'Aiguille zu erreichen. Man ersteigt ihn bis in die Nähe des Col de la Tsa (3312 m), von wo man über R. 182 zur Hütte gelangt.

172 *Über die E-Seite, direkt über den Glacier du Mont Miné*

WS Abb. S. 101

Wenn die Verhältnisse auf dem Gletscher sehr günstig sind, kann man die Gletscherterrasse östlich unter der Gletscherzunge des Glacier de l'Aiguille (R. 171) benützen. Die Terrasse wird getragen von einem mit 2566 m kotierten Felsriegel und ist sehr spaltenreich. Man ersteigt sie gegen S, geht dann östlich an P. 2978 vorbei und weiter durch eine Gletschermulde bis auf ca. 3100 m, um eine zerschrundete Zone zu vermeiden. Col de Bertol und Bertolhütte sind nun sichtbar. Man erreicht den Pass über einen nach oben flacher werdenden Schneehang.

173 *Über die E-Seite, über das Plateau d'Hérens*

L Von Ferpècle zur Hütte, 8 Std.

Von La Forclaz (1727 m) folgt man R. 253 des Col d'Hérens bis halbwegs zwischen Mota Rota (3253 m) und dem Pass. Nach den letzten grossen, offenen Spalten zweigt man nach W ab und wendet sich gegen die oberen Felsen (ca. 3420 m) des Verbindungsgrates Mont Miné–Tête Blanche. So erreicht man R. 252 des Col d'Hérens.

174 *Über die E-Seite, von der Dent-Blanche-Hütte*

L Von der Dent-Blanche-Hütte zum Col de Bertol, 3–4 Std.

Von der Dent-Blanche-Hüte (3507 m) folgt man R. 254 des Col d'Hérens bis auf ca. 3370 m, biegt dann leicht nach rechts ab und erreicht R. 173.

Clocher de Bertol, ca. 3343 m

Ohne Namen und Kote auf der LK.
Es ist dies der Turm, auf dessen S-Schulter die Bertolhütte (3311 m) steht.

175 *Über die W-Seite und den S-Grat*

Charles Fontannaz, allein, 3. August 1894.

ZS Von der Hütte, ¼ Std.

Von der Hütte erklettert man den 5–6 m hohen Absatz, traversiert dann 8–10 m auf einer grossen Platte auf den W-Hang, leicht schräg absteigend, steigt hierauf durch einen steilen Kamin hinauf, welcher auf eine kleine Schulter des S-Grates am Fusse des Gipfelturms führt. Die letzten paar Meter klettert man über den S-Grat und einen Riss auf der W-Seite. Vom Gipfel kann man über den N-Grat *absteigen* und über ein horizontales Band auf der E-Seite zur Hütte zurückkehren.

176 *Direkt vom Glacier de Bertol*

SS Vom Gletscher zum Gipfel, ½ Std.

Vom Glacier de Bertol gelangt man auf R. 170 des Col de Bertol zur W-Wand des Clocher de Bertol. Man ersteigt sie direkt (V, V+, 1 H, 2 Bh), um das Band auf Höhe der Hütte zu erreichen, wo man auf R. 175 trifft, der man zum Gipfel folgt.

Pointe de Bertol, 3499 m

Erste bekannte touristische Besteigung: Echallaz, Fred Corbett, Meares, Townley mit Pierre Gaspoz und Martin Vuignier, 18. August 1890. Sie fanden auf dem Gipfel einen Steinmann vor.

177 *Über den ENE-Grat*

Der Grat besteht zum grössten Teil aus Fels und trennt deutlich die S-Seite (Felsen) von der N-Seite (Schnee, oft Eis und Felsen).

WS Vom Col de Bertol, ¾ Std. Abb. S. 83, 101

Vom Col de Bertol (3279 m) folgt man R. 182 des Col de la Tsa bis zur Einsattellung des ENE-Grates, dem man bis auf den Gipfel folgt.

178 *Über den S-Grat*

WS Vom Col de Bertol, 1 Std. Abb. S. 91

Vom Col de Bertol (3279 m) erreicht man über die oberen Firnfelder des Glacier du Mont Miné die Lücke, die den Gipfel vom Clocher de Bertol (ca. 3343 m, ohne Namen auf der LK) trennt. Man umgeht den ersten Gratabsatz auf der W-Seite, gewinnt den Grat unmittelbar oberhalb des Absatzes wieder und folgt ihm bis auf den Gipfel.

178 a *Variante, direkt über den Gratabsatz*

S

Anstatt den Gratabsatz zu umgehen, ersteigt man ihn direkt (IV, V, H).

179 *Über die NW-Seite*

WS Vom Col de la Tsa, 20 Min. Abb. S. 83, 91

Vom Col de la Tsa (3312 m) steigt man über den Schnee-(Eis-)Hang, dann über Felsen zum Gipfel.

Col de la Tsa, 3312 m

Zwischen der Pointe S der Douves Blanches (△ 3641,5 m) und der Pointe de Bertol (3499 m); von Arolla nach Ferpècle.
Der Pass ist der beste Zugang von Arolla zur Aiguille de la Tsa und wird sozusagen nur zu diesem Zweck benützt (oder auf der Rückkehr von den Douves Blanches).

180 *Über die SW-Seite*

L Vom Ende der Fahrstrasse, 4 Std. Abb. S. 91

Von Arolla (1956 m) folgt man R. 170 des Col de Bertol bis zum grossen Felsen in der Mitte des Glacier de Bertol. Von da steigt man durch die Gletschermulde direkt auf den Pass.

180 a *Variante*

L Vom Ende der Fahrstrasse, 4 Std.

Im Spätsommer, wenn der Gletscher aper ist, lässt man den grossen Felsen rechts liegen, um das rechte (W-)Ufer des Gletschers zu erreichen. Man vermeidet so eine stark zerschrundete Zone (gegen 3100 m), indem man hart dem Fuss der Douves Blanches entlang geht. Höher oben wendet man sich wieder der Gletschermitte zu. Den Eishang unter dem Pass kann man über die leichten Felsen unmittelbar links (NW) umgehen.

181 *Über die NE-Seite*

WS Von Ferpècle, 5 Std.

Von La Forclaz (1727 m) folgt man R. 171 des Col de Bertol bis in die Gegend des Passes.

182 *Von S*

Diese Route benützt man, um von der Bertolhütte zum Einstieg der Aiguille de la Tsa zu gelangen.

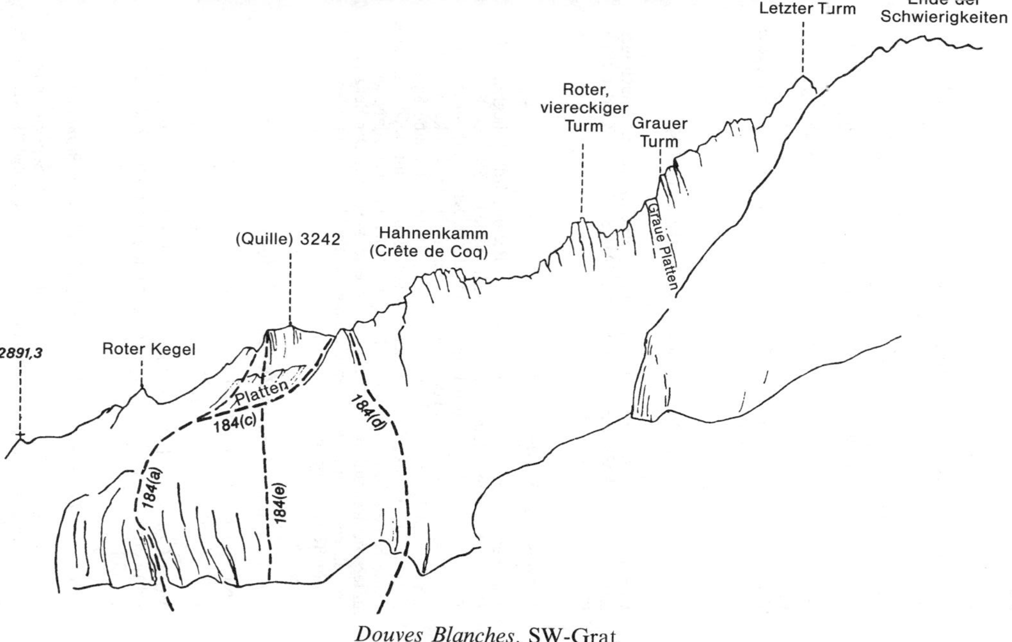

Douves Blanches, SW-Grat

L Vom Col de Bertol, 1 Std. Abb. S. 101

Vom Col de Bertol (3279 m) geht man auf den oberen Firnfeldern des Glacier du Mont Miné dem E-Fuss des Clocher de Bertol (ca. 3343 m, ohne Namen auf der LK) und der Pointe de Bertol (3499 m) entlang. Dann steigt man schräg über einen Schneehang und einige Felsen (Spur) zur Einsattelung des ENE-Grates der Pointe de Bertol (zwischen dem Gipfel und P. 3372,7). Auf der andern Seite steigt man leicht abwärts zum Pass.
Will man zur Aiguille de la Tsa, braucht man nicht zum Pass zu gehen; man lässt ihn zur Linken.

DIE KETTE DER GRANDES DENTS

Dieser Name wurde 1861 eingeführt. In ihr erheben sich die mächtigen, schroffen Gipfel nördlich der Bouquetins. Ausgezeichnete Kletterschule; fast überall sehr fester Gneis.

Pointes des Douves Blanches

Man nennt den Grat, der den Glacier de Bertol nördlich begrenzt, *Les Douves Blanches.* Dieser Grat erreicht seinen höchsten Punkt im △ 3641,5 m, wo er an den Hauptkamm stösst. Dieser erhebt sich breit und unschwierig vom Col de la Tsa bis zum erwähnten Punkt, wird dann schmal und felsig und bildet vor der Aiguille de la Tsa eine Reihe von Zacken. Der höchste Punkt dieser zackigen Mauer ist mit 3664 m kotiert. Diese beiden Punkte sind die Hauptgipfel der Douves Blanches. (Wir unterscheiden mithin eine *S-Spitze* und eine *N-Spitze.*) Der Berg macht an sich keinen grossen Eindruck, einige seiner Grate bieten aber ausgezeichnete Klettereien.

Pointe Sud des Douves Blanches, △ 3641,5 m

183 *Über den SE-Grat*

L Vom Col de la Tsa, 1 Std. Abb. S. 91, 101, 132

Vom Col de la Tsa (3312 m) folgt man dem breiten, zum Teil schneeigen, zum Teil felsigen Gratrücken (wacklige Blöcke) zum Gipfel.

184 *Über den SW-Grat (Arête des Douves Blanches)*

F.W. Oliver mit Pierre Maître und einem Träger, 1. September 1892.
Erste Winterbegehung: Fernand Berthoud, Michel Siegenthaler, 14. Februar 1971.

Pointe S des Douves Blanches, NW-Seite

Dieser Grat bildet eine von den Besuchern von Arolla bevorzugte Kletterei. Die erste Partie gewann den Grat südwestlich von P. 3037. Da er aber sehr lang ist, betritt man ihn im allgemeinen höher oben. Der von den Erstersteigern benützte Weg weist verschiedene Varianten auf. Wir beschreiben nachstehend die vollständige Route. Man kann diese abkürzen, indem man den Grat unterhalb oder oberhalb der *Quille* betritt. Mit La Quille bezeichnet man ein Gratstück, das einen steilen Aufschwung bildet, das entfernt an den Kiel eines umgekehrten Schiffes erinnert und das sich oberhalb eines breiten Bandes aus grauen Platten erhebt und vom Plan de Bertol aus sehr gut sichtbar ist.
Schöne, sehr empfehlenswerte Kletterei, im oberen Teil ziemlich anstrengend.

S Über den ganzen Grat, 5–7 Std.
Abb. S. 91, 99, 101, 117

Will man den Grat nicht von seinem Beginn (2891,3 m) an erklettern, gibt es mehrere Möglichkeiten, höher oben einzusteigen:

a) Man kann den Fuss der Quille vom Tälchen von Bertol direkt durch einen Kamin, wo sich ein grosser, eingeklemmter Block befindet, oder durch andere Kamine in einer grossen gelblichen Felswand östlich der Quille erreichen (vom Plan de Bertol 1½ Std.). Abb. S. 97
b) Von der Scharte unterhalb der Haken kann man die Quille auch auf der N-Seite (Arolla) umgehen, um dann die Gratkante so bald als möglich wieder zu erreichen (schlechter Fels).
c) Man kann die Quille auch ganz vermeiden, indem man die mächtigen, grauen, nach S abfallenden Platten dort quert, wo sie am wenigsten steil sind. Man gewinnt alsdann die Gratschneide dort wieder, wo sie horizontal verläuft.
Vorsicht: Im Frühsommer direkt am Fuss der Quille grosse Schneeansammlungen. Abb. S. 97
d) Kommt man von der Bertolhütte, so quert man den Gletscher oberhalb seiner Endzunge. In der Wand, die den Grat verteidigt, nimmt man Richtung auf ein sehr grünes Grasband in der Fallinie der Quille. Dieses Band beginnt auf ca. 3020 m und steigt links an bis zu grossen Blöcken, die in die Mitte der leichten Zone der grossen Platten führen, über die man den Grat links oder rechts der Quille erreicht; keine Schwierigkeiten. Abb. S. 97
e) Der eleganteste Weg auf den Gipfel der Quille führt über die SE-Wand. Ein charakteristischer Riss (IV) in bestem Fels zieht sich vom Fuss bis zum Gipfel. Im Frühsommer Vorsicht wegen der Schneeansammlungen am Fuss der Quille. Abb. S. 97

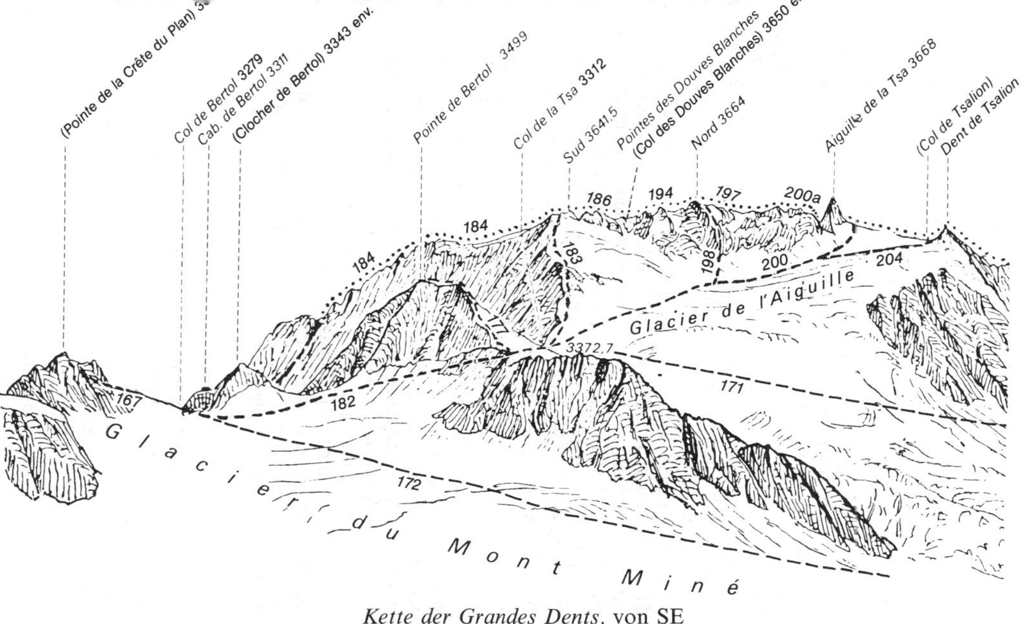

(Pointe de la Crête du Plan)
Col de Bertol 3279
Cab. de Bertol 3311
(Clocher de Bertol) 3343 env.
Pointe de Bertol 3499
Col de la Tsa 3312
Sud 3641,5
Pointes des Douves Blanches
(Col des Douves Blanches)
Nord 3664
Aiguille de la Tsa 3668
(Col de Tsalion)
Dent de Tsalion
167
182
184
184
177
183
186
194
197
198
200a
200
204
3372,7
171
172
Glacier de l'Aiguille
Glacier du Mont Miné

Kette der *Grandes Dents*, von SE

Vom Plan de Bertol (2664 m, R. 170 des Col de Bertol) steigt man nördlich ab und überschreitet den Bach von Bertol. Auf dem andern Ufer steigt man über Rasen und Geröll bis an den Fuss des Grates, den man durch ein kaminartiges Couloir in unmittelbarer Nähe von P. 2891,3 erreicht. (¾ Std.). Man folgt nun dem verhältnismässig leichten Grat bis zu einem rötlichen Kegel von 40–50 m Höhe, vor dem sich eine ausgeprägte Scharte befindet. Man packt diesen Kegel direkt an, folgt dann einer Leiste zur Rechten und gewinnt dann die Gratkante wieder, der man bis an den Fuss der *Quille* folgt.
Die Platten der S-Flanke benützend, erklettert man die Quille bis zu ihrem senkrechten Aufschwung. Hier befinden sich zwei grosse Eisenhaken, die die Überwindung eines Überhanges rechts erleichtern. Man gelangt dann auf den Grat (IV+, athletisch). (2 Std.).
Es folgt nun ein verhältnismässig leichtes Gratstück und ein Hahnenkamm (Crête de coq), (III), welcher zu einer Depression vor einem grossen, rötlichen und abweisenden Aufschwung (III) führt, der mit einem vierkantigen Gendarmen (IV) gekrönt ist, auf welchem ein grosser Block liegt (Tour rouge, Roter Turm). Eine Abseilstelle erleichtert den Abstieg von diesem Turm.
Nach leichten Platten gelangt man an den Fuss eines senkrechten Aufschwungs aus grauem Fels (Tour grise, Grauer Turm). Dieser Aufschwung wird direkt überklettert: über eine kleine Mauer und eine Platte erreicht man zwei Haken, die in die zwei Ritzen eines glatten Überhanges geschlagen sind. Man quert waagrecht nach rechts (ein Schritt V) bis zu einer guten Nische, indem man sich mit einer am Haken rechts befestigten Schlinge hilft. Eine Verschneidung links (Holzkeil) oder ein Kamin rechts (Haken) (IV) führt zum höchsten Punkt des Aufschwunges.
Von hier an nehmen die Schwierigkeiten ab. Man folgt stets dem Kamm, der einen letzten kegelfömigen Turm (III) bildet. Der Grat wird nun breiter, schneebedeckt und leicht (grosse Blöcke) und führt direkt auf den Gipfel.

185 *Über die W-Flanke*

Jean Blaise Fellay, Michel Perraudin, Daniel Ruppen, 21. August 1974. Erste Winterbegehung: André Anzévui, André Georges, 15./16. März 1977.

Diese Wand ist 400 m hoch und erhebt sich über dem Glacier des Douves Blanches. Es ist eine grosse Route mit anhaltenden Schwierigkeiten, sehr steil, Seillängen von 40 m, wobei blättrig sich abspaltendes Gestein die Route heikel macht und grosse Vorsicht erheischt.
Sie ist nicht vollständig ausgerüstet.

Kette der Grandes Dents, von W

Aig. de la Tsa
Pointe N des Douves Blanches
206
Dent de Tsalion
(Col de Tsalion)
202
200a
197
194
195
196
201
205
202a
Gl. de la Tsa

Den Glacier des Douves Blanches erreicht man auf R. 195 der Pointe N des Douves Blanches oder direkt vom Ende der Fahrstrasse, die zum Bas Glacier d'Arolla führt, und auf einem Pfad, der zu P. 2424 ansteigt. Von dort breiten sich Grashänge und Moränen bis zum Gletscher aus. Vom Ende der Strasse 3 Std.

SS Vom Wandfuss, 6–8 Std. Abb. S. 91, 99

Vom Glacier des Douves Blanches wählt man die Schneezunge, die am höchsten in die Wand ragt. Dann geht man links eine Verschneidung an, der man zwei Längen folgt (IV) und die zu einem breiten Band führt, auf dem man 20 m rechts hält. St. 3. Wenn zu Beginn der Saison die Verschneidung noch nass ist, kann man diesen Punkt auch erreichen, indem man dem schwarzen Schieferband nachgeht, das den ganzen untern Wandteil durchquert. Es weist indessen zwei schwierige Stellen (V und IV) auf. Vom Band aus erklettert man eine Verschneidung von 30 m, indem man zuerst dem rechtsseitigen Riss 20 m folgt und nachher in den linken Riss wechselt (IV+). Oben weiter in rissigen Blöcken. St. 5. Wieder etwas hinab und auf bogenförmig angeordneten Bändern in Richtung einer kleinen, freistehenden Pyramide. Diese umgeht man und erreicht einen guten Stand. St. 7. Man folgt einer Felsschuppe, die an den Fuss einer abdrängenden, ausgesetzten Wand führt. Diese erklettert man (leicht nach rechts halten), ersteigt den oben vorspringenden Überhang (A1, V, V+) und erreicht einen kleinen Stand. St. 8. Einige Meter links in Richtung einer Felswand, die man heikel (V) ersteigt, dann rechts gegen einen guten Stand halten (IV+). St. 9. Von da senkrecht in dunklen Platten zum folgenden Stand (IV+). St. 10. Ein kurzer Kamin führt auf eine breite Plattform. St. 11. Links davon nimmt man eine steile Wand, geht in Richtung eines Felstürmleins, das erklettert wird, und erreicht einen recht guten Stand. St. 12. Man steigt auf einer feuchten Platte weiter, quert nach rechts (V) und ersteigt schräg links brüchige Überhänge (IV+), die zum letzten Stand führen, St. 13, zwischen dem letzten Felszahn des SW-Grates und dem Gipfel, den man ohne weitere Schwierigkeiten erreicht.

186 *Über den N-Grat*

Arthur Cust, allein, 17. Juli 1874.

Der Fels ist nicht gut.

WS Vom Col des Douves Blanches, ½ Std.
Abb. S. 105, 117

Vom Col des Douves Blanches (ca. 3650 m) folgt man dem Grat

bis zum Gipfel, einige Gendarmen überkletternd oder umgehend.

187–193 Freie Nummern

Col des Douves Blanches, ca. 3650 m

Ohne Namen und Kote auf der LK.

Zwischen der Pointe N und der Pointe S der Douves Blanches.
Die zwei Gipfel sind durch eine flache Einsenkung getrennt, die als Zugang zu den Gipfelgraten dient. Als Übergang hat der Pass überhaupt keine Bedeutung. Man erreicht ihn ohne jegliche Schwierigkeit über die E-Seite.
Die von der ersten Partie begangene Route in der W-Seite ist steinschlaggefährlich und nicht mehr gebräuchlich. R. 195 ist bei weitem vorzuziehen. Kurz bevor man auf dem Gipfel der Pointe N des Douves Blanches ankommt, quert man schräg nach rechts, um in den Pass zu gelangen.

A.H. Cawood, J.B. Colgrove, Arthur Cust, 17. Juli 1874.

Pointe N des Douves Blanches, 3664 m (höchster Punkt)

194 *Über den S-Grat*

Vielleicht T.S. Kennedy 1874 und sicher Arthur Cust, A.H. Cawood und J.B. Colgrove, 17. Juli 1874.

L Vom Col des Douves Blanches, 10 Min.
Abb. S. 101, 103, 117

Vom Col des Douves Blanches (ca. 3650 m) folgt man dem Felsgrat.

195 *Über den W-Grat*

Dowan, W.S. Stevenson, A. Sloman, drei Wigram, 1906.

Nach dem Führerbuch von Joseph Georges (le juge) wurde diese Route von ihm schon am 28. August 1905 mit Charles H. Brook und W. Alan Gillett begangen.
Beste Route von Arolla. Schöne, leichte Kletterei. Die Schwierigkeiten lassen sich südlich umgehen.

WS Von Arolla, 4–5 Std. Abb. S. 91, 103, 117

Von Arolla (1956 m) folgt man R. 20 der La-Tsa-Hütte bis zur Roussette. Auf ihrem linken Ufer steigt man zum kleinen Pass östlich der Maya (△ 3040,1 m) auf. Von hier kann man schräg gegen E queren, um den kleinen Gletscher der Douves Blanches zu erreichen. Es ist aber besser, direkt über Felsrippen und Firnflecken an den Fuss des W-Grates zu gelangen, dem man bis zum Gipfel folgt.

196 *Über die WNW-Seite*

Man kann auch vom Glacier de la Tsa direkt zum Gipfel aufsteigen. Diese Route ist aber wegen des häufigen Steinschlags nicht zu empfehlen. Abb. S. 103, 117

197 *Über den NNE-Grat*

WS Von der tiefsten Einsattelung, ½ Std.
Abb. S. 101, 103, 117

Von der tiefsten Einsattelung des Grates zwischen dem Gipfel und der Aiguille de la Tsa folgt man dem Grat bis zum höchsten Punkt.

198 *Über die E-Seite*

Vielleicht T.S. Kennedy (1874) und sicher A.H. Cawood, J.B. Colgrove, Arthur Cust im Abstieg, 17. Juli 1874.

L Vom Col de la Tsa, 1 Std. Abb. S. 101

Vom Col de la Tsa (3312 m) folgt man R. 200 der Aiguille de la Tsa bis an den Fuss des Gipfels, den man über Firn und leichte Felsen gewinnt.

La Maya (von Arolla), △ 3040,1 m

Wenig interessanter Gipfel.

199 *Über den E-Grat*

L Von Arolla, 3 Std.

Man erreicht den kleinen Pass im E des Gipfels

a) auf R. 195 der Pointe N des Douves Blanches;
b) auf R. 185 der Pointe S des Douves Blanches, indem man vor dem Gletscher der Douves Blanches abzweigt.

Vom kleinen Pass folgt man dem groben Blockgrat. Man kann die Besteigung unterhaltsamer machen, indem man unterwegs einen kleinen Pfeiler von 20 m (IV) ersteigt.

199 a *Über den W-Grat*

Monotoner Aufstieg.

EB Von Arolla, 3 Std.

Von Arolla (1956 m) erreicht man den Fuss des W-Hanges:

a) Auf der Fahrstrasse (Fahrverbot ab P. 1973) zum Bas Glacier d'Arolla bis zur Brücke 1986 m. Man überschreitet die Brücke und folgt der alten Werkstrasse im lichten Wald bis nach der dritten Kehre. Von da zuerst im Wald und über Blöcke, dann über Rasen und Felsen bis in die Nähe (südlich) von P. 2321,3.

b) Auf R. 20 (Hüttenweg der La-Tsa-Hütte) bis auf ca. 2160 m. Von da hält man rechts über Rasen und Felsen, um in die Nähe (südlich) von P. 2321,3 zu gelangen.

Nun gegen die Fallinie des Gipfels halten und ihn direkt über Rasen und Felsbänke ersteigen.

Aiguille de la Tsa, 3668 m

Schöner, schlanker Obelisk aus gelblichem Gneis. Von Arolla aus präsentiert er sich als markante Nadel in der Kette der Grandes Dents. Sie erhebt sich ca. 80 m über die obersten Firnfelder des *Glacier de l'Aiguille*. Von der Bertolhütte lässt sich die beliebte Besteigung gut in einem halben Tag ausführen.

200 *Über die E-Seite*

Die Führer Pierre Beytrison, Gaspard Gaspoz, Pierre Quinodoz, Pierre und Jean Vuignier, 21. Juli 1868.

ZS Für die Kletterei, 20–30 Min.
Vom Col de la Tsa, 1¼ Std.
Vom Col de Bertol, 2¼ Std. Abb. S. 101, 109

Vom Col de Bertol (3279 m) folgt man R. 182 des Col de la Tsa bis in die Nähe des Passes (3312 m) und steigt über die zeitweise stark zerschrundeten Firnfelder des Glacier de l'Aiguille zum Fuss der Aiguille. (1¾ Std.). Am NE-Fuss der Aiguille, wo sich am meisten Griffe finden, steigt man ein und klettert dann schräg südwestwärts in ausgezeichnetem Gneis weiter. Im oberen Teil dieser Querung übersteigt man eine glatte, charakteristische Platte. Dann hält man direkt auf den Gipfel zu, durch zwei kleine Kamine, denen ein dritter, ca. 5 m hoher (III+), folgt.

Man kann auch dem SE-Grat folgen bis zu einem breiten Band, das links zu einer 5 m hohen Verschneidung führt. Nun leicht auf den Gipfel, der ein kleines Plateau bildet. Der Tiefblick nach Arolla ist beeindruckend.
Für den *Abstieg* steigt man gegen NE auf ein Band, das auf eine Terrasse in der E-Seite führt, hinunter. Man steigt noch einige Meter Richtung NE ab und erreicht eine (eingerichtete) Abseilstelle (es ist von Vorteil, 40 m abzuseilen). Der weitere Abstieg ist leicht.

200 a *Variante*

WS Abb. S. 101, 103, 117

Man kann den E-Fuss der Aiguille de la Tsa auch über den Felsgrat von der Pointe N des Douves Blanches her erreichen.

201 *Über die SW-Flanke*

Miss Katharine Richardson mit J.-B. Bich, Antoine Maître und Emile Rey, 26. Juli 1889.

Diese Route ist sehr steinschlägig, bietet jedoch eine schöne Kletterei. Man kann die Route auch erst bei der *Passage des Chevilles* erreichen, indem man durch das grosse Schneecouloir (Süd-Couloir de la Tsa) zwischen der Aiguille de la Tsa und der Pointe N des Douves Blanches mehr oder weniger hoch hinaufsteigt. Dieser Weg ist kürzer und leichter, weicht aber dem interessantesten Teil der Besteigung aus. Die Tour wird noch interessanter, wenn man den grossen Gendarmen (R. 201a) besteigt.

ZS+ Von Arolla zum Gipfel, 5–6 Std.
Abb. S. 103, 111, 117

Man erreicht den Glacier de la Tsa:

a) Von Arolla (1956 m) folgt man dem Hüttenweg der La-Tsa-Hütte (R. 20) bis jenseits der Roussette auf ca. 2450 m und steigt dann direkt über einen Grasrücken, Geröll und eine hohe Moräne zum Glacier de la Tsa. (2 Std.). Abb. S. 117
b) Von der La-Tsa-Hütte (2607 m) folgt man dem Hüttenweg etwa 100 m und steigt dann Richtung SE über ein Blockfeld zum Glacier de la Tsa. (1 Std.). Abb. S. 117

In diesen Gletscher taucht der direkt vom Gipfel kommende Felsvorsprung, über den die Ersteigung erfolgt, unter. Man steigt über den Gletscher, Geröllrinnen und eine ziemlich weit hinaufreichende Schneezunge, die den Beginn der Kletterei bezeichnet, an. Man klettert, sich leicht rechts haltend, aufwärts, um den Hauptrücken des Felsvorsprunges zu erreichen. Man geht am Fusse eines mächtigen Gendarmen, der sich auf der

Aiguille de la Tsa, von NE

Abseilen
200
200
Abstieg

Hauptrippe erhebt, durch. Hierauf steigt man bis ca. 30 m unterhalb einer weiss-gelblichen Felswand. Nun hält man sich stark nach rechts, steigt nacheinander durch drei Kamine (oder kleine Couloirs), von denen der oberste schwierig ist (IV). Man gelangt so zu einem kleinen, am SW-Fuss der Aiguille gelegenen Firn-(Schutt-)Feld. Nun klettert man durch einen breiten Riss, der eine sehr steile und wie mit Bolzen gespickte Platte quert *(Passage des Chevilles)* (III+). Über weitere Platten kletternd, umgeht man links den Fuss eines kleinen, von der Felswand abstehenden Gendarmen. Links dieses Gendarmen über eine schwierige Platte (IV), dann noch weiter links über eine kleine Terrasse. Endlich quert man die Wand nach rechts, um die Gratkante in einer Scharte zu überschreiten und R. 200 zu erreichen, am Fuss eines dritten Kamins, d.h. einige Meter oberhalb der grossen Platte der SE-Flanke.

201 a *Über den grossen Gendarmen*

Diese Variante macht die Route interessanter und ist weniger dem Steinschlag ausgesetzt.

S+ Abb. S. 111

Wenn man von R. 201 über ein leichtes Band abzweigt, kann man an den Fuss des grossen Gendarmen gelangen. Ein Risskamin wird direkt durchstiegen (IV). Man schwenkt links ab und kommt über flechtenbedeckte Felsen zur Gratschneide (V, heikel), der man direkt folgt (IV+). Für den Abstieg vom Grossen Gendarmen seilt man 20 m in einen Sattel ab. Über ein Band quert man gegen rechts und stösst wieder auf R. 201.

Über die NW-Wand

Die Aiguille de la Tsa hat eine NW-Wand, welche die Couloirs des Col de Tsalion überragt. Im oberen Teil weist sie einen ausgeprägten Riss auf. Dieser Riss eignet sich zur Durchkletterung, so dass zahlreiche Versuche unternommen worden sind. Der Wandfuss ist nur bei kaltem Wetter empfehlenswert (wacklige Blöcke), wie dies für die Seilschaft der R. 203 der Fall war. Der obere Teil der Route wurde im Abstieg durch Abseilen erforscht. Von der Rampe am Fuss des Risses kann man auf den W-Grat ausweichen (Frl. Julen mit Candide Pralong und R. Angeloz, August 1975). Vom Ende der Abseilstrecke (St. 1) kann man den NE-Grat erreichen (Jean-Louis Pardon, Françoise Zryd mit Jean-Blaise Fellay, 25. Juni 1976).
Der Zugang zur Rampe am Fusse des Risses von der Bertol-Hütte her (R. 200) mit Anstieg ca. 15 m hoch über den NE-Grat wird allgemein gebräuchlich werden. Ein grüner Block kennzeichnet die Stelle (St.), wo

Aiguille de la Tsa, W-Wand

40 m in der NW-Flanke abgeseilt wird (Haken bei der Ankunft St. 1). Man erspart sich damit die Strecke vom Wandfuss und konzentriert die Bergtour auf die eindrucksvollste Kletterei von mehr als 100 m, nämlich im senkrechten, abdrängenden Riss und in den überhängenden Aufschwüngen.

202 *Durch den NW-Wand-Riss*

Eugène Aymon mit Camille Bournissen und Jean-Blaise Fellay, 8. Juli 1976 bis zum Ausstieg in die SW-Flanke. Die vollständige Durchsteigung bis zum Gipfel wurde am 15. Juli 1976 von Jean-Blaise Fellay ausgeführt.

Die Route ist mit 60 Haken versehen. Grosse Klemmkeile mitnehmen.

SS+, athletisch Von St. 1 zum Gipfel, 4–5 Std.
Abb. S. 103, 113

Von St. 1 am Ende der Abseilstelle quert man waagrecht etwa 40 m (III) in Richtung der Rampe in der Fallinie des Gipfels. St. 2. Dann steigt man einige Meter auf der Rampe gegen den grossen Riss, der die Wandmitte kennzeichnet, indem man einige Blöcke erklettert (2 H). Von den Blöcken führt eine schwierige Stelle (V) zum Riss, in dem man bis zu einem Trittleiterstand klettert (A1, A2, athletisch). St. 3, 2 Bh. Darüber kommt man zu einem ausgeprägten kleinen Überhang, den man ersteigt (A1); sodann hält man leicht nach rechts gegen eine Nische unter einem mächtigen abgespaltenen Block (V, A1), wo man haltmacht. St. 4. Anschliessend durchsteigt man einen kurzen Kamin (V) – Möglichkeit, in die SW-Flanke auszuweichen –, nimmt links eine abdrängende Platte (V) und erklettert nacheinander zwei Aufschwünge (A1, athletisch), um zum Gipfelkreuz zu gelangen.

202 a *Über den Sockel der Flanke*

Bei den ersten Versuchen an der NW-Flanke wurde immer der Wandsockel erstiegen. Dieser Zugang ist möglich von der Cabane de la Tsa, doch wird er wegen des brüchigen Felsens eher gemieden.
Da die Felsen am Wandfuss oft nass oder vereist sind, empfiehlt es sich, diese Route nur bei trockenem, kaltem Wetter zu wählen. Ist dies nicht der Fall, so folgt man den Couloirs zum Col de Tsalion bis zu diesem, um den NE-Grat und die Abseilstelle zu erreichen.

S Vom Wandfuss bis zu R. 202, 3–4 Std.
Abb. S. 103, 113, 117

Von der La-Tsa-Hütte (2607 m) folgt man R. 201b bis zum Glacier de la Tsa.
Man ersteigt das südlichste Couloir vom Col de Tsalion bis zum Fuss einer grossen Spalte, die sich gegen die Rampe hinaufzieht.

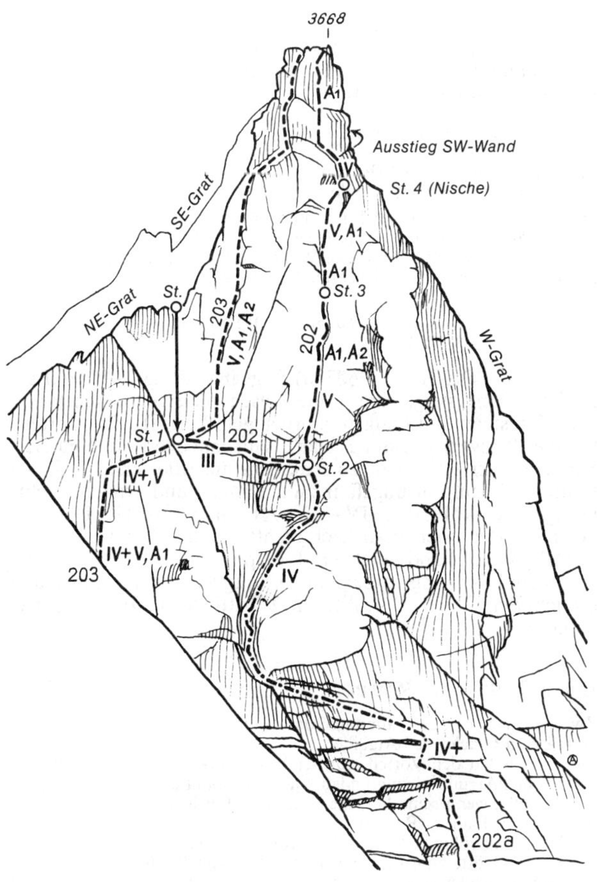

Aiguille de la Tsa, NW-Wand

(2–3 Std.). Man folgt der Spalte einige Längen (III, IV), wobei man einen brüchigen Grataufschwung rechts umgeht (IV+), und kommt dann wieder zurück auf die Rampe. Auf dieser geht man in Richtung des in R. 202 erwähnten Risses (IV) weiter.

203 *Über die NW-Wand*

Francis Dechany, Daniel Heymans, 27./28. Dezember 1971, von einem Biwak im oberen Teil des Couloirs.

Der obere Teil der Felsnadel hat in der Mitte einen ausgeprägten Riss, welchen die Erstbesteiger rechts ausliessen..., und zwar für die Kletterer, welche die zweite Route in dieser Wand eröffneten (R. 202).
Es ist die erste Route durch diesen Teil der Wand.

SS Vom Wandfuss, 10 Std. (im Sommer).
Abb. S. 113

Von der La-Tsa-Hütte (2607 m) folgt man R. 202a bis auf ca. 3400 m. Dann steigt man in die Felsen der eigentlichen Wand ein. Man steigt drei Längen in brüchigem Fels (III, IV), parallel zu einer Rissverschneidung. Das Eis machte den Riss unpassierbar. Der Fels steigt nahezu senkrecht an. Man ersteigt diesen Grataufschwung in ungefähr zwei Längen und erreicht rechts wenig geneigte Platten (IV+, V, A1, einige fixe H). Über geneigte Platten quert man nach rechts bis fast direkt unter den Gipfel (IV+, V) und steigt gerade empor, links an einem hervortretenden Überhang vorbei, dann schräg leicht nach rechts, und erreicht den Gipfel (V–, A1, A2, 2 Trittleiterstände, einige fixe Haken).

Col de Tsalion, ca. 3560 m

Zwischen der Dent de Tsalion und der Aiguille de la Tsa; vom Glacier de la Tsa zum Glacier de l'Aiguille.
Dieser Pass hat den Vorteil, auf der E-Seite eben in die Firnfelder des Glacier de l'Aiguille einzumünden, und wäre somit ein günstiger Zugang zur Aiguille, wenn seine W-Seite nicht so gefährlich wäre. Der W-Grat der Dent de Tsalion (R. 205) ist vorzuziehen.
Als Übergang völlig bedeutungslos, ermöglicht der Pass den Zugang von der La-Tsa-Hütte zum Ende der Abseilstelle von R. 202.
Man unterscheidet in der W-Seite vier Couloirs. Das erste (von der Dent de Tsalion) ist 1875 von Jean Anzevui dem Richter mit einem Touristen zum erstenmal begangen worden, im Aufstieg von Arolla zur Aiguille. Es ist relativ leicht.
Erste Abfahrt mit Ski: André Anzevui, 9. März 1974.
Durch das dritte (von der Dent de Tsalion), das oben eng ist, und schwierig, fuhr Christian Genolet am 9. März 1974 mit Ski ab.

Das vierte (von der Dent de Tsalion), das sich direkt am Fuss der Aiguille de la Tsa befindet, wurde 1967 von Karl Nater mit Camille Bournissen begangen. Sie stiegen von rechts her über den Sockel der Aiguille de la Tsa auf und betraten das Couloir erst in seiner oberen Hälfte.

Dent de Tsalion, 3589,3 m

Erste touristische Ersteigung: Vielleicht Arthur Cust mit Franz Biner (Weisshornbiner), 11. August 1875; sicher Fred Corbet, Echallaz, Townley mit Pierre Gaspoz, 13. August 1890.

Am 9. März 1984 stieg Patrick Vuillemier durch das sog. «Couloir des Säbelstreichs» auf (das nur als solches sichtbar wird, wenn Schnee liegt, und nicht auf den Hauptgrat mündet) bis zu einem grossen, viereckigen Block, der von Arolla aus sichtbar ist, und wo das Couloir aufhört. Von dort fuhr er mit Ski durch das Couloir ab. Das Couloir ist (im N) parallel zum W-Grat (R. 205); sein Beginn ist ganz links auf der Foto S. 103 sichtbar.

204 *Über die SE-Seite*

L Vom Col de la Tsa, 1 Std.
Vom Col de Bertol, 2 Std. Abb. S. 101, 117

Vom Col de la Tsa (3312 m), den man auf R. 182 erreicht, folgt man R. 200 der Aiguille de la Tsa bis zu ihrem Fuss und weiter bis zum Col de Tsalion (ca. 3560 m). Die Dent de Tsalion erhebt sich nur wenig aus den Firnfeldern, und eine kurze Kletterei führt zum Gipfel.

205 *Über den W-Grat*

Ethel M.L. Wood mit Jean Maître und Pierre Maurys, 6. August 1897.

Diese Route ist empfehlenswert als Zugang zur Aiguille de la Tsa, besser als R. 201. Da sie sich an den Grat hält, ist sie vor Steinschlag geschützt.

ZS Von der La-Tsa-Hütte, 5 Std. Abb. S. 103, 117

Von der La-Tsa-Hütte (2607 m) folgt man R. 201 (b) der Aiguille de la Tsa bis vor den Glacier de la Tsa. Der Fuss des Grates besteht aus zwei Pfeilern. Man wählt den zur Rechten und steigt an seinem Fuss ein.
Man hält sich stets an der Gratkante, wo die Felsen fest sind (III, III+). Der Grat endigt in einer kleinen Lücke unter dem Gipfel.

206 *Über den N-Grat*

L Von der Pointe de Tsalion, ¾ Std.
Abb. S. 103, 117, 119, 132

Von der Pointe de Tsalion (3512 m) folgt man dem breiten, leichten Geröllgrat. In seinem oberen Teil steigt er steil an, wird schmäler und etwas schwieriger.

Pointe de Tsalion, 3512 m

Unbedeutender Gipfel, dessen W-Wand jedoch ein bekanntes Kletter(übungs)gebiet geworden ist.

207 *Über die NW-Seite*

Diese Route dient vor allem für den Abstieg. Das schräge Firnfeld im oberen Teil (La Vire) kann vereist sein; Steigeisen nützlich.

L Von der La-Tsa-Hütte, 2 Std. Abb. S. 117, 119

Von der La-Tsa-Hütte (2607 m) geht man ca. 100 m auf dem Hüttenweg und dann über Rasen und Steine in Richtung ESE (auf P. 2920 zu). Dann wendet man sich gegen N (auf P. 3016 zu) und gelangt auf das in der LK eingezeichnete, manchmal unterbrochene Schneefeld. Man ersteigt es Richtung SSE bis zum Gipfel.

208 *Über den N-Grat*

L Von der Einsenkung 3417 m, ½ Std.
Abb. S. 117, 119, 132

Über R. 213 gelangt man zur Einsenkung 3417 m und folgt von dort dem leichten Felsgrat.

Über den S-Grat

Siehe R. 206

Über die W-Wand

Die 550 m hohe Westwand ist dank des guten Fels und der Nähe der La-Tsa-Hütte zu einer viel besuchten Kletterschule grossen Stils geworden. Die Wand ist von mehreren Pfeilern durchzogen; eine der Routen ist gekennzeichnet und benannt nach einem roten Gendarmen. Der Wandfuss ist mit 2920 m kotiert.

Von der La-Tsa-Hütte (2607 m) steigt man auf R. 207 über Gras und Steine zum Wandfuss. Nach der Kletterei ist man auf R. 207 schnell zurück.

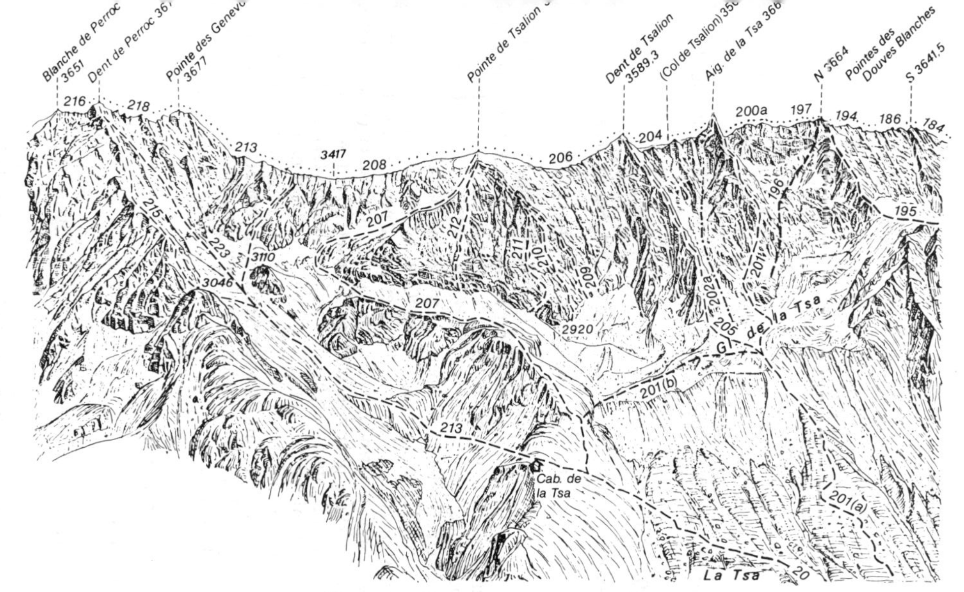

Kette der Grandes Dents, W-Seite

209 *Über den Jurassiergrat (Arête des Jurassiens)*

Raymond Monnerat, Edouard Ryser, September 1975.

S Vom Wandfuss, 4–5 Std. Abb. S. 117, 119

Man beginnt etwa 100 m rechts des roten Gendarmen bei einer Verschneidung von 80 m und folgt ihr (III). Eine ansteigende Traverse nach rechts von 60 m (II, III) führt zum Fuss eines Plattensystems, das man in Richtung des Gratprofils erklettert (III, IV). Dieser Grat ist durch ein Couloir deutlich von jenem des roten Gendarmen getrennt (R. 210). Man folgt dem aus kleinen Aufschwüngen und Platten bestehenden Kamm (III, IV) und erreicht den Vereinigungspunkt der R. 209, 210 und 211.

210 *Route des roten Gendarmen*

Jean-Blaise Fellay, Jean-Louis Pardon, Claude Stucki, 18. Juli 1973.

S Vom Wandfuss, 4–5 Std. Abb. S. 117, 119

Man steigt an der Spitze eines Firnfeldes in eine Verschneidung ein (III, IV), und zwar links der Fallinie des roten Gendarmen, der die Route beherrscht. Man kommt zu einem Stand zurück und wendet sich rechts einer Platte zu, erklettert sie in Richtung eines Überhanges und überwindet diesen (IV). Dann folgt man Platten (III) und ersteigt einen Grataufschwung (III+). Die nächsten zwei Seillängen (II) über leicht geneigte Platten zum Fuss des Gendarmen. Nach zwei Längen in Blöcken (III) richtet sich der Hang über zwei weitere Längen (III) auf. Man geht den roten Gendarmen durch einen leichten Kamin (II) an, der sich bis zur Senkrechten aufrichtet (IV). So erreicht man den Gipfel des roten Gendarmen (III), steigt hinunter auf den Grat (III), der nach einigen anregenden Seillängen zum Schnee- und Geröllkegel führt (III), der den Vereinigungspunkt der R. 209, 210 und 211 bildet.

211 *Pfeilerroute (Voie du Pilier)*

Didier und Luc Louvel, 25. August 1972.

Interessante, am Pfeiler ziemlich anstrengende Kletterei. Es lohnt sich, den Pfeiler an seinem tiefsten Punkt anzupacken (III, IV, ein Schritt IV+).

S+ Vom Wandfuss, 4½ Std. Abb. S. 117, 119

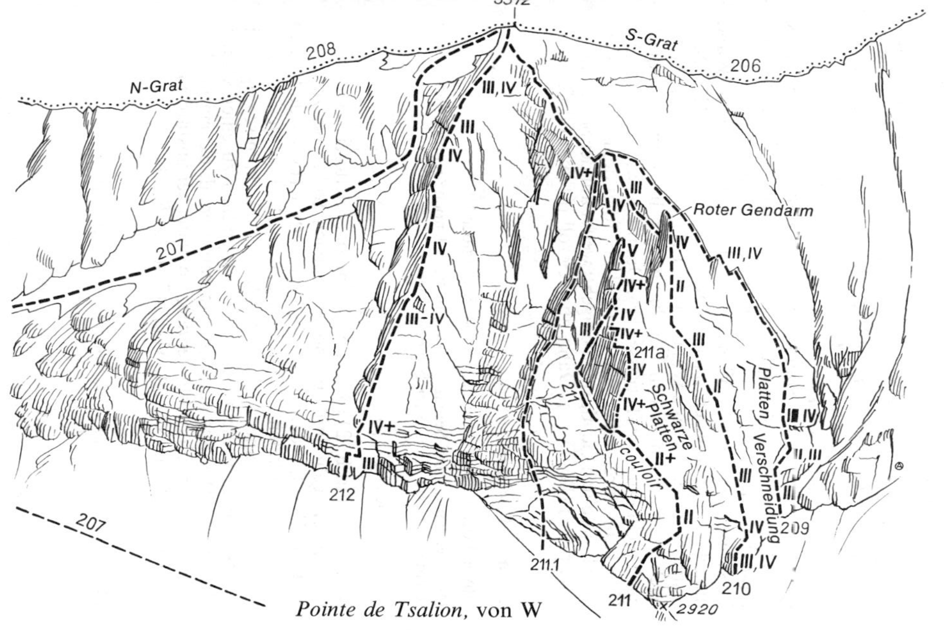

Pointe de Tsalion, von W

Man steigt 50 m links vom tiefsten Punkt über grasbewachsene Bänder, die nach rechts führen, ein. Über grosse Platten (II) klettert man einem Pfeiler entgegen bis zu schwarzen Platten. Diese umgeht man links, indem man einem Couloir auf 80 m folgt (II+). Ein weiteres Couloir führt rechts auf die Grathöhe an den Fuss eines Pfeilers (III). Darüber kommt man zu einer breiten Terrasse. Links ersteigt man eine Wand (IV+) und erreicht rechts einen Stand. 5 m nach links zu einem Block traversieren, der den Zugang zu einer grossen Verschneidung ermöglicht. Dieser folgt man auf 10 m, bevor man dem Grat des Felsvorsprungs links (IV) nachgeht. Links eine orange Wand umgehen und sogleich nach rechts zurück (IV+, 1 H). Dann ersteigt man eine kleine Wand (IV+, 1 H), traversiert eine Platte nach links, weicht einem Überhang nach links aus und quert nach rechts zu einer Terrasse (IV). Dann überwindet man einen Überhang durch seine Scharte (V, 1 H), folgt dem Grat, indem man links einen Gendarmen umgeht; weiter auf der Schneide des Felssporns (IV, IV+). Dann über Geröll bis zum Gipfel.

211 a *Variante*

Oliver-Lochard mit Jean Gaudin, 4. September 1975.

Diese Variante (drei Seillängen) macht R. 211 noch anstrengender; es ist schade, dass sie nicht öfter begangen wird.

S+ Abb. S. 119

Man steigt auf R. 211 bis zum Beginn der Kletterei am aufrechten Pfeiler, geht ihn an und quert nach rechts bis zu einem Haken (IV−), wo man direkt hochklettert (IV+) und einen grossen Riss erreicht. Nächste Seillänge IV. Direkter Aufstieg (1 Stelle V) zu einer kleinen Plattform (IV), dann schräg nach rechts in eine Verschneidung (IV−), endlich zu einer kleinen Felswand (H). Ganz nach links traversieren, direkt emporklimmen und sich nach rechts wenden, wo man über unstabile Felsen (IV+) zum Grat gelangt. Man stösst auf R. 211.

211.1 *Route über die schwarze Verschneidung (Voie du Dièdre noir)*

Cédric Arnold, Yvan Moix, 23. Juli 1989.

Die Route führt links von R. 211 durch guten Fels (mit Ausnahme einer kurzen Passage). Auch sie erreicht den Vereinigungspunkt der R. 209, 210 und 211.

S+ Vom Wandfuss, 5–5½ Std. Abb. S. 119

Man steigt über eine kleine Verschneidung 50 m links des grossen Bandes, das zur Pfeilerroute (R. 211) führt, auf ca. 2940 m ein (Steinmann, Pfeil).
4 m in der Verschneidung hoch IV+, V), dann gegen rechts hinaus und senkrecht aufsteigen bis zu einem schmalen Band, 40 m, St. 1. Auf dem Band nach rechts queren bis zu einer grasigen Verschneidung, die unter ein Dach führt. Man überwindet es rechts (IV+) und folgt noch einige Meter der Verschneidung. 40 m, St. 2. Nun hält man leicht gegen links auf ein grosses Dach zu, 35 m, St. 3. Senkrecht bis zu einem etwas zu hoch plazierten Haken aufsteigen (IV+), 5 m schräg nach links absteigen (IV), eine kleine Verschneidung ersteigen (IV) und zu einer engen schwarzen Verschneidung gelangen. 40 m, St. 4, H. 7–8 m in der heiklen Verschneidung empor (V, V+, kleine Klemmkeile sehr nützlich). Sie verbreitert sich, und man gelangt leicht auf einen ausgeprägten Grat (III). 40 m St. 5. Dann folgt man der Kante des Sporns, mit der Möglichkeit, einige Schwierigkeiten links zu umgehen (II, III, einige Stellen IV). Höher oben wird ein weisslicher Gendarm links umgangen (15 m sehr brüchiger, aber eher leichter Fels). In etwa zwei weiteren Längen erreicht man R. 211 (Pfeilerroute) in ihrem obersten Teil.

212 *«Hüttenweg» (Voie de la Cabane)*

André Anzévui, Jean-Blaise Fellay, 9. Oktober 1972.

Diese Route ist sehr zu empfehlen und wird recht oft begangen. Haken überflüssig.

S Vom Wandfuss, 3 Std. Abb. S. 117, 119

Einstieg am tiefsten Punkt der Felsen. Man hält rechts bis zum Überhang, der links umgangen wird, und kommt oberhalb zu einem Stand zurück (III). Einen Aufschwung (IV+, 1 H) und einige Blöcke ersteigen. Zwei Längen leichte Platten traversieren, dann trifft man auf den Grat und folgt ihm möglichst auf der Schneide (III, IV). Er verjüngt sich zusehends zur Messerschärfe (IV, 1 H); man kann jedoch diesen Teil durch die rechtsseitige Verschneidung vermeiden (III). Der Grat wird dann rechts durch einen Aufschwung unterbrochen, den man links oder in der Mitte ersteigt (III). Im letzteren Fall kommt man durch einen Kamin (IV) zum oberen Ende des Aufschwungs. Dann führen Geröll und Schneefelder zum Gipfel.

Dents de Perroc

Die Dents de Perroc bilden drei aufeinanderfolgende Gipfel im Hauptkamm, der hier auf ca. 500 m Länge von SE nach NW verläuft, während die Kette der Grandes Dents sonst ziemlich genau N–S-Richtung hat. Der S-Gipfel oder *Pointe des Genevois* (3677 m) ist der höchste Punkt. Er entsendet nach E einen mächtigen Grat, der zum Glacier du Mont Miné abfällt. Fast am andern Ende dieses Gratstücks erhebt sich der Mittelgipfel (△ 3675,7 m) oder *Dent de Perroc.* Man hielt ihn lange für den höchsten Punkt. Er entsendet gegen W einen Grat ins Val d'Arolla. Der Nordgipfel, *Blanche de Perroc* (3651 m) genannt, steht nur 160 m vom Mittelgipfel entfernt. Sie hat ihren Namen wegen der Schneewand bekommen, die zwischen dem NE- und dem NW-Grat zum Glacier de Tsarmine abfällt. Aus dem Val d'Hérens gesehen ein wunderschöner Gipfel, der aber leider seinen weissen Umhang zusehends verliert.

Pointe des Genevois, 3677 m

Höchster Punkt. Die Erstbegeher (unten erwähnt), Genfer Alpinisten, gaben dem Gipfel diesen Namen.

213 *Über den SSW-Grat*

William Kündig, Adolphe Tschumi, mit Jos. Quinodoz, 22. Juli 1885.

ZS– Von der La-Tsa-Hütte, 3¾ Std.
Abb. S. 117, 127, 132

Von der La-Tsa-Hütte (2607 m) steigt man über ermüdende Trümmerfelder und Firnflecken aufwärts, eine dunkle Felsinsel links passierend. Man erblickt nun drei Felsschichten, die vom Kamm gegen NW herabkommen. Man steigt durch das Geröll- (oder Schnee-)Couloir, das zwischen der zweiten und dritten Felsbank liegt, an, und gelangt so auf den Kamm, ca. 400 m südlich des Gipfels, etwas nördlich der Senke 3417 m. Man benützt nun entweder den Kamm oder folgt ihm auf der E-Seite bis zum Punkt, wo er nach einer kleinen Einsattelung steil ansteigt. Von hier direkt auf den Gipfel, sich am Anfang rechts des Kammes haltend.

Über den NW-Grat

Siehe R. 218.

Über die NNE-Seite

Die Route von Topham und Fitzgerald 1891 (vom Glacier de Montay über die NE-Flanke) ist nicht empfehlenswert.

214 *Über den E-Grat (Arête de Ferpècle)*

W.F. Donkin mit zwei Andenmatten, 21. August 1885.

Der von Donkin benützte Weg ist nicht empfehlenswert. Wir geben nachstehend die beste Route von Ferpècle:

ZS Von Ferpècle, 5–6 Std. Abb. S. 132, 133

Von Ferpècle (1828 m) folgt man einer Schafspur, die im Zickzack sehr steil über die Grashalde in der Richtung gegen Fontanay ansteigt, ein kleiner Grasboden in der Nähe von P. 2455, am E-Fuss der Grande Dent de Veisivi. Diesem Weglein folgt man längs dem Fuss einer Felswand, schräg gegen S ansteigend, bis es sich kurz vor Fontanay verliert. Man geht in der gleichen Richtung weiter, den obern Wasserfall des Fontanay-Baches als Richtpunkt nehmend. Vom Plateau von Fontanay quert man gegen S, um auf Rasenbändern einen mächtigen Felsvorsprung (2662,8 m) zu umgehen. Dieser trennt die Mulden von Fontanay und Montay. Man gewinnt alsdann den kleinen Gletscher von Montay, den man oberhalb seiner Endzunge Richtung S quert, und betritt den Grat ungefähr bei P. 3112. (3 Std.). Von hier über die Gratschneide, die aus steilen, aber festen Felsen besteht, in 2–3 Std. auf den Gipfel.

214 a

L Abb. S. 132, 133

Um in die Mulde von Montay zu gelangen, kann man auch R. 171 des Col de Bertol über den Glacier du Mont Miné bis auf ca. 2200 m folgen. Dann folgt man dem S-Ufer des Baches von Montay gegen W und erreicht R. 214. Diese Route ist leichter zu finden als jene über Fontanay.

214 b

L Abb. S. 132

Man kann R. 171 des Col de Bertol auch bis ca. 2400 m folgen und dann gegen rechts über Geröll ansteigen, um den E-Grat bei P. 2558 zu erreichen. Weiter auf dem breiten Rücken über Geröll und Gras bis gegen P. 3112, wo man auf R. 214 stösst.

Dent de Perroc, △ 3675,7 m

Dieser Felsgipfel verdankt seinen Ruf den Routen in seiner SW-Wand. Da Steinschlag in dieser Wand häufig ist, muss man sich gut an die Sporne halten.

215 *Über den WSW-Grat*

A.B. Hamilton, W.R. Rickman mit Jean Anzévui («le juge») und Jean Vuignier, 31. August 1871.

ZS Von der La-Tsa-Hütte, 3½ Std. Abb. S. 117, 127

Von der La-Tsa-Hütte (2607 m) folgt man R. 213 der Pointe des Genevois und gewinnt das mächtige Trümmerfeld, das am S-Fuss des Grates liegt. Die Gratkante ersteigt man durch ein Couloir, das oberhalb des 2. oder 3. der untern Grattürme ausmündet (3046 m). Man folgt nun dem Grat über gute und leichte Felsen. Auf der halben Grathöhe, ungefähr 1 Std. unterhalb des Gipfels, umgeht man einen Grataufschwung auf der S-Seite, um die Gratkante kurz nachher wieder zu erreichen. Man passiert nun einen Kamin aus rötlichen Felsen (sehr gute Griffe) und den Ausgang eines nach NW abfallenden Couloirs, wo man zeitweise auf Eis trifft. Dann weicht man neuerdings in die S-Flanke aus bis dort, wo man die Gratkante wieder erreichen kann und ihr zum Gipfel folgt.

216 *Über den N-Grat*

J.A. Vardy mit Jean und Pierre Maître, 1. September 1886.

ZS– Von der Blanche de Perroc, ¼ Std.
Abb. S. 117, 127, 132, 133

Von der Blanche de Perroc (3651 m) folgt man dem gezackten Grat zum Gipfel.

217 *Über die E-Seite*

J.A. Luttman-Johnson und F.C. Mills mit Franz Biner (Weisshornbiner) und Gabriel Taugwalder, im Abstieg, 23. Juli 1886.

Dieser Route ist wegen des Steinschlags nicht zu empfehlen.

ZS Von Ferpècle, 5–6 Std. Abb. S. 132, 133

Von Ferpècle (1828 m) folgt man R. 214 oder 214a der Pointe des Genevois bis zum Glacier de Montay; dann steigt man mehr oder weniger direkt über die mit Rinnen durchfurchte Wand. Die Felsen sind im unteren Teil schwierig, weiter oben leichter.

218 *Über den SE-Grat*

A.G. Topham mit Jean Maître und Pierre Maurys, 27. Juli 1891.

ZS+ Von der Pointe des Genevois, 1 Std.
Abb. S. 117, 127, 132, 133

Von der Pointe des Genevois (3677 m) folgt man möglichst dem Kamm, zahlreiche Grattürme überkletternd oder auf der rechten Seite umgehend (III, III+). Am tiefsten Punkt zwischen den beiden Gipfeln angelangt, übersteigt man den Gendarmen, der den Sattel überragt (III), oder man umgeht ihn leicht links. Der nächste Gendarm ist schwieriger. Man überklettert ihn direkt (III, IV) oder umgeht ihn links, um den Fuss des Gipfelturmes zu erreichen. Diesen ersteigt man über einen feinen klingenartigen Grat, der die Seite von Arolla beherrscht (III).

219 *Über den Sporn der Carougeois, direkt*

Maurice Dandelot, Christine Hoffmann, 7. August 1975.

Nachfolgend die vollständige Sporn-Route, die auf den ersten 200 m rechts der R. 220 verläuft und sich möglichst in der Nähe der Spornschneide hält. Sicherung mit Schlingen und Klemmkeilen. Der Fels ist ausgezeichnet bis zum höchsten Punkt des grossen roten Aufschwungs, wo man auf R. 220 trifft.

SS Vom Wandfuss zum Gipfel, 4–5 Std. Abb. S. 127

Von der La-Tsa-Hütte (2607 m) folgt man R. 213 der Pointe des Genevois und gelangt an den Fuss des Sporns.
Einstieg ein wenig links der Sporn-Schneide und mühelos schräg zurück, rechts, senkrecht unter grossen Platten, welche die untere Partie kennzeichnen. St. 2 am Fuss der Platten. Um sie zu ersteigen (eine herrliche Stelle von 35 m, V), folgt man einem feinen schwarzen Riss, durch welchen man auf seinem rechten Rand einen Überhang umgeht und zu einer guten Terrasse gelangt. Man befindet sich 20 m rechts des grossen weissen Flecks, der von einem Felsausbruch herrührt. Einige Stufen sowie einen kurzen Kamin (IV–) erklettern und dann waagrecht nach rechts queren, um eine grosse senkrechte Felswand zu umgehen (V–). St. 4 am Rand des Couloirs. Auf zwei Seillängen über Stufen (Stelle III) erreicht man den Fuss der Tour Rouge. Auf der S-Seite, 20 m rechts der Verschneidung der R. 220, erklettert man eine Reihe von Verschneidungs-Rissen (V). St. 7 unter einem kleinen schwarzen Überhang. Direkt weiter (IV+, Haken), und mit einer scharfen Wendung nach links in Richtung auf eine Höhle zu, dann senkrecht zum Gipfel

des grossen roten Aufschwungs (IV, anstrengend und athletisch). Nun ist der Grat weniger steil bis zum Gipfel des Felsvorsprungs (II, III), wo man auf die R. 218 stösst.

220 *Über den Sporn der Carougeois, Originalroute*

Jean-Blaise Fellay, Claude Stucki, 9. Oktober 1979.

Dieser nach SW orientierte Sporn führt zu einer Spitze (Pointe des Carougeois) auf dem SE-Hauptgrat, im NW des tiefsten Punktes des Grates zwischen der Dent de Perroc (Hauptgipfel) und der Pointe des Genevois.

SS Vom Wandfuss zum Gipfel, 4–5 Std. Abb. S. 127

Von der La-Tsa-Hütte folgt man R. 213 zum Spornfuss. Man steigt zuerst auf leicht geneigten Platten in der Fallinie vom Aufschwung oder auf der rechten Seite des Couloirs an, das östlich des Sporns herunterkommt, und trifft diesen unterhalb des grossen roten Aufschwungs. Dann sucht man den Weg auf glatten, aber stärker geneigten Platten im Zickzack und überwindet kleinere Aufschwünge in kompaktem, griffarmem Fels (IV+, 2 H), bis unterhalb des grossen roten Aufschwungs der Fels leichter wird. In einer schönen senkrechten Verschneidung (V, A1, 8 H, 1 Hk) geht man auf den Aufschwung an; darauf folgen zwei Seillängen IV (2 H), welche die Schwierigkeiten beenden. Jetzt ist der Grat weniger steil bis zur Spornspitze (II, III), wo man auf R. 218 stösst. Für den Abstieg traversiert man unter dem Hauptgrat durch und trifft auf R. 215.

221 *Über den SW-Sporn, Originalroute*

J.L. Belton, P.J. Graham, T. Kenny, August 1967.

Schöne Route in ausgezeichnetem, steilem Fels.

S Vom Wandfuss, 4–5 Std. Abb. S. 127

Von der La-Tsa-Hütte (2607 m) folgt man R. 213 der Pointe des Genevois zum Fuss des Sporns.
Links über brüchige Felsen an die Basis des Sporns. Man folgt auf 200 m (IV) dem ausgeprägten Risskamin aus ausgezeichnetem Fels, der sich rechts des Sporns befindet. Dort, wo sich der Riss im Couloir rechts des Sporns teilt, verlässt man ihn (IV) und folgt Platten und kurzen Mauern (IV), bis sich der Sporn legt. Man folgt dem Kamm des Sporns, bis er die Gipfelwand berührt (III), und gewinnt den Grat ca. 20 m rechts des Gipfels. Auf R. 218 über den Gipfelturm über einen messerscharfen Grat (III).

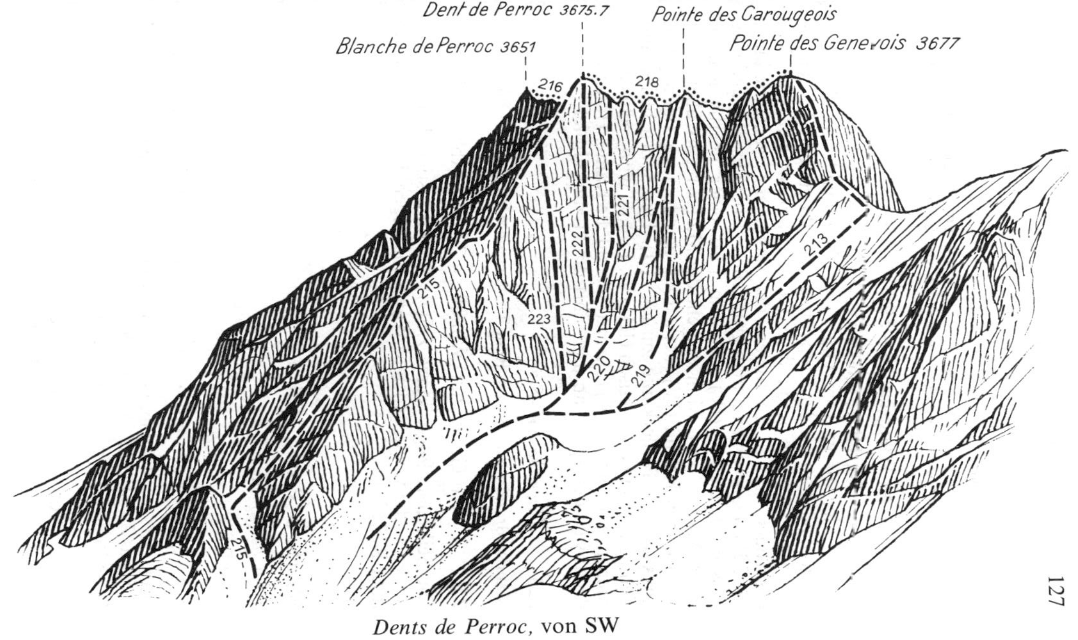

Dents de Perroc, von SW

222 *Über den SW-Sporn, direkte Route*

Jean-Blaise Fellay, J.P. Hiroz, 8. August 1971.

Diese Route führt links von R. 221 durch und folgt einem ziemlich ausgeprägten Sporn, der durch eine rote Mauer gekennzeichnet ist.

S Vom Wandfuss, 3–4 Std. Abb. S. 127

Von der La-Tsa-Hütte (2607 m) folgt man R. 213 zum Fuss des Sporns, der direkt vom Gipfel zur Geröllhalde abfällt. Man steigt in der Fallinie der Rippe ein und bleibt auf der Gratschneide, ohne in das Couloir links (R. 223) abzusteigen oder dem rissartigen Kamin zu folgen, der sich mehr rechts befindet (R. 221). Dann ersteigt man grünliche Felsbänder (III) und eine Rissverschneidung (IV), die zum Fuss einer überhängenden roten Mauer führt. Man umgeht die Mauer rechts über einen 30 m hohen Kamin (IV). Etwa 10 m gerade hoch, dann gegen links auf die Pfeilerkante zurück (III). Der Sporn bleibt nun ziemlich steil und athletisch (III, IV). Einmal wird rechts ausgewichen, ein Kamin (IV) führt zurück auf die Kante. Höher oben flacht sich der Sporn ab und führt direkt zum Gipfel.

223 *Über die SW-Seite*

Maurice Brandt, Jean Braun, René Theytaz, im Abstieg, 28. August 1966.

ZS Vom Gipfel zum Wandfuss, 2 Std. Abb. S. 117, 127

Die Seilschaft folgte kurze Zeit R. 215 und stieg dann mittels Abseilen die wenig geneigte Wand ab. Gegen 3100 m erreichte man R. 213.

Blanche de Perroc, 3651 m

Über den S-Grat

Siehe R. 216.

224 *Über den NW-Grat (Tsarmine- oder Zurbriggengrat)*

Walter Leaf, Nettleship, G.W. Prothero mit Aloys Kalbermatten und Clemens Zurbriggen, 28. Juli 1890.

Diese Route ist für den Aufstieg zu empfehlen.

ZS Von der La-Tsa-Hütte, 4 Std.
Von Satarma, 5–6 Std. Abb. S. 131

Auf den kleinen Glacier de Tsarmine gelangt man:

a) Von Satarma (1806 m) auf R. 235 des Col de Tsarmine bis gegen 2680 m, dann sich nach SE wendend über P. 2723 und Moränen;
b) von der La-Tsa-Hütte (2607 m) auf markiertem Pfad Richtung N über Gras und Steine oberhalb von P. 2619, P. 2707 und P. 2723. Steinschlag unter der Dent de Perroc und der Blanche de Perroc. Bei P. 2723 nach rechts abbiegen und auf den Moränen empor.

Die NW-Flanke ist im W durch die nördliche Abzweigung des NW-Grates begrenzt. Je nach den Verhältnissen steigt man über die Felsen dieser Abzweigung oder über den Schnee zur Linken aufwärts, um auf die Schulter zu gelangen (wo der Grat sich nach unten gabelt). Von hier folgt man dem Grat bis zum Gipfel, die steilen Felsen erkletternd.

225 *Über die NW-Flanke*

Marc und Othmar Ebneter, Pascal Diethelm, 15. Juli 1963.
Erster Abstieg: Raymond Monnerat, Michel Vallat, Michel Zuckschwerdt, 14. Juli 1969.
Erste Winterbesteigung: Francis Balmer, Geneviève Gobat, Jean-Jacques Grimm, Michel Zuckschwerdt, 21. Januar 1973.
Erster Alleingang: Daniel Heymans, 19. Juli 1973.

Diese Route ist nur bei sehr guter Schneedecke nicht steinschlägig und nur dann empfehlenswert.

S+ Von Satarma zum Glacier de Tsarmine, 3 Std.
Von Satarma zum Gipfel, 6 Std.
Von der La-Tsa-Hütte zum Glacier de Tsarmine, 1½ Std.
Von der La-Tsa-Hütte zum Gipfel, 4½ Std.
Abb. S. 131

Auf R. 224 erreicht man den Glacier de Tsarmine und den Wandfuss. Die Randkluft wird ganz links überschritten. Man steigt den Schneehang (52°–54°) leicht links hinauf, den besten Weg zwischen den Felsen suchend. Man gewinnt den Felssporn links und folgt dessen rechtem Rand. Der Hang wird steiler. Durch eine ansteigende Querung gegen rechts (56°) geht man über glatte Platten und nimmt wieder Richtung direkt auf den Gipfel. Die Überschreitung der Platten ist leichter, wenn sie mit hartem Schnee bedeckt sind.

226 *Über den NE-Grat (vom Glacier de Tsarmine)*

A.G. Topham mit Jean und Antoine Maître, 31. Juli 1890.

Dieses Gratstück ist der interessanteste Teil der ganzen Überschreitung der Grandes Dents.

S Vom Glacier de Tsarmine, 5 Std. Abb. S. 131, 133

Auf R. 224 zum Glacier de Tsarmine und zum Fuss des engen Schneecoulors, das von der tiefsten Gratsenkung (3351 m) zwischen dem Gipfel und der Grande Dent de Veisivi herunterfällt. Man steigt durch dieses Couloir hinauf (Steinschlag) bis auf den Grat, weiter oben die Felsen zur Rechten benützend. Von hier folgt man dem langen Grat bis auf den Gipfel. Vom Col schwingt er sich zu einem grossen Gratturm auf (3460 m), von dem östlich die Felsbastion abzweigt, die Montay von Fontanay trennt. Diesen Gratturm kann man umgehen oder über die E-Seite (Ferpècle) direkt erklettern. Von hier an wird der Grat schmäler und weist zahlreiche Zacken auf, von denen einige schwierig zu bezwingen sind. Zuletzt führt ein schmaler Schneegrat zum Gipfel. (Dieser Schneegrat ist zeitweise verwächtet. In diesem Fall passiert man unter der Wächte, indem man die Felsen der Ferpècle-Seite benützt.)

226 a

Anstatt dem Schneecouloir bis zur tiefsten Senke (3351 m) zu folgen, kann man links aussteigen und den Grat nördlich und oberhalb der Senke erreichen, wo man auf R. 233 der Grande Dent de Veisivi trifft.

226 b *Variante*

ZS Von der Grande Dent de Veisivi zur Blanche de Perroc, 3 Std.

Da das Couloir vom Glacier de Tsarmine zum NE-Grat wegen Steinschlags gefährlich ist, ist vorzuziehen (und kaum länger), die Grande Dent de Veisivi vom Col de Tsarmine (3051 m) über R. 229 und 233 zu überschreiten und R. 226 in der tiefsten Senke (3351 m) zu erreichen.

227 *Über den NE-Grat (Ferpècle-Grat)*

Jean-Victor und James-Louis Attinger, 27. Juli 1929.

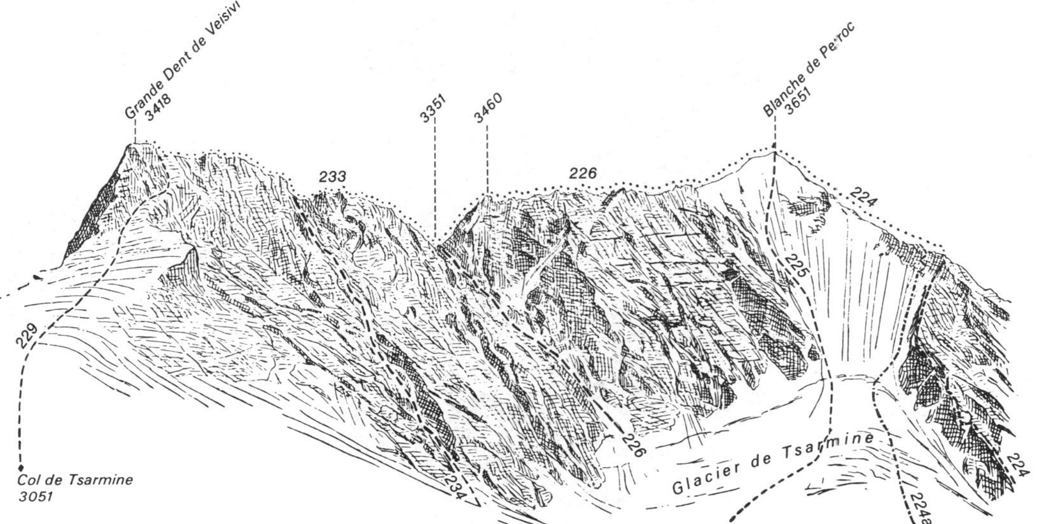

Veisivi – Perroc, W-Seite

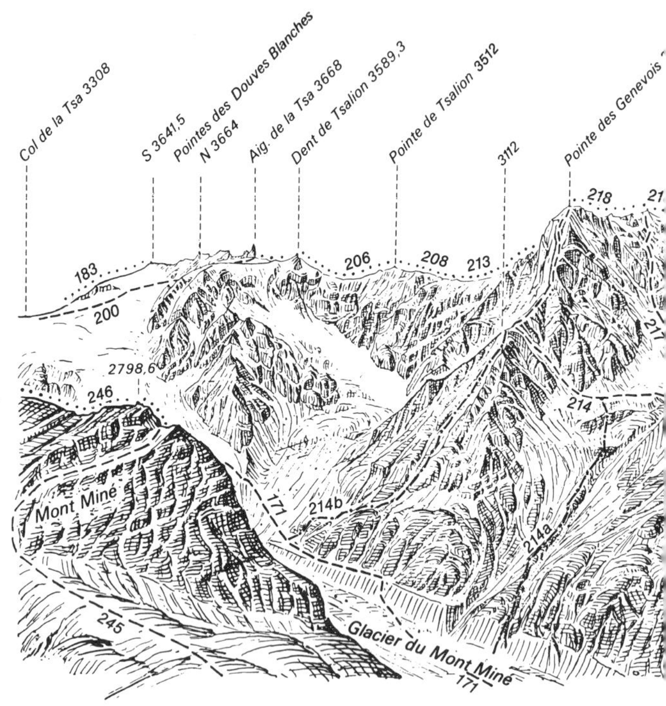

Bertol – Perroc, E-Seite

ZS Von Ferpècle zum Gipfel, 7–8 Std. Abb. S. 133

Von Ferpècle (1828 m) folgt man R. 214 der Pointe des Genevois bis zur kleinen Alp Fontanay bei P. 2455. (1¾ Std.). Man steigt nun durch die Mulde bis zum kleinen Firn von Fontanay aufwärts. Von hier die steilen, brüchigen Felsen schräg erkletternd, gewinnt man eine ausgeprägte Lücke im Grat. (1½ Std.). Von der Lücke folgt man dem Grat. Dieser ist nach 50 und 100 m unterbrochen von zwei weiteren Einschnitten, die leicht zu überschreiten sind (lose Felsen). Vom oberen Einschnitt schwingt sich der Grat steil auf und weist zwei grosse Platten

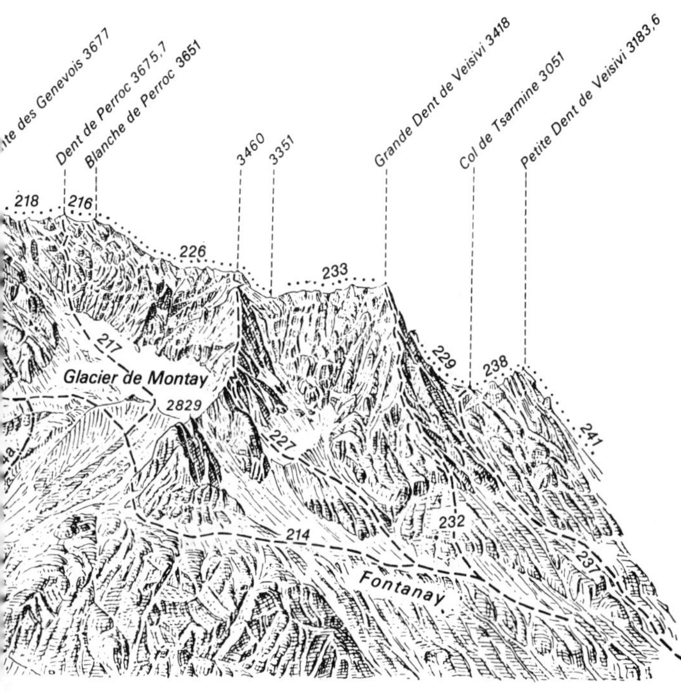

Perroc – Veisivi, E-Seite

auf. Die zweite Platte hat eine heikle Stelle und endigt bei einem rötlichen Turm, den man auf der N-Seite umgeht. Man gewinnt den Grat unmittelbar oberhalb wieder und folgt ihm bis zu P. 3460 (2¾ Std.), wo man R. 226 erreicht.

227 a *Variante*

L

Leichter, aber weniger direkt gelangt man in die ausgeprägte Gratlücke von der Combe de Montay durch ein teilweise grasiges Couloir.

227 b *Variante*

WS

Oberhalb des rötlichen Turms kann man schräg nach rechts oder links traversieren, um die Lücke nördlich oder südlich von P. 3460 und damit die R. 233 oder 226 zu gewinnen.

227 c *Variante*

ZS

Man kann auch den NE-Hauptgrat der Blanche de Perroc erreichen, indem man direkt vom Glacier de Montay aufsteigt. Die Begehung der Ferpècle-Seite ist jedoch wegen des häufigen Steinschlags nicht empfehlenswert.

228 *Über die E-Seite*

J.A. Vardy mit Jean und Pierre Maître, 1. September 1886.

Diese Route entspricht nahezu R. 217 der Dent de Perroc. Auch sie ist wegen Steinschlags nicht empfehlenswert.

ZS

Man betritt die Gratkante am besten etwas südlich des Gipfels, wo man auf R. 216 trifft.

Grande Dent de Veisivi, 3418 m

229 *Über den NW-Grat*

Frau und Herr J.S. Philpott mit Martin Pralong und Jean Vuignier (le juge), 2. September 1875.

L Vom Col de Tsarmine, 1–1¼ Std.
Abb. S. 131, 133, 137

Vom Col de Tsarmine (3051 m) besteht der Grat auf der W-Seite bis halbwegs zum Gipfel in der Regel aus Schnee. Man geht so hoch als möglich über diesen Schnee hinauf, um alsdann dem Grat zu folgen, sich ziemlich rechts der Kante haltend. Man umgeht den Gipfel rechts und erklettert zwei Kamine, die am Ende des S-Grates ausmünden, über den die Besteigung beendigt wird.

229.1 *Durch das N-Couloir (genannt Didoune-Couloir, nach der Tochter von Gabarrou)*

Patrick Gabarrou, Pierre Gourdin, 14. Juni 1989.

Bemerkenswerte Eistour, rechts (westlich) vom N-Sporn gelegen und von Evolène aus gut sichtbar.

S– Vom Wandfuss, 2¼ Std. Abb. S. 137

Von Seppec (1660,8 m) folgt man R. 237 des Col de Tsarmine bis Biègnet. (2½ Std.). Man ersteigt die unteren Schneehänge, die steiler werden, wo sich das Couloir verengt. Dann folgt eine schöne Reihe von Eisrinnen (60°–65°). Kurz bevor das Couloir auf den NW-Grat mündet, steigt man über gemischtes und felsiges, z.T. ziemlich schwieriges Gelände direkt zum Gipfel auf.

230 *Über den N-Sporn*

Didier und Luc Louvel, 12. August 1973.

Der Fuss dieses steinschlagsicheren Sporns ist mit 2691 m kotiert. Er ist 700 m hoch und verlangt einige Vorsicht wegen des nicht immer guten Gesteins.

S+ Vom Wandfuss, 5½ Std.
Von Seppec, 8 Std. Abb. S. 137

Von Seppec (1660,8 m) folgt man R. 237 des Col de Tsarmine bis Biègnet. (2½ Std.). Einstieg rechts vom Spornfuss durch ein Couloir; dieses rechts haltend empor über wacklige Blöcke und später brüchigen Platten. Leicht links der Schneide steigt man über flechtenbedeckte Felsen etwa 150 m hoch (II, III). Einen ersten Aufschwung bewältigt man durch ein Risssystem (IV+, athletisch), einen zweiten durch eine breite Verschneidung (IV), immer links der Gratschneide, bis zu einem Band, und erreicht oberhalb die Höhe des Aufschwungs. Man ersteigt nun gegen rechts ein Geröllband, das am Fuss eines sehr rissreichen Aufschwungs liegt, erklimmt diesen nach links und dann gerade bis zu einem erdigen Band (IV–); von seinem rechten Ende geht man über gute Felsblätter weiter (IV+). Man folgt der Schneide über schwärzliche Felsen (III+), um den Fuss eines charakteristischen «Grand livre ouvert» zu erreichen. 15 m nach links queren und direkt bis zu einem geneigten Band (Kies, IV) aufsteigen. 4 m gerade weiter, dann quert man 6 m nach rechts und schräg rechts über Felsblätter zu einer Terrasse auf den Gipfel eines monolithischen Aufschwungs. (IV, eine Stelle V). Man folgt dem Grat in sehr gutem Fels bis zum Gipfel (III, IV+).

231 *Über die N-Flanke*

Fredy Hächler, Alois Strickler, 3. Juli 1960.
1. Winterbegehung: Alain Hubert mit André Georges und Michel Siegenthaler, 20./21. Februar 1983.

Die Route ist stark dem Steinschlag ausgesetzt.

SS Vom Wandfuss, 10 Std.
Von Seppec, 12½ Std. Abb. S. 137

Von Seppec (1660,8 m) folgt man R. 237 des Col de Tsarmine bis Biègnet und durchsteigt das grosse Schneecouloir im Zentrum der Wand bis zu seinem äussersten oberen linken Ende. Über schlecht geschichtete Felsen gewinnt man ein wenig erkennbares Band, welches gegen rechts ansteigt. Man folgt diesem eine sehr kurze Strecke. Dann in eine wenig tiefe Rinne, welche gegen eine Wölbung ansteigt, unter der man sehr schwierig nach links quert, um einen kleinen Schneefleck zu gewinnen (IV bis V+). Von da, in mehr oder weniger direkter Linie, erreicht man die Höhe des mittleren Aufschwunges der Wand durch einen Kamin oder ein enges Couloir rechts (III–IV). Dann quert man, um eine Platte zu erreichen, welche, leicht absteigend, zu einer Rippe führt am Fusse eines schwierigen Kamins. Über dem Kamin hält man sich nach rechts für drei kurze Seillängen in hellem, sehr steilem Fels von kläglicher Beschaffenheit (V+). (Man könnte wahrscheinlich über dem Kamin direkt aufsteigen.) Über Granitplatten mit guten Griffen gelangt man, in immer mehr oder weniger direkter Linie, in die Nähe eines kleinen Gendarmen. Von da in kurzer Zeit über ausgezeichneten Fels (III, IV+) zum Gipfel.

232 *Über den E-Grat*

Owen Glynne Jones, C.G. Monro. 3. September 1891.

Mühsame Route.

L Von Ferpècle, 5 Std. Abb. S. 133, 137

Von Ferpècle (1828 m) folgt man R. 214 der Pointe des Genevois bis zum kleinen Grasplateau von Fontanay. Von hier steigt man direkt über Geröll und Rasen, um das untere Gratende zu erreichen (2 Std.). Der Grat besteht aus grossen Blöcken, die leicht, aber langweilig zu besteigen sind.

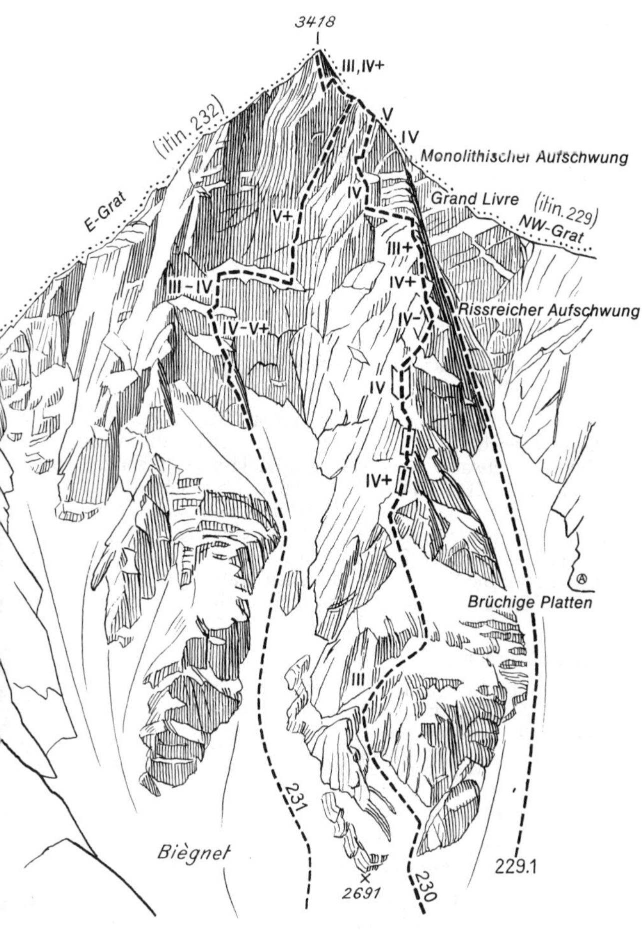

Grande Dent de Veisivi, N-Seite

233 *Über den S-Grat*

James und William Outram mit Jean Maître, 25. August 1899.

ZS Von der Einsattelung 3351 m, 1¼ Std.
Von der Blanche de Perroc, 3 Std. Abb. S. 131, 133

Von der tiefsten Einsattelung (3351 m) zwischen dem Gipfel und der Blanche de Perroc (in die man über R. 226 oder 227 gelangt) folgt man dem Grat bis zum Gipfel, zahlreiche Gratzacken überschreitend oder umgehend.

234 *Über die W-Wand*

Léo Fewster, Daniel Heymans, Madeleine Loret, 22. Juli 1972.
Steinschlägige Route.

S Vom Glacier de Tsarmine zum Gipfel, 6 Std.
Abb. S. 131

Vom Glacier de Tsarmine, den man auf R. 224 der Blanche de Perroc erreicht, steigt man im Couloir, welches die Wand in der Mitte teilt, etwa 70 m aufwärts und verlässt es, indem man nach links quert (III+, IV). Etwa 200 m über schwach geneigte, geröllbedeckte Platten empor (III) und dann schräg wenig nach rechts, wobei kleine Runsen und Aufschwünge traversiert werden (III+, IV). Die Route ist hier nicht eindeutig. Am besten visiert man die Scharte im südlichen Hauptkamm an, wo man auf R. 233 stösst und sie zum Gipfel verfolgt.

Col de Tsarmine, 3051 m

Zwischen der Grande und der Petite Dent de Veisivi; von Arolla nach Ferpècle. Der Pass wird als Übergang kaum benützt, hingegen sehr oft als Zugang zu den Dents de Veisivi (von W).
Erste touristische Überschreitung: J.A. Luttman-Johnson, F.C. Mills mit Franz Biner (Weisshornbiner) und Gabriel Taugwalder, 24. Juli 1886.

235 *Von der W-Seite*

EB Von Satarma, 3 Std.
Von Pramousse, 3 Std. Abb. S. 141

Von Satarma (1806 m) oder von Pramousse (1835 m) an der Strasse Les Haudères–Arolla überschreitet man die Brücke über die Borgne und steigt zur Ruine der Hütte von Tsarmine auf (2325 m). Von der Hütte steigt der Weg nordöstlich an durch eine grasige Mulde, die Moränen vermeidend, führt hierauf unter den Wänden der Petite Dent de Veisivi entlang und schliesslich auf den Pass.

236 *Von Süden und über die W-Seite*

EB Von der La-Tsa-Hütte zum Pass, 2 Std.

Von der La-Tsa-Hütte (2607 m) folgt man R. 224b der Blanche de Perroc bis in die Gegend von P. 2723. Von dort steigt man über Gras und Geröll direkt zum Pass auf.

237 *Von der NE-Seite*

L Von Seppec, 3½ Std. Abb. S. 133

Von Seppec (1660,8 m) unterhalb der Strasse La Forclaz-Ferpècle überschreitet man die Borgne de Ferpècle und folgt dem linksuferigen Weg bis auf die Höhe von Pra Floric (ca. 1650 m, auf der andern Talseite). Nun steigt man zwischen den zwei Bächen durch lichten Wald empor und erreicht die Baumgrenze zwischen Follet, Le Clioté und P. 2304. Auf der linken (W) Seitenmoräne des Biègnet gelangt man zum Fuss des steilen Hanges unterhalb des Passes. Nun steigt man auf den kleinen Gletscher/Firn ab und dann durch ein Schneecouloir, sich an die Felsen seiner linken (W) Seite haltend, hinauf bis etwa ½ Std. unterhalb des Passes. Man wendet sich nach rechts und steigt über Grasbänder auf den Pass.

237 a *Variante*

L

Man kann das Couloir auch bis ganz oben durchsteigen und den Pass rechts über Gras erreichen oder direkt über eine Felsrippe mit einigen Metern leichter Kletterei.

Petite Dent de Veisivi, △ 3183,6 m

Die erste Besteigung fand sicher vor 1868 statt. Erste bekannte touristische Besteigung: Emile Thury und Adolphe Tschumi, 8. August 1885. Die Route der Erstbesteiger wird nicht mehr benützt.

238 *Über den SE-Grat (Tsarmine-Grat)*

F. Aston-Binns, O.K. Williamson mit Jean Maître und einem Träger, 17. August 1896.

Prächtige Kletterei in ausgezeichnetem Fels.

ZS Vom Col de Tsarmine, 3 Std. Abb. S. 133, 141

Vom Col de Tsarmine (3051 m) folgt man mehr oder weniger dem Grat, der fünf Türme aufweist, deren Höhe vom Pass bis zum Gipfel (5. Gendarm) regelmässig zunimmt. Die interessanteste Kletterei bietet sich, wenn man stets dem Grat folgt. Man gelangt zum Grand Gendarme (3. Gendarm), der sich auf halbem Weg zum Gipfel erhebt und der in einer Lücke verkeilt zu sein scheint. Man kann ihn direkt erklettern (IV, exponiert) über einen ziemlich breiten Riss, der zu einer Terrasse führt. Nach einer Querung nach links (H) geht man etwas nach rechts, dann wieder etwas nach links, bis man zum höchsten Punkt gelangt. Man kann den Grand Gendarme auch leichter rechts umgehen und ihn dann von hinten durch einen Kamin (III) ersteigen. Ein eingemauerter Haken erleichtert den Abstieg in die folgende Scharte, den man hangelnd bewältigt.
Den vierten Gendarmen erklettert man rechts; es folgt ein ziemlich heikler Abstieg (III+) in die letzte Scharte. Von hier kann man entweder der steilen Gratschneide folgen oder in die E-Flanke queren und den Grat einige Meter vor dem Gipfel wieder betreten.

239 *Über die S-Wand*

Frl. A. de Beaufort, Frl. E. van Citers mit Henri Chevrier, Sommer 1928.

Wahrscheinlich stieg die Seilschaft zur Lücke zwischen dem Grand Gendarme und dem 4. Gendarmen auf. Eine direkte Erkletterung der S-Wand zu dieser Zeit ist fast unvorstellbar.

240 *Über den WSW-Grat*

Howald Barret, H. Seymour mit L. Anthamatten und Ambros Supersaxo, 29. August 1885.

Normale Route für den Abstieg.

WS Von der La-Tsa-Hütte, 3½ Std.
Von Satarma, 4¼ Std.
Von Pramousse, 4¼ Std. Abb. S. 141

Von Satarma (1806 m) oder von Pramousse (1835 m) folgt man R. 235 des Col de Tsarmine bis zum Frühstücksplatz, dort wo der Fussweg gegen NE stark angestiegen ist und sich der SW-Wand des Gipfels nähert und hierauf fast eben nach E gegen den Col de Tsarmine weitergeht. 50 m nach diesem Rastplatz zweigt links (nordwärts) eine schwache Fussspur ab, die im Zickzack in einem breiten, rasendurchsetzen Couloir auf den WSW-Grat

Petite Dent de Veisivi, S-Seite

hinaufführt (3 Std.). Man gelangt auf diesen Grat dort, wo er einen breiten Sattel zwischen dem Gipfel und einer charakteristischen Felsspitze bildet. Von hier folgt man mehr oder weniger der steilen Gratkante, die aber überall aus gutem Fels besteht. Ca. 60 m unterhalb des Gipfels zwingt ein Grataufschwung zu einer Traverse in der Südflanke. Durch einen Kamin gelangt man wenige Meter vor dem Gipfel wieder auf den Grat.
Wenn im *Abstieg* der Fels nass und glitschig ist, kann ev. Abseilen hilfreich sein.

240 a

EB

Von der La-Tsa-Hütte (2607 m) erreicht man den Weg von R. 235 auf R. 236 des Col de Tsarmine.

241 *Über den NNW-Grat (Haudères-Grat)*

Dieser Weg, der direkt von Les Haudères ausgeht, ist früher oft benützt worden. Die Besteigung ist ziemlich langweilig und der Fels lose.

L Von den Mayens de Veisivi, 4–5 Std.
Abb. S. 133, 141

Von Les Haudères (1452 m) folgt man der Fahrstrasse nach Arolla bis zur Kapelle von Saint-Barthélemy (1821 m). Bei einem grossen Block mit zwei Pflöcken zweigt man von der Strasse ab und folgt der Forststrasse zu den Mayens de Veisivi (1877 m). Dann steigt man zur oberen (verfallenen) Alp auf (2069 m) und gelangt über Wegspuren auf den grasigen Rücken, der die Verlängerung des Grates bildet und mit grossen Blöcken übersät ist. Man folgt diesem Rücken und erreicht über Geröll den Felsgrat (grosse Blöcke), den man ohne Schwierigkeiten bis zum Gipfel begeht.

242 *Über den NNE-Grat*

Die Besteigung ist auch schon über diesen Grat ausgeführt worden, die Route ist aber nicht empfehlenswert.
Wir beschreiben nun den Grat, der den Glacier de Ferpècle vom Glacier du Mont Miné trennt.

Mont Miné, 2914 m

P. △ 2798,6 ist der vorgeschobene kegelförmige Ausläufer eines langen, von N nach S verlaufenden Felsgrates, der den Glacier de Ferpècle und den Glacier du Mont Miné trennt und an seinem südlichen Ende in die

Firnfelder dieser Gletscher taucht. Der Berg bietet kein grosses touristisches Interesse, ausser einer eigenartigen und instruktiven Aussicht in den Gletscherzirkus von Ferpècle. Er ist von vielen Seiten ersteigbar; nachfolgend die besten Routen:

245 *Über die E-Seite*

L Von Ferpècle, 3 Std. Abb. S. 132

Von La Forclaz (1727 m) folgt man R. 171 des Col de Bertol bis jenseits des Moränensees 1963 m und gelangt zur Mittelmoräne, die den Glacier de Ferpècle vom Glacier du Mont Miné trennt. Man überschreitet diese bei P. 2173,1 durch ein in die Moräne eingefressenes Couloir und steigt dann in schräger Richtung in die E-Seite des Berges, wo man im Rasen unter den Gipfelwänden Wegspuren findet. Südöstlich des charakteristischen Kegels (△ 2798,6 m) angekommen, wendet man sich rechts und steigt schräg gegen NW über ein breites Grasband an, das zeitweise unterbrochen ist. Dieses Band endigt auf dem Grat nördlich des Gipfelsignals. Von hier führt eine kurze Kletterei in südlicher Richtung zum Signal.

246 *Über den N-Grat und den S-Grat*

WS Vom P. △ 2798,6 zu P. △ 3322,1, 4 Std.
Abb. S. 132

Vom P. △ 2798,6 kann der Grat in seiner ganzen Länge bis zu P. △ 3322,1 und weiter zum Plateau d'Hérens begangen werden, wo man auf R. 173 des Col de Bertol und auf R. 252 des Col d'Hérens trifft.
Einzig der Gipfel unmittelbar im NE vor P. 3214,1 bildet einen Aufschwung, den man links (E) über sehr lose Felsen umgeht, um sofort wieder auf den Grat zu gelangen.
Man kann übrigens den Grat in irgendeiner Lücke verlassen und über breite Grasbänder, die die Felsen unterbrechen, auf den Glacier du Mont Miné oder vorteilhafter auf denjenigen von Ferpècle absteigen.

Tête de Chavannes, 3670,6 m

Der Gipfel erhebt sich 450 m östlich des Col des Bouquetins und ist von der Tête Blanche durch einen breiten Schneesattel getrennt.

247 *Über den E-Rücken*

L Von der Bertolhütte, 1¾ Std. Abb. S. 83, 145

Von der Bertolhütte (3311 m) folgt man R. 157 des Col des Bouquetins, dann steigt man durch die grosse, nördlich des Gipfels liegende Gletschermulde Richtung Tête Blanche an. Auf ca. 3600 m wendet man sich nach rechts (S) und steigt über den breiten Schneerücken zum Gipfel.

248 *Über den WSW-Grat*

L Vom Col des Bouquetins, 1 Std. Abb. S. 145

Vom Col des Bouquetins (3357 m) folgt man dem felsigen Grat.

Tête Blanche, 3724 m

Felskopf, an den auf der N-Seite die Gletscher des Plateau d'Hérens heranreichen, während er auf der (italienischen) S-Seite in schroffen Felsen abstürzt. Auf der Felswand erhebt sich ein merkwürdiger Zacken, der von E (Col d'Hérens und Col de Valpelline) und von W (Bouquetins) gut sichtbar ist und der in Zermatt *Mannji* (3654 m) genannt wird. Der gut ersteigbare Gipfel ist ein vielbesuchter Aussichtspunkt. Die Sicht auf das Matterhorn und die Dent d'Hérens ist grossartig.

249 *Von Norden*

L Von der Bertolhütte, 2 Std. Abb. S. 83

Von der Bertolhütte (3311 m) folgt man R. 247 der Tête de Chavannes bis in den oberen Teil der grossen Gletschermulde. Entweder den Gipfel direkt von N ersteigen oder zu seinem NE-Rücken queren, wo man auf R. 250 trifft.

250 *Über den NE-Rücken*

Gottlieb Lauterburg, Gottlieb Studer, Melchior Ulrich mit Anton und Jos. Biner, Niklaus Inderbinen und Johann Madutz, 15. August 1849.

L Vom Col de la Tête blanche, 20 Min.
Vom Col de Valpelline, ½ Std.
Vom Col d'Hérens, ¾ Std.
Von der Bertolhütte, 2 Std.

Der Col de la Tête Blanche befindet sich am Fuss des NE-Rückens und wird folgendermassen erreicht:

a) vom Col d'Hérens (3462 m) über einen Schneehang;
b) vom Col de Valpelline (3568 m) über einen steilen Schneehang zwischen dem Gipfel und dem Col de la Tête Blanche;
c) von R. 249 über die Firnfelder querend.

Vom Col de la Tête Blanche (ca. 3600 m) steigt man über den Firn des NE-Rückens zum Gipfel.

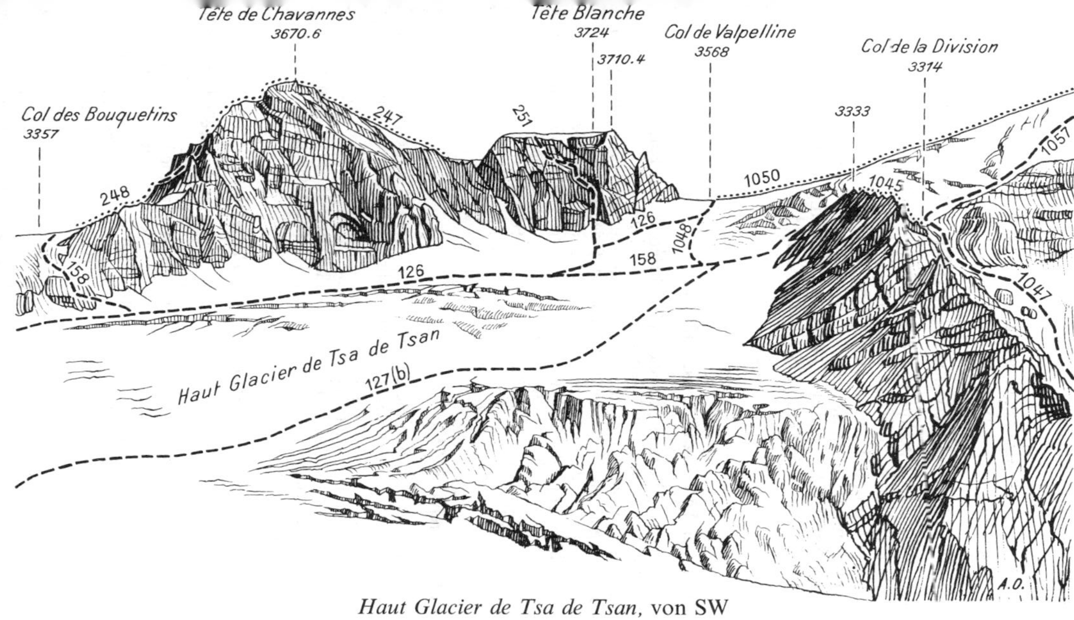

Haut Glacier de Tsa de Tsan, von SW

251 *Über die S-Flanke*

Gino Costa, Giorgio Moretti, Leopoldo Saletti, 8. Juli 1942. Es ist möglich, dass diese Route schon um 1865 im Abstieg begangen worden ist. Die Wandhöhe ist ca. 250 m.

ZS Vom Col de Valpelline, 1½ Std. Abb. S. 145

Vom Col de Valpelline (3568 m) gelangt man an den Fuss der steilen, kompakten Wand unter dem Gipfel. Linker Hand zieht sich ein Couloir/Kamin schräg hinauf; noch weiter links, nach einer kompakten Zone, durchziehen eine Felsrippe und ein weiterer Kamin die Wand. Die Routenführung wurde nicht beschrieben; es sollen einige Stellen III und IV überwunden worden sein.

Col de la Tête Blanche, ca. 3600 m

Zwischen der Tête Blanche und dem Col d'Hérens; vom Plateau d'Hérens zum Stockjigletscher. Im NW von P. 3564 gelegen.
Der Pass hat keine eigentliche Einsenkung auf dem Grat, sondern er besteht eher aus einer breiten Schulter auf der Firnschneide, wo der Übergang besonders leicht ist. Der Pass ist eine Variante des Col d'Hérens, die oft vorteilhafter benützt wird als jener. 20 Min. vom Col d'Hérens zum Col de la Tête Blanche (5–10 Min. im Abstieg). Im übrigen entsprechen die Routen denjenigen des Col d'Hérens.

Col d'Hérens, 3462 m

Zwischen der Tête Blanche und dem P. 3518,2 (am südwestlichen Ende der Wandfluh). Von der Schönbielhütte zur Bertolhütte, zur Dent-Blanche-Hütte oder nach Ferpècle.
Von alters her benützter Übergang.
Der Glacier du Mont Miné und das Plateau d'Hérens bilden weite, zusammenhängende Schneefelder, während der Stockjigletscher steil und sehr spaltenreich ist.

252 *Von der NW-Seite (von der Bertolhütte)*

Im Nebel ist die Orientierung auf diesen ausgedehnten Schneefeldern, die oft riesige Spalten aufweisen, sehr schwierig. Da man zum Übergang leicht absteigen muss und die möglicherweise vorhandene Wächte erst im letzten Augenblick sichtbar wird, ziehen es viele Partien vor, auf den 140 m höher gelegenen Col de la Tête Blanche zu steigen, der keine Schwierigkeiten bietet. Der Col d'Hérens ist besser im Aufstieg vom Stockji her zu begehen, weil man ihn von dort aus besser beurteilen kann.

L Von der Bertolhütte, 2–2½ Std. Abb. S. 83

Von der Bertolhütte (3311 m) aus ist der Weg grösstenteils sichtbar.
Man folgt zuerst R. 157 des Col des Bouquetins, dann wendet man sich immer mehr nach links, um auf ca. 3420 m den mächtigen NNW-Schneerücken der Tête Blanche zu betreten. Der Pass wird nun im SE als breite Lücke sichtbar. Man gelangt nach einer leichten Schrägtraverse abwärts dorthin.

253 *Von der NNE-Seite (von Ferpècle)*

L Von Ferpècle, 6 Std.

Von La Forclaz (1727 m) folgt man R. 3 der Dent-Blanche-Hütte bis an den Fuss (3105 m) des Roc Noir, wo man das Plateau d'Hérens betritt (4 Std.).
Man steigt nun durch die Gletschermulde aufwärts, geht östlich der Mota Rota (3253 m) vorbei und nimmt Richtung auf die Tête Blanche. Der Pass wird erst im letzten Augenblick sichtbar.

254 *Von der NE-Seite (von der Dent-Blanche-Hütte)*

Achtung: Mächtige, parallel zur Marschrichtung verlaufende Spalten!

L Von der Dent-Blanche-Hütte zum Pass, 1½ Std.

Von der Dent-Blanche-Hütte (3507 m) ist die Lage des Passes gut sichtbar. Man findet in der Regel eine Spur. Man quert die grossen Firnfelder des Plateau d'Hérens südsüdwestlich, um auf ca. 3400 m R. 253 zu erreichen.

255 *Von der SE-Seite*

Der Übergang vollzieht sich in der Regel 5–6 m links (westlich) des tiefsten Punktes. Der Bergschrund ist oft sehr breit und der Pass mit einer grossen Wächte gekrönt. Man hat die Verhältnisse während des Aufstieges zu beurteilen und, wenn sie nicht günstig scheinen, den Col de la Tête Blanche (ca. 3600 m) zu benützen.

WS Von der Schönbielhütte, 4–4½ Std.

Von der Schönbielhütte (2694 m) führt ein schmaler Fussweg südwestlich auf den Gletscher, den man überquert, um die Moräne bei P. 2624 am Fuss des Felssporns des Stockji zu betreten. Die Spuren folgen dem Moränenkamm, dann zwischen den Felsen hinauf (kleine Kamine), und führen zu P. 2789. (1½ Std.). Sich rechts wendend, steigt man über eine Geröll-

(Schnee)halde und einige Felsen aufwärts. Ein Zickzackweg führt zum Sattel 3041 m im W des Stockji (½ Std.), wo man den Stockjigletscher betritt. Dieser Gletscher weist bisweilen mächtige Spalten auf, die zu grossen Umwegen zwingen. Man quert ihn Richtung WNW, um sein linkes (N) Ufer zu erreichen, und steigt dann durch die Gletschermulde aufwärts bis an den Fuss des Passes, den man dort überschreitet, wo die Felswand am wenigsten hoch ist.

256 *Über die N-Seite des Stockji*

Diese Route wird immer gebräuchlicher; sie kann vor allem im Frühsommer und im Abstieg eine günstige Abkürzung darstellen.
Sie ist von der Schönbielhütte aus sichtbar, und man kann von dort beurteilen, ob die Verhältnisse günstig sind.

WS Von der Schönbielhütte zum Sattel 3041 m, 1¾ Std. Im Abstieg, 1 Std.

Statt vom Sattel 3041 m des Stockji zu P. 2789 abzusteigen, folgt man dem schmalen Weg zur Linken, der den S-Hang des Stockji fast horizontal quert (△ 3091,8) und in einigen Minuten auf den Schneesattel am E-Fuss des Signals führt. Von hier kann man auf dem N-Hang abfahren (Wegspur), dann den Stockji- und den Schönbielgletscher queren zum Fussweg, der von der Schönbielhütte kommt.

Wandfluejoch, 3447 m

Zwischen P. 3518,2 und dem Wandfluehorn; vom Plateau d'Hérens zum Stockjigletscher.
Der Übergang hat keinen praktischen Wert; er ist wahrscheinlich nur einmal, irrtümlicherweise, 1851 überschritten worden: Wenn man von Ferpècle kommend zu stark links hält, verfehlt man leicht den richtigen Col d'Hérens und gelangt zum Wandfluejoch, wo die felsige S-Wand jedoch schon sehr hoch ist.

ABSCHNITT II

Dent-Blanche-Gruppe

Vom Col d'Hérens zum Col Durand und zum Col de la Dent Blanche

In diesem Kapitel dominiert die wuchtige Silhouette der Dent Blanche. Das Wandfluehorn und die Pointe de Zinal sind kleine Vasallen, die aber interessante Aufstiege bieten.
Die Gipfel sind vorwiegend felsig, und der Fels ist im allgemeinen fest. Sie sind von mächtigen Gletschern umgeben, die dem Gebiet seinen Hochgebirgscharakter verleihen.

Fahrwege und -strassen

Es werden nur jene Fahrwege aufgeführt, die für die Durchführung einer Tour von Nutzen sind. Manchmal ist ihre Benützung beschränkt erlaubt, manchmal besteht ein allgemeines Fahrverbot. Wer eine solche Strasse dennoch benützt, tut dies auf eigene Verantwortung. Die Strassen sind oft sehr schmal und müssen mit der nötigen Vorsicht und passenden Geschwindigkeit befahren werden.

- Les Haudères–Ferpècle. Für den Verkehr offen bis P. 1828, fahrbar bis zum See 1963 m.
- Zinal-Brücke 1675 m über die Navisence. Der Weg ist weiter befahrbar (Fahrverbot) bis P. 1723,5.

Wandfluehorn, 3589 m

270 *Über die NW-Seite*

James D. Forbes mit Bionaz, Jean Pralong und Victor Tairraz, 19. August 1842.

L Vom Plateau d'Hérens, ¾ Std.

Auf R. 253 und 254 des Col d'Hérens gelangt man auf das Plateau d'Hérens. Von dort über die wenig steilen Firnfelder zum Gipfel.

270 a *Variante*

L Abb. S. 151

Der Gipfel ist von N überall leicht ersteigbar, so besonders vom Col d'Hérens (3462 m) über den mächtigen Firnrücken oder von der Dent-Blanche-Hütte (3507 m).

270.1 *Durch das E-Couloir*

Michal Nanowski, Zbigniew Skierski, 30. Juli 1984. Route in wenig solidem Fels.

ZS Von der Schönbielhütte, 6–10 Std.

Von der Schönbielhütte (2694 m) folgt man R. 275 bis zu P. 2738. Man quert den Schönbielgletscher gegen W zum Fuss des grossen Couloirs nördlich von P. 2732. Im Couloir empor, sich immer leicht links der Achse haltend, bis man im oberen Teil gegen rechts auf einen Sporn mit besserem Fels hinüberquert, der zu den Firnfeldern des Gipfels führt. Stellen von (II) bis (IV+).

271 *Über die E-Seite*

Guido und Max Mayer mit Angelo Dibona und Luigi Rizzi, 15. Juli 1912.

ZS Von der Schönbielhütte, 9 Std. Abb. S. 151

Von der Schönbielhütte (2694 m) folgt man R. 275 bis zu P. 2738. Man quert den Schönbielgletscher gegen W zum Fuss des grossen Couloirs nördlich von P. 2732. Von dort steigt man zum Gipfel auf, indem man sich stets mehr oder weniger an die Felsrippe hält, die das Couloir im S begrenzt.

272 *Über die SSE-Wand*

Willy Angerer, Heinz Jaquet, Eduard Rainer, 16. August 1935. Sehr steile Wand von ca. 500 m Höhe.

S+ Von der Schönbielhütte, 6 Std. Abb. S. 151

Von der Schönbielhütte (2694 m) folgt man R. 255 des Col d'Hérens bis zum Sattel 3041 m des Stockji. Man quert nun den

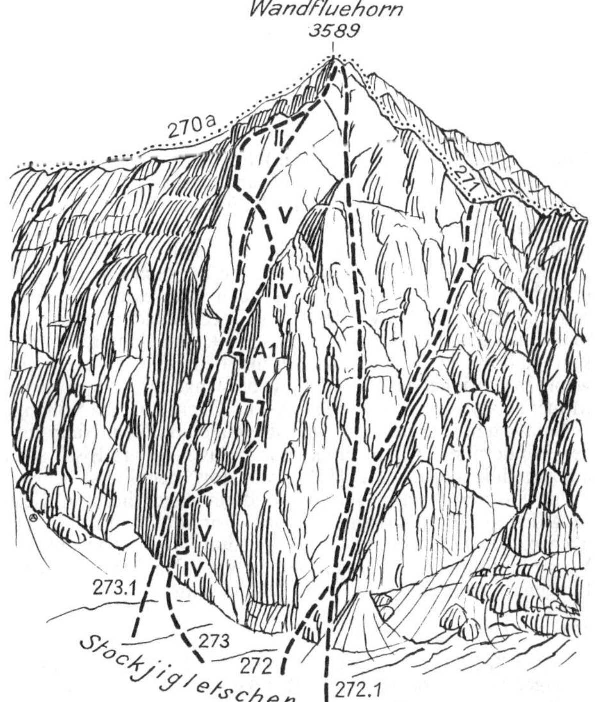

Wandfluehorn, S-Seite

Stockjigletscher und gelangt an den Fuss der Wand. (2¼ Std.). In der Fallinie des Gipfels (leicht rechts derselben) erhebt sich von links nach rechts eine Rampe (schräges, stark ansteigendes Band). Diese Rampe bezeichnet die Aufstiegsroute, ist aber da und dort durch Rippen und Rinnen unterbrochen. Man packt die Wand genau oberhalb der Séracs des Stockjigletschers über einen Schutt-(Firn-)Kegel an, bei welchem die Rampe beginnt, und gelangt dann auf die Felsrippe (R. 271) ca. 100 m unterhalb des Gipfels.

272.1 *Über die SSE-Wand, direkte Route*

Patrick Gabarrou, Pascal Girault, Alexis Long, 13. August 1987.

Schöne freie Kletterei über 500 m. Sehr streng und steil. 50 m-Seile. Guter Fels.

SS+ Vom Wandfuss, 8 Std. Abb. S. 151

Von der Schönbiclhütte (2694 m) folgt man R. 272 bis zum Einstieg an der gleichen Stelle. Man überwindet eine Mauer direkt (III, IV), (R. 272 geht rechts hinüber), in der Fallinie eines Systems von Rissen und kaminartigen Verschneidungen, denen man bis oben (4 Seillängen, mehrere Stellen V+) folgt. Man gelangt so auf eine Reihe von Bändern. Rechts aufsteigend erreicht man nach zwei Seillängen den Fuss einer schwarzen Verschneidung (III, IV). Links der Verschneidung erklettert man einen schönen, deutlichen Riss (VI+) und dann rechts eine schräge Rampe (eine Seillänge) bis unter ein breites, dreieckiges, wenig vorspringendes Dach. Man bezwingt direkt eine kleine Mauer (V+) und folgt gerade links des Dachs auf eine Seillänge einem System von gegen links ansteigenden Spalten. Nach einigen Bändern steigt man direkt durch das folgende Risssystem auf zum linken Rand einer Höhle. Von dort leicht links über eine Folge von Verschneidungen hinauf, dann weiter direkt in Richtung des Vorgipfels. 10 m unter dem Vorgipfel quert man 2 m nach rechts in eine andere Verschneidung, die direkt auf den Vorgipfel führt (zwei Längen, IV, V, V+). Nach drei weiteren Längen in gemischtem Gelände gelangt man auf den Gipfel.

273 *Über die S-Wand*

Im linken Teil der S-Wand ist im August 1987 ein grösserer Felssturz niedergegangen, der das Gebiet von R. 273 betroffen hat. Die Route wird wieder begangen, mit kleinen Abweichungen.
Seither sind in der Wand zwei Routen neu eröffnet worden; R. 272.1 ein Tag nach dem Felssturz.

René Gürtler mit René Arnold, 22. September 1971.

Diese teilweise ausgerüstete Route folgt einer Reihe von Pfeilern und ermöglicht sehr schöne freie Kletterei, mit Ausnahme einer Stelle, die technische Hilfsmittel erfordert, in gesamthaft gutem Fels.

S+ Von der Schönbielhütte, 9 Std. Abb. S. 151

Von der Schönbielhütte (2694 m) folgt man R. 272 bis zum Fuss der Wand. Einstieg westlich der R. 272 direkt unter den Pfeilern, 40 m östlich des grossen Couloirs, welches die Pfeiler im W begrenzt. Eine Länge direkt hoch bis zu einem Band (40 m, III,

IV). 10 m nach rechts und schräg links in einen Kamin (sehr ausgesetzt; 40 m, IV, V). Man folgt der linken Kante des Kamins und steigt gegen rechts bis zu einer von unten gut sichtbaren Einbuchtung (40 m, III). Die zwei nächsten Längen in leichterem Gelände schräg rechts an den Fuss eines Pfeilers. Man steigt eine Seillänge links des Pfeilergrates (II, III) hoch. Auf einem Band nach links zu einem anderen Pfeiler queren, dann 20 m direkt auf der Schneide hoch bis zu einem kleinen Band (IV, V). Über eine steile, griffarme Platte, etwas links des Kamms, erreicht man eine überhängende Verschneidung, der man bis zum nächsten guten Stand folgt (V). Dann ersteigt man einen kurzen überhängenden Aufschwung (A1) und quert heikel nach links auf den grossen Pfeiler-Kopf (V, 4 feste H). In einer geräumigen Verschneidung steigt man zwei Längen (III, IV) an. In gestuftem Fels klettert man rechts hinauf, bis man von neuem links die Schneide des Pfeilers erreicht. Diese Querung ist sehr schwierig und ausgesetzt (2 Längen IV, V, 2 feste H). In ½ Std. erreicht man über leichten Fels den Gipfel.

273.1 *Über die S-Wand, Route der Grossen Verschneidung*

Patrick Gabarrou, Pierre Gourdin, 26. Juni 1989.

Guter, im oberen Teil prächtiger Fels. 450 m Höhe. Eine Route, die klassisch zu werden verdient.

AS– Vom Wandfuss zum Gipfel, 8–10 Std. Abb. S. 151

Von der Schönbielhütte (2694 m) gelangt man auf R. 272 in die Nähe des Einstiegs. Ein Couloir begrenzt die Wand linker Hand. 15–20 m rechts fällt eine schwarze, senkrechte Rinne auf, unmittelbar links daneben eine graue. Man ersteigt sie auf 50 m (V, VI+, VII–). St. 1 in einer Höhle. Man verlässt sie links, überwindet einen kleinen Überhang (VII–) und steigt über Stufen (V+) leicht schräg gegen rechts an. Dann über eine schöne Mauer (V), 50 m, St. 2 rechts vom Fuss einer charakteristischen Verschneidung erreichen. Darin aufwärts (VI–, VI, anstrengend), dann gegen rechts haltend (V–, V) zur Grossen Verschneidung. St. 3. Man erklettert sie auf 50 m (III, IV). St. 4 am rechten Rand einer weisslichen, überhängenden Zone. Nach 20 m (IV) (gemeinsam mit R. 273) geht man den schwierigen Teil der Verschneidung direkt an. Ein Haken links auf Höhe einer grossen Felsnase. Weiter gerade hinauf, dann Querung gegen links (10 m, VI, dann VII–, eine Stelle VII, 2 feste Keile). Nach 15–20 m (V) guter Stand 5 auf der Felsnase. Man klettert in der Verschneidung weiter (VI–, VI), bis sie zum Kamin wird.

Nun gut sichtbare Querung nach rechts, dann leicht ansteigend gegen rechts über Platten (VII–, Hakenschlagen schwierig). Über eine Kante (fester Haken) zu St. 6 zur Rechten (fester Winkelhaken). Zuerst gerade hinauf, dann gegen rechts leicht ansteigen, 50 m (eine Stelle V, dann V–, V). Man gelangt rechts zum weisslichen Teil des Überhangs. Man überwindet ihn (VI, wundervoll) und steigt dann gerade hinauf (V–) zu St. 8 unter einer grossen Höhlung. Anderthalb Seillängen (V, dann V–) auf dem kleinen Sporn rechts der Höhlung führen auf den Gipfelgrat, über den man (Schnee und Fels) den Gipfel des Wandfluehorns erreicht.

Wandfluelücke, 3703 m

Zwischen der Dent Blanche und dem Wandfluehorn; von der Dent-Blanche-Hütte zur Schönbielhütte.
Dieser Pass dient vor allem als Zugang zum S-Grat (Wandfluegrat) der Dent Blanche. Man kann ihn jedoch auch als praktischen Übergang von Hütte zu Hütte benützen.
Siehe R. 274 und 275.

Dent Blanche, 4356,6 m

Maupassants «kokettes Ungeheuer». Von der Bertolhütte aus gesehen ein geducktes Raubtier, die Vorderpfoten ausgestreckt, den Kopf zurückgelegt zum Angriff.
Von SW (z.B. von den Bouquetins) her sieht sie hingegen aus wie ein senkrecht im Zahnfleisch steckender, wunderbar eleganter Zahn. Von der Mountethütte wiederum beeindruckt sie als wuchtige, mit Eis gepflasterte Felsmauer. Von der Schönbielhütte schliesslich scheint sie nichts weiter als eine Verlängerung der Wandflue.
Die vier Grate der Dent Blanche bilden ziemlich genau ein Kreuz: Ein langer S-Grat, ein kurzer N-Grat und rechtwinklig dazu der Ferpècle- und der Viereselsgrat (Mountetgrat). Die drei längeren Grate sind die wichtigsten und bilden die Hauptanstiegsrouten. Ihre Schwierigkeit nimmt in folgender Reihenfolge zu: S-Grat, Viereselsgrat, Ferpèclegrat. Am schwierigsten und viel weniger bekannt ist der auf den Col de la Dent Blanche abfallende N-Grat. Alle vier durch diese Grate begrenzten Flanken sind durchstiegen worden. Der S-Grat ist der leichteste und bildet bei allen Überschreitungen eine gute Abstiegs- oder Rückzugsroute. Für den Ferpèclegrat (R. 280) dienen die Dent-Blanche-Hütte oder das Biwak im Col de la Dent Blanche als Ausgangspunkt, für den Viereselsgrat (R. 291) die Mountethütte, oder auch die Schönbielhütte, wobei man über den Col de Zinal (R. 292) geht.
Am 7. Oktober 1980 stiegen André Georges und Bernard Maître in 16 Std. vom Col de la Dent Blanche über den NNW-Grat auf den Gipfel, über den Ferpècle-Grat ab, dann über den Viereselsgrat wieder auf und schliesslich über den Wandfluegrat zur Dent-Blanche-Hütte ab.

274 *Über den S-Grat (Wandfluegrat) von der Dent-Blanche-Hütte*

Thomas Stuart Kennedy, William Wigram mit Jean-Baptiste Croz und Johann Kronig, 18. Juli 1862.

Der eigentliche S-Grat beginnt unmittelbar nördlich der Lücke 3476 m mit einem steilen Felsabsatz. Der höchste Punkt dieses Gneisfelsens trägt ein mit △ 3713,5 m kotiertes Signal. Unmittelbar nördlich davon bildet der Grat eine Schneekuppe (3719 m); dann folgt eine Senkung, die die Stelle bezeichnet, wo man den Grat von der Wandflue oder von Ferpècle betritt (Wandfluelücke, 3703 m). Das folgende Gratstück ist felsig und leicht bis zum P. 3882, dann breit und schneeig, mit Wächten gekrönt, bis zu den ersten Gendarmen. Der grösste wird *Grossen Gendarmen* genannt, er ist mit 4098 m kotiert.
Die obenerwähnte Schneekuppe 3719 m entsendet gegen W einen Sporn, in dessen unteren Felsen sich die Dent-Blanche-Hütte (3507 m) befindet.

ZS Von der Dent-Blanche-Hütte, 3½–5½ Std.
Abb. S. 159, 161, 165, 179, 185

Von der Dent-Blanche-Hütte (3507 m) steigt man über die Felsen östlich der Hütte, dann über einen Schneerücken zur Wandfluelücke und weiter über den Felsgrat zu P. 3882. (1 Std.). Dann quert man die Firnfelder auf der Ferpècle-Seite, leicht absteigend; man gelangt bald wieder auf den zuerst schneeigen (grosse Wächten rechts), dann felsigen Grat und folgt ihm bis an den Fuss des *Grossen Gendarmen* (4098 m). (½ Std.).
Man kann nun

a) über Platten nach links queren und den *Grossen Gendarmen* über seine SW-Seite direkt erklettern (IV, 3 H):
Eine Mauer (H) und eine kleine, rechts ansteigende Rampe führen zu schönen Platten, die man leicht links haltend erklettert. Stand, Haken. Es folgt ein kleines, leichtes Felscouloir. Stand am Fuss des Gipfelblocks. Man quert einige Meter nach links und erklettert einen Riss, den man links verlässt unter einem überhängenden Block. Stand (Block). Nun gelangt man leicht zum höchsten Punkt des Gendarmen oder mittels einer leichten Querung in die folgende Lücke.
Beim Einstieg in die Platten eine Stelle (IV), sonst ist der Schwierigkeitsgrad (III+, IV–). Links der Rampe kann eine kleine Terrasse als zusätzlicher Stand dienen (H, Hk), z.B. beim Abseilen. Von dieser Terrasse aus kann man die Platten links umgehen: Etwas weniger schwierig, aber viel weniger schön (grosse Untergriffe).

b) noch weiter nach links queren und den *Grossen Gendarmen* umgehen über ein kleines Schnee-(Eis-)Couloir (links von einem Felsturm, den man linker Hand lässt, überragt). In diesem Couloir findet man drei lange Eisenstifte im Abstand von 20 m vor (Sicherung, Abseilpendel). Nun über einen Schneekamm und einige Platten auf den Grat, den man unmittelbar oberhalb des *Grossen Gendarmen* betritt. (½–1 Std.).

Von hier folgt man mehr oder weniger dem Grat bis zum Gipfel. (1½–3 Std.). (Es ist interessanter, immer auf dem Grat zu bleiben.) Der zweite Gendarm wird in der Regel rechts (östlich) nahe seiner Spitze durch ein Band und ein leichtes Couloir (grosse Blöcke) umgangen; der dritte links (westlich) über oft vereiste und schwierige Platten unterhalb einer senkrechten Felswand, welche durch einen Riss erklettert wird. Kurz darauf wird der Grat schneeig und ist oft verwächtet. Der höchste Punkt besteht fast immer aus einem schlanken Schneekegel.

275 *Zugang zum S-Grat (Wandfluegrat), von der Schönbielhütte*

WS Von der Schönbielhütte zum Gipfel, ca. 6 Std.
Abb. S. 185

Von der Schönbielhütte (2694 m) führt ein Fussweg in westlicher Richtung zu einem Steinmann, geht dann leicht abwärts und erreicht eine mit Gras bewachsene Moräne, der er gegen NW (P. 2704 und P. 2738) bis zum Aufhören des Graswuchses folgt. Von hier wendet er sich nach rechts in eine Geröll-(Schnee-)Mulde, (Bergji), quert weiter einen Bach und gewinnt dann die östliche Moräne des Schönbielgletschers, deren Kamm er bis an ihr oberes Ende folgt (3042,1). (1 Std.).
Von hier steigt man über den Gletscher, zuerst in der Richtung des Col de Zinal bis zur Höhenkurve ca. 3160 m, dann wendet man sich links und quert den Gletscher oberhalb von grossen Spalten. Man gelangt so an den Fuss eines breiten Couloirs, das vom untern Ende des kleinen Hängegletschers am Fuss von P. 3882 des S-Grates überragt wird. Links (südlich) dieses gefährlichen Couloirs streicht vom Hängegletscher ein Felsvorsprung herunter, der in den Séracs des Schönbielgletschers untertaucht. Er ist in halber Höhe durch ein breites Erd- und Schuttband unterbrochen (Wegspur). Man gewinnt dieses Band über den Firn am Fusse des Couloirs oder, besser, über die Felsrippe unmittelbar links des Firns. Man folgt dem Band nach links, um den abgeschliffenen Kamm des Felsvorsprungs zu gewinnen. Man steigt über diesen unschwierigen Kamm, sich leicht rechts haltend, aufwärts und betritt den kleinen Hängegletscher. Über diesen hinauf bis zum Schneesattel 3703 m

(Wandfluelücke). (2 Std.). Hier trifft man auf R. 274, der man zum Gipfel folgt.

276 *Über den Gletscher am Fuss der SW-Seite*

Diese Route ist nur dann zu empfehlen, wenn der Gletscher gut mit Schnee bedeckt ist. Man braucht dann im Abstieg nicht bei der Dent-Blanche-Hütte vorbeizugehen.

WS Vom Gipfel bis Ferpècle, 5 Std.
Von Ferpècle zum Gipfel, 8–10 Std.
Abb. S. 159, 161, 165, 223

Von La Forclaz (1727 m) folgt man R. 3 der Dent-Blanche-Hütte bis zum Glacier des Manzettes, wo der Weg aufhört. Man wendet sich nach E und erreicht den namenlosen Gletscher am Fuss der Rocs Rouges. Man steigt über den zerschrundeten Gletscher bis gegen P. 3882 auf, von wo man auf R. 274 zum Gipfel gelangt.

276.1 *Über die SW-Seite*

Stéphane Albasini, Christian Portmann, 7. Februar 1990.

S Von der Hütte, 4–5 Std. Abb. S. 159, 161

Von der Dent-Blanche-Hütte (3507 m) folgt man R. 280 zum Fuss des SW-Felsvorsprungs. Man steigt 50 m über die Rippe der R. 277 auf. Dann zweigt man nach rechts ab in ein von Wasserrinnen gebildetes Couloir (50°), das von mehreren Vorsprüngen (65°/70°) unterbrochen ist. Nach etwa 300 m läuft das Couloir in Platten und gemischtes Gelände aus. Man steigt gerade empor und gelangt ca. 150 m vom Gipfel auf den S-Grat (Wandfluegrat, R. 274).

277 *Über den SW-Felsvorsprung (in P. 3548 beginnend)*

John Finlaison mit Christian Lauener und Franz Zurflüh, 11. September 1864.

Von einem leicht südlich des Gipfels der Dent Blanche gelegenen Punkt löst sich gegen W (parallel zum Ferpècle-Grat) eine Felsrippe, die weiter unten nach SW dreht, einen steilen Felsvorsprung bildend, der in einem Felssporn auf 3548 m im Firn untertaucht. Der Vorsprung besteht aus rötlichem Felsen und zeigt den Weg der Besteigung an, der sich längs der Rippe fortsetzt. Dieser Weg ist vom W-Grat (Ferpècle-Grat) durch ein mächtiges Couloir getrennt, das vom Gipfel herunterkommt und sich gegen unten erheblich verbreitert (R. 279). In normalen Sommern ist der Felsvorsprung fast vollständig aper.
Sehr selten begangene Route, da gefährlich und weniger interessant als die Grate.

S Von der Dent-Blanche-Hütte, 6–8 Std.
Abb. S. 159, 161

Von der Dent-Blanche-Hütte (3507 m) folgt man R. 280 bis an den Fuss des Berges und des rötlichen Felsvorsprungs. Von hier steigt man direkt über seine zuerst sehr steilen Felsen hinauf, dann der Rippe entlang, um den S-Grat (Wandfluegrat, R. 274) 10 Min. vor dem Gipfel zu erreichen.

278 *Durch das grosse WSW-Couloir und den W-Grat (Ferpècle-Grat)*

H. Symons, O.K. Williamson mit Jean Maître und Pierre Maurys, 4. August 1905.

Diese Route führt zwischen dem grossen Couloir und dem Ferpècle-Grat durch. Das Couloir trennt den Ferpècle-Grat vom südwestlichen Felsvorsprung.

S Von der Dent-Blanche-Hütte, 7½–8 Std.

Von der Dent-Blanche-Hütte (3507 m) folgt man R. 280 oder 280a zur Gletschermulde bis ca. 3500 m, zum Beginn des breiten Geröllbandes, das zum Ferpècle-Grat führt. (1½ bis 2 Std.). Man steigt direkt die SW-Seite hinauf, über zuerst leichte Felsen, die dann steiler werden und feine Kletterei bieten. Ein interessanter Kamin vermittelt den Zugang zum W-Grat, genau in halber Höhe des Grates in einer Scharte. (2¼ Std.). Man folgt dem Grat 1 Std. lang. Ca. 100 m vor dem grossen Gendarmen, der ein Band überragt, quert man mehr oder weniger waagrecht nach rechts in die Plattenwand, um das grosse WSW-Couloir zu erreichen. Man ersteigt die Platten rechts, und sobald sie steiler werden, quert man das Couloir wieder (schwer) und gewinnt erneut den W-Grat, gerade über dem Gendarmen. (2 Std.). Die Besteigung wird über den W-Grat (Ferpècle-Grat, R. 280) beendet.

279 *Durch das ganze WSW-Couloir*

André Roch, Robert Gréloz, Jean Weiglé, 3. August 1944.

Diese Route ist wegen Steinschlags sehr gefährlich.

SS Von der Dent-Blanche-Hütte, 8½ Std.
Abb. S. 159, 161

Von der Dent-Blanche-Hütte (3507 m) folgt man R. 280 oder 280a zur Gletschermulde (ca. 3500 m) am Fuss des Couloirs. (1½ Std.). Man überschreitet den Bergschrund und steigt direkt durch das Couloir zum Gipfel. (7 Std.). In halber Höhe ist das

Dent Blanche, von W

(Arête de la Wandflue)
274
Gd Gendarme
Arête N 284
(Arête de Ferpècle)
3882
274
276.1
277
279
280
276
281
286
Col de la
Dent Blanche
280
280d
280c
280a
280
de la
ent Blanche
280b
Gl. des Manzettes

Couloir leicht geknickt. Etwas unterhalb des Knicks erfordert eine sehr schwierige Stelle die Verwendung von Haken.

280 *Über den W-Grat (Ferpècle-Grat), ohne den Grossen Aufschwung*

Frau E.P. Jackson, Karl Schulz mit Aloys Pollinger und J.-J. Truffer im Abstieg, 25./26. August 1884.
Walter Gröbli mit Aloys Pollinger im Aufstieg, 29. Juli 1889.

Dieser Grat beginnt nicht direkt auf dem Gipfel der Dent Blanche, sondern 100 m nördlich davon. Von diesem Punkt fällt er geradlinig herunter und verliert sich im Spaltengewirr am Zusammenfluss von zwei Gletscherarmen, von denen der nördliche zum Glacier de la Dent Blanche gehört, der südliche, namenlose, kommt von P. 3882 und P. 3907. Er erscheint weiter unten wieder unter dem Namen *Rocs Rouges*. Gewöhnlich ist der Ferpècle-Grat vollständig aper; mit Ausnahme einiger Stellen sind die Felsen fest, weisen aber einige schwierige Passagen auf. Dieser Grat ist allgemein schwieriger als der Vieresels-Grat.
P. 3801 auf dem Grat ist der höchste Punkt des Grossen Aufschwungs, der normalerweise nicht erklettert wird.

Man erreicht den Fuss des Grates entweder von der Dent-Blanche-Hütte (3507 m) oder vom Biwak im Col de la Dent Blanche (3540 m). Es gibt mehrere Möglichkeiten, auf den Grat zu gelangen, je nachdem, wie hoch oben man einsteigen will. Man kann den Grat überqueren (und so vom Biwak des Col de la Dent Blanche zur Dent-Blanche-Hütte gelangen oder umgekehrt) auf ca. 3300 m (Punkt 1, R. 280b), ca. 3450 m (Punkt 2, R. 280c) oder ca. 3535 m (Punkt 3, R. 280d). Ein Übergang oberhalb des Grossen Aufschwungs (3801 m) ist zwar möglich (man kombiniert R. 280e und R. 280), jedoch ohne praktischen Wert.
Von der Dent-Blanche-Hütte kann man den Grat auch auf ca. 3660 m (Punkt 4, R. 280) und 3801 m (Punkt 5, R. 280) erreichen.
Vom Biwak im Col de la Dent Blanche erreicht man den Grat oberhalb des Grossen Aufschwungs über R. 280e.

S Von der Dent-Blanche-Hütte, ohne den Grossen Aufschwung, 6½–7½ Std.
Vom Biwak im Col de la Dent Blanche, ohne den Grossen Aufschwung, 5½–6½ Std.
Abb. S. 159, 161, 165, 175

Von der Dent-Blanche-Hütte (3507 m) quert man, zuerst leicht ab-, dann aufsteigend, die oberen Firnfelder des Glacier des Manzettes und überschreitet den Felsvorsprung im NW von P. 3882. Man geht unmittelbar oberhalb von P. 3613,6 (Signal

Dent Blanche, von W

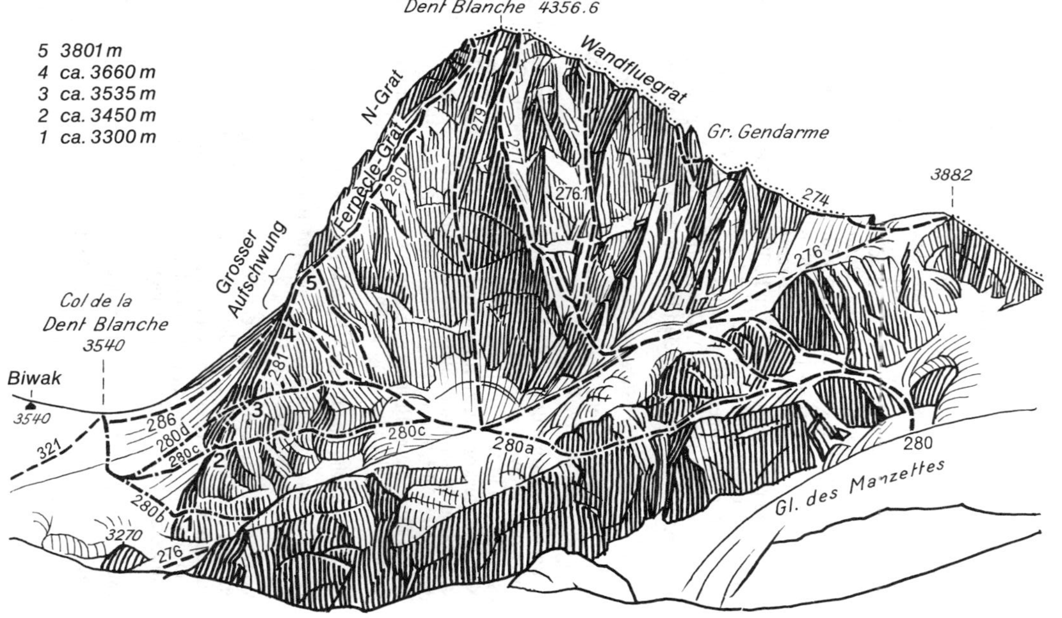

5 3801 m
4 ca. 3660 m
3 ca. 3535 m
2 ca. 3450 m
1 ca. 3300 m
Dent Blanche 4356.6
N-Grat
Wandfluegrat
Gr. Gendarme
3882
274
Ferpècle-Grat
280
279
277
276.1
276
Grosser Aufschwung
5
4
281
3
Col de la Dent Blanche 3540
Biwak
3540
321
286
280d
280c
2
280c
280a
280
Gl. des Manzettes
280b
1
3270
276

auf einem Felskopf) durch und betritt den Gletscherarm zwischen diesem Felsvorsprung und der Dent Blanche. Man quert ihn und geht auf seinem rechten Ufer dem Fuss der Dent Blanche entlang abwärts bis in die Gletschermulde (ca. 3500 m) am Fuss des mächtigen Couloirs, das vom Gipfel herunterzieht. (1½ Std.). Von hier sieht die S-Seite des Ferpècle-Grates wie ein grosses Gewirr von Bändern, Couloirs und Platten aus. Es gibt mehrere Zugangswege zum Grat, je nachdem, ob man den Grossen Aufschwung (Basis ca. 3660 m, Punkt 4; höchster Punkt 3801 m, Punkt 5) erklettern will oder nicht. Zur Umgehung des Grossen Aufschwungs überschreitet man den Bergschrund und steigt über einen kurzen Schneehang, dann über Geröll und plattige Felsen (III) zu P. 3801 auf. Der Weg ist nicht eindeutig. Dann folgt man dem Grat zum Gipfel, (5–6 Std.), die Gendarmen im allgemeinen rechts umgehend. Nur einer wird direkt erklettert (IV+, 2 H). Die Kletterei bleibt schwierig und wird erst im gemischten Gelände nahe des Gipfels leichter.

280 a *Zugang zur Gletschermulde ca. 3500 m*

L Von der Dent-Blanche-Hütte zur Mulde, 1½–2 Std.
Abb. S. 159, 161

Je nach den momentanen Verhältnissen ist es unter Umständen vorzuziehen, weiter unten als R. 280 einem breiten Geröll-(Schnee-)Band, das in halber Höhe des Felsvorsprunges von NW herunterkommt, zu folgen und so in die Gletschermulde auf ca. 3500 m zu gelangen (dieses Band ist übrigens der obere Rand der Felsschicht, die in P. △ 3713,5 des S-Grates gipfelt). Am untern Ende dieses Bandes angelangt, steigt man wieder auf den namenlosen Gletscher und gelangt so in dessen Becken.

280 b *Zugang zur Gletschermulde ca. 3500 m*

WS Vom Biwak im Col de la Dent Blanche, 1½ Std.
Abb. S. 159, 161, 165

Vom Biwak im Col de la Dent Blanche (3540 m) steigt man entlang der NW-Wand auf dem Glacier de la Dent Blanche ab, um den W-Grat (Ferpècle-Grat) auf ca. 3300 m (Punkt 1) zu überqueren und den namenlosen Gletscher am Fuss der SW-Flanke der Dent Blanche zu erreichen.

280 c *Zugang zur Gletschermulde ca. 3500 m*

WS Vom Biwak im Col de la Dent Blanche, 1½ Std.
Abb. S. 159, 161, 165

Vom Biwak der Dent Blanche (3540 m) gewahrt man ganz unten im Ferpècle-Grat einen kleinen halbrunden Pass mit Steinmann. Von der Dent-Blanche-Hütte sieht man das Pässchen fast am äussersten Ende des sichtbaren Teils des Grates. Dieser kleine Pass (ca. 3450 m, Punkt 2) ist häufiger begehbar als der Durchschlupf bei ca. 3535 m (Punkt 3). Auf seiner N-Seite kann man ihn über Felsen und Geröll leicht erreichen, während auf der S-Seite ein Wandlein von ca. 10 m (im Abstieg abseilen) und ausgesetzte Felsbänder zur Mulde führen.

280 d *Zugang zur Gletschermulde ca. 3500 m*

Nur zu empfehlen, wenn die NW-Seite des Grates nicht vereist ist.

WS Vom Biwak im Col de la Dent Blanche, 1½ Std.
Abb. S. 159, 161, 165

Vom Biwak der Dent Blanche (3540 m) bemerkt man eine kleine horizontale Schulter, erkennbar an einem kleinen Loch und einem Kamin, der dort endet. Vom Glacier de la Dent Blanche führt ein steiler Geröllhang zu einem Band mit dachziegelartigen Griffen, auf dem man zur Schulter gelangt (ca. 100 m). Auf der andern Gratseite führen ein schmaler Balkon und dann ein breites Geröllband in die Mulde.

280 e *Zugang oberhalb des Grossen Aufschwungs*

ZS Vom Biwak der Dent Blanche, 2 Std. Abb. S. 165

Vom Biwak der Dent Blanche (3540 m) steigt man entlang der NW-Wand auf dem Glacier de la Dent Blanche ab bis zum Beginn eines teilweise schneeigen Couloirs. Man ersteigt es und gelangt oberhalb des Grossen Aufschwungs (3801 m) auf den Grat.

281 *Über den W-Grat (Ferpècle-Grat), unterer Teil mit Grossem Aufschwung*

Martin Mai, Kaspar Muff, Hugo Nünlist, Emil Stäubli, 15. August 1946.

Der untere Teil des Grates bis zu P. 3801 ist schwieriger als der obere (R. 280). Haken mitnehmen.
Ein Felssturz hat den Grossen Aufschwung seit der Zeit der Routenbeschreibung verändert.

S+ Erkletterung des unteren Teils, 2–3 Std.
Abb. S. 159, 161, 165

Man gelangt je nach Zugang auf den Grat bei:
ca. 3300 m (Punkt 1) über R. 280b;
ca. 3450 m (Punkt 2) über R. 280b;
ca. 3535 m (Punkt 3) über R. 280d;
ca. 3660 m (Punkt 4), am Fuss des Grossen Aufschwungs, von der Gletschermulde (ca. 3500 m) am Beginn des breiten Geröllbandes von R. 280d, indem man schräg gegen links aufsteigt.
Von Punkt 2 (ca. 3450 m) an folgt man der Gratschneide über Aufschwünge und kleine Türme in ziemlich schwieriger Kletterei (III) in gutem Fels bis zum Fuss (ca. 3660 m) des Grossen Aufschwungs.
Er ist ziemlich steil. Man umgeht eine Mauer von 15 m links, um unmittelbar nachher wieder zurückzukommen. Der Aufschwung wird steiler. Man nimmt rechts einen Riss, dessen Anfang nicht sehr schwer ist. Die grossen Schwierigkeiten beginnen in der Folge. Vom Ende des Risses wendet man sich einige Meter nach rechts, um zu grossen, roten Platten zu gelangen. Mittels sehr feinen Griffen steigt man wieder einige Meter auf bis unter einen Überhang. Dann waagrecht nach links über ein kleines Band. Das Band ist heikel, da die Griffe für die Hände abwärts gerichtet sind und die Füsse nur geringen Halt finden (2 H).
Man gelangt zu P. 3801, wo man auf R. 280 trifft.

281 a *Variante links*

S

Man kann den Grossen Aufschwung links, etwa 20–30 m von der Gratschneide entfernt, umgehen. 4 Seillängen, ausgesetzt, ohne gute Sicherungsmöglichkeiten (III+).

281 b *Variante rechts*

Bernard Cabane mit Jean Gaudin, 27. August 1967.

SS

Man steigt rechts vom Grossen Aufschwung über eine senkrechte Wand auf (V+, H).

282 *Über die NW-Wand (Originalroute)*

Die Wand liegt zwischen dem Ferpècle-Grat und dem NNW-Grat.

Ludwig Steinauer, Karl Schneider, 17. August 1934.

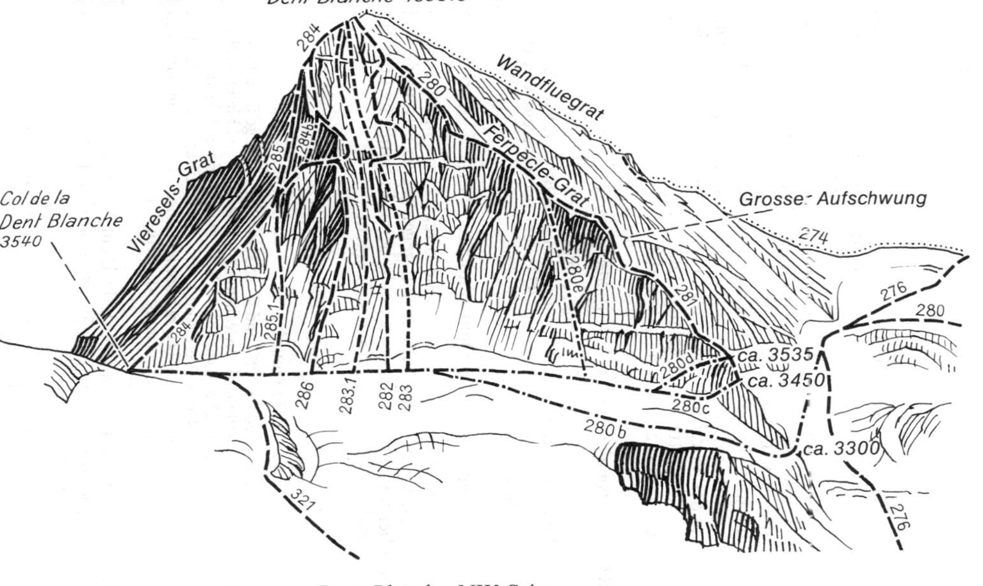

Dent Blanche, NW-Seite

SS Vom Biwak der Dent Blanche zum Gipfel, 17 Std. Abb. S. 165

Vom Biwak der Dent Blanche (3540 m) gewinnt man die oberen Firnfelder des Glacier de la Dent Blanche und überschreitet den Bergschrund. Über den Eishang zu den ersten Felsen (glatte, vereiste Platten). Dann auf einem sehr steilen Sporn bis unter die grosse, glatte Felsbarriere, die den Zugang zum Firnfeld im oberen Teil der Wand absperrt. Diese überhängende Barriere ist die Schlüsselstelle der Besteigung. Man umgeht sie sehr schwierig rechts und gelangt auf das Firnfeld, das man gegen links bis in seine Mitte quert. Nun gerade empor bis unter den Felsaufschwung des Vorgipfels, dann hält man rechts über verschneite, wenig steile Platten und gelangt zum Ferpècle-Grat (R. 280), über den man die Besteigung beendet.

283 *Über die direkte NW-Wand*

Camille Bournissen, Cyrille Pralong, August 1969.
Erste Winterbesteigung: Camille Bournissen, Léo Brigger, Sven Sermier, Michel Siegenthaler, 6./8. Februar 1973, vom per Flugzeug erreichten Glacier de la Dent Blanche.

SS Vom Biwak der Dent Blanche, 17 Std. Abb. S. 165

Diese Route führt ganz gerade und direkt zum Gipfel. Im Gegensatz zu R. 282 weicht man nicht gegen rechts aus, weder bei der überhängenden Barriere noch beim Felsaufschwung des Vorgipfels, an dem man links vorbeigeht.

283.1 *Über die NW-Wand (Deo Gratias)*

Patrick Gabarrou, Pierre Gourdin, 18./19. Juni 1989.

Der Weg führt links von R. 282 und R. 283 durch. Prächtige Direttissima, die äusserst interessante und abwechslungsreiche Kletterei bietet. Auf die Verhältnisse achten: Die Exposition NW macht die Felskletterei am Morgen schwierig (Kälte, Vereisung), am Nachmittag jedoch besteht Steinschlaggefahr im oberen Teil bei Sonnenschein. Gabarrou hat, nach zwanzig Jahren aktivem Alpinismus, der Route diesen Namen gegeben.

AS– Vom Biwak im Col de la Dent Blanche, 19 Std. (bei schlechten Verhältnissen und Sturm). Abb. S. 165

Man packt die Wand etwas links der Fallinie der grossen, deutlichen Wasserrinne an. Über Schnee und steiles Eis gelangt man direkt zum Fuss der grossen Platten. Eine Seillänge schräg gegen

links (50 m, VI, dann VII– bis VII, heikel und exponiert bei Vereisung) führt zu einem kleinen Absatz. Man gelangt zu einer charakteristischen Rissverschneidung (50 m, VI, VII–). Eine ziemlich ausgesetzte Querung nach rechts (V+, VI–) führt in leichteres Gelände (V, V+). Man steigt nun einige Meter ab (heikel) zur Wasserrinne, in der man emporsteigt. Nach zwei Längen kommt man zu einem sehr steilen Aufschwung, den man über eine Felsmauer rechts bezwingt. Weiter empor (sehr schönes, gemischtes Gelände, vorwiegend felsig) bis unter die überhängende Felsbarriere. Man überwindet sie etwas rechts über einen deutlichen, abdrängenden Riss. Der Fels ist hier zuerst sehr mittelmässig, wird dann aber besser (A2, A3), mit Stellen und Ausstieg in freier Kletterei, deren Schwierigkeitsgrad kaum zu bewerten ist.
Nun steigt man direkt über die grossen Hänge (Schnee, dann gemischtes Gelände) des oberen Wandteils auf. Ausstieg unmittelbar links des Vorgipfels, von wo man leicht auf den Gipfel gelangt.

284 *Über den NNW-Grat (vom Col de la Dent Blanche, über die Platten)*

W. Kropf mit Jean Genoud und Marcel Savioz, im Abstieg, 9./10. September 1926.
Herr und Frau I. A. Richards-Pilley mit Antoine und Joseph Georges (le skieur), im Aufstieg, 20. Juli 1928.
Erste Winterbesteigung: Pierre Crettaz, Jean Gaudin, 1./2. März 1963.
Erster Alleingang (Winter): André Georges, 19./20. März 1976.

Eine senkrechte Mauer sperrt den Grat in seinem oberen Teil. Bis zum Fuss dieser Mauer ist der Grat, der vom Col de la Dent Blanche ausgeht, nicht schwierig. Er besteht aus einer abgerundeten Fels- und Schneerippe, die die Schnittlinie der NNE- und NW-Flanke bildet. Die Mauer besteht aus festem Felsen, einer goldgelben Gneisschicht, die vom Unterbau ganz verschieden ist. Die quer verlaufende Mauer steht senkrecht zur Richtung des vom Col de la Dent Blanche kommenden Grates. Die Kante der Mauer senkt sich gegen W und endigt schroff abfallend auf dem untern Band. Sie verläuft parallel zum W-Grat (Ferpècle-Grat) und bildet mit ihm einen Trichter, durch welchen die Lawinen auf den Glacier de la Dent Blanche niedergehen.
Im ganzen eine Besteigung von ausserordentlicher Schönheit und grossem Stil. Die Platten sind immer heikel.

SS– Vom Biwak im Col de la Dent Blanche, 8–10 Std.
Abb. S. 159, 165, 173, 175

Vom Col de la Dent Blanche steigt man ohne Schwierigkeiten über die losen Felsen des Grates bis zum ersten senkrechten,

10–15 m hohen Aufschwung. Dieser wird direkt überklettert, indem man sich zuerst links, dann wieder rechts hält (gute Griffe) (III). Oberhalb des Absatzes befinden sich Platten, welche man nach rechts queren muss (IV), indem man zuerst dem untern Rand des Daches, das sie bilden, folgt, dann schräg ansteigt bis zur Schnittlinie der Platten mit der senkrechten oberen Wand (III+).

Man folgt dem Fuss der Wand gegen rechts, leicht absteigend, bis zu einem Riss-Kamin, der es erlaubt, den vom Gipfel kommenden und eine Folge von grossen Türmen bildenden Grat zu erreichen. Dieser Kamin, anfangs überhängend, wird aussen rechts, dann im Riss erklettert (IV). Man kommt auf den NNW-Grat und geht auf seine SW-Seite über ins Leere geneigte Platten (III).

Rechts des Grates, auf der W-Seite, steigt man ca. 20 m über runde, schwierige Felsen an, um den Grat von neuem in einer zweiten Scharte zu erreichen (die Scharte wurde von N anlässlich der Erstbesteigung erreicht; vielleicht wäre es vorteilhaft, dem NNW-Grat bis zu dieser zweiten Scharte zu folgen).

Hier beginnt die Schlüsselstelle der Besteigung. Die Erkletterung erfolgt genau in einer konvexen Winkelverschneidung, die die Verlängerung des von oben kommenden NNW-Grates ist, der einen ca. 30 m hohen senkrechten Aufschwung bildet, der unübersteigbar erscheint.

Von der Scharte gewinnt man, rechts absteigend, eine kleine Plattform auf dem runden Grat, der sich wie ein riesiger Turm aufstellt. Der Anfang ist überhängend. Um die Erkletterung zu erleichtern, kann man den Pickelstiel waagrecht auf Brusthöhe in einen Riss stecken. Mit Hilfe einer Trittschlinge oder kurzen Leiter kann der Seilerste die überhängende Stelle überwinden (A1, V) bis zu einem guten, dreieckigen Griff für die Hände (unsichtbar und schwer zu finden), der es erlaubt, sich mit den Füssen auf einem geneigten Vorsprung zur Linken einzurichten. Von dort steigt man, rechts querend, über eine Platte an (V–, H) bis zu einem überhängenden Kamin, in welchem man einen von den Erstbegehern zurückgelassenen Haken findet. Man erklettert diesen Kamin (IV+) und richtet sich rittlings auf dem aufgezogenen Rand des oberen Teils des Grates ein. Über heikle Platten (III), rechts weniger steil, erreicht man 15 m weiter oben eine Nische, wo man die Nachkommenden sichern kann (sehr mühsam). Dies ist der dem Steinschlag ausgesetzte Teil, den man vor 14 Uhr hinter sich haben sollte. Über Platten und zwei kleine Mauern (III, IV, III) gewinnt man den Grat, wo kein Steinschlag mehr zu befürchten ist.

Man folgt zuerst dem Grat (III), dann wählt man rechts ohne Schwierigkeiten die losen Felsen bis zum Gipfel.

284 a *Variante*

SS–

Von der zweiten Scharte gewinnt man, rechts absteigend, eine kleine Plattform, wie oben beschrieben. Von hier aus geht die Variante. Die Plattform verlängert sich gegen W über ein kleines waagrechtes Band: diesem folgt man bis zum Ende, d.h. über 4 m. Man steigt dann senkrecht einem Block entlang auf, der von der Wand abzustehen scheint (4 m). Darauf quert man nach rechts, leicht absteigend (4–5 m), um einen grossen Überhang zu vermeiden; dann wieder gerade hinauf (15 m) bis zu einem zweiten Überhang, der wie ein Dach heraussteht und von dem Eiszapfen herunterhängen. (Man sieht von dieser Stelle aus einen Haken mehr zur Rechten, der wahrscheinlich von der Seilschaft zurückgelassen wurde, die erstmals den Grat im Abstieg beging.) Dann zurück nach links unter den Überhang (vereist und ausgesetzt) und zu den geneigten Platten, wo man die Nachkommenden sichern kann.

284 b

Bernard Devaux mit Camille Bournissen, 23. Oktober 1968.

Die Kletterei ist steil; der Fels nicht fest. Trittleitern nützlich für die Sicherungsplätze.

SS Abb. S. 165

Nach Übersteigung der Platten und nachdem man zur Schnittstelle der Platten mit der Wand gekommen ist, die jene überragt, steigt man direkt auf den Grat (IV, V+), auf die rechte von drei Grateinkerbungen zuhaltend.

285 *Über den NNW-Grat (vom Col de la Dent Blanche, direkt)*

André Chevrier, André Georges, Alphonse Vuignier, 30. Juni/1. Juli 1976.

Erster Alleingang: André Georges, 27./28. Juni 1979. Am 17./18. Juli 1986 begingen Jean-Marc Boivin und André Georges diese Route und anschliessend die Zmuttnase des Matterhorns (R. 1132) in 24 Std.

Diese empfehlenswerte Routenführung macht R. 284 direkter und vermeidet die Querung der Platten gegen rechts. Es handelt sich um eine grosse, sehr ausgesetzte Fahrt, die vollen Einsatz erfordert.

Die Route ist heute ausgerüstet, und die Tour kann in einem Tag durchgeführt werden. Im senkrechten Aufschwung von 350 m ist der Rückzug problematisch.

SS Vom Biwak der Dent Blanche zum Gipfel, 10–18 Std. Abb. S. 165, 175

Vom Biwak des Col de la Dent Blanche folgt man R. 284 bis zum Beginn der Platten. Diese ersteigt man direkt, um an den Fuss eines roten Pfeilers zu gelangen (III, IV). Man klettert rechts des Pfeilers eine Seillänge hoch (IV+, V). Ein Quergang nach links (IV) führt auf den Pfeiler. Weiter über eine Platte (A1) und eine Verschneidung (V) zu einer überhängenden Zone. Eine Traverse um 15 m nach links (V+) führt in eine Zone von unsicherem grauem Fels. Mittels einer heiklen und ausgesetzten Diagonalquerung nach links (VI, 2 Bohrhaken) erreicht man einen von Bricola aus sichtbaren Vorsprung.
Man steigt einige Meter empor, quert gegen rechts, gerade oberhalb eines Überhangs (V), und erklettert dann eine Verschneidung (IV+, V) zu einem guten Stand. In einer zweiten Verschneidung gerade empor (V), dann Querung nach links unter einem mächtigen gelben Überhang (V) und Ausstieg etwas links des höchsten Punktes des Pfeilers. Von da erreicht man die Gratschneide und über R. 284 den Gipfel.

285 a *Variante*

SS Abb. S. 175

Anlässlich der ersten Besteigung wurde vom von Bricola aus sichtbaren Vorsprung an ein anderer Weg eingeschlagen: Man quert eine Seillänge schräg nach links (V) und steigt dann zwei Längen über Platten auf (V); so gelangt man in eine Zone mit leichterem schwarzem Fels. Von da in drei Längen (III, IV) zum obern Ende der Wand, wo man auf R. 284 trifft.

285.1 *Variante*

Marco Borgini, Giorgio Falconi, 20. September 1987.

Diese Seilschaft folgte von den Platten an ungefähr R. 285. Bis zu den Platten jedoch suchte sie sich einen Weg durch die NW-Wand.

AS Vom Biwak, 10 Std. Abb. S. 165, 175

Vom Biwak im Col de la Dent Blanche (3540 m) steigt man auf dem Glacier de la Dent Blanche ab und gelangt auf ca. 3500 m zum Bergschrund im linken Teil der Wand, links von R. 286. Man übersteigt den überhängenden Bergschrund und den folgenden Schnee- und Felshang (48°/50°) bis unter den 15 m hohen Felsvorsprung, den man überwindet (III), um den Punkt zu erreichen, wo R. 284 nach rechts in die Platten abzweigt. Nun ersteigt man die Platten etwas links der R. 285 bis zum Fuss der Wand. Man erklettert einen senkrechten, 20 m hohen Riss bis zum Beginn eines andern, überhängenden Risses (V). St. 1. Man quert nach rechts um einen Block herum (V+) und steigt senkrecht 20 m auf (V), dann quert man 6 m nach links über eine Platte (V+). St. 2, St. 3. Über ein Band 20 m nach links hinauf (IV). St. 4. Die darüber liegende Platte auf 20 m direkt ersteigen (VII+), dann scharf nach links über eine heikle Platte (VI) zu St. 5. Gerade aufwärts über eine Platte (VI), 3 m nach links queren (VII, A2) und noch 4 m weiter bis auf ein geneigtes Band, dem man ca. 15 m folgt (VII). St. 6 am rechten Rand eines von unten sichtbaren kleinen Schneeflecks. Eine Länge gemischt (45 m), gegen links halten, zu St. 7. 15 m gerade hoch (V+), dann ca. 20 m nach links über heikle Platten (VII) unter den Überhängen durch. St. 8. Man umgeht die Überhänge links, indem man 10 m über eine Platte (VI) und dann 40 m in einer senkrechten Verschneidung (IV+) hinaufklettert. St. 9. Über leichten Fels gerade empor bis unter einen grossen Überhang, den man direkt überwindet (V+), um nach weitern 30 m den NNW-Grat (R. 284) auf ca. 4200 m zu erreichen.

286 *Direkter Zugang zum NNW-Grat*

G. Perrenoud, Hugo Weber, 23. September 1961.

Dieser Zugang soll schon 1947/48 vom Führer Rémy Theytaz benützt worden sein.
R. 284 ist nicht direkt und dem Risiko des Zustandes der Platten unterworfen. R. 286 führt vom Glacier de la Dent Blanche zur Schlüsselstelle von R. 284 und vermeidet die Platten ganz. Überdies ist die Kletterei sehr schön und kombiniert mit R. 284 eine grossartige Tour.

SS Vom Biwak der Dent-Blanche zum Gipfel,
10–12 Std. Abb. S. 159, 161, 165, 173, 175

Vom Biwak der Dent Blanche (3540 m) erreicht man über die oberen Schneefelder des Glacier de la Dent Blanche rasch den Fuss der Rippe, die direkt zur Schlüsselstelle der Normalroute führt. Man überschreitet den Bergschrund auf ca. 3560 m, in der Achse des oberen Teils des Grates.
Über dem Randspalt ersteigt man einen Kegel von leichten

Felsen (Schutt), um bei 3710 m den Fuss des ersten senkrechten Aufschwunges zu erreichen. Man erklettert nun in einem Zuge von 35 m eine rissige Verschneidung bis zu einer kleinen Terrasse (IV, dann V). Man übersteigt einen kleinen Pfeiler von 5 m auf der rechten Seite. Von da sehr guter Sicherungsplatz. Indem man sich nach links wendet, erklettert man 15 m die rote Mauer (Mur Rouge) bis über ein Felsblatt. Da Sicherungsplatz einrichten auf einem kleinen Band (IV+, ausgesetzt). Man quert nach rechts bis zu einem Riss, der die Wand der roten Mauer schräg schneidet. Man folgt diesem Riss bis unter den Überhang und verlässt den Aufschwung links, um zu einem gutem Standplatz bei 3790 m zu gelangen (Seillänge von 30 m, ausgesetzt). Man steigt weiter 35 m (einige Stellen IV) bis über einen kleinen Überhang (V). In einem Zuge von 15 m erklettert man einen zweiten kleinen Überhang (V) und erreicht bei 3840 m einen kleinen Sattel am Fusse eines Gendarmen (III). Um den Gendarmen zu umgehen, traversiert man 6 m horizontal nach rechts (Griff für die Hände, V, athletisch). Man steigt weiter 3–4 Seillängen von 30 m (III und IV) bis zum Fusse eines guten Überhanges. Diesen übersteigt man (V), um in einem Zuge (IV) bei 4020 m auf R. 284 vor der Schlüsselstelle zu treffen. Weiter über R. 284 bis zum Gipfel.

Über die NNE-Wand

Es ist dies die Wand zwischen dem NNW-Grat und dem Vieresels-Grat. Sie ist 1000 m hoch und in der Regel mit Schnee und Eis gepflastert.

287 *Originalroute, rechts*

Maud Cairney mit Hilaire und Théophile Theytaz, 11. August 1928.

Diese Route umgeht links (östlich) die ganze senkrechte Mauer des NNW-Grates und führt grösstenteils durch die NNE-Wand.

SS Vom Biwak der Dent Blanche zum Gipfel, 12–15 Std. Abb. S. 175

Vom Biwak der Dent Blanche (3540 m) folgt man R. 284 bis halbwegs des ersten senkrechten Aufschwungs, dann quert man gegen links und steigt schräg in die NNE-Wand, indem man ansteigenden Bändern folgt. Darauf steigt man direkt über verschneite (vereiste), schwierige Platten auf bis zum Fuss der querlaufenden Wand, der man links entlanggeht, bis man eine wenig ausgeprägte Felsrippe findet, über die man den Hauptgrat oberhalb der querlaufenden Wand erreicht. Auf R. 284 weiter zum Gipfel.

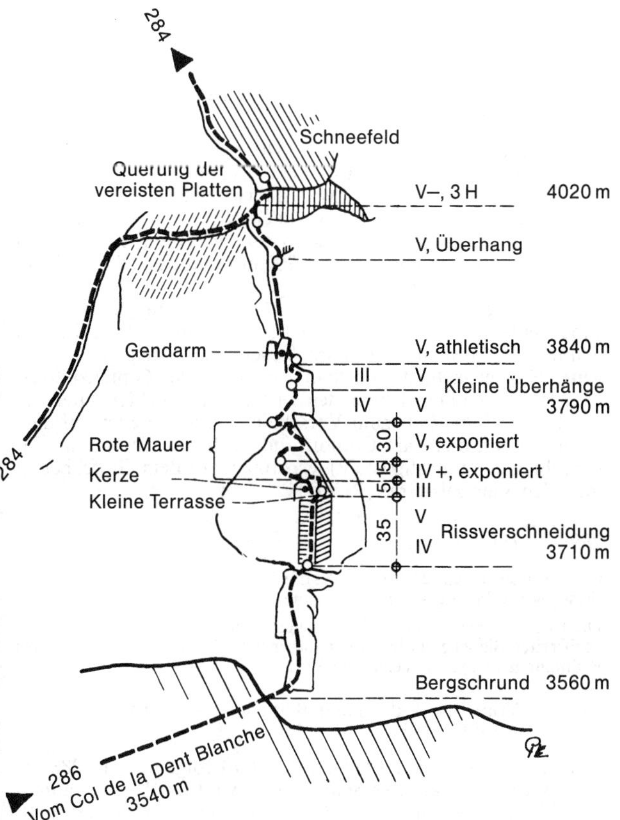

Dent Blanche, direkter Zugang zum NNW-Grat

288

Michel und Yvette Vaucher, 10.–12. Juli 1966.

SS+ Vom Biwak der Dent Blanche zum Gipfel, 12–15 Std. Abb. S. 175

Vom Biwak der Dent Blanche (3540 m) folgt man R. 322 (im Abstieg) des Col de la Dent Blanche bis zum ersten Plateau des Glacier du Grand Cornier. Man überwindet den oft überhängenden Bergschrund und gelangt nach zwei Seillängen auf einen Felssporn rechts eines charakteristischen Halbmondes. Man ersteigt ihn und gelangt nach ca. 200 m ziemlich leichter Kletterei in Fels und Eis unter schlecht geschichtete, senkrechte oder überhängende Platten, die zum Hakenschlagen ungeeignet sind. Eine Seillänge von 30 m (V, V+, 8 H) führt zum mittleren Schneefeld, das man leicht schräg gegen links ersteigt (ca. 8 Längen). Man erreicht die Felsbank am Fuss des Gipfelcouloirs. Man steigt 6 Längen über den Eishang am rechten Ufer des Couloirs auf, bis Fels zum Vorschein kommt. Weiter auf dem rechten Ufer, dicht am Couloirrand, wobei der Fels zum Hakenschlagen ungünstig ist (V). Ca. 100 m vor dem Gipfel betritt man den Vieresels-Grat (R. 291).

289 *Direkte Route*

Camille Bournissen, 28./29. Februar 1968.
(Erste Winterbesteigung im Alleingang).

Die Route wurde anlässlich der Versuche vom 31. Januar bis 2. Februar vorbereitet. Sie scheint die beste in dieser Wand zu sein. Die winterlichen Bedingungen waren vielleicht ein Vorteil.

SS+ Vom Biwak der Dent Blanche, 12–15 Std. Abb. S. 175

Vom Biwak der Dent Blanche (3540 m) folgt man R. 288 bis zum Beginn des mittleren Schneefelds. Am Fuss der querlaufenden Mauer stösst man auf R. 287, der man eine Weile folgt. Anstatt jedoch oberhalb der querlaufenden Mauer auf den NNW-Grat zu gelangen, bleibt man mehr links und steigt direkter zum Gipfel, um den NNW-Grat nur 30 m davon entfernt zu erreichen.

290 *Route links*

Karl Schneider, Franz Singer, 26./27. August 1932.

Dent Blanche
Arête des Quatre Anes 291
(Arête de Ferpècle) 280
289
287
285a
285
285.1
284
285.1
285
288
289
284
287
290
285.1
286
284
288
289
Glacier du Gd Cornier
Col de la Blanche

SS+ Vom Biwak der Dent Blanche zum Gipfel, 12–15 Std. Abb. S. 175, 201

Vom Biwak der Dent Blanche (3540 m) folg man R. 322 (im Abstieg) des Col de la Dent Blanche bis zum ersten Plateau des Glacier du Grand Cornier vor dem Eisbruch.
Man überschreitet den Bergschrund links eines grossen Halbmondes und steigt direkt gegen den Gipfel. Man vermeidet soviel als möglich die Felsen, die schlecht geschichtet sind, und benützt die dazwischen befindlichen schneeigen Rinnen. Über eine wenig ausgeprägte Felsrippe gelangt man schliesslich auf den Vieresels-Grat, rund 100 m unterhalb des Gipfels.

291 *Über den ENE-Grat (Vieresels-Grat/«Arête des Quatre Anes»), von der Mountethütte.*

J. Stafford Anderson, G.P. Baker mit Ulrich Almer und Aloys Pollinger, 11. August 1882.
Erster Abstieg: Albert Steinmann mit Henri und Hilaire Theytaz, 26. August 1926.
Erste Winterbegehung: Robert Willi mit Michel Siegenthaler, 22./23. Februar 1975.

Vom Gipfel senkt sich der Grat geradlinig gegen E bis dort, wo er sich gabelt (4034 m). Dieses Stück ist 670 m lang mit einer Höhendifferenz von nur 323 m; es ist zeitweise stark verwächtet. Von der Abzweigung fällt ein Arm nordöstlich ab, es ist der eigentliche Vieresels-Grat. Er sinkt wie ein Keil zwischen den Glacier du Grand Cornier und den Glacier Durand und endigt bei 3000 m. Der andere Arm, der einen mächtigen Gratturm bildet, fällt südöstlich zum Col de Zinal ab (3490 m).
Der längere der beiden Arme ist der Vieresels-Grat, den man gewöhnlich von der Mountethütte aus besteigt; seine N-Seite ist mit Schnee und Eis bedeckt. Er ist vom andern Arm durch eine dreieckige Flanke getrennt, die von Lawinencouloirs durchfurcht ist, durch die ständig Lawinen niedergehen. Der Vieresels-Grat ist eine lange und schwere Tour. Drei Teilstücke sind charakteristisch: leichtes Geröll bis an den Fuss des grossen gelblichen Turmes; schwer (oft verschneit oder vereist) bis zum Vereinigungspunkt (4034 m) mit dem vom Col de Zinal aufsteigenden Grat; endlich luftig, interessant, eventuell gefährlich von dort zum Gipfel. Der Grat verdankt seinen Namen dem Ausspruch Ulrich Almers, der bei der Ankunft auf dem Gipfel ausrief: «Wir sind doch vier Esel, auf diesem Weg aufzusteigen.»

ZS+ Von der Mountethütte, 8–10 Std. Abb. S. 175, 179, 185, 189, 197, 201

Von der Mountethütte (2886 m) folgt man R. 317 des Col Durand bis zum kleinen Gletscherplateau am NE-Fuss des Col de Zinal, dann wendet man sich rechts und erreicht den Fuss des Grates. (2 Std.). In seinem untern Teil weist er zwei Schultern

auf, die durch einen charakteristischen Gendarmen getrennt sind (3371 m). Der Bergschrund ist meistens gutartig. Man steigt durch ein breites Couloir (Geröll oder Schnee), das links vom Gendarmen 3371 endigt, auf die obere Schulter. (Ist das Couloir vereist, so ist es vorteilhafter, den Grat rechts vom Gendarmen auf der unteren Schulter zu gewinnen, wie für den Col de la Dent Blanche, R. 323.)
Man folgt nun dem leichten Felsgrat bis an den Fuss des grossen gelblichen Turms, wo sich der Grat steil aufschwingt und schwieriger wird. Er bildet die Schnittlinie zwischen einer senkrechten zur Linken und der oft mit Schnee bedeckten Flanke zur Rechten. Man hält sich so nahe als möglich an die Gratkante, immerhin einige Graterhebungen rechts umgehend (III). Man gelangt so unter den Gipfel des grossen gelblichen Turms, dessen oberste Spitze man links lässt, um den Sattel zu gewinnen, der ihn von einem rötlichen Felskopf trennt. Man überschreitet diesen Felskopf und klettert direkt zum Vereinigungspunkt mit dem vom Col de Zinal kommenden Grat (4034 m, 4 Std.). Von hier folgt man dem nun viel weniger steilen Grat bis zum Gipfel. (2–3 Std.). Man quert zuerst einen Felszacken und gelangt an den Fuss eines mächtigen Gendarmen, den man durch einen Kamin im Grat erklettert (III). Jenseits dieses Gendarmen beginnt der mit gegen Schönbiel überhängenden Wächten gekrönte Teil des Grates. Statt Wächten findet man zuweilen lediglich feine Schneestreifen. Der oberste Teil des Grates besteht vollständig aus Schnee (Eis) und führt direkt auf den Gipfel.

292 *Über den ENE-Grat (Vieresels-Grat), vom Col de Zinal*

Léon Dufour, Albert Martin, 15. August 1900.

Der Vieresels-Grat kann auch über den Grat vom Col de Zinal her erreicht werden, zu dem man entweder von der Mountet- (R. 298) oder von der Schönbielhütte (R. 299) gelangt. Klassische Tour von Schönbiel aus; weniger interessant als R. 291, jedoch weniger steinschlägig als R. 293. Von der näheren Umgebung der Hütte aus überblickt man die Route. Sie sollte nur bei trockenem Fels begangen werden.

ZS Vom Col de Zinal zum Gipfel, 6–7 Std.
Abb. S. 185, 189, 201

Vom Col de Zinal (3490 m) erklettert man die Gratkante (lose Felsen) ein Stück weit, geht dann unterhalb eines horizontalen und schartigen Gratstückes auf die Schönbielseite, um an den Fuss des mächtigen rötlichen Grataufschwunges (Grand Gendarme, 3899 m) zu gelangen, der den Grat abzusperren scheint.

Man umgeht diesen Aufschwung durch eine Art Band, das in der S-Flanke aufwärts führt und in der Senkung jenseits des Aufschwunges endigt. Ohne diesem Band bis auf die Kante zu folgen, kann man über leichte Felsen direkt aufwärts klettern, um erst dort auf den Grat zu gelangen, wo er sich mit dem eigentlichen Vieresels-Grat vereinigt (4 Std.). Von hier auf R. 291 zum Gipfel.

293 *Über den ENE-Grat (Vieresels-Grat) von Schönbiel über den Schönbielgletscher*

Oskar Eckenstein mit Matthias Zurbriggen, 2. September 1889.

Im Frühsommer, wenn der Berg noch stark verschneit ist, ist folgende Variante kürzer, aber weil weniger elegant, selten begangen. Steinschlägig und weniger interessant als R. 292; von Schönbiel aus sichtbar.

ZS Von der Schönbielhütte zum Gipfel, 8–10 Std.
Abb. S. 179, 185

Von der Schönbielhütte (2694 m) folgt man R. 299 des Col de Zinal bis zu den obern Firnfeldern des Schönbielgletschers; dann wendet man sich nach links, um den Schuttkegel am Fuss des kleinen Hängegletschers der SE-Seite des Berges zu gewinnen. Man steigt über diesen Kegel hinauf bis an den Fuss der unmittelbar links des kleinen Gletschers befindlichen Felsen. Diese sind dem Stein- und Eisschlag ausgesetzt, und es ist wichtig, dass man sehr früh dort ist und so schnell als möglich über sie hinaufsteigt. Man quert hierauf den kleinen Gletscher nach rechts. Ist der Schnee gut, steigt man direkt durch ein breites, sehr steiles Couloir zur Gratsenkung oberhalb des rötlichen Aufschwunges (Grand Gendarme, 3899 m) hinauf; wenn nicht, ist vorzuziehen, den Grat unterhalb des Aufschwunges zu erreichen, um über das bei R. 292 erwähnte Band aufzusteigen (5–6 Std.). Über R. 292 und 291 zum Gipfel.

Durch die SE-Flanke

Diese Flanke ist von sehr steilen Couloirs durchfurcht, und die überhängenden Wächten können schon vom Morgen an Lawinen verursachen. Zwei fast horizontale Bänder durchqueren sie, die durch eine Diagonale verbunden sind, so dass eine Art von einem breiten Z gebildet wird. Man unterscheidet in dieser Flanke zwei Routen, die beide sehr gefährlich sind.

294 *Über den Hängegletscher*

A. Hein, Emil und Karl Rupilius, Karl Schreiner, 13. August 1931.
Erste Winterbegehung: Stéphane Albasini, Christian Portmann, 6. Februar 1990, in 6 Std. über eine in der Mitte etwas direktere Route.

Gd Gendarme
(Arête de la Wandflue) 274
Arête des Quatre Anes
291
Pointe de Zinal
294
293
301
295
301
Schönbielhorn
3358
306
318
Hohwänggletscher

S Von der Schönbielhütte zum Gipfel, 17 Std. bei sehr schlechten Verhältnissen. Abb. S. 179, 185

Von der Schönbielhütte folgt man R. 293 bis zur Mulde des kleinen Hängegletschers. Man überschreitet den Bergschrund und steigt schräg links aufwärts, einer Felsbank folgend, die ein Schneeband trägt, welches am obern Ende des Diagonalbandes ausläuft. Von hier steigt man direkt auf den Gipfel oder beendigt die Besteigung, indem man kurz darunter den Vieresels-Grat betritt (R. 291).

295 *Über die Diagonale des Z*

E.R. Whitwell mit Christian und Johann Lauener, 21. August 1874 (im Auf- und Abstieg).

S Von der Schönbielhütte, 6–8 Std. Abb. S. 179, 185

Von der Schönbielhütte folgt man R. 275 bis zum rechten (W-)Ufer des Schönbielgletschers. Über Firnflecken und Felsen gewinnt man das untere Ende des diagonalen Bandes und folgt ihm auf ungefähr 3/5 seiner Länge. Dann steigt man direkt auf den Gipfel.

Col de Zinal, 3490 m

Zwischen der Dent Blanche und der Pointe de Zinal; vom Glacier Durand (Mountethütte) zum Schönbielgletscher (Schönbielhütte).
Dieser Pass wird selten überschritten. Die erste Überschreitung ist unbekannt.

298 *Über die NE-Seite*

WS Von der Mountethütte, 3 Std. Abb. S. 189

Von der Mountethütte (2886 m) folgt man R. 317 des Col Durand und gewinnt das obere Plateau des Glacier Durand am Fuss des Passes, der einen steilen Schnee- oder Eishang bildet. Wenn der Schnee gut ist, steigt man direkt zum Pass auf.

298 a *Variante*

ZS Abb. S. 189

Wenn der Hang vereist ist, ist es günstiger, die Felsen zur Rechten (NW) zu benützen, obwohl sie lose und stellenweise schwierig sind. Sie führen zur Schneeschulter, die man auf der andern Seite über R. 299a erreicht. Diese Variante ist von Vorteil, wenn man R. 292 und den Vieresels-Grat der Dent Blanche erreichen will.

298 b *Variante*

ZS Abb. S. 189

Im schlimmsten Fall kann man auch R. 304 der Pointe de Zinal bis zur Gletscherterrasse benützen und dann horizontal gegen den Pass queren. Durch eine horizontale Querung über die ganze Terrasse gelangt man vom Col Durand (3451 m) zum Col de Zinal (3490 m) oder umgekehrt.

299 *Über die SW-Seite*

ZS Von der Schönbielhütte, 2½ Std. Abb. S. 185

Von der Schönbielhütte (2694 m) folgt man R. 275 der Dent Blanche.
Statt sich nach links zu wenden, setzt man den Aufstieg in der Gletschermulde fort und gelangt an den Fuss des Passes. Dieser bildet einen steilen, mehr oder weniger verschneiten Felshang, der von links und rechts dem Steinschlag ausgesetzt ist. Man überschreitet den Bergschrund und steigt so schnell und so direkt als möglich zum Pass.

299 a *Variante*

ZS

Wenn man R. 292 und den Vieresels-Grat der Dent Blanche erreichen will, braucht man nicht zum Col de Zinal aufzusteigen. Auf mittlerer Höhe des Felshangs geht man gegen links und gelangt bei einer kleinen Schneeschulter auf den Grat. (Von der andern Seite erreicht man diese Schulter auf R. 298a.)

Pointe de Zinal, 3789 m

300 *Über den NE-Grat*

Am 1. Juli 1870 gelangte Antoine de Torrenté mit Jean Martin und Elias Peter an den Fuss des Gipfelturms. Die erste Ersteigung: Georges Beraneck jun., Emile Javelle mit Jean Martin, 1871.

WS Vom Col Durand, 1½ Std. Abb. S. 185, 189

Vom Col Durand (3451 m) folgt man dem Schneekamm, dann hält man sich längs des Grates auf der SE-Seite und gelangt zum Fuss des Gipfelturms, der von links leicht ersteigbar ist.

301 *Über den S-Grat*

L. Norman-Neruda, May Peyton mit Christian Klucker, 15. August 1891.
Empfehlenswerte Route.
Erste Abfahrt mit Ski: Jérôme Caldi, François Labande, 26. April 1987 Vom S-Gipfel (△ 3778,1 m).

ZS Vom Pass 3358 m, 3 Std. Abb. S. 179, 185, 189

Vom Pass 3358 m ist der Grat leicht, bald felsig, bald breit und schneeig. Ohne Schwierigkeiten gelangt man bis zu einem Vorgipfel (Felsturm, △ 3778,1 m). Nun folgen zwei Felstürme, die man nicht umgeht, sondern vollständig überschreitet. Der erste erfordert kurzes Abseilen (4 m), der zweite 20 m Abseilen entlang eines Kamins. Dann über den Grat zum Gipfel.

302 *Über die W-Wand und den S-Grat*

Bernhard Weishan mit Adolf und Hermann Schaller, 4. Juli 1934.
Die Wand ist ca. 500 m hoch. Der Fels ist steil und brüchig.

S Von der Schönbielhütte zum Gipfel, 4½–5½ Std.

Von der Schönbielhütte (2694 m) folgt man R. 275 der Dent Blanche und gewinnt den Fuss der Wand. (1½ Std.). Ein ausgeprägtes Couloir steigt in der Richtung gegen den S-Gipfel (△ 3778,1 m). Man lässt dieses gefährliche Couloir rechter Hand und steigt über stufenförmige Felsen an. Man hält mehr und mehr schräg links, die Felsrippen, die vom Grat herabziehen, benützend und überschreitend. Man erreicht den Kamm endlich in der Mitte zwischen den beiden Gipfeln, wo man R. 301 trifft. Auf dieser zum Gipfel.

303 *Über den NW-Grat*

E.F.L. Fankhauser, E. Panchaud, 20. Juli 1900.

ZS Vom Col de Zinal, 2–3 Std. Abb. S. 189

Vom Col de Zinal (3490 m) steigt man über zwei niedrige Felsstufen, wendet sich dann auf den Firn des NE-Hanges und gelangt auf den obern Felsgrat oberhalb eines ersten Aufschwunges. Man folgt alsdann dem Grat bis auf den Gipfel, den obern Grataufschwung unter Umständen links (nördlich) umgehend. Er ist schwierig, die Kletterei ist luftig.

304 *Über die N-Flanke*

Emile-Robert Blanchet mit Kaspar Moser, 3. August 1926.
1. Abstieg: Adrien und Rose Voillat, 30. Juli 1955.

Diese Wand ist in den zwei unteren Dritteln zuweilen stark zerschrundet und nahezu 500 m hoch.
Über ein leichtes Schneeplateau in zwei Drittel Höhe der Wand kann man vom Col Durand zum Col de Zinal queren: siehe R. 298b und 317a.

S Vom Wandfuss, 3–5 Std. Abb. S. 189

Vom Fuss der Flanke (ca. 3300 m) überschreitet man den Bergschrund und bahnt sich einen Weg zwischen den Séracs und den Spalten bis zu einem Abbruch, den man an seiner schwächsten Stelle bezwingt. Dann folgt ein leichtes Schneeplateau, von welchem man zum obern Bergschrund gelangt. Von hier steigt man direkt gegen den Gipfel und beendigt die Besteigung über steile und lose Felsen.

Pass 3358 m

Ohne Namen auf der LK.
Zwischen der Pointe de Zinal und dem Schönbielhorn; vom Schönbielgletscher zum Hohwänggletscher.

305 *Von der W-Seite*

L Von der Schönbielhütte, 1¾ Std.

Von der Schönbielhütte (2694 m) folgt man R. 275 der Dent Blanche bis zu P. 3042,1. Über den flachen und fast spaltenlosen Schönbielgletscher erreicht man den Fuss des Schneecouloirs, das zum Pass hinaufzieht. Auf dem linken Ufer des Couloirs steigt man über einige Platten und Blöcke leicht auf den Pass (es handelt sich um die südlichere von zwei benachbarten Einsattelungen).

306 *Von der E-Seite*

L Von der Schönbielhütte, 2 Std. Abb. S. 179, 185

Von der Schönbielhütte (2694 m) überschreitet man den Oberen Blausatz (3209 m), (R. 312 und 313) bis zu P. 3150, wo man den

Hohwänggletscher betritt. Man geht links (am Fuss der Felsen) den Schneefeldern entlang und steigt zum Pass.

Schönbielhorn, 3472 m

Felsspitze am S-Ende des langen S-Grates der Pointe de Zinal. Interessanter Aussichtspunkt.

307 *Über den SW-Grat und den S-Grat*

L Von der Schönbielhütte, 2 Std. Abb. S. 185

Von der Schönbielhütte (2694 m) folgt man R. 275 der Dent Blanche bis zu P. 3042,1. Von dort geht man Richtung SE und erreicht P. 3036 und den langen, leichten SW-Grat, dem man bis zu seiner Vereinigung mit dem S-Grat folgt. Nun über den leichten, felsigen S-Grat zum Gipfel.

308 *Über die SW-Seite und den S-Grat*

L Von der Schönbielhütte, 2 Std.

Von der Schönbielhütte (2694 m) folgt man R. 275 der Dent Blanche bis zu P. 3042,1. Die Schneefelder südwestlich des Gipfels werden von einer grossen Felsinsel unterteilt. Man erreicht den S-Grat auf ca. 3350 m durch das Couloir im N der Felsinsel. Man folgt dem leichten Felsgrat zum Gipfel.

309 *Über den N-Grat*

L Vom Pass 3358 m, ½ Std. Abb. S. 185

Vom Pass 3358 m führt ein leichter Blockgrat auf den Gipfel.

310 *Über den SE-Grat und den S-Grat*

L Vom Oberen Blausatz, 1 Std. Abb. S. 185

Vom Oberen Blausatz (3209 m) über eine Geröllhalde des SE-Grats bis zum Vereinigungspunkt mit dem leichten, felsigen S-Grat, dem man bis zum Gipfel folgt.

311 *Über die S-Wand und den S-Grat*

Richard Hechtel, Wilmar Schwabe, 26. Juli 1937.

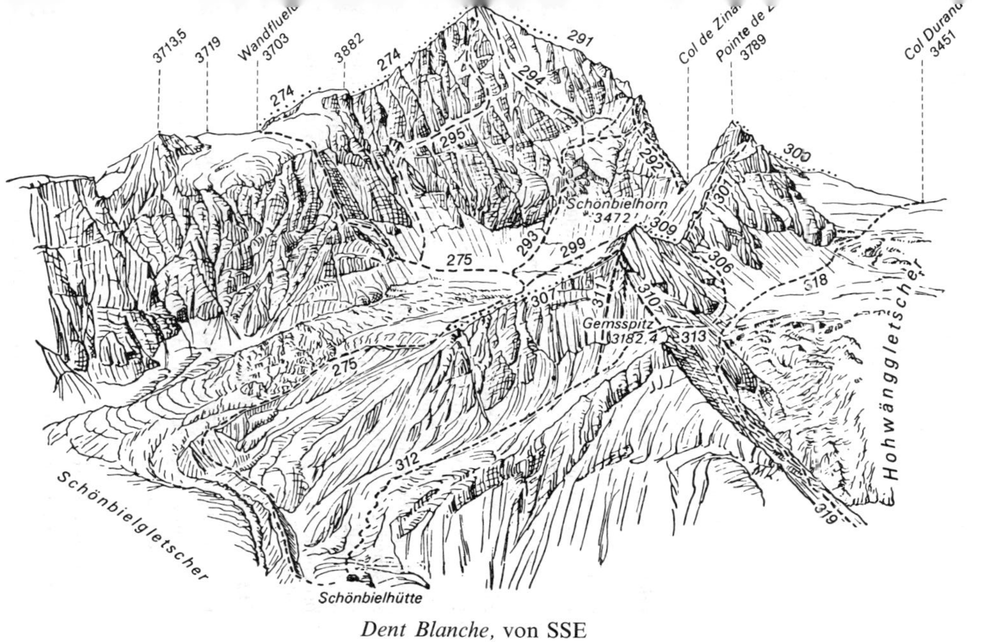

Dent Blanche, von SSE

S Von der Schönbielhütte, 4½ Std. Abb. S. 185

Von der Schönbielhütte (2694 m) folgt man R. 312 des Oberen Blausatz und erreicht den Fuss der Felswand (370 m südlich vom Gipfel), dort, wo sich eine Schlucht öffnet, die in der Gabelung des S-Grates, zwischen dem SW- und SE-Arm, entspringt. (1 Std.). Diese Schlucht, die oft von Wasser überronnen wird, bestimmt allgemein die Aufstiegsroute. Sie bildet einige mehr oder weniger senkrechte und schwierige bis sehr schwierige Absätze. Man ersteigt diese so direkt als möglich, die Ufer der Schlucht benützend, und beendigt die Besteigung über den leichten, felsigen S-Grat.

Oberer Blausatz, 3209 m

Zwischen dem Schönbielhorn und dem Gemsspitz; vom Hohwänggletscher zur Schönbielhütte.
Dieser Pass vermittelt den Zugang zum Hohwänggletscher und zum Col Durand von der Schönbielhütte.
Man könnte ihn auch Schönbiellücke nennen.

312 *Von der SW-Seite*

L Von der Schönbielhütte, 1¼ Std. Abb. S. 185

Von der Schönbielhütte (2694 m) führt ein Pfad über Gras gegen NNW und biegt dann nach NE in die steinige Mulde *(Kumme)* zwischen den Graten des Schönbielhorns und des Gemsspitz. Man steigt durch diese Mulde auf bis zum Fuss der Felsen im S des Schönbielhorns (3472 m). Von dort führen manchmal unterbrochene Wegspuren von links nach rechts über Geröllbänder auf den Pass.

313 *Von der NE-Seite*

L Vom Hohwänggletscher, ¼ Std. Abb. S. 185

Vom Hohwänggletscher, P. 3150, führt ein Weg leicht ansteigend über Geröll zum Pass.

Gemsspitz, △ 3182,4 m

314 *Über den N-Grat*

WS Vom Oberen Blausatz, 20–30 Min.

Vom Oberen Blausatz (3209 m) folgt man dem Felsgrat.

315 *Über den E-Grat*

Dietrich und Hermine Krausser, 31. Juli 1967, im Abstieg.

WS Vom Gipfel nach Hohle Bielen, 1¾ Std.

Vom Gipfel folgt man dem Kamm des E-Grates, der aus gutem Fels besteht, bis er sich teilt. Man folgt nun dem SE Arm bis zu P. 3070 (Unterer Blausatz). Dort wendet man sich gegen E und erreicht über gestuften und grasbewachsenen Fels R. 319, die nach Hohle Bielen führt.

316 *Durch das W-Couloir*

Dietrich und Hermine Krausser, 31. Juli 1967.

WS Von der Schönbielhütte, 2 Std.

Von der Schönbielhütte (2694 m) folgt man R. 312 des Oberen Blausatz bis in die steinige Mulde (Kumme) und erreicht den Fuss des Couloirs. (¾ Std.). Man steigt durch das Couloir an, quert es mehrmals, indem man den darin liegenden Schnee benützt. Die Besteigung wird durch das linke Nebencouloir beendet, das 40 m nördlich zum Gipfel führt.

Unterer Blausatz, 3070 m

Schulter im SE-Grat des Gemsspitz, ebenso wie eine untere Schulter bei ca. 2940 m ohne touristisches Interesse. Siehe R. 315.

Col Durand, 3451 m

Zwischen der Pointe de Zinal und dem Mont Durand; vom Glacier Durand (Mountethütte) zum Hohwänggletscher und zur Schönbielhütte. Altbekannter und seit langem benützter Übergang zwischen Zermatt und Zinal. Die erste touristische Überschreitung war diejenige von William und George Matthews mit Jos. Vianin, Jean Baptiste Croz und Michel Charlet am 17. August 1859.
Die N-Seite (sehr steil) ist im allgemeinen vereist (Blankeis), und Spalten haben sich in der Nähe des Passes gebildet. Trotzdem wird der Übergang stark benützt (besonders von Mountet nach Schönbiel) und hat den Ruf, leicht zu sein, bewahrt.

317 *Von der N-Seite*

WS Von der Mountethütte, 2½ Std. Abb. S. 189, 283

Von der Mountethütte (2886 m) geht ein kleiner Fussweg über Geröll und die Moräne auf den Glacier Durand hinunter. Man nimmt nun vorerst Richtung auf das Obergabelhorn, dann gegen den Mont Durand und zuletzt gegen die Dent Blanche, einen grossen Bogen beschreibend, um die breiten Spalten zu umgehen. Man steigt in der Gletschermulde im SW an, um auf den Schneesattel jenseits der letzten Felsen des Roc Noir zu gelangen (ist der Gletscher stark zerrissen, so geht man dem S-Fuss des Roc Noir entlang). Der Schneerücken, der die südsüdwestliche Fortsetzung des Roc Noir bildet, schiebt sich wie eine Brücke zwischen zwei stark zerschrundete Zonen und führt zum obern Plateau des Gletschers, am Fuss der Pointe de Zinal, von wo man sich links gegen den Pass wendet. Der Bergschrund ist oft sehr breit. Man steigt so direkt als möglich über einen steilen Schnee- oder Eishang auf den Pass.

317 a *Variante*

ZS

Im schlimmsten Fall kann man auf R. 304 der Pointe de Zinal auf die Gletscherterrasse gelangen und dann horizontal in den Pass queren.

318 *Von der S-Seite*

L Von P. 3150, 1¼ Std.
Von der Schönbielhütte, 2¾ Std. Abb. S. 179, 185

Von der Schönbielhütte (2694 m) folgt man R. 312 und 313 des Oberen Blausatz bis P. 3150, wo man den Hohwänggletscher betritt. Man steigt über sein rechtes (W) Ufer empor, am E-Fuss des mit 3312 m kotierten Felssporns vorbei (ev. grosse Spalten) und direkt zum Pass.

319 *Vom Col Durand nach Zermatt*

L Vom Col Durand nach Zermatt, 3½ Std.
In umgekehrter Richtung, 6 Std. Abb. S. 185

Will man vom Col Durand (3451 m) direkt nach Zermatt absteigen, folgt man R. 318 in umgekehrter Richtung bis zu P. 3150. Man verlässt den stark zerrissenen Gletscher und geht auf seinem rechten Ufer über Felsen, Geröll und Gras abwärts (steile, ermüdende Hänge). Bei Hohle Bielen trifft man auf den Hüttenweg (R. 4) von Zermatt zur Schönbielhütte.

Pointe de Zinal, von NNE

320 *Vom Col Durand nach Zermatt über die Äbilücke*

Diese Route ist kürzer als R. 319 und gut für den Abstieg, im untern Teil aber sehr ermüdend.

L Vom Col Durand nach Zermatt, 3 Std.
In umgekehrter Richtung, 6 Std.

Beim Fuss des mit 3312 m kotierten Felssporns quert man nach SE zwischen den beiden Spaltenzonen des Hohwänggletschers durch zur Äbilücke (ca. 3330 m), einem kleinen Schneesattel unmittelbar östlich des Rotturms (3337 m). Dann steigt man über die mühsamen und sehr steilen Geröll- und Grashalden von Hohwäng ab, bis man unterhalb von Hohle Bielen auf den Hüttenweg von Zermatt zur Schönbielhütte (R. 4) trifft.

Col de la Dent Blanche, 3540 m

Zwischen dem Grand Cornier und der Dent Blanche; vom Glacier de la Dent Blanche (Ferpècle) zum Glacier du Grand Cornier (Mountethütte). Im Pass steht das Biwak der Dent Blanche, kotiert mit 3540 m.
An der E-Seite des Passes liegt der Glacier du Grand Cornier; zwischen dem Roc Noir und dem Grand Cornier bildet der Gletscher einen Absturz und mündet dann in den Glacier de Zinal. Von Mountet bestehen zwei Zugangswege zum Gletscherbecken oberhalb des Gletschersturzes. Ist der Glacier du Grand Cornier stark zerrissen, so umgeht man ihn über den Glacier Durand und die untere Schulter des Vieresels-Grates. Im Frühsommer kann man gewöhnlich am N-Fuss des Roc Noir vorbeigehen und direkt über den Gletscher aufsteigen. Die Route ist von der Mountethütte gut sichtbar, und man kann entscheiden, welchen Weg man nehmen will.
J.J. Hornby, T.H. Philpott mit Christian Lauener und Jos. Vianin, 27. Juli 1864.

321 *Von der W-Seite*

L Von Ferpècle, 5 Std. Abb. S. 161, 165, 223

Von La Forclaz (1727 m) folgt man R. 3 der Dent-Blanche-Hütte bis zum letzten Bach von Bricola (25 Min.), dann steigt man über Gras und Geröll zur Moräne, der man bis dort folgt, wo man den Glacier de la Dent Blanche betreten kann. Dieser ist zeitweise stark zerrissen, und es ist gut, wenn man den einzuschlagenden Weg von der Höhe der Moräne aus genau ansieht. Der beste Weg führt gewöhnlich entlang der Felswand mit Kulminationspunkt 3733 im SW-Grat des Grand Cornier, jedoch in gehöriger Entfernung. Man kann auch dem Felsrücken in der Gletschermitte folgen. Über einen Schneehang, der gegen oben immer weniger steil wird, gelangt man zum Pass.

322 *Von der E-Seite (über den Glacier du Grand Cornier)*

WS Von der Mountethütte, 3½–4 Std.
Abb. S. 189, 197, 283

Von der Mountethütte (2886 m) führt ein schmaler Weg über Geröll und die Moräne in südlicher Richtung zum gewöhnlich apern Glacier Durand. Man quert ihn südwestwärts, parallel zwischen grossen Spalten, um auf die Firnfelder des Glacier du Grand Cornier am Fuss des N-Sporns des Roc Noir abzusteigen. Nun steigt man in der Gletschermulde in Richtung des Felssporns 3000 m (unteres Ende des Vieresels-Grates) auf. Rechts (N) dieses Sporns findet man gewöhnlich einen Durchschlupf zwischen den Séracs und Spalten. Manchmal kann man noch weiter rechts in einer steilen, gewundenen Gletschermulde aufsteigen. Man gelangt so in das obere Gletscherbecken und nimmt Richtung direkt auf den Pass, der über dem Bergschrund einen steilen Schnee- oder Eishang aufweist, gefolgt von einem Absatz aus losen Felsen und einigen Platten.

323 *Von der E-Seite (über den Glacier Durand)*

Ist der Glacier du Grand Cornier sehr stark zerrissen, benützt man den Weg über den Glacier Durand.

WS Von der Mountethütte zum Pass, 4½ Std.
Abb. S. 197, 201

Von der Mountethütte (2886 m) folgt man R. 291 des Vieresels-Grats bis zum Fuss dieses Grates und erreicht ihn über einen Schneehang und Geröll dort, wo er die untere Schulter bildet, fast horizontal oberhalb von P. 3280,5. Auf der andern Seite steigt man zuerst schräg links über Felsen und einen kurzen Schnee-(Eis-)hang auf die oberen Firnfelder des Glacier du Grand Cornier ab. Hier stösst man auf R. 322 und folgt ihr zum Pass.

Von der Dent-Blanche-Hütte siehe R. 280, 280a–d.

ABSCHNITT III

Grand-Cornier-Gruppe

Vom Grand Cornier nach N; zwischen dem Val d'Hérens und dem Val d'Anniviers

Die Gipfel dieser Gruppe reichen von fast 4000 m (Grand Cornier) bis zu den Anhöhen ob Vercorin auf etwa 2300 m. Zwei parallele Gebirgsketten schliessen den Stausee von Moiry und das Val de Réchy (L'Ar du Tsan) ein. Das alpinistisch interessante Gebiet befindet sich rund um den Glacier de Moiry, bis zur Couronne de Bréona auf der einen und bis zu den Aiguilles de la Lé auf der andern Seite. Bis hierher reicht der Gneis des Grand Cornier, während weiter nördlich der Schiefer dominiert. Eine Ausnahmeerscheinung in diesem wenig ansprechenden Fels bildet die Maya, ein unerwartet rassiger Turm. – Die Seilbahnen und Skilifte von Nax, Vercorin und Grimentz reichen von N in das beschriebene Gebiet hinein. Noch unberührt davon blieb das bemerkenswerte Val de Réchy und seine Verlängerung, L'Ar du Tsan. Eine Planung, die verschiedene Skigebiete zusammenschliessen will, fasst auch dieses Tal ins Auge.
Die Berge südlich des Pas de Lona sind über 3000 m hoch, während im N des Pas de Lona nur die Becs de Bosson eine solche Höhe erreichen.
In diesem Kapitel finden also sowohl Alpinisten wie auch Bergwanderer Touren, die ihren Wünschen entsprechen.

Fahrwege und -strassen

Es werden nur jene Fahrwege aufgeführt, die für die Durchführung einer Tour von Nutzen sind. Manchmal ist ihre Benützung beschränkt erlaubt, manchmal besteht ein allgemeines Fahrverbot. Wer eine solche Strasse dennoch benützt, tut dies auf eigene Verantwortung. Die Strassen sind oft sehr schmal und müssen mit der nötigen Vorsicht und passenden Geschwindigkeit befahren werden.

- Les Haudères–Ferpècle, offen bis zu P. 1828, befahrbar jedoch bis zum See 1963 m
- La Forclaz–Bréona–Remointse de Bréona
- La Forclaz–Le Tsaté–Remointse du Tsaté
- Villa–Les Lachiores–Le Prélet
- Evolène–Volovron (Fourcla)
- P. 1583 (Strasse Trogne–Eison)–Montagne d'Eison (L'A Vieille), Fahrverbot ab Frumic (ca. 2080 m) (Anwohner gestattet)
- P. 1365 (Strasse Mase–Suen)–La Louère–La Combe, Fahrverbot ab ca. 1940 m (Ausnahmebewilligungen)
  Eine Abzweigung bei P. 1903 führt auf ca. 2200 m, zwischen La Louère und La Combe
- Vernamiège–Les Maresses–Clot de Guidon (ca. 1800 m)
- Vernamiège (oder Nax)–Le Chiesso
- Erdesson–Mayens de Réchy
- Vercorin–Sigeroula–L'Ar du Tsan
  Eine Abzweigung führt nach Arzechonas und Crêt du Midi
- P. 1469 (Strasse Vercorin–Pinsec)–Les Giettes–Tracui d'en bas (Verbindung nach Sigeroula)–Orzival. Ab P. 1469 Fahrverbot, Anwohner erlaubt.
- St. Jean d'en Haut (1395 m)–Mayens de Pinsec
- Grimentz–Les Tsougdires (Fahrverbot ab P. 1756, landwirtschaftliche Fahrzeuge gestattet
- Grimentz–Moiry-Stausee–See 2349 m
- Grimentz–Le Biolec
- Moiry-Staumauer–Alp Moiry (2481 m). Privatstrasse. (Benützung mit Sonderbewilligung)
- Zinal-Brücke 1675 m über die Navisence
  Die Strasse (Fahrverbot) ist befahrbar bis P. 1723,5

Bahnen

Luftseilbahn Vercorin–Crêt du Midi (TVCM)

Sesselbahn Grimentz–Bendolla (TGB)

Luftseilbahn Zinal–Sorebois (TZS)

Luftseilbahn Chalais–Vercorin (CBV)

Grand Cornier, △ 3961,8 m

Geduckt zu Füssen der Dent Blanche und erdrückt von ihrer Nachbarschaft, hat der Grand Cornier bis zur Erbauung der Moiryhütte kaum Beachtung gefunden. Ausser der NE-Flanke, die man vom Glacier de Zinal aus schön sieht, hat er wenig Bemerkenswertes. Von der Mountethütte aus sieht er aus wie ein Schneekegel, obwohl sein Gipfel in Wirklichkeit aus Fels besteht. Drei Grate führen auf den Gipfel: Von SW, von E und von NW. Einzig der E-Grat besteht bis fast zum Gipfel aus Schnee, während es sich bei den andern um Felsgrate mit zahlreichen Türmen handelt.

330 *Über den E-Grat (über den «Gänsefuss», Mitte)*

Pierre Blanchoud mit Henri und Théophile Theytaz, 5. August 1919.

Dieser oberhalb 3500 m vollständig aus Schnee bestehende Grat hat unten die Form eines felsigen Gänsefusses. Die ursprüngliche Route, die die leichteste von allen ist, benützt den Grat nur in seinem oberen und schneeigen Teil.

ZS Von der Mountethütte zum Gipfel, 6½–7 Std.
Abb. S. 197, 201

Von der Mountethütte (2886 m) steigt man auf R. 8 (alter Hüttenweg) auf den Glacier de Zinal ab, quert ihn gegen W und erreicht über Geröll und Firn den Fuss des Hauptgrates, der von P. 3623 in nordöstlicher Richtung herunterkommt und im Felssporn 2681 endigt. (1½ Std.). Ein schwieriger, ca. 15 m hoher Kamin führt auf den Felskamm. Man folgt nun diesem, die Schwierigkeiten links oder rechts umgehend, sich aber möglichst nahe am Grat haltend. An einigen Stellen sind die Felsen lose. Ab 3379 m besteht der Grat auf seiner N-Seite aus Schnee. Ist er vereist, so kann man sich an die Felsen zur Linken halten (südlich). Höher oben, ungefähr bei P. 3623 (wo man auf R. 331 trifft), wird er breiter und besteht nun vollständig aus Schnee. (4–4½ Std.). Etwas höher oben stösst man auf R. 332 und folgt ihr zum Gipfel.

331 *Über den E-Grat (über den «Gänsefuss», S-Zehe)*

Robert Haefeli, Rudolf von Tscharner, 10. Juli 1920.

Diese Route ist R. 330 und R. 332 entschieden vorzuziehen. Sie vermeidet u.a. den am stärksten zerschrundeten Teil des Glacier du Grand Cornier und den Umweg über R. 323 des Col de la Dent Blanche. Sie ist hauptsächlich im Spätsommer zu empfehlen.

ZS Von der Mountethütte zum Gipfel, 7½ Std. Abb. S. 197, 201

Von der Mountethütte (2886 m) geht man wie vorhin auf den Glacier de Zinal hinunter. Man steigt nun über den Gletscher in südwestlicher Richtung an, passiert unter den untern Séracs des Glacier du Grand Cornier und gewinnt sein linkes Ufer am Fuss der Felsbank, P. 2827,2. Man erklettert die glatten Felsen am nördlichen Ende der Bank, um auf den angrenzenden Firn zu gelangen. Nun steigt man über diesen hinauf bis zum Punkt, wo die Felsbank steil ansteigt und sich in einen Felsgrat verwandelt (P. 3165 m). (3 Std.). Vom obern Ende des Firnfeldes klettert man über steile Felsen zwischen dem Grat und einem mehr rechts gelegenen Couloir, bis man den südöstlichen Arm des E-Grates erreicht. Man folgt diesem in leichter Kletterei auf guten Felsen, bis man bei P. 3623 auf den E-Grat gelangt. Hier stösst man auf R. 330, dann auf R. 332, (3 Std.), über die man den Gipfel erreicht. (1½ Std.).

332 *Über die S-Seite des E-Grates und den E-Grat*

Edward Whymper mit Christian Almer, Franz Biner und Michel Croz, 16. Juni 1865.

Diese Route ist für den Aufstieg von Vorteil.

WS Von der Mountethütte, 6¼ Std. Abb. S. 197, 201

Von Mountet folgt man den R. 322 und 323 des Col de la Dent Blanche bis zum Gletscherplateau zwischen diesem Pass und dem E-Grat des Grand Cornier. (3 Std.). Von hier führt ein mächtiger, stets schmäler werdender Schneehang gegen den genannten Grat. Die einzuschlagende Route ist leicht ersichtlich. Man steigt über den Schneehang, überschreitet den Bergschrund und klettert hierauf über leichte Felsen rechts (östlich) des Schneehanges aufwärts, sich mit Vorteil auf einer Rippe haltend, die sich mit dem Grat dort vereinigt, wo er weniger steil wird. (1¾ Std.). Der Schneegrat ist vorerst sehr breit, wird dann steiler und schmäler und trägt meistens nach S überhängende Wächten. Man verlässt den Grat so bald als möglich (hauptsächlich wenn er vereist ist), um links (südlich) unter der Wächte entlangzugehen, bis man, zuletzt über gute Felsen, auf den Gipfel gelangt.

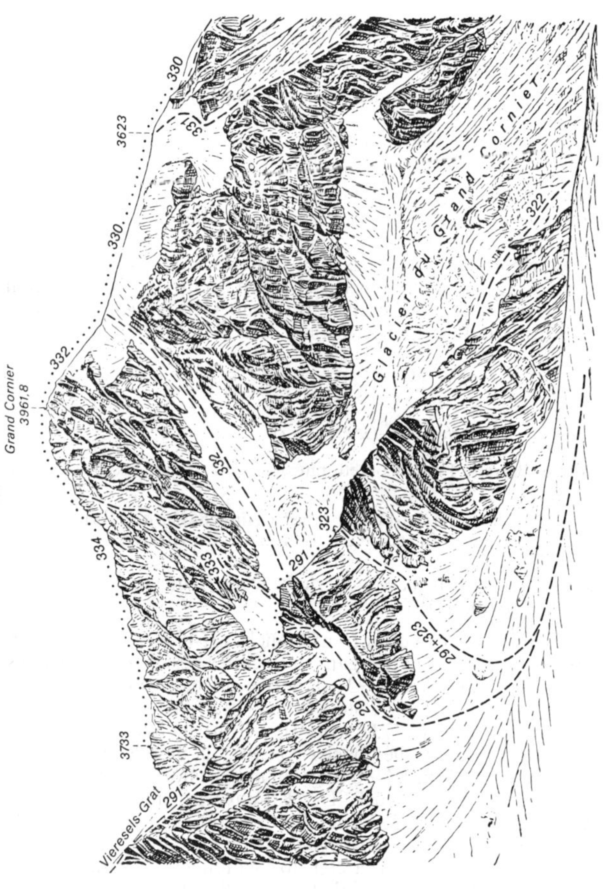

Unterer Teil des Vieresels-Grats und Grand Cornier, von SE

333 *Über die SE-Flanke*

Frl. E. Murray Speakman mit Henri Salamin, 2. August 1957.

Diese Route ist auch für den Abstieg zu empfehlen.

WS Von der Mountethütte zum Gipfel, 6 Std.
Abb. S. 197

Von der Mountethütte folgt man R. 322, 323 des Col de la Dent Blanche bis zum Gletscherplateau zwischen diesem Pass und dem E-Grat des Grand Cornier. (3 Std.). In der Wand hat es einen Sporn. Die Anstiegslinie ist augenfällig. Man folgt dem aus ausgezeichnetem Fels bestehenden Sporn, der sich mit dem SW-Grat in der Nähe eines rötlichen Gendarmen verbindet. (2 Std.). Die Besteigung wird auf R. 334 beendet.

334 *Über den SW-Grat*

Alfred Barran, Fred. Corbett mit Jos. Petrus und Joseph Langen, 18. August 1879.

Von allen drei Graten ist dieser in jeder Hinsicht der interessanteste. Er eignet sich sowohl für den Auf- als auch für den Abstieg.

ZS Vom Biwak im Col de la Dent Blanche, 3–3½ Std.
Abb. S. 197, 223

Vom Biwak im Col de la Dent Blanche (3540 m) folgt man dem breiten, leichten und fast ganz aus Schnee bestehenden Grat bis zu einem Felsbuckel (3592 m), dessen höchsten Punkt man auf der W-Seite umgeht. (½ Std.). Nun klettert man direkt über den Felsgrat bis zum P. 3733, von wo sich gegen Westen ein Felsvorsprung löst, der die Glacier von Bricola und der Dent Blanche trennt. (20 Min.). Nun folgt ein nahezu horizontales manchmal schneeiges Gratstück. Der Kamm wird nun sehr schmal. Man vermeidet den W-Hang, der oben oft vereiste Platten aufweist, und *folgt so gut als möglich dem Grat*, zahlreiche Gendarmen in interessanter Kletterei überschreitend oder umgehend. Nach 2½–3 Std. vom Col de la Dent Blanche gelangt man auf einen Turm, der nahezu die Höhe des Gipfels erreicht. Vom höchsten Punkt dieses Turms steigt man 3–4 m durch einen Kamin auf der Mountetseite hinunter und gewinnt unmittelbar darauf den Grat über ein Band. Es folgen nun noch drei interessante Felstürme, worauf man den Gipfel erreicht.

334 a *Variante*

W.A.B. Coolidge mit Christian Almer jun. und Rudolf Almer, 13. August 1887.

WS Von Ferpècle zum Vereinigungspunkt, 5¼ Std.
Abb. S. 223

Von La Forclaz (1727 m) folgt man R. 321 des Col de la Dent Blanche bis ca. 3200 m, wendet sich dann nach links und steigt über zerborstene, aber leichte Felsen auf den Kamm des unter R. 334 erwähnten Felsvorsprungs, der den Glacier de Bricola und den Glacier de la Dent Blanche trennt. Man folgt nun dem Schneekamm bis zu seiner Vereinigung mit dem SW-Grat (R. 334) bei P. 3733.

334 b *Variante*

WS Abb. S. 223

Zu Beginn der Saison ist es vorteilhafter, auf R. 335 zu beginnen und dann dem Felsvorsprung in seiner ganzen Länge zu folgen, indem man zuerst durch die steinige (Schnee-)Mulde zwischen P. 2958 und P. 3102,8 ansteigt und weiter über einen breiten Schneerücken hinauf. Man weicht so allen Spalten aus.

335 *Über die W-Seite*

W. Ashbury Greene, F.C. Mills mit Martin Pralong und Jean Vuignier, 25. August 1884.

Diese Seite weist viele schuttbedeckte Platten und wacklige Blöcke auf und bietet keine grossen Schwierigkeiten. Sie ist aber nicht interessant und nicht empfehlenswert, weil man oft dem Steinschlag ausgesetzt ist, vor allem nachmittags. Der Aufstieg ist mancherorts möglich, die beste Route ist folgende:

WS Von Bricola, 6 Std. Abb. S. 223

Von Bricola (2415 m) folgt man R. 3 der Dent-Blanche-Hütte und gewinnt die linke (S-)Seite der Moräne des Glacier de Bricola, der man bis zu ihrem obern Ende folgt, um dann den Gletscher zu betreten. Eine mit Spalten durchsetzte Partie wird rechts oder links umgangen. Hierauf steigt man über den Gletscher zu den untern Felsen des Berges an, wo sie in gerader Linie vom Gipfel am weitesten gegen den Bergschrund herunterreichen. Man überschreitet den Bergschrund und steigt direkt gegen den Gipfel an. Am besten ist es, den NW-Grat (R. 336) ca. 50 m unterhalb des Gipfels zu betreten.

335 a *Variante*

WS Abb. S. 223

Man kann auch die Felsen weiter links (nördlich) benützen und einem ausgeprägten Band folgen, das die ganze Wand schräg bis zum SW-Grat quert. Man beendigt die Besteigung über den SW-Grat (R. 334).

336 *Über den NW-Grat*

Th. Bornand mit Elias Peter, 18. Juli 1873.

Dieser Felsgrat, eine schmale, gezackte Mauer, hat zuerst wenig Gefälle und trägt 320 m nordwestlich des Gipfels einen Vorgipfel, P. 3845. Er bildet die Spitze eines Schnee-(Eis-)Dreiecks, dessen E-Seite die Wasserscheide Moiry-Zinal bildet, während die SW-Seite die Gletscher von Moiry und Bricola trennt.
Die Route eignet sich sowohl für den Auf- wie für den Abstieg.

ZS Von der Moiryhütte, 3½ Std. Abb. S. 201, 223

Von der Moiryhütte (2825 m) folgt man R. 380 des Col de Bricola bis zu den obern Firnfeldern des Gletschers und gelangt so an den Fuss des Dreiecks (Schnee und mittelmässiger Fels, oft sehr breiter Bergschrund), das zum Vorgipfel führt. (2 Std.).
Dieses Dreieck ist rechts (westlich) durch eine Felsrippe begrenzt, die man je nach den Schneeverhältnissen mehr oder weniger hoch oben betritt. Sind die Felsen schneefrei, so ist es vorteilhafter, die Felsrippe von unten an zu begehen. Die Felsen sind leicht verwittert, bieten aber keine Schwierigkeiten beim Aufstieg zum Vorgipfel (3845 m). (½ Std.). Der Grat wird nun schmäler, gezackt, und weist einige interessante Klettereien auf. Man hält sich möglichst nahe am Grat, fast alle Gendarmen überkletternd, einer der letzten wird auf der Mountetseite umgangen.

337 *Über die NE-Seite*

Lucien Devies, Jacques Lagarde, 8. August 1932.
Erster Alleingang: Daniel Heymans, 1. August 1973.

Diese Flanke besteht fast vollständig aus Schnee oder Eis; ein grosser Teil wird vom Glacier des Bouquetins gebildet, der in einem grossen Absturz in den Glacier de Zinal mündet. Er wird von einer Schnee- und Eiswand überragt, die einer der grossartigsten Teile im Gipfelkranz von Zinal ist. Sie ist die schönste Seite des Grand Cornier. Neuerdings tritt im rechten Wandteil der Fels hervor, und die Route ist nicht mehr steinschlagsicher. Man muss die Verhältnisse gut studieren, im Frühsommer oder . . . im Winter.

Dent Blanche – Grand Cornier, von NNE

Arête des Quatre Anes
291
Grand Cornier
(Gd Gendarme)
3899 m
292
291
290
330
332
336
338a
339
337
338
323
Gl. du Gd Cornier
330
331
Gl. des Bouquetins
337

SS Von der Mountethütte, 9–11 Std. Abb. S. 201

Von der Mountethütte (2886 m) steigt man über den alten Hüttenweg (R. 8) auf den Glacier de Zinal ab und quert ihn in nordwestlicher Richtung, um das linke (N-)Ufer des Glacier des Bouquetins zu erreichen. Man folgt dem Ufer oder einem günstigen Grasband, dann dem stark zerschrundeten Gletscher selbst, um an den Fuss der eigentlichen Wand zu gelangen. (5–6 Std.). Man überschreitet den Bergschrund auf ca. 3500 m, links der Fallinie des Gipfels und etwas rechts unterhalb des westlichen Endes der unter dem E-Grat hängenden Eismauer. Man steigt nun so direkt als möglich über einen steilen Schnee- und Eishang gegen den Gipfel. Trifft man auf Eis, kann man auch die Felsen zur Rechten benützen und den NW-Grat ca. 50 m unter dem Gipfel erreichen.

338

Maurice Brandt, Adrien und Rose Voillat, 30./31. Juli 1956.

SS Von der Mountethütte, 9–11 Std. Abb. S. 201

Diese Route ist direkter. Man packt die Wand rechts unter einem Felsriegel an, umgeht den Felsriegel an seinem linken Ende und steigt direkt zum Gipfel auf.

338 a *Variante*

Pierre Feune, Jean-Jacques Hänggi, André Hermann, 2.–5. Februar 1967, anlässlich der ersten Winterbegehung.

SS Abb. S. 201

Diese Seilschaft stieg im rechten, teilweise felsigen Wandteil auf.

339 *Über die NE-Seite und den E-Grat*

Hermann Wäffler, Julius Zimmermann, mit Ski bis zum E-Grat, 24. März 1944.

Am 21. April 1981 fuhr Stefano de Benedetti vom Gipfel zum Glacier de Zinal über die R. 332, 330, 339, nachdem er die Skier über R. 338 hinaufgetragen, die Verhältnisse für eine Abfahrt auf dieser Route jedoch nicht günstig gefunden hatte.
Wenn die NE-Wand nicht in gutem Zustand ist – was häufig vorkommt –, bietet diese Route eine interessante Möglichkeit, dennoch auf den Gipfel zu gelangen.

ZS Von der Mountethütte zum Gipfel, 6–8 Std.
Abb. S. 201

Von der Mountethütte (2886 m) folgt man R. 337 bis zum Fuss der NE-Wand, von wo ein Eisband gegen SE zum E-Grat (bei P. 3623) zieht. Über das Band, dann über R. 330 und 332 zum Gipfel.

Bouquetins

Vom Grand Cornier gegen N bildet ein breiter Schneegrat die Wasserscheide zwischen dem Val de Moiry und dem Val de Zinal. Zwischen dem Grand Cornier und dem Pigne de la Lé bildet der Grat drei Kuppen, die den Glacier de Zinal überragen und von S nach N folgende Koten tragen: 3627 m, 3478 m, 3342 m. Ein vierter Gipfel (Felsbuckel 3662,0 m) erhebt sich zwischen P. 3627 und dem Grand Cornier. Das ganze Gratstück wird von den Einheimischen Bouquetins genannt, wobei P. 3627 der wichtigste ist. Zwischen P. 3342 und P. 3478 befindet sich eine Senke, die auch schon als Col des Bouquetins (3289 m) bezeichnet worden ist. Dieser Pass hat aber überhaupt keine Bedeutung, und der Grat kann fast überall ohne Schwierigkeiten überschritten werden, am besten an seinem tiefsten Punkt, bei 3283 m.

340 *Überschreitung von N nach S.*

Erste touristische Ersteigung von P. 3478 (?): A.W. Moore mit Christian Almer und Pierre Martin, 8. Juli 1864. Die ganze Kette wurde aber schon früher von Gemsjägern begangen. Diese leichte Gratwanderung, die prächtige Ausblicke bietet, ist vermutlich zum ersten Mal von Th. Bornand, Paul Rouget mit Elias Peter, 18. Juli 1873, ausgeführt worden.

L Von der Moiryhütte zu P. 3662,0, 2–2½ Std.
Abb. S. 209

Von der Moiryhütte (2825 m) folgt man R. 380 des Col de Bricola bis jenseits des Felsvorsprunges südwestlich des Pigne de la Lé. Über einen zuerst ziemlich steilen Schneehang gewinnt man den breiten Sattel (3283 m) zwischen dem Pigne und P. 3342. (1¼ Std.). Von hier dem Kamm folgend (grosse Wächten links), gelangt man in 5–10 Min. auf P. 3342, wo sich einige Felsen erheben. Nach einem leichten Abstieg steigt man zu P. 3478 hinauf (20 Min.), einem flachen, gegen Mountet vorspringenden, dreieckigen Gipfel. P. 3627 ist der am meisten hervorstechende Gipfel der vier Bouquetins und ist von N an seiner einer phrygischen Mütze gleichenden, nach Osten überhängenden Form zu erkennen. Er ist im Norden oft von einem unüberschreitbaren Bergschrund umrandet; der ganze Grat trägt zuweilen eine grosse Wächte. Man muss sich daher hüten, zu weit gegen die Flanke von Mountet hinauszutreten. – Bei normalen Verhältnissen steigt man in 20–30 Min. von P. 3478 zu P. 3627. Kann der Bergschrund nicht überschritten werden, muss man den Gipfel über die südwestlichen Hänge besteigen. Zwischen P. 3627 und dem Grand Cornier erhebt sich noch ein weiterer Felsbuckel (3662), der einen Steinmann trägt und von P. 3627 in 5–10 Min. leicht ersteigbar ist.

341 *Von der W-Seite*

L Vom Col de Bricola zu P. 3627, 30–40 Min.

Von den obern Firnfeldern des Glacier de Moiry kann man den Kamm überall ohne Schwierigkeiten erreichen (Spalten).

342 *Von der E-Seite*

Die ganze Ostflanke der Kette der Bouquetins ist von jeher von Gemsjägern begangen worden. Sie besteht aus zahllosen Schneecouloirs und Felsrippen, von denen die zwei grössten in P. 3478 endigen. Die Felsen sind lose und durchwegs unschwierig; der Kamm ist oft von grossen Wächten überragt, von denen sich jederzeit Teile lösen können, die Steinschlag zur Folge haben. *Aus diesem Grunde ist von der Begehung der E-Flanke abzuraten, die zudem nicht interessant ist.* Riskiert man dies dennoch, so sind die Felsrippen wegen der Lawinengefahr den Couloirs vorzuziehen.

Pigne de la Lé, △ 3396,2 m

Die erste touristische Ersteigung ist nicht bekannt. Der Gipfel wurde seit jeher von Gemsjägern betreten. Er wird hauptsächlich von Moiry aus besucht und bietet eine prächtige Rundsicht.

343 *Über die SW-Seite und den SSW-Grat*

Diese Route wird mit Vorteil für den Abstieg benützt oder bei der Überschreitung des Bouquetingrates.

L Von der Moiryhütte, 1½–1¾ Std.

Von der Moiryhütte (2825 m) folgt man R. 380 des Col de Bricola bis jenseits des südwestlichen Felssporns des Pigne. Man umgeht diesen Felssporn rechts über einen zuerst ziemlich steilen Schneehang (einige grosse Spalten) und gewinnt den Sattel (3283 m) zwischen dem Gipfel und P. 3342 der Bouquetins. Man folgt alsdann dem breiten Schneerücken bis zum Gipfel.

344 *Über den NNW-Grat*

WS Vom Col du Pigne, 40 Min. Abb. S. 209

Vom Col du Pigne (3141 m) führt ein Schneehang zu den Felsen des Hauptkamms, über den man zum Gipfel steigt.

345 *Über die N-Seite*

Yvonne Bars mit Ignace Salamin, 28. Juli 1967.

Wenn guter Schnee liegt, ist die Route zu empfehlen.

ZS– Vom Col du Pigne, 1½ Std. Abb. S. 209

Vom Col du Pigne (3141 m) quert man bis unter das Couloir, das die Mitte der Wand durchzieht. Man steigt durch dieses Couloir (45°), das zu Beginn des Sommers noch mit Schnee gefüllt ist.

346 *Über den NE-Grat*

L Von Zinal (Brücke 1675 m), 4½ Std. Abb. S. 209

Von Zinal (Brücke 1675 m) folgt man R. 349 des Col du Pigne bis zu den letzten Rasenflecken (ca. 2400 m) im W von P. 2368, in einer Mulde bei der Quelle des Chaffaring-Bachs (ohne Namen auf der LK). (2 Std.).
Beim Aufstieg über die Alp La Lé überblickt man den Grat in seiner ganzen Länge und kann den Anstieg erkunden. Ist der Schnee gut, benützt man ihn, um die Geröllpartien zu vermeiden und die Felsen des Grates so hoch als möglich zu betreten. Diese sind lose, aber unschwierig.
Beim *Abstieg* kann man namentlich im Frühsommer schöne Rutschpartien machen, sobald man den Grat hinter sich hat.

347 *Über die ESE- und E-Seite*

Diese verwitterten Flanken sind von zahlreichen durch Felsrippen getrennte Couloirs durchfurcht und den Gemsjägern wohlbekannt.
In Verbindung mit R. 343 wird diese Route öfters für den Übergang von der Mountet- zur Moiryhütte benützt.

WS Von Plan des Lettres, 3½ Std.

Von Plan des Lettres (2464,9 m), (R. 8, alter Hüttenweg nach Mountet), steigt man Richtung NW über Gras und Steine und die gewöhnlich vorhandenen Lawinenkegel so weit als möglich hinauf und gewinnt, sich schräg nördlich haltend, den Fuss des grossen Couloirs, das in ostsüdöstlicher Richtung vom Gipfel herunterkommt. Man steigt über die leichten Felsen seines rechten (S-)Ufers hinan und gelangt direkt auf den Gipfel.

Col du Pigne, 3141 m

Zwischen dem Pigne de la Lé und dem P. 3190 der Aiguilles de la Lé; von Zinal zur Moiryhütte.
Zusammen mit dem Col de Sorebois ist dieser Übergang der wichtigste in der Kette zwischen Moiry und Zinal. Er wird hauptsächlich beim Abstieg vom obern Glacier de Moiry nach Zinal benützt.
J. J. Hornby und T. H. Philpott mit Christian Lauener und Joseph Vianin, 28. August 1864.

348 *Von der W-Seite*

L Von der Moiryhütte, 50 Min. Abb. S. 209

Von der Moiryhütte (2825 m) quert ein guter Weg die Steintrümmer Richtung SE und führt in die unterhalb des Col du Pigne liegende Mulde. Über Geröll und Firn steigt man in gerader Richtung aufwärts, geht unmittelbar am Fuss des südwestlichen Felsvorsprunges von P. 3190 vorbei und gelangt dann in die zum Pass führende Schneemulde.

349 *Von der E-Seite*

L Von Petit Mountet, 3 Std.
Von Zinal (Brücke 1675 m), 3¾ Std. Abb. S. 209

Von Zinal (Brücke 1675 m) folgt man R. 8 (alter Hüttenweg nach Mountet) bis zur Hütte Le Vichiesso (1862 m). Hier zweigt ein Weg ab, der im Zickzack durch einen Lärchenwald (viele Quellen) (P. 2142), dann über Alpweiden zur Hütte von Grand Chiesso (2184 m) führt. (1½ Std.). Von Petit Mountet führt ein Weg durch die Flanke in ¼ Std. hierher.
Man folgt dem linken Ufer einer kleinen (auf der LK gut sichtbaren) Mulde (Quelle des Chaffaring-Baches, P. 2151, ohne Namen auf der LK) bis zu den letzten Grasflecken (ca. 2400 m), westlich von P. 2368. Über Geröll und Schnee steigt man gegen SW, Felsbänder rechts umgehend, direkt unter den Pass, auf dem manchmal eine steile (45°) und verwächtete Schneemauer thront. (2¼ Std.).

Bei schlechten Schneeverhältnissen oder Eis muss man sich gut rechts gegen die Aiguilles de la Lé halten und ev. ihre untersten Felsen benützen.
Im *Abstieg* kann man oft genüsslich auf dem Schnee abfahren.

Aiguilles de la Lé

So heisst die gezackte Kette zwischen dem Col du Pigne (3141 m) und dem Col de la Lé (3061 m). Sie ist von S nach N kotiert mit 3190 m (höchster Punkt), 3158 m und 3179 m. Vom Col du Pigne wird der Grat felsig und führt ohne grosse Steigung zu P. 3190, dann zu einem Felskopf 3180 m. P. 3158 erhebt sich unmittelbar über dem Sattel 3069 m (Col du Gardien, zwischen P. 3180 und P. 3158). Hier beginnen die eigentlichen Schwierigkeiten. Der Grat wird schmal und gezackt. P. 3179 ist der am meisten hervortretende Gipfel der Aiguilles de la Lé; von S gesehen, erscheint er als schlanker Turm. Der letzte, noch spitzigere Gendarm erhebt sich direkt über dem Col de la Lé, der die Grenze zwischen dem Gneis und der Schieferzone der Garde de Bordon bildet.

P. 3180

Dieser Gipfel erhebt sich 200 m nordnordwestlich von P. 3190, mit dem er durch einen Felsgrat verbunden ist. Er verdient den Namen Aiguille nicht und ist kaum von Interesse, ist aber der von der Moiryhütte am leichtesten erreichbare Gipfel (kleine Tour für Ruhetag).

350 *Über die W-Seite*

L Von der Moiryhütte, ¾ Std. Abb. S. 209

Von der Moiryhütte (2825 m) steigt man über Geröll und leichte Felsen auf den Gipfel der Felswand, die die Hütte östlich überragt und ein Kreuz trägt. Man gelangt so auf ein kleines Geröllplateau, von wo ein Schneefeld mässig ansteigend gegen den Gipfel führt, der zuletzt über einige leichte Felsen erklettert wird.

350 a *Variante*

L

Das Schneefeld kann noch leichter über R. 353 erreicht werden.

351 *Über den Kreuz-Grat (Arête de la Croix)*

Der Gipfel der Wand, der ein Kreuz trägt, kann in schöner Kletterei erreicht werden.

WS Von der Moiryhütte zum Gipfel, 1 Std.
Abb. S. 209

Von der Moiryhütte (2825 m) folgt man dem Grat, der die Wand links begrenzt und den man an seiner Basis von rechts über eine helle Platte erreicht. Die Besteigung wird auf R. 350 beendet.

352 *Über den SE-Grat*

L Vom Col du Pigne, 1 Std. Abb. S. 209

Vom Col du Pigne folgt man dem Felsgrat, wobei man P. 3190 überschreitet.

Col du Gardien, 3069 m

Zwischen P. 3158 und P. 3180 der Aiguilles de la Lé; von der Moiryhütte nach Zinal.
Tiefste Einsattelung der Aiguilles de la Lé. Direktester und leichtester Übergang von Zinal nach Moiry, vor allem in dieser Richtung zu empfehlen.

353 *Über die W-Seite*

L Von der Moiryhütte, ¾ Std. Abb. S. 209

Von der Moiryhütte (2825 m) steigt man in schräger Richtung über die Trümmerfelder im NE an, um dann einem Bachlauf und einer Schnee-(Geröll-)Mulde zu folgen, die direkt zur tiefsten Einsenkung des Passes führen.

354 *Über die E-Seite*

L Von Petit Mountet, 2½ Std.
Von Zinal (Brücke 1675 m), 3¼ Std. Abb. S. 209

Von Zinal (Brücke 1675 m) oder von Petit Mountet (2142 m) folgt man R. 349 des Col du Pigne bis ca. 2800 m am E-Fuss der Aiguilles de la Lé. Nun wendet man sich nach rechts und steigt schräg über Bänder und leichte Felsen zum Pass.

P. 3158

Dieser Gipfel verdient den Namen Aiguille (Nadel) nicht. Er ist von der Moiryhütte aus gut sichtbar und hat die Form eines gegen N gerichteten Schnabels.

Aiguilles de la Lé, versant W

Aiguilles de la Lé, E-Seite

355 *Über den SSE-Grat*

WS Vom Col du Gardien, ½ Std. Abb. S. 209

Vom Col du Gardien (3069 m) folgt man mehr oder weniger dem felsigen Grat. Schwierigkeiten können links (W) umgangen werden.

355 a *Variante*

L Vom Col du Gardien, 25 Min.

Von W kommend kann man, ohne bis zum Col du Gardien (3069 m) aufzusteigen, sich links wenden und über Geröll und Felsen den Grat kurz vor dem Gipfel erreichen.

356 *Über die W-Flanke (Ignaz-Weg)*

Jean-François Robert, Etienne Salamin, 21. September 1975.

Die Wand aus sehr kompaktem Fels ist gekennzeichnet durch einen Plattenschuss mit abschliessenden Überhängen. Die Route ist ausgerüstet, alle Haken stecken und ergeben sichere Standplätze. Weitgehend freie, aber anstrengende Kletterei.

SS Vom Wandfuss, 2–3 Std. Abb. S. 209, 211

Von der Moiryhütte (2825 m) steigt man auf dem Hüttenweg (R. 7) ab und folgt R. 358, von der man abzweigt und an den Fuss der Wand gelangt.
Einstieg bei einer glatten Platte mit einer waagrechten weissen Quarzader (IV+, 1 Stelle V). Auf einer Terrasse fasst man Fuss, macht Zwischenstand, um später den St. 1 leicht zu erreichen. Rechts des Bandes geht man eine weit offene Verschneidung an (IV+) bis zu einem ausgeprägten Riss unter einem Vorsprung. Auf einem kleinen Band nach rechts queren (V, 1 H), dann über eine glatte Platte und einen kleinen Überhang (V, IV, athletisch, 2 H) empor; ein kleines Band erklimmen. Man erklettert eine glatte Wand (V, 1 Bh), um dann in einem ansteigenden Riss-System nach rechts zu klettern (2 H, IV+). Mit Hilfe einer Trittleiter überwindet man eine Wand (A1) und kommt nach links zurück, bevor man eine Platte mit zwei Bohrhaken ersteigt (IV, V heikel, evtl. A1) und zum St. 1 gelangt (2 Keile). Vom Standplatz quert man nach rechts und ersteigt eine Verschneidung (IV+, 1 H) bis zu einer Terrasse, die als St. 2 dient (ratsam für die folgende Seillänge). Man quert dann auf einem rissartigen Band nach links und kommt zu einer glatten Platte, die man mit Hilfe eines Bohrhakens ersteigt (V, evtl. A1), um den Haken

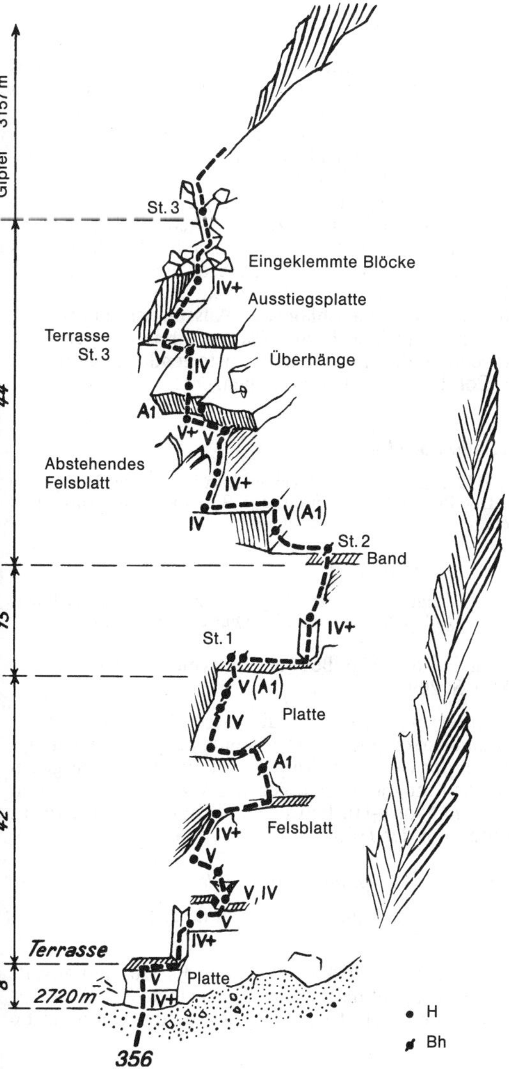

Gipfel 3157 m

St. 3

Eingeklemmte Blöcke

IV+

Ausstiegsplatte

Terrasse
St. 3

V

IV

Überhänge

44

A1

V+ V

Abstehendes
Felsblatt

IV+

V(A1)

IV

St. 2

Band

15

IV+

St. 1

V(A1)

Platte

IV

A1

42

Felsblatt

IV+

V

V, IV

V

IV+

Terrasse

8

V

Platte

2720 m

IV+

356

● H

Bh

Aiguilles de la Lé, Ignaz-Weg

zu erreichen, der die Seilsicherung für den Rest des Quergangs ermöglicht. Links weiter bis zu einem Haken (sehr fein) und über die Platte, die unter den Überhang führt (IV, 1 H, IV+, 1 H) empor. Auf losen Platten quert man nach links, direkt unter das Dach (V, 1 H im Dach) und erreicht ein wackliges abstehendes Felsblatt (!). Auf der Platte gerade empor (V+), bevor man den Überhang überwindet (A1); zwei Haken sind am Dachausstieg. Dann steigt man zum zweiten Überhang (IV), gelangt zu einem Bohrhaken und quert nach links (V heikel) bis zu einer Terrasse. Evt. St. 3). Die letzte Mauer wird über die Platte rechts erstiegen (IV+, 1 H), worauf man über verkeilte Blöcke (Achtung auf Steinschlag) den Ausstiegsstand erreicht, St. 3. Nun steigt man über leichte Platten direkt auf den Grat oder man benützt das nach rechts ansteigende Couloir, um R. 353 des Col du Gardien zu erreichen.

Col des Aiguilles, 3074 m

Zwischen P. 3179 und P. 3158 der Aiguilles de la Lé; von der Moiryhütte nach Zinal. Der Pass hat keine praktische Bedeutung und wird kaum überschritten.

358 *Über die W-Seite*

Normalerweise schlägt man diesen Weg ein, um nach einer Teilüberschreitung der Aiguilles de la Lé die Moiryhütte zu erreichen.

L Vom Col des Aiguilles zur Moiryhütte, 1 Std.
Abb. S. 209

Vom Pass quert man, leicht in die Geröllflanke absteigend, gegen N. Man überschreitet mehrere wenig ausgeprägte Felsrippen. Wenig vor der vorletzten Rippe steigt man über Gras gegen S ab und kommt möglichst bald gegen SW zurück, Wegspuren folgend, die zum Moiry-Hüttenweg (R. 7) führen. Man erreicht ihn ca. ¼ Std. von der Hütte entfernt.

359 *Vom Col des Aiguilles zum Col de la Lé*

L Vom Col des Aiguilles zum Col de la Lé, ½ Std.
Abb. S. 209

Vom Col des Aiguilles (3074 m) folgt man R. 358, und anstatt nach S abzusteigen, geht man weiter bis zu einem Sattel auf der letzten Rippe, von wo ein Couloir zu R. 365 des Col de la Lé führt.

360 *Über die E-Seite*

L Von Petit Mountet, 2½ Std.
Von Zinal (Brücke 1675 m), 3¼ Std. Abb. S. 209

Von Zinal (Brücke 1675 m) oder von Petit Mountet (2142 m) folgt man R. 349 des Col du Pigne bis auf ca. 2600 m und wendet sich dann gegen das vom Pass herunterkommende Steincouloir, das man ersteigt.

P. 3179

Als prägnantester Gipfel der Aiguilles de la Lé, verdient er den Namen Aiguille. Er ist von der Moiryhütte aus sichtbar, auf dem Gratstück, das am meisten gezackt ist, und wird selten besucht, es sei denn bei der Überschreitung von P. 3158 zum Col de la Lé oder umgekehrt. Diese Überschreitung ist übrigens die einzige interessante Kletterei in der ganzen Kette zwischen Moiry und Zinal. Sie ist empfehlenswert: guter Fels und schöne Aussicht.

Über den S-Grat

Siehe R. 362 und 363.

Über den N-Grat

Siehe R. 362, 363 und 363a.

361 *Über den SE-Grat*

David und Jérémie Summerscale mit Joseph Savioz, 17. August 1959.

ZS+ Von Petit Mountet, 4 Std.
Von Zinal (Brücke 1675 m), 4¾ Std. Abb. S. 209

Von Zinal (Brücke 1675 m) oder von Petit Mountet (2142 m) folgt man R. 360 des Col des Aiguilles, indem man ca. 100 m im Steincouloir bis ca. 2700 m ansteigt. Dann klettert man nach rechts in eine Wand aus gutem gelblichem Fels bis zu einem grossen Graskamin (IV). Rechts dieses Kamins während dreier Seillängen auf einem kleinen Grat weiter (III+). Von dort über kleine, leichte Gendarmen und Grashänge (100 m). Dann nach links zurück, um den Grat zu gewinnen, der das vom Col des Aiguilles herunterkommende Couloir begrenzt. Über diesen Grat bis zum Gipfel (III+).

361 a *Variante*

Es gibt verschiedene Varianten; man kann unter anderem den Grat, der das Couloir begrenzt, auch erst weit oben betreten.

362 *Überschreitung S–N der Aiguilles de la Lé*

Die erste Traversierung der Aiguilles de la Lé war diejenige von Edmée und Eugène Robert mit Félix Abbet am 11. Juli 1904. Sie erfolgte von N nach S, vom Col de la Lé zum Col du Pigne. Die erste Seilschaft, die dem Kamm wirklich von der ersten Lücke südlich des gelben Turmes bis zu P. 3180 folgte und alle Gendarmen überschritt, war diejenige von Rodolphe Tissières, André Roch und A. Fiorina am 10. August 1942.

ZS Vom Col du Gardien zum Col de la Lé, 2 Std.
Abb. S. 209

Vom Col du Gardien folgt man R. 355 zum P. 3158. Von hier folgt man dem Grat, zahlreiche kleine Gendarmen umgehend, und gelangt in den Col des Aiguilles (3074 m). (1 Std.). Man quert nun 5 m in die Seite von Moiry und gelangt zu einem 10 m hohen Kamin, den man erklettert; hierauf setzt man die Kletterei in der gleichen Richtung fort bis zum Grat, den man genau am Fuss des Gipfelturms erreicht. Man umgeht ihn auf der Moiryseite und erklettert ihn über den N-Grat (20 Min.). Von hier führt eine luftige Kletterei auf ausgezeichneten Felsen dem Gratkamm entlang bis zum N-Gipfel (3165,0 m) (Holzsignal) des P. 3179. Der Grat senkt sich, man folgt ihm (zahlreiche, zu überschreitende Gendarmen) bis zur Lücke vor dem grossen gelben Turm des Col de la Lé (Tour jaune oder Capucin). Von dieser Lücke steigt man nach rechts abwärts, um nach einer kurzen Kletterei zum Col de la Lé zu gelangen (40 Min.).

362 a *Variante*

Diese Variante macht die Überschreitung wesentlich interessanter:

ZS Vom Col des Aiguilles (3074 m)

Anstatt den Kamin zu benützen, kann man ganz der Gratschneide folgen. Einer schwierigen Stelle am Anfang (IV) folgt eine sehr schöne Kletterei (III, III+). Der Gipfelturm wird direkt erklettert (III+).

362 b *Variante*

WS Abb. S. 209

Vom N-Gipfel (3165,0 m) des P. 3179 kann man den in R. 359 erwähnten Sattel und R. 365 des Col de la Lé erreichen, indem man direkt dem Grat folgt.

362 c *Variante*

L Abb. S. 209

Vom N-Gifpel (3165,0 m) des P. 3179 kann man R. 358 erreichen, indem man schräg gegen S über Geröll absteigt.

Überschreitung von N nach S der Aiguilles de la Lé

363 *Klassische Überschreitung*

ZS Vom Col de la Lé zum Col du Gardien, 2 Std.

Vom Col de la Lé (3061 m) steigt man auf der E-Seite etwas ab (R. 366) und geht am Fuss des grossen, gelblichen Turms vorbei (Gelber Turm oder Capucin), um links durch ein kleines Couloir, das in eine Lücke führt, den Grat zu erreichen. Von hier folgt man mehr oder weniger dem Grat in umgekehrter Richtung von R. 362.

364 *Vollständige Überschreitung*

SS– Vom Col de la Lé zum Col du Gardien, 5 Std.

Der gelbe Turm kann in sehr schwieriger Kletterei von 40 m direkt überstiegen werden. Varianten (SS) mit künstlichen Hilfsmitteln wurden in der E- und S-Seite erschlossen.
Vom Col de la Lé packt man den Turm an seinem Fuss an, indem man sich an einem kleinen Gendarmen abstützt. Man klettert 5 m hinauf (III, IV, 1 H), dann hält man 3 m nach rechts, um einen kleinen Grat zu erreichen, dem man bis zu einer Plattform folgt (IV), wo man bei einem Felszapfen einen Standplatz hat. Dann überklettert man den Überhang (V+, 3 H), quert 1,5 m nach rechts und steigt 3 m gerade hinauf (IV+). Standplatz. Darauf leichte Kletterei bis zum Gipfel. Im Abstieg seilt man 18 m in den Sattel hinter dem Turm ab.
Der Grat weist eine Reihe von Blöcken und Gendarmen auf:

1. Gendarm: Man steigt auf einen Block, quert dann ca. 4 m nach rechts bis zu einem Riss auf der Moiryseite (heikel) und gewinnt den Gipfel (III).

2. Gendarm: Man steigt auf die Gratschneide, dann mit Hilfe einer kurzen Steigleiter nach rechts (V, 1 H). Auf der andern Seite seilt man 3 m ab.

3. Gendarm: Er hat eine ca. 20 m hohe, abgerundete Wand. Die ersten Meter sind sehr schwierig. Man steigt direkt auf den plattigen Grat, quert nach rechts und kommt nach links auf den Grat zurück (V+, 3 H). Weiter in einem breiten Riss, zur Rechten hinauf, und zu einem guten Standplatz (V+, 4 H). Dann noch 5–6 m hinauf (gute Griffe) bis zu weiterem Standplatz. Von dort ohne Schwierigkeit zum Gipfel.

4. Gendarm: Kurze, luftige Erkletterung eines Blockes. Man packt den Grat des Blockes auf der Moiryseite mit Hilfe einer kurzen Steigleiter an (III). Der Abstieg erfolgt mittels Abseilen (6–7 m).

5. Gendarm: Kleiner Block (Steigleiter).

Darauf folgt man dem Grat bis zum Col du Gardien auf R. 363.

Col de la Lé, 3061 m

Zwischen der Garde de Bordon und den Aiguilles de la Lé (Gelber Turm); von Moiry nach Zinal. Der Pass dient hauptsächlich als Zugang zu den Aiguilles de la Lé. Er ist der tiefste Punkt zwischen dem Grand Cornier und der Garde de Bordon.

365 *Über die W-Seite*

Langweiliger Weg.

L Vom Ende der Fahrstrasse, 2½ Std. Abb. S. 209

Vom Ende der Fahrstrasse des Val de Moiry, beim See 2349 m am Fuss des Glacier de Moiry, folgt man R. 7 (Hüttenweg der Moiryhütte) bis auf ca. 2500 m. Man steigt weiter in östlicher Richtung über Gras auf und erreicht im NNE von P. 2806 Felsbänke, die von leichten Couloirs (Geröll, Erde oder Schutt) durchzogen sind. Durch eines der Couloirs gelangt man zum Schlusshang (loses Geröll) und über diesen zum Pass.

365 a *Variante*

L Von der Moiryhütte, 2 Std.

Kommt man von der Moiryhütte (2825 m), geht man von P. 2558 in R. 7 (Hüttenweg) dem Fuss der Felsen Richtung N entlang und benützt dann ein Couloir südlich von P. 2806, das zum Geröllhang und zum Pass leitet.

366 *Über die E-Seite*

L Von Petit Mountet, 3 Std.
Von Zinal (Brücke 1675 m), 3¾ Std. Abb. S. 209

Von Zinal (Brücke 1675 m) oder von Petit Mountet (2142 m) folgt man R. 360 des Col des Aiguilles bis zu den letzten Rasenflecken. Der Pass, von welchem ein mächtiges Geröll- oder Schneecouloir herunterkommt, ist gut erkenntlich. Dieses Couloir trennt die Gneiszone im S von der Schieferzone im N. Es ist wegen des häufigen Steinschlages gefährlich. Man kann diesem ausweichen, indem man über die grasige Rippe des linken (N-)Ufers ansteigt.

Col de Bordon, 3189 m

Zwischen der Garde de Bordon und P. 3274; von der Comba Rossa nach Moiry.
Der Pass dient kaum als Übergang; er ist nützlich als Zugang zur Garde de Bordon, wenn man von der Comba Rossa kommt. Auf dieser Seite weist der Pass einige plattige, geröllbedeckte Felsen auf, während man auf der andern Seite (NE) einen mächtigen Hang mit losem Geröll und etwas Fels vorfindet.

Siehe R. 367.

Garde de Bordon, △ 3310,4 m

Nördlich des Col de la Lé wird der Kamm breit und schiefrig; er steigt in sanften Wellen bis zum Gipfel der Garde de Bordon an. Der Berg ist touristisch nicht interessant, bietet aber eine grossartige Aussicht auf den Bergkranz von Zinal. Die Garde de Bordon ist von allen Seiten ersteigbar.

367 *Von der Comba Rossa über den SE-Grat*

L Vom Ende der Fahrstrasse zum Gipfel, 3–3½ Std.

Vom Ende der Fahrstrasse des Val de Moiry, beim See 2349 m, folgt man 300 m R. 7 (Hüttenweg der Moiryhütte). Dann steigt man über Fête d'Août de Châteaupré (Ruine, 2452 m) zur steinigen Mulde der Comba Rossa auf. Über steile, eintönige Geröllhänge und einige Platten gelangt man auf den Col de Bordon (3189 m), wo man auf R. 372 stösst.
Für den *Abstieg* sind die langen Schutthalden sehr günstig.

368 *Über den SW-Grat*

L Vom Ende der Fahrstrasse, 3–3½ Std.

Vom Ende der Fahrstrasse des Val de Moiry, beim See 2349 m am Fuss des Glacier de Moiry, folgt man R. 367 bis zum Beginn der Comba Rossa (ca. 2800 m). Nun wendet man sich nach links und steigt über einen recht angenehmen Geröllhang zum SW-Grat, den man bei ca. 3080 m erreicht. Man folgt ihm über Geröll zum Gipfel.

369 *Über den NNW-Grat (Soreboisgrat)*

Langer, aber wegen der prächtigen Aussicht ansprechender Weg.

L Vom Col de Sorebois, 2 Std.

Vom Col de Sorebois (2835 m) folgt man dem Grat in seiner ganzen Länge. Einzig bei P. 3049 besteht er aus Fels: Die kleine Wand (30 m) wird am besten direkt erstiegen (rechts langer Umweg).

369 a *Variante*

EB Von der Station zum Gipfel, 3½ Std.

Von der Station Sorebois (2438 m) der Luftseilbahn Zinal–Sorebois gelangt man auf dem Weg Richtung S zur grasbewachsenen Crête de Barthélemy und über P. 2613 zum NNW-Grat, den man südlich von P. 2881,4 betritt. Dort trifft man auf R. 369.

369 b *Variante*

WS Von der Station zum Gipfel, 3½ Std.

Von der Station Sorebois der Luftseilbahn Zinal–Sorebois (2438 m) geht man Richtung S zu den Alpweiden von Singline. Man erreicht P. 2642 und folgt dem felsigen Grat bis P. 2908. Eine Querung nach links (S) über Schnee und Geröll führt zu einem andern Grat, dem man ein Stück weit folgt, bis man gegen rechts in den obern Teil eines Couloirs quert, das auf den NNW-Grat südlich von P. 3139 führt.

370 *Über die NNE-Seite*

Diese Route kann höchstens empfohlen werden, wenn viel (harter) Schnee liegt; sonst ist sie langweilig und gefährlich.

WS Von der Station, 5–6 Std.

Von der Bergstation Sorebois (2438 m) der Luftseilbahn Zinal–Sorebois geht man auf dem Weg Richtung S und folgt dann dem Pfad über die Alpweiden von Singline bis zum Torrent de Laulosses. Dem Bach entlang bis auf ca. 2700 m, wo man in die breite NNE-Seite einsteigt. Man umgeht rechts einen ersten Felsriegel und übersteigt einen zweiten, weniger bedeutenden, der aber die ganze Wand durchzieht. Man steigt weiter von rechts gegen links auf über loses Geröll und Schutt, bis in die Fallinie des Gipfels. Den obersten Teil kann man vermeiden, indem man auf den NE-Grat aussteigt.

371 *Von E und über den SE-Grat*

L Von Petit Mountet zum Gipfel, 3–4 Std.
Von Zinal (Brücke 1675 m) zum Gipfel, 4–5 Std.

Von Zinal (Brücke 1675 m) folgt man R. 349 des Col du Pigne bis zu P. 2142 vor dem Grand Chiesso (2184 m). Hier zweigt ein Weg ab, der den Bach überquert und zur Hütte von Crevache (2466 m) aufsteigt. Von Petit Mountet (2142 m) führt ein Pfad über P. 2151 und oberhalb Grand Chiesso (2184 m) durch zur Ruine bei 2280 m, wo man auf den Weg nach Crevache trifft. Über eintönige Gras- und Geröllhänge steigt man schräg nach NW auf, um den Grat zwischen P. 3195 und P. 3274 zu erreichen. Von hier auf R. 372 zum Gipfel.

372 *Über den S- und SE-Grat*

WS Vom Col de la Lé zum Gipfel, 2 Std. Abb. S. 209

Vom Col de la Lé (3061 m) geht man die Felsspitze direkt oberhalb des Passes von rechts über Geröll- und Felsbänder an. Man gelangt auf den leichten Felsgrat, der in den Sattel nach der Felsspitze führt. Von da ist der Grat ziemlich breit und leicht über P. 3103 zu P. 3152. An diesem Punkt jedoch trifft man auf drei ca. 2 m hohe, überhängende Spalten, wo man sich hinablassen muss. Vor P. 3195 ist der Grat von einer Spalte unterbrochen. Man steigt über die Gratschneide ab und gegenüber entweder direkt über Platten mit Geröll (II) wieder auf oder umgeht den Turm über Geröllbänder zur Linken. Über parallel zum Grat verlaufende Felsbänke und Geröll gelangt man zu P. 3274. Ein leichter Abstieg führt zum Col de Bordon (3189 m). Man umgeht eine Felsspitze links (Wegspuren in den Platten) und gelangt über eine leichte Kuppe auf den Gipfel.

Col de Sorebois, 2835 m

Zwischen der Corne de Sorebois und der Garde de Bordon; vom Val de Moiry (Staudamm) zum Val de Zinal (Sorebois).
Die tiefste Gratsenke (2814 m) befindt sich 750 m weiter südlich als die Stelle, wo der Weg den Kamm überschreitet.

373 *Von der W-Seite*

B Von der Staumauer von Moiry, 1½ Std.

Von der Staumauer von Moiry (2250 m) führen ein Weg, später ein Pfad, über P. 2374, Fâche und P. 2612 zum Pass.

374 *Von der E-Seite*

P Von der Station, 1¼ Std.

Von der Station Sorebois (2438 m) der Luftseilbahn Zinal–Sorebois folgt man dem Weg über P. 2665 zum Pass. Im obern Teil führt der Weg über den E-Grat der Corne de Sorebois.

Corne de Sorebois, △ 2895,7 m

Der Gipfel bietet eine prächtige Aussicht auf die Berge von Zinal. Von der Station Sorebois der Luftseilbahn führt ein Skilift hinauf.

375 *Über den S-Grat*

B Vom Col de Sorebois, 5 Min.

Vom Col de Sorebois (2835 m) folgt man dem Weg.

376 *Über den NW-Grat (von der Pointe de Tsirouc)*

EB Von der Pointe de Tsirouc zum Gipfel, ½ Std.

Von der Pointe de Tsirouc (2778 m) folgt man dem grasigen, mit Geröll und kleinen Felsstufen durchsetzten Grat. Der Weg geht rechts unter dem Gipfelaufbau durch und führt zu R. 375.

Pointe de Tsirouc, 2778 m

Grasige Schulter (mit felsiger N-Seite) im NW der Corne de Sorebois.

377 *Von der SW-Seite*

EB Von der Moiry-Staumauer, 1½ Std.

Von der Moiry-Staumauer (2250 m) folgt man R. 373 des Col de Sorebois bis in die Nähe von P. 2612. Dort findet man linker Hand eine Wegspur, die über Grashänge zum Gipfel führt.

Über den SE-Grat

Siehe R. 376.

378 *Über den N-Grat*

EB Von Sorebois, 1½ Std.
Von Tsirouc, 2 Std.

Man geht über den Grand Plan (2353 m), den man folgendermassen erreicht:

a) von Grimentz (1564 m) über eine schmale Fahrstrasse über La Gougra und P. 1599 zu den Mayens de Tsirouc und in den Wald (Forêt des Morasses) jenseits des Baches von Tsirouc. Von dort kann man direkt durch die Lichtung östlich des Baches (auf der LK gut sichtbar) oder auf dem Weg über P. 2206 zu den Ruinen vom Grand Plan aufsteigen.
b) Von der Station Sorebois der Luftseilbahn Zinal–Sorebois gelangt man durch einen Flankenmarsch zu den Ruinen des Grand Plan.

Vom Grand Plan führen Spuren Richtung W zum N-Grat (P. 2570) und folgen dann dem aus Geröll und Gras bestehenden Grat.

378 a *Variante*

(Wenig interessanter Weg).

EB Vom Grand Plan zum Gipfel, 1¼ Std.

Vom Grand Plan (2353 m) kann man durch die grosse, im obern Teil ziemlich steile Gras- und Geröllmulde im SE der Pointe de Tsirouc ansteigen und auf den SE-Grat (R. 367) gelangen.

Wir beschreiben nun die westliche Kette, die Wasserscheide zwischen Moiry und Hérens.
Der NW-Grat des Grand Cornier wird durch ein Felsband verlängert, das die Gletscher von Moiry und Bricola trennt. Es wird von den Firnmassen des Moirygletschers überlagert, die eine Eismauer bilden, deren Eismassen gegen SW abstürzen und die Platten des SW-Hanges durchfegen. Der einzig praktikable Übergang befindet sich ganz im W, nämlich der Col de Bricola, am Fuss der Pointe de Bricola.

Col de Bricola, 3622 m

Zwischen der Pointe de Bricola und dem Grand Cornier; vom Val Ferpècle zur Moiryhütte.
Der Pass befindet sich direkt am Fuss der Pointe de Bricola.

Ch. Socin mit Elias Peter, 30. Juli 1879.

380 *Über die N-Seite*
L Von der Moiryhütte, 2½ Std.

Von der Moiryhütte (2825 m) führt ein guter Fussweg durch das Trümmerfeld in die Moränenmulde, die vom Col du Pigne herunterkommt. Über Schnee- und Geröllhalden steigt man in der Richtung gegen den Pigne an bis dort, wo man den Firn am Fuss des Pigne, zwischen diesem und dem Abbruch des Moirygletschers, fast horizontal nach rechts (S) überqueren kann. (50 Min.). Man geht rechts vom Felssporn (SW-Vorsprung des Pigne) vorbei, um über einen Steilhang (oder einen Umweg rechts) die Firnfelder des rechten Ufers zu gewinnen. Man geht diesen parallel dem Grat der Bouquetins entlang. Nun passiert man rechts von P. 3627 (westlich) und nimmt Richtung auf den Pass, der im langen Schneegrat zwischen der Pointe de Bricola und dem Grand Cornier nur undeutlich sich abzeichnet.

381 *Über die S-Seite*
WS Von Ferpècle, 4 Std. Abb. S. 223

Von La Forclaz (1727 m) führt eine Fahrstrasse nach Ferpècle. Ab der Verzweigung 1828 m Fahrverbot (ausser für Fahrzeuge der Grande Dixence S.A.).
Von Ferpècle folgt man R. 3 (Hüttenweg der Dent-Blanche-Hütte) bis zum letzten Bach vor Bricola, steigt dann in östlicher Richtung an, um die Moräne zu gewinnen (rechtes Ufer des Glacier de Bricola), der man in der ganzen Länge folgt (ist der Schnee hart, so ist es vorteilhafter, durch die Mulde zwischen der Moräne und dem Grat der Maya aufzusteigen). Man betritt den Firn vor dem Felssporn 2987. Diesen umgeht man und benützt das breite Couloir links unmittelbar danach. Man steigt durch dieses Couloir hinauf bis dort, wo es sich gabelt. Nun hält man sich rechts und benützt alsdann die Felsen seines linken (E-)Ufers, über die man bis zum Pass hinaufsteigt.
Beim *Abstieg* halte man sich an die Felsen des linken Ufers des rechts (nördlich) am nächsten bei der Pointe de Bricola befindlichen Couloirs. Man lasse sich nicht dazu verleiten, durch ein anderes, weiter links liegendes Couloir abzusteigen, da es weiter unten plötzlich abbricht.

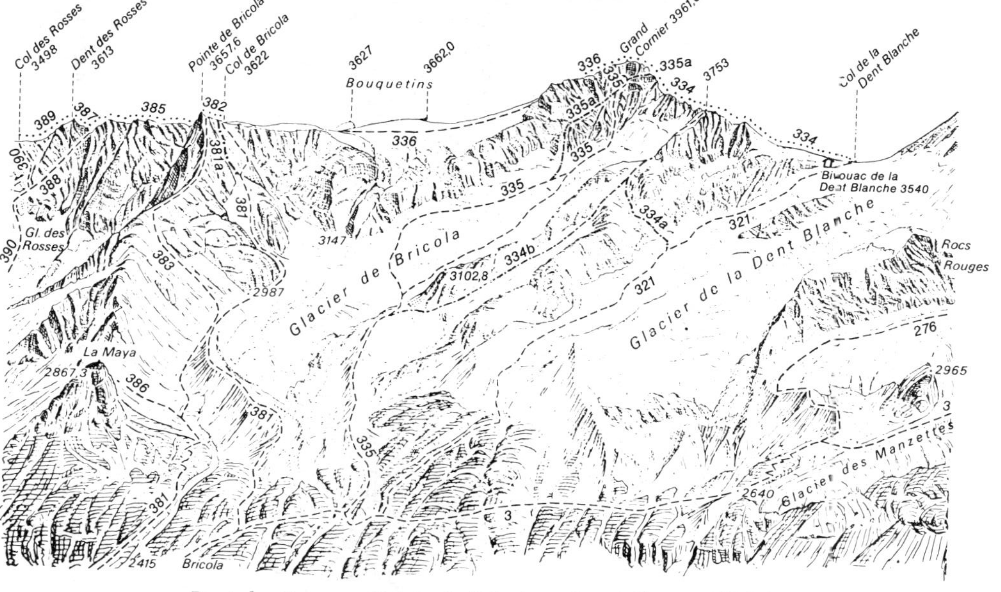

Dent des Rosses – Pointe de Bricola – Grand Cornier, W-Seite

381 a *Variante*

L Abb. S. 223

Wenn der Schnee gut ist, kann man auch im Couloir direkt aufsteigen. Es besteht aber häufig Steinschlaggefahr.

Pointe de Bricola, 3657,6 m

382 *Über den SE-Grat*

Ch. Socin mit Elias Peter, 30. Juli 1879.

L Vom Col de Bricola, ¼ Std. Abb. S. 223

Vom Col de Bricola (3622 m) führt ein Schneegrat auf den Gipfel (Steinmann).

383 *Über den SW-Grat*

J.W. Brown mit Joseph Georges (le juge) Ende August 1894.

ZS+ Von Bricola, 5–6 Std.
Von Ferpècle, 6¾–7¾ Std. Abb. S. 223

Von Bricola (2415 m) an der R. 3 (Dent-Blanche-Hüttenweg) folgt man R. 381 des Col de Bricola bis dort, wo man die Moräne verlässt, um den Firn zu betreten (bei P. 2987). Sich links wendend, steigt man auf den SW-Grat über Geröll, das sich links (westlich) eines rötlichen charakteristischen Plattenschusses, der vom Grat auf den Gletscher abfällt, befindet. Man folgt dem aus losen Felsen bestehenden Grat bis dort, wo er sich steil aufschwingt. Man wendet sich nun nach links, quert einige Meter im NW-Hang, um alsann den Grat sofort wieder zu gewinnen. Über schwierige Platten steigt man nun direkt auf den Gipfel.

384 *Über die W-Flanke*

Daniel Heymans, 4. August 1973.

S+ Vom Wandfuss zum Gipfel, 8 Std.

Von La Forclaz (1727 m) folgt man R. 390 des Col des Rosses und zweigt ab, um zum S-Arm des Glacier des Rosses zu gelangen. Man überwindet den Bergschrund und steigt am linken Rand des Firnfeldes hoch, bis es aufhört. Überquerung von Felsbändern zu einem zweiten Firnfeld (III+); über dieses in

Richtung eines senkrechten Aufschwungs, den man links über eine ausgeprägte Verschneidung und schwierige Platten umgeht (III+, IV+). So gelangt man zum letzten Firnfeld. Dann wendet man sich links gegen die Scharte zwischen dem Gipfel und dem grossen Felszahn des SW-Grates. Man erreicht sie über senkrechte Risse (IV, V, A1) und gewinnt den Gipfel über den SW-Grat (R. 383).

385 *Über den N-Grat*

ZS– Vom Grat (im S des Gipfels der Dent de Rosses), 50 Min.
Von der Dent des Rosses, 1 Std. Abb. S. 223

Von den obern Firnfeldern des Glacier de Moiry (R. 387) gelangt man ohne jede Schwierigkeit 170 m im S der Dent des Rosses (3613 m) auf den Grat. Von der Dent des Rosses hierher auf R. 387. Nun folgt man dem breiten Kamm, drei Felshöcker links umgehend. Dann wird der Grat schmäler und ist oft verwächtet. Man hält sich rechts an die Randfelsen und beendet die Besteigung über einen steilen Schneehang.
Am 12. August 1892 besuchte J. J. Withers mit J. B. Epiney und Elias Peter die drei Felshöcker.

385 a *Variante*

L

Der Grat kann ohne weiteres näher beim Gipfel betreten werden, z.B. beim südlichen Felshöcker. Zwischen diesem und dem Gipfel ist der Hang viel steiler und von Wächten überragt.

La Maya (von Bricola), △ 2867,3 m

Letzte Erhebung im langen SW-Grat der Pointe de Bricola. Der Fels (Gneis) dieses Grates und der der Maya selbst ist ausgezeichnet. Es gibt mehrere Routen (WNW-Grat und S-Wand); hier die empfehlenswerteste:

386 *Von S und über den NE-Grat*

ZS Von Ferpècle, 3 Std. Abb. S. 223

Von La Forclaz (1727 m) folgt man R. 3 (Hüttenweg der Dent-Blanche-Hütte) bis nach Bricola (2415 m). (1½ Std.). Von hier über Rasen zum grossen Trümmerfeld, das sich am Fuss der SE-Seite des Sattels oberhalb der Maya ausdehnt. Dicht unter den Flanken der Maya sind die mächtigen Blöcke am besten zu übersteigen. Ein steiler Gras- und Schutthang führt zum Sattel (ca. 2795 m). (1 Std.). Ein erster Gendarm wird überstiegen, dann geht man hangelnd gegen links bis zu einem engen Kamin, wo man sich hinunterlässt. Platten mit breiten Rissen führen zu einer Zone mit gespaltenen Platten, die man rechts übersteigt (III). Man gelangt rechts auf eine Schulter und kommt zum Gipfel, dessen Überhang man rechts (N) durch einen kleinen Kamin überwindet.

Dent des Rosses, 3613 m

387 *Von E*

J.J. Withers mit J.B. Epiney und Elias Peter, 12. August 1892.

L Von der Moiryhütte, 2¾ Std. Abb. S. 223, 233, 245

Von der Moiryhütte (2825 m) folgt man R. 380 des Col de Bricola bis auf die oberen Firnfelder des Gletschers, dann wendet man sich mehr und mehr rechts, um den Gletscher auf ca. 3540 m zu überqueren und den SE-Fuss des Gipfels zu gewinnen. Man überschreitet den Bergschrund und steigt auf den Schneesattel, 170 m links (südlich) des Gipfels. In wenigen Minuten über Schnee und leichte Felsen auf den Gipfel.

387 a *Variante*

L Abb. S. 233, 245

Ist der Gletscher noch gut zugedeckt, benützt man mit Vorteil R. 399 der Pointe de Mourti, um dann dem linken Ufer nach aufzusteigen und R. 387 am Fuss des Berges zu erreichen. Diese beiden Routen sind durch einen grossen Gletscherbruch getrennt.

Über den S-Grat (von der Pointe de Bricola)

Siehe R. 385.

388 *Über die W-Seite und den S-Grat*

C.G. und W.D. Monro, Owen Glynne Jones mit Antoine Bovier und Pierre Gaspoz, 2. September 1891.

WS Von Ferpècle zum Gipfel, 5 Std. Abb. S. 223

Von La Forclaz (1727 m) folgt man R. 390 des Col des Rosses bis unter den Pass. Von dort führt ein mächtiges Band (auf der

LK gut eingezeichnet) von links nach rechts auf den Grat hinauf, unmittelbar südlich des Gipfels. Auf R. 387 über den Grat auf den Gipfel.

389 *Über den NNW-Grat*

C.G. Monro, J.M. Rattray mit Antoine Bovier, Juli 1908. Empfehlenswerte Kletterei auf gutem Fels

ZS Vom Col des Rosses, 1 Std. Abb. S. 245

Vom Col des Rosses (3498 m) folgt man der felsigen Gratschneide.

Col des Rosses, 3498 m

Zwischen der Pointe de Mourti E und der Dent des Rosses; vom Ferpècle-Tal zur Moiryhütte.
Auch Col de Moiry genannt.

J.J. Hornby, T.H. Philpott mit Christian Almer und Ch. Lauener, 28. Juli 1864.

390 *Von der W-Seite*

WS Von Ferpècle, 4½ Std. Abb. S. 223

Von La Forclaz (1727 m) führt eine Fahrstrasse nach Ferpècle. Von der Abzweigung 1828 m an ist die Privatstrasse nur für Fahrzeuge der Grande Dixence S.A. offen.
Von Ferpècle (1828 m) folgt man dem Weg auf dem rechten (N) Ufer des Baches, der vom Glacier des Rosses herunterkommt, bis zur Hütte von Rosses (2409 m). (1¾ Std.). Über Gras und Geröll gelangt man auf den N-Arm des Glacier des Rosses, über den man bis zum Fuss des Schneecouloirs, das von der östlichen Pointe de Mourti herunterkommt, aufsteigt. Die ganze Seite des Passes ist von gefährlichen Runsen durchfurcht. Man steigt so direkt als möglich zum Pass auf, zuletzt über Schnee oder Platten.

390 a *Variante*

Ernest Farner, Paul Montandon, 12. August 1890.

L Abb. S. 229

Man kann auch den SE-Grat der Pointe de Mourti E (R. 392) gerade oberhalb des Gendarmen erreichen.

391 *Von der E-Seite*

WS Von der Moiryhütte, 2½ Std. Abb. S. 233, 245

Von der Moiryhütte (2825 m) folgt man R. 387a der Dent des Rosses und gelangt unter den Fuss des Passes. Sehr steil zum Bergschrund und über einen Schnee-(Eis-)Hang zum Pass hinauf.

Pointes de Mourti

Es sind dies zwei Gipfel ein und desselben Berges, der beim Aufstieg durch das Tal von Moiry einen schönen Anblick bietet. Auf dem Gipfel steht eine Mutter-Gottes-Statue.

Ostgipfel (Sommet E), 3563,8 m (Hauptgipfel)

392 *Über den SE-Grat*

Vom Glacier de Moiry kann man diesen Grat praktisch überall ohne grosse Schwierigkeiten erreichen.

ZS Vom Col des Rosses, 30–40 Min.
Abb. S. 229, 233, 245

Vom Col des Rosses (3498 m) folgt man dem schmalen, gezackten Grat. Etwa auf halbem Weg wird ein Gendarm links (westlich) umgangen. Der letzte Teil des Grates ist steiler, aber die Felsen sind auch fester.

393 *Durch die W-Flanke*

Guy Genoud, Joseph Savioz, 14. Oktober 1968.
Erste Winterbesteigung: Marie-José Gianadda, Jean-Daniel Pitteloud, 12. März 1978.

Empfehlenswerte Kletterei in ausgezeichnetem Fels, sehr schnell bei guten Verhältnissen. Die Wand ist 180 m hoch.

S Vom Wandfuss, 3–4 Std. Abb. S. 229

Man erreicht den Wandfuss:

a) Von La Forclaz (1727 m) über R. 390 des Col des Rosses bis zur Hütte von Rossses (2409 m) aufsteigen, dann durch die ganze Mulde (Gras, Steine, Schneeflecken) parallel zum Fuss des WSW-Grates der Pointe de Mourti W, bei P. 2656 und 3086 vorbei. Von Ferpècle 4 Std.
b) Von der Moiryhütte (2825 m) R. 399 der Pointe de Mourti E folgen bis ca. 3500 m und durch eine Querung auf der N-Seite die tiefste Senke zwischen den beiden Gipfeln erreichen.

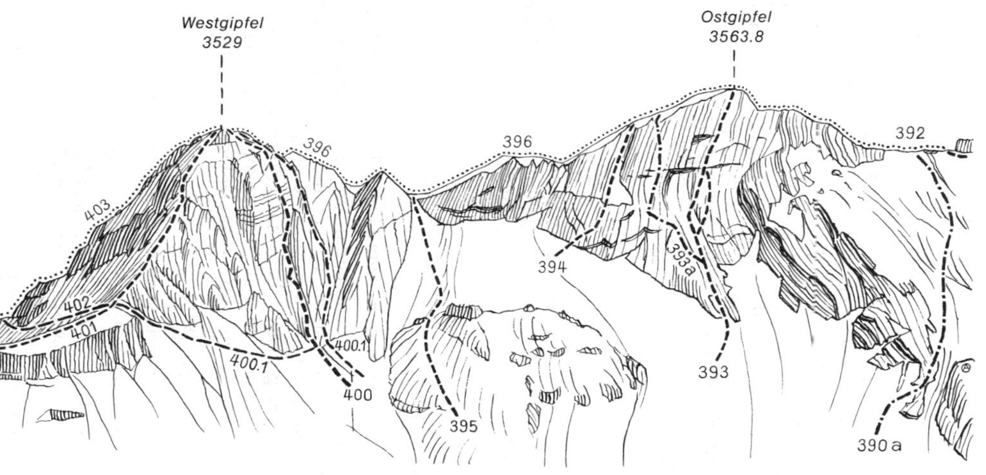

Pointes de Mourti, S-Seite

Von diesem Sattel steigt man durch ein leichtes Couloir ca. 70 m ab (R. 395) und wendet sich dann nach links, um den Fuss der Wand in der Fallinie des Gipfels zu erreichen. Von der Moiryhütte, 2½ Std.

Die Besteigung beginnt über grosse Platten links einer Couloir-Verschneidung. Die zwei ersten Seillängen sind leicht. Die Platten werden steiler und glatter (III). Man hält ein wenig rechts (III, IV, heikel), um einen Riss zu erreichen (stellenweise eine Verschneidung), der sich bis zum Gipfel hinaufzieht. Man klettert ihn hinauf (V, athletisch, 2 H) und findet oben auf einer weniger geneigten Platte einen Sicherungsplatz (III). Ein kleiner, 3 m hoher Aufschwung wird überstiegen (IV+, 1 H) und die Kletterei durch die Verschneidung selbst oder ihre Seiten beendet (III).

393 a

S Abb. S. 229

Bergführer Joseph Savioz hat 1970 zusammen mit einem Touristen einen Parallelweg zur Originalroute eröffnet. Auch andere Seilschaften haben Varianten gefunden.

394

Jean-Michel und Maurice Dandelot, 11. Juli 1971.
Wandhöhe 150 m.

ZS Vom Wandfuss zum Gipfel, 1¾ Std. Abb. S. 229

Man folgt dem grossen Platten-Aufschwung unmittelbar rechts unterhalb des Couloirs, das zur tiefsten Stelle zwischen den beiden Pointes de Mourti führt. Nachdem man schräg rechts oberhalb der grossen Überhänge gequert hat, stösst man auf einen gut sichtbaren rissartigen Kamin, den man bis zum WNW-Grat (R. 396) durchsteigt. Dann auf R. 396 zum Gipfel.

395 *Über die SW-Seite*

Diese Route ist im Frühsommer, wenn noch viel Schnee liegt, günstig.

L Von Ferpècle zum Gipfel, 5–6 Std. Abb. S. 229

Von La Forclaz (1727 m) folgt man R. 393a bis in die Fallinie der tiefsten Senke zwischen den beiden Pointes de Mourti. Über Firn, Geröll und einige Felsen gelangt man direkt auf den Verbindungsgrat, wo man auf R. 396 stösst und über diese den einen oder andern der beiden Gipfel erreicht.

396 *Über den WNW-Grat (von der Pointe de Mourti W)*

WS Von der Pointe W, 20–30 Min.
Abb. S. 229, 233, 245

Der Übergang vom einen zum andern Gipfel erfolgt über den zum grössten Teil schneeigen Kamm. Bei Vereisung kann man sich an die südlichen Randfelsen halten. Der oberste Teil des W-Gipfels besteht aus Fels.

397 *Über die NNW-Flanke*

Henri und Pierre Honegger, Robert Mercier, 13. August 1945. Erste Winterbesteigung: Marcel Demont, Werner Kleiner, 4. März 1968.

Diese von der Hütte aus gut sichtbare Wand ist beim Aufstieg durch das Moirytal eindrücklich. Der kleine Hängegletscher in der Mitte bietet kaum mehr Schwierigkeiten. Die Wandhöhe beträgt ca. 400 m.

ZS Von der Moiryhütte, 3–5 Std. Abb. S. 233, 245

Von der Moiryhütte (2825 m) gelangt man über R. 406 des Col de Mourti an den Fuss der Wand.
Man überschreitet den Bergschrund in der Fallinie des Gipfels, ersteigt einen Schnee-(Eis-)Hang und überwindet die Gletscherzunge links (östlich). So erreicht man den oberen Teil der Wand, der wesentlich weniger steil und leichter ist.

Über die N-Flanke

Die 400 m hohe N-Wand wird links vom NE-Grat begrenzt und rechts von R. 397 der NNW-Eiswand.
Die N-Wand ist grösstenteils felsig; sie ist nur günstig, sofern gut eingeschneit.

397.1. *Über die N-Flanke, mittlere Route*

Patrick Gabarrou, Jean-Luc Touly, 5. Juli 1988.

ZS/SS Vom Wandfuss, 1¼ Std. Abb. S. 233

Von der Moiryhütte gelangt man an den Fuss der Wand auf R. 397. Man steigt ungefähr zur Mitte der Eismauer auf über weniger schwieriges (weil weniger felsiges) Gelände als bei R. 397.2. Man überwindet die Eismauer (15 m 90°, dann 85°) und erreicht R. 397.

397.2. *Über die N-Flanke, direkte Route*

Patrick Gabarrou, Jean-Luc Touly, 5. Juli 1988.

ZS+, 1 SL, S+ Vom Wandfuss, 1½ Std. Abb. S. 233

Von der Moiryhütte (2825 m) gelangt man auf R. 397 an den Fuss der Wand. Man steigt über die Mitte der Wand auf in schönem, gemischtem Gelände (ziemlich heikel), bis man in der obersten Ecke auf das linke Ende der Eismauer stösst. Man überwindet sie direkt (ca. 30 m, zuerst 80°, dann 70°) und gelangt dann leicht über den Schneehang zum Gipfel.

398 *Über den ganzen NE-Grat*

Octavie Brandt mit Justin Salamin, im Abstieg, 18. August 1917.

ZS– Von der Moiryhütte zum Gipfel, 4½ Std.
Abb. S. 233, 245

Von der Moiryhütte (2825 m) steigt man auf den Gletscher ab und gewinnt den Fuss des Felsgrates beim Zusammenfluss eines kleinen, vom Col de Mourti herunterkommenden Seitengletschers mit dem Glacier de Moiry (Felsinsel 2886,6). Man steigt über den Firn rechts des Grates an und betritt alsdann diesen selbst, der zahlreiche Türme aufweist. Der kegelförmige Turm (tour conique) (P. 3274) wird links umgangen, und man trifft dann oberhalb des grossen Gletscherbruches auf R. 399.

399 *Von E und über den NE-Grat*

A.C. Downer, G.E. Gask, J. Walter Robson mit Louis Theytaz und Elias Vianin, im Abstieg, 24. Juli 1902.

WS Von der Moiryhütte, 3 Std. Abb. S. 233, 245

Von der Moiryhütte (2825 m) folgt man R. 380 des Col de Bricola bis zum Gletscherplateau am SW-Fuss des Pigne de la Lé. Man quert nun den Gletscher oberhalb seines Abbruches, einen grossen Bogen beschreibend, um den NE-Grat unmittelbar oberhalb des grossen Gendarmen 3274 m zu gewinnen (1½ Std.). Von der Hütte aus gesehen, erhebt sich dieser Gendarm wie ein finsterer, kegelförmiger Turm). Man steigt über den Felsgrat bis dort, wo er unter einer Schnee- oder Eishaube verschwindet. Besteht diese aus Eis, so ist es besser, die Felsen links weiterzuverfolgen. Andernfalls steigt man über einen breiten Schneerücken direkt auf den Gipfel.

Pointes de Mourti, N-Seite

Dent des Rosses
392
Col des Rosses
W
396
387a
391
399
399
3972
3971
398
403
Col de Mourti
404
397
Glacier de Moiry

Westgipfel (Sommet W), 3529 m

W.E. Utterson-Kelso mit Jean Maître, 2. September 1882.

Über den ESE-Grat

Siehe R. 396.

400 *Über die S-Flanke*

Urbain Kittel mit Joseph Savioz, 6. Oktober 1968.
Erste Winterbesteigung: Guy Genoud, Serge Lambert, Joseph Savioz, 21. Dezember 1970.

Empfehlenswerte Route in gutem Fels; sehr schnell bei guten Verhältnissen. Wandhöhe 180 m. Weitere Varianten sind eröffnet worden.

S Vom Wandfuss, 3–4 Std. Abb. S. 229

Von La Forclaz (1727 m) auf R. 393 (a) oder von der Moiryhütte (2825 m) auf R. 393 (b) gewinnt man den Fuss der Wand in der Fallinie des Gipfels.
Der Einstieg befindet sich an ihrem tiefsten Punkt, auf einem rötlichen Sporn, links einer grossen Verschneidung. Man folgt diesem Sporn (III), bis er an eine kleine Wand aus gelblich-weissem Fels stösst. Man quert einige Meter nach links, um einen kleinen Aufschwung zu vermeiden. Dann steigt man, leicht rechts haltend, 50 m an (IV, IV+, heikel) und klettert 5–6 m durch eine offene Verschneidung (V, athletisch, 2 H). Die Verschneidung wird enger und auf ca. 10 m leichter (III), um auf eine grosse, geneigte, mit Steinen bedeckte Plattform zu führen. Zwei Rissverschneidungen durchziehen die fast senkrechte Wand. Man wählt die rechte (III, IV, IV+). Leichte und lose Felsen führen zum Gipfel.

400.1. *(Face à la Vierge)*

Armand, Aurèle und Marc Salamin, 22. August 1987.

Da man auf dieser Route die Marienstatue auf dem E-Gipfel der Pointes de Mourti vor Augen hat, hat sie den Namen «gegenüber der Jungfrau (Maria)» bekommen.
Die Route führt rechts von R. 400 und links eines grossen Couloirs durch. Wandhöhe 180 m.

S bis S+ Vom Wandfuss, 2½–4 Std. Abb. S. 229, 235

Auf R. 400 gelangt man an den Fuss der Wand. Von der Moiryhütte (2825 m) kann man auch über den Col de Mourti und R. 402 bis zum WSW-Grat des W-Gipfels gelangen, den Grat

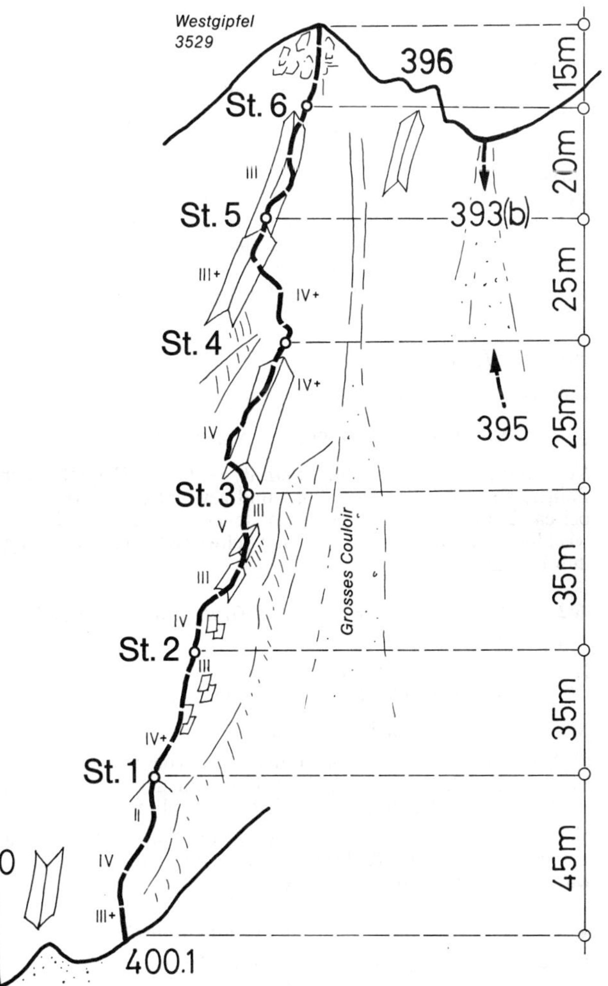

Westgipfel
3529
396
393(b)
395
St. 6
St. 5
St. 4
St. 3
St. 2
St. 1
III
III+
IV+
IV+
IV
III
V
III
IV
III
IV+
II
IV
III+
Grosses Couloir
400.1
15m
20m
25m
25m
35m
35m
45m

übersteigen und am S-Fuss der Felsen entlang queren bis zum Einstieg.

10 m rechts des rötlichen Sporns der Route 400 steigt man über einen Vorsprung (III+, IV) ein, dann hält man rechts über leichte Platten. St. 1, 45 m, H nach 40 m. Man ersteigt eine Platte in ihrer Mitte (IV+, IV, III). St. 2. Weiter über eine kleine Platte rechts, dann über einen roten Sporn (IV), der gegen eine vorgewölbte Stelle stösst. Man ersteigt sie direkt (V, H) und steigt dann auf dem Sporn weiter (III). St. 3. Dann steigt man 2–3 m links der Gratschneide wie über ein Gestell (IV, IV+) zu St. 4. Man quert 4 m links ein kleines Couloir, ersteigt eine Platte (IV+) und folgt dann wieder der Kante des Sporns (III+, luftig). St. 5. Man folgt nun dem Grat und erreicht den Gipfel über grosse Blöcke.

401 *Über den WSW-Grat*

Hübsche, empfehlenswerte Tour.

L Von Ferpècle, 5–6 Std. Abb. S. 229, 239

Von La Forclaz (1727 m) folgt man R. 393(a) des Ostgipfels der Pointes de Mourti bis zu P. 2656 und gewinnt den WSW-Grat bei ca. 2850 m, dort, wo er etwas steiler wird. Er besteht aus wackligen Blöcken und bietet keine Schwierigkeiten. Man folgt ihm bis zum Gipfel.

402 *Von W und über den WSW-Grat (vom Glacier de Mourti)*

L Vom Col de Mourti, 1 Std.
Von Ferpècle, 4½ Std. Abb. S. 229, 239

Man erreicht den Glacier de Mourti:

a) Von Ferpècle (Salay, 1766 m) über R. 405 des Col de Mourti.
b) Vom Col de Mourti (3259 m) durch einen Flankenmarsch über die Firnfelder seiner W-Seite. Abb. S. 239

Vom Glacier de Mourti, den man schräg überquert, gelangt man auf den WSW-Grat (R. 401) und folgt ihm zum Gipfel über wacklige, aber unschwierige Blöcke.

403 *Über den NW-Grat (Vom Col de Mourti)*

James-Louis und Lucie-Anne Attinger, August 1925.

Von der Moiryhütte aus sieht man diesen Grat im Profil.

WS Vom Col de Mourti, ¾ Std.
Abb. S. 229, 233, 239, 245

Vom Col de Mourti (3259 m) umgeht man die erste Hälfte des Grates rechts. Der Grat hat in der Mitte einen nahezu senkrechten Absatz (im Abstieg einmal abseilen). Bis zu diesem Absatz besteht der Grat vom Col de Mourti aus grossen, wackligen Blöcken, die wenig interessant sind. Der Grat wurde oberhalb des Absatzes erreicht und bis zum Gipfel verfolgt.

403 a *Variante*

M. Liely mit Joseph Savioz, 2. August 1968.

S+ Die direkte Erkletterung des Absatzes ist schwierig (IV, V) und exponiert über etwa 30 m.

404 *Über die N-Flanke*

Franz Altherr mit Vital Vouardou, 29. Juli 1954.

Diese Route ist mehr heikel als schwer.

ZS Von der Moiryhütte, 5–6 Std. Abb. S. 233, 245

Von der Moiryhütte (2825 m) folgt man R. 406 des Col de Mourti und zweigt dann zum Fuss der Wand ab. Man überschreitet den Bergschrund in der Mitte des Schneehangs und steigt über diesen hinauf bis in die Mitte der Wand, wo der Schnee aufhört. Es folgt ein heikles Stück in eher losem Fels. Man hält zuerst links und steigt später ganz gerade unter den Gipfel auf, wo der Fels besser wird.

Col de Mourti, 3259 m

Zwischen der Tsa de l'Ano und der Pointe de Mourti W; vom Ferpècle-Tal zum Val de Moiry.

Der Pass, auch *Col de l'Ane* genannt, wird von jeher von Jägern benützt. Von der Moiryhütte aus ist die NE-Seite des Passes sichtbar, und man kann daher die einzuschlagende Route von dort aus bestimmen. Im Vorsommer, wenn der namenlose Gletscher noch zugedeckt ist, kann man seinen Absturz rechts (nördlich) umgehen; ist der Gletscher aber offen, so reichen seine Spalten bis an die Felsen des linken (N-)Ufers.

405 *Über die W-Seite*

L Von Ferpècle, 4 Std. Abb. S. 239

Von Ferpècle (Salay, 1766 m) schlängelt sich ein manchmal unterbrochener Fussweg auf dem rechten (N) Ufer des Baches von Mourti aufwärts. Später steigt man über Gras, Geröll und die rechte (nördliche) Seitenmoräne des Glacier de Mourti aufwärts. Man fasst Fuss auf dem Gletscher (Firn) und hält gerade auf den Pass zu, den man von SE über einen Schnee- oder Geröllhang erreicht.

406 *Über die E-Seite*

WS Von der Moiryhütte, 2½ Std.
Vom Ende der Fahrstrasse, 3 Std. Abb. S. 245

Man erreicht das linke Ufer des Glacier de Moiry bei ca. 2665 m zwischen zwei Eisbrüchen wie folgt:

a) Von der Moiryhütte (2825 m), von wo ein kleiner Weg direkt auf den Gletscher führt, den man fast horizontal quert. Abb. S. 245
b) Vom Ende der Fahrstrasse des Val de Moiry, beim See 2349 m am Fuss des Glacier de Moiry, folgt man R. 415 des Col de la Couronne etwas weiter als bis zum Ende des Weges.

Vom Glacier de Moiry, auf ca. 2665 m, gelangt man zum Fuss des östlichen Felssporns der Pointe de Moiry (3303 m). Man steigt rechts der Felsen aufwärts bis zur Höhe eines kleinen Firns, wo ein breites Band (genannt *Vire aux chamois*, Gemsband) beginnt. Dieses steigt von rechts nach links an, und man folgt ihm ca. 50 m. Nun klettert man über glatte Platten etwa 30 m aufwärts, gelangt auf eine Felsnase und betritt den kleinen, namenlosen Gletscher. Wenn die Verhältnisse auf dem Gletscher günstig sind, ist es einfacher, links an den Felsen vorbeizugehen. Man geht seinem linken (nordwestlichen) Ufer entlang, dann steigt man schräg über einen Sporn aus verwitterten Felsen zum Pass, den man etwas rechts (im NW) seiner tiefsten Einsenkung betritt.

Tsa de l'Ano, △ 3367,8 m

Von der Moiryhütte aus erscheint der Berg als hübscher Kegel aus dunklem Fels. Er trägt einen mächtigen Steinmann (3 m).

407 *Über den SE-Grat*

WS Vom Col de Mourti, ¼ Std. Abb. S. 245

Vom Col de Mourti (3259 m) folgt man dem Felsgrat.

Pointe de Moiry – Tsa de l'Ano, NW-Seite

Pointe de Moiry
Col de Mourti
413
410
403
402(b)
402
401
405
408
409
412
Bréona

407 a *Variante*

L

Kommt man von der Moiryhütte, braucht man nicht bis zum Col de Mourti aufzusteigen. Man kann in halber Höhe zwischen dem Pass und dem Gipfel auf den Grat gelangen, indem man vom namenlosen Gletscher durch ein Geröllcouloir und ein breites, oft schneebedecktes Band ansteigt.

408 *Über den WSW-Grat*

L Von der Remointse de Bréona, 2½ Std.
Von Ferpècle, 4 Std. Abb. S. 239

Der Grat lässt sich günstig erreichen:

a) Von der Remointse de Bréona (2435 m). Man steigt in der Mulde des Grand Torrent ab und folgt dann der Höhenkurve 2400 gegen SW bis unter P. 2628. Auf dem Rücken gewahrt man schon von weitem zwei grosse Steindauben auf ca. 2400 m, an der Stelle, wo man den WSW-Grat leicht erreichen kann (auf der LK gut erkenntlich).
N.B. Die Fahrstrasse von La Forclaz (1727 m) zur Remointse de Bréona (2435 m) ist bei La Tinde schwierig zu befahren.
b) Von Bréona (2197 m). Man folgt gegen E dem Weg, der eine Bachmulde durchquert und dann in jene des Grand Torrent führt. Man durchquert sie auf ca. 2300 m und gelangt zu a).
c) Von Ferpècle (Salay, 1766 m) folgt man R. 405 des Col de Mourti während ca. 2 Std., dann gewinnt man den Grat auf ca. 2600 m.

Dann folgt man dem Grat, bestehend aus Geröll und grossen Blöcken.

409 *Über die NW-Seite*

Pierre Desaules, allein, 22. August 1944.
Die Felsen sind im obern Teil besser als unten. Steinschlag.

ZS Von der Remointse de Bréona zum Gipfel, 3–4 Std.
Abb. S. 239

Von der Remointse de Bréona (2435 m), die man über R. 414 des Col de la Couronne erreicht, gewinnt man den Fuss der NW-Flanke (auf ca. 2840 m Höhe), rechts von der Fallinie des Gipfels. Man steigt über die am meisten ausgeprägte Rippe in der Richtung des Gipfels an. Dort wo sie sich in der Wand verliert, wendet man sich nach rechts und beendigt die Besteigung über den WSW-Grat (R. 408).

410 *Über den NNE-Grat (von der Pointe de Moiry)*

ZS Von der Pointe de Moiry, 2 Std. Abb. S. 239, 243

Von der Pointe de Moiry (3303 m) folgt man so gut als möglich dem Grat (grosse, alleinstehende Blöcke). Die ersten Gratabsätze können östlich bis zu einer tiefen Gratsenkung umgangen werden. Am Fusse des vorletzten Gendarmen angelangt, bleibt man auf der Gratschneide. Man steigt von diesem Gendarmen durch einen Riss, der ihn in zwei Teile trennt, ab. Den folgenden Gendarmen umgeht man westlich und gelangt durch den ersten Kamin wieder auf den Grat. Der Abstieg vom letzten Grataufschwung in die vor dem Gipfel befindliche Lücke erfolgt durch Abseilen. Von der Lücke steigt der Grat scharf an und führt direkt auf den Gipfel. In diesem letzten Teil sind die Felsen ausgezeichnet.

410 a *Variante*

S

Man kann der Gratschneide auch direkt folgen, die Kletterei ist jedoch zuweilen schwierig.

Pointe de Moiry, 3303 m

Ein Kreuz steht auf dem Gipfel.

Erste touristische Besteigung: A.G. Topham mit Jean Maître, um 1890.

411 *Über die SE-Seite*

Die ganze Seite ist etwas steinschlägig.

L Von der Moiryhütte, 2 Std.
Vom Ende der Fahrstrasse, 2½ Std. Abb. S. 245

Von der Moiryhütte (2825 m) oder vom Ende der Fahrstrasse des Val de Moiry beim See 2349 m, am Fuss des Glacier de Moiry, folgt man R. 406 des Col de Mourti bis auf die Höhe der Platten, dann steigt man im Zickzack über die leichten Felsen auf den Gipfel.

411 a *Variante*

L

Wenn guter Schnee liegt, ist es beim Abstieg vorzuziehen, vom Gipfel direkt auf das oberste Firnfeld des namenlosen Gletschers abzusteigen (leichter Geröll- und Schneehang).

Über den SSW-Grat

Siehe R. 410.

412 *Über die W-Wand*

Jean-Pierre Bellin, Luc Louvel, 25. August 1974.

Erste Skiabfahrt des Westwandcouloirs: Patrick Vuilleumier, 29. Dezember 1988, wobei auch der Aufstieg durch das Couloir erfolgte.
Das Couloir ist auf den Abb. S. 239, 243 gut sichtbar. Es beginnt in der Einsattelung zwischen Pointe de Moiry und Tsa de l'Ano.

ZS Vom Wandfuss, 3 Std.
Von der Remointse de Bréona, 4½ Std.
Abb. S. 239, 243

Von La Forclaz (1727 m) folgt man R. 414 des Col de la Couronne bis unter den Pass. Dann zweigt man ab, um den Fuss der Wand rechts eines grossen Schuttcouloirs im linken Teil der Wand zu gewinnen. Man steigt schräg nach rechts auf grasbewachsenen Stufen und geht am Fusse eines mächtigen Aufschwungs nach rechts, erreicht eine Schuttzone (II), die man schräg links ersteigt. Auf einem grasbewachsenen Band gelangt man zur Sporn-Schneide. Diese verfolgt man in Richtung eines schwärzlichen Turmes (III, IV), den man auf der N-Flanke erklimmt. Man folgt dem Grat, geht weiter über Platten und erklettert einen glatten Aufschwung mittels eines guten, ein wenig rechts befindlichen Risses (III, IV). Dann quert man nach links und kommt über eine steile Wand aus gutem Fels (IV+), die sich links umgehen lässt, zum Gipfel.

413 *Über den NNW-Grat (vom Col de la Couronne)*

ZS+ Vom Col de la Couronne, 2–3 Std.
Abb. S. 239, 243, 245

Vom Col de la Couronne (2987 m) folgt man dem sehr steilen Felsgrat. Man überklettert einen mächtigen Gendarmen (den man auch auf der E-Seite über schmale Gesimse und Platten umgehen kann). Ebenfalls auf der E-Seite umgeht man eine feine Nadel und steigt gerade zum Gipfel hinauf.

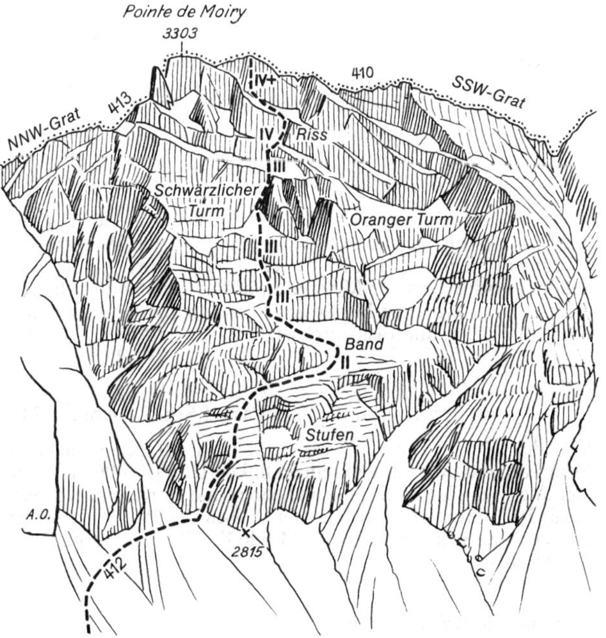

Pointe de Moiry, W-Wand

Col de la Couronne, 2987 m

Zwischen der Couronne de Bréona (Clocher de la Couronne) und der Pointe de Moiry; von La Forclaz zum Val de Moiry. Direktester Übergang; die tiefste Senke befindet sich unmittelbar am Fuss des Zackengrates der Couronne de Bréona.

414 *Über die W-Seite*

L Von der Remointse de Bréona, 1½ Std.
Von La Forclaz, 3¾ Std.

Von La Forclaz (1727 m) führt eine Fahrstrasse – mit einer Abzweigung zur Remointse du Tsaté (2480 m) – zur Remointse de Bréona (2435 m). Von dort über Gras und Geröll zu einer kleinen Felswand, die man links (nördlich) umgeht. Dann folgt man einem Erd- und Schuttcouloir bis auf den Pass.

415 *Über die E-Seite*

EB Vom Ende der Fahrstrasse, 1¾ Std. Abb. S. 245

Vom Ende der Fahrstrasse des Val de Moiry beim See 2349 m, am Fuss des Glacier de Moiry, folgt man einem Weg auf der Moräne auf dem linken Ufer des Gletschers. Dort, wo der Weg auf der grasdurchsetzten Moräne aufhört, wendet man sich nach rechts und erreicht die Mulde des Passes, dann den Pass selbst über von Schnee und Fels durchsetzte Rasen- und Geröllflecken.

416 *Von der Moiryhütte*

L Von der Moiryhütte zum Pass, 1 Std. Abb. S. 245

Von der Moiryhütte (2825 m) steigt man auf den Glacier de Moiry ab und quert ihn zu seinem linken Ufer [R. 406 (a)]. Von hier quert man leicht ansteigend Schnee und Geröll in nordwestlicher Richtung, bei den untersten Felsen der Pointe de Moiry vorbei. Man gelangt so in die Mulde des Passes, wo man auf R. 415 stösst.

Couronne de Bréona, 3159,1 m

Der Clocher de la Couronne, der sich auf dem SE-Grat erhebt, erfreut sich bei den Kletterern besonderer Beliebtheit.

417 *Über den SE-Grat*

Dieser reich gezackte Grat ist von der Moiryhütte aus gut sichtbar. Er bietet schöne Kletterei auf ausgezeichnetem Fels.

ZS Vom Col de la Couronne, 1–1½ Std. Abb. S. 245

Vom Col de la Couronne (2987 m) folgt man dem Grat bis auf den Gipfel des Clocher de la Couronne, der eine unabhängige Spitze bildet (schöne, luftige Kletterei). Man steigt nun auf der W-Seite einige Meter ab, um alsdann die Platte zu überschreiten, die den Grat unterbricht, und folgt dann diesem bis zur Lücke zwischen dem Gendarmen und dem Gipfel. Es ist natürlich leichter, den ersten Gendarmen auf den Grasbändern der

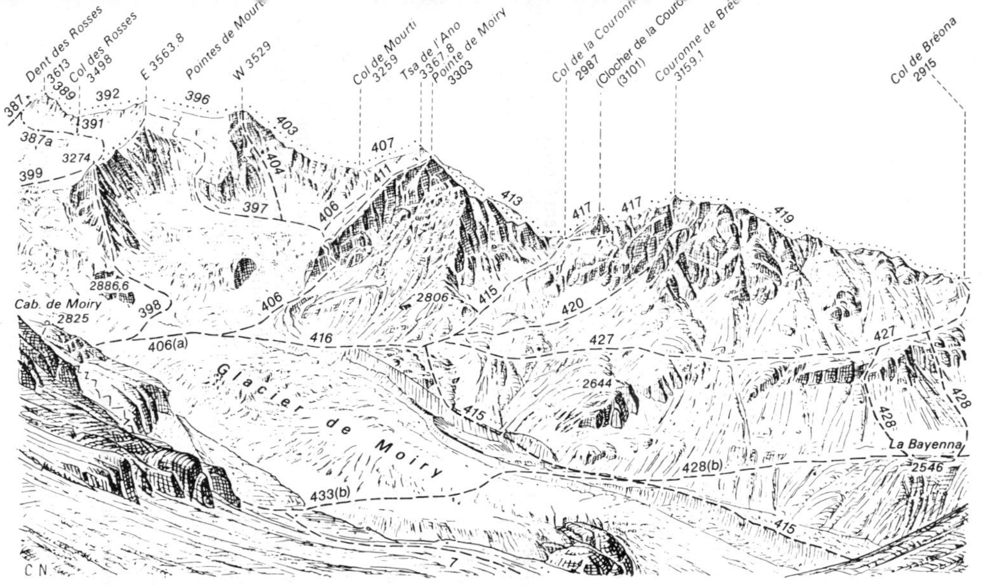

Pointes de Mourti – Pointe de Moiry – Couronne de Bréona, E-Seite

E-Seite zu umgehen. Man gelangt so direkt in die Lücke. Dies machen viele Seilschaften, die den Gendarmen in umgekehrter Richtung begehen. Von dieser Lücke steigt man ca. 10 m durch ein Couloir, das man bald zu Linken lässt, nach Westen ab, um dann in der W-Seite über Bänder schräg aufwärts zu steigen. Man umgeht so die kleinen Grattürme. Der Gipfel selbst wird direkt über prächtige Platten erstiegen.

418 *Über die SW-Seite*

Pierre Desaules, allein, 30. August 1944.

ZS Vom Wandfuss, 1½–2 Std.

Von P. 2746 klettert man so direkt als möglich auf den Gipfel. Die unteren Felsen sind von Rasenbändern durchsetzt. Der obere Teil bietet schöne Kletterei.

419 *Über den NW-Grat*

WS Vom Col de Bréona, 1½ Std. Abb. S. 245

Vom Col de Bréona (2915 m) folgt man dem Grat, der sich in die Länge zieht (einige Felshöcker überschreiten oder umgehen, sonst Geröll). Einzig der Gipfelaufbau bietet hübsche Kletterei.

420 *Über die E-Seite*

Direktester Weg von Moiry. Zum Teil steinschlägig.

WS Von der Moiryhütte, 1½–2 Std. Abb. S. 245

Von der Moiryhütte (2825 m) folgt man R. 416 des Col de la Couronne, bis zu der vom Pass herunterkommenden Mulde. Man setzt den Marsch quer durch die Steintrümmer und Schneeflecken fort bis an den Fuss des grossen Couloirs, das von der Lücke im N des Gipfels herunterkommt. Man steigt durch dieses Couloir, das grösstenteils aus Schnee besteht, hinauf bis zum vom Col de Bréona kommenden Grat und folgt ihm bis auf den Gipfel.

Clocher de la Couronne, 3101 m

Ohne Namen und Kote auf der LK.

Dieser Gendarm, eine unabhängige Spitze, bietet schöne Kletterrouten. Überschreitung siehe R. 417.

421 *Über die W-Flanke*

Yves Rieker, Roland Sprüngli, 16. August 1963.

SS Vom Wandfuss, 5 Std.

Die Wand des Gendarmen hat vier Aufschwünge. Sie bietet gemischte Felskletterei.
Der erste Aufschwung lässt sich über eine breite, ansteigende Terrasse vermeiden, die zum Fuss des zweiten Aufschwunges führt. (Von der Erkletterung des ersten Aufschwunges ist wegen der nassen, grasdurchsetzten Felsen abzuraten.)
Der zweite Aufschwung wird ungefähr in der Fallinie des Gipfels durch einen ziemlich leichten, ca. 20 m langen Riss angepackt. Dann erklettert man eine schöne, senkrechte Platte von 60 m, die von einem kleinen Diagonalriss durchzogen ist (V, IV+) und mit einer Wölbung endet, wo es schwierig ist, Haken zu schlagen (V+). Nun befindet man sich am Fuss des dritten Aufschwunges. Man folgt einem 10 m langen schrägen Riss, dann übersteigt man einen schwachen Überhang (H). Eine glatte Platte, ohne jedwelchen Griff, anschliessend ein Dach von 45°, auf beiden Seiten mit einem schrägen Riss von ca. 15 m, bilden die Schlüsselstelle. Man folgt dem Riss, kommt unter das Dach (A1, Holzkeile), hält rechts und klettert frei durch den Riss von 45° in losem Fels. Standplatz. Über einen leichten Sporn gelangt man auf die Terrasse am Fuss des vierten Aufschwunges.
Links befindet sich ein starker Überhang aus brüchigem Fels. Man überklettert ihn direkt (A1, V+, athletisch, 6 H) und erreicht den Gipfelgrat. (Man kann diesen vierten Aufschwung über ein Band, das den NW-Grat des Gendarmen erreicht, vermeiden.)

Über die NE-Wand

Diese durch zwei Verschneidungen geprägte Wand wird auf R. 417 (Route für die Umgehung des Clocher de la Couronne) erreicht. Man kann die drei Routen in einem Zug machen, indem man über den N-Grat wieder absteigt.

422 *Über die Armand-Verschneidung*

Armand und Aurèle Salamin, 31. Juli 1980.

Die ausgerüstete Route ist 70 m hoch. Es ist empfehlenswert, ohne Sack zu klettern.

SS+ Vom Wandfuss, 1–1½ Std. Abb. S. 249

Man erklettert die Verschneidung 10 m (IV) und umgeht dann einen Überhang mittels eines kleinen Risses zur Rechten bis zum ersten Haken. Durch eine heikle Querung (V) kommt man in die Verschneidung zurück, wo man mühsam hochdülfert (VI, V+, IV, 1 Bh). Man quert unter einem Überhang (bläuliches Gestein, 1 H) gegen rechts und erreicht den N-Grat (V, 1 H, sehr heikel). Über die Gratschneide (III, IV) zum Gipfel.

423 *Über den Flammen-Riss*

Armand und Aurèle Salamin, 11. August 1980.

Die ausgerüstete Route ist 70 m hoch. Der Riss befindet sich zwischen den beiden Verschneidungen.

SS Vom Wandfuss, 1–1½ Std. Abb. S. 249

Der Einstieg befindet sich an der gleichen Stelle wie der von R. 422. Die Kletterei beginnt im Schwierigkeitsgrad (III, IV, 1 H). Dann übersteigt man die «Flamme» (Riss) (V+, 1 H, heikler Ausstieg). Man geht weiter (IV, V, IV, 2 H) bis unter ein Dach. Man folgt dem Riss, der nach rechts abbiegt und steiler wird (1 Bh), überwindet einen Überhang in freier Kletterei (V+, Dülfer) und gelangt auf den E-Grat («Seil» zur Sicherung). Man kann nun leicht über die SE-Flanke zum Gipfel gelangen oder über eine heikle Platte auf der N-Seite (1 H).

424 *Über die Aurèle-Verschneidung*

Armand und Aurèle Salamin, 8. September 1980.

Die Route ist ausgerüstet, 80 m hoch, mit mühsamen, athletischen Stellen. Es ist besser, ohne Sack zu klettern. Der Fels ist gelblich, sehr schön und fest.

AS– Vom Wandfuss, 1–1½ Std. Abb. S. 249

Eine Passage vom Schwierigkeitsgrad (V) führt in die linke Verschneidung. Man klettert 10 m hoch (V, 1 H) und überwindet eine heikle Stelle (VI–, 1 H); am Schluss kleiner Stand. Nun folgt die Schlüsselstelle; die Verschneidung wird rechts auf 6 m leicht überhängend (VI, 1 Bohrhaken mit Schlinge). Man bleibt immer in der Verschneidung (V+, V) und gelangt so auf den E-Grat (Sicherung mit Haken und Schlinge unmittelbar hinter dem Grat). Man kann nun leicht über die SE-Flanke zum Gipfel gelangen oder über eine heikle Platte auf der N-Seite (1 H).

Clocher de la Couronne, NE-Wand

Col de Bréona, 2915 m

Zwischen der Serra Neire (P. 2986) und der Couronne de Bréona; von La Forclaz zum Val de Moiry.

426 *Von der W-Seite*

EB Von der Remointse de Bréona, 1½ Std.
Von La Forclaz, 3½ Std.

Von La Forclaz (1727 m) führt eine Fahrstrasse – mit Abzweigung zur Remointse du Tsaté (2480 m) – zur Remointse de Bréona (2435 m). Von dort ersteigt man die gegen S gerichtete Gras- und Geröllmulde (Wegspuren), die zum Pass führt.

427 *Von der Moiryhütte*

L Von der Moiryhütte zum Pass, 1½ Std.
Abb. S. 245

Von der Moiryhütte (2825 m) folgt man R. 416 des Col de la Couronne bis auf das linke Ufer des Gletschers. Von hier führt ein langer Flankenmarsch über Steintrümmer und Schnee auf eine Grasterrasse mit Blöcken, wo man auf R. 428 stösst.

428 *Von der E-Seite*

EB Vom Ende der Fahrstrasse, 1¾ Std. Abb. S. 245

Vom Ende der Fahrstrasse des Val de Moiry, beim See 2349 m, am Fuss des Glacier de Moiry, gelangt man zur Bayenna (See 2546 m):

a) direkt über einen Weg
b) indem man zuerst R. 415 folgt und dann rechts über einen Weg zu P. 2474 zurückkommt. Abb. S. 245

Von La Bayenna ersteigt man das eine oder andere Couloir im Felsgürtel im SW des Sees 2546 m. Das Couloir rechts ist leicht (Geröll), während das zur Linken im obern Teil eine kleine Felswand aufweist. Über dem Felsgürtel gelangt man auf eine Grasterrasse mit Blöcken, über die man gegen W aufsteigt, um den Pass zu gewinnen.

Serra Neire, 2900 m, 2986 m

So nennt man den z.T. felsigen Grat zwischen den beiden kotierten Punkten. Er bietet eine Kletterei für Anfänger (II) in Fels von unterschiedlicher Güte, sonst touristisch bedeutungslos.

429 *Vom Col de Bréona*

EB Vom Col de Bréona, 10 Min.

Vom Col de Bréona (2915 m) steigt man über Gras und Geröll zum Gipfel.

430 *Vom Col du Tsaté*

L Vom Col du Tsaté, 20 Min.

Vom Col du Tsaté (2868 m) führt ein Pfad dem Grat entlang und dann durch Geröll zu leichten Felsen, über die man den Vorgipfel gewinnt. Von dort führt ein Weglein über den Grat zum Gipfel.

430.1 *Über den SW-Grat*

Hübsche Kletterei für Anfänger, trotz des nicht immer guten Fels.

WS Von der Remointse de Bréona, 3 Std.

Von der Remointse de Bréona (2435 m), die man über R. 426 des Col de Bréona erreicht, gelangt man zu P. 2900, entweder über einen der beiden Gratrücken (S oder SW), die er entsendet, oder über den Abhang dazwischen. (1½ Std.). Kurz nach P. 2900 steigt man über einen Gratabsatz von ca. 10 m ab (III –) und folgt dann der Schneide (Stellen II) bis zum Gipfel.

Col du Tsaté, 2868 m

Zwischen der Pointe du Bandon und P. 2986 (Serra Neire); von der Alp Tsaté zum Ende der Fahrstrasse des Val de Moiry. Der Übergang ist praktischer als der Col de Bréona.

431 *Über die W-Seite*

EB Von der Remointse du Tsaté, 1½ Std.
Von La Forclaz, 3½ Std.

Von La Forclaz (1727 m) führt eine Fahrstrasse in vielen Windungen zur Remointse du Tsaté (2480 m), mit einer Abzweigung zur Remointse de Bréona (2435 m).
Von der Remointse du Tsaté (2480 m) folgt man der Gras- und Steinmulde gerade hinauf zum Pass (Wegspuren).

432 *Über die E-Seite*

EB Vom Ende der Fahrstrasse, 2 Std.

Vom Ende der Fahrstrasse des Val de Moiry beim See 2349 m, am Fuss des Glacier de Moiry, folgt man R. 428 (a) oder 428 (b) zur Bayenna. Von hier durch die Mulde zum Pass.

433 *Von der Moiryhütte*

EB Von der Moiryhütte zum Pass über (a), 1½ Std.
L Von der Moiryhütte zum Pass über (b), 2¼ Std.

Von der Moiryhütte (2825 m) kann man:

a) R. 427 des Col de Bréona bis unmittelbar an den Fuss des Passes folgen, dann nach rechts (NW) abzweigen und den Pass, der nördlich der Serra Neire liegt, gewinnen.
b) Auf dem Hüttenweg (R. 7) absteigen, den Glacier de Moiry auf ca. 2500 m queren und sein linkes Ufer dort erreichen, wo das Weglein von R. 428 (b) zum See 2546 m von Bayenna führt. Dort trifft man auf R. 432.

Variante (b) ist weniger steinig, aber länger als (a). Abb. S. 245

Pointe du Bandon, 3074 m

Dieser Gipfel besteht aus weniger gutem Fels und wird selten besucht.

434 *Über den E-Rücken*

L Vom Ende der Fahrstrasse des Val de Moiry zum Gipfel, 2¼ Std.
Von der Alp Moiry zum Gipfel, 2½ Std.
Vom S-Ende des Lac de Moiry zum Gipfel, 2½ Std.

Von La Bayenna (See, 2546 m), die man auf R. 428 des Col de Bréona erreicht, oder von Fêta d'Août de Moiry, die man auf R. 441 der Pointe du Prélet erreicht, gelangt man leicht auf den Gras- und Geröllrücken, der später auch von einigen Felsbändern durchsetzt ist. Eine kleine Felswand vor dem Gipfel kann leicht umgangen werden.

435 *Über den SSE-Grat*

L Vom Col du Tsaté, ¾ Std.

Vom Col du Tsaté (2868 m) führt ein steiler und etwas mühsamer Geröllhang (dazwischen kommen Platten zum Vorschein, die für den Aufstieg angenehmer sind) zu Felszähnen aus Schiefer, wo der Grat beginnt. Man umgeht die Zähne links und erreicht die Senke vor dem Gipfelaufbau. Man kann ziemlich direkt über die Felsen zum Gipfel aufsteigen (II) oder links über Geröll ausholen.

435 a *Variante*

Diese Route ist weniger mühsam als die direkte vom Col du Tsaté.

L Von der Remointse du Tsaté zum Gipfel, 2 Std.

Von der Remointse du Tsaté (2480 m) erreicht man den gegen SW gerichteten, aus Gras, Geröll und Fels bestehenden Ausläufer, der zum SSE-Grat vor den Felszähnen aus Schiefer führt. Dort trifft man auf R. 435.

436 *Über die W-Seite*

Diese Route ist mühsam und nicht empfehlenswert.

L Vom Tsaté-See, 1 Std.

Vom Lac du Tsaté (2687 m) (R. 436 der Pointe du Tsaté) kann man über steile, eintönige Geröllhalden den Gipfel gewinnen.

437 *Über den NW-Grat*

Dieser Grat erhebt sich vom Pass 3022 m; ein grösserer Felsabsatz versperrt den Weg.

L Vom Pass 3022 m, ¾ Std.

Vom Pass 3022 m umgeht man einige Gendarmen rechts und gelangt zum grösseren Absatz. Man umgeht ihn rechts an seinem Fuss bis zu einem Couloir (plattiger Fels), das in ein mühsames Gelände (Schiefer und darunter liegender Fels) mündet, über das man wieder zum Grat gelangt. Man folgt dann dem breiten Rücken bis zum Gipfel.

Pass 3022 m

Zwischen der Pointe du Tsaté und der Pointe du Bandon; von der Remointse du Tsaté zur Fêta d'Août de Moiry.
Übergang ohne Bedeutung. Die S-Seite besteht aus leichtem Geröll, während die N-Seite, auch Geröll, steiler ist. Leicht zu überschreiten.

Pointe du Tsaté, △ 3077,7 m

Von allen Seiten leicht zu ersteigen, mit Ausnahme der E-Seite, wo die Felsen steil und verwittert sind.

438 *Über den SSW-Rücken*

EB Von der Remointse du Tsaté, 1¾ Std.

Von der Remointse du Tsaté (2480 m) an R. 431 des Col du Tsaté führt ein Weglein zum Lac du Tsaté (2687 m) und von dort weiter Richtung Gipfel. Man erreicht den SSW-Rücken, wo Wegspuren im Geröll zum Gipfel führen.

439 *Über den NNW-Grat*

L Vom Pass 2929 m, ¾ Std.

Vom Pass 2929 m folgt man einem Pfad auf dem Grat oder rechts daneben. Man gelangt zu Schieferspitzen (2971 m), die man besser überschreitet (II) als umgeht. Dann führt ein Weg im Geröll wieder auf den Grat, der etwas gestuft ist. Man hält sich stets an die Gratschneide.

440 *Über den SE-Grat*

EB Vom Pass 3022 m, 10 Min.

Vom Pass 3022 m folgt man einem Weglein im Geröll.

Pass 2929 m

Zwischen der Pointe du Prélet und der Pointe du Tsaté; von Les Lachoires zur Fêta d'Août de Moiry.
Übergang ohne Bedeutung. Die W-Seite besteht vorwiegend aus Geröll, die E-Seite aus Grashängen und Geröll. Leicht zu begehen.

Pointe du Prélet, 3000 m

Eintöniger Gipfel, nicht interessant.

441 *Von der SE-Seite*

Diese Route ist für den Abstieg günstig.

EB Von der Alp Moiry, 2 Std.
Vom S-Ende des Lac de Moiry, 2¼ Std.
Von der Staumauer von Moiry, 2¾ Std.

Man gelangt zur Fêta d'Août de Moiry (2626 m) wie folgt:

a) Von der Staumauer von Moiry (2250 m) folgt man R. 459 des Basset de Lona bis zur Alp Moiry (2444 m). Man steigt etwas ab nach Louché (2402 m) und findet dort einen Weg, der zur Fêta d'Août de Moiry führt.
b) Vom Ende des Lac de Moiry führen ein Weg und eine Brücke über die Gougra zum Gros Liapec (2292 m). Dann steigt man direkt über steiles Gras zur Fêta d'Août de Moiry.

Von dort steigt man direkt über Gras und Geröll auf und erreicht den SE-Grat von SW, oberhalb von P. 2858. Man folgt dem zum Teil felsigen Rücken bis zum Gipfel.

442 *Über den S-Grat*

EB Vom Pass 2929 m, ¼ Std.

Vom Pass 2929 m steigt man über den grasdurchsetzten Geröllrücken.

443 *Von der W-Seite*

Mühsame Route.

EB Von Les Lachoires zum Gipfel, 2½ Std.

Von Les Lachoires (2096 m) an R. 445 des Col de Torrent gelangt man zum Plan Bernard (2508 m). Von dort steigt man über einen Gras- und Geröllhang gegen den S-Grat auf, den man unweit des Gipfels betritt.

444 *Über den NW-Grat*

Dies ist der am wenigsten eintönige Aufstieg.

L Vom Col de Torrent, 1¼ Std.

Vom Col de Torrent (2919 m) wird eine erste abweisende Felsspitze links umgangen über ein Weglein im Geröll. Der Grat besteht anschliessend aus Gras und Geröll mit einigen Felsstufen. Nach P. 2985,9 senkt sich der Grat bis gegen 2950 m und steigt dann von neuem an.

Col de Torrent, 2919 m

Zwischen der Sasseneire und der Pointe du Prélet; von der Alp Le Cotter zur Alp Moiry. Auf beiden Seiten Wegmarkierungen. Auf der Passhöhe steht ein Kreuz.

445 *Von der W-Seite*

EB Von Les Lachoires, 2 Std.

Von Villa (1742 m) führen Fahrstrassen durch den Forêt du Prélet oder über die Mayens de Cotter (2057 m) nach Les Lachoires (2096 m). Beim Bachübergang (Torrent des Maures, auf ca. 2110 m), wo eine schwierig zu befahrende Strasse nach Cotter (2160 m) abzweigt, parkiert man den Wagen. Von Cotter folgt man dem Weg nach Béplan (2486 m), dann zu einem kleinen See (2536 m) und schliesslich in Richtung auf den Pass, den man in zahlreichen Windungen erreicht.

446 *Von der E-Seite*

EB Von der Alp Moiry, 1½ Std.
Von der Staumauer von Moiry, 2¼ Std.

Von der Moiry-Staumauer (2250 m) folgt man R. 459 des Basset de Lona bis zur Alp Moiry auf 2481 m. Der Weg führt auf das N-Ufer des Baches und dann auf eine alte, grasbewachsene Moräne. Man geht bei P. 2642,5 vorbei und dann am N-Ufer des Sees von Autannes (2686 m). Von hier steigt der Weg über einen steinigen Hang, der oft bis in den Spätsommer mit Schnee bedeckt ist, auf den Pass.

447 *Von der E-Seite*

EB Vom Ende des Sees zum Pass, 2¼ Std.

Vom südlichen Ende des Lac de Moiry überschreitet man die Gougra bei der alleinstehenden Hütte von Gros Liapec (2292 m). Man folgt kurze Zeit dem Seeufer und beginnt dann schräg anzusteigen, oder man folgt weiter dem See bis zu P. 2252, von wo ein Weg schräg zum kleinen See von Louché (2402 m) ansteigt. Von dort gelangt man rasch zur Alp Moiry (2481 m), wo man auf R. 446 stösst.

Sasseneire, △ 3254,0 m

Die Sasseneire ist ein bekannter Aussichtsberg, der von SE als schlanker Kegel erscheint. Auf dem Gipfel steht ein Kreuz.

448 *Über den SE-Grat*

L Vom Col de Torrent, ¾ Std.

Vom Col de Torrent (2919 m) umgeht man die ersten Felszacken auf einem horizontalen Weglein in der SW-Seite. Es steigt dann steiler über Geröll auf den Grat zurück, führt auf dem Grat oder leicht links davon über P. 3139 zum Gipfel, zuletzt über einige Felsen (ausgesetzt).

449 *Über den NNW-Grat*

Der obere Gratteil besteht aus schlechtem Fels.

ZS– Vom Pas de Lona, 2 Std.

Vom Pas de Lona (2787 m) geht man über Rasen, Geröll und Schnee unmittelbar westlich des Felsvorsprunges 2917,5 vorbei und gelangt südöstlich von P. 3046 wieder auf den Grat. Dieser ist von hier bis zum Gipfel gezackt und weist einige Schwierigkeiten auf.

450 *Über die NNE-Seite*

Die Route ist im letzten Teil steinschlägig.

WS Vom Pas de Lona, 2 Std.

Vom Pas de Lona (2787 m) geht man über Gras und Geröll westlich der Felsinsel 2942 m vorbei und steigt dann über steile Firnfelder und verwitterte Felsen schräg zum Gipfel auf.

451 *Über den E- und den SE-Grat*

L Vom Basset de Levron zum Gipfel, 1 Std.

Vom Basset de Levron (2899 m) überschreitet man den Felskopf 3037 m. Kurz darauf wendet man sich gegen links (SW) und gelangt zum SE-Grat und zu R. 448.

Basset de Levron, 2899 m

Zwischen der Sasseneire und dem Diablon; von der Alp Lona zur Alp Moiry.

452 *Von der N-Seite*

EB Von der Alp Lona, ¾ Std.

Von der Alp Lona (2669 m) gelangt man über R. 464 des Pas de Lona zum Lac de Lona (2640 m), dann steigt man weiter Richtung S über Alpweiden und an kleinen, verstreuten hübschen Seen vorbei. Ein letzter Geröllhang führt auf den Pass.

453 *Von der S-Seite*

EB Vom See von Autannes, ¾ Std.

Vom Lac des Autannes (2686 m) an der R. 446 des Col de Torrent steigt man über Gras und Geröll zum Pass.

Diablon, 3053 m

Der Gipfel ist grösstenteils grasig.

454 *Über den W-Grat*

EB Vom Basset de Levron, 25 Min.

Vom Basset de Levron (2899 m) folgt man dem breiten Geröllrücken.

455 *Über den N-Grat*

L Vom Basset de Lona, ½ Std.

Vom Basset de Lona (2792 m) folgt man dem Grat aus Geröll und verwitterten Felsen.

456 *Über die S-Seite*

EB Vom Lac des Autannes, ¾ Std.

Vom Lac des Autannes (2686 m) an der R. 446 des Col de Torrent steigt man Richtung NNE über den Gras- und Geröllhang auf den Gipfel.

Motta Blantse, 2775,7 m

Unbedeutender Gipfel mit schöner Aussicht auf den Moirysee.

457 *Von der SW-Seite*

EB Von der Alp von Moiry, ¾ Std.

Auf R. 459 des Basset de Lona zur Alp Moiry (2481 m), dann auf R. 446 des Col de Torrent bis vor P. 2642,5 aufsteigen. Dann gelangt man über La Madeleine und über den grasbewachsenen Gipfelhang direkt zum höchsten Punkt.

457 a *Variante*

EB

Vom Lac des Autannes (2686 m) an der R. 446 des Col de Torrent aus kann man R. 460 des Basset de Lona bis zum Sattel 2727 m folgen und dann über den grasbewachsenen Grat zum Gipfel steigen.

Basset de Lona, 2792 m

Zwischen dem Sex de Marinda und dem Diablon; von der Alp Lona zur Alp Moiry.

458 *Über die NW-Seite*

B Von der Alp Lona, ¾ Std.

Von der Alp Lona (2669 m) an der R. 464 des Pas de Lona steigt man zum See 2603 m ab und erreicht den Weg, der im SSE von P. 2633 beginnt. Er führt in zahlreichen Windungen zum Pass.

459 *Über die SE-Seite (von der Alp von Moiry)*

B Von der Alp Moiry, 1 Std.
Von der Staumauer von Moiry, 1¾ Std.

Die Strasse, die über die Staumauer führt, ist Privateigentum (Forces motrices de La Gougra). Sie darf nur mit Spezialbewilligung befahren werden. Jenseits der Staumauer führt eine Fahrstrasse zur Alphütte von Moiry (2481 m). Von hier folgt man dem guten Weg, der über Les Giettes in vielen Windungen zum Pass führt.

460 *Von der SE-Seite (vom See von Autannes)*

EB Vom Lac des Autannes zum Pass, ¾ Std.

Vom Lac des Autannes (2686 m) steigt man auf R. 446 des Col de Torrent bis zu P. 2642,5 ab. Dann geht man in der Mulde von La Madeleine zum Sattel 2727 m, nordwestlich der Motta Blantse. Mittels eines Flankenmarsches erreicht man den Weg von R. 459 in seinem oberen Teil.

Sex de Marinda, 2906 m

Von Grimentz aus gesehen ein mächtiger Felskopf, der das Val de Moiry abzuschliessen scheint. Auf seiner W-Seite steht ein grosser Gendarm, der schwierig aussieht, jedoch von Lona aus über Grashalden erstiegen wird.

461 *Über die SW-Seite*

EB Vom Basset de Lona, ¼ Std.

Vom Basset de Lona (2792 m) steigt man über Gras, später Geröll, zum Gipfel auf.

Pas de Lona, 2787 m

Zwischen den Becs de Bosson und der Sasseneire; von der Montagne d'Eison zu den Alpweiden von Bendolla. Auf beiden Seiten Wegmarkierungen; ein Kreuz steht in der Nähe des Passübergangs.

462 *Über die W-Seite*

EB Von L'A Vieille, 2 Std.

Von der Strasse Trogne-Eison zweigt bei P. 1583 eine Strasse, später Alpstrasse, zur Montagne d'Eison und zur Alp L'A Vieille (2368 m) ab. Ab Frumic (ca. 2080 m) Fahrverbot; Anwohner gestattet. Von L'A Vieille steigt ein Weg zur Hütte von Plan Levri (2490 m) und weiter zum Pass, am Schluss über ziemlich steiles, schiefriges Gelände.

463 *Von Evolène*

EB Von Fourcla zum Pass, 3 Std.
Von Evolène zum Pass, 4¼ Std.

Von Evolène (1371 m) führt eine Fahrstrasse nach Fourcla (△ 1792,4 m), den oberen Maiensässen der Alp Volovron. Von dort führt der Weg zuerst durch den Wald von Arolec, dann durch die Mulde des Grand Torrent, und trifft in der Biegung 2293 m auf R. 462.

464 *Über die E-Seite*

EB Von Bendolla, 2¼ Std.

Von Bendolla (2130 m) (Sessellift von Grimentz oder Fahrstrasse, ab P. 1756 nur für landwirtschaftliche Fahrzeuge), folgt man dem Fahrweg bis zur Bergstation des Winter-Sessellifts bei Crêts (2336 m). Von dort übersteigt ein Fussweg den ENE-Grat der Pointe de Lona (2930 m) und führt zur Hütte von Lona (2669 m, höchstgelegene Alphütte (?)). Von dort weiter über die Alpweiden und zum Pass.

Becs de Bosson, △ 3148,7 m

Dieser Gipfel besteht aus mehreren Felszähnen (aus weissem Kalk auf dunklem Sockel). Eine Lücke trennt sie in zwei Gruppen, der höchste Punkt befindet sich in der W-Gruppe. Die andere Gruppe, kaum niedriger, bietet einige Schwierigkeiten und wird selten besucht.

465 *Über den SE-Grat*

Günstige Route für den Abstieg.

EB Vom Pas de Lona, 1¼ Std.

Vom Pas de Lona (2787 m) folgt man dem Rücken gegen N bis zu den Seen 2835 m.
Kommt man von Bendolla (2130 m) auf R. 464 des Pas de Lona, braucht man nicht bis zum Pass zu gehen.
Von den Seen steigt man zum Sattel 2922 m auf dem Verbindungsgrat zwischen der Pointe de Lona (2930 m) und den Becs de Bosson.
Vom Sattel führt ein Pfad dem Grat entlang. Er ist ausgeprägt; die einzige Schwierigkeit besteht in einer kleinen Felsmauer mit abwärts geneigten Griffen (unangenehm im Abstieg; einige Meter Seilgeländer sind nützlich, das Seil ist aber schwierig zu befestigen). Der Weg führt zum Fuss der östlichen Zähne, passiert eine Art natürliches Fenster im Fels, umgeht die östlichen Zähne im S und erreicht die Lücke. Weiter auf der S-Seite des Grats zum Fuss des höchsten Punktes, den man leicht erklettert.

466 *Von der S-Seite*

L

Wer Schuttcouloirs nicht scheut, kann das Couloir, das in die Lücke zwischen den beiden Gruppen führt, in ganzer Länge durchsteigen.

467 *Über den SW-Grat*

Für den Aufstieg geeignete Route.

L Vom Pas de Lona, 1½ Std.

Vom Pas de Lona (2787 m) folgt man dem Rücken gegen N bis zum Pass 2847 m.
Kommt man von der Montagne d'Eison (L'A Vieille, 2368 m) auf R. 462 des Pas de Lona, steigt man direkt durch die Mulde von La Crousa zum Pass 2847 m auf.
Vom Pass 2847 m hält man sich rechts der Bezirksgrenze und gelangt bei ca. 3040 m auf den SW-Grat. Man folgt ihm bis zum ersten Felsabsatz, den man direkt erklettern (II, schlecht geschichtete Griffe) oder links durch ein Schuttcouloir umgehen kann. Man folgt kurze Zeit dem Grat und wendet sich dann nach rechts in die Flanke, um den Anfang eines wenig ausgeprägten Bandes zu erreichen, das von rechts nach links zum Grat zurückführt. Nun führen gut geschichtete Felsen zum Fuss des höchsten Punktes, den man leicht erklettert.

468 *Über den N-Grat*

Dieser Zugang ist nicht gebräuchlich. Nur wer mächtige Schutt- und Geröllmärsche liebt, wird diese Route wählen.

L Vom Pass 2828 m zum Gipfel, 2 Std.

Vom Pass 2828 m folgt man dem Geröllrücken Richtung S bis auf ca. 3000 m. Dann zweigt man nach rechts ab und erreicht den Fuss des grossen Schuttcouloirs, das in die Lücke zwischen den beiden Zahn-Gruppen führt. Dort trifft man auf R. 465 des SE-Grates.

469 *Ostgruppe*

ZS

Die Kletterei ist ziemlich kurz, der Fels akzeptabel. Von der Lücke ersteigt man einen schroffen, gewundenen Kamin oder die Felsen auf der E-Seite (III).

Pointe de Lona, 2930 m

Unbedeutender Gipfel, dessen S-Seite grünliches Geröll aufweist.

470 *Über die S-Seite*

EB Von Lona, ¾ Std.

Von Lona (2669 m) steigt man auf R. 464 des Pas de Lona über die Gras- und Geröllhalden.

471 *Über den W-Grat*

Auf diesem Weg kann man nach einer Überschreitung der Becs de Bosson noch die Pointe de Lona ersteigen.

EB oder L Vom Sattel 2922 m, ½ Std.

Vom Sattel 2922 m, den man entweder auf R. 465 der Becs de Bosson oder direkt von Bendolla (2130 m) über Geröllhänge erreicht, folgt man stets dem Grat, dessen grosse Blöcke vergnügliche Kletterei bieten. Man kann sie auch alle rechts unterhalb des Grates umgehen. Dann wird der Grat leicht und senkt sich zum Gipfel ab.

Pass 2828 m

Zwischen dem Roc de la Tsa und den Becs de Bosson; von der Alp L'Ar du Tsan zur Alp Marais.
Auf beiden Seiten zugänglich, dient er fast nur als Zugang zum Roc de la Tsa.

472 *Über die W-Seite*

EB Von L'Ar du Tsan, 2 Std.

Von den Alpweiden des Ar du Tsan (R. 483 des Col de la Brinta) folgt man zuerst dem Pfad zu den Weiden auf mittlerer Höhe (2403 m), dann dem Bach, der aus der Gegend unter dem Pass (La Lerèche) kommt, und steigt dann über Geröll auf den Pass.

473 *Über die E-Seite*

EB Von Bendolla, 2½ Std.

Von Bendolla (ca. 3130 m), von Grimentz mit Sessellift oder auf einer Fahrstrasse (ab P. 1756 nur für landwirtschaftliche Fahrzeuge erlaubt) erreichbar, folgt man R. 478 des Roc d'Orzival bis zur Station 2585 m eines Skilifts. Dann folgt man dem Weg zur Station 2874 m des Lifts, bis vor P. 2688, und steigt direkt über Gras und Geröll zum Pass.

Roc de la Tsa, 2910,9 m

Geröllgipfel, der den Namen Roc nicht verdient.

474 *Über den NE-Grat*

EB Vom Col du Tsan, ½ Std.

Vom Col du Tsan (2748 m) folgt man dem grasdurchsetzten Geröllkamm.

475 *Über den SSW-Grat*

EB Vom Pass 2828 m, ½ Std.

Vom Pass 2828 m folgt man dem Geröllkamm zum Gipfel.

476 *Über den NW-Grat*

EB Vom Ar du Tsan, 1¾ Std.

Von der Alp von L'Ar du Tsan, die man über R. 483 des Col de la Brinta erreicht, steigt man über Rasen und Geröll zu P. 2621. Über den Geröllrücken weiter zum Gipfel (Gipsvorkommen).

Col du Tsan, 2748 m

Zwischen dem Roc d'Orzival W-Gipfel und dem Roc de la Tsa; von der Alp L'Ar du Tsan zur Alp Marais.
Für die NW-Seite des Passes sind die stark erodierten Kalkpyramiden typisch. Die SE-Seite (Kreidegestein) bietet eines der traurigsten Beispiele von Bodenerosion als Folge der Herrichtung von Skipisten.

477 *Über die NW-Seite*

EB Von L'Ar du Tsan, 1½ Std.

Über R. 483 des Col de la Brinta erreicht man die Alp L'Ar du Tsan. Von dort steigt man über Gras- und Geröllhalden zum Pass.

Über die SE-Seite

Siehe R. 478.

Roc d'Orzival, △ 2852,6 m

Dieser Berg hat drei von W nach E aufgereihte Gipfel.

1. W-Gipfel, 2816 m, wo die die Wasserscheide zwischen dem Val de Réchy und dem Val d'Anniviers bildenden Grate zusammenkommen. Ein Skilift und eine im Hang ausgebaggerte Skipiste erreichen den Sattel im NE dieses Gipfels.
2. Hauptgipfel (△ 2852,6 m), grasiger Rücken mit einigen Felsen.
3. E-Gipfel, ca. 2830 m, Felsturm, der den Namen Roc verdient. 270 m im ESE des Hauptgipfels gelegen, bietet er einige Schwierigkeiten.

Im ganzen Gebiet des Roc d'Orzival ist der Boden weitgehend zerstört durch Wintersport-Einrichtungen (Planierung der Skipisten).

478 *Von der S-Seite und vom Col du Tsan*

B Von Bendolla, 2½ Std.

Von Grimentz (1564 m) führt eine Sesselbahn nach Bendolla (ca. 2130 m). Von Grimentz führt ebenfalls eine Fahrstrasse (ab P. 1756 nur für landwirtschaftliche Fahrzeuge gestattet) über Bendolla bis nach Crêts (2336 m). Eine Abzweigung dieses Wegs führt zur Alp Marais (ca. 2500 m).
Von Bendolla (ca. 2130 m) folgt man dem Pfad nach Marais und weiter zur Station 2585 m eines Skilifts. Man folgt den Masten, kommt am See 2637 m vorbei und weiter dem Skilift nach bis zum Sattel zwischen dem W-Gipfel und dem höchsten Punkt. Man kann auch der Piste folgen, die zuerst zum Col du Tsan (2748 m) führt und dann den Südhang des W-Gipfels quert.

479 *Über den NNW-Grat*

EB Vom Sex de la Brinta, ¾ Std.

Vom Sex de la Brinta (2693,2 m) folgt man im allgemeinen dem Grat (Gras und Geröll), wobei man einige ockerfarbige Felszähne rechts umgeht. Ein Geröllhang führt zum W-Gipfel.

480 *Über den NE-Grat*

L Von den Alpweiden von Orzival (2107,6 m), 2¼ Std.
Von Les Tsougdires (2167,5 m), 2½ Std.

Zum Fuss des Grates gelangt man folgendermassen:

a) Von Grimentz führt eine Fahrstrasse und ein Fahrweg (ab P. 1756 nur für landwirtschaftliche Fahrzeuge erlaubt) nach Tsougdires (2167,5 m).
b) Von der Strasse Vercorin-Pinsec zweigt bei P. 1469 ein Fahrweg ab (Fahrverbot, Anwohner gestattet), der nach Les Giettes und Tracui d'en Bas (1898 m, Ferienhaus) führt (mit Verlängerung nach Vercorin). Der Fahrweg ist nur am An-

fang steil und führt zu den Alpweiden von Orzival (Hütten 2107,6 m und 2042 m).

c) Von St-Jean-Dessus (1395 m) führt eine Fahrstrasse zu den Mayens de Pinsec (1843,6 m). Von dort erreicht man über P. 1868 und einen Fussweg gegen S ein Couloir, das durch eine Lichtung in den Forêts Derrières aufsteigt bis zum Fahrweg von Tracui.

Man erreicht den Grat von SE zwischen P. 2401,6 und P. 2503. Man folgt ihm über Gras, Geröll und einige Felsen bis zum Fuss der N-Wand des höchsten Punktes, den man über leichte Felsen direkt erklimmt.

481 *Über den ESE-Grat*

L Von Bendolla, 2½ Std.

Von Grimentz (1564 m) führt ein Sessellift oder eine Fahrstrasse (ab P. 1756 nur für landwirtschaftliche Fahrzeuge offen) nach Bendolla. Von dort folgt man der Fahrstrasse (Fahrverbot), die von Grimentz zum Chaché (2315 m) führt. Über Rasen und Geröll zum Fuss des E-Gipfels, den man über einige Felsen ersteigt, und von dort hinüber zum Hauptgipfel.

Sex de la Brinta, 2693,2 m

Grösstenteils grasiger Gipfel mit etwas Geröll.

482 *Über den NNE-Rücken*

EB Vom Col de la Brinta, ½ Std.

Vom Col de la Brinta (2599 m) führt ein Weg über den Grasrükken zum Gipfel.

Über den SSE-Grat

Siehe R. 479.

Col de la Brinta, 2599 m

Zwischen La Brinta und dem Sex de la Brinta; von der Alp L'Ar du Tsan zur Alp Orzival. Der Grat kann an beiden mit 2599 m kotierten Punkten überschritten werden.

483 *Über die W-Seite*

EB Vom Ar du Tsan, 1 Std.

Auf die Alp L'Ar du Tsan gelangt man:

a) Von Dailley (1004 m) über eine Fahrstrasse ins Val de Réchy. Bis 1226 m (Parkplatz) ist sie gut befahrbar. Von dort geht man weiter zu den Mayens de Réchy und La Lé. Dann steigt der Pfad entlang der Rèche zum Wasserfall von Pichioc auf und weiter zur Alp.
Von La Lé, 1¾ Std.
Von der Brücke 1226 m, 2½ Std.

b) Von Vercorin (1322 m) auf einer Fahrstrasse, die über Sigeroula (1867 m) zur Alp L'Ar du Tsan (Wasserfassung La Tine) führt.

Von den Alpweiden von L'Ar du Tsan (ca. 2200 m) führt ein manchmal unterbrochener Pfad östlich über der Remointse (2227 m) durch auf den Pass.

484 *Über die E-Seite*

EB Von La Rauja, ¾ Std.

Folgende Wege führen auf die Alp Orzival:

a) Von Grimentz (1564 m) führt eine Strasse, dann ein Fahrweg (ab P. 1756 nur für landwirtschaftliche Fahrzeuge gestattet) nach Tsougdires (2095 m). Von dort führt ein Fussweg zur Alp.

b) Von der Strasse Vercorin-Pinsec zweigt bei P. 1469 eine Fahrstrasse (Anwohner erlaubt) nach Les Giettes und Tracui d'en Bas (1898 m, Ferienhaus), mit Verlängerung nach Vercorin. Die Strasse ist nur am Anfang steil und führt zur Alp Orzival. Eine weniger gut befahrbare Strasse führt weiter zur Hütte La Rauja (2318 m).

c) Von St-Jean-Dessus (1395 m) führt eine Fahrstrasse zu den Mayens de Pinsec (1843,6 m). Von dort erreicht man über P. 1868 und einen Fussweg gegen S ein Couloir, das durch eine Lichtung in den Forêts Derrières aufsteigt bis zum Fahrweg von Tracui (Zugang b).

Von La Rauja (2318 m) steigt man durch die grasige Geröllmulde zum Pass.

La Brinta, 2659,6 m

Dieser auf der NE-Seite felsige Turm trägt einen grossen Gendarmen. Der Zugang zum Fuss des Turms ist leicht.

485 *Über die NE-Seite*

EB Vom Crêt du Midi, 1 Std.

Vom Crêt du Midi (△ 2331,8 m), der von Vercorin mit einer Luftseilbahn oder einer Fahrstrasse erreichbar ist, führt ein Pfad gegen SSE, umgeht den Mont Major im W, steigt über den Gras- und Geröllhang des P. 2620 und gelangt westlich dieses Punktes auf den Grat. Man steigt zum Fuss des Turms etwas ab. Ein erdiges, von einigen Felsen unterbrochenes Weglein führt zu einer Schulter beim Gendarmen und dann weiter über etwas Fels zum Gipfel. Im obersten Teil ist die linke Spur bequemer (für den Abstieg).

486 *Von E*

EB Von La Rauja zum Gipfel, 1 Std.

Von La Rauja (2318 m), an der R. 484 des Col de la Brinta, führt ein Pfad durch eine Mulde südwestlich von P. 2620 auf den Grat, wo man auf R. 485 stösst.

487 *Von E*

EB Vom Col de la Brinta zum Gipfel, ¼ Std.

Vom Col de la Brinta (2599 m) führt ein Weg zum Gipfelaufbau, schlängelt sich dann rechts (E) durch die Felsen und trifft auf R. 485 bei der Schulter in der Nähe des Gendarmen.

Mont Major, 2374 m

Unbedeutender Gipfel, auf den ein Skilift führt.

Wir beschreiben nun den andern Teil des Hufeisens, das den Ar du Tsan umschliesst.

Pointes de Tsavolire, 2900,4 m und 3026 m

In St-Martin nennt man P. 3026 Vatseneire (vache noire, schwarze Kuh) und P. 2902 Chetiot.

488 *Über den ENE-Grat*

EB Vom Pas de Lona, 1 Std.

Vom Pas de Lona (2787 m) folgt man R. 467 der Becs de Bosson und erreicht den Grat auf ca. 3000 m. Man folgt dem Schuttrükken zum Gipfel 3026 m.

489 *Von der SW-Seite*

EB Von L'A Vieille, 2 Std.

Auf R. 462 des Pas de Lona gelangt man zur A Vieille (2368 m) und steigt von dort über langweilige Gras- und Geröllhalden zum Gipfel.

490 *Über den NNW-Grat*

L Vom Pas de Lovégno, 1½ Std.

Vom Pas de Lovégno (2695 m) folgt man dem Gratweglein, umgeht im E die Felsen im N der Maya und gelangt über Geröll zum E-Fuss der Maya. Man geht weiter über den teilweise felsigen Grat (v.a. bei P. 2902) und erreicht dann den Gipfel über Geröll.

La Maya (du Tsan), 2915,5 m

Eigenartiger Gneisturm auf einem Schiefersockel. Als mächtiger Monolith von 60 m Höhe zieht er die Kletterer an.

491 *Zugang zum Fuss des Turms:*

a) Vom Pas de Lovégno (2695 m), den man auf R. 495 und 496 erreicht, folgt man mehr oder weniger dem Grat auf einem Weglein, umgeht im E die Felsen im N der Maya und gelangt über Geröll zum Fuss des Gipfelturms (R. 490).
Vom Pas de Lovégno, 20 Min.

b) Von L'A Vieille (2368 m), die man über R. 462 des Pas de Lona erreicht, steigt man weiter nach Bella Luette (2484 m). Von dort gewinnt man den NNW-Grat (R. 490) der Pointes de Tsavolire und folgt ihm bis zum Fuss des Turms.
Von L'A Vieille, 1½ Std.

492 *Über den N-Grat*

ZS Vom Fuss, ½ Std.

Einstieg am W-Fuss des Turms. Ein Band in der W-Wand führt auf den N-Grat oberhalb seines ersten Absatzes, auf etwa einem Drittel seiner Höhe. Von dort direkt über den Grat zum Gipfel.

493 *Über die E-Flanke*

ZS+ Vom Fuss, ½ Std.

Die E-Wand wird von zwei schroffen Kaminen durchzogen, wovon der eine oberhalb des Absatzes auf den N-Grat mündet, der andere fast direkt zum Gipfel zieht. Der erste ist der leichtere, doch sind sie beide ziemlich griffarm.

494 *Über den S-Grat*

ZS+ Vom Fuss, 30–40 Min.

Vom Fuss der E-Wand zieht ein schräger Kamin in die Lücke zwischen dem Turm und einem mehr südlich gelegenen spitzen Gendarmen. Man folgt der Gratschneide, bis sie sich aufschwingt, umgeht einen grossen Block links (W), geht auf der E-Seite einem Band entlang und steigt durch einen leichten Kamin direkt zum Gipfel.

Pas de Lovégno, 2695 m

Zwischen der Becca de Lovégno und La Maya; von der Alp Lovégno zum Ar du Tsan.

495 *Über die W-Seite*

EB Von Lovégno, 1¾ Std.

Von Suen (1429 m) führt eine Strasse, später Fahrweg, nach Lovégno (2169 m). Ab Pra Vouarbot (ca. 1850 m) Fahrverbot, Anwohner erlaubt. Von Lovégno führt ein manchmal undeutlicher Weg über Rasen und schieferiges Gestein auf den Pass.

496 *Über die E-Seite*

EB Vom Ar du Tsan, 1¾ Std.

Auf R. 483 des Col de la Brinta gelangt man zur Alp L'Ar du Tsan. Vom unteren Boden der Alp (ca. 2200 m) führt ein Pfad nach La Fâche (2453 m), geht an der Gouille de Potoc (2468 m) vorbei und führt in die Nähe des Louché (2567 m). Von dort führt ein manchmal unterbrochener Pfad über Gras und Schiefer zum Pass.

Becca de Lovégno, △ 2820,6 m

Der Gipfel, ein grasbewachsener Kegel, bietet schöne Aussicht auf den Louché.

497 *Über den SSE-Grat*

EB Vom Pas de Lovégno, 20 Min.

Vom Pas de Lovégno (2695 m) führt ein Weg auf der rechten Seite des Grats über Gras zu einer Art Vorgipfel (Schulter), von wo aus man den ausgeprägteren Gipfel gewahrt. Man erreicht ihn leicht über Gras.

498 *Über den WNW-Grat*

EB Von Lovégno, 2¼ Std.

Von Lovégno (2169 m) folgt man R. 495 des Pas de Lovégno bis zur Schutzhütte Luchelette (2390 m). Man zweigt nach N ab und erreicht über die Alp Lovégno P. 2556 südöstlich des Felshügels Les Rechasses (2522 m), wo der Grat beginnt. Er ist zuerst grasig und besteht später aus von leichten Felsbändern durchsetztem Geröll.

Über den NE-Grat

Siehe R. 500.

Pointe de Masserey, 2841 m

Der Gipfel besteht aus grasdurchsetztem Geröll.

499 *Über den N-Grat*

EB Von Brechette, ¾ Std.

Von Brechette (2619 m) führt ein langer Gras- und Geröllrücken zum Gipfel.

500 *Über den SW-Grat*

Vom Gipfel der Becca de Lovégno (△ 2820,6 m) sieht es so aus, als böte der Grat bei einem schieferigen Felskopf Schwierigkeiten.

EB Von der Becca de Lovégno, ½ Std.

Von der Becca de Lovégno (△ 2820,6 m) steigt man über den schieferigen Grat ab und steigt dann in Richtung auf den schieferigen Felskopf wieder auf. Man ersteigt ihn links des Spaltes, der ihn teilt, und findet für den Abstieg auf der andern Seite bequeme Stufen. Über den leichten Felsgrat, dann über Grashänge erreicht man den Gipfel rechter Hand.

Brechette, 2619 m

Zwischen dem Mont Gautier und der Pointe de Masserey; von der Alp La Louère zum Ar du Tsan.
(Auf dem grasbewachsenen Pass steht ein altes Kreuz.)

501 *Über die W-Seite*

EB Von La Louère, 1¼ Std.

Von der Strasse Mase-Suen zweigt bei P. 1365 eine Strasse, später Fahrweg, nach La Louère (2165 m) und La Combe (2324 m) ab. Ab ca. 1960 m Fahrverbot (Spezialbewilligungen). Man kann bei P. 1903 den Fahrweg zur Linken nehmen, der (ohne Fahrverbot) zur Wasserfassung im NW von P. 2246,4 führt.
Von La Louère (2165 m) ersteigt man den ganzen Grashang bis zum Pass.

502 *Über die E-Seite*

EB Vom Ar du Tsan, 1¼ Std.

Über R. 483 des Col de la Brinta erreicht man den Ar du Tsan (ca. 2200 m) und folgt dann R. 496 des Pas de Lovégno bis zur Fâche (2453 m). Dann über Geröll- und Grashänge zum Pass.

Mont Gautier, 2696,1 m

Gipfel aus ockerfarbenem Geröll mit einigen Felszähnen.

503 *Über den N-Grat*

EB Vom Col de Cou, ¾ Std.

Vom Col de Cou (2528 m) führt ein Pfad im Gras auf der linken Seite des Grates zu P. 2611. Leicht absteigend gelangt man zur Zone mit ockerfarbenem Geröll, wo der Weg in die Nähe des Grates führt. Der Gipfel befindet sich rechts, und man erreicht ihn über ein Weglein, das am Fuss der Felsen entlanggeht und dann auf den Gipfel zurückkommt.

504 *Über den SSW-Grat*

EB Von Brechette, ½ Std.

Von Brechette (2619 m) folgt man auf einem Weglein dem ziemlich schmalen und zum Teil felsigen Grat. Nach einem Abstieg führt ein letzter Abhang auf den Gipfel.

504 a *Variante*

EB Von Brechette, ½ Std.

Von Brechette (2619 m) steigt man auf der E-Seite leicht ab und gelangt in eine Art Tal, das unter dem Gipfelhang zum Grat führt.

Col de Cou, 2528 m

Zwischen dem Mont Noble und dem Mont Gautier; von der Alp La Louère zum Ar du Tsan.
Ein Kreuz steht auf dem Übergang.

505 *Von der W-Seite*

B Von La Combe, ½ Std.

Von La Combe (2324 m), an der Route 501 der Brechette, folgt man dem Pfad zum Pass.

506 *Von der E-Seite*

B Vom Ar du Tsan, 1 Std.

Vom Ar du Tsan (ca. 2200 m), an der R. 483 des Col de la Brinta, führt ein Pfad, der oben am Wasserfall des Pichioc (P. 2184) beginnt, zum Pass.

Mont Noble, △ 2648,1 m, △ 2654,2 m, 2673 m

Sehr schöner Aussichtspunkt mit drei kotierten Punkten. Der W-Gipfel (△ 2648,1 m) trägt ein Christuskreuz, der E-Gipfel eine Muttergottes-Statue.

507 *Von W*

EB Vom Chiesso, 1¾ Std.

Von Nax (1265 m) führt eine Fahrstrasse nach Chiesso (2068 m). Von dort führt ein Strässchen zum Plan Tsalet (2244 m), dann geht ein Pfad weiter zum Bachet (2421 m). Man folgt nun dem Grasrücken, den seltsamen Steinhaufen (P. 2592) linker Hand lassend, erreicht den W-Gipfel und von dort den E-Gipfel.

507 a *Variante*

EB Vom Clot de Guidon zum Gipfel, 2½ Std.

Von Vernamiège (1301 m) führt eine Strasse zur Abzweigung 1560 m, wo eine mit «Les Gouilles» bezeichnete Strasse, später Fahrweg, zum Clot de Guidon abzweigt. Von dieser Lichtung aus folgt man dem Weg im Wald, der zur Fahrstrasse von Nax zum Chiesso (R. 507) führt.

508 *Über den SE-Grat*

EB Vom Col de Cou, ¾ Std.

Vom Col de Cou (2528 m) folgt man dem Grasrücken, übersteigt den Blockhaufen P. 2641 und geht weiter über Gras zum E-Gipfel.

509 *Von S*

EB Von La Combe, ¾ Std.

Von La Combe (2324 m) an der R. 501 der Brechette folgt man R. 505 des Col de Cou bis auf ca. 2390 m. Man zweigt links ab und folgt einer Spur, die auf die Schulter der Tête des Planards (2446,0 m) führt. Auf der Spur weiter über den Rücken oder rechts davon bis zum W-Gipfel.

Tour de Bonvin, 2444 m

Unbedeutender Vorbau im N des Mont Noble, vom Bachet auf R. 507 leicht zu erreichen.

ABSCHNITT IV

Gabelhörner-Gruppe – Zinalrothorn-Gruppe

Vom Col Durand zum Schalijoch

Klassisches Gebiet dieses Führers. Die bekannten Gipfel Obergalbelhorn, Zinalrothorn und Besso werden hauptsächlich von der Mountethütte aus besucht; sie haben Hochgebirgscharakter und weisen eine bedeutende Vergletscherung auf. Es sind also vor allem Eistouren oder gemischte Routen zu finden. Doch auch dem Kletterer bieten die S-Wand des Obergabelhorns oder die E-Wand des Zinalrothorns Routen grossen Stils. Das Zinalrothorn weist überdies bekannte Grate mit schönem Fels auf, z.B. die berühmte Passage über das Rasoir (Rasiermesser) im N-Grat. Auch an schönen Nordwänden fehlt es nicht: Mt. Durand, Ober Gabelhorn, die Epaule, Pointes de Moming. Das Gebiet ist frei von grössern Kraftwerkanlagen und eignet sich nicht zum Skifahren, weshalb es in seiner ursprünglichen Schönheit erhalten geblieben ist.

Anlässlich ihrer Alpendurchquerung Grächen–Zinal vom 14. Februar bis 4. März 1986 überschritten André Georges und Erhard Loretan zwischen dem 24. Februar und dem 4. März folgende im Gebiet dieses Führers liegende Gipfel:

Matterhorn, über Hörnligrat und den Liongrat. Dent d'Hérens über den E-Grat zum Biwak Perelli Cippo. Tiefmattenjoch–Tête de Valpelline–Dent-Blanche-Hütte. Dent Blanche, Col de Zinal, Pointe de Zinal, Mont Durand, Ober Gabelhorn, Wellenkuppe, Rothornhütte. Zinalrothorn (bei schwierigen Verhältnissen). Pointes S und N de Moming, Schalihorn, Schalijoch. Weisshorn, Bishorn, Tracuithütte.

Am 28. Juli 1986 überschritten André Georges und Armand Salamin in 22 Std. 30 Min. die dreizehn Gipfel des Kranzes von Zinal: Dent Blanche, Pointe de Zinal, Mont Durand, Ober Gabelhorn, Wellenkuppe, Trifthorn, Pointe du Mountet, Zinalrothorn, Pointes S und N de Moming, Schalihorn, Weisshorn, Bishorn.

Fahrwege und -strassen

Es werden nur jene Fahrwege aufgeführt, die für die Durchführung einer Tour von Nutzen sind. Manchmal ist ihre Benützung beschränkt erlaubt, manchmal besteht ein allgemeines Fahrverbot. Wer eine solche Strasse dennoch benützt, tut dies auf eigene Verantwortung. Die Strassen sind oft sehr schmal und müssen mit der nötigen Vorsicht und passenden Geschwindigkeit befahren werden.

- Zinal–Brücke 1675 m über die Navisence.
  Die Fahrstrasse führt bis zu P. 1723,5 (Fahrverbot ab der Brücke).

Mont Durand oder Arbenhorn, 3712,6 m

Die Kote 3678 m bezeichnet die daumenartige Spitze, halb Schnee, halb Fels, am obern Ende des felsigen Dreiecks der NNW-Wand. Man überschreitet sie beim Abstieg zum Arbenjoch.
Die erste Besteigung ist unbekannt. Der Gipfel wird für sich allein selten bestiegen, jedoch bei der Überschreitung des Ober Gabelhorns über die Hauptgrate besucht. Die Gratwanderung ist auch schon fortgesetzt worden bis zum Blanc de Moming und sogar noch weiter. Arthur Visoni und Henri Berret mit Basile Bournissen überschritten am 20. August 1943 von der Schönbielhütte aus Mont Durand–Ober Gabelhorn–Wellenkuppe–Trifthorn–Pointe du Mountet–Zinalrothorn in 19 Std. und stiegen nach Mountet ab.

520 *Über den SW-Grat*

WS Vom Col Durand, 1 Std. Abb. S. 283

Vom Col Durand (3451 m) folgt man dem Kamm, der zuerst aus Schnee, dann aus Fels (Geröll) besteht. Diese Geröllseite hat von weitem gesehen die Form einer Pfeilspitze, die gegen den Gipfel zeigt; bei der Spitze des Pfeils (3611 m) beginnt ein ziemlich steiler Schneehang. Dann führt ein breiter Schneerücken auf den höchsten Punkt.

520 a *Variante*

L

Kommt man von der Schönbielhütte (2694 m) über R. 318 des Col Durand, braucht man nicht auf den Pass zu gehen. Man steigt mehr rechts an und gelangt bei der Spitze des Pfeils auf den Grat.

Durch die NNW-Flanke

Diese Wand hat zwei Rippen und einen Eiswulst, der sie überragt. Die linke Rippe führt zum P. 3678; die andere beginnt in der Mitte der Basis der Wand und steigt nach rechts; es handelt sich um die unklare Abgrenzung des mittleren, im allgemeinen von Schnee bedeckten Teils und des westlichen felsigen Teils.

521 *Route rechts*

Maurice Brandt, Adrien und Rose Voillat, im Abstieg, 9. September 1957.

Diese Route ist die einzige verhältnismässig sichere in dieser Wand. Sie folgt dem westlichen Teil der Wand, die 550 m hoch ist und eine Neigung von 58° hat.

SS Von der Mountethütte, 7 Std. Abb. S. 283

Von der Mountethütte (2886 m) gelangt man auf R. 317 des Col Durand an den Fuss der Wand. (1 Std.). Man überschreitet den Bergschrund und erreicht die Rippe von rechts. Sie wird über Bänder und Kamine erklettert. Dann über den Schneehang gerade in Richtung äusserstes W-Ende des Eisriegels hinauf, wo er die geringsten Schwierigkeiten bietet. Über den Riegel und einen leichten Hang zum Gipfel.

522 *Route links*

Pierre Bonnant, Loulou Boulaz, René Caloz, 27. Juni 1942.

Diese Route ist dem Eisschlag ausgesetzt. Neigung 55°–57°.

SS Von der Mountethütte, 7 Std. Abb. S. 283

Von der Mountethütte (2886 m) gewinnt man über R. 317 des Col Durand den Fuss der Wand. (1 Std.). Man überschreitet den Bergschrund in der Fallinie des Gipfels, erklettert dann die Felsen, sich links wendend, in der Richtung des Felsdaumens 3678 m. Am Fusse eines kleinen Passes südwestlich des Daumens angelangt, umgeht man den Eiswall der Gipfelpartie links und steigt nun direkt auf den Gipfel.

522 a *Variante*

SS Abb. S. 283

Man kann den kleinen Pass südwestlich des Daumens auch direkt erreichen.

523 *Über die NNE-Flanke*

André Liechti mit Michel Zufferey, 16. Juli 1966

Diese Wand besteht hauptsächlich aus Fels und endet beim Daumen P. 3678.

S Von der Mountethütte, 6¾ Std. Abb. S. 283

Von der Mountethütte (2886 m) gewinnt man auf R. 317 des Col Durand den Fuss der Wand. (1 Std.). Man überschreitet den Bergschrund und ersteigt feste, manchmal mit Eis bedeckte Felsen. Die Wand wird bald gemischt und endet mit einem Schneehang (50°). Es ist gut, sich ziemlich rechts zu halten, um dem Eisschlag auszuweichen.

524 *Über den NE-Grat*

WS Vom Arbenjoch, 30–40 Min. Abb. S. 283

Vom Arbenjoch (3570 m, tiefste Einsenkung) folgt man dem Schneegrat bis auf den Gipfel des Daumens 3678 m. Ein kurzer Abstieg über einen Felsgrat führt auf die obern Firnpartien, über die man zum Gipfel ansteigt. Ist der Grat aper, so ist es vorteilhafter, den Randfelsen links zu folgen, den Daumen links (südlich) umgehend.

525 *Über den S-Grat*

ZS Vom Hohwänghorn, ¾ Std.

Vom Hohwänghorn (3672 m) steigt man im Schnee ab bis zu einem felsigen Gratstück. Es ist zuerst horizontal und leicht, senkt sich dann aber steil zur Schneelücke zwischen dem Hohwänghorn und dem Arbenhorn. Man steigt eine Seillänge ab bis zu einem kleinen Block auf dem Grat (exponiert, III), dann weiter ein kurzes Stück senkrecht hinunter (eine Stelle IV). Der Fels ist hier gut. Nun über leichteren Fels zur Schneelücke. Dann umgeht man einen Gendarmen auf der W-Seite und folgt dem leichten Schneegrat bis zum Gipfel.

Hohwänghorn, 3672 m

Über den N-Grat (vom Arbenhorn)

Siehe R. 525.

526 *Über den S-Grat*

WS Vom Höhwängsattel, ½ Std.

Vom Hohwängsattel (3413 m, ohne Namen auf der LK) erreicht man den Fuss des Felssporns (P. 3450) und folgt seiner Schneide in ganzer Länge (hübsche Kletterei, einige lose Blöcke). Am Ende des Sporns folgt leichter Schnee bis unter den Gipfel, den man über leichte Felsen gewinnt.

527 *Über die W-Seite*

Emil Burckhardt mit Christian Jossi und Gabriel Taugwalder, 31. August 1885.

WS Von der Schönbielhütte zum Gipfel, 3¼ Std.

Von der Schönbielhütte (2694 m) folgt man R. 318 des Col Durand bis auf ca. 3400 m und gelangt zum W-Fuss des Gipfels zwischen P. 3522 und P. 3486, wo ein steiler Schneehang zum S-Grat führt (R. 526). Man folgt ihm bis zum Gipfel.

Hohwängsattel, 3413 m

Ohne Namen auf der LK.

Zwischen dem Hohwänghorn und dem Äbihorn; vom Hohwänggletscher (Schönbielhütte) zum Arbengletscher (Arbenbiwak).

528 *Über die W-Seite*

L Von der Schönbielhütte, 2–2½ Std.

Von der Schönbielhütte (2694 m) folgt man R. 318 des Col Durand, dann R. 320 des Col Durand, die zur Äbilücke führt (ca. 3330 m). Man lässt die Äbilücke rechts und erreicht den Pass.

529 *Über die E-Seite*

L Vom Arbenbiwak, ¾ Std.

Vom Arbenbiwak (3224 m) ersteigt man die Firnfelder des Arbengletschers. Man achte auf Spalten!

Äbihorn, △ 3472,7 m

Emil Burckhardt mit Christian Jossi und Gabriel Taugwalder, 31. August 1885.

530 *Von N*

L Vom Hohwängsattel, ¼ Std.

Vom Hohwängsattel (3413 m, ohne Namen auf der LK) folgt man dem Felsgrat.

531 *Von SW*

L Von der Äbilücke, ½ Std.

Von der Äbilücke (ca. 3330 m) steigt man über Schnee, Geröll und einige Felsen zum Gipfel.

Äbilücke, ca. 3330 m

Zwischen dem Rotturm und dem Äbihorn; vom Hohwänggletscher (Col Durand) nach Hohle Bielen (Zermatt).
Dieser kleine Schneesattel befindet sich unmittelbar am Fuss des Rotturms.

532 *Vom Hohwänggletscher*

L

Sowohl vom Hohwänggletscher (R. 318 und 320 des Col Durand) als auch vom Hohwängsattel (3413 m, ohne Namen auf der LK) quert man fast eben über Firnfelder in die Lücke.

Über die S-Seite

Siehe R. 320.

Rotturm, 3337 m

Felsturm, der sich wie ein Grenzstein am Rand des Hohwänggletschers erhebt. In einigen Minuten ersteigbar, jedoch uninteressant.

Arbenjoch, 3570 m

Zwischen dem Mont Durand (Arbenhorn) und dem Ober Gabelhorn; vom Glacier Durand (Mountethütte) zum Arbengletscher (Arbenbiwak).
Der Pass ist als Übergang touristisch nicht interessant. Er hat zwei Einsenkungen. Die niedrigere (3570 m) befindet sich westlich, die andere (ca. 3650 m) unmittelbar östlich einer Schneekuppe (3656 m), mit der zusammen er am Fusse des Arbengrates eine Art Schulter bildet.
Der Pass wurde wahrscheinlich von Edward Whymper mit Jean-Antoine und Louis Carrel am 24. August 1874 von der S-Seite her erreicht. Die

erste Überschreitung ist diejenige von Edward Davidson mit Laurent Lanier am 8. Juli 1875.
Das Arbenjoch dient als Zugang zum Arbengrat, wenn man vom Arbenbiwak (3224 m) ausgeht. Kommt man von der Mountethütte (2886 m), steigt man besser zum Col Durand (3451 m) auf und überschreitet den Mont Durand (Arbenhorn).

533 *Von der N-Seite*

ZS Von der Mountethütte, 4–4½ Std. Abb. S. 283

Von der Mountethütte (2886 m) folgt man R. 317 des Col Durand und geht zwischen P. 3089,6 (Le Cœur) und P. 3169 durch, um dann so direkt als möglich über einen stark zerschrundeten Gletscherarm anzusteigen, parallel den Felsen des NNW-Grates des Ober Gabelhorns. Es ist selten möglich, die obere Einsattelung am Fuss der Felsen des Arbengrates direkt zu erreichen (ca. 3650 m). Man gelangt gewöhnlich dort auf den Grat, wo er eine breite Schneekuppe bildet (3656 m), 300 m im ENE der tiefsten Einsenkung (3570 m).

534 *Von der S-Seite*

WS Vom Arbenbiwak, 1½–2 Std.

Vom Arbenbiwak (3224 m) steigt man Richtung N über den Fels- und Geröllsockel, dann über den Gletscher selbst empor, bis man mit einem Höhenverlust von ca. 50 m westlich in die grosse Gletschermulde unter dem Pass queren kann. Man gelangt zum Fuss der Felswand im SW der tiefsten Einsattelung (3570 m). Ein charakteristischer Felssporn senkt sich in den Bergschrund. Man steigt links von diesem Felssporn über ein Schneeband schräg zum Pass an. (Ist das Band schneefrei, geht man über verwitterten Fels und losen Schutt exponiert und rutschig, mit z.T. mageren Sicherungsmöglichkeiten). Höher oben kommt man etwas weniger steil (Steinmann) zu einem kurzen Schlusscouloir, das man rechts umgeht, um über einen kurzen Geröllhang (Steinmann) den Grat westlich der tiefsten Senke zu betreten.
Im *Abstieg* geht man von der tiefsten Lücke noch etwas weiter Richtung Mont Durand und sieht dann weiter unten ein breites Schneeband, das gegen SW abfällt. Die Felswand unter der tiefsten Lücke ist beinahe senkrecht und scheint unbegehbar. Man kann jedoch zweimal 40 m abseilen (eingerichtet). Zwischen den beiden Abseilstellen 10 m klettern (fixes Seil).

535 *Von der Schönbielhütte über den Hohwängsattel*

L Von der Schönbielhütte zum Pass, 3–3½ Std.

Von der Schönbielhütte (2694 m) folgt man R. 318, dann R. 320 des Col Durand. Vor der Äbilücke zweigt man auf R. 532 zum Hohwängsattel ab. Von dort steigt man Richtung NNE ab, geht dicht unter dem Felssporn 3269 m vorbei und gelangt zum Fuss der Felswand unter dem Pass, wo man auf R. 534 trifft.

Ober Gabelhorn, 4062,9 m

Im SE des Gipfels erhebt sich ein Gendarm, der mit dem höchsten Punkt zusammen eine Gabel bildet. Daher der Name.
Dieser Berg hat zwei ganz verschiedene Seiten: diejenige von Zermatt ist fast vollständig felsig, diejenige von Zinal besteht aus Eis und Schnee. Der Gipfel bildet einen nahezu horizontalen, schmalen, meist schneeigen Grat mit nach Süden überhängenden Wächten. Der höchste Punkt befindet sich in der Mitte des Grates.
Das Ober Gabelhorn hat vier Grate und ebenso viele Flanken. Diese gehen ziemlich genau nach N, E, S und W, sie werden getrennt durch die ENE-, SE-, WSW- und NNW-Grate.
Erste Besteigung: A.W. Moore und Horace Walker mit Jakob Anderegg am 6. Juli 1865.
Einen Tag später erhielt der Berg schon wieder Besuch, und zwar von der Seite von Zinal von Francis Douglas, der auf den Spuren seiner Vorgänger abstieg und so die erste Überschreitung ausführte.

Die klassischen Routen sind:

a) von der Rothornhütte (3198 m) über die Wellenkuppe und den ENE-Grat;
b) von der Mountethütte (2886 m) über die NNW-Flanke und den NNW-Grat;
c) von der Schönbielhütte (2694 m) über den Mont Durand und den WSW-Grat;
d) vom Arbenbiwak (3224 m) über den WSW-Grat.

Diese Routen werden auch zu Überschreitungen kombiniert.

536 *Über den ENE-Grat (von der Wellenkuppe)*

L. Norman-Neruda mit Christian Klucker, 1. August 1890.

Der obere, felsige Teil des Grates wurde schon anlässlich der Erstbegehung 1865 begangen. Mit Ausnahme dieses felsigen Teils besteht der Grat ganz aus Schnee (Eis). In der Mitte zwischen Gipfel und Wellenkuppe erhebt sich der Grand Gendarme (3870 m), sehr steil auf der Seite gegen die Wellenkuppe. Früher umging man ihn auf der N-Seite über einen Eishang, der die grösste Schwierigkeit dieser Route darstellte. Heute erleichtert ein fixes Seil die Überschreitung des Gendarmen. Kommt man

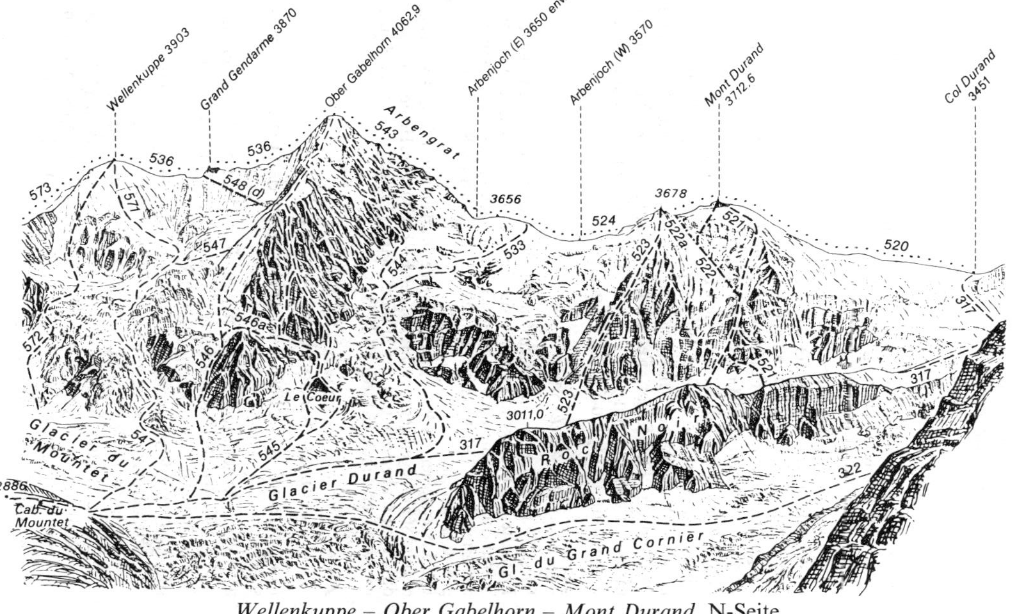

Wellenkuppe – Ober Gabelhorn – Mont Durand, N-Seite

von der Mountethütte, ist es günstiger, zuerst den Col du Mountet (3658 m) zu überschreiten. Kommt man von der Rothornhütte, folgt man R. 568 bis zur Wellenkuppe. (2½ Std.).

ZS Von der Wellenkuppe, 1½–2½ Std. Abb. S. 283, 303

Vom Gipfel der Wellenkuppe steigt man ohne Schwierigkeiten über den breiten Schneegrat ab, der dann bis an den Fuss des Grossen Gendarmen (3870 m) schmäler wird und verwächtet ist. Von hier steigt man über Schnee und oft vereiste Platten aufwärts zum fixen Seil. Dieses ist ca. 20 m lang und führt direkt auf den Gipfel des Gendarmen (30–40 Min.). Auf der andern Seite steigt man über einige Felsen und einen kurzen Schneegrat in die Lücke zwischen dem Grossen Gendarmen und dem Gipfel des Ober Gabelhorns ab. Gegen den Fuss der Gipfelfelsen wird der Grat schmäler und steiler. Wegen der grossen, nach S überhängenden Wächte muss man sich in der Regel auf der Zinalseite (N) halten. Die festen Felsen haben gute Griffe. Man steigt direkt aufwärts, sich rechts vom Grat haltend, um zuletzt auf den Kamm und den Gipfel zu gelangen.

537 *Über die E-Seite*

Diese Seite bildet den natürlichsten Weg zum Ober Gabelhorn, den die Erstbesteiger begingen. Seit 1918 das Seil am Grand Gendarme angebracht wurde, ist diese Route ausser Gebrauch gekommen. Man nennt sie den alten Weg. Sie ist weniger dem Wind ausgesetzt als R. 536, die heute gebräuchlich ist.
Die Erstersteiger (A.W. Moore, Horace Walker mit Jakob Anderegg, 6. Juli 1865) stiegen gegen rechts auf den ENE-Grat aus. Heute steigt man direkt zur Gabel, wo man den SE-Grat betritt. Erstbegeher dieser Route war wahrscheinlich G.F. Cobb 1878.

ZS Vom Arbenbiwak, 3½ Std.
Von der Rothornhütte, 4½ Std.

Man erreicht das obere Gletscherplateau des Gabelhorngletschers:

a) Vom Arbenbiwak (3224 m) auf R. 551 zum Obergabeljoch (3597 m). Auf der andern Seite gelangt man auf gleicher Höhe auf das obere Plateau (R. 549).
b1) Von der Rothornhütte (3198 m) quert man den Triftgletscher horizontal gegen SE und steigt entlang des ESE-Vorsprungs der Wellenkuppe zu P. 2973 ab, wo man den Gabelhorngletscher betritt. Man steigt seinem linken (N) Ufer nach aufwärts unter den Felsen der Wellenkuppe bis zum oberen Plateau. (Bisweilen muss man die Gletschermitte benützen.) Abb. S. 295, 297, 321

b2) Anstatt den Umweg über P. 2973 zu machen, kann man dort, wo die Höhenkurve 3200 m den Felssporn schneidet, ca. 100 m über leichte Felsen aufsteigen und auf der andern Seite den Zugang b1 erreichen. Abb. S. 297

In der Fallinie des Gipfels kommt ein Felsausläufer bis zum Bergschrund herunter. Man überschreitet diesen links vom Ausläufer und geht dann links aufwärts, um eine ausgeprägte Felsrippe zu gewinnen, die direkt zur Gabel führt.

Es wird empfohlen, genau dem Kamm der Felsrippe zu folgen, wo die Felsen besser sind.

Ein scharfer Schneegrat von 40 m Länge, den man rittlings bewältigt, endigt bei Platten. Diese bilden einen Kopf, den man rechts umgeht, um den Gipfel in einigen Minuten zu erreichen.

538 *Über den SE-Grat (Gabelhorngrat)*

Edw. Davidson, J.W. Hartley mit Joh. Jaun und Peter Rubi, 3. September 1877.

Dieser Grat verdiente besser bekannt zu sein. Der ganze, vom Unter Gabelhorn an begangene Grat ist eine lange und im untern Teil wenig interessante Tour. Wir beschreiben lediglich die Route vom Obergabeljoch aus. Bester Ausgangspunkt ist das Arbenbiwak (3224 m).

ZS+ Vom Obergabeljoch zum Gipfel, 3¾ Std.
Abb. S. 287, 297

Vom Obergabeljoch (3597 m) folgt man dem Grat bis zum Gipfel; die Schwierigkeiten werden im allgemeinen rechts umgangen. Vom Obergabeljoch überschreitet man den Bergschrund links, was mit Schwierigkeiten verbunden sein kann. Man packt die Felsen unmittelbar oberhalb an und klettert, sich leicht rechts haltend, aufwärts. Man gelangt so zum scharfen Schneegrat, der an den Fuss des ersten (viereckigen) Turms führt. Dieser kann überklettert oder rechts umgangen werden. Man geht auf dem bald schneeigen, bald felsigen, aber weniger steilen Grat weiter. Ein sehr scharfes, fast horizontales Stück Schneegrat führt an den Fuss des ersten grossen Aufschwunges des Gipfelaufbaues. (1¼ Std.). Sich strikte links haltend, übersteigt man die beiden folgenden Hauptabsätze ohne besondere Schwierigkeiten und gelangt so an den Fuss des grossen, rötlichen Turms. (1¼ Std.). Man umgeht diesen Turm rechts (heikle Kletterei in wenig festem Gestein). Von hier bis zur *Gabel* ist der Grat luftig. Auf der *Gabel* trifft man auf R. 537 der E-Wand (1¼ Std.), und gelangt in 10 Min. auf den Gipfel.

Über die S-Wand

Diese Seite, vollständig felsig, wenn trocken, ist die steilste des Ober Gabelhorns. Diese Tour, die technisch vielleicht schönste Kletterei in der Gegend von Zermatt, ist aber stark dem Steinschlag ausgesetzt.
Es sind zahlreiche Routen in steilem und im allgemeinen gutem Fels begangen worden. Am Fuss der Wand findet man ein charakteristisches Schneeband, das schräg zum SE-Grat (Gabelhorngrat) zieht. Vom Arbenbiwak aus kann man schon sehr früh am Einstieg sein und so die Steinschlaggefahr etwas verringern.

539.1.

Jürgen Straub, allein, 19. August 1984.

Die Route von 600 m Höhe ist teilweise dem Steinschlag ausgesetzt. Für die Querung der grossen Platte ist früher Aufbruch nach einer kalten Nacht nötig. Die Route führt im rechten Teil der Wand zuerst über einen Pfeiler, quert dann gegen links und erreicht die Gabel über Couloirs.

S+ Vom Arbenbiwak, 6 Std. Abb. S. 287

Vom Arbenbiwak (3224 m) erreicht man den Fuss der Wand in der Fallinie der Gabel bei einer herzförmigen Bruchstelle. Über Plattenrisse steigt man bis zu einer schon von unten sichtbaren Verschneidung empor (IV, V) und folgt dann dem wenig ausgeprägten Pfeiler (im allgemeinen auf der Kante) über ein System von Rissen (IV, V). In ⅔ Höhe gelangt man zu einem schon vom Biwak aus sichtbaren Band. Man folgt ihm gegen links und erklettert eine grosse Platte (Steinschlag). Über gut gestuften Fels nähert man sich der Gabel, die man durch einen meist vereisten Kamin erreicht. Man folgt nun R. 537 der E-Flanke auf den Gipfel.

539 *Originalroute: (rechte Rippe)*

J.P. Farrar mit Daniel Maquignaz, 28. September 1892.
Erster Abstieg: Hermann Petrig, Ludwig Steinauer, 5. September 1951 nach Aufstieg über die N-Wand.

ZS Vom Arbenbiwak zum Gipfel, 6 Std. Abb. S. 287

Vom Arbenbiwak (3224 m) steigt man über Fels und Schutt gegen N zum Beginn des grossen Schneebandes im SE von P. 3465. Man geht dem Band rechts (E) entlang bis zum Fuss der Felswand, nicht ganz bis in die Fallinie des Gipfels.
Ein Couloir endet am Fuss der Wand des Grand Gendarme. Dieses Couloir ist von zwei Felsrippen begrenzt. Man beginnt die Kletterei am Fusse der linken Felsrippe über lose Felsen.

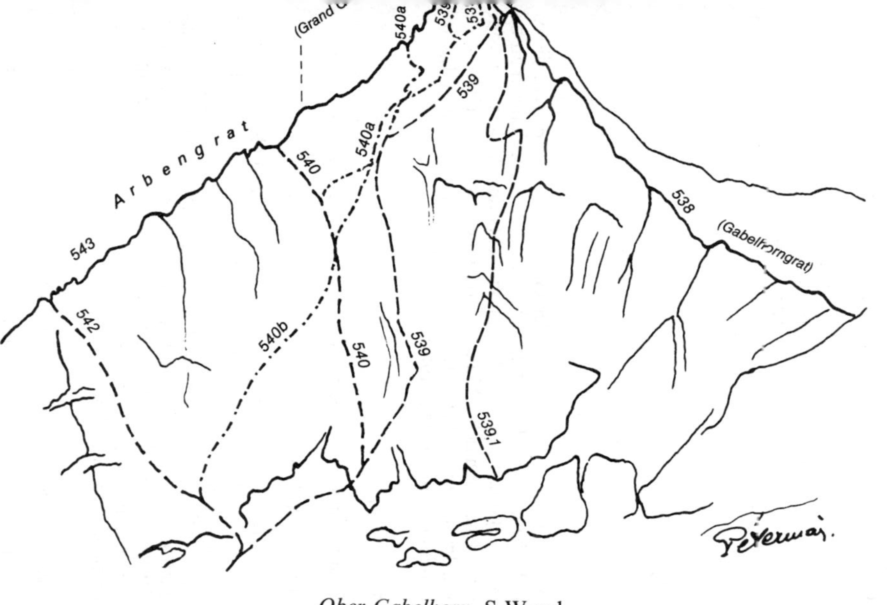

Ober Gabelhorn, S-Wand

Nach einem kurzen Stück verlässt man sie, um schräg rechts anzusteigen, das Couloir zu queren, und erreicht die rechte Felsrippe (III+, IV). Dieser folgt man in herrlicher Kletterei. Sie wird steiler und zum senkrechten Pfeiler. Man verlässt sie, nachdem man dem Pfeiler einige Schritte gefolgt ist (ein wenig oberhalb der Stelle, wo die Rippe von einem gegen links ansteigenden Band unterbrochen ist). Abschüssige Platten (III+) führen zum Schneecouloir der Gabel. Man folgt diesem dem Steinschlag ausgesetzten Couloir, um den SE-Grat in der Gabel zu erreichen. Die Besteigung wird auf R. 538 beendet.

539 a *Variante*

E.G. Oliver mit Adolf und Alfred Aufdenblatten, 29. August 1923.

S Abb. S. 287

Nachdem man das Couloir der Gabel (oder die Felsen, die es links begrenzen) durchstiegen hat (ca. 100 m), gelangt man zu einer kaminartigen Verschneidung rechts des Pfeilers, der vom Gipfel herunterzieht. Man erklettert sie etwa 40 m (III, IV+, H), bis sie zu schwierig wird, quert dann nach links (III, eine Seillänge) und gelangt auf den Gipfel.

539 b *Variante*

Frau Baumgartner mit Raymond Lambert, 15. August 1943.

S+ Abb. S. 287

Diese Route folgt dem Pfeiler über der rechten Felsrippe, indem sie sich rechts eines Kamins hält. Man übersteigt glatte Platten und senkrechte Aufschwünge, die an den Fuss der Gipfelwand führen. (Hier kann man nach rechts queren und R. 539a erreichen.) Über eine griffarme Platte erreicht man links einen Riss, der über einen Überhang in eine Verschneidung führt. Man folgt dieser und überklettert einen Block, der sie versperrt. Darauf erreicht man den Gipfel.

540 *Originalroute: (linke Rippe)*

J.M. Chanton, G.H. Savage mit Joseph Imboden, 28. August 1880.

ZS Vom Arbenbiwak zum Gipfel, 4–5 Std.
Abb. S. 287

Vom Arbenbiwak (3224 m) folgt man R. 539 bis zur linken Rippe. Man folgt ihr zuerst auf der rechten Seite über lose Felsen, dann direkt bis unter den Grand Gendarme. Der Ausstieg auf den Arbengrat erfolgt durch ein Couloir zur Linken. Man erreicht den Gipfel über R. 543.

540 a *Variante*

R.W. Loyd mit Franz Lochmatter und Joseph Pollinger, 4. August 1904. Erste Winterbegehung: Marcel Bindy, Guy Genoud, Michel Pétermann, Michel Zufferey, 17. Januar 1971.

ZS+ Abb. S. 287

Unter dem Grand Gendarme angelangt, quert man das Couloir rechts und begibt sich in den Kamin, der östlich durch den in R. 539b erwähnten Pfeiler begrenzt ist. (Diese Querung kann auch weiter oben unter dem Grand Gendarme selbst erfolgen, um den Kamin in halber Höhe zu erreichen.) Man folgt dem Kamin, verlässt ihn unter seinem überhängenden Teil nach rechts und erreicht R. 539b. (Es wird empfohlen, dem Kamin nicht lange zu folgen, sondern so bald als möglich nach rechts auf R. 539b zu queren.) Man folgt R. 539b auf einigen Metern, dann steigt man über Platten auf einen Aufschwung, hält rechts, gewinnt ein sich nach links ziehendes Couloir und erreicht den Arbengrat, 60 m unter dem Gipfel zwischen zwei Gendarmen.

540 b *Variante*

ZS Abb. S. 287

Man kann R. 540 vom Fuss des Couloirs der R. 542 erreichen: Man quert nach rechts, übersteigt eine Rippe, steigt eine Zeitlang gerade auf und geht weiter, indem man kleine Couloirs und Rippen quert, um R. 540 in halber Höhe zu erreichen.

542 *Abstieg auf den Arbengletscher*

Die meisten Partien, die das Ober Gabelhorn überschreiten, steigen über den Arbengrat (R. 543) ab. Man kann den Grat vor dem Arbenjoch (3570 m, tiefste Senke) gegen S verlassen. Die «Abzweigung» ist nicht leicht zu sehen.

ZS– Vom Gipfel des Ober Gabelhorns zum Arbenbiwak, 2½–3 Std. Abb. S. 287

Vom Gipfel des Ober Gabelhorns (4062,9 m) folgt man dem Grat bis zum Grand Gendarme (ohne Namen auf der LK).

Abseilstelle von 40 m, Haken unmittelbar beim höchsten Punkt des Gendarmen (Zwischenhaken in der Mitte bei Standplatz vorhanden). Man steigt weiter ab bis ca. 150 m oberhalb der oberen Senke (E) des Arbenjochs (ca. 3650 m), wo eine die ganze S-Flanke in schräger Richtung querende Spalte beginnt. (Dieser Punkt ist sehr leicht zu verfehlen. Viele Partien verlassen den Grat zu früh oder zu spät und begegnen dann in der S-Flanke grossen Schwierigkeiten.) Beim Verlassen des Grates (stark schräg laufendes Band) gleicht die Spalte einem eigentlichen Fusspfad. Man verfolgt sie ca. 15–20 m bis dort, wo sie ein Schneecouloir quert. Man steigt durch dieses im Schnee oder auf den Felsen rechts abwärts. Nach ca. 100 m gelangt man zu einer Vereinigung mit einem von links kommenden Couloir. Dieses wird gequert und der Abstieg in gleicher Richtung fortgesetzt, einer Felsrippe folgend, bis sich linker Hand ein tiefes Couloir öffnet. Dieses nähert sich 40 m weiter unten dem ersten, indem es einen starken Bogen nach rechts beschreibt. Es führt zum Firnband, das die ganze S-Flanke quert. Man quert dieses Band nach rechts und geht gegen einen ersten Felskopf hinab, den man rechts umgeht, um den Bergschrund zu überschreiten. Man steigt hierauf direkt über den Firn (eventuell abrutschen) gegen einen zweiten Felskopf ab, der als eine Art Sporn im Arbengletscher untertaucht. Auf diesem Sporn steht das Arbenbiwak (3224 m).

543 *Über den WSW-Grat (Arbengrat)*

H. Seymour Hoare, E. Hulton mit Joh. von Bergen, J. Moser und Peter Rubi, 23. August 1874.

Dieser Felsgrat beginnt in der oberen Lücke (E) des Arbenjochs und führt direkt zum Gipfel.
Schöne, empfehlenswerte Kletterei; oft im Abstieg begangen. In diesem Fall braucht man nicht bis zum Arbenjoch abzusteigen (3570 m, tiefste Senke), wenn man das Arbenbiwak erreichen will. Man kann den Grat über R. 542 verlassen.
Kommt man von der Mountethütte, überschreitet man gewöhnlich zuerst den Mont Durand (R. 520 und 524) und gelangt so ins Arbenjoch, während man vom Arbenbiwak her R. 534 benützt.

ZS Vom Arbenjoch, 2½–3 Std. Abb. S. 283, 287

Von der tiefsten Lücke des Arbenjochs (3570 m) überschreitet man die Schneekuppe (3656 m) und packt den Felsgrat an. Er ist zuerst leicht und bietet schöne Kletterei. In weniger als ½ Std. gelangt man zum kleinen Schneesattel, wo R. 542 auf den Arbengletscher abzweigt.

Ca. ½ Std. weiter oben (immer dem Grat nach, die Schwierigkeiten links umgehend, I, II, eine Stelle III–) kommt man zu einem spitzen Gendarmen aus rötlichem Gestein, der sich auf beiden Seiten (besser rechts) umgehen lässt (III–). Man verfolgt den Grat weiter bis zum Grand Gendarme (ohne Namen auf der LK), den man nicht direkt erklettert. Man steigt links schräg abwärts in eine offene Verschneidung und klettert darin empor, bis sie senkrecht wird. Man geht links hinaus und gelangt zu einer Rippe aus grauen Felsen, die wieder auf den Grat führt (III+, 1 H).
Man folgt nun wieder dem Grat, ev. auch dem Schnee des NW-Hanges, bis zum Fuss des letzten Aufschwungs, den man links (Mountetseite) umgeht. Zu diesem Zweck quert man links 40 m über Platten und übersteigt zwei senkrechte Stufen, die wieder auf den Grat zurückführen (III), links des letzten Aufschwungs. Weiter über den Grat zum Gipfel.

544 *Von der W-Seite*

E.R. Whitwel mit Christian und Ulrich Lauener, im Abstieg, 20. Juli 1872.
Dorothy E. und Sydney K. Brown mit Heinrich und Oskar Supersaxo, im Aufstieg, 1. August 1912.

S Von der Mountethütte, 6–8 Std. Abb. S. 283

Von der Mountethütte (2886 m) gelangt man auf R. 533 des Arbenjochs an den Fuss der Felswand in der Fallinie des Gipfels. Man überschreitet den Bergschrund und steigt so direkt als möglich über eine wenig ausgeprägte Felsrippe (die an zwei Stellen durch Bänder unterbrochen ist) gerade zum Gipfel auf.

545 *Über den NNW-Grat (Le Cœur, das «Herz»)*

Francis Douglas mit Peter Taugwalder und Jos. Vianin, 7. Juli 1865.

Das Ober Gabelhorn hat einen ca. 70 m langen horizontalen Gipfelgrat. Der NNW-Grat senkt sich von den beiden äussersten Punkten ab und bildet so einen sehr steilen Schneehang. Nach dem ersten Bergschrund wird er zu einem kleinen Hängegletscher, der in einen oft sehr scharfen und überwächteten Grat ausläuft. Später wird er wieder breiter, bildet zwei Schneekuppen, und ab P. 3690 wird et felsig und taucht dann in den Glacier Durand unter.
Diese Route ist nur für den Aufstieg empfehlenswert. Sie ist ermüdend im felsigen Teil (sehr schlechter Fels), im Schnee jedoch sehr schön.
Die im folgenden beschriebene Route ist die der Erstbegeher; heute zieht man die (sicherere) R. 546 vor.

ZS Von der Mountethütte, 5 Std. Abb. S. 283, 303

Von der Mountethütte (2886 m) folgt man zuerst R. 317 des Col Durand, steigt dann links (südostwärts) gegen eine herzförmige Felsinsel an, die sich isoliert im Firn befindet, (1¼ Std.), Le Cœur, 3089,6 m.
Man betritt die Felsinsel über den Schnee links (nordöstlich) oder rechts, dann steigt man über eine aus grauen Felsen bestehende Rippe zu einem breiten, schrägen Band (Schnee und Felsen) an, über das man von rechts nach links ansteigt. Nun hält man sich wieder rechts und steigt über eine Rippe aus gelblichen Felsen bis zum Hauptcouloir aufwärts, das von der obern Felsbastion herunterkommt. Bis hierher sind die Felsen sehr lose, im Couloir selbst sind sie etwas besser. Man klettert so direkt als möglich durch das Couloir hinauf, einige rötliche Türme zur Linken lassend, und gelangt am linken Ende eines breiten, horizontalen Felsbandes auf den Schneegrat (P. 3690). (2 Std.). Nun folgt man dem Schneerücken bis zum Bergschrund unter dem Gipfel, den man in der Fallinie des Gipfels überschreitet. Hierauf steigt man über einen steilen Schnee- und Eishang direkt auf den höchsten Punkt.

546 *Über die W-Seite des Obergabelhorngletschers und den NNW-Grat*

Diese Route vermeidet die verwitterten Felsen unterhalb P. 3690.

ZS Von der Mountethütte zum Gipfel, 5 Std.
Abb. S. 283

Von der Mountethütte (2886 m) folgt man zuerst R. 317 des Col Durand und gelangt zum Schneecouloir zwischen einem Eisbruch des Obergabelhorngletschers und dem grossen Felsvorsprung des unteren NNW-Grates (nordöstlich des Cœur). Man steigt in diesem Couloir empor, quert unter einem Bergschrund nach links und erreicht den untern Teil des Gletscherplateaus unter der N-Wand. Von hier gelangt man über einen steilen Schneehang bei P. 3690 auf den NNW-Grat, wo man auf R. 545 trifft am Anfang eines schneeigen Teils.

546 a *Variante*

ZS Abb. S. 283

Man kann das Ende des Schneecouloirs zwischen dem Eisbruch und dem grossen Felsvorsprung auch erreichen, indem man dem breiten schrägen Band (Schnee und Fels) von R. 545 weiter gegen links folgt und leicht absteigt.

547 *Über den Obergabelhorngletscher und den NNW-Grat*

G. Broke, C.M. Thomson mit Adolf Andenmatten und Aloys Pollinger, im Abstieg, 28. Juli 1890.

Diese Route vermeidet die Felsen, sie kann aber nur im Frühsommer nach einem schneereichen Frühling geplant werden. Wegen der vielen und grossen Spalten ist es zuweilen besser, den Weg weiter rechts (westlich) zu suchen. Es ist ratsam, die Route von Mountet aus gut zu studieren. Die auf Abb. S. 283 eingezeichnete Route soll nur als ungefähre Wegleitung dienen.

ZS Von der Mountethütte zum Gipfel, 5 Std.
Abb. S. 283, 303

Von der Mountethütte (2886 m) sucht man sich einen Weg durch die Séracs und grossen Spalten des Obergabelhorngletschers. Man gelangt so auf ein erstes Gletscherplateau, dann auf ein zweites, am Fuss des NNW-Grates. Nun steigt man, sich rechts wendend, über einen steilen Schneehang an, um zum untern Ende des Schneegrats zu gelangen (P. 3690), wo man auf R. 545 stösst, die zum Gipfel führt.

548 *Über die N-Flanke*

Hans Kiener, Rudolf Schwarzgruber, 30. Juli 1930.
1. Abstieg: J.-Claude Berger, Maurice Brandt, Rémy Monnet, Charles Monnier, Adrien und Rose Voillat, André Zurbuchen mit André Melli, 13. Juli 1959.
1. Winterbegehung: Pierre Sala, Bernard Steulet, 1. März 1969.
1. Abfahrt mit Skis: Martin Burtscher, Kurt Jeschke, 16. Juli 1977.

Eine der schönsten Eiswände, 450 m hoch, mit einer Neigung von 55°. Die letzten 100 m, die man gewöhnlich vermeidet, sind teils felsig und viel steiler.

SS– Von der Mountethütte, 6 Std. Abb. S. 303

Der Zugang zum Fuss der Wand bietet schon Schwierigkeiten. Man wählt eine der nachstehenden Routen:

a) Von der Rothornhütte (3198 m) über das Triftjoch (siehe R. 576, 575 und 575a);
b) von der Mountethütte (2886 m) über den Obergabelhorngletscher (R. 546 und 547);
c) von der Wellenkuppe (3903 m) auf R. 571 im Abstieg mit Richtung auf den Fuss der Wand;

d) vom Grand Gendarme im ENE-Grat (R. 536) in schrägem Abstieg zur Stelle über dem Bergschrund der Wand (nur bei guten Verhältnissen möglich). Abb. S. 283

Vom Bergschrund steigt man direkt gegen den Gipfel auf. Die letzten Felsen vermeidet man, indem man entweder auf den ENE- oder den NNW-Grat aussteigt.

548 a *Variante*

Pierre Vittoz, Adrien Voillat, 2. August 1957.

SS Abb. S. 303

Ausstieg direkt auf den Gipfel durch den rechten von zwei Kaminen mit losem Fels (Haken).

Der lange Grat, der den Gabelhorngletscher im SW begrenzt und der die natürliche Fortsetzung des SE-Grates des Ober Gabelhorns bildet, hat bis zum Unter Gabelhorn eine Länge von mehr als 3 km. Er wurde mehrmals in seiner ganzen Länge begangen. Am Fuss des untern Absatzes des SE-Grates des Ober Gabelhorns befindet sich das

Obergabeljoch, 3597 m

Zwischen dem Ober Gabelhorn und dem Mittler Gabelhorn; vom Arbengletscher (Arbenbiwak) zum Gabelhorngletscher.
Dieses Joch verbindet das Arbenbiwak mit der Rothornhütte und dient als Zugang zur E-Flanke des Ober Gabelhorns vom Arbenbiwak aus. Es wird in Zermatt auch Gemslücke genannt. Es ist nicht sicher, wann die erste Überschreitung erfolgte: die Beschreibung der SW-Seite entsprach nicht den tatsächlichen Gegebenheiten.

H. Heldmann mit Augustin Gentinetta und Cäsar Knubel, 14. Juli 1888.

549 *Über die N-Seite (von der Rothornhütte)*

WS Von der Rothornhütte, 2½–3 Std. Abb. S. 297

Von der Rothornhütte (3198 m) folgt man R. 537 (b1) oder 537 (b2) des Ober Gabelhorns bis zum oberen Gletscherplateau des Gabelhorngletschers. Von dort gelangt man über Firn Richtung SW rasch zum Joch.

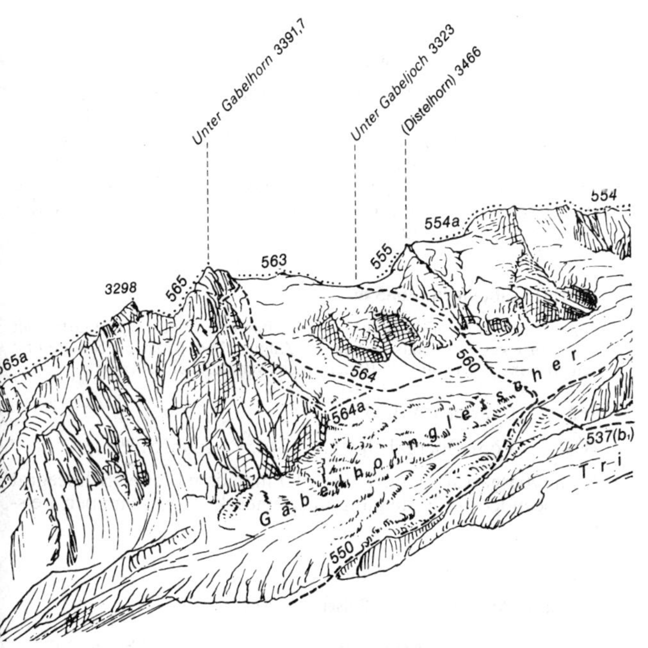

Kette Unter Gabelhorn – Ober Gabelhorn, NE-Seite

550 *Über die N-Seite (von Trift)*

WS Von Trift zum Joch, 3¾ Std. Abb. S. 295, 297

Von Trift (2337 m) folgt man R. 11 der Rothornhütte bis zum grossen Block, der den Weg versperrt. Unmittelbar dahinter zweigt man nach links ab. Man überquert die rechte Seitenmoräne des Triftgletschers (sie ist die am besten ausgeprägte und steigt gegen W zu einer Felsinsel an). Darauf gelangt man zur linken (N) Seitenmoräne des Gabelhorngletschers (weniger ausgeprägt und von hellerer Farbe). Man folgt ihrem Kamm bis zum Fuss des Felssporns 2973 m. (1½ Std.). Hier trifft man auf R. 537 (b1), die von der Rothornhütte kommt.

551 *Über die SW-Seite*

WS Vom Arbenbiwak, 1 Std.

Vom Arbenbiwak (3224 m) steigt man Richtung NE über die spaltenreichen Firnfelder des E-Arms des Arbengletschers auf und gelangt zum Fuss der Felswand, die den Pass auf dieser Seite abschliesst. Diese Wand ist durchzogen von Bändern, die vom Pass gegen links (W) herunterkommen. Man betritt diese Bänder ganz links und folgt ihnen bis zum schneeigen Pass, der oft eine Wächte trägt.

Mittler Gabelhorn, 3685 m

Erste touristische Ersteigung: Wahrscheinlich Victor H. Gatty mit L. Zurbrücken und Elias Furrer, 23. August 1892 (über die S-Seite und den SE-Grat), obwohl der Bericht nicht verständlich ist.

552 *Über den NW-Grat*

WS Vom Obergabeljoch, ½ Std. Abb. S. 297

Vom Obergabeljoch (3597 m) folgt man dem breiten Schneegrat und beendet die Besteigung über einen kurzen, schmalen Felsgrat.

553 *Über die NE-Seite*

A. und E. Michelin, Pierre Puiseux, 3. August 1895.

WS Von der Rothornhütte, 2–3½ Std. Abb. S. 297

Von der Rothornhütte (3198 m) folgt man R. 537(b1) oder 537(b2) des Ober Gabelhorns bis zu P. 3443 am linken Ufer des Obergabelhorngletschers und quert den Gletscher Richtung SW, um den Felsvorsprung (kotiert mit 3289 m an seinem Fuss) zu erreichen, der sich in den Gabelhorngletscher senkt. Von dort steigt man mehr oder weniger direkt zum Gipfel.

554 *Über den SE-Grat*

WS Von Zermatt, 5–6 Std. Abb. S. 295, 297

Von Zermatt (1614 m) folgt man R. 6 des Arbenbiwaks bis zum Fuss der Moräne (Arbengandegge) bei P. 2500. Entweder benützt man den Weg auf der Moräne bis ca. 2700 m oder die Geröll-(Schnee-)Mulde rechts und steigt gegen NE bis zum kleinen Gletscher, genannt *Zähnjinigletscher*, ohne Namen auf

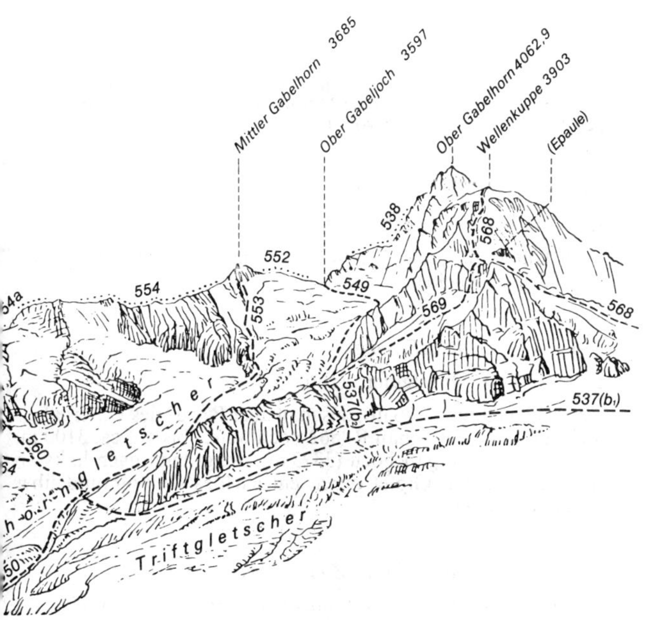

Kette Unter Gabelhorn – Ober Gabelhorn, von NE

der LK. Man folgt einen Augenblick seinem nördlichen Ufer, steigt dann über eine Rippe aus zerbröckelndem Fels zum Hauptkamm, den man in der Nähe eines breiten Felskopfes, mit 3575 kotiert, betritt. Von hier folgt man dem langen Felsgrat bis zum Gipfel; er ist zuerst breit und leicht, wird dann aber steiler und schmäler.

554 a

WS Vom Distelhorn zum Gipfel, 2½ Std.
Abb. S. 295, 297

Man kann auch den ganzen Grat vom Distelhorn (3466 m, ohne Namen auf der LK) her begehen. Siehe R. 559.

Distelhorn, 3466 m

Ohne Namen auf der LK.
Dieser Gipfel befindet sich direkt über dem Distelgufer. Er bildet eine fast horizontale Schulter, die auf der N-Seite aus Schnee, auf der S-Seite aus Fels besteht. Im W wird er vom Felskopf 3575 m überragt.

555 *Über den ESE-Grat*

L Vom Untergabeljoch, ½ Std. Abb. S. 295

Vom Untergabeljoch (3323 m) folgt man dem teils schneeigen, teils felsigen Rücken.

556 *Über die SE-Seite*

L Vom Distelgufer, 2 Std.

Vom Distelgufer (2776 m), das man über R. 562 des Untergabeljochs erreicht, folgt man R. 562 noch weiter bis auf ca. 3100 m. Unter dem Untergabeljoch (3323 m) zweigt man nach links ab und besteigt den Gipfel durch ein leichtes Couloir und über bröcklige Felsen.

557 *Über den S-Grat (Zähnjinigrat)*

Dieser Grat ist mit einigen Felstürmen gespickt, die alle vom Zähnjinigletscher (ohne Namen auf der LK) oder vom Distelgufer aus ersteigbar sind. Keine Details bekannt.

558 *Über die SW-Seite*

L Von Zermatt, 4–5 Std.

Von Zermatt (1614 m) folgt man R. 554 des Mittler Gabelhorns bis zum Zähnjinigletscher (ohne Namen auf der LK), von wo ein steinschlägiges Couloir zur Schneekuppe des Gipfels führt.

559 *Über den WNW-Grat*

L Von Zermatt, 4–5 Std.

Von Zermatt (1614 m) folgt man R. 554 des Mittler Gabelhorns bis zum Gratkamm beim grossen Felskopf 3575 m. Von dort erreicht man die Schneekuppe des Gipfels.

Untergabeljoch, 3323 m

Zwischen dem Distelhorn (3466 m, ohne Namen auf der LK) und dem Unter Gabelhorn; vom Gabelhorngletscher zum Distelgufer.
Ohne touristisches Interesse. Dieser Pass ist früher von Jägern benützt worden. Er wurde von Fred Morshead mit Melchior Anderegg am 4. August 1877 bei der Besteigung des Unter Gabelhorns überschritten.

560 *Über die NE-Seite (von der Rothornhütte)*

WS Von der Rothornhütte, 2½ Std. Abb. S. 295, 297

Von der Rothornhütte (3198 m) folgt man R. 537 (b1) des Ober Gabelhorns bis jenseits des Sporns (P. 2973), betritt den Gabelhorngletscher bei ca. 3100 m und quert ihn in Richtung SW. Man gelangt zum Fuss der Felsrippe, die nördlich vom Distelhorn (3466 m, ohne Namen auf der LK) herunterkommt, und steigt über einen kleinen Seitengletscher westlich von P. 3218 auf den Pass. Er befindet sich unmittelbar am Fuss des Distelhorns und ist vollkommen schneeig (Bergschrund).

561 *Über die NE-Seite (von Trift)*

WS Von Trift zum Pass, 4 Std.

Von Trift (2337 m, an der R. 11 der Rothornhütte) folgt man R. 550 des Obergabeljochs bis zum Fuss des Sporns (P. 2973). Dort trifft man auf R. 560 und folgt ihr zum Joch.

562 *Über die SW-Seite*

L Vom Distelgufer, 1½ Std.
Von Arben, 3 Std.
Von Zermatt, 4–5 Std.

Zum Distelgufer (2776 m) gelangt man:

a) Von Zermatt (1614 m) auf R. 11 der Rothornhütte bis zum Alterhaupt (1961 m). Dann auf dem Pfad Richtung SW, später W nach Höhbalmen. Der Pfad führt Richtung W weiter über Graue Stelli bis zum Distelgufer.
b) Von Zermatt (1614 m) auf R. 4 der Schönbielhütte bis zu P. 2327 (Arben), wo ein Pfad abzweigt und über P. 2366, P. 2546, P. 2604, P. 2722 und P. 2741 zum Distelgufer führt.

Vom Distelgufer (2776 m) steigt man Richtung NW durch eine steinige Mulde (Schneeflecken) weiter und erreicht das Joch von links nach rechts ansteigend, zuletzt durch ein enges Couloir.

Unter Gabelhorn, △ 3391,7 m

Es ist dies der ausgeprägteste Gipfel der langen Kette, mit den besten Klettermöglichkeiten.

563 *Über den W-Grat*

Fred Morshead mit Melchior Anderegg, 4. August 1877.

L Vom Untergabeljoch, 20 Min. Abb. S. 295

Vom Untergabeljoch (3323 m) folgt man dem breiten, leichten Grat. Man beendet die Besteigung über einige Felsen.

564 *Über die N-Seite*

Empfehlenswerte Tour, sofern die Verhältnisse auf dem Gletscher gut sind.

WS Von der Rothornhütte, 3 Std.
Von Trift, 4 Std. Abb. S. 295, 297

Von der Rothornhütte (3198 m) folgt man R. 560 des Untergabeljochs bis zum Gletscherplateau auf ca. 3100 m, nördlich von P. 3218. Von Trift (2337 m) folgt man R. 550 und erreicht R. 560 am Fuss des Sporns (P. 2973).
Vom Gletscherplateau geht man am Fuss der Flanke gegen E und steigt dann über einen kleinen Seitengletscher an (er ist im E durch eine Felsbastion begrenzt, die Teil der N-Flanke des Unter Gabelhorns ist). Man betritt den Grat unmittelbar westlich des Gipfels und erklettert ihn direkt.

564 a *Variante*

WS Abb. S. 295

Sind die Verhältnisse auf dem Gletscher nicht gut, kann man auch über die Felsbastion ansteigen (sehr loser Fels) bis auf etwa 3200 m, in einen kleinen Sattel zur Linken. Dann entweder in den Schnee nach rechts zurück zu R. 564 oder direkt weiter über die Felsen zum Gipfel.

565 *Über den SE-Grat (über die Gabel)*

Francis Douglas mit Peter Inäbnit und Peter Taugwalder, Juli 1865.

Sehr schöne und empfehlenswerte Kletterei.

WS Von Zermatt, 5 Std. Abb. S. 295

Von Zermatt (1614 m) folgt man R. 562(a) des Untergabeljochs bis nach Höhbalmen. Von hier Richtung WNW weiter bis zu den letzten Rasenflecken nördlich von P. 2963 im SSW des Gipfels. Man steigt nun nordöstlich durch eine Geröll-(Schnee-)Mulde weiter und benützt dann ein Schneecouloir, das auf den ausgeprägten Schneesattel zwischen P. 3298 und dem Gipfel führt. (4 Std.). Dieser Sattel, der von zwei Felstürmen flankiert wird, bildet die Gabel.
Von hier folgt man dem Grat bis auf den Gipfel, eventuelle Schwierigkeiten rechts (östlich) umgehend.

565 a *Von Höhbalmen über den Hüenerchnubel*

ZS Von Höhbalmen zum Gipfel, 2 Std. Abb. S. 295

Man kann auch von Höhbalmen zum Hüenerchnubel (2809 m) aufsteigen und, Wegspuren auf dem Grasrücken folgend, über P. 2878 zu P. 3207 gelangen (der von den Einheimischen auch Hüenerchnubel genannt wird). Ein kurzer Abstieg führt in den Sattel zwischen P. 3207 und P. 3298. Im Sattel beginnt die Kletterei. Man steigt im Zickack über losen, etwas gestuften Fels (II) zu P. 3298 (den man wegen des losen Gesteins besser nicht umgeht). Dann steigt man zum Fuss einer 3 m hohen Platte ab, die man über die Kante erklettert (III). Die nun folgenden Gendarmen umgeht man rechts oder links und gelangt so in die Gabel. Von hier folgt man dem gestuften Grat bis zu einem ausgeprägten Band. Man kann nun

a) entweder dem Band auf der N-Seite bis zu Mosers Couloir folgen (R. 565b),
b) oder in die S-Seite queren und den Gipfel über schöne Platten in gutem Fels (III) erreichen (R. 567).

565 b *Durch Mosers Couloir*

ZS Von der Gabel, 1 Std.

Nachdem man dem SE-Grat auf eine Länge von ca. 100 m gefolgt ist, steigt man in der E-Seite schräg an, um ein enges Couloir (Mosers Couloir) zu erreichen, das oft vereiste Platten aufweist und direkt gegen den Gipfel führt.

565 c *Variante*

WS Von der Gabel, 1 Std.

Man quert Mosers Couloir und steigt über leichtere Felsen direkt zum Gipfel.

566 *Variante*

Dieser Weg dient gewöhnlich für den Abstieg.

WS Von der Gabel, 1 Std.

Von der Gabel folgt man dem Grat nur kurze Zeit und quert dann in die S-Seite, wo ein breites Band zu einem Couloir führt. Man steigt durch dieses Couloir Richtung Gipfel auf und beendet die Besteigung durch einen Kamin südwestlich des Gipfels.

567 *Über die S-Flanke*

Emile-Robert Blanchet mit Kaspar Mooser, 1937 (?).

Die 300 m hohe Wand weist guten Fels auf.

ZS+ Vom Fuss der Wand, 1¼ Std.

Vom Wandfuss steigt man direkt zum Gipfel.

Wellenkuppe, 3903 m

Schöner Felsgipfel mit schneeiger NW-Seite, der oft nur im Vorbeigehen (R. 536 des Ober Gabelhorns) bestiegen wird.

568 *Über die E-Seite und den ENE-Grat*

Wahrscheinlich Francis Douglas mit Peter Inäbnit und Peter Taugwalder, 5. Juli 1865.

WS Von der Rothornhütte, 2½ Std. Abb. S. 297, 303

Von der Rothornhütte (3198 m) folgt man R. 576 des Triftjochs bis an den Fuss des Passes. Man wendet sich dann mehr und mehr nach links, um eine ausgeprägte Schneeschulter zu gewinnen. (Diese Schulter ist mit einem mächtigen, stets schneebedeckten Band verbunden, das in ca. 3650 m Höhe die ganze E-Flanke der Wellenkuppe quert und das mit der Trennungslinie zwischen zwei überlagerten Gneisschichten zusammenfällt. Das Band ist auf der LK eingezeichnet.) Die Schulter befindet

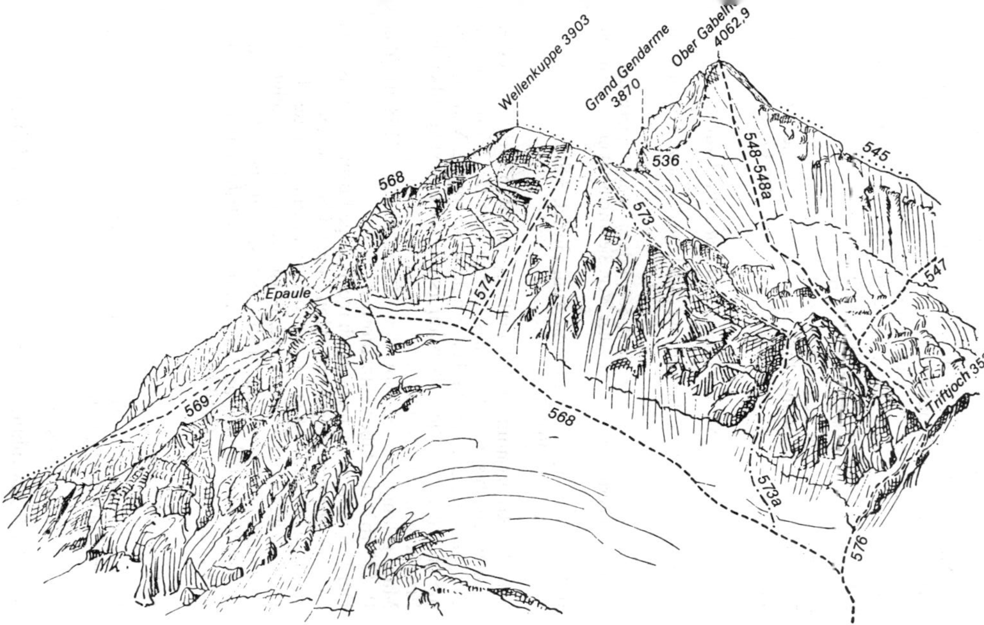

Wellenkuppe – Ober Gabelhorn, von NE

sich 460 m südsüdwestlich von P. 3276, beim letzten *e* von Wellenkuppe. Der Felsgrat beginnt unmittelbar oberhalb der Schulter. Man umgeht den ersten Grataufschwung links, indem man zwischen den Felsen und einem sehr steilen Schneeband passiert. Hierauf quert man ein kleines Couloir nach links, steigt über leichte Felsen an und betritt den Grat oberhalb des Aufschwunges. Man folgt dem Felsgrat ca. 100 m bis zu einem Felskopf, den man links umgeht (Schnee), um den Kamm unmittelbar oberhalb wieder zu betreten. Man folgt ihm, einen letzten, ca. 70 m hohen Aufschwung direkt ersteigend. Von hier über einen leichten Schneegrat in einigen Minuten auf den Gipfel.

569 *Über den SE-Vorsprung und den ENE-Grat*

Martin Conway, G.S. Scriven mit Adolf und Franz Andermatten, 13. August 1881.

Diese Route ist ebenso lang wie R. 568, jedoch weniger angenehm. Die Führer von Zermatt nennen sie Alter Weg. Sie wird nicht mehr begangen.

WS Von der Rothornhütte zum Gipfel, 3 Std. Abb. S. 297, 303

Von der Rothornhütte (3198 m) folgt man R. 537 (b1) des Ober Gabelhorns bis zum Fuss des Vorsprungs (P. 2973), der den Triftgletscher und den Gabelhorngletscher trennt. Man umgeht die untern Felsen dieses Ausläufers südlich und steigt über den Firn längs seines Kammes an.
Man gelangt hierher von der Rothornhütte (3198 m) über R. 537 (b2) des Ober Gabelhorns.
Der Firn nimmt nach und nach rechteckige Form an und ist von zwei Felsrippen eingefasst. Man steigt über diesen Firn bis zuoberst hinauf, wo er an die Felswand am Fuss des breiten Bandes, das unter R. 568 erwähnt ist, stösst. Man ersteigt diese Felswand dort, wo sie am niedrigsten ist, und gelangt ganz nahe bei der Schneeschulter auf das Band. Hier trifft man auf R. 568 und folgt ihr zum Gipfel.

570 *Über den S-Sporn*

Emil Weiersmüller mit Hermann Petrig, 17. September 1951. Prächtige Kletterei in steilem, gutem Fels.

S Vom Fuss, 3 Std.

Von der Rothornhütte (3198 m) folgt man R. 537 (b1) oder 537

(b2) des Ober Gabelhorns bis zum oberen Plateau des Gabelhorngletschers.
Vom Arbenbiwak (3224 m) folgt man R. 537 (a) des Ober Gabelhorns bis zum oberen Plateau des Gabelhorngletschers.
Man folgt dem Sporn bis zu einem Aufschwung (Steinmann). Von dort an hält man sich einige Meter links des Grates und folgt einer Verschneidung, die direkt auf den S-Gipfel der Wellenkuppe führt.

Über den WSW-Grat

Siehe R. 536.

571 *Über die NW-Seite*

T.P.H. Jose mit Cäsar und Peter Knubel, 1. August 1885.

Diese Route ist nur dann günstig, wenn die Verhältnisse auf dem (sehr spaltenreichen) Obergabelhorngletscher ausgesprochen gut sind. Sonst sind R. 575 und 575a über das Triftjoch vorzuziehen.

ZS Von der Mountethütte, 5–7 Std. Abb. S. 283

Von der Mountethütte (2886 m) folgt man R. 547 des Ober Gabelhorns bis zum ersten Plateau des Obergabelhorngletschers, dann steigt man direkt durch eine Art Korridor auf das obere Plateau, am Fuss des Grand Gendarme (3870 m) im ENE-Grat des Ober Gabelhorns. Von hier je nach Verhältnissen mehr oder weniger direkt auf den Gipfel.

571 a *Variante*

ZS

Man kann auch auf den WSW-Grat (R. 536) zwischen dem Grossen Gendarmen (3870 m) und der Wellenkuppe aussteigen.

571 b *Variante*

ZS

Man kann auch den N-Grat (R. 573) in der Gegend der Zwillingsnadeln erreichen.

572 *Über die NNW-Flanke direkt*

Adrien und Rose Voillat, 1. August 1955.
Erster Absteig: Adrien und Rose Voillat, 2. August 1955.

SS Von der Mountethütte, 10 Std. Abb. S. 283

Von der Mountethütte (2886 m) folgt man R. 575 des Triftjochs, biegt dann ab und wendet sich zum Fuss der 400 m hohen Wand. Der Gletscher ist bis auf sein oberes Plateau am Fuss der Wand sehr zerrissen. Man erzwingt sich den Weg in der Nähe eines Felsvorsprunges des N-Grates der Wellenkuppe und vermeidet so riesige Spalten. (Man könnte auch R. 547 folgen und, auf dem Plateau angelangt, sich zum Fuss der Wand wenden.) Man überschreitet die Randkluft in der Fallinie des Gipfels und ersteigt den Eishang (55°) zwischen zwei Felsrippen, indem man den linken Rand der Eiszunge als Richtpunkt nimmt. Auf der Höhe der Zunge angelangt, wendet man sich leicht rechts in Richtung Gipfel. Der Hang wird weniger steil; die Besteigung wird über einen letzten Aufschwung beendet.

573 *Über den N-Grat*

Gerald Fitzgerald, J. Heelis mit Jos. Moser und Jos. Taugwalder, 22. August 1881.

ZS Vom Triftjoch, 3 Std. Abb. S. 283, 303

Vom Triftjoch (3527 m) folgt man wenn immer möglich dem Grat, der bis fast zum Gipfel felsig ist. Man überschreitet den ersten Kopf über Platten, um dann in die Lücke unmittelbar südlich abzusteigen. Von dieser fällt ein Couloir auf den Triftgletscher hinunter (R. 573a). Der Grat wird nun schmal und ist stark gezackt. Jenseits von zwei Zwillingsnadeln steigt er scharf an, und die Flanken werden schneeig. Die Felsen sind faul, man kann aber einige Schwierigkeiten über Bänder auf der E-Flanke unmittelbar unterhalb des Grates umgehen. Der Grat wird immer leichter, und die Besteigung wird über einen breiten Schneekamm beendigt.

573 a *Variante*

ZS Abb. S. 303

Kommt man von der Rothornhütte (3198 m), braucht man nicht bis zum Triftjoch zu gehen. Man steigt direkt durch ein enges Couloir mit Schnee in die Lücke südlich des oben erwähnten Felskopfes (Route der Erstbegeher).

573 b *Variante*

ZS Nicht empfehlenswert.

Man ist auch schon vom obern Teil des Grates durch ein gefährliches Couloir direkt auf den Triftgletscher abgestiegen.

574 *Über die NE-Seite*

T. Graham Brown mit Alexander Graven, 10. Juli 1933.

S Von der Rothornhütte zum Gipfel, 3 Std.
Abb. S. 303

Von der Rothornhütte (3198 m) folgt man R. 568 bis zum NE-Fuss des Gipfels. Man überschreitet den Bergschrund auf ca. 3620 m und steigt durch das breite Schneecouloir aufwärts, eventuell die Felsen rechts (nördlich) benützend. Man überwindet die Wächte und gelangt auf den N-Grat (R. 573), über den man die Besteigung beendet.

Triftjoch, 3527 m

Zwischen dem Trifthorn und der Wellenkuppe; vom Obergabelhorngletscher (Mountethütte) zum Triftgletscher (Rothornhütte).
Das Triftjoch ist ein klassischer, aber auf der W-Seite gefährlicher Übergang, der immer weniger benützt wird. Man überschreitet eher das Trifthorn selbst oder den Col du Mountet (3658 m) unmittelbar nordöstlich dieses Gipfels. Die erste bekannte touristische Überschreitung ist diejenige von Robert Fowler mit Arnold Kehrli und Ignaz Biener am 1. September 1854.

575 *Über die W-Seite*

Diese Seite ist stark dem Steinschlag ausgesetzt. Deshalb zieht man den Weg über den Col du Mountet (3658 m), unmittelbar nordöstlich des Trifthorns, vor.

ZS Von der Mountethütte, 2½–3 Std. Abb. S. 313, 333

Von der Mountethütte (2886 m) betritt man den Glacier Durand wie auf R. 317 des Col Durand, dann steigt man über den Obergabelhorngletscher gegen den Fuss der felsigen W-Wand des Trifthorns an.
Man geht dem Fusse dieser Felsen entlang, überschreitet den Bergschrund und steigt über die Felsrippe, die den Hauptausläufer des Trifthorns bildet, an, nördlich vom grossen Couloir, das

gegen das Joch ansteigt. Die Felsrippe besteht aus losen Felsen. Nach ¾stündigem Steigen gelangt man auf ein grosses Band, das schräg rechts in der Richtung gegen das Joch ansteigt.

575 a *Variante*

René Theytaz, Adrien und Rose Voillat, 1. August 1958.

ZS Abb. S. 313

Um dem Steinschlag möglichst auszuweichen, hat diese Seilschaft nach 15 m Couloir nach rechts gehalten. Über Schneebänder, einige Platten und etwas brüchigen Fels hat sie den N-Grat der Wellenkuppe beim höchsten Punkt des ersten Felskopfes nach dem Triftjoch erreicht.

576 *Über die E-Seite*

WS Von der Rothornhütte, 1¼ Std. Abb. S. 303, 321

Von der Rothornhütte (3198 m) folgt man der Gletschermulde gegen NW und passiert am Fuss des Gletscherbruches eines kleinen Gletschers, der vom Rothorn herunterkommt, von wo man einen Bogen beschreibt, um wieder gegen SW zu gehen und den Fuss des Passes zu gewinnen. Ein gewundenes Schneecouloir, das sich oben verengt, führt auf das Joch. Man steigt zuerst in der Mitte des Couloirs an, dann folgt man den Felsen zur Rechten (N).

Trifthorn, 3728,3 m

Das Trifthorn wird heute vielfach beim Übergang von der Mountethütte zur Rothornhütte oder umgekehrt erstiegen, anstelle des steinschlaggefährdeten Triftjochs.

577 *Über den NE-Grat*

L Vom Col du Mountet, ¼ Std. Abb. S. 313, 321

Vom Col du Mountet (3658 m) steigt man über den breiten Schneekamm zum Gipfel.

578 *Über die SE-Wand*

Nicht empfehlenswert.

ZS Von der Rothornhütte zum Gipfel, 2½ Std.

Von der Rothornhütte (3198 m) folgt man R. 576 des Triftjochs bis zum Fuss der SE-Wand (½ Std.), dann steigt man über schuttbedeckte Bänder bis an den Fuss der steilen SE-Gipfelwand. Man erklettert diese über von rechts nach links ansteigende Risse und durch kleine Kamine, die diese Risse verbinden. Etwa 30 m unterhalb des Gipfels betritt man den SSW-Grat.

579 *Über den SSW-Grat*

Francis Douglas mit Peter Inäbnit und Peter Taugwalder, 5. Juli 1865 (am gleichen Tag wie die Wellenkuppe).

Hübsche Kletterei, sofern man sich an die Gratkante hält. Dort ist der Fels (im Gegensatz zu den Flanken) gut.

ZS– Vom Triftjoch, 1½ Std. Abb. S. 313, 321

Vom Triftjoch (3527 m) erklettert man die ausgezeichneten Felsen der Gratschneide. Eine Art Schulter in halber Höhe des Grates wird durch einen Kamin auf der E-Seite umgangen. Unmittelbar danach gelangt man wieder auf den Grat und folgt ihm bis zum Gipfel.

579 a *Variante*

ZS– Von der Rothornhütte zum Gipfel, 2½ Std.
Abb. S. 321

Von der Rothornhütte (3198 m) braucht man nicht zum Triftjoch aufzusteigen. Man folgt R. 576 des Triftjochs bis an den Fuss des Trifthorns (½ Std.), überschreitet den Bergschrund und steigt über Felsen und Bänder schräg gegen den SSW-Grat an, den man bei der Schulter erreicht. Von hier auf R. 579 zum Gipfel.

Col du Mountet, 3658 m

Zwischen der Pointe du Mountet und dem Trifthorn; von Mountet nach Trift (Rothornhütte).

Obschon 131 m höher als das Triftjoch, ist dieser Pass bei weitem vorzuziehen: Er ist kürzer, leichter und vor allem weniger gefährlich.

Pointe du Mountet, 3877 m

582 *Über den SSW-Grat*

Edw. Broome mit Aloys (jun.) und Heinrich Pollinger, 22. August 1903.

WS Vom Col du Mountet, 1¾ Std. Abb. S. 313, 321

Vom Col du Mountet (3658 m) kann man dem Hauptkamm ohne Schwierigkeiten folgen, indem man P. 3790 überschreitet und zum kleinen Pass am S-Fuss der Pointe du Mountet (Unter Rothornjoch) absteigt. (1 Std.). Von hier klettert man über einen Felskamm und Platten direkt zum Gipfel.

583 *Über die W-Seite und den S-Grat*

WS Von der Mountethütte zum Gipfel, 3¼ Std.
Abb. S. 313

Von der Mountethütte (2886 m) folgt man R. 580 des Col du Mountet zum obern Plateau des Glacier du Mountet, dann wendet man sich nach links und steigt direkt über steile Schneefelder zum *Unter Rothornjoch* am S-Fuss der Pointe du Mountet. (2½ Std.). Dort stösst man auf R. 582, über die man zum Gipfel gelangt.

584 *Über den N-Grat*

Hübsche Kletterei.

ZS Vom Ober Rothornjoch, ½ Std.

Vom Ober Rothornjoch (3835 m) klettert man über steilen Fels direkt zum Gipfel.

585 *Über die E-Flanke*

J. Marshall Hall mit Jean Martin und Jos. Mooser, 22. August 1871.

ZS– Von der Rothornhütte, 2½ Std.

Von der Rothornhütte (3198 m) folgt man R. 588 des Ober Rothornjochs, biegt vor dem Joch ab und erreicht den Fuss der Wand. Man überschreitet den Randspalt und steigt dierekt zum Grat an und weiter zum Gipfel.

Ober Rothornjoch, 3835 m

Zwischen der Pointe du Mountet (N-Fuss) und dem Zinalrothorn; vom Glacier du Mountet (Mountethütte) zum Triftgletscher (Rothornhütte). Der Pass hat als Übergang keine grosse Bedeutung, er dient aber von beiden Seiten her als Anstieg zum SW-Grat des Rothorns.

J.S. Philpott mit Peter Knubel und Elias Peter, 5. September 1872.

586 *Über die W-Seite*

WS Von der Mountethütte, 3 Std. Abb. S. 313, 333

Von der Mountethütte (2886 m) folgt man R. 580 des Col du Mountet, steigt dann links durch eine Gletschermulde nördlich des grossen Felssporns an, der den SW-Fuss der Pointe du Mountet bildet. Man geht deutlich rechts (südlich) einer kleinen Felsinsel (3607 m) vorbei, überschreitet die beiden Bergschründe und steigt über lose, aber leichte Felsen links (nördlich) des Schnee- oder Eiscouloirs, das ins Joch mündet, aufwärts. Man betritt den Pass nach einer kurzen Traverse nach rechts.

586 a *Variante*

WS Abb. S. 313, 333

Man kann am Fuss des Hangs unter dem Joch nach links queren und R. 587 erreichen.

587 *Über die W-Seite*

Von diesem Weg ist abzuraten. Eisschlag.

WS Von der Mountethütte, 3–4 Std. Abb. S. 313, 333

Von der Mountethütte (2886 m) folgt man am besten R. 589 des Zinalrothorns bis gegen 3500 m, um dann den Glacier du Mountet fast horizontal zu queren. Man gelangt so zu P. 3607 und zu einer abgerundeten Schneerippe, die etwas oberhalb des Ober Rothornjochs auf den Grat führt. Man kann auch queren (R. 586a) bis zu R. 586.

Über die E-Seite

Die natürlichste Route von der Rothornhütte auf das Ober Rothornjoch würde eigentlich über den Triftgletscher führen. Dieser ist jedoch so zerklüftet, dass man ihn vermeidet und eine der nachstehenden Routen wählt:

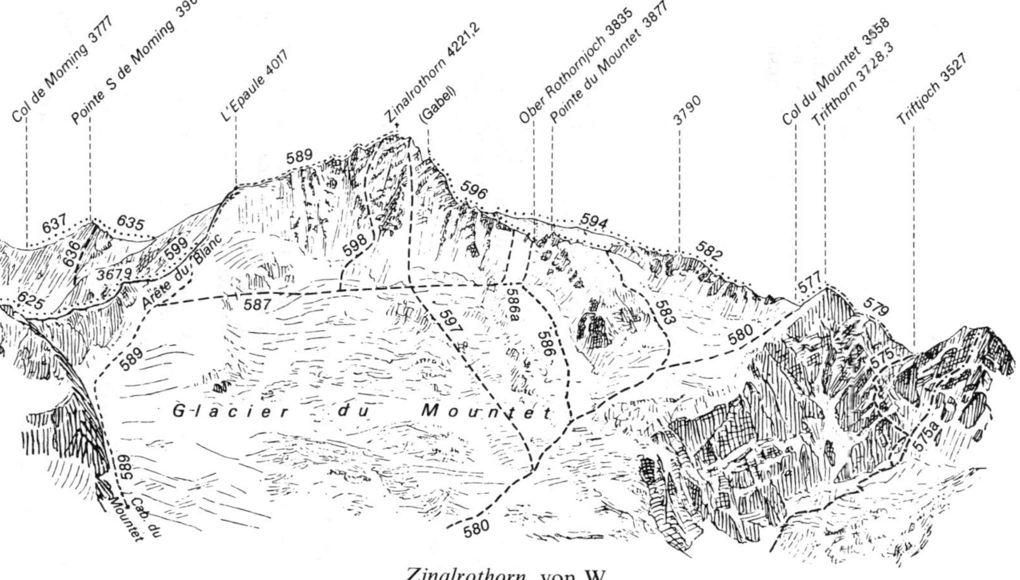

Zinalrothorn, von W

588

WS Von der Rothornhütte, 2½ Std.

Von der Rothornhütte (3198 m) folgt man R. 594 des Zinalrothorns bis zum ersten *Frühstücksplatz*. (½ Std.).
Von hier quert man einen Schneehang nach links, dann einen breiten Felsrücken und etwas Geröll, um den Gletscher, der vom Rothorn herunterkommt, oberhalb des Gletscherbruches und der grossen Spalten zu betreten. Man quert ihn, einen leichten Bogen beschreibend, bis an den Fuss des Passes, zu welchem man durch ein Schneecouloir und einige Felsen direkt ansteigt.

588 a *Variante*

Weniger direkte, aber angenehmere und letztlich kürzere Route als 588.

WS Vom Schneegrat, 1 Std.

Besteht der Schneehang zwischen dem *Frühstücksplatz* und dem Felsrücken aus Eis, ist es vorteilhafter, R. 594 des Rothorns bis zum letzten Schneebuckel des *Schneegrates* zu folgen. Dann steigt man links ab (ev. kurzer Eishang), um eine kleine Felsrippe zu erreichen, die zum Bergschrund hinabführt. Dann quert man den Gletscher, der vom Rothorn herunterkommt, fast horizontal bis an den Fuss des Passes, wo man auf die vorbeschriebene Route trifft.

Zinalrothorn, △ 4221,2 m

Als höchster Gipfel zwischen der Dent Blanche und dem Weisshorn macht das Zinalrothorn von W gesehen nicht besondern Eindruck, weil sein N-Grat parallel verläuft zu den Gneisschichten des Berges und entsprechend nicht steil ist. Von N oder S hingegen ist es ein richtiges, kühnes Horn.
Auf seiner W-Seite breitet sich der Glacier du Mountet aus, dessen Firn mancherorts bis zur Grathöhe reicht. Auf der E-Seite fällt eine 800 m hohe Steilwand auf den Hohlichtgletscher ab.
Während die Hauptgrate schmal und gezackt sind, bildet der SE-Grat eine Art breite und schneebedeckte Brücke, die an die mächtige Gipfelwand stösst.
Unter den grossen Bergen von Zermatt und Zinal ist das Rothorn bei den Kletterern einer der beliebtesten. Seine Gneisfelsen sind ausgezeichnet (aber nicht auffällig rot, wie der Name vermuten liesse).

589 *Über den N-Grat*

Leslie Stephen, F. Craufurd Grove mit Melchior und Jakob Anderegg, 22. August 1864.

Dieser Grat besteht im obersten Teil aus Fels. 320 m nördlich des Gipfels verzweigt er sich und bildet eine breite Schneeschulter (L'Epaule, 4017 m), dann einen schmalen, gegen W gerichteten Schneegrat (Arête du Blanc). Klassische, empfehlenswerte Tour: Prächtige Kletterei in sehr schönem Gneis.
Für die Begehung der ganzen Arête du Blanc siehe R. 599 der Epaule.

ZS Von der Mountethütte, 4–5 Std.
Abb. S. 313, 317, 321, 325, 333

Von der Mountethütte (2886 m) geht ein guter Fussweg in südöstlicher Richtung und steigt über die Seitenmoräne des Glacier du Mountet bis zu der Forcle (3188 m). Man lässt sie zur Linken und betritt den Gletscher, an dessen rechtem Ufer (N) man ansteigt, dem Fuss der Felswände folgend, südlich an P. 3586 und P. 3679 vorbei. Man überschreitet den Bergschrund so hoch oben als möglich und betritt den Blanc-Grat (Arête du Blanc) bei P. 3732. Man folgt dem Schneegrat bis zu den Felsen der Schulter (Epaule, 4017 m). (3 Std.).
Von dort folgt man dem leichten Felsgrat bis zum ersten Gendarmen, genannt *Gendarme du Déjeuner*, der links umgangen wird und in dessen Schutz man gewöhnlich frühstückt. Von hier an wird der Grat schmäler und bildet einen scharfen Gendarmen, der *Le Rasoir* (das Rasiermesser) genannt wird. Man kann ihn rechts auf der Mountetseite umgehen, es ist aber vorteilhafter, ihn zu traversieren (III).
Weiter oben bildet der Grat einen sehr ausgeprägten Gendarmen, genannt die *Sphinx*, der rechts auf einem Band umgangen wird (sind die Felsen vereist, so ist diese Stelle sehr schwierig, und es ist vorteilhafter, die Sphinx zu traversieren). Am Ende des Bandes betritt man wieder den Grat, der auf 30–40 m sehr scharf ist und den Spitznamen *Bourrique* trägt, weil man ihn rittlings passiert (eleganter ist es jedoch, diese Stelle hangelnd zu passieren, wobei man die Füsse auf ganz feine Ritzen aufsetzen kann, zuerst links [östlich], dann rechts [westlich] der Schneide). Man gelangt so in die Lücke am Fusse der *Bosse*, ein mächtiger Turm von 40 m Höhe, den man direkt überklettern muss (III, Stahlseil, Haken). Bei vereisten Felsen oder Neuschnee ist diese Stelle sehr schwierig, und man muss dann Griffe auf der Mountetseite suchen. Vom Gipfel der Bosse in ¼ Std. über den leichten Grat auf den Gipfel.

Durch die E-Wand

Diese steile, schon am frühen Morgen dem Steinschlag ausgesetzte Wand überragt den Hohlichtgletscher um 800 m.
Vier verschiedene Routen sind begangen worden, zwei davon führen direkt auf den Gipfel, während R. 590 auf den N-Grat, R. 593 auf den Kanzelgrat ausweicht.

590 *Über die E-Wand und den N-Grat*

C.D. Robertson, G.W. Young mit Josef Knubel und Heinrich Pollinger, 21. August 1907.

S Vom Wandfuss zum Gipfel, 5–7 Std. Abb. S. 317

Von der Rothornhütte (3198 m) folgt man R. 650 des Hohlichtpasses bis in die tiefe Mulde des Hohlichtgletschers am Fuss der Wand (3400 m). Diese Wand ist von oben bis unten von einem mächtigen Couloir durchfurcht, das seinen Ursprung unter der *Sphinx* hat. Es ist nördlich von einer Felsrippe begrenzt, die in Zweidrittelhöhe durch ein breites Band unterbrochen wird, das die ganze Wand durchquert und in der horizontalen Schulter des SE-Grates endigt. Man folgt mehr oder weniger dieser Rippe, die in den Firnflecken unter der *Sphinx* endigt. Man geht diesen Firnflecken entlang, um den N-Grat zwischen der Schulter und der *Sphinx* zu betreten. (4–5 Std. vom Wandfuss). Über R. 589 auf den Gipfel.

591 *Über die E-Wand, direkte Route*

Robert Gréloz, André Roch, Ruedi Schmid, 6. August 1945.

SS Vom Wandfuss, 7–8 Std. Abb. S. 317, 319

Man überschreitet den Bergschrund am Fuss des mächtigen Couloirs, das unter der R. 590 erwähnt ist. Man folgt dem rechten Rand dieses Couloirs auf 50 m (Steinschlag!) und hält dann links in ein anderes Couloir. Weiter links haltend, übersteigt man verschneite Felsen, die gegen den Fuss der grossen, dreieckigen Mauer des obern Teils der Wand steiler werden. Man klettert in wenig festem Fels, der von Eis und Schnee durchsetzt ist, so gerade wie möglich hinauf. Dort wo die Kletterei schwieriger wird, wendet man sich nach rechts (III, IV); man ist dort dem Steinschlag weniger ausgesetzt. Der Fuss der grossen dreieckigen Mauer ist aus nach rechts geneigten Bändern gebildet. Man erklettert das obere Band bis zu einem Pfeiler, der den rechten Teil der grossen Mauer bildet. Der Pfeiler gibt die Anstiegsrichtung an. Dessen Schneide zu erreichen ist die Schlüsselstelle: Ein Kamin-Riss, 25 m links des Pfeilers am Ran-

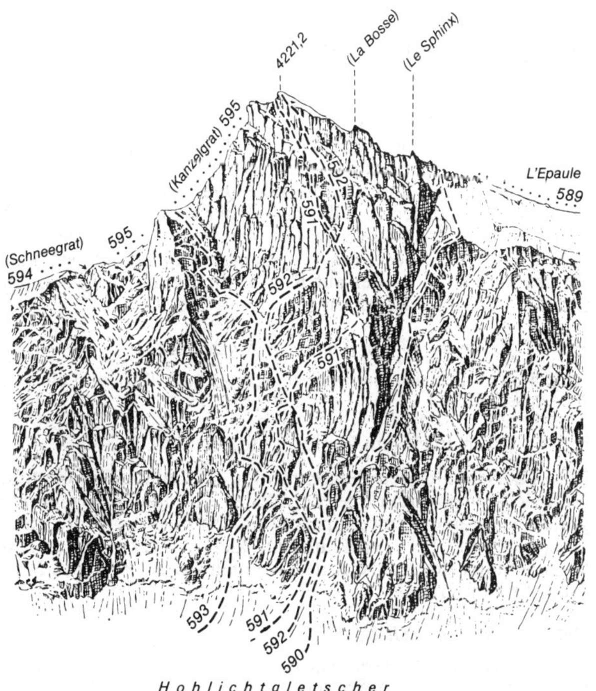

Zinalrothorn, E-Wand

de der Mauer, wird erklettert. Man steigt direkt an in fast senkrechtem, wenig festem Fels: drei Stellen von 12 m und eine von 40 m (V, V+, H). Am Ende des Kamin-Risses quert man nach rechts und steigt gegen den Pfeiler (V). Der Fels wird besser. Man überklettert eine Reihe von Platten und Mauern auf dem breiten Kamm, bis man zuoberst auf eine vereiste Terrasse kommt (III, IV). Dann hält man in leichtem Gelände links, bis ein steiler Kamin rechts erscheint. Durch diesen und ein Loch gelangt man 5 m südlich vom Gipfel auf die Gratkante.

592 *Über die E-Wand, direkt*

Paul Etter, Ueli Gantenbein, Andreas und Ernst Scherrer, 27./28. Dezember 1971.

SS Abb. S. 317

Diese Seilschaft folgte ungefähr der R. 591 bis zum Fuss der grossen dreieckigen Mauer. Anstatt rechts abzuzweigen, erreichte sie R. 593 und schaffte den Quergang nach rechts in Zweidrittelshöhe der Wand, was vorher weder der Seilschaft Blanchet-Mooser-Pollinger am 28. August 1933 noch der Seilschaft Blanchet-Mooser am 14. September 1932 gelungen war. Sie gelangte dann wieder auf R. 591, die sie links verliess, um rechts vom Gipfel auszusteigen.

593 *Über die E-Wand und den Kanzelgrat*

Emile-Robert Blanchet mit Kaspar Mooser und Richard Pollinger, 28. August 1933.

S+ Vom Fuss zum Gipfel, 7 Std. Abb. S. 317

Man überschreitet den Bergschrund in der Fallinie des Gipfels. Nun steigt man direkt über den steilen Eishang (50 m), leichte graue Felsen und Schneerippen bis an den Fuss der Gipfelwand an. Dann wendet man sich links und klettert direkt zur horizontalen Schulter des Kanzelgrates, wo man auf R. 595 trifft. Man folgt ihr zum Gipfel.

594 *Über den SE-Grat*

Clinton T. Dent, G. A. Passingham mit Franz Andermatten, Alex Burgener, Ferdinand Imseng, 5. September 1872.

Klassische, empfehlenswerte Tour, günstig für den Abstieg oder für einen Rückzug (I bis III–).

WS Von der Rothornhütte, 3½–4 Std.
Abb. S. 313, 317, 319, 321

Von der Rothornhütte (3198 m) steigt man nach rechts an den Fuss der Felswand und geht ihr entlang auf den Firnfeldern des Rothorngletschers bis dort, wo die Felsen eine Art schneebedeckten Vorsprung bilden. (¾ Std.).
Man steigt schräg von rechts nach links über diesen Vorsprung und einen Schneehang an, der auf den Grat führt *(Frühstücksplatz)*. Von hier über einen Schneehang weiter zum P. 3786 m, wo der Grat, der den Hohlichtgletscher und den Rothornglet-

Zinalrothorn, von SE

scher trennt, in östlicher Richtung abzweigt. Man überschreitet einige Felsen und gelangt nun auf den *Schneegrat* (1 Std.), der immer schmäler wird und der verwächtet sein kann. Man folgt ihm bis an den Fuss der ersten Felsen, (½ Std.) (rechts erhebt sich ein senkrechter Absatz mit einer horizontalen Schulter, die einen rechten Winkel bildet und die mit einem Band verbunden ist, das die E-Wand des Rothorns durchquert). Man ersteigt die beiden ersten Felsstufen, dann quert man schräg in den S-Hang, um ein enges, in der Regel schneeiges Couloir (Eiszapfen!) zu betreten. Dieses mündet in einer Lücke, die *Gabel* genannt wird, auf den SW-Grat, rechts von einem gespaltenen Gendarmen. (½ Std.).
Von dieser *Gabel* klettert man ca. 40 m direkt über den Grat bis an den Fuss eines Aufschwunges. Nun hält man nach links durch ein Fenster, dann einige Schritte absteigend zur *Binerplatte* (III –, H), die man längs eines schrägen Risses quert oder westlich umgeht. Man erreicht über eine Schnee-(Eis-)Rippe wieder den Grat oder geht über die Platten rechts der Rippe weiter (III –, Standhaken).
Man umgeht einen Gendarmen links und gelangt dann zur *Kanzel*, einer Art Vorgipfel. Diese umgeht man rechts (exponiert) unterhalb vom höchsten Punkt und gewinnt hierauf in einigen Minuten den Hauptgipfel über Felsen.

595 *Über den Kanzelgrat*

Emile-Robert Blanche mit Kaspar Mooser, 31. Juli 1928, 28. August und 5. September 1933.

Diese Route führt über den mächtigen Felsaufschwung genannt *Kanzel*.

S+ Von der Abzweigung zum Gipfel, 2 Std.
Abb. S. 317, 319

Vom Punkt, wo die Normalroute links gegen das Couloir der Gabel hält, geht man in aufsteigender Querung links im Schnee empor. Dann überklettert man auf ca. 30 m Platten gegen den Grat (III) und quert horizontal ohne Schwierigkeit gegen ein ansteigendes Schneeband, das auf die Gratschneide führt. Man geht durch einen kleinen «Briefkasten» und wendet sich nach links gegen einen Kamin von 15 m, der mit einem schwachen Überhang endet. Durch diesen Kamin (IV) und weiter auf der S-Seite des Grates über steile Platten (IV) in Richtung eines wenig ausgeprägten Kamins aus hellem Fels, der den Grat unter der überhängenden Schlusswand der *Kanzel* erreicht. Man erklettert diesen Kamin auf der rechten Platte (ca. 15 m, V, 1H

580 *Über die NW-Seite*

WS Von der Mountethütte, 2½ Std. Abb. S. 313, 333

Von der Mountethütte (2886 m) folgt man dem Horizontalweg auf der Moräne im Südsüdosten und steigt über diese 3–4 Min. aufwärts bis dort, wo ihr Kamm eben wird. Nun wendet man sich nach rechts, um den Glacier du Mountet auf ca. 2950 m zu betreten. Man steigt über Terrassen schräg aufwärts, zwischen den grossen Spalten durchlavierend, bis an den Fuss des Passes. Man umgeht eine kleine Eiswand rechts, wendet sich wieder nach links, um den Pass zu gewinnen, der oft grosse, gegen E ragende Wächten trägt.

580 a *Variante*

WS

Je nach dem Zustand des Glacier du Mountet ist es vorteilhafter, R. 589 bis in die Nähe der Forcle (3188 m) zu folgen und dann den Gletscher in einem langen Schrägmarsch zu queren.

581 *Über die SE-Seite*

WS Von der Rothornhütte, 1½ Std. Abb. S. 321

Von der Rothornhütte (3198 m) folgt man R. 576 des Triftjochs bis an den Fuss des Trifthorns, dort, wo ein Schneecouloir in der Richtung des Gipfels ansteigt. Man überschreitet den Bergschrund am Fuss dieses Couloirs (in der Fallinie des Gipfels des Trifthorns) und steigt durch den rechten (N-)Arm hinauf bis dort, wo er an die Felswand anstösst. Man tritt nun durch einen Kamin rechts hinaus zu einem runden Felskopf. Von hier geht man ohne Schwierigkeiten, leicht schräg rechts haltend, aufwärts zum Schneesattel des Passes, der auf dieser Seite verwächtet sein kann.
Im *Abstieg* muss man stark rechts halten, um den Bergschrund an der richtigen Stelle zu überschreiten.

Vom Col du Mountet (3658 m) steigt der Hauptgrat Richtung NE an, wird felsig und gezackt. Bei P. 3790 biegt er nach N ab. Unmittelbar hinter dem letzten Zacken folgt ein kleiner Sattel (schneeig auf der W-Seite, felsig auf der E-Seite), das Unter Rothornjoch, das aber keinerlei praktische Bedeutung hat. Im N dieses Sattels erhebt sich ein Zwillingszacken, die Pointe du Mountet.

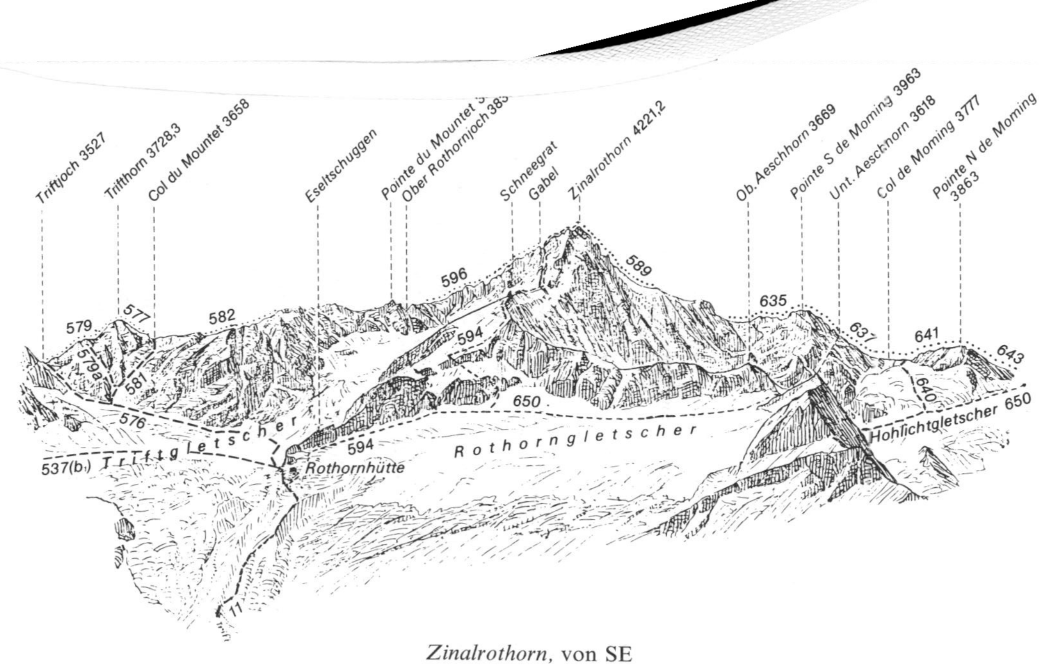

Zinalrothorn, von SE

geschlagen). Es folgen einige leichtere Meter in links ansteigender Traverse, die bei einem Überhang endet, der von einem Riss geteilt ist und wo sich ein wackelnder, eingeklemmter Block befindet. Man überklettert den Überhang (10 m, V) und gelangt zu einer kleinen Terrasse, von wo eine Platte links (III) zur Normalroute (594) unter dem Gipfel der *Kanzel* führt.

595 a *Variante*

S Abb. S. 319

Die Erstbegeher stiegen ursprünglich nicht bei der *Kanzel* aus, sondern querten nach rechts in die E-Wand auf einer geneigten Terrasse und erreichten so den Gipfel.

596 *Über den SW-Grat (Rothorngrat)*

J. Armitage Robinson mit Aloys Kronig und Peter Anton Perren, im Abstieg, September 1898; C.R. Gross mit Rudolf Taugwalder, im Aufstieg, August 1901.
Erste Winterbegehung: René Arnold, Michel Scherbaum, 10. Januar 1976.

Dieser Grat, der eine prächtige Kletterei auf ausgezeichnetem Fels bietet, wird in Zermatt Rothorngrat genannt. Geht man von der Rothornhütte (3198 m) aus, betritt man den Grat entweder auf dem Triftjoch (3527 m), auf dem Col du Mountet (3658 m) oder auf dem Unter Rothornjoch (am S-Fuss der Pointe du Mountet, R. 583, wobei man die Pointe östlich umgeht und ins Ober Rothornjoch, 3835 m, gelangt). Im allgemeinen betritt man den Grat auf dem letztgenannten Joch (vorab wenn man von Mountet kommt), und hier beginnt denn auch die schöne Kletterei. Dieser Grat hat den Vorteil, nach schlechtem Wetter bald schneefrei zu sein.

S– Vom Ober Rothornjoch zum Gipfel, 3½–4 Std.
Abb. S. 313, 319, 321

Vom Ober Rothornjoch (3835 m) folgt man dem Grat so gut wie möglich; Grattürme werden unter Umständen auf der Mountetseite umgangen. Hier einige Einzelheiten:
Eine erste Stufe (III) führt zu einem auf der Mountetflanke schneeigen Gratstück, das bisweilen verwächtet ist. Der erste Gendarm ist leicht. Der Gipfel des zweiten wird links umgangen, wobei man den Grat unmittelbar oberhalb desselben durch einen Kamin wieder erreicht (IV–). Der dritte Gendarm wird überklettert, worauf man auf eine kleine, in der Regel schneebedeckte Einsattelung gelangt, halbwegs zwischen dem Ober Rothornjoch und der *Gabel*. Die folgenden Gendarmen kann

Pte S de Moming
L'Epaule
Col
de Moming
637
635
635
589
Arête du Blanc
599
636
604
639
602
603
645
601
Gl. de Moming
642
639

S Vom Wandfuss zum Gipfel, 5 Std. Abb. S. 325

Man erreicht das Plateau des Glacier de Moming:

a) Von Zinal auf R. 639 des Col de Moming;
b) von der Mountethütte auf R. 648 des Hohlichtpasses;
c) von der Ar Pitettahütte auf R. 646 des Hohlichtpasses.

Vom Gletscherplateau gelangt man an den Fuss der Wand. Über die Randkluft und direkt über den Hang (50°) zum Gipfel.

602 *Über den N-Pfeiler*

René Theytaz, Adrien und Rose Voillat, 30. Juli 1958.

Dieser Pfeiler stützt die riesige Gletscherterrasse von Moming, die sich von der Schulter (Epaule) zum Fuss des Col de Moming gegen Ar Pitetta senkt. Sie hat gegen N unregelmässige Eisabbrüche, die am obersten Ende des Pfeilers mehr oder weniger unterbrochen sind. Die Gefahr von Eisschlag ist auf dem Pfeiler gering (er teilt die Eisfälle), jedoch sonst auf dieser Route (Terrasse) zu beachten.

SS+ Vom Wandfuss zum Gipfel, 11 Std. Abb. S. 325

Auf R. 601 gelangt man zum Gletscherplateau von Moming. Von dort über die Randkluft und einen Schneehang. Ein erster, gemischter Aufschwung (IV), gefolgt von der Kante der Schneerippe, dann eine Querung nach rechts (IV+) führen zum Fuss des grossen Aufschwunges. Dieser wird direkt erklettert (IV+). Die auf einige Seillängen folgende Kletterei ist III. Ein senkrechter Aufschwung aus brüchigem Fels sperrt den Weiterweg. Man wählt Platten zur Rechten, die viel schwieriger sind als sie scheinen: sehr wenig Risse, die schlecht und verstopft sind. Eine Stelle von 3 m (VI), gefolgt von einer ersten, überhängenden schrägen Verschneidung (VI), der sich eine zweite, ähnliche (V+) anschliesst, und eine senkrechte Stelle von 10 m (VI–) führen zum Gipfel des Pfeilers. Man überquert die Eiszunge je nach den Verhältnissen (die Erstbegeher brachten sie mittels künstlicher Kletterei hinter sich) und erreicht über das riesige Gletscherband (Terrasse de Moming) den Gipfel.

603 *Über den Sporn von Moming*

Maurice Brandt, Adrien und Rose Voillat, im Auf- und Abstieg, 8. September 1957.

Der Sporn ist eigentlich ein Eiscouloir (54°), 400 m hoch, zwischen zwei Felsrippen.

S Vom Fuss zur Moming-Terrasse, 6 Std.
Abb. S. 325

Vom Plateau des Glacier de Moming (das man auf R. 601 erreicht) gelangt man an den Fuss des Sporns. Man überschreitet den Bergschrund und ersteigt das Couloir oder die Felsen zur Rechten. Die Überwindung des Eiswulstes bietet keine besonderen Schwierigkeiten. Auf der Terrasse von Moming stösst man auf R. 604 und folgt ihr zur Schulter (Epaule).

604 *Über die Terrasse von Moming*

Koni Brunner, Ruedi Schmid, Ali Szepessy, mit Ski, 1. April 1945.

Diese riesige Gletscherterrasse, die sich von der Schulter bis zum Col de Moming erstreckt, bildet den gegebenen Aufstieg zur Schulter.

WS Vom Fuss des Col de Moming, 1½ Std.
Abb. S. 325

Vom Plateau des Glacier de Moming (das man auf R. 601 erreicht) gelangt man an den Fuss des Col de Moming, wendet sich nach rechts und ersteigt die Terrasse, einige mächtige Spalten umgehend.

Vom SE-Grat des Rothorns löst sich bei P. 3786 ein langer Grat, der in unregelmässiger Linie gegen E abfällt und im Mettelhorn endet. Er trennt den Rothorngletscher vom Hohlichtgletscher und hat mehrere Felserhebungen.

Ob. Äschjoch, 3627 m

Zwischen P. 3786 (im SE-Grat des Zinalrothorns) und dem Ob. Äschhorn; vom Hohlicht- zum Rothorngletscher (Rothornhütte). Die SE-Seite des Passes wird durch eine Felswand gebildet, während der NW-Hang aus einer breiten Schneemulde besteht, die sanft auf die Firnfelder des Hohlichtgletschers abfällt.
Der Pass wird nicht überschritten, lässt sich aber sehr gut mit der Überschreitung des Ob. Äschhorns (3669 m) und dem Unt. Äschjoch (3562 m) verbinden und bildet in dieser Kombination den besten Übergang von der Rothornhütte zum Hohlichtgletscher (R. 650 des Hohlichtpasses).

Ob. Äschhorn, 3669 m

606 *Über den SW-Grat*

L Vom Ob. Äschjoch, ¼ Std.

Vom Ob. Äschjoch (3627 m) folgt man dem aus Schnee und Fels bestehenden Grat.

607 *Über den ESE-Grat*

L Vom Unt. Äschjoch, ¼ Std.

Vom Unt. Äschjoch (3562 m) folgt man dem zuerst schneeigen, dann felsigen Grat.

Unt. Äschjoch, 3562 m

Zwischen dem Ob. und dem Unt. Äschhorn; vom Hohlichtgletscher zum Rothorngletscher (Rothornhütte).
Breiter Schneesattel, dessen N-Seite in einem stark zerschrundeten Hang auf den Hohlichtgletscher abfällt, während die SW-Seite über Firn leicht zugänglich ist.
Dieser Pass wird nicht überschritten, lässt sich aber sehr gut mit Überschreitung des Ob. Äschhorns (3669 m) und dem Ob. Äschjoch (3627 m) verbinden. Auf diese Weise gelangt man von der Rothornhütte zum Hohlichtgletscher (R. 650 des Hohlichtpasses).

Unt. Äschhorn, 3618 m

608 *Über den NW-Grat*

L Vom Unt. Äschjoch, ¼ Std.

Vom Unt. Äschjoch (3562 m) folgt man dem Schnee- und Geröllgrat.

609 *Über den SE-Grat (vom Furgghorn)*

WS Vom Furgghorn, ¾ Std.

Vom Furgghorn (3392 m) folgt man dem zuerst schneeigen, dann felsigen Grat.

Furgghorn, 3392 m

Über den NW-Grat (vom Unt. Äschhorn)

Siehe R. 609.

610 *Über den E-Grat*

L Vom Furggji, ¾ Std.

Vom Furggji (3166 m, ohne Namen auf der LK) umgeht man auf den Firnfeldern des Hohlichtgletschers den ersten gezackten Teil des Grates (P. 3209). Dann folgt man dem Felsgrat des Gipfelaufbaus (II) zum höchsten Punkt.

Furggji, 3166 m

Ohne Namen auf der LK.
Zwischen dem Furgghorn und dem Platthorn, vom Hohlichtgletscher (Weisshornhütte) nach Trift.
Ein Steinhüttchen auf dem Pass könnte als Unterschlupf dienen, es steckt jedoch fast immer tief im Schnee.

611 *Über die N-Seite*

Von der Weisshornhütte ist die Route gut zu überblicken und es empfiehlt sich, sie genau anzusehen.

WS Von der Weisshornhütte, 3–4 Std.

Von der Weisshornhütte (2932 m) steigt man über die steilen Grashänge des Hohlichts (Höhenverlust von über 500 m) ab und gewinnt das linke Ufer des Hohlichtgletschers zwischen P. 2402 und P. 2407. Man überquert den steinbedeckten Gletscher und die rechte Seitenmoräne und erreicht die Hänge des Triftji. Sie führen auf die Firnfelder, über die man (Spalten!) den Pass gewinnt.

611 a *Variante*

ZS

Sind die Verhältnisse auf dem Gletscher aussergewöhnlich gut, kann man von der Weisshornhütte R. 649 bis zum Stockji folgen, sich einen Weg durch den Gletscherbruch suchen und die Firnfelder (Spalten) zum Pass ersteigen.

612 *Über die S-Seite*

EB Von Trift, 2¾ Std.

Von Trift (2337 m) an der R. 11 der Rothornhütte folgt man dem Hüttenweg bis zu P. 2455,9 am Beginn der grasigen Ebene genannt Vieliboden. Von hier steigt ein Weg in steilen Windungen gegen NE, auf dem rechten (W) Ufer des Baches, und führt in die Mulde Triftchumme. Von hier führen die Wegspuren weiter bis auf den Pass durch ein grosses Schutt- und Trümmerfeld, wo zwei geologische Schichten aufeinandertreffen: Links grünes, rechts braunes Gestein.

Platthorn, 3345 m

613 *Über den NW-Hang*

L Vom Furggji, ½ Std.

Vom Furggji (3166 m, ohne Namen auf der LK) steigt man über den Grat, dann über den Geröllhang (Wegspuren) zum Gipfel.

613 a *Variante*

EB

Von Trift kommend, braucht man nicht bis zum Furggji aufzusteigen. Auf ca. 3080 m angelangt, steigt man über das Geröll der W-Flanke zum Gipfel.

614 *Über den S-Grat*

Der Weg über den Grat ist unterhaltsamer als die monotone Triftchumme.

L Vom Wisshorn, 2 Std.

Vom Wisshorn (2936 m) folgt man dem Grat über P. 3019 zu P. 3189, einer Felskuppe aus glatten weissen Platten. Von hier wird der Grat schmal und gezackt. Man kann ihm links über Geröll ausweichen und den Gipfel über Geröll und einige Felsen erreichen.

Wisshorn, 2936 m; △ 2927,7 m

Schöner Aussichtsberg. Der Vermessungspunkt liegt etwas tiefer (im S) als der höchste Punkt.

615 *Über die W-Seite*

EB Von Trift, 1½ Std.

Von Trift (2337 m) folgt man R. 612 des Furggji bis zum Beginn der Triftchumme auf ca. 2730 m. Von dort steigt man über gerölldurchsetzte Grashänge zum Gipfel.

Mettelhorn, △ 3406,0 m

Aussichtsberg mit herrlicher Rundsicht.
Erste bekannte touristische Ersteigung 10. September 1851. Der Gipfel wurde aber zweifellos viel früher von Einheimischen bestiegen.

616 *Von Westen*
Ev. Spaltengefahr.

L Vom Furggji, ¾ Std.

Vom Furggji (3166 m, ohne Namen auf der LK) geht man einige Schritte auf dem Grat gegen E und steigt dann über Firnfelder nördlich des Platthorns zur Einsenkung zwischen dem Platthorn und dem Mettelhorn. Man gelangt zum gut sichtbaren Weg in der W-Flanke des Mettelhorns und steigt auf den Gipfel, zuletzt über einige Platten.

617 *Von Norden*

WS Von Randa zum Gipfel, 6 Std.

Von Randa (1439 m) folgt man der Strasse Richtung S nach Wildi bis vor den Wildibach. Man überschreitet die Mattervispa, nimmt den Pfad nach Schaliberg (2043 m), dann den Weg zur Melchflue (2090 m), und gelangt zur Hütte der Schatzplatte (2402 m). Man geht Richtung W weiter und erreicht zwischen P. 2402 und P. 2407 die Route 611 des Furggji, der man bis zum Pass folgt. Von dort auf R. 616 zum Gipfel.

617 a *Variante*

WS

Man kann auch dem E-Rand des zerschrundeten Firnfeldes der R. 611 folgen, das einen Schneegrat zwischen dem Gletscher und den Felsen bildet (Bergschrund).

617 b *Variante*

WS

Man kann den aus Schnee und Geröll bestehenden NNW-Grat ersteigen bis unter den Gipfel und diesen in leichter Kletterei (manchmal Eis) erreichen.

618 *Über den NE-Grat (Getschung)*

Dieser Grat aus schwarzen Schieferfelsen ist gefährlich. Keine Details.

619 *Über den SE-Grat (Schnabelgrat)*

Dieser Grat aus schwarzen Schieferfelsen ist gefährlich.

620 *Über die S-Flanke*

Diese Wand aus schwarzen Schieferfelsen ist gefährlich.

620.1 *Von Süden*

Man kann den Gipfel auch von Zermatt aus erreichen

L Von Zermatt zum Gipfel, 5 Std.

Von Zermatt (Bahnhof) folgt man dem Pfad nach Balmen (1702 m) und weiter über P. 1761 und P. 1865. Dann geht man am linken Ufer des Luegelbachs (Toren) bis zur Grieschumme. Ganz oben, unter der weissen Kalkwand des Platthorns, findet man ein Band, das auf den Firn zwischen dem Platthorn und dem Mettelhorn führt, wo man auf R. 616 stösst.

Wir wenden uns nun der W-Seite des Rothorns zu und beschreiben die Verlängerung der Arête du Blanc (Blanc-Grates).

Blanc de Moming, 3663 m; 3657 m

Der höchste Punkt ist der Nordgipfel (3663 m), der in der Regel schneefrei ist. Die untere Schneekuppel (Dôme, 3657 m, ohne Namen auf der LK) erhebt sich bei der Vereinigung der Hauptgrate mit jenem, der zur Forcle (3188 m) abfällt. Die erste Besteigung ist unbekannt. Der Gipfel hat keine Bedeutung; man überschreitet ihn manchmal beim Abstieg vom Besso.

621 *Über den SW-Grat*

Dieser Grat wird im allgemeinen im Abstieg begangen, weshalb wir ihn in dieser Richtung beschreiben.

WS Vom Gipfel zur Mountethütte, 1½ Std.
Abb. S. 333

Vom Dôme (ohne Namen auf der LK) des Blanc de Moming (3657 m) steigt man über den Grat ab und verlässt ihn in der Mitte, bevor er steil und der Fels sehr schlecht wird. Man steigt gegen rechts auf seinen W-Sporn ab, der gegen 3350 m eine Schneeschulter bildet. Von dort führen leichte Bänder (Steinmännchen) durch die steile S-Flanke zur Forcle (1 Std.), von wo man die Mountethütte in ½ Std. erreicht (R. 589).

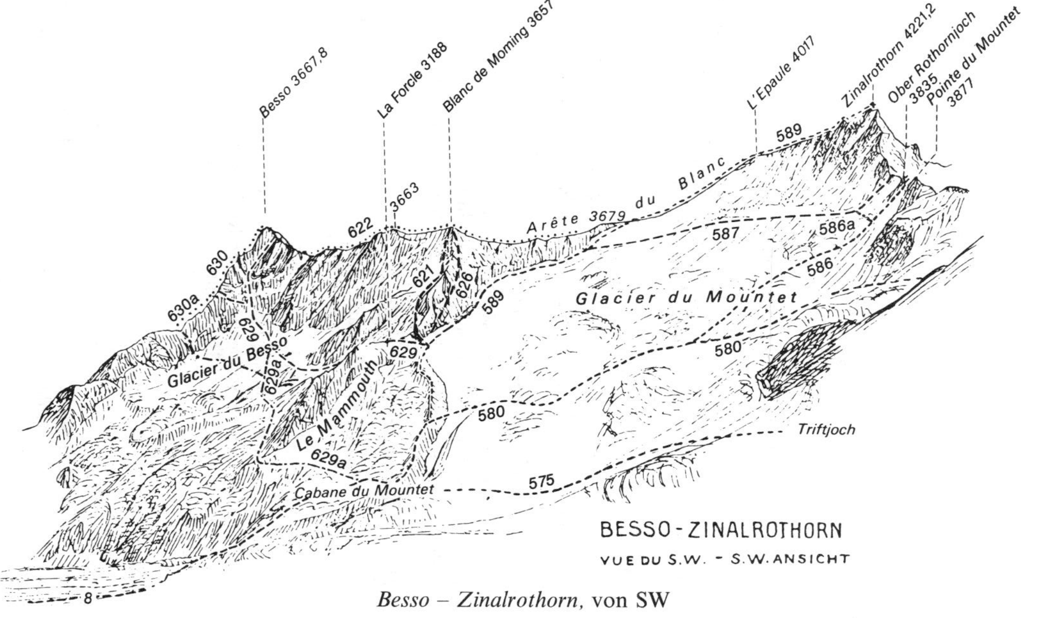

Besso – Zinalrothorn, von SW

622 *Über den NW-Grat*

H. Seymour King mit Aloys Anthamatten und Ambros Supersaxo, 28. Juli 1886.

Dieser Grat wird gewöhnlich bei der Rückkehr vom Besso begangen. Empfehlenswert.

ZS Vom Gipfel des Besso, 2 Std. Abb. S. 333

Vom Gipfel des Besso folgt man dem Grat. Auf dem Sattel (Schulter) angelangt, lässt man R. 629 zur Rechten und folgt dem leichten Grat bis zu seiner tiefsten Einsenkung. Der Grat erhebt sich dann und hat zahlreiche Gendarmen, von denen einige ziemlich schwierig sind. Man kann sie alle übersteigen oder links (Ar-Pitetta-Seite) umgehen. (Der Fels ist auf dem Grat besser als in der Flanke.) Es folgt ein feiner Schneekamm, der zum Felsgipfel des Blanc de Moming führt (3663 m).

623 *Über die N-Flanke*

Adrien und Rose Voillat, im Auf- und Abstieg, 4. August 1955.

Diese schöne kleine Wand liegt unter dem Felsgipfel 3663 m.

S Vom Wandfuss, 3½ Std.

Vom Plateau des Glacier de Moming, das man über R. 600 der Epaule erreicht, gelangt man zur Randkluft. Man ersteigt den Hang direkt (58°), eine Felsinsel in der Mitte benützend.

624 *Über die E-Seite*

Gilberte und Maurice Brandt, Adrien und Rose Voillat, 26. Juli 1956. 1. Abstieg: Maurice Brandt, Adrien und Rose Voillat, 8. September 1956.

WS Vom Fuss, ½ Std.

Man zweigt von R. 639 des Col de Moming ab und gelangt an den Fuss der kleinen Schneewand zur Rechten einer Felszone. Man übersteigt den Randspalt und ersteigt den 120 m hohen Hang (33°).

625 *Über den E-Grat*

L Von der tiefsten Senke, ¼ Std. Abb. S. 313

Von der tiefsten Senke (3586 m) zwischen dem Blanc de Moming und der Epaule gelangt man zuerst auf den S-Gipfel

(Dôme, 3657 m, ohne Namen auf der LK), dann auf den felsigen Nordgipfel (3663 m).

626 *Über die SSE-Wand*

Daniel Heymans, J.-P. Mariotte, 17. Juli 1974.

ZS Von der Mountethütte, 4 Std. Abb. S. 333

Von der Mountethütte (2886 m) folgt man R. 589 des Zinalrothorns bis zum Fuss des W-Endes der Wand. Parallel zum SW-Grat ersteigt man ein schräges Band auf etwa 60 m. Man ersteigt einen kleinen Aufschwung, der das Band teilt (III), und geht auf dem Band weiter, bis zu einem grossen, senkrechten Aufschwung, den man auf einem Band quert. An seinem Ende steigt man etwa 15 m gerade empor (IV); dann nach rechts hinüber (III), wo man zu wenig geneigten Platten kommt. Immer weiter schräg nach rechts; dann erreicht man über brüchige Stellen (III) ungefähr 100 m vom Gipfel den SW-Grat.

La Forcle, 3188 m

Zwischen dem Blanc de Moming und dem Mammouth.
Der Pass wird nicht überschritten, ausser wenn man auf R. 629 zum Besso geht. Die Firnfelder des Glacier du Mountet reichen bis zum Pass, der einen breiten Sattel bildet. Siehe R. 589, 621, 627, 629.

Der Mammouth, 3215 m

Dieser von SW nach NE verlaufende Felsgrat erhebt sich im N der Mountethütte. Sein Hauptgrat bietet hübsche Kletterei. In der SE-Wand sind zahlreiche Übungs-Routen erschlossen.

627 *Hauptgrat*

ZS– Von der Mountethütte zur Forcle, 3 Std.

Von der Mountethütte (2886 m) steigt man Richtung NW (R. 629a) bis an den Fuss des Grates. Man folgt dem groben Blockgrat, der vor allem im obern Teil luftige Passagen aufweist. Es ist von Vorteil, die Überschreitung bis zur Forcle (3188 m) fortzusetzen (II, III).

Über die SE-Wand

Siehe Kapitel «Klettergelände», wo die Wand (obschon hoch gelegen) beschrieben wird.

Der Besso, △ 3667,8 m

Der Besso ist ein charakteristischer Doppelgipfel, eine originelle Silhouette, die mit ihren dunkeln Felsen einen starken Kontrast zu den weissen Gipfeln der Umgebung bildet.

629 *Über die S-Seite und den SE-Grat (Damenweg)*

Die Führer Jean-Baptiste Epiney und Jos. Vianin, 1862. (J.-B. Epiney ev. schon früher).

Diese Route liegt am Morgen grösstenteils im Schatten. Befinden sich mehrere Partien im Abstieg, muss mit Steinschlag gerechnet werden.

WS Von der Mountethütte, 3½ Std. Abb. S. 333

Von der Mountethütte (2886 m) folgt man dem Weg der R. 589 des Zinalrothorns bis zur Forcle (3188 m). Man überschreitet diesen Pass und steigt auf den Glacier du Besso ab, den man quert. Man gelangt an den Fuss der Felsen nahezu in der Falllinie des Sattels rechts (südlich) vom Gipfel, im SE-Grat.
Von den untern Felsen steigt ein breites Couloir rechts aufwärts. Man erklettert es und sieht nacheinander zwei kleine Sättel in der Felswand links. Man steigt zum zweiten Sattel hinauf, indem man das Couloir nach 50–60 m vom Firn verlässt. Nun folgt man einem breiten horizontalen Band nach links, steigt dann schräg aufwärts und gelangt an den Fuss eines grossen Couloirs, wo in der Regel unten Schnee liegt. Nachdem man es durchquert hat, folgt man seinem rechten (NW-)Ufer, parallel dem SW-Grat. Dieses Couloir mündet auf dem SE-Kamm und bildet eine kleine Schulter *(Epaule)*, die man schon von unten sieht. Von hier über den Felsgrat auf den Gipfel, sich leicht rechts (östlich) vom Grate haltend.

629 a *Variante*

Dieser Zugang ist kürzer und vermeidet den Höhenverlust nach der Forcle. Empfehlenswert, wenn das Blockfeld noch eingeschneit ist.

L Abb. S. 333

Von der Mountethütte (2886 m) führt ein Weg (R. 8.1) Richtung NW um den SW-Fuss des Mammouth herum. Man geht dann dem Fuss seiner NW-Flanke entlang Richtung NE, dann NNE über Geröll und Firn und erreicht R. 629 auf dem Glacier du Besso.

630 *Über den SW-Grat (normale Variante)*

Dieser Grat wird irrtümlich oft als W-Grat bezeichnet. Er wird ebenfalls häufig begangen wegen der schönen Kletterei auf ausgezeichnetem, rauhem, rötlichem Gneis.
Seine Fortsetzung gegen unten (unterhalb von P. 3217) wird von den Einheimischen Le Chaquido genannt; die Bedeutung dieses Wortes ist unbekannt.

ZS Von der Mountethütte, 4 Std. Abb. S. 333

Von der Mountethütte (2886 m) erreicht man auf R. 629 oder 629a das breite horizontale Band, dem man nach links bis zum SW-Grat folgt. Man steigt nun direkt über den Grat bis zum grossen Aufschwung, den man an seinem Fusse rechts umgehen kann, indem man leicht absteigt; durch einen Kamin erreicht man wieder den Grat. Es ist jedoch interessanter, diesen Aufschwung zu traversieren (schöne, luftige Kletterei). Man überschreitet dann zwei kleine Grattürme und folgt dem Grat bis an den Fuss des Gipfels. Den letzten Aufschwung umgeht man rechts und gewinnt so den höchsten Punkt.

630 a *Über den SW-Grat (längere Variante)*

Interessante Kletterei, die sehr selten ausgeführt wird.

S Von der Mountethütte zum Gipfel, 5–6 Std.
Abb. S. 333

Man kann den SW-Grat auch weiter unten, in der Lücke 160 m östlich von P. 3217, erreichen. Ein Schuttkegel und ein tief eingeschnittenes Couloir (zwei schwierige Stellen, IV–, IV) führen zu dieser Lücke. Man folgt dann dem Grat, alle Gendarmen (von denen einige schwierig sind) überschreitend. Der grosse Aufschwung lässt sich über eine Platte mit Rissen erklettern. Oben angekommen, erreicht man über ein Band rechts einen Kamin auf der S-Seite. So gelangt man auf R. 630 und über diese zum Gipfel.

630 b *Direkte Erkletterung des letzten Aufschwungs*

S

Statt den letzten Aufschwung rechts zu umgehen, erklettert man seine Wand direkt. Zuerst folgt man einem Risskamin, der sie von rechts nach links durchzieht, hinter einer charakteristischen Felsspitze durch, und klettert dann senkrecht zum Gipfelgrat hinauf (IV, IV+, ausgesetzt). Schwierige Sicherung.

631 *Über den WNW-Grat*

Dieser Grat beginnt auf dem S-Gipfel. Seiner verwitterten Felsen wegen ist er nicht interessant. Nicht empfehlenswert.

632 *Über den WNW-Ausläufer*

Maud Cairney mit Cyprien und Théophile Theytaz, im Abstieg, 27. August 1926.

Dieser Ausläufer beginnt auf dem N-Gipfel. Die Route ist steinschlägig und nicht empfehlenswert. Die Beschreibung wird für den Abstieg gegeben:

S

Vom höchsten Punkt steigt man in die Lücke zwischen den beiden Gipfeln ab, dann wieder einige Meter aufwärts und quert nun nach links, um den Grat, der vom N-Gipfel gegen WNW herunterkommt, zu betreten. Man folgt diesem Grat (lose Felsen und einige schwierige Platten) bis zu einer Terrasse links (nahezu auf der Höhe des Gipfels vom grossen Aufschwung des N-Grates). Auf dieser Terrasse nach links (breites, in der Regel schneeiges Band), von wo glatte Felsen bis zum Firn der NW-Flanke hinuntergehen. Dieser Teil des Abstieges wurde sozusagen ganz mittels Abseilen überwunden, was zahlreiche Haken erforderte und etliche Stunden dauerte. Am Fuss des Firns trifft man auf R. 633, auf der man nach Zinal absteigt.

Die NW-Seite des Besso ist seit der Erbauung des neuen Hüttenwegs der Mountethütte (R. 8.1) zugänglicher geworden. In der Moränenmulde an ihrem Fuss findet man auf ca. 2800 m gute Biwakplätze.

632.1 *Über die NW-Seite (Couloir rechts)*

Stéphane Albasini, Christian Portmann, 18. Juni 1989.

Dieses Eiscouloir mündet östlich von P. 3382 auf den WNW-Ausläufer. Höhendifferenz: ca. 350 m.

S Vom Fuss bis auf den WNW-Ausläufer, 2–3 Std.
Vom Fuss zum Gipfel, 3–4 Std. Abb. S. 339

Von Zinal (1675 m) folgt R. 8.1 (Hüttenweg der Mountethütte) bis in die Gegend von P. 2380. Dann steigt man über Moränen und Schnee bis zum Fuss des Couloirs. Man steigt in seiner Mitte empor (55°/60°), über mehrere Absätze von etwa 10 m (65°/70°), und gelangt so auf den WNW-Ausläufer (R. 632). Man folgt ihm, den letzten Aufschwung rechts umgehend, und gelangt zum Gipfel.

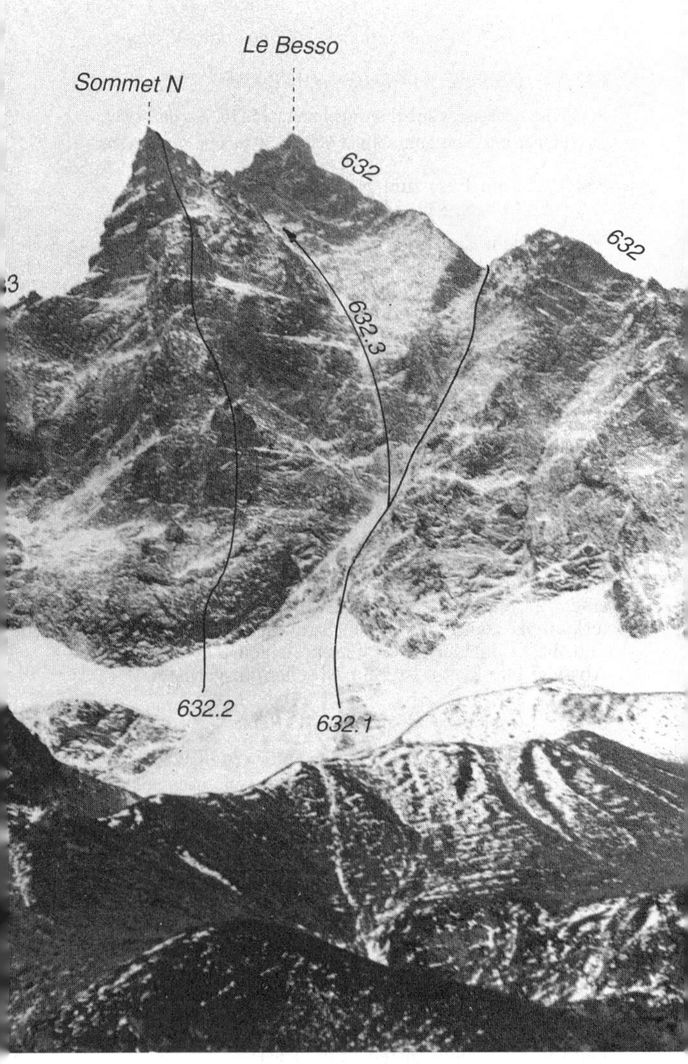

Besso, von NW

632.2 *Über die NW-Seite (NW-Pfeiler)*

Stéphane Albasini, Christian Portmann, 15./16. August 1989.

Der Pfeiler misst bis zum Gipfel 600 m. 50 m sind ausgerüstet.

SS Vom Fuss zum N-Gipfel, 8–12 Std.
Abb. S. 339, 341

Man erreicht den Fuss des Pfeilers auf R. 632. Die erste Seillänge führt schräg gegen rechts (V+) zu St. 1. Unmittelbar nach dem Standplatz überwindet man das erste Dach (VI, AO) und quert dann 5 m nach links, St. 2. Durch eine Verschneidung (Moos) auf die erste Terrasse, St. 3. Weiter über 3 Längen (III, IV+, V) auf einen grossen Balkon, St. 6 am Fuss eines grossen Risses. Durch den Riss bis zu einem grossen Block (V+), St. 7. Weiter über 4 Längen (III, IV, V+), St. 8–11. In den folgenden zwei Längen ist das zweite Dach zu überwinden (V+), indem man leicht gegen rechts quert und dann gerade empor auf eine grosse Terrasse aussteigt, St. 13. Von hier leicht links über grosse, schöne Risse, dann über das dritte Dach (V+, AO) und zu St. 14 am Fuss einer grossen Verschneidung. In dieser empor, dann über verwitterten Fels zum Fuss eines Gendarmen, St. 16. Über einem Schneefleck nach rechts queren, dann gerade aufwärts bis zu einem Block, St. 19. Die nächste Länge führt durch einen breiten Riss (V) zu St. 20 auf einer Plattform. Links weiterklettern, dann über einem Dach nach rechts zurückkommen und direkt auf den N-Gipfel aussteigen.
Abstieg: Die Route ist zum Abseilen ausgerüstet.

632.3 *Über die NW-Seite (NW-Rinne)*

Stéphane Albasini, Christian Portmann, 11. April 1991.

Die Route beginnt wie R. 632.1 und quert dann nach links zum oberen Schnee-(Eis-)feld, über das man in die Senke zwischen dem N- und dem Hauptgipfel steigt. Wundervolle Route, fast jedes Frühjahr gute Verhältnisse; kurzer Anmarsch.

SS+ Vom Fuss, 4–6 Std. Abb. S. 339

Man folgt R. 632.1 im Couloir ca. 100 m. Dann packt man den ersten Eisaufschwung links des Couloirs an, der auf das obere Firnfeld führt.
1. Länge: 40 m 55°/60° mit einer Stelle 70°.
2. Länge: 40 m, zuerst in einer Eisrinne in einem sehr steilen Kamin (10 m, 80°) auf eine Terrasse. Dann über zwei heikle Felsabsätze (Schlüsselstelle, 80°, 1 H).

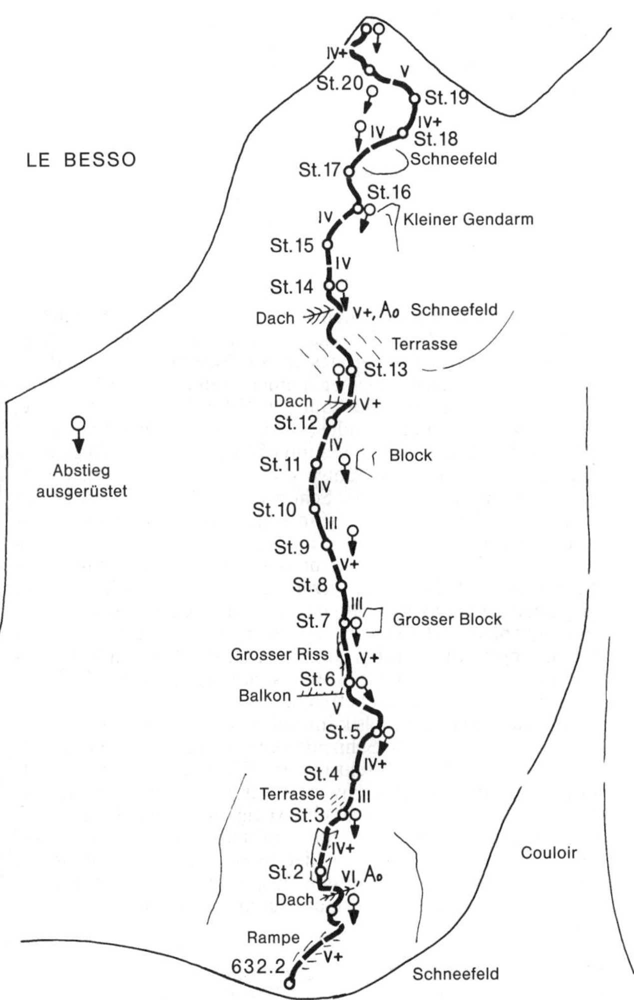

LE BESSO
IV+
V
St.20
St.19
IV+
IV
St.18
Schneefeld
St.17
St.16
IV
Kleiner Gendarm
St.15
IV
St.14
Dach
V+, A_0
Schneefeld
Terrasse
St.13
Dach
V+
St.12
IV
Block
St.11
IV
Abstieg ausgerüstet
St.10
III
St.9
V+
St.8
III
St.7
Grosser Block
Grosser Riss
V+
St.6
Balkon
V
St.5
IV+
St.4
Terrasse
III
St.3
IV+
St.2
VI, A_0
Dach
Couloir
Rampe
V+
632.2
Schneefeld

3. und 4. Längen 70 m direkt über die Absätze eines gefrorenen Wasserfalls (65°/80°) empor, an dessen Ende man das obere Schneefeld erreicht. Über dieses (300 m, 50°) steigt man zwischen die beiden Gipfel.

633 *Über den NNW-Grat*

Walter de Rougemont, allein, 18. August 1923.

Dieser Grat, im untern Teil Volermo genannt, ist Zinal zugekehrt. Er weist einen sehr schwierigen Aufschwung auf; die Erstbegehung wird in Zinal ernstlich bezweifelt.

SS Von Zinal, 9 Std. Für die Kletterei, 6 Std.

Von Zinal (1675 m) folgt man R. 9 (Hüttenweg der Ar-Pitetta-Hütte) bis zu P. 1907. Über steile Grashalden und Geröll steigt man am Fuss des Seitengrates (Basis 2666 m) vorbei und erreicht die Moränen des kleinen, namenlosen Firns am NW-Fuss des Besso. Man gelangt dort auf den N-Grat, wo er eine breite, fast horizontale Schulter bildet (von wo das obenerwähnte Band auf den Mominggletscher hinunterführt). Von hier folgt man dem Kamm (Blöcke und einige steile Platten) bis an den Fuss eines grossen Aufschwungs. Schon bis hierher bietet der Grat ernsthafte Schwierigkeiten. Man steigt zuerst einige Meter direkt an, dann quert man auf winzigen Gesimsen nach rechts zu einem engen Kamin, dem man bis oben folgt und in den man nur die Hände und die Füsse setzen kann. Hierauf umgeht man einige glatte Platten links, um nachher durch eine schwierige und sehr exponierte Kletterei wieder nach rechts zu gelangen. Ein zweiter enger Kamin führt gegen den Grat. Man hält nun links und klettert hierauf direkt aufwärts, um den Grat oberhalb des Aufschwunges wieder zu betreten. (Es sollte auch möglich sein, diesen Aufschwung mittels künstlicher Kletterei zu überwinden: ganz wenig rechts der Schneide, eine grosse senkrechte Verschneidung, wo der Fels sehr lose ist. Wenn man auf die Erkletterung des grossen Aufschwungs verzichtet, steigt man von dessen Fuss auf dem Grat ein wenig ab, umgeht den Aufschwung links (Steinschlag), um unmittelbar darüber wieder auf den Grat zu kommen.) Von hier folgt man der in der Regel schneeigen Schneide bis an den Fuss eines bedeutend weniger hohen Aufschwunges, den man durch einen leichtern Kamin bezwingt.

Die letzte Kletterei weist noch grosse Schwierigkeiten auf. Man hält sich zuerst links, dann steigt man durch ein Couloir direkt auf den Grat. Von hier über den sehr steilen und scharfen Grat, den man im Reitsitz nehmen muss, direkt auf den N-Gipfel. Der Übergang zum S-Gipfel erfolgt ohne Schwierigkeiten in einigen Minuten.

634 *Über die E-Seite*

R.G. Tatton mit Jos. Monnet und Joachim Peter, 1. August 1887.

ZS Von Zinal, 6–7 Std.

Von Zinal (1675 m) folgt man R. 9 (Hüttenweg der Ar-Pitetta-Hütte) bis Chiesso (2082 m). (Einfacher kann man auch von der Brücke 1907 m auf dem linken Ufer der Navisence bis zu den Moränen des Mominggletschers aufsteigen.) Von dort erreicht man Richtung SE über den Abhang den Talweg und die Moränen des Mominggletschers.
Man steigt nun dem linken (W-)Ufer dieses gewöhnlich sehr stark zerrissenen Gletschers nach aufwärts, wobei man stets dem Steinschlag vom Besso her ausgesetzt ist. Man umgeht den Fuss des nordöstlichen Ausläufers, um in eine muschelförmige Gletschermulde am N-Fuss des Blanc de Moming zu gelangen. Von hier steigt man durch das grosse Couloir an, das in die Lücke zwischen den zwei Gipfeln des Besso führt, von wo man in einigen Minuten auf den höchsten Punkt gelangt.

634 a *Variante*

WS

Man kann auch zum Sattel im SE-Grat (genannt Epaule) gelangen durch ein leichtes Couloir. Dann weiter auf R. 629 in 20 Min. zum Gipfel.

634 b *Variante*

WS

Um sich die Überquerung der Bäche des Glacier de Moming zu ersparen, kann man R. 633 bis zur horizontalen Senke des Volermo folgen und dann schräg auf den Mominggletscher absteigen. Man umgeht so auch die am meisten zerschrundeten Teile des Gletschers.

Crête de Moming

Mit diesem Namen bezeichnen wir die Wasserscheide zwischen Ar Pitetta und Hohlicht von der Epaule (Schulter 4017 m) des Zinalrothorns bis zum Hohlichtpass.
Streng genommen verläuft die Wasserscheide allerdings nicht über die Epaule, sondern über den Gendarme du Déjeuner, wo sich der Grat gabelt und ein grosses, dreieckiges Schneefeld einschliesst. Es setzt sich gegen N fort als mächtiges Gletscherband, das am Fuss des Col de Moming mit dem Glacier de Moming zusammenfliesst und Moming-Terrasse genannt wird.
Bis zum Col de Moming besteht dieser Grat auf der Ar-Pitetta-Seite aus Schnee, auf der Hohlichtseite aus Fels. Er bildet eine erste Schneekuppe (3893 m) ohne Bedeutung, die die NE-Seite des Schneedreiecks bildet. Diese namenlose Erhebung wird auf der W-Seite umgangen. Unmittelbar nördlich fällt der Grat schroff ab, steigt dann wieder an und bildet die Pointe S de Moming (3963 m), welche den Hohlichtgletscher durch eine Felswand von 500 m Höhe überragt. Dann wird der Grat schmal und schwierig und senkt sich zum Col de Moming (3777 m) und steigt dann wieder zur Pointe N de Moming (3863 m) an. Dann fällt er auf den breiten Sattel des Hohlichtpasses (3731 m) ab.
Dieser lange Grat wurde beim Übergang vom Rothorn auf das Schalihorn (selbst bis zum Weisshorn) oder umgekehrt wiederholt begangen. Sind die Verhältnisse günstig, so ist diese Traversierung sehr zu empfehlen, sie bildet eine der schönsten Touren in der Umgebung von Zermatt. – Die erste vollständige Überschreitung erfolgte durch Hans Pfann und Emanuel Christa am 21. August 1901. Kommt man vom Rothorn, so kann man den Grat bis zur Einsenkung südlich der Pointe S de Moming meiden, nachher ist es vorteilhafter, stets dem Grat zu folgen.

Pointe S de Moming, 3963 m

635 *Über den SW-Grat*

Edw. Davidson mit Christian Klucker und Julius Lochmatter, im Abstieg, 17. August 1898.
E.F. Fankhauser, Ed. Panchaud, im Aufstieg, 25. Juli 1900.

ZS Von der Mountethütte, 5 Std. Abb. S. 313, 321, 325

Von der Mountethütte (2886 m) folgt man R. 589 des Zinalrothorns bis zu den ersten Felsen der Schulter (4017 m), wo man nach links queren kann, und steigt dann schräg auf das grosse Gletscherdreieck ab. Man quert den Firn horizontal, geht unter der Schneekuppe 3893 m und einem mächtigen überhängenden Bergschrund vorbei, um den breiten Sattel zwischen der Kuppe und dem Gipfel zu gewinnen. Von hier führt ein Schneerücken (nach E hängende Wächte!) leicht zu einer Lücke am Fuss des letzten, felsigen Gratstückes. (3½ Std.). Es bildet einen senkrechten Aufschwung, den man links umgeht, um die Besteigung über leichte Felsen zu beenden.

636 *Durch die NW-Flanke*

Maurice Brandt, Adrien und Rose Voillat, im Auf- und Abstieg, 25. Juli 1959.

SS Vom Wandfuss, 8 Std. Abb. S. 313, 325

Man erreicht den Fuss der Wand über R. 604, überschreitet den Randspalt und ersteigt den Eishang (56°) und die hervortretenden Felsen in Richtung des Gendarmen rechts des Gipfels. Von dort zum Gipfel.

637 *Über den NE-Grat*

H. Seymour King mit Aloys Anthamatten und Ambros Supersaxo, 6. August 1886.

ZS+ Vom Col de Moming, 2–3 Std.
Abb. S. 313, 321, 325, 362

Vom Col de Moming (3777 m) folgt man dem Grat, ohne sich von ihm mehr als 10 m zu entfernen. Oben bildet dieser eine Platte, die durch einen Riss rechts erstiegen wird. Ein nahe beim Gipfel befindlicher senkrechter Aufschwung wird, wenn möglich, direkt erklettert. Ist dies nicht möglich, so führt ein Band rechts (nördlich) zu heiklen Platten, über die man den Grat wieder erreichen kann.

638 *Über die E-Seite*

H. Seymour King mit Aloys Anthamatten und Ambros Supersaxo, im Abstieg, 6. August 1886.

Diese Route ist dem Steinschlag ausgesetzt.

ZS− Vom Fuss, 1½ Std.

Von den oberen Firnfeldern des Hohlichtgletschers, die man auf R. 650 des Hohlichtpasses erreicht, südlich des Col de Moming (3777 m), überschreitet man den Bergschrund und steigt durch ein Schneecouloir und über schräge Bänder, die unmittelbar südlich des Gipfels enden, an.

Col de Moming, 3777 m

Zwischen der Pointe N de Moming und der Pointe S de Moming; vom Glacier de Moming (Mountethütte, Ar-Pitetta-Hütte) zum Hohlichtgletscher (Rothornhütte, Weisshornhütte).
Edw. Whymper, A.W. Moore mit Christian Almer und Michel Croz, 18. Juli 1864.

639 *Über die W-Seite*

Der Pass ist oft stark überwächtet.

WS Von der Ar-Pitetta-Hütte, 4–5 Std.
Von Zinal, 6–10 Std. Abb. S. 325

Von Zinal (1675 m) folgt man R. 634 des Besso bis zum Fuss seines NE-Ausläufers. Von hier an sind die Spalten gewöhnlich zugedeckt, und ein mächtiges Gletscherband dehnt sich gegen den Hohlichtpass über den ganzen Mominggletscher aus. Dieses Plateau erreicht man

a) von der Mountethütte (2886 m) über R. 648;
b) von der Ar-Pitetta-Hütte (2786 m) über R. 646.

Dieses Band trifft am Fuss des Col de Moming auf die mächtige Gletscherterrasse (Terrasse de Moming), die von der Schulter des Rothorns herunterkommt. Man gelangt ohne Schwierigkeiten zu diesem Vereinigungspunkt, wo man gewöhnlich mächtige Spalten und Séracs trifft. Durch diese sucht man sich den besten Weg. Man wendet sich dann nach rechts (südlich), um den Fuss des Passes zu gewinnen, den man über einen steilen Schnee- oder Eishang erreicht. Trifft man auf Eis, so kann man die Felsen der Untern Momingspitze benützen.

640 *Über die E-Seite*

WS Von der Rothornhütte, 2½ Std.
Von der Weisshornhütte, 5–6 Std. Abb. S. 321, 362

Von der Rothornhütte (3198 m) auf R. 650 des Hohlichtpasses oder von der Weisshornhütte (2932 m) auf R. 649 des Hohlichtpasses gewinnt man den Fuss der Pointe N de Moming, kommt dann wieder nach links zurück und steigt über einen steilen Schneehang direkt auf den Pass.

Pointe N de Moming, 3863 m

641 *Über den SW-Grat*

Emanuel Christa, Hans Pfann, 21. August 1901.

WS Vom Col de Moming, ½ Std. Abb. S. 321, 362

Vom Col de Moming (3777 m) überschreitet oder umgeht man zwei felsige Graterhebungen und folgt dann dem Grat bis auf den Gipfel.

642 *Durch die NW-Flanke*

Maurice Brandt, Adrien und Rose Voillat, im Auf- und Abstieg, 24. Juli 1956.

Dieser Hang kann am Ende des Sommers ausgeapert sein.

SS Von der Ar-Pitetta-Hütte, 12 Std. Abb. S. 325

Von der Ar-Pitetta-Hütte (2786 m) gewinnt man über die Moränen des Glacier du Weisshorn und dem Glacier de Moming den Fuss der Felsen des Schalihorns (800 m im S von P. 3142). Man verlässt die Gletscherbucht, indem man eine Randkluft überschreitet. Nun folgt man einem Couloir und einem Eisband, das an den Fuss der Wand selbst führt, wo man R. 645 kreuzt. Man überschreitet die Randkluft und ersteigt den bei der Erstbesteigung vollständig mit Schnee bedeckten Hang (59°) direkt bis zum Gipfel.

643 *Über den NNE-Grat*

Emanuel Christa, Hans Pfann, im Abstieg, 21. August 1901.

ZS Vom Hohlichtpass, ¾ Std. Abb. S. 321, 362

Vom Hohlichtpass (3731 m) folgt man dem gezackten Felsgrat, eventuell Schwierigkeiten umgehend.

644 *Über den SE-Grat*

Diese Route ist praktisch, wenn der SE-Seite des Col de Moming vereist ist. Es ist die schnellste (wenn nicht eleganteste) Art, von der Rothornhütte (oder von der Weisshornhütte) auf den Gipfel zu gelangen.

WS Von den oberen Schneefeldern, 1 Std. Abb. S. 362

Von den oberen Firnfeldern des Hohlichtgletschers, die man auf R. 650 oder R. 649 des Hohlichtpasses erreicht, überschreitet man den Bergschrund auf ca. 3650 m und klettert über wenig schwierige Felsen direkt zum Gipfel.

Hohlichtpass, 3731 m

Zwischen dem Schalihorn und der Pointe N de Moming; vom Glacier de Moming (Mountethütte, Ar-Pitetta-Hütte) zum Hohlichtgletscher (Rothornhütte, Weisshornhütte).
Es handelt sich um den tiefsten Punkt des mächtigen Grates zwischen dem Zinalrothorn und dem Weisshorn, und um den von E am leichtesten erreichbaren.
Er wurde 1872 erstmals erreicht von Emile Javelle, der über die oberen Firnfelder des Hohlichtgletschers vom Momingpass her kam. Am 20. Juli 1873 wollen Thomas Middlemore mit Johann Jaun und Christian Lauener den Col de Moming überschritten und von dort in 1¼ Std. das Schalihorn erstmals bestiegen haben. Dies scheint unmöglich; wahrscheinlich haben sie den Col de Moming mit dem Hohlichtpass verwechselt, von wo aus man tatsächlich in etwa einer Stunde aufs Schalihorn gelangen kann. Von diesem Pass stiegen sie nach Zermatt ab über die auch heute gebräuchliche R. 650.
Der erste Abstieg über die sehr steile W-Seite war der von Edw. Davidson mit Ulrich Almer und Jos. Pollinger am 18. September 1902. Am 22. Juli 1920 erreichten R.W. Lloyd mit Adolf und Jos. Pollinger von Ar Pitetta aus über den Glacier de Moming (Route Middlemore) den Pass. Keine dieser Seilschaften hat aber den Pass überschritten. Die beiden ersten Partien (Javelle und die Misses Pigeon 1872) stiegen vom Pass fast direkt auf den Hohlichtgletscher, indem sie dem E-Vorsprung des Schalihorns folgten. Diese höchst stein- und eisschlaggefährliche Route wird heute nicht mehr benützt.

645 *Über die W-Seite (von Zinal)*

Der Mominggletscher ist meist stark zerschrundet.

ZS Von Zinal, 6–10 Std. Abb. S. 325

Von Zinal (1675 m) folgt man R. 639 des Col de Moming bis an den Fuss der Pointe N de Moming. Statt sich nach rechts zu wenden, steigt man nach links und gewinnt den Fuss einer Schneerippe, die direkt zum Pass führt. Der letzte Hang ist äusserst steil und oft vereist. Man kann auch die Felsen daneben benützen.

646 *Über die W-Seite (von der Ar-Pitetta-Hütte)*

Dieser Weg führt durch eine sehr spaltenreiche Zone, und der Zustand des Gletschers entscheidet, ob er begehbar ist.

ZS Von der Ar-Pitetta-Hütte zum Pass, 5 Std.

Von der Ar-Pitetta-Hütte (2786 m) quert man gegen S die Moränen des Glacier du Weisshorn und wendet sich über dem Glacier de Moming in Richtung Besso. Sobald es die Spalten erlauben, wendet man sich nach S, um das Plateau des Glacier de Moming zu erreichen, wo man auf R. 639 des Col de Moming trifft. (3 Std.). Sie führt zu R. 645 und weiter zum Pass.

647 *Über die W-Seite (von der Ar-Pitetta-Hütte)*

Albert Buro, Edouard Vianin, 11. August 1942.

Wenn die Felsrippe verschneit ist, ist R. 646 oder 642 der Momingspitze (N) vorzuziehen.

ZS Von der Ar-Pitetta-Hütte zum Pass, 4 Std.

Von der Ar-Pitetta-Hütte (2786 m) quert man gegen S die Moränen des Glacier du Weisshorn, betritt den Glacier de Moming und steigt bis zum Fuss der mächtigen Felsbank, deren oberes Ende mit 3343 m kotiert ist und die den Gletscher in zwei Teile teilt. (1 Std.). Man ersteigt die Felsbank über die Hauptrippe, um auf die Gletscherterrasse ca. 270 m rechts (W) von P. 3343 zu gelangen. (2 Std.). Diese Rippe unterscheidet sich von den andern dadurch, dass sie bis auf die Höhe des Plateaus felsig ist. In umgekehrter Richtung (wenn man über das Plateau kommt) sieht man einen Felsen und hält auf ihn zu.
Am obern Ende der Rippe trifft man sofort auf R. 639, dann R. 645, die zum Pass führt.

648 *Von der W-Seite (von der Mountethütte)*

Dieser Weg hat den Vorteil, den untern, sehr spaltenreichen Teil des Glacier de Moming zu vermeiden. Sie ist auch die beste für den Col de Moming.

WS Von der Mountethütte zum Pass, 5 Std.

Von der Mountethütte (2886 m) folgt man R. 589 des Zinalrothorns bis ca. 3500 m und überschreitet den Blanc-Grat (Arête du Blanc) an seiner tiefsten Stelle (3586 m) zwischen dem Blanc de Moming und P. 3679. Die andere Seite besteht aus einem kurzen, steilen Hang mit einem Bergschrund. Durch einen schrägen Abstieg nach ENE trifft man auf dem Plateau des Glacier de Moming auf R. 639 (3 Std.), die zu R. 645 und auf den Pass führt.

649 *Über die E-Seite (von der Weisshornhütte)*

Die Bänder des Stockji sind stark dem Stein- und Eisschlag ausgesetzt. Man sollte dort nur am frühen Morgen vorbeigehen.

WS Von der Weisshornhütte zum Pass, 5–6 Std.
Abb. S. 362, 363

Von der Weisshornhütte (2932 m) steigt man schräg abwärts (man tut gut, den Weg am Vortage zu erkunden), geht hart unter der Moräne des Schaligletschers und unter seinem Absturz vorbei (im N von P. 2758,7). Über die Bänder des Stockji und eine lebendige Geröllhalde gelangt man zu den Felsen von Äschen, die man schräg nach SW überschreitet. Man steigt alsdann über die felsige Hauptrippe auf bis zum oberen Ende. Es folgt nun ein Schneerücken, der sich höher oben im Seitengletscher, der vom Pass herunterkommt, verliert.
Man trifft auf R. 650, der man zum Pass folgt.

649 a *Variante*

WS Abb. S. 362

Im Frühsommer kann es vorteilhaft sein, jenseits der Bänder des Stockji R. 656 zu folgen, die zum Fuss des SE-Grats des Schalihorns führt. Von dort erreicht man in Richtung SW den kleinen Gletscher westlich von P. 2943,0, der zu R. 650 führt.

649 b *Variante*

Diese Variante ist sicherer (weniger dem Eisschlag ausgesetzt).

L

R. 649 ist nur im Vorsommer und bei Mondschein zu empfehlen. Sonst ist es besser, von der Hütte direkt auf den Hohlichtgletscher abzusteigen (R. 611, Höhenverlust 500 m), an dessen N-Ufer man bis Äschen ansteigt.

650 *Von der E-Seite (von der Rothornhütte)*

WS Von der Rothornhütte, 2¾ Std. Abb. S. 321, 362

Von der Rothornhütte (3198 m) quert man den ganzen Rothorngletscher in schräger Richtung und erreicht das Unt. Äschjoch (3562 m). (1 Std.). Man ersteigt das Ob. Äschhorn (3669 m) auf R. 607 (¼ Std.) und steigt dann auf das Ob. Äschjoch (3627 m) ab, von wo man durch eine Gletschermulde ohne Schwierigkeiten an den Fuss der mächtigen Wand des Rothorns gelangt. Man quert nun die obern Firnfelder des Hohlichtgletschers, dann steigt man über einen steilen Schneehang (einige grosse Spalten) zum Fuss der Pointe N de Moming, von wo leichte Schneehänge auf den Pass führen, der erst im letzten Augenblick sichtbar wird.

Schalihorn, △ 3974,5 m

Das Schalihorn hat zwei Gipfel, die 300 m voneinander entfernt und durch einen zackigen Grat verbunden sind. Der höchste Punkt befindet sich am südlichen Ende des Grates. Das Schalihorn hat nur eine einzige leichte Route, nämlich diejenige über den SSW-Grat.

651 *Über den SSW-Grat*

Thomas Middlemore mit Johann Jaun und Chr. Lauener, 20. Juli 1873.

L Vom Hohlichtpass, 1–1½ Std., je nach Verhältnissen Abb. S. 353, 362

Vom Hohlichtpass (3731 m) folgt man dem breiten, aber steilen Schneerücken und beendet die Besteigung über einen kurzen Schneegrat und einige Felsen.

651 a *Über die oberen Felsen der E-Seite*

Frau E. Main mit Josef und Roman Imboden, 21. September 1895.

L Vom Hohlichtpasse, 1 Std. Abb. S. 362

Wenn der Schneerücken vereist ist, quert man vom Hohlichtpass (3731 m) schräg nach rechts (NE) und erreicht die oberen Felsen der E-Seite, die den Schneegrat begrenzen. Man folgt ihrem Rand, mehrere Schneerippen übersteigend. Diese leichten Felsen führen direkt zum Gipfel.

652 *Über die W-Flanke*

Ed. Wyss-Dunant mit Albert Bonnard, 18. August 1951.

ZS Von der Ar-Pitetta-Hütte, 8½ Std. Abb. S. 353

Von der Ar-Pitetta-Hütte (2786 m) quert man die Moränen des Zusammenflusses der Glacier du Weisshorn und Glacier de Moming und geht direkt in Richtung Mittelcouloir der Westwand des Schalihorns, indem man dem ruhigen Glacier de Moming folgt. Man wählt das linke Ufer des Couloirs und steigt bis unter den grossen Gipfeltrichter. Dann quert man das Couloir nach links und ersteigt die rote Felsrippe. Kamin von ca. 12 m schönster Kletterei, der bei schwarzen Felsen endigt. Man kann auch, je nach Schneeverhältnissen, das Couloir bis auf die Höhe der schwarzen Felsen ersteigen. Von dort ist es möglich, mit Hilfe von Haken direkt zum N-Gipfel zu steigen. Man kann aber auch das Band wählen, welches sich am Fusse des genannten Gipfels nach links erstreckt. Eine Nebenrippe mit glatten Platten teilt dieses Band. Man ersteigt sie ein wenig und quert dann das dahinter gelegene Couloir. Man folgt einer zweiten Nebenrippe. Hinter dieser befindet sich der Hang, welcher zum Felsgrat links des N-Gipfels leitet (3955 m).

653 *Über die W-Seite*

Ed. Wyss-Dunant mit André Theytaz, 28. Juli 1947.

Diese Route ist an keiner Stelle dem Steinschlag oder Lawinen ausgesetzt. Sie ist besonders im Abstieg zu empfehlen (1½–2 Std. vom Grat zum Fuss der Wand).

ZS Von der Ar-Pitetta-Hütte zum Gipfel, 4 Std. Abb. S. 353

Von der Ar-Pitetta-Hütte (2786 m) quert man die Moränen und steigt dann über den Glacier du Weisshorn und dessen südliche Verlängerung (P. 2934, P. 3082, P. 3142) auf bis zum Ende der Gletschermulde am Fuss der W-Wand des Schalihorns. Man steigt leicht über ein Geröllband von rechts nach links bis über sein zweites Drittel, wo sich ein Kamin öffnet, der den Zugang zu einem andern, darüber gelegenen Band gleicher Art und gleicher Neigung vermittelt. Man folgt nun diesem Band gegen links bis zum untern Eisfeld, dem man unten entlanggeht. Dann ersteigt man die Felswand darüber und gewinnt zur Rechten einen Felsvorsprung. Dieser vermittelt den Zugang zur westlichen Eis-(Schnee-)Rippe des Schalihorns, die das obere Drittel der Besteigung bildet. Man folgt ihr auf ihrer Schneide oder geht, je nach den Verhältnissen, ihrer felsigen Seite entlang. Der Gratkamm des Schalihorns wird wenig über der ersten Felsschulter, die das Schalijoch überragt, oberhalb von P. 3824, erreicht. Man stösst dort auf R. 654, die zum Gipfel führt.

654 *Über den N-Grat (Aufstieg)*

Edw. Broome mit Aloys jun. und Heinrich Pollinger, 28. August 1903.

Im Normalfall ist dieser Grat fast vollständig aper. Er ist stark gezackt und seine Felsen sind lose.

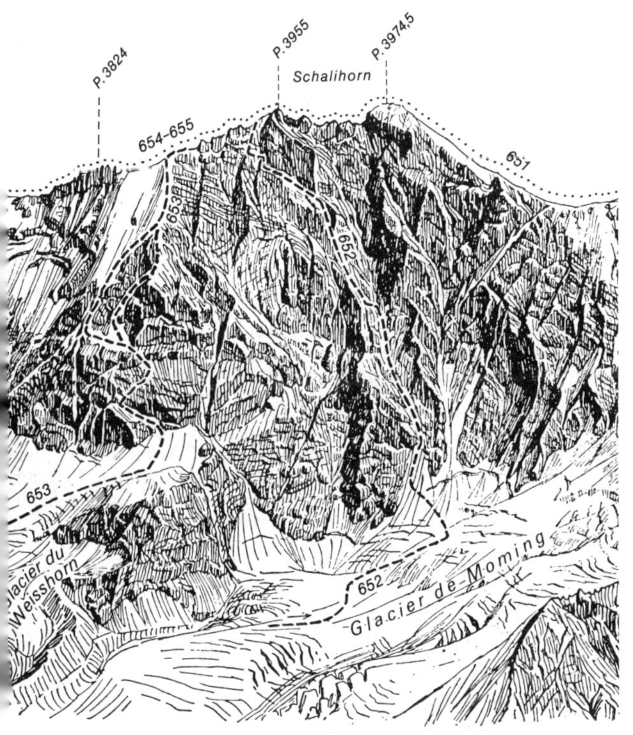

Schalihorn, W-Flanke

ZS– Vom Schalijoch, 3–4 Std. Abb. S. 353, 362

Vom Schalijoch (3750 m) folgt man dem Grat bis zum Gipfel, die Schwierigkeiten rechts oder links umgehend. Der erste schwärzliche Felskopf kann auf den Bändern der E-Seite leicht umgangen werden. Dann folgt ein schneeiges, relativ leichtes Gratstück (Wächten gegen E!), weiter eine schmale und stark gezackte Schneide, die beim Felsdaumen des N-Gipfels endigt (3955 m). Nun senkt sich der Grat etwas und trägt noch verschiedene Grattürme, bis er sich dann zum höchsten, in der Regel schneeigen und verwächteten Gipfel aufschwingt.

655 *Über den N-Grat (Abstieg)*

Edw. Davidson mit Jos. Imeich und Chr. Klucker, 14. August 1900.
Gerald Fitzgerald mit Ulrich Almer und Fritz Boss, 14. August 1900.

Diese Route wird immer mehr für den Abstieg benützt, besonders wenn man von der Rothornhütte zum Schalijoch-Biwak traversiert, wofür man 8–10 Std. rechnet. Wir beschreiben die Route in dieser Richtung (Abstieg).
Heikel wegen zum Teil loser Felsen. Stellen (II) und kurze Stellen (III).

WS Vom Schalihorn, 3–5 Std. Abb. S. 353

Vom Schalihorn (△ 3974,5 m) steigt man in die erste Scharte. Dann steigt man über ein wenig ausgeprägtes Band in der Ostflanke bis in ein tief eingeschnittenes Couloir ab. In der anderen Wand 10 m gerade hinan; dann umgeht man auf einem Trümmerband einen Turm mit Steinmann. Auf der andern Seite steigt man wieder auf den Grat, dem man bis unter den N-Gipfel (3955 m) folgt. Mittels eines Quergangs durch die E-Wand des N-Gipfels kommt man zur folgenden Scharte. Der Grat senkt sich gegen das Schalijoch. Man folgt ihm bis etwa 15 m vor einen abweisenden Gendarmen. Dann rechts in die E-Wand hinab und auf abschüssigen Bändern unter den mächtigen Felsen der folgenden Gendarmengruppe hindurch; von dort auf den Grat zurück. Den Abstieg auf dem Grat setzt man bis etwa 10 m vor einen Gendarmen fort, der einer Sphinx gleicht und ebenfalls auf der E-Seite umgangen wird. Ein leichter, teilweise verfirnter Gratabschnitt führt vor den letzten Gendarmen. Diesen umgeht man rechts auf einer gut sichtbaren Schuttrampe, auf der man absteigt, bis sie sich verliert. Einige Meter direkt hinunter bis zu den Trümmerbändern, die zum Schalijoch führen, dort, wo der felsige N-Grat des Schalihorns beginnt.

656 *Über den SE-Grat*

James W. Alexander, Hassler Whitney, August 1933.

Praktische und empfehlenswerte Route; die direkteste von der Weisshornhütte.

ZS Von der Weisshornhütte, 6 Std. Abb. S. 362

Von der Weisshornhütte (2932 m) folgt man R. 649 des Hohlichtpasses bis jenseits der Bänder des Stockji, die stark dem Stein- und Eisschlag ausgesetzt sind (nur frühmorgens begehen). Dann steigt man direkt zum Fuss des Sporns (ca. 2900 m). Man umgeht ihn südlich über Schnee und Geröll und gewinnt die Schneeschulter 3235 m am Fuss des Felsgrats. (2½ Std.). Man packt den Grat an seinem Fusse an und folgt ihm bis auf den Gipfel. Am Anfang bieten die losen Felsen einige Schwierigkeiten. Sie werden dann besser und sogar leicht. Man gelangt einige Meter nördlich vom höchsten Punkt auf den Grat.

Schalijoch, 3750 m

Zwischen dem Weisshorn und dem Schalihorn; vom Weisshorngletscher (Ar-Pitetta-Hütte) zum Schaligletscher (Weisshornhütte).
Der Pass hat als Übergang keine Bedeutung. In den ersten Felsen des Schaligrats befindet sich ein festes Biwak. Gewöhnlich erreicht man den Pass und das Biwak von der E-Seite.

J.J. Hornby, T.H. Philpott mit Chr. Almer und Chr. Lauener, 10. August 1864.

657 *Über die W-Seite*

Diese Seite ist stark den Lawinen ausgesetzt und gefährlich wegen schuttüberdeckter Platten. Es ist besser, R. 653 des Schalihorns zu benützen und dann über R. 655 auf das Joch abzusteigen.

ZS Von der Ar-Pitetta-Hütte, 4–5 Std. Abb. S. 367

Von der Ar-Pitetta-Hütte (2786 m) quert man die Hauptmoräne und betritt den Glacier du Weisshorn auf 2900 m. Man wendet sich direkt östlich gegen den Felssporn 3281. Durch das erste Couloir links (nördlich) dieses Sporns vermeidet man die Spalten und gewinnt den obern Teil der Gletscherbucht in der Falllinie des Weisshorns. Man überschreitet den Bergschrund und steigt der Felswand entlang, die schräg zum Joch hinaufgeht. Auf dieses gelangt man über einen steilen Schneehang.

658 *Über die E-Seite*

Die hier beschriebene Route vermeidet so gut als möglich die zerschrundeten Stellen des Schaligletschers. Ein vom E-Grat des Weisshorns bei 4178 m sich lösender Felsausläufer teilt den Schaligletscher in zwei Arme und taucht auf 2947 m in den Gletscherbruch. Halbwegs zwischen P. 4178 und P. 2947, in der Nähe von P. 3766, befindet sich ein breites

Couloir, durch das der Ausläufer am besten überschritten werden kann. Es ist von der Hütte aus gut sichtbar, und man tut gut, die Route von hier aus zu studieren. Sie sollte nur früh am Morgen begangen werden, um den Stein- und Eisschlag aus der S-Flanke des Weisshorns möglichst zu vermeiden.

ZS Von der Weisshornhütte, 5–6 Std.
Abb. S. 362, 363

Von der Weisshornhütte (2932 m) folgt man zuerst R. 672 des Weisshorns bis auf Höhe des kleinen Couloirs, durch welches man die Felsbank nahe bei P. 3145 überwindet. Statt sich nach rechts (N) zu wenden und der Felsbank zu folgen, steigt man über immer steiler werdende Firnhänge (einige Spalten) schräg westwärts an, um am Fuss des Felssporns, der sich von P. 3916 löst, vorbeizugehen und den Felsriegel zu erreichen, der die beiden Arme des Schaligletschers trennt (am Fuss mit 2947 m kotiert). Dieser Felsriegel wird folgendermassen überwunden: Man packt die Felsen 50 m links und unterhalb einer schrägen Schneezunge an, die vom Gletscher herunterkommt. Ca. 40 m gerade hinauf, dann links ein Couloir queren. Jenseits des Couloirs findet man wasserüberronnene Platten. Man übersteigt sie und quert einen Bach (heikel; wenn vereist schlecht begehbar). Darauf steigt man direkt über ziemlich steile, aber leichte Felsen weiter, bis man auf dem oberen Arm des Gletschers Fuss fassen kann (etwas südlich von P. 3766). Man ersteigt ihn auf ca. 100 m, dann quert man, leicht absteigend, gegen links. Man überschreitet die Randkluft am Fuss der Felsen des Weisshorns bei ca. 3600 m und steigt über breite Bänder (Geröll und geborstene Felsen) schräg zum Joch, das man etwa 50 m oberhalb der tiefsten Senke betritt.

658 a *Variante*

WS

Man kann auch ca. 100 m unterhalb des Schalijochs die Felsen des Weisshorns benützen. Über unschwierige Bänder, dann einen direkten Aufstieg, erreicht man leicht den Schaligrat (viele Durchstiegsmöglichkeiten).

659 *Von Randa*

Diese Route ist R. 658 vorzuziehen.
Der Umweg über P. 3235 des SE-Grats des Schalihorns vermeidet die spaltenreiche Zone des W-Arms des Schaligletschers.

ZS Von der Weisshornhütte, 5 Std. Abb. S. 362
Von Randa, 8 Std.

Von Randa (1439 m) folgt man R. 617 des Mettelhorns bis zur Hütte der Schatzplatte (2402 m). Über Moränen und grasdurchsetzte Felsen erreicht man die Mulde zwischen der Wand des Stockji und Äschen.
Man gelangt hierher von der Weisshornhütte auf R. 649 des Hohlichtpasses. Man ersteigt die Mulde und geht auf R. 656 des Schalihorns gegen NW über Geröll und Schnee gegen den Fuss (ca. 2900 m) des Sporns, um die horizontale Schulter (3235 m) des SE-Grates des Schalihorns zu erreichen. Von hier führt ein leichter Abstieg in nördlicher Richtung auf die obern Firnfelder des Schaligletschers. In 2 Std. führen sie zum Joch. Achtung auf den Steinschlag oder die bei Neuschnee vom Schalihorn herunterkommenden Lawinen!

ABSCHNITT V

Weisshorn-Gruppe

Vom Schalijoch zum Bruneggjoch und zum Col de Tracuit

Dieses Kapitel beschreibt ein zwar kleines Gebiet, in dem sich aber zwei bekannte Viertausender befinden. Das Weisshorn ist ein so wunderbarer Berg, dass es fast für sich allein ein Kapitel verdiente. Die Landschaft ist ganz von den zahlreichen Gletschern geprägt: Es ist unser kleiner Himalaya, dessen Flanken man vom Goms aus im Morgenrot schimmern sieht.
Dabei ist das Bishorn aber einer der leichtesten Viertausender der Schweiz.

Fahrwege und -strassen

Es werden nur jene Fahrwege aufgeführt, die für die Durchführung einer Tour von Nutzen sind. Manchmal ist ihre Benützung beschränkt erlaubt, manchmal besteht ein allgemeines Fahrverbot. Wer eine solche Strasse dennoch benützt, tut dies auf eigene Verantwortung. Die Strassen sind oft sehr schmal und müssen mit der nötigen Vorsicht und passenden Geschwindigkeit befahren werden.

- Zinal–Brücke 1675 m über die Navisence. Der Weg ist weiter befahrbar (Fahrverbot) bis zu P. 1723,5.

Wisse Schijen, 3368 m

Hübscher Aussichtspunkt im N der Weisshornhütte mit interessantem Blick auf den Weisshorn-E-Grat. Das trigonometrische Signal (△ 3323,5 m) befindet sich östlich unterhalb des höchsten Punktes (3368 m).

670 *Über den N-Grat*

L Von der Weisshornhütte, 1½ Std. Abb. S. 363

Von der Weisshornhütte (2932 m) folgt man R. 704 des Bisjochs bis gegen 3200 m, dann steigt man rechts zum Schneesattel

3285 m auf. Von dort führt ein Schneegrat Richtung S zum felsigen Gipfelgrat. Der höchste Punkt besteht aus einer kleinen, spitzen Felsnadel.

671 *Über den S-Grat*

L Von der Weisshornhütte 1¾ Std. Abb. S. 363

Von der Weisshornhütte (2932 m) steigt man nördlich der Hütte über einen Geröllhang an, der bei P. 3264 auf den Grat führt. Man folgt dem Grat, dann einem Felsband, das zu P. 3240 führt. Von dort steigt man, zum Teil über Schnee, zum höchsten Punkt.

Schwarzhörnli, 2963 m

Touristisch uninteressanter Gipfel, der vom Hüttenweg der Weisshornhütte aus (R. 12) über Geröll und einige Felsen leicht erstiegen werden kann.

Weisshorn, 4505,5 m

In den Augen vieler Alpinisten ist das Weisshorn der schönste Berg der Alpen. Das Matterhorn ist gewiss eleganter, erstaunlicher und einfach ein unerhörter Berg, doch die vollendete Pyramide des Weisshorns strahlt eine harmonische Ruhe und majestätische Grösse aus wie sonst kaum ein Berg.
Drei Grate führen auf den Gipfel und treffen dort in einer nahezu vollkommen kegelförmigen Spitze zusammen. Sie begrenzen drei Flanken, die ganz verschieden sind: Die leuchtende, firn- und eisbedeckte NE-Wand, der der Berg seinen Namen verdankt, sieht man vom Bishorn aus; die von Couloirs durchfurchte SE-Flanke vom Mettelhorn; von Westen, z.B. von Ar Pitetta aus, blickt man in die mächtige Felswand, die Kehrseite des Eispanzers. Ähnlich finstere Abstürze gibt es auch anderswo in den Alpen, die weisse Seite jedoch ist unvergleichlich schön; je grösser die Entfernung, aus der man sie betrachtet, desto leuchtender erhebt sie sich am Horizont.
Die Grate bilden auch hier die bevorzugten Anstiegsrouten, sie sind interessant und sicher. *Auf jeden Fall ist der E-Grat die leichteste Route, günstig für den Abstieg und für einen Rückzug bei schlechtem Wetter.*
Die vollständige Überschreitung des Weisshorns, bei der man alle vier Grate begeht, wird das Kreuz des Weisshorns genannt und gewöhnlich in zwei Tagen gemacht; Ar-Pitetta-Hütte, Tracuithütte, Weisshornhütte, Schalijoch-Biwak bilden die Ausgangspunkte.
Das Weisshorn wurde auch verschiedentlich zusammen mit andern Gipfeln überschritten, bis und mit Rothorn.
Die Überschreitung von der Mountethütte zur Tracuithütte, über sämtliche Gipfel der Crête de Moming bis zum Bishorn gelang am 2./3. September 1936 Rod. Tissières und Georges de Rham. Erste Winterüberschrei-

tung von der Epaule zur Tracuithütte 8./9./10. Januar 1976, Gabriel Melly und Georgy Vianin.
Am 19. August 1981 gelang Armand und Aurèle Salamin in 7½ Std. die folgende Überschreitung: Schalijochbiwak–Schaligrat, Abstieg NNW-Grat–Weisshornjoch–Weisshorngletscher, Aufstieg Young-Grat–NNW-Grat, Abstieg E-Grat.
Die Flanken sind steil und oft sehr gefährlich, alle sind aber schon begangen worden.
In der W-Flanke ist die Route über die Felsrippe, die vom Grand Gendarme (4331 m) abzweigt, klassisch geworden (Young-Grat). Alle andern Routen sind steinschlägig. Die von zahlreichen Couloirs durchzogene SE-Flanke ist wenig empfehlenswert.
Die Routen in der grösstenteils schneeigen NE-Flanke sind lang. Die direkte Ostwand-Route (R. 688) wurde erstmals im Abstieg (mit Ski) erkundet.

672 *Über den E-Grat*

John Tyndall mit J.J. Bennen und Ulrich Wenger, 19. August 1861.
Für den Abstieg günstigste Route.

ZS Von der Weisshornhütte, 6–8 Std. Abb. S. 363, 375

Von der Weisshornhütte (2932 m) führt ein gut ausgetretener Pfad über Rasen und weisses Kalkgeröll in ¼ Std. zur Wasserfassung am Ostarm des Schaligletschers (ohne Namen auf der LK, von den Einheimischen Fluhgletscher genannt). Man wendet sich nun nach links und quert den Gletscher horizontal in Richtung eines kleinen Schneecouloirs, das die Felswand, welche den Fluhgletscher vom mittleren Arm des Schaligletschers trennt, durchbricht, und kommt beim «Wasserloch» vorbei. Das bei P. 3145 beginnende Couloir ist von weitem sichtbar und ermöglicht eine leichte Ersteigung (Wegspuren) der Felsbank. Man nimmt nun Richtung nach rechts (NE), indem man dem obern, mit Geröll oder Schnee bedeckten Rand des Felsbandes oder den angrenzenden Firnfeldern des Schaligletschers folgt (Couloir). Oben am Firn betritt man eine Art Schneeschulter (auf der Abb. S. 363 sichtbar). Diese Schulter wird von einem breiten Kamm gebildet, der sich weiter oben in einen Schneehang verwandelt und an die Felswand südlich von P. 3782 stösst. Bevor man zu dieser Wand kommt, wendet man sich leicht nach links und steigt über lose, aber leichte Felsen aufwärts. Man benützt mit Vorteil die Felsrippen, da die Couloirs steinschlägig sind; besonders wenn mehrere Seilschaften unterwegs sind. Man gelangt so ohne Schwierigkeiten auf den E-Grat und zum *Frühstücksplatz* (3916 m). Dieser Teil des Aufstieges wird meistens mit Laternenlicht ausgeführt. (3½ Std.). Steinschlag.

Moming – Schalihorn, E-Seite

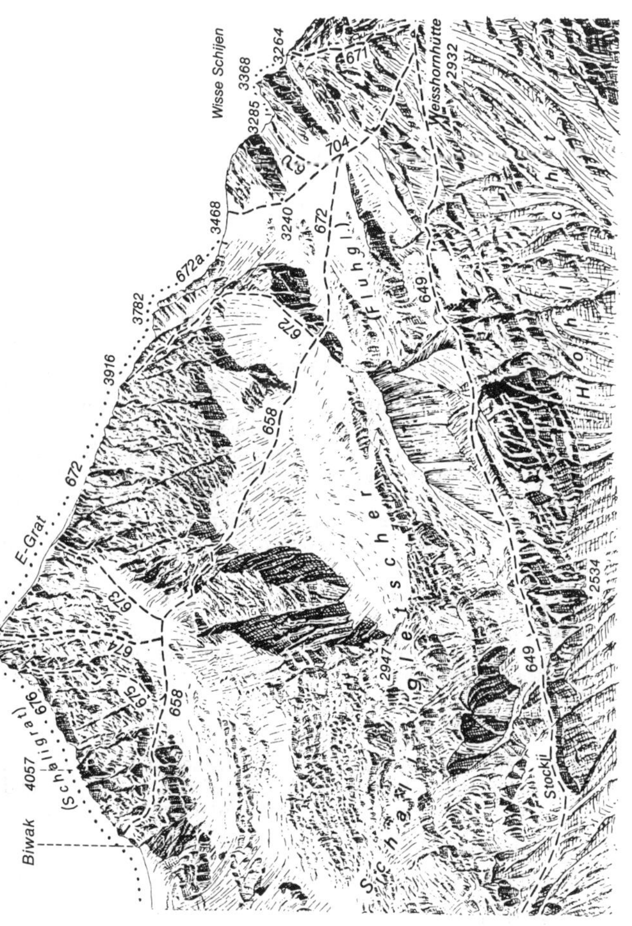

Weisshorn, E-Seite

Der E-Grat besteht aus zwei voneinander vollständig verschiedenen Teilen: einem gezackten Felsgrat und einem in seiner mittleren Partie breiten Schneekamm. Man folgt genau dem Felsgrat bis zum letzten Gendarmen, der eine charakteristische Nadel bildet, die von der Hütte aus gut sichtbar ist und die man auf der N-Seite umgeht. Die Felsen sind ausgezeichnet, und die Kletterei ist interessant. Einer der ersten Türme bildet eine hohe Stufe, und wenige können *den* Griff erreichen. Gelingt dies nicht, so muss man das Seil über einen vorstehenden Zacken werfen oder den Gendarmen links (südlich) umgehen («Lochmatterturm»).
Im Abstieg ev. abseilen. Bei guten Verhältnissen erfordert die Begehung des Felsgrates kaum 1 Std. (auch im Abstieg).
Jenseits des letzten Gendarmen beginnt der Schneegrat. Er ist zuerst schmal und meistens auf eine Strecke von ca. 50 m verwächtet. Dann wird er breiter und in seinem obern Teil steiler, ohne aber besondere Schwierigkeiten aufzuweisen, wenn der Schnee gut ist. – Es kann vorkommen, dass der Schrund, der den Grat bei ca. 4300 m unterbricht, zu einem Umweg von ca. 50 m nach rechts nötigt, worauf man wieder zum Grat zurückkehrt. Im Spätsommer, wenn Eis zum Vorschein kommt, kann es vorteilhafter sein, die Felsen zu benützen, die den Grat links unterhalb (südlich) begrenzen, besonders im obersten Teil des Eisgrates. Bei guten Verhältnissen genügen 1¾ Std. für den Schneegrat.

672 a *Variante*

Diese Variante ist etwas länger, aber sicherer vor Steinschlag, der in trockenen Sommern häufig ist. Das enge, gefährliche Schneecouloir, das zwischen P. 3782 und P. 3916 auf den Grat mündet, ist unbedingt zu meiden!

WS Abb. S. 363

Man folgt R. 704 des Bisjochs bis zum Schneesattel 3468 m. Von dort steigt man unschwierig über die Felsen zu P. 3782 und weiter über den Grat zu P. 3916 *(Frühstücksplatz)*.

Über die SE-Seite

Die ganze SE-Seite ist von Couloirs durchfurcht, in denen ständig Lawinengefahr besteht. Ausser der R. 675, der die Seilschaft Davidson-Hartley-Hoare 1877 folgte, beschreiben wir nachfolgend unter 674 die Route, die von G.W. Young mit Jos. Knubel, V.J.E. Ryan mit Jos. und Gabriel Lochmatter am 28. August 1905 erstmals begangen und am 21. August 1906 von R.G. Mayor und G.W. Young mit Jos. Knubel wiederholt wurde.

673 *Route rechts*

Dieser Weg scheint von Horace Walker und George E. Foster mit Jakob Anderegg und Hans Baumann 1869 erstmals im Abstieg begangen worden zu sein. Seitdem wurde er oft, vor allem im Abstieg, begangen. Leider hielten sich mehrere Seilschaften zuviel südöstlich und verirrten sich in den auf dem untern Arm des Schaligletschers endenden Abgründen. Zwischen dem grossen, die beiden Arme des Schaligletschers trennenden Vorbau und der R. 672 scheinen alle Rippen, die die SE-Flanke durchziehen, mehr oder weniger ungestraft benützt worden zu sein.

ZS Von der Weisshornhütte zum Gipfel, 5½–7 Std.
Abb. S. 363

Von der Weisshornhütte (2932 m) folgt man R. 658 des Schalijochs und gewinnt die obere nördliche Ecke des Schaligletschers. Der Bergschrund wird auf ca. 4000 m überschritten, dann steigt man über eine Felsrippe direkt zum E-Grat empor, den man in unmittelbarer Nähe von P. 4178 erreicht (4–5 Std.), wo man auf R. 672 trifft.

674 *Route in der Mitte*

G.W. Young mit Jos. Knubel, und
V.J.E. Ryan mit Jos. und Gabriel Lochmatter, 28. August 1905.
R.G. Mayor, G.W. Young mit Jos. Knubel, 21. August 1906.

Lawinengefährliche Route.

S Von der Weisshornhütte, 6–8 Std. Abb. S. 363

Von der Weisshornhütte (2932 m) gelangt man auf R. 658 des Schalijochs auf den oberen Arm des Schaligletschers. Man steigt über seine oberen Firnfelder an und überschreitet den Bergschrund auf ca. 3800 m. Dann steigt man so direkt als möglich zum Gipfel, wobei man sich möglichst auf den Rippen hält und die Couloirs vermeidet.

675 *Route links*

Im obern Teil W.E. Davidson, J.W. Hartley, G. Seymour Hoare mit J. Jaun, Aloys Pollinger und Peter Rubi, 6. September 1877.

Diese Route ist schon am Morgen dem Steinschlag ausgesetzt.

ZS Von der Weisshornhütte zum Gipfel, 7–9 Std.
Abb. S. 362, 363

Von der Weisshornhütte (2932 m) gelangt man auf R. 658 des Schalijochs zum oberen Arm des Schaligletschers. Diesen quert man westlich, wenn nötig leicht absteigend, und wendet sich gegen das augenfällige Couloir, das ungefähr in halber Distanz zwischen dem Schalijoch und dem Gipfel gegen den Schaligrat führt. Es ist unbedingt darauf zu achten, dass man den Fuss des Couloirs vor der ersten Wärme erreicht. Zuerst steigt man den Felsen des linken Ufers entlang auf, quert das Couloir so bald und so schnell als möglich und fasst auf den Felsen seines rechten Ufers Fuss. Dann ersteigt man den schwach ausgeprägten Felssporn, der bis zum Grat führt (die letzten Seillängen ziemlich weit von der Achse des Couloirs entfernt). Dieses felsige Stück der Besteigung bietet keine Schwierigkeiten. Man umgeht einen Aufschwung in den beiden oberen Dritteln des Sporns zur Linken. Der letzte Teil ist brüchig und sehr leicht bis auf den Grat, wo man auf R. 676 trifft.

676 *Über den SW-Grat (Schaligrat)*

Edw. Broome mit Jos.M. Biner und Ambros Imboden, 2. September 1895.
Erste Winterbesteigung (Alleingang): André Georges, 6./7. März 1980.

Bei normalen Verhältnissen ist dieser Grat vollständig schneefrei. Er ist in seinem ersten und letzten Drittel sehr steil. Nach ungefähr ¾ seiner Länge verliert sich der Kamm in der SE-Seite und stösst dann an einen Grat, der in der W-Flanke aufsteigt und der direkt auf den Gipfel führt. Nach diesem Unterbruch wird der Hauptgrat sehr steil. An dieser Stelle erreicht man ihn, wenn man direkt von der Weisshornhütte über R. 675 aufsteigt. Bester Ausgangspunkt ist das Schalijoch-Biwak.

S Vom Schalijoch, 4–7 Std. Abb. S. 362, 363, 367, 375

Vom Schalijoch (3750 m) führt ein kurzer Schneegrat zum Biwak (3780 m) und zu den ersten Felsen. Die erste Gruppe von Gendarmen wird rechts (östlich) umgangen. In einer Scharte, die zuweilen Schnee trägt, betritt man den Grat wieder, jenseits eines spitzen Gendarmen. Man folgt alsdann dem Kamm, die Grattürme, die man nicht überklettern kann (III, IV) eventuell rechts (E) umgehend. Man gelangt so an die Stelle, wo sich der Grat verliert und von wo links ein mächtiges Couloir abfällt (gegen Ar Pitetta). Man passiert den obern Rand dieses Couloirs, betritt den sich neu bildenden Grat und kommt zu einem grossen, rötlichen Turm, der über seine SE-Seite direkt erklettert wird. Es folgen fünf Gendarmen, die unter sich durch einen luftigen Schneegrat verbunden sind. *Man hält sich bis auf den Gipfel so nahe als möglich am Grat.*

Weisshorn, W-Seite

Weisshornjoch
4108,9
689a
4203
683
Arête NNW
Gd Gendarme
679
678
6771
677
(Schaligrat) 676
4057
Schalijoch
677
3647 env.
682
678
677
679
657
680-681
Glacier du Weisshorn

Über die W-Seite

Diese finstere Seite des Weisshorns wird erst vom Mittag an von der Sonne beschienen; sie ist etwas unheimlich, und darin besteht wohl ihr Reiz. In der oft von (Stein-)Lawinen durchfegten Wand ist nur eine einzige Route klassisch geworden, nämlich diejenige von Young, die der Felsrippe zum Grossen Gendarmen im NNW-Grat folgt. Die drei ersten Seilschaften: Passingham (1879), Farrer (1883), Cornish (1889) folgten ungenau beschriebenen Routen. Die Routen in dieser Flanke kreuzen sich fast alle in der Mitte der Wand. Es gibt weitere Varianten; alle sind grosse und sehr schöne Touren in überwältigender Landschaft.

677

Florentin und Régis Theytaz, 28./29. Februar/1. März 1968 (erste Winterbesteigung).

In den letzten 200 m 35 Haken steckengelassen.

SS Von der Ar-Pitetta-Hütte, etwa 20 Std. Abb. S. 367

Von der Ar-Pitetta-Hütte (2786 m) folgt man R. 657 des Schalijochs bis zum Fuss des Sporns 3281 m. Man umgeht den Felssporn links und ersteigt das Couloir, das von der Mitte der Wand herunterkommt. Dann verlässt man es gegen rechts und geht hinter dem Gendarmen ca. 3647 m durch. Nun geht man links dem grossen Firnfeld entlang, um an den Fuss einer senkrechten Felszone zu gelangen, die die quer durch die Wand laufende Felsbank bildet. Diese wird durchstiegen (V, V+, H). Weiter über ein Firnfeld (53°), dem man bis auf halbe Höhe folgt, um es gegen rechts über glatte und schwierige Platten zu verlassen (ca. 200 m). Darauf betritt man den kleinen Sporn in der Fallinie des Gipfels (H). Dieser ist von einem kleinen Firnfeld am Fusse der überhängenden Gipfelwand quer durchschnitten. Man umgeht den überhängenden Teil links und erreicht ein Eiscouloir unter dem letzten Gendarmen des Schaligrates (V+,H). Eine letzte Stelle von 5 m (V+, H) vermittelt den Zugang zum Schaligrat, 30 m vom Gipfel entfernt.

677.1 *Über die W-Seite*

Stéphane Albasini, Christian Portmann, 20. Januar 1989.

Grandiose Route, im Winter zu empfehlen. Sie führt im obern Teil zwischen R. 677 und R. 678 durch.

SS Von der Ar-Pitetta-Hütte, 10–15 Std. Abb. S. 367

Von der Ar-Pitetta-Hütte (2786 m) folgt man R. 677 bis jenseits des Gendarmen (ca. 3647 m) und jenseits des Schneefeldes, wo sich die quer durch die Wand laufende Felsbank befindet. Man umgeht sie rechts über ein ansteigendes Band und gelangt zu Platten (IV, IV+). Dann über Schneefelder nach links zurück zu einem langen Couloir, dem man auf 5 Längen folgt. Dann quert man eine steile Felsbank gegen links (V, H) und gelangt an den Fuss eines grossen Eishangs (im Winter), über den man 4 Längen aufsteigt. Dann führt ein Kamin auf einen kleinen Schneegrat, dem man folgt. Man quert 20 m gegen rechts in heiklem, gemischtem Gelände zum Fuss der Gipfelwand. Man erklettert sie auf 3 Längen direkt (sehr guter Fels, V, V+, athletisch) und erreicht den NNW-Grat (R. 683) in 50 m Entfernung vom Gipfel.

678

Diese Route ist eine Kombination der schwierig zu rekonstruierenden Routen von G.A. Passingham mit Ferdinand Imseng und Aloys (genannt Louis) Zurbriggen, August 1879; J.P. Farrar mit Johann Koederbacher, August 1883; Theodore Cornish mit Hans und Ulrich Almer, 1889.
In der Mitte der Wand folgt die Route dem Weg von Jean Leininger und Jean Vernet, 4. September 1933.

Erster Alleingang: Jacques Sangnier, 14.–17. September 1982.
Die Route wurde am 21. September 1982 erneut im Alleingang gemacht, und zwar von André Georges in 3 Std. (!), der sich in der untern Felspartie etwas links von R. 678 hielt.

S Von der Ar-Pitetta-Hütte zum Gipfel, 10–15 Std.
Abb. S. 367

Von der Ar-Pitetta-Hütte (2786 m) folgt man R. 657 des Schalijochs bis an den Fuss des Felssporns 3281. Man umgeht diesen links, geht am Couloir, das von der Mitte der Wand herunterkommt, vorbei und betritt die Felsen, die das Couloir nördlich begrenzen. In der Mitte der Wand erreicht man eine wenig ausgeprägte Felsrippe. Diese wird erstiegen bis zum Punkt, wo sie gegen eine querlaufende Felsbank stösst. Diese Felsbank wird rechts über ein von links nach rechts ansteigendes Band umgangen. Man kommt nach links zurück, um einen im allgemeinen mit Schnee bedeckten Hang zu gewinnen. Diesen Hang ersteigt man direkt. Dann erreicht man durch ein Couloir und über sehr steile Felsen den NNW-Grat (R. 683) etwa 100 m vom Gipfel entfernt.

679

René Dittert, Léon Flory, Francis Marullaz, 26. Juli 1945.

Im allgemeinen guter Fels, etwas steinschlaggefährlich.

SS Von der Ar-Pitetta-Hütte vom Gipfel, 14 Std.
Abb. S. 367

Von der Ar-Pitetta-Hütte (2786 m) folgt man R. 657 des Schalijochs bis an den Fuss des Felssporns 3281. Man umgeht den Felssporn links durch ein enges, aber leichtes Couloir in der N-Flanke und gewinnt so den Kamm des Sporns. Man folgt nun diesem Kamm, der zuerst breit und nicht sehr steil ist, sich aber bald aufschwingt und einen charakteristischen Gendarmen (ca. 3647 m) bildet. (Ca. 40 m unterhalb dieses Gendarmen findet man einen Biwakplatz.) Man umgeht den Gendarmen auf der N-Seite, gewinnt seinen höchsten Punkt und verfolgt den Kamm über einige Seillängen. Man quert nach links, übersteigt ein Couloir und nähert sich einem wenig ausgeprägten Grat, den man aber nicht sofort betritt. Man steigt vielmehr etwas unterhalb, südlich, weiter. Eine schwierige Stelle führt zum Beginn von grossen Platten und steilen Rissen. Über eine lange, ansteigende Querung (ausgesetzt und schwierig) klettert man bis zu einem Couloir, das von einer Lücke im N-Grat, flankiert von einem hakenförmigen Gendarmen, herunterkommt. Man erklettert steile Felsen, die teilweise von Schnee bedeckt sind, auf dem linken Ufer dieses Couloirs, um einige Meter über der Lücke (4362 m) auf den NNW-Grat zu gelangen, ca. 350 m vom Gipfel entfernt. Auf R. 683 des NNW-Grates weiter zum Gipfel.

680 *Über die westliche Rippe (Young-Grat) und den NNW-Grat.*

G.W. Young mit Louis und Benoît Theytaz, 7. September 1900.
Erste Winterbegehung: Wahrscheinlich Stéphane Albasini und Christian Portmann, 16. Januar 1990.

Diese Route benützt die Felsrippe, die vom Grand Gendarme (4331 m) herunterkommt und weniger dem Steinschlag ausgesetzt ist. Die 1902 angebrachten Stifte und Haken sind teilweise zum Sichern dienlich.

S– Von der Ar-Pitetta-Hütte zum Grand Gendarme, 6–7 Std.
Von der Ar-Pitetta-Hütte zum Gipfel, 7–8 Std.
Abb. S. 367

Von der Ar-Pitetta-Hütte (2786 m) folgt man den Moränen, um den Weisshorngletscher unterhalb von P. 3408 zu betreten, am untersten Ende der W-Rippe. Man umgeht die Felsbank bei P. 3575 und gelangt auf der Nordseite der Rippe zum Fuss der W-Wand. (3 Std.). Man überschreitet den gewöhnlich leichten Bergschrund. Die ersten Längen führen über leichtes und verwittertes Gestein, unweit der Gratkante.
Dann wird der Grat zunehmend steiler und schwieriger, aber der Fels dafür besser. 300 m weiter oben zwingt ein abweisender Aufschwung zum Ausweichen nach links (ca. 20 m). Man übersteigt eine senkrechte Mauer von 4–5 m und quert dann oberhalb des Aufschwungs unschwierig nach rechts zurück. Dann steigt man über steile Platten (schwierig, wenn vereist) und dazwischen leichtere Stellen steil empor, mehr oder weniger den mächtigen Stiften nach, an denen die fixen Seile befestigt waren. Nach ca. 200 m gelangt man auf die Gratschneide, von wo ein Band sichtbar wird, das man nicht verfehlen darf. Man folgt ihm 5 m zum Couloir, das den Grat rechts, südlich, begrenzt. Eine ansteigende Querung von ca. 70 m (heikel bei schlechten Verhältnissen, da wenig gute Sicherungsmöglichkeiten vorhanden) führt in die Fallinie eines kleinen Sattels im NNW-Grat oberhalb des Grand Gendarme (4331 m). Man steigt über gemischtes Gelände zum Sattel auf (Überreste eines fixen Seils), wo man auf R. 683 trifft.

681 *Über den NNW-Grat und den Young-Grat im Abstieg*

ZS+ Vom Gipfel, 6–8 Std. Abb. S. 367

Vom Gipfel des Weisshorns (4505,5 m) folgt man dem NNW-Grat (R. 683) bis zum kleinen Sattel unmittelbar vor dem Grand Gendarme (4331 m). (¾–1 Std.). Nun steigt man in ein Couloir mit glatten, fast grifflosen und oft vereisten Platten ein. Man findet nacheinander mehrere feste Stifte, die die Fortsetzung des Abstieges ermöglichen. Man wendet sich schräg nach rechts, um sich der Rippe zu nähern, die vom Grand Gendarme herunterkommt, dann steigt man auf dem rechten Ufer des Couloirs, das immer steiler wird, fast direkt abwärts, einigen nicht immer leicht zu findenden Stiften folgend. Man erblickt schliesslich rechts eine Art Spalte oder Kamin, durch den man zum Young-Grat klettert. Man vermeide es, den Grat höher oben als dort, wo sich dieser Kamin befindet, zu betreten. 1–1¼ Std. vom Sättelchen.

Man folgt nun den Stiften. Ungefähr in halber Höhe ist der Grat durch eine kleine senkrechte Wand unterbrochen. Man folgt einem (oft verschneiten) Band ca. 15 m nach N, rechts, um dann über glatte und fast immer vereiste Platten abzusteigen. Eine senkrechte Stelle von 5–6 m überwindet man am besten mit dem doppelten Seil. Unmittelbar nachher muss man links wieder auf den Grat zurückkehren, der nun breit und zu einem Vorsprung wird. Man folgt dem Vorsprung bis an sein unteres Ende, dort wo man zur Rechten den Firn des Weisshorngletschers betreten kann. (3–4 Std.). Man überschreitet den Bergschrund, passiert unmittelbar rechts (nördlich) der Schneekuppe 3575 m und steigt durch die Gletscher- und Moränenmulde zur Ar-Pitetta-Hütte ab.

682 *Rückweg zur Tracuithütte*

Diese Route scheint von Alfred Zürcher mit Jos. Knubel und Hermann Lochmatter 1943 erstmals begangen worden zu sein.

Es scheint, dass man über Bänder etwas weiter westlich den Felsabsatz der Tête de Milon leichter überwinden könnte. Im Abstieg wird man jedenfalls abseilen.

ZS Abb. S. 367

Im Abstieg vom Young-Grat (R. 681) hält man vom Bergschrund an rechts und traversiert die Gletscherbucht gegen N, um den Fuss der Felsbarriere zu gewinnen, die vom NNW-Grat gegen die Tête de Milon herunterstreicht. Man kann die Felsen auf ca. 3620 m anpacken und sie auf ca. 3820 m wieder verlassen (ca. 150 m südöstlich von P. 3812). So trifft man auf R. 689 des Weisshornjochs, die zur Tracuithütte (3256 m) führt.

683 *Über den NNW-Grat*

Hans Biehly mit Heinrich Burgener, 21. September 1898. A.G. Cooke mit Benj. Rouviney und Louis Theytaz, 26. August 1899 mit Erkletterung der E-Seite des Grossen Gendarmen.

Dieser Grat besteht zwischen dem Gipfel und dem *Grand Gendarme* (4331 m), der sich mächtig ungefähr in der Gratmitte erhebt, vollständig aus Schnee, wird dann auf ca. ¼ seiner Länge felsig und gezackt (bis zum P. 4203), dann ist er wieder schneeig bis zur tiefsten Senkung, dort, wo die Firnfelder des Turtmanngletschers bis an den Kamm reichen. An dieser Stelle erreichten die Erstersteiger den Grat.
Die Depression, *Weisshornjoch* genannt (4058 m), wurde von G.W.H. Ellis mit Ulrich Almer und Alois Biner am 30. Juli 1902 überschritten,

obwohl der Übergang gar keine Bedeutung hat. Das Joch wurde schon 1859 bei den ersten Versuchen, das Weisshorn zu besteigen, betreten. Diese Route ist klassisch und z.B. kombiniert mit dem Schaligrat, eine der schönsten Traversierungen der Walliser Alpen. Da die Route auf das Bishorn (R. 690) fast den ganzen Sommer gespurt und leicht ist, überschreiten die meisten Seilschaften diesen Gipfel, anstatt zum Weisshornjoch aufzusteigen. Wenn die Schneeverhältnisse auf dem oberen Turtmanngletscher (windgeschützte N-Seite) ausnahmsweise gut sind und der Schlusshang nicht vereist, ist die Route über das Weisshornjoch ca. ½ Std. kürzer.

ZS+ Vom Weisshornjoch, 4–5 Std.
Abb. S. 367, 375, 399

Vom Weisshornjoch (4058 m) führt ein feiner, zuweilen verwächteter Schneegrat zum Felskopf 4203 m. Bis hierher leicht; (vom Bishorn ½ Std.).
Hier beginnt der felsige und schwierige Teil des Grates. Man steigt über eine Stufe ab (20 m abseilen). Dann folgt man ein Stück weit dem Grat, bis man rechts wieder einige Meter absteigt zu einer Verschneidung. 15 m abseilen (Haken). Weiter auf dem Grat, sich eher auf der Ostseite haltend, bis zu einer Platte am Fuss eines Gratturms. Man quert unter der Platte nach links, umgeht einen Sporn und steigt etwas rechts einige Meter zu einem guten Stand auf. Man erklettert die Verschneidung oberhalb des Standes, quert einige Meter gegen S und gelangt über einen senkrechten Absatz wieder auf den Grat. Bis hierher bei trockenem Fels Schwierigkeit bis (III). Man folgt dem Grat bis zur Senke am Fuss des *Grand Gendarme* (4331 m). Dieser kann ziemlich weit unten auf der linken Seite umgangen werden, indem man schwierige Platten mit wenig Griffen quert. Es ist aber fast immer günstiger, ihn zu überklettern. Zu diesem Zweck quert man 5–6 m nach links, wo man

a) direkt durch eine Verschneidung/Kamin (IV) zur Gratkante emporsteigt, oder
b) eine Seillänge nach links quert, dann direkt emporsteigt (heikel, eine Stelle IV+) und weiter nach links quert, den obersten Teil des Grand Gendarme umgehend. Nun steigt man leicht zum kleinen Sattel am S-Fuss des Gendarmen ab. (3–3½ Std.). Vom Sattel bis zum Gipfel ist der Schneegrat gewellt, bald breit, bald schmal und verwächtet, mit einigen kleinen Felszacken. Man hält sich so nahe wie möglich am Grat. Vom kleinen Sattel zum Gipfel 1–1½ Std.

684 *NNW-Grat im Abstieg*

ZS+

Im Abstieg umgeht man den *Grand Gendarme* (4331 m) wie folgt:
Vom kleinen Sattel steigt man ungefähr bis zur halben Höhe auf (bis dort, wo im allgemeinen der Schnee aufhört). Nun quert man ohne grosse Schwierigkeiten bis zum Grat jenseits des Gendarmen. Man steigt über den Grat ein wenig ab bis zu einer kleinen Einkerbung, von wo man direkt gegen NE durch einen oben überhängenden Kamin, dann über Platten, zweimal ca. 20 m abseilt. Man gelangt auf erdbedeckte Terrassen und steigt auf den Grat zurück, indem man überhängende, etwas lose Felsen umgeht.

Über die NE-Seite

Diese fast ganz aus Schnee und Eis bestehende Flanke wird durch einen im untern Abschnitt teilweise felsigen Vorsprung, der direkt vom Gipfel in den obern Eisbruch des Bisgletschers (bei ca. 3700 m) taucht, in zwei gleiche Teile geteilt. Auf diesem Vorsprung sind Eislawinen weniger zu befürchten als sonst in der Flanke, wo die Hängegletscher übrigens stark zurückgegangen und weniger gefährlich geworden sind. Der Vorsprung teilt die Flanke in eine gegen N und eine gegen E gerichtete Seite. Der Zugang von der Weisshornhütte (2932 m) ist kürzer als derjenige von der Turtmannhütte (2519 m) über das Bisjoch (3543 m).

685 *Vom Sattel im S des Grand Gendarme zum Bisgletscher*

Ernest Rigaud mit Armand Moreillon, im Abstieg, 1. August 1940.

Dieser Abstieg ist nur bei ausgezeichneten Verhältnissen zu empfehlen.

S Abb. S. 375

Vom Sattel im S des Grand Gendarme steigt man den steilen Hang hinunter, indem man gegen rechts ausholt, um Eistürme zu umgehen. Weiter durch ein Couloir und über den Bergschrund auf den Bisgletscher.

686 *Über den NE-Vorsprung*

Die erste (Kitson) und die zweite (Coolidge und Miss Brevoort) Partie wurden von Christian und Ulrich Almer im Sommer 1871 geführt. Die von ihnen begangene Route wird nicht mehr benützt. G.W. Young (31. August 1909) in Begleitung von Oliver Perry Smith, geführt von Jos. Knubel, hat eine bessere Route gefunden, die durch andere Partien noch verbessert wurde.

Weisshorn, von E

Gd Gendarme
Arête NNW 683
Weisshornjoch
(Schaligrat) 676
672
688
687.1
686
685
687
Bisgletscher
704
Weisshornhütte

Erste Winterbesteigung: Paul Etter, Ueli Gantenbein, Andreas und Ernst Scherrer, 29./30. Dezember 1969.

Lange und eintönige, aber dennoch grandiose Tour.

S Von der Weisshornhütte, 7–10 Std.
Von der Weisshornhütte zum Fuss des Vorsprungs, 2½–3 Std. Abb. S. 375

Von der Weisshornhütte (2932 m) folgt man R. 704 des Bisjochs bis zum Bisgletscher. Beim Überschreiten des untern Endes des E-Grats muss man sich vergewissern, ob der obere Gletscherbruch am Fuss des Vorsprungs begehbar ist. Dort befinden sich jeweils gewaltige Spalten, die im Vorsommer noch schneegefüllt sein können. Ist die Bezwingung des Gletscherbruches nicht möglich, so steigt man über eine Felsrippe am untern Ende des Vorsprungs, um dessen Schneekamm so bald als möglich zu erreichen. Die Felsen sind leicht, aber sehr lose. Man vermeidet sie daher lieber und sucht sich einen Weg durch den Gletscherbruch, um den Schneegrat an seinem Fusse anzupacken. Er ist zuerst breit und sehr steil, dann wird er scharf und stösst an eine Eisnase, deren Überwindung sehr schwierig sein kann. Oberhalb der Nase verschwindet der Grat in einem weniger steilen Hang, in welchem man hin und her lavieren kann, um den Séracs auszuweichen. Man betritt hierauf den E- oder den NNW-Grat oder steigt direkt auf den Gipfel.

687 *Über die E-Flanke und den NE-Vorsprung*

Giuseppe Bonfanti, Renzo Quagliotto, 17. Juli 1983.

Diese Route ist nur in der ersten Hälfte objektiv etwas gefährlich und landschaftlich grossartig. Man sollte sehr früh am Einstieg sein. Neigung 55–58°.

S+ Von der Weisshornhütte, 9–10 Std. Abb. S. 375

Von der Weisshornhütte (2932 m) folgt man R. 704 des Bisjochs bis zum Fuss der E-Wand (R. 686). Man ersteigt ein Couloir in der felsigen Zone am Fuss der Wand (vereist).
Es folgen Schneehänge, die man leicht rechts des Felskamms, der die Wand von oben nach unten durchzieht, ersteigt. Höher oben stösst man auf R. 686 (dort, wo sie durch die Spalten führt) und folgt ihr zum Gipfel.

687.1 *Durch die E-Flanke*

Stéphane Albasini, Christian Portmann, 3. Februar 1989 (Winterbegehung), von der Tracuithütte aus über Turtmanngletscher und Brunegggletscher zum Bisgletscher und zum Wandfuss. Sie trugen die Ski über die Wand hinauf und den NNW-Grat hinunter und fuhren vom Bishorn zurück in die Tracuithütte, die ganze Tour in 13 Std.

S Vom Fuss zum Gipfel, 4 Std. Abb. S. 375

Man überschreitet den Bergschrund und ersteigt ein Eiscouloir (50°), das einige gemischte Aufschwünge aufweist (55°), wie R. 687. Dann steigt man gerade aufwärts bis zu einer Felsrippe (schöne, gemischte Stellen), die man erklettert, um höher oben auf R. 686 zu stossen.

688 *Über die E-Flanke*

Martin Burtscher, Kurt Jeschke, im Abstieg mit Ski, 6. Juli 1978. Diese Partie umfuhr die oberen Eisbrüche rechts.
Henri Rouquette mit Patrick Gabarrou und Pierre-Alain Steiner, im Aufstieg, 16. September 1980, mit direkter Übersteigung der Séracs.

Soweit bekannt, ist dies die erste Route in den Schweizer Alpen, die per Ski im Abstieg eröffnet wurde.
Es handelt sich um eine grossartige Route. Man sollte sehr früh am Einstieg sein. Die Neigung nimmt von unten (45°) gegen oben (55°) zu.

S– Von der Weisshornhütte, 6–11 Std., je nach Verhältnissen. Abb. S. 375

Von der Weisshornhütte (2932 m) folgt man R. 704 des Bisjochs bis zum Bisgletscher und zum Fuss der Wand (R. 686). Man erreicht eine kleine überhängende Felsmauer, die den linken Rand der mittleren Lawinenrinne begrenzt. Man überwindet den Bergschrund unter der Rinne und steigt dann leicht schräg gegen rechts und bleibt immer am Rand des Felssporns, sich so gut wie möglich aus der Fallinie der Séracs haltend. Dann steigt man direkt zum Gipfel auf. Auf Höhe des oberen Eisbruchs ist eine sehr steile Länge zu überwinden.

Weisshornjoch, 4058 m

Zwischen dem Bishorn und dem Weisshorn (Grand Gendarme), vom Turtmanngletscher (Tracuithütte) zum Bisgletscher.
Der Pass wird gewöhnlich nicht überschritten. Von W her dient er als Zugang zum Grat Bishorn–Weisshorn.
G.W.H. Ellis mit Ulrich Almer und Aloys Biner, 30. Juli 1902, erste Überschreitung. Die W-Seite wurde schon 1859 begangen.

689 *Über die W-Seite*

L Von der Tracuithütte, 2–3 Std. Abb. S. 367, 399

Von der Tracuithütte (3256 m) steigt man auf dem linken (W) Ufer des Turtmanngletschers auf, geht am E-Fuss der Tête de Milon und unmittelbar nördlich von P. 3791 vorbei und steigt dann über immer steiler werdende Firnhänge zum Pass auf.

689 a *Variante*

L Abb. S. 367

Wenn der Schnee sehr gut ist und man das Weisshorn besteigen will (R. 683), kann man den Grat auch höher oben betreten, rechts, südlich von einigen Felsen (△ 4108,9 m) oberhalb des Weisshornjochs.

Bishorn, 4153

Nördlicher Ausläufer des Weisshorns mit zwei nahe beieinander befindlichen Gipfeln: ein Felszahn (4134,5 m) im E, eine verwächtete Schneekuppe im W. Diese letzte bildet den höchsten Punkt. Vom Gipfel geniesst man eine grossartige Aussicht auf das Weisshorn und seinen NNW-Grat.

690 *Über die NW-Seite (von der Tracuithütte)*

G.S. Barnes, R. Chessyre-Walker mit J.M. Chanton und Jos. Imboden, 18. August 1884.

L Von der Tracuithütte, 2½ Std. Abb. S. 399

Von der Tracuithütte (3256 m) quert man den Turtmanngletscher und gewinnt über die Firnhänge den Schneesattel (3549 m), ca. 300 m südöstlich von P. 3591. Von hier steigt man direkt in den Sattel, der die beiden Gipfel trennt, wendet sich nach rechts und gewinnt den höchsten Punkt über einen steilen, zuweilen verwächteten Schneegrat.

691 *Über die NE-Seite (von der Turtmannhütte)*

Walter-E. Burger, Willem-Hendrik Boissevain, 27. Mai 1922.

L Von der Turtmannhütte zum Gipfel, 5–6 Std.
Abb. S. 399

Von der Turtmannhütte (2519 m) folgt man R. 718 des Bruneggjochs, quert dann den Brunegggletscher, um den Fuss der

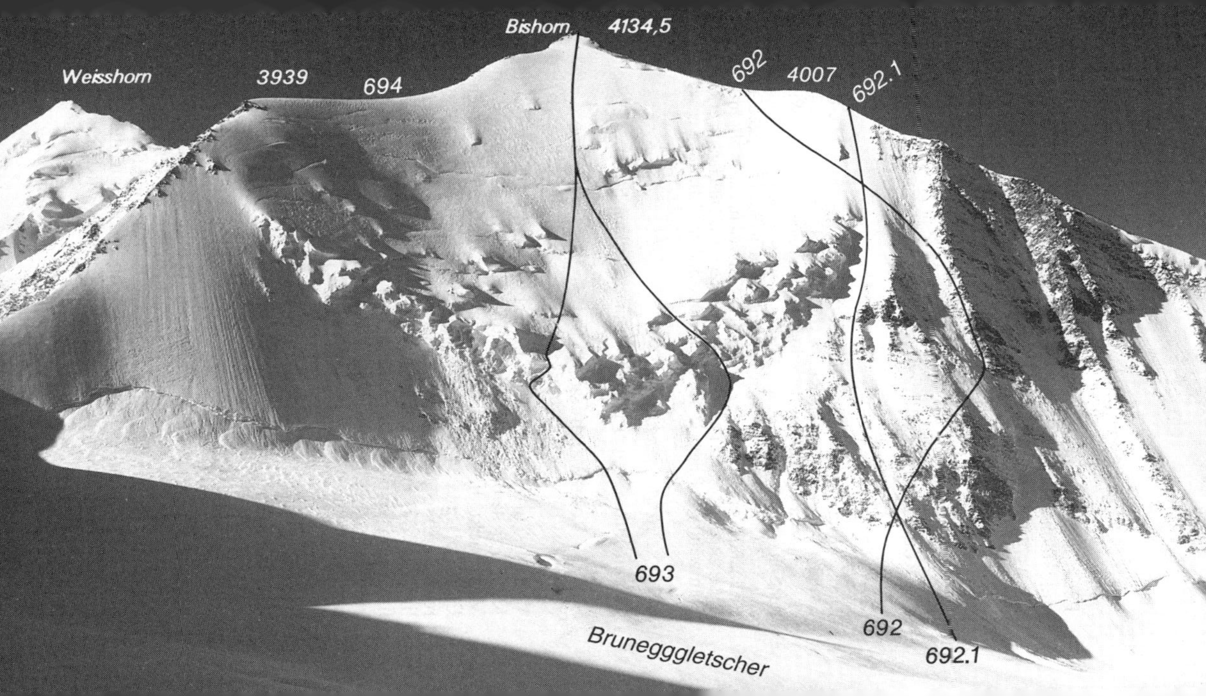
Weisshorn
3939
694
Bishorn
4134,5
692
4007
692.1
693
692
692.1
Brunegggletscher

Felsrippe (3200 m) zu gewinnen, die vom Sattel (3549 m), 300 m südöstlich von P. 3591, herunterkommt. (2¼ Std.). Diese Rippe, die weniger steil und leichter ist, als sie von weitem scheint, ist in halber Höhe durch eine Ader aus hellen Felsen markiert und links (südlich) flankiert von zwei Couloirs in Form eines X. Die Rippe führt in 1 Std. zum Sattel (Steinschlag), wo man auf R. 690 trifft.
Die Route über diese Rippe wird «über den Mergasch» genannt.

Über die NE-Flanke

Diese vollständig aus Schnee und Eis bestehende, 700 m hohe Flanke ist an ihrem Fuss mit einem Kranz von steilen Eismauern umgürtet, mit Ausnahme in der Fallinie des Gipfels, wo sie einen stumpfen Winkel mit der Spitze gegen unten bildet, die die einzige schwache Stelle des Eispanzers ist. Die Schwierigkeiten hängen von den Schneemengen und den Frühjahrslawinen ab. Diese lagern ihre Schneehaufen im allgemeinen an dieser Stelle ab, und ihre Überreste können den Durchgang erleichtern. Man wählt die Route je nach den momentanen Verhältnissen.

692 *Routen rechts*

Cestmir Lukes, 4. Juni 1983 (bei schneebedeckten Felsen).

S Vom Wandfuss, 6½ Std.
Von der Turtmannhütte, 9½ Std. Abb. S. 379

Von der Turtmannhütte (2519 m) folgt man R. 703 des Bisjochs. Kurz vor dem Joch wendet man sich zum Fuss der Wand.
Man packt die Wand in der Fallinie der Felsrippe rechts des Eisgürtels an. Man steigt leicht gegen rechts auf und auf der rechten Seite der Rippe gerade empor. Dann quert man gegen links auf die Rippe, der man folgt. Später verlässt man sie gegen links und geht in der Schnee-(Eis)wand weiter, über die man entweder gerade zum Gipfel steigt oder auf die NW-Flanke oberhalb von P. 4007 gelangt.

692.1 *Route rechts, direkt (Mort de rire)*

Laurent Pigeau, 14. August 1987.

S Vom Wandfuss, 3–4 Std. Abb. S. 379

Von der Turtmannhütte (2519 m) folgt man R. 703 des Bisjochs. Kurz vor dem Joch wendet man sich zum Fuss der Wand. Man überschreitet den Bergschrund ohne Schwierigkeiten und steigt dann über einen felsdurchsetzten Schneehang auf, der am rechten Ende der Eismauer zum engen Couloir wird. Eisschlaggefahr; schöner Blick in die Eisbrüche. Man bleibt so gut wie möglich im Schutz eines vorspringenden Felsens, umgeht diesen dann links und steigt zuerst leicht gegen rechts, dann gerade aufwärts über den gleichmässigen Hang. Es folgt noch eine steile Stelle (60°), bevor man, weniger steil, auf den Grat gelangt, rechts der Wächten in der Gegend von P. 4007.

693 *Routen links*

Emile-Robert Blanchet mit Kaspar Mooser und Raphael Lochmatter, 21. September 1924, Variante rechts.
Maurice Brandt, Adrien und Rose Voillat, 27. Juli 1957 (zweite Besteigung), Variante links. Im Auf- und Abstieg.
Erste Winterbesteigung: Moses Gamma, Joseph Henkel, Georg Leutenegger, 23. Januar 1969.
Erster Alleingang: Pierre Biedermann, 6. August 1974.

S Vom Wandfuss, 4–6 Std.
Von der Turtmannhütte, 7–9 Std. Abb. S. 379

Von der Turtmannhütte (2519 m) folgt man R. 703 des Bisjochs. Kurz vor dem Joch wendet man sich zum Wandfuss und überwindet die Eismauer an der günstigsten Stelle. Dann steigt man über einen sehr steilen und langen Schnee- oder Eishang (50°, dann 58°) direkt zum Felsgipfel auf.

694 *Über den ENE-Grat*

Frau E. Burnaby Main mit Jos. Imboden und Peter Sarbach, 6. August 1884.

Dieser Grat endigt im Felszacken (4134,5 m). Halbwegs zwischen diesem und dem Bisjoch gabelt sich der Grat. Der Hauptgrat fällt zum Bisjoch, der andere, weniger ausgesprochene, gegen SE ab. Diese beiden Grate begrenzen eine Felsflanke, die von Bändern und Couloirs durchzogen ist. Im Vorsommer ist der Grat vollständig schneebedeckt und oft stark verwächtet.

ZS Vom Bisjoch, 2–3 Std. Abb. S. 379, 391, 399

Vom Bisjoch (3543 m) folgt man dem Grat bis zum Felszacken (4134,5 m), den man überschreitet. Man steigt dann in den Schneesattel ab und von dort zum Gipfel (4153 m).

694 a *Zugang zum ENE-Grat von Süden*

L Vom Bisjoch zum Gipfel, 3–4 Std. Abb. S. 391

Wenn die Verhältnisse am ENE-Grat nicht gut sind, kann man

auch vom Bisjoch (3543 m) horizontal nach SW traversieren, dann die untern Felsen des südöstlichen Grates überschreiten und diesem auf den obern Schneefeldern des Bisgletschers entlanggehen, um den Grat oberhalb der Gabelung (3939 m) zu betreten, von wo R. 694 zum Gipfel führt.

695 *Über die SE-Seite*

G.S. Barnes, R. Chessyre-Walker mit J.M. Chanton und Jos. Imboden, im Abstieg, 18. August 1884.

Diese Route ist steinschlägig und nicht interessant.

ZS Vom Plateau, 2–3 Std.

Vom obern Plateau des Bisgletschers (R. 694a) kann man über Schneehänge und steile Felsen direkt auf den Gipfel gelangen.

696 *Über den SSW-Grat*

Dieses Gratstück wurde zum ersten Mal von der Partie begangen, die die erste Traversierung vom Weisshorn (oder umgekehrt) ausführte; sie ist jedoch nicht bekannt.

L Vom Weisshornjoch, ¼ Std.

Vom Weisshornjoch (4058 m) folgt man dem Schneegrat zum Gipfel.

697 *Über die W-Seite*

Ewald und Yvone Sutter-Venema, Guus Vuyk, 8. August 1979.

Die W-Seite ist grösstenteils felsig. Die Route führt südlich von P. 4028 über den Schnee- und Eishang, der die Felswand im S begrenzt.

S Von der Tracuithütte, 5 Std. Abb. S. 399

Von der Tracuithütte (3256 m) folgt man R. 689 des Weisshornjochs. Anstatt direkt nördlich von P. 3791 durchzugehen, steigt man in der Gletschermulde weiter auf den Eisbruch unterhalb des Weisshornjochs zu. Man überschreitet den Bergschrund, ersteigt den Schnee-(Eis-)hang zwischen den Felsen und den Séracs (max. 55°) und erreicht die flachen Firnhänge des Gipfels.

Sattel 3549 m (Über den Mergasch)

Zwischen dem Stierberg und dem Bishorn; vom Turtmanngletscher zum Brunegggletscher.
Dieser Übergang wird unter R. 690 und R. 691 beschrieben. Er ist auch nützlich als Übergang (R. 730) von der Tracuithütte (3256 m) zur Turtmannhütte (2519 m).

P. 3591

Unbedeutende Felserhebung.

698 *Über den SE-Grat*

Erste touristische Ersteigung: Arthur und Edmée Robert, Codefroy de Blonay mit Elias Peter, 13. August 1890.

L Vom Sattel 3549 m, 10 Min.

Vom Sattel 3549 m über Schnee und einen kleinen Felsgrat zu erreichen.

Über den WNW-Grat

Siehe R. 699.

Stierberg, 3506,6 m

Letzter Felsausläufer des Bishorns. Von der Turtmannhütte und dem Turtmanntal erscheint der Berg als ein grosses, dunkles Dreieck, das von zwei Hauptgraten flankiert ist, die nach N und WNW abfallen.
Erste touristische Ersteigung: Geo Dexter Allen mit Joachim Peter, 16. August 1890; im Abstieg vom Bishorn zum Col de Tracuit.

699 *Über den ESE-Grat*

L Von P. 3591, ¼ Std. Abb. S. 399

Von P. 3591 folgt man dem breiten Schnee- und Felsrücken.

700 *Über die SW-Seite*

L Von der Tracuithütte, 1 Std.

Von der Tracuithütte (3256 m) folgt man R. 690 des Bishorns und quert dann den Turtmanngletscher, um über Geröll und Felsen die SW-Flanke zu ersteigen.

701 *Über den WNW-Grat*

Der Fels ist verwittert. Steinschlaggefahr. Die ganze N-Seite weist oft Schwarzeis auf. Der N-Grat ist vorzuziehen.

WS Von der Turtmannhütte, 4 Std. Abb. S. 399

Von der Turtmannhütte (2519 m) folgt man R. 727 des Col de Tracuit bis zum NW-Fuss des Gipfels und steigt über den WNW-Grat auf.

702 *Über den N-Grat*

Der Fels ist verwittert. Steinschlaggefahr.

WS Von der Turtmannhütte, 4 Std. Abb. S. 399

Von der Turtmannhütte (2519 m) folgt man R. 727 des Col de Tracuit bis zum NW-Fuss des Gipfels und steigt über den N-Grat auf.

Bisjoch, 3543 m

Zwischen dem Bishorn und dem Bruneggghorn; vom Brunegggletscher (Turtmannhütte) zum Bisgletscher (Weisshornhütte oder Randa).
Comte de Burges und Baron de Saint-Joseph mit Franz Andermatten und François Devouassoud, 31. Juli 1862.

703 *Von der N-Seite*

WS Vom Bruneggjoch, 1 Std.
Von der Turtmannhütte, 3 Std. Abb. S. 399

Von der Turtmannhütte (2519 m) folgt man R. 718 des Bruneggjochs, geht am W-Fuss dieses Jochs vorbei und wendet sich direkt zum ausgeprägten Sattel des Bisjochs.

703 a

WS Abb. S. 399

Zwischen dem Bergschrund und dem Joch ist der Hang steil und oft eisig, weshalb es von Vorteil sein kann, in Richtung der Schneekuppe 3671 m aufzusteigen, um nachher auf das Joch abzusteigen.

704 *Von der S-Seite*

Diese Route wurde von G. Winthrop Young und Felix Levi 1900 erstmals begangen und durch C.F. Meade und L.W. Rolleston mit Jos. Lochmatter und Pierre Blanc am 13. August 1910 wiederholt.

Wenn der Schnee nicht günstig (fest) ist, kann der ganze N-Hang unter dem Sattel 3468 m sehr gefährlich sein (Lawinen).
Heute wird diese Route kaum mehr begangen, da der Bisgletscher stark zurückgegangen und zerklüftet ist.

WS Von der Weisshornhütte, 3¼ Std.
Abb. S. 363, 375

Von der Weisshornhütte (2932 m) folgt man R. 672 des Weisshorns bis dort, wo man den *Fluhgletscher* betritt. Statt nach links zu halten, steigt man durch eine Gletschermulde nördlich an. Man sieht nun im NE einen Schneesattel (3285 m), zu dem R. 670 (Wisse Schijen) führt. Man lässt diesen Sattel rechts liegen, geht am Fuss des Sporns (3240 m) vorbei und gewinnt den oberen Sattel (3468 m), der zwar eher einer Schulter gleicht (1¼ Std.) und den man auch auf R. 672a erreicht.
Man hat nun linker Hand den P. 3782 (dunkler Felskegel) und den Grat, der von ihm nordöstlich herunterkommt. Dieser Grat ist von zwei schrägen Couloirs (Bändern) quer durchbrochen (auf der LK eingezeichnet), die sich südöstlich herunterziehen. Das untere Couloir ist der einzige leichte Weg, um auf den Bisgletscher zu gelangen. Man steigt in schräger Richtung links über einen steilen Schnee-(Eis-)Hang abwärts, um dieses Schuttcouloir (Schiefer) zu erreichen, und steigt darin in einigen Minuten auf den Grat. Man befindet sich nun nur wenige Meter über dem Bisgletscher, den man nach Überschreitung des Bergschrundes betritt. (1 Std.). Nun quert man das Plateau des Bisgletschers und gewinnt den Sattel des Bisjochs über einen schwach geneigten Schneehang. (1 Std.).

705 *Von Randa*

Die erste Partie, die das Bisjoch überschritt (1862), ging von Randa aus und stieg über den Bisgletscher hinauf. Dies ist eine interessante, heute aber kaum mehr begangene Route. Trotzdem hier einige Hinweise:

WS Von Randa zum Joch, 6–8 Std. Abb. S. 391

Von Randa (1407 m) folgt man R. 715 des Bruneggkorns bis oberhalb des Gross Kastel (2828,7 m). Von hier quert man über ausgedehnte Trümmerfelder nach W und gewinnt das linke Ufer des Bisgletschers. Je nach den Verhältnissen sucht man sich einen Weg durch den Gletscherbruch zu erzwingen, oder aber man benützt die brüchigen Felsen der Freiwäng, um das Plateau des Bisgletschers und R. 704 zu erreichen.

Bruneggkorn, 3833 m

Das Bruneggkorn zeigt gegen N eine kleine, elegante Schnee- und Eiswand, gleicht aber sonst eher einem Trümmerhaufen. Ein Kreuz steht auf dem Gipfel.

706 *Über den SW-Grat*

G.F. Cobb, D. Rawlins, R.B. Townsend mit Antoine Clément und François Devouassoud, 19. September 1865.

L Vom Bisjoch zum Gipfel, 1 Std. Abb. S. 391, 399

Vom Bisjoch (3543 m) folgt man dem breiten leichten Schneegrat, der jedoch oft vereist ist. Man überschreitet die Kuppe 3671 m und stösst im obern Teil auf R. 707.

707 *Über die W-Seite und den SW-Grat*

Wahrscheinlich Joseph Tantignoni, Pfarrer von St. Niklaus, Franz Tantignoni, Vikar, mit Hieronymus Brantschen, Sommer 1853.

L Vom Bruneggjoch, 1½ Std.
Von der Turtmannhütte, 4–5 Std. Abb. S. 391, 399

Vom Bruneggjoch folgt man dem Felskamm (oder den benachbarten Schneehängen) während 5–10 Min., dann wendet man sich fast horizontal nach rechts (S), um den Bergschrund an der günstigsten Stelle zu überschreiten und den Schneesattel unmittelbar östlich von P. 3671 zu gewinnen. Von hier über den Grat auf den Gipfel, wobei man auf die Wächten zu achten hat und sich ganz an der W-Seite halten muss.

708 *Über die W-Seite*

Emile-Robert Blanchet mit Kaspar Mooser, 27. Juli 1926.

Dieser Hang ist weniger steil als die NNE-Flanke und besteht meist aus Schnee. Man kann ihn oft ohne besondere Schwierigkeiten ersteigen.

ZS Vom Bruneggjoch, 1½ Std. Abb. S. 399

Vom Bruneggjoch (3365 m) folgt man R. 707 bis in die Fallinie des Gipfels und steigt dann direkt über die Flanke auf.

709 *Über den NW-Grat*

Arthur Cust, Fred. Gardiner, F.T. Wethered mit Hans und Peter Knubel und Laurent Proment, im Abstieg, 29. Juli 1876.

Diesen Grat sieht man im Profil von der Topalihütte aus; die Route ist für den Aufstieg im Vorsommer zu empfehlen. Später kommt Eis zum Vorschein.

WS Vom Bruneggjoch, 1¼ Std. Abb. S. 389, 391, 399

Vom Bruneggjoch (3365 m) folgt man zuerst dem breiten und leichten Felsgrat, der sich bald in einem Schneegrat fortsetzt und nun stark ansteigt. Drei horizontale Felsbänder erheben sich im obern Teil des Grates. Man überschreitet sie ohne Schwierigkeiten rechts (südlich) vom Grat.

Über die NNE-Flanke

Diese Wand liegt zwischen dem NE- und dem NW-Grat und ist von der Topalihütte aus gut sichtbar. Liegt nicht sehr viel Frühjahrsschnee, ist sie schnell vereist.
Neigung 56–58° für den obern Teil. Der untere Teil der Wand östlich von P. 3419 ist weniger steil.

710 *Obere Flanke*

Emile-Robert Blanchet mit Kaspar Mooser, 14. August 1925.
Erster Abstieg: Maurice Brandt, Adrien und Rose Voillat, 24. Juli 1957.
Erste Abfahrt mit Ski: Patrick Vuilleumier, 22. Juni 1986.
Erste Winterbegehung: Christian Portmann, 24. Dezember 1987, allein.

Nur bei ausgezeichneten Schneeverhältnissen zu empfehlen.

SS Vom Fuss der Wand, 3 Std. Abb. S. 389

Von der Topalihütte (2674 m) folgt man R. 712 bis zum Fuss der Wand und steigt direkt zum Gipfel oder auf den NW-Grat hinaus, etwa 5 Min. vom Gipfel entfernt.

711 *Untere Flanke*

Maurice Brandt, Adrien und Rose Voillat, im Auf- und Abstieg, 24. Juli 1957. Neigung 50°.

ZS Von der Topalihütte zum Gletscherband, 5 Std.
Abb. S. 389

Von der Topalihütte (2674 m) folgt man R. 719 des Bruneggjochs und R. 713 bis auf den Abberggletscher. Man gelangt zum Fuss der Wand, östlich des Felssporns 3419 m. Man überschreitet den Bergschrund und steigt schräg von links gegen rechts auf den Felssporn 3419 m zu. Man gelangt so auf das Gletscherband, wo man auf R. 712 stösst, die man zum Gipfel verfolgen kann, sofern man nicht R. 710 wählt.

Über den NE-Grat

Dieser Grat ist der längste, steilste, aber auch der schönste von allen. Man sieht ihn von der Topalihütte aus im Profil. Auf ca. 3600 m teilt er sich in zwei Arme. Der Felsgrat fällt gegen E zum Guggiberg ab; der andere setzt sich gegen N fort, er besteht auf der W-Seite aus Eis, auf der E-Seite ist er felsig. Die beiden Arme umschliessen den kleinen *Holzgletscher*. Am Fuss des N-Grates befindet sich ein kleiner Schneepass (3111 m), *Abbergjoch* genannt, das den Abberggletscher mit dem Holzgletscher verbindet. Dann steigt der Grat an, um das isolierte Felsmassiv, von den Einheimischen *Schwarzhorn* genannt, zu bilden.
Der NE-Grat wird meistens und mit Vorteil im Aufstieg begangen, wobei drei Möglichkeiten bestehen, um den Grat mehr oder weniger hoch oben zu betreten.

712 *Über das Gletscherband der NNE-Flanke und den NE-Grat*

ZS Von der Topalihütte, 4–5 Std. Abb. S. 389, 391

Von der Topalihütte (2674 m) folgt man R. 719 des Bruneggjochs bis zum obern Plateau des Abberggletschers; dann wendet man sich nach links (SE) und passiert rechts von einem runden Felshöcker (3419 m), um dann über ein Gletscherband anzusteigen. Man erreicht den NE-Grat dort, wo er eine Schneeschulter bildet, genau oberhalb von P. 3590, wo er sich gabelt. (3 Std.). Von hier folgt man dem Grat bis auf den Gipfel.
Der letzte Teil ist in der Regel schneeig und trägt an einigen Stellen mächtige, nach SE überhängende Wächten. Im zweiten Drittel steigt der Grat auf eine Länge von ca. 50 m ziemlich steil an. Besteht Gefahr von Wächtenabbruch, muss man so bald als

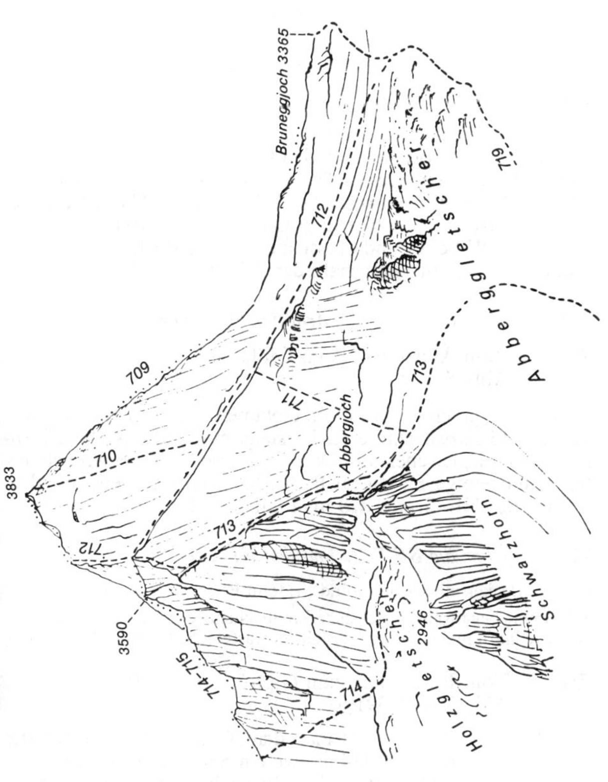

Brunegghorn, von NE

möglich in die SE-Flanke passieren, wo man unmittelbar unterhalb des Grates über Felsen ansteigen kann. Der Ausstieg zum Gipfel ist wegen der Wächten nicht immer leicht.

713 *Über den nördlichen Arm des NE-Grates und den Grat*

ZS Abb. S. 389

Bereitet der kleine Gletscherbruch des Abberggletschers Schwierigkeiten, ist es vorteilhafter, den Gletscher unterhalb des Bruches zu queren, um den *nördlichen Arm des NE-Grates* in unmittelbarer Nähe des *Abbergjochs* (3111 m, ohne Namen auf der LK) zu betreten. Von hier folgt man dem Grat (oder dem Firn auf seiner W-Seite) und stösst auf R. 712, dort, wo der Grat schneeig wird, kurz unterhalb der Schulter.

714 *Über den östlichen Arm des NE-Grates*

ZS Vom Abbergjoch zum Gipfel, 3½ Std.
Abb. S. 389

Vom Abbergjoch (3111 m, ohne Namen auf der LK), das man von R. 713 abzweigend erreicht, steigt man auf das obere Firnfeld des Holzgletschers ab. Dann steigt man über einen Schneehang und einige Felsen zu P. △ 3306,4 (Bruneggen) auf dem E-Arm des NE-Grates, wo man auf R. 715 trifft.

715 *Über die SE-Seite und den NE-Grat (E-Arm)*

Ludwig Becker mit Clemens und Fridolin Perren, 23. Juli 1901.

Sehr wenig begangene, abgelegene Route. Nicht besonders interessant. Es ist vorteilhaft, in der Gegend des Gross Kastel (2828,7 m) zu biwakieren.

ZS Vom Biwakplatz zum Gipfel, 4½–5½ Std.
Abb. S. 389, 391

Von Randa (1407 m) folgt man dem Weg der Weisshornhütte (R. 12) bis nach Eien (1414 m), wo ein schmaler Fussweg rechts abzweigt und den Schuttkegel des Bisbachs in schräger Richtung quert. Er überschreitet den Bach auf einer Brücke, steigt dann im Zickzack auf dem linken Ufer des Bisbachs nach Längenflueberg (2167 m) und zur Grasschulter im ENE von Bodmen (2533 m). Man folgt nun dem Grasrücken Richtung WSW, überschreitet oder umgeht P. 2533, umgeht Gross Kastel (2828,7 m) nördlich und sucht sich hier (auf ca. 2900 m) einen günstigen Biwakplatz (3½ Std. von Randa).

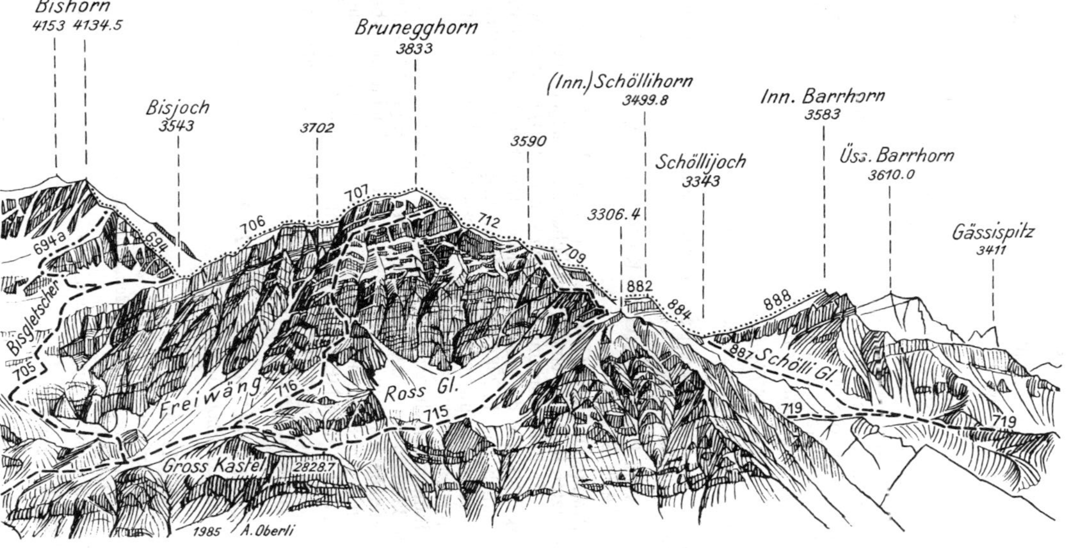

Brunegghorn, E-Seite

Vom Biwak steigt man über Rasen und Geröll zum winzigen Rossgletscher auf, den man schräg von S nach N quert. Dann führen ein Hang und ein schräges Geröllcouloir direkt und ohne Schwierigkeiten zum △ 3306,4 von Bruneggen, auf dem E-Arm des NE-Grates (2 Std.). Dieser im untern Teil schneeige Arm weist in seinem oberen Teil nacheinander zwei Absätze auf, die über fast horizontale Gratstücke verbunden sind.
Der Grat bleibt breit und ist im allgemeinen leicht, die Felsen sind aber sehr lose. Man gelangt zum Punkt, wo die beiden Arme des NE-Grates zusammentreffen (1½ Std.) und stösst auf R. 712, der man zum Gipfel folgt.

716 *Über die SE-Flanke*

W.W. Simpson mit Ulrich Almer, Peter Sarbach und dem Pfarrer von Embd, 8. August 1877.
Diese Route ist von Steinschlag und Wächtenbruch bedroht. Nicht empfehlenswert und langweilig.

ZS Vom Biwakplatz (Gross Kastel) zum Gipfel, 3–4 Std. Abb. S. 391

Vom Biwakplatz beim Gross Kastel (siehe R. 715) über felsdurchsetzten Rasen zu einem weisslichen Schuttkegel, über den man auf den Felsvorsprung (nördlich von P. 2984) gelangt, der das linke (N)-Ufer des grossen Schneecouloirs bildet, das 200 m nordwestlich von P. 2984 endet. Man steigt über die Felsen dieses Vorsprungs hinauf bis zu den grossen Bändern, die unter der Gipfelwand durchgehen. Man geht auf diesen fast horizontalen Bändern nach rechts (N); mehrere Kamine ziehen von diesen Bändern auf den Grat hinauf. Die Schwierigkeit besteht darin, denjenigen Kamin zu finden, der keine Wächte als Abschluss hat. Am besten ist es, den Bändern bis zu deren Zusammentreffen mit dem NE-Grat (genau unter dem Gipfel) zu folgen und die Besteigung über diesen oder die Felsen seiner S-Flanke zu beendigen (R. 712).

Gross Kastel, 2828,7 m; Chli Kastel, 2787 m

Unbedeutende Felshöcker. Siehe R. 715.

Abbergjoch, 3111 m

Ohne Namen auf der LK.
Zwischen dem Schwarzhorn und dem Brunegghorn; vom Abberggletscher zum Holzgletscher.
Dieses Joch dient als Zugang zum NE-Grat (N- und E-Arm) des Brunegghorns.
Siehe R. 713 und R. 714.

Schwarzhorn, 3137 m

Das unterste Ende des Gipfelgrats bildet eine kleine selbständige Spitze (2946 m), die von St. Niklaus aus gut sichtbar ist.

717 *Über den SW-Grat*

L Vom Abbergjoch, 10 Min.

Vom Abbergjoch (3111 m, ohne Namen auf der LK) folgt man dem leicht ansteigenden Felsgrat.

Bruneggjoch, 3365 m

Zwischen dem Schöllihorn und dem Brunegghorn; vom Bruneggletscher (Turtmannhütte) zum Abberggletscher (Topalihütte).
J.J. Hornby, T.H. Philpott mit Christian Lauener und Jos. Vianin, 30. Juli 1864.
Es besteht natürlich die Möglichkeit, das Bruneggjoch direkt von Randa oder von Herbriggen aus zu erreichen. Die Wege sind jedoch so schlecht, dass man auf alle Fälle besser über die Topalihütte geht.

718 *Über die W-Seite*

L Von der Turtmannhütte, 3 Std. Abb. S. 399

Von der Turtmannhütte (2519 m) folgt man R. 886 des Schöllijochs und wendet sich nach rechts, um unter dem P. 3071,9 (Chanzilti) durchzugehen. Man folgt nun dem rechten (E-)Ufer des Bruneggletschers durch eine Schneemulde (einige grosse Spalten), die direkt auf das Joch führt.

718 a *Variante*

L Abb. S. 399 (ohne Nummer)

Im Spätsommer kann der Gletscher mächtige Spalten haben, die den direkten Aufstieg zum Bruneggjoch vollständig verunmöglichen. In diesem Falle muss man die Felsen des rechten (E-)Ufers benützen.

719 *Über die E-Seite*

L Von der Topalihütte, 2½ Std. Abb. S. 389, 391

Von der Topalihütte (2674 m) führt ein schmaler Fussweg in südlicher Richtung leicht abwärts unter den Felsen durch, steigt dann wieder leicht an und erreicht unangenehme Trümmerfelder (Chella, bis Juli einige Schneereste; einige kleine Steinmänner bis

Sattle). Statt Sattle (2945 m), die tiefste Depression des Grates, zu überschreiten, ist es vorzuziehen, mehr nach rechts zu gehen, in die Nähe von P. 3020, der durch einen grossen, aus dunklem Gestein bestehenden, auf dem Grat stehenden Felsblock gekennzeichnet ist. (1 Std.). Von hier steigt man leicht abwärts, quert die untere Partie des Schölligletschers und geht hart am Fusse des Felsgrates, der von P. 3182 herunterkommt, vorbei (Moränenkegel). Man geht nun schräg rechts abwärts (so wenig als möglich), um den untern Teil des Abberggletschers zu betreten. (½ Std.). Man folgt seinem linken Ufer bis an den Fuss des kleinen Gletscherbruches. Im Spätsommer ist hier mit mächtigen Spalten zu rechnen (besteht keine Möglichkeit, durchzukommen, so kann man den Abbruch über die losen Felsen des linken Ufers umgehen). Oberhalb des Abbruches führen weniger steile Firnpartien direkt auf den Pass.

719 a *Variante*

L Abb. S. 398, 399

Stellt man zum voraus fest, dass der Bruch des Abberggletschers umgangen werden muss, so kann es von Vorteil sein, auf das Schöllijoch (3343 m; R. 887) zu steigen und das Bruneggjoch durch einen Flankenmarsch im Geröll auf der W-Seite des Schöllihorns zu erreichen.

719 b *Variante*

WS

Man kann auch über den NE-Grat (R. 885) auf das Schöllihorn (△ 3499,8 m) steigen und seinem S-Grat (R. 882) bis zum Joch folgen.

719 c *Variante*

L Vom Schöllijoch zum Bruneggjoch, 40 Min.

Man kann auch vom Schöllijoch (3343 m) das Schöllihorn überschreiten, über den NW-Grat (R. 884) und den S-Grat (R. 882), zum Bruneggjoch.

Wir beschreiben nun die Kette der linken Talseite des Turtmanntales.

Tête de Milon, 3693 m

Breite Schneekuppe (so breit, dass der Gipfel sehr schwer bestimmt werden kann) mit einigen Spalten und Eisabbrüchen gegen NE. Das trigonometrische Signal (△ 3676,4) steht etwas mehr westlich in den ersten Felsen, am Beginn der *Crête de Milon.*

720 *Über den NNW-Rücken*

C. Cannan, W.J. Kippen mit Jos. und Peter Truffer, 23. August 1887.

L Von der Tracuithütte, 1¼ Std.

Von der Tracuithütte (3256 m) steigt man über die Firnfelder des Turtmanngletschers, mehr oder weniger dem Kamm folgend. (Einige grosse Spalten müssen umgangen werden.)

721 *Über den WSW-Grat (Crête de Milon)*

C. Cannan, W.J. Kippen mit Jos. und Peter Truffer, im Abstieg, 23. August 1887.

ZS+ Vom Col de Milon, 2½ Std.

Vom Col de Milon (2990 m) umgeht man links den ersten wenig steilen Teil des Grates. Den ersten Gendarmen ersteigt man direkt (H) oder umgeht ihn links, um den Grat in der ersten Lücke zu erreichen. Der Grat wird nun interessant, und schöne Platten wechseln mit Gendarmen (III, IV). Man folgt der Gratschneide bis zum letzten Turm, von dem man rechts absteigt (III+). Nun wird der Grat leicht bis zum Gipfel.

Col de Milon, 2990 m

Zwischen der Pointe d'Ar Pitetta und der Tête de Milon; von Combautanna zur Ar-Pitetta-Hütte.
Der Pass dient als Übergang von der Tracuit- zur Ar-Pitetta-Hütte.

722 *Über die N-Seite*

EB Von Combautanna, 2 Std.

Von Combautanna (2578 m) an der R. 726 des Col de Tracuit gelangt man durch die Mulde des Baches von Barmé über Blöcke und Schnee zum Pass.

722 a *Variante*

EB Von der Tracuithütte zum Pass, 2 Std.
Abb. S. 407

Kommt man von der Tracuithütte (3256 m), folgt man R. 726 bis ca. 2990 m, steigt dann in der Mulde des Baches von Barmé bis auf ca. 2700 m ab, biegt dann nach links ab und erreicht wie R. 722 den Pass.

723 *Über die S-Seite*

L Von der Ar-Pitetta-Hütte, ¾ Std.

Von der Ar-Pitetta-Hütte (2786 m) steigt man über Gras und Geröll zur Moräne auf, die zum Pass führt.

Pointe d'Ar Pitetta, △ 3132,7 m

Schöner Aussichtspunkt, dessen Besteigung aber wenig interessant ist.

724 *Über den NW-Grat*

Der Grat ist sehr gewunden.

L Vom Roc de la Vache, 1½ Std.

Vom Roc de la Vache, △ 2581,4 m (R. 726a oder R. 726 des Col de Tracuit, abzweigen bei P. 2479) folgt man dem gewundenen Grat in seiner ganzen Länge (über P. 2694,9, P. 2818, P. 2819) über Gras und lose Felsen.

725 *Über den ENE-Grat*

A. und H.R. Gassmann, Th. Juchler, im Abstieg, 4. August 1928.

L Vom Col de Milon, 1 Std.

Vom Col de Milon (2990 m) folgt man dem Felsgrat, einige Gendarmen überschreitend oder auf der N-Seite umgehend. Weiter oben verbreitert sich der Grat und wird sehr leicht.

Col de Tracuit, 3250 m

Zwischen dem Diablon des Dames und der Tête de Milon; von Zinal zum Turtmanngletscher (Turtmannhütte, Topalihütte).
300 m südöstlich des Passes steht die Tracuithütte. Von alters her bekannter Übergang. Erste touristische Überschreitung wahrscheinlich J.J. Weilenmann, allein, 20. August 1859.

726 *Über die W-Seite*

EB Von Zinal, 4 Std. Abb. S. 407

In Zinal (1675 m), am Südende des Dorfes bei den neuen Überbauungen, beginnt der Weg nach Combautanna (2578 m). Er führt über Les Doberts und Le Chiesso (2061 m). (2 Std.). Der Pass wird sichtbar, und man kann ihn nicht verfehlen.

726 a *Über den Roc de la Vache*

Dieser Weg ist länger, aber interessanter.

EB Von Zinal zur Hütte, 6 Std.

Von Zinal (1675 m) folgt man R. 9 der Ar-Pitetta-Hütte bis zum kleinen See. Dann folgt man dem Weg zur Tsijière de la Vatse (2388 m) und erreicht den Vorsprung des Roc de la Vache (△ 2581,4 m). Nun steigt man zum Bach von Barmé ab und stösst bald darauf auf R. 726, bei P. 2479 vor Combautanna. (3 Std.).

726 b *Über den Pas du Chasseur und den Roc de la Vache*

EB Von Zinal zur Hütte, 5½ Std.

Von Zinal (1675 m) folgt man R. 10 der Ar-Pitetta-Hütte bis dort, wo sie auf R. 9 der Ar-Pitetta-Hütte trifft (bei P. 2154,9). Von dort folgt man R. 9 bis zum kleinen See, dann geht man weiter auf R. 726a.

727 *Von Osten (über das Gässi und die Adlerflüe)*

Der Durchgang bei den Adlerflüe ist nicht ungefährlich.

L Von der Turtmannhütte, 3–4 Std. Abb. S. 398, 399

Von der Turtmannhütte (2519 m) folgt man R. 886 des Schöllijochs bis jenseits des Gässi. Vom Felskopf kann man den Brunegggletscher überblicken und den besten Weg zu seiner Überquerung bestimmen. Ein Pfad führt zum Gletscher. Man überquert ihn normalerweise genau oberhalb des Gletscherbruchs in der Weise, dass man auf ca. 2800 m den mächtigen Felshöcker betritt, der den Brunegg- und den Turtmanngletscher trennt. Man findet hier einen Weg und ein Band aus weisslichen Felsen (von weitem sichtbar), das auf einem Umweg nach rechts zum Signal △ 2913,4 m (Adlerflüe) führt. Man steigt auf den Turt-

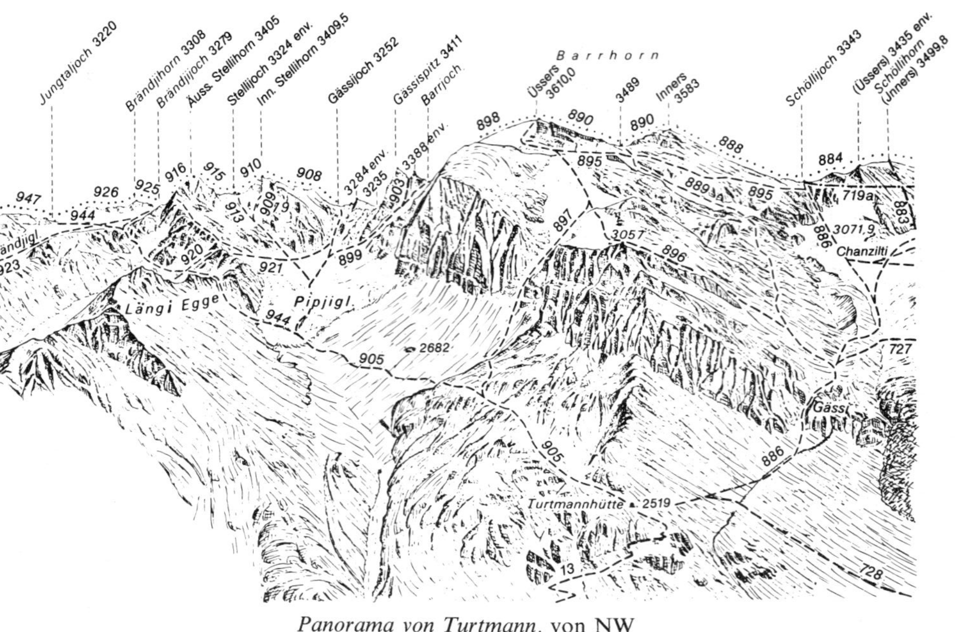

Panorama von Turtmann, von NW

Panorama von Turtmann, von NW

manngletscher hinunter, quert das Plateau, das er auf 2800 m bildet, und gewinnt sein linkes (W-)Ufer am Fuss der Diablons. Man steigt nun durch die Gletschermulde (oder den Geröllhang dieses Ufers, wo man Wegspuren findet) hinauf und erreicht den Pass.

728 *Über die E-Seite (über Tierwäng)*

Diese Route ist nur am frühen Morgen zu empfehlen und wenn die Verhältnisse günstig sind. Man kann sie sich von der Hütte aus genau ansehen.

L Von der Turtmannhütte zum Pass, 4–5 Std.
Abb. S. 398, 399

Von der Turtmannhütte (2519 m) steigt man auf einem schmalen Fussweg zu den Moränen des Brunegggletschers ab. Man quert ihn gegen SW, erreicht die Zunge des Turtmanngletschers und sein linkes (W-)Ufer am Fuss der Felsen der Diablons, bei der Mündung des Inneren Wängertälli.
Vom Ende der Fahrstrasse des Turtmanntales (Brücke 1901 m über die Turtmänna) gelangt man hierher auf R. 756 des Col des Arpettes über die Mündung des Wängertälli und die Mündung des Innern Wängertälli.
Man steigt nun über Geröll, Gras und Fels rechts von einer gewundenen Runse aufwärts und überquert sie dann gegen links (in den Fels eingehauene Tritte). Dann weiter über Gras, später Schieferhänge, links (südlich) der Runse gerade empor zu P. 2868, wo man auf R. 752 des Gletscherwängpasses stösst. (Vier rote Stangen als Markierung; zwei Sicherungsringe im oberen Teil.) Über die Hänge von Tierwäng steigt man auf den Gletscher ab, erreicht R. 727 und folgt ihr zum Pass.

729 *Vom Col de Tracuit zur Topalihütte über das Schöllijoch*

L Vom Col de Tracuit zur Topalihütte, 4–5 Std.
Abb. S. 399

Vom Col de Tracuit (3250 m) folgt man R. 727 bis auf das Plateau bei 2800 m des Turtmanngletschers, steigt dann gegen E auf und geht rechts (südlich) des grossen Felshöckers (△ 2913,4 m, Adlerflüe) durch. Um von hier das Schöllijoch (3343 m) zu erreichen, muss man gewöhnlich auf dem Brunegggletscher südöstlich ansteigen bis auf ca. 3040 m, bevor man ihn Richtung Chanzilti (3071,9 m) queren kann. Auf dem Firnhang, der vom Schöllijoch herunterkommt, stösst man auf R. 886, folgt ihr auf das Joch und gelangt von dort auf R. 887 in einer Stunde zur Topalihütte.

730 *Vom Col de Tracuit zur Topalihütte über den Mergasch und das Bruneggjoch*

WS Vom Col de Tracuit zur Topalihütte, 3¾ Std.
Abb. S. 399

Vom Col de Tracuit (3250 m) folgt man R. 690 des Bishorns bis zum Schneesattel 3549 m, unmittelbar südöstlich von P. 3591. Man steigt über den Mergasch (R. 691 des Bishorns) auf den Brunegggletscher, quert ihn gegen E und erreicht das Bruneggjoch (3365 m). (2½ Std.). Von dort gelangt man in 1¼ Std. auf R. 719 des Bruneggjochs zur Topalihütte (2674 m).

730 a *Variante*

L

Im Spätsommer ist es besser, R. 719a des Bruneggjochs zu nehmen und über das Schöllijoch (3343 m) und R. 887 die Topalihütte zu erreichen.

ABSCHNITT VI

Diablons-Gruppe – Bella-Tola-Gruppe

Im N des Col de Tracuit; zwischen dem Val d'Anniviers und dem Turtmanntal

Die Wasserscheide zwischen dem Val d'Anniviers und dem Turtmanntal ist gleichzeitig auch Bezirksgrenze (Sierre–Leuk) und Sprachgrenze zwischen dem französischsprachigen Unterwallis und dem deutschsprachigen Oberwallis. Die Seite von Anniviers ist viel dichter besiedelt als diejenige des Turtmanntals, weshalb die meisten Gipfel und Übergänge in dieser Kette französische Namen haben oder auch französisch-deutsche Doppelnamen.

Der einzige Gipfel mit alpinem Charakter in dieser Gruppe sind die auf der NE-Seite vergletscherten Diablons. Die im N anschliessenden Gipfel erreichen bis zur Bella Tola Höhen von etwa 3000 m. Dann senkt sich die Gebirgskette in zwei Armen zum Gorwetschgrat und zum Emshorn. Auf der N-Seite der Bella Tola hat sich ein kleiner Gletscher erhalten, der nördlichste des in diesem Führer beschriebenen Gebietes.

Die ganze Kette zwischen den Diablons und der Corne du Bœuf ist weitgehend unberührt geblieben und ist ein reizvolles, vielseitiges Tourengebiet abseits der grossen Touristenströme.

Der Toûno bildet hier eine Ausnahme; er wird oft besucht von den Gästen des Hotels Weisshorn. Die von zahlreichen steinigen Tälern durchzogene Ostseite der Gebirgskette ist einsamer, während sich auf den Westhängen teilweise Alpweiden und Skigebiete ausdehnen.

Die Kette bricht im Illgraben brüsk ins Rhonetal ab. Dieses kleine Naturwunder macht das Schicksal deutlich, das die Erosion schliesslich allen Bergen bereitet.

Auf den Anhöhen ob Chandolin und Saint-Luc reichen die Skilifte bis zur Bella Tola hinauf, deren Gipfel einen Mast trägt.

Fahrwege und -strassen

Es werden nur jene Fahrwege aufgeführt, die für die Durchführung einer Tour von Nutzen sind. Manchmal ist ihre Benützung beschränkt erlaubt, manchmal besteht auch ein allgemeines Fahrverbot. Wer eine solche Strasse dennoch benützt, tut dies auf eigene Verantwortung. Die Strassen sind oft sehr schmal und müssen mit der nötigen Vorsicht und passenden Geschwindigkeit befahren werden.

- Zinal–Brücke 1675 m über die Navisence. Die Strasse ist bis zu P. 1723,5 befahrbar (Fahrverbot).
- Strasse Ayer–Saint-Luc–Les Moyes–Le Chiesso. Verlängerung bis Montagne de Nava geplant.
- Von der Strasse Saint-Luc–Chandolin zweigt bei P. 1756 ein Fahrweg ab (Fahrverbot, Anwohner gestattet). Sie führt nach Tignousa, zum Hotel Weisshorn und zur Bella-Tola-Hütte. Ab P. 1840 generelles Fahrverbot (Busse Fr. 80.–).
- Die Fahrstrassen oberhalb von Chandolin zum Illpass und nach Ponchet dürfen nicht befahren werden (Barrieren).
- Les Pontis–Plan Palet (Fahrverbot, Barriere in Plan Palet).
- Von der Strasse Susten–Pfyn zweigen zwei Strassen durch den Pfynwald zur Oberen Abschlacht (P. 737) ab, eine über P. 661, die andere über P. 727.
- Susten–Pletschen–Güetji (942,0 m).
- Susten–Pletschen Unt. Meschler (1330 m)–Ob. Meschler (1581,4 m).
- Von der Strasse Unterems–Oberems Abzweigung bei P. 1215 nach Asp bis Meretschibach.
- Oberems–Griebjini Unnerstafil (1832,3 m)–Griebjini Oberstafil–Oügstwäng (P. 2265).
- Oberems–Gasalpji (1833 m).
- Turtmanntal (Pletschu, 1776 m)–Ob. Stafel (2334 m).
- Turtmanntal (Blüomatt, 1863 m)–Chalte Berg (2488 m).
- Turtmanntal (Vord. Sänntum, 1901 m)–See 2174 m–P. 2281. Privatstrasse, Fahrverbot.

Bahnen

Sesselbahn Saint-Luc–Tignousa
Sesselbahn Chandolin–Remointse
Luftseilbahn Turtmann–Oberems

Diablons

Im NNW des Col de Tracuit steigt der Grat beachtlich an und bildet die drei Gipfel der Diablons, die sich von SSE nach NW wie eine mächtige, gezackte Mauer auftürmen. Von W gesehen wirken die Diablons gar nicht elegant; sie gleichen eher einem Trümmerhaufen und bedrohen Zinal mit Steinschlag (daher der Name). Die E-Seite hingegen bietet mit ihren Hängegletschern über dem Turtmanngletscher einen schönen Anblick.
Der Kamm der Diablons bildet dann im NW die Trennungslinie zwischen den Alpen von Lirac und Barneuza, im N trägt er einen kleinen Gletscher, der zum Col des Arpettes abfällt. Dieser Pass verbindet dann das Massiv der Diablons mit dem Hauptkamm. Die drei Gipfel werden in ihrer geographischen Reihenfolge von SSE nach NW beschrieben: S-Gipfel (3538 m) oder Diablon des Dames; Mittel- oder Hauptgipfel (3609 m); Nordgipfel (△ 3591,6 m). Man kann die Diablons direkt von Zinal aus besteigen oder überschreiten (Höhendifferenz ca. 2000 m). Es ist aber günstiger, sie von der Tracuithütte aus (von S nach N) zu überschreiten.

Südgipfel, Diablon des Dames, 3538 m

Er ist der leichteste und am wenigsten ausgeprägte der drei Gipfel.

740 *Über den SSE-Grat*

L Vom Col de Tracuit, ¾ Std. Abb. S. 407

Vom Col de Tracuit (3250 m) wird das erste gezackte Gratstück gewöhnlich auf den Firnfeldern des Turtmanngletschers umgangen, oder auch im Geröll der W-Flanke. Man kann jedoch auch (wesentlich länger) dem ganzen Grat so nahe wie möglich der Kante folgen. P. 3405 wird links (W) umgangen. Von hier über Geröll (Wegspuren) und Schnee zum Gipfel.

741 *Über den SW-Grat*

Sedley Taylor, Whatman mit Franz Andermatten und Jos. Vianin, 24. August 1863.

L Von Zinal, 4¾ Std. Abb. S. 407

Von Zinal (1675 m) folgt man R. 726 des Col de Tracuit bis zum Fuss des Grates (2931 m), der einen bizarren Felsturm bildet. (2¾ Std.). *Man umgeht ihn links (W)* über eine Wegspur, die oberhalb des Turms auf den Grat führt. Von hier folgt man dem Kamm (Geröll und Felsen) ohne Schwierigkeiten zum Gipfel.

Über den NNW-Grat

Siehe R. 743.

742 *Über die E-Seite*

Diese Route dient auch für die Besteigung des Hauptgipfels. Sie ist die leichteste von der Turtmannhütte aus. Man steigt in die tiefste Senke zwischen den beiden Gipfeln und trifft auf R. 743.

WS Von der Turtmannhütte, 5 Std.

Von der Turtmannhütte (2519 m) folgt man R. 727 oder R. 728 des Col de Tracuit bis oberhalb des obern Abbruchs des Turtmanngletschers, dann wendet man sich nach rechts in der Richtung des Felssporns, der im Firn bei 3213 m untertaucht. Rechts (nördlich) dieses Sporns liegt ein kleiner Gletscher, der zur tiefsten Depression (3519 m) zwischen dem S- und dem Mittelgipfel hinaufreicht. Man steigt über diesen Gletscher unmittelbar rechts des Felssporns an und gewinnt den Gipfel über einen steilen Schneehang.

Mittel- oder Hauptgipfel, 3609 m

Von Osten

Siehe R. 742.

743 *Über den SSE-Grat*

Sedley Taylor, Whatman mit Franz Andermatten und Jos. Vianin, 24. August 1863.

WS Vom Diablon des Dames, ½ Std. Abb. S. 407

Vom Diablon des Dames (3538 m) folgt man dem zuerst schneeigen, dann mit einigen Felsköpfen gespickten Grat. Sich ev. auf der E-Flanke halten, um den Wächten auszuweichen.

744 *Über die W-Seite*

E. Panchaud mit einem Führer von Zinal, Juli 1895.

Direkte, aber uninteressante und ermüdende Route. Steinschlag.

WS Von Zinal, 4–5 Std. Abb. S. 407

Von Zinal (1675 m) folgt man R. 726 des Col de Tracuit. Bei P. 2253 oberhalb von Chiesso (2061 m) (Abzweigung) lässt man

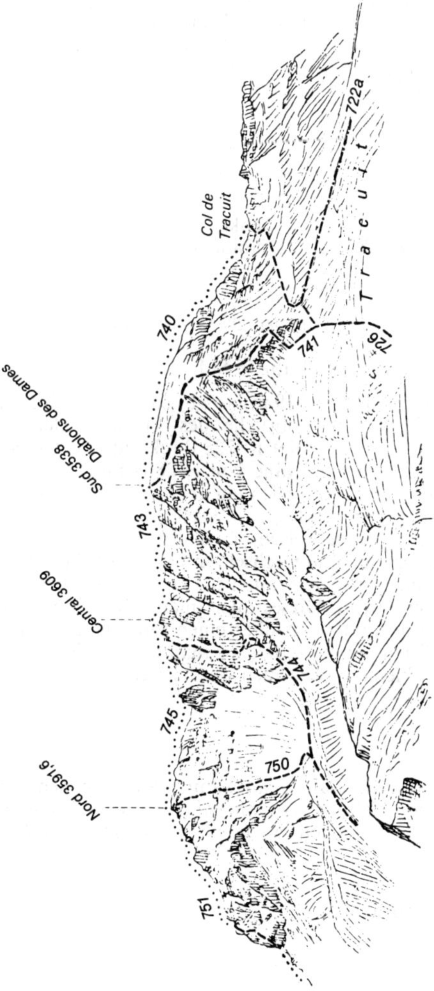

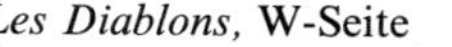

Les Diablons, W-Seite

den Pfad von Combautanna zur Rechten und steigt über eine Wegspur im Rasen, dann durch eine Moränenmulde in nordöstlicher Richtung an. Man folgt dieser Mulde bis an den SW-Fuss des Hauptgipfels, der von dieser Seite einer zerfallenen Ruine gleicht. Über die Felsen zum Gipfel.

745 *Über den NW-Grat*

WS Vom N-Gipfel, ¾ Std. Abb. S. 407

Vom N-Gipfel (△ 3591,6 m) folgt man dem teils schneeigen, teils felsigen Grat. Die tiefste Senke besteht aus Schnee und befindet sich direkt über dem Diablons-Gletscher.

746 *Über den NE-Grat*

L. Hahn, Zschokke mit Jos. Fournier, 20. August 1895.

ZS– Von der Turtmannhütte, 5 Std.

Von der Turtmannhütte (2519 m) folgt man R. 727 bis zum Plateau, das die beiden Abbrüche des Turtmanngletschers trennt (2800 m), oder man folgt R. 728 direkt zu P. 2868. Man betritt den NE-Grat in der Nähe von P. 2868 und folgt mehr oder weniger dem Kamm auf leichten, aber geborstenen Felsen. Auf den ersten felsigen Teil folgt ein breiter Schneekamm, den man begeht, bis er an die Felsen des obern Teils stösst. Diese sind ebenfalls geborsten und wechseln mit kurzen Schneegraten ab. Der Grat führt zu einem am Fuss des Gipfels liegenden kleinen Gletscherplateau. Dieses quert man, überschreitet den obern Bergschrund und steigt über einen sehr steilen Schneehang direkt auf den Gipfel, *oder aber* man ersteigt den Gipfelgrat direkt, drei kleine Gendarmen überkletternd.

746 a *Variante*

ZS

Vom kleinen Gletscherplateau an kann man auch den Grat verlassen und die tiefste Depression zwischen dem Mittelgipfel und dem N-Gipfel gewinnen, *so dass diese Route ebenfalls für den N-Gipfel dient.*

Nordgipfel, △ 3591,6 m

Über den SE-Grat

Siehe R. 745.

747 *Über den NW-Grat (über Lirec)*

Dies ist der beste Weg für den Aufstieg bei einer Überschreitung von Zinal aus, und der interessanteste.

WS Von Zinal, 5½–6 Std.

Von Zinal (1675 m) folgt man R. 754 des Col des Arpettes bis zu P. 2173 (Lirec). (1 Std.). Wegspuren führen dann gegen NE bis zu den obersten Weiden. Ohne zur La Noûa (Ruine, ca. 2480 m) zu gehen, nimmt man als Richtungspunkt einen Haufen charakteristischer weisser Felsen, die man rechter Hand lässt, um über Geröll zum P. 3143 des Hauptkammes anzusteigen (2 Std.). Man folgt dem breiten und leichten Kamm, wo man stellenweise Wegspuren findet, bis zum Schneesattel unmittelbar südöstlich von P. 3374. Von hier wird der Kamm steiler und bildet einen Schneedom (3443 m), auf den man ohne Schwierigkeiten gelangt (1¼ Std.) und von wo aus man den Gipfelgrat sieht, der sehr steil erscheint. Der Grat bildet zuerst einen Sattel, dann einen Höcker, gefolgt von einer kleinen Scharte, und steigt dann direkt zum Gipfel. Der Grat trennt die vergletscherte E-Flanke von der felsigen W-Flanke, die hier sehr steil ist. Im Vorsommer kann man dem Schneegrat folgen, indem man den Höcker und die Wächten in der sehr steilen E-Flanke umgeht. Später bildet sich Eis, und zwischen diesem und den westlichen Felsen entsteht ein Zwischenraum, in dem man direkt über leichte Felsen zum Gipfel klettern kann.

748 *Über den NW-Grat (über Barneuza)*

L Von der Kurve bei 2090 m zum Gipfel, 4¾–5½ Std.

Vom Ausgang des Dorfes Ayer (1476 m) folgt man R. 753 des Col des Arpettes bis zu den Schneefeldern unter dem Pass. Man wendet sich nach SW und betritt den Grat unmittelbar oberhalb von P. 3143. Von dort auf R. 747 zum Gipfel.

749 *Über den NW-Grat (vom Col des Arpettes)*

Auf dem breiten Band besteht grosse Stein- und Eisschlaggefahr.

L Vom Col des Arpettes zum Gipfel, 2½ Std.

Vom Col des Arpettes (3005 m) kann man:

a) R. 748 vor P. 3143 über Geröll erreichen; oder
b) nach SW zu P. 3044 aufsteigen, wo ein breites Geröllband (auf der LK eingezeichnet) zwischen den beiden Felsabsätzen

der Diablons beginnt (R. 752b). Man folgt diesem horizontalen Band gegen SE bis zum Fuss einer leichten Felsrippe. Über die Rippe, dann in einer Schneemulde empor. Oberhalb des kleinen Gletschers südwestlich ob dem Pass (in der Nähe von P. 3443) trifft man auf R. 747.

750 *Über die SSW-Seite*

Diese Route ist wenig interessant.

L Von Zinal, 4–5 Std. Abb. S. 407

Von Zinal (1675 m) folgt man R. 744 des Hauptgipfels bis auf ca. 3200 m. Dann wendet man sich nach links und steigt über Felstrümmer und einige Felsen direkt zum Gipfel.

751 *Über den SW-Grat*

Man kann nicht mehr feststellen, ob diese Route 1890 von Marsh begangen wurde.
Von Zinal aus ist der gezackte Grat gut sichtbar.

WS Von Zinal, 5–6 Std. Abb. S. 407

Von Zinal (1675 m) steigt man auf einem Weg zur obersten Hütte von Cottier (2108 m). Dann geht es über Rasen bis zu einem ersten Felsband. (2½ Std.). Man folgt dem Fuss dieses Bandes während ca. 5 Min. nach rechts, dann ersteigt man ein breites Couloir, wobei man sich an dessen linken grasigen Rand hält, bis man zu einem zweiten, quer verlaufenden Felsband gelangt. (¾ Std.). Man quert nun ein Couloir nach rechts und steigt während 10 Min. direkt aufwärts und gelangt so zu einem andern Couloir mehr rechts, das zu einer ausgesprochenen Scharte des Grates führt, die sich wie ein Fenster in gelblichen Felsen öffnet. Von dieser Scharte folgt man der Gratschneide, die Felstürme überkletternd oder links (nördlich) umgehend, um den NW-Grat nahe beim Gipfel zu erreichen.

751 a *Variante*

Wenn man den Grat weiter unten betritt, bietet er hübsche Kletterei.

ZS

Man kann den Grat auch weiter unten betreten und in vergnüglicher Kletterei alle Gendarmen überklettern. Der letzte vor der Scharte erfordert Abseilen.

Gletscherwängpass

Ohne Namen auf der LK.

Kein eigentlicher Pass. Der Name bezeichnet im Turtmanntal einen Übergang von der Turtmannhütte zur Alp Barneuza. Interessante Alternative zum Col des Arpettes.

752

In der Querung der Wand der Diablons ist diese Route dem Eisschlag ausgesetzt. Länger, aber interessanter als R. 755 des Col des Arpettes.

L Vom Gletscherplateau auf ca. 2800 m, 1½–2 Std.
Abb. S. 399

Von der Turtmannhütte (2519 m) folgt man R. 727 des Col de Tracuit bis zum Gletscherplateau auf ca. 2800 m, das die beiden Eisbrüche des Turtmanngletschers trennt. Dann weiter auf R. 728 (der man schon von der Hütte an folgen kann) über einen Geröllhang (Tierwäng) auf das mächtige Gletscherband, das die ganze NE-Wand der Diablons durchzieht (einige grosse Spalten). Dieses Band endet oberhalb der Zunge eines kleinen, nach N gerichteten Gletschers in der Fallinie von P. 3374. Nun steigt man über den Schnee-(Eis-)hang in die Mulde von Barneuza ab, wo man auf R. 753 des Col des Arpettes stösst.

752 a *Variante*

Vom mächtigen Gletscherband aus kann man auch direkt zu P. 3044 (Distriktgrenze) absteigen. Auf den Schnee folgen gut gestufte Felsen und Schutt, die zu P. 3044 führen.
Von dort über einen leichten Grat zum Col des Arpettes (3005 m).

752 b *Variante*

L Kürzer, aber sehr gefährlich.

Man kann auch unter der Zunge des kleinen Gletschers durchgehen, über in der LK gut sichtbare Felsbänder, die bei P. 3044 enden.

Col des Arpettes, 3005 m

Zwischen dem Wängerhorn und den Diablons (N-Gipfel); vom Val d'Anniviers (Barneuza) zum oberen Turtmanntal. Sehr einsamer Übergang.

753 *Über die W-Seite*

EB Von der Kurve 2090 m, 3 Std.

Am Ausgang des Dorfes Ayer (1476 m), an der Strasse nach Saint-Luc, zweigt auf ca. 1480 m eine Fahrstrasse nach Moyes, Nava Secca (2146 m) und Chiesso (neue Hütte, 2197 m) ab. Man folgt ihr bis zur Kurve auf ca. 2090 m vor Nava Secca, von wo ein Strässchen, später Fussweg, nach Naveta (2107 m) und zur Alp Barneuza (Hütte 2211 m) abzweigt. Der Weg führt auf dem rechten Bachufer weiter zur obersten Hütte der Remointse (2519 m) und verliert sich dann auf ca. 2620 m. Steindauben und Markierungen folgend, steigt man dicht unter der Wand der Diablons über Geröll und Firn zum Pass.

754 *Über die W-Seite*

EB Von Zinal zum Pass, 4 Std.

Von Zinal (1675 m) führt ein Weg auf dem rechten Ufer des Baches von Lirec zur Hütte 2025 m. Von dort hält man links und folgt dem Weg Richtung N über P. 2173 (Lirec) zur Alp Barneuza, wo man bei der Hütte 2414 m (La Remointse) auf R. 753 trifft.

755 *Über die E-Seite*

Von der Turtmannhütte ist die ganze Route zu überblicken.

L Von der Turtmannhütte, 2 Std.

Von der Turtmannhütte (2519 m) folgt man R. 728 des Col de Tracuit und gelangt zur Mündung des Innern Wängertälli, das vom Pass herunterkommt. Man folgt dieser Mulde und steigt dann über Geröll (Schnee) und durch ein Geröllcouloir, das direkt auf den Pass mündet, empor.

756 *Über die E-Seite*

L Von der Brücke 1901 m, 3 Std.

Vom Ende der Fahrstrasse des Turtmanntals, bei der Brücke 1901 m über die Turtmänna, führt eine Fahrstrasse (Privatstrasse, Fahrverbot) südlich des Sees 2174 m zu P. 2187 und zu P. 2281. Man folgt der Strasse bis jenseits von P. 2187 und erreicht dann über einen Weg im Geröll den apern Turtmanngletscher. Von dort gelangt man zur Mündung des Wängertälli, in welchem man über Gras, Geröll und Firnflecken zum Grat aufsteigt.

Wängerhorn, 3096 m

757 *Über den SSW-Grat*

EB Vom Col des Arpettes, 1 Std.

Vom Col des Arpettes (3005 m) folgt man dem Geröllrücken, einen Felsbuckel links umgehend.

758 *Über den N-Grat*

L Vom Wängerjoch, 1 Std.

Vom Wängerjoch (3026 m) folgt man dem von einigen Felsbändern unterbrochenen Geröllgrat. Unmittelbar vor dem Gipfel ist ein kleines Wändchen zu ersteigen.

759 *Über den E-Grat*

L Von der Brücke bei 1901 m, 3½ Std.

Vom Ende des Fahrstrasse des Turtmanntales, bei der Brücke 1910 m über die Turtmänna, folgt man R. 756 des Col des Arpettes bis auf ca. 2700 m im Wängertälli. Von dort steigt man zum E-Grat und folgt ihm über Gras, Geröll und einige Felsbänder zum Gipfel.

Wängerjoch, 3026 m

Zwischen dem Frilihorn und dem Wängerhorn; vom Val d'Anniviers (Barneuza) zum oberen Teil des Turtmanntales. Schmale, in die Gratfelsen eingeschnittene Scharte.

760 *Über die W-Seite*

EB Von der Kurve bei ca. 2090 m, 3 Std.
Von Zinal, 4 Std.

Man erreicht über R. 753 oder R. 754 des Col des Arpettes die Remointse de Barneuza. Von dort auf R. 753 weiter bis zum Bach. Dann wendet man sich links, geht bei P. 2864 vorbei und steigt über Geröll, zuletzt durch ein Couloir, zum Pass.

761 *Über die E-Seite*

L Von der Turtmannhütte, 2 Std.

Von der Turtmannhütte (2519 m) folgt man R. 728 des Col de Tracuit bis zum Turtmanngletscher und gewinnt sein linkes Ufer bei der Mündung des Wängertällis. Man geht bei den Ruinen der Wängeralp (2470 m) vorbei und folgt dann der steinigen Mulde (Schnee und einige Felsabsätze), die auf den Pass führt.

P. 3029

Der Punkt 3029, mit grasigem Gipfel und einer gegen W abfallenden Felswand, wird in Ayer Marmontanettes genannt. Man zweigt von R. 760 des Wängerjochs ab und erreicht ihn leicht.

Frilihorn, 3145 m, 3123,9 m

Nur P. 3145 ist ein ausgeprägter Gipfel. Zwischen der Senke 3118 m und P. 3123,9 erheben sich einige Felshöcker, vorwiegend aus weissem Marmor. Einer von ihnen erreicht eine Höhe von ca. 3140 m; seine Spitze besteht aus braunen Felsen.
Gottlieb Studer, 24. August 1835.

762 *Über den SW-Grat*

EB Von P. 3029 (Les Marmontanettes), ¼ Std.

Von P. 3029, den man erreicht, indem man von R.760 abzweigt, folgt man dem Gras- und Geröllrücken.

763 *Über den NW-Grat*

EB Vom Frilijoch, ½ Std.

Vom Frilijoch (3011 m) umgeht man auf einem Weglein einige rötliche Gendarmen rechts. Über ein grobes Blockfeld zu einem Geröllrücken, der leicht auf einen Vorgipfel führt. Vor dem Gipfel ist ein gut gestuftes Wändchen (fester Fels) zu erklettern.

764 *Über den ENE-Rücken und den SE-Grat*

EB Von der Brücke 1901 m zum Gipfel, 3 Std.

Vom Ende der Fahrstrasse des Turtmanntales, bei der Brücke 1901 m über die Turtmänna, folgt man R. 767 des Frilijochs bis zum Beginn des Frilitälli. Man steigt zum Fuss des Rückens (Friliwäng) und folgt ihm dann über Geröll. In der Nähe der Einsenkung 3118 m gelangt man auf den SE-Grat und über R. 765 zum Gipfel.

765 *Über den SE Grat*

L Vom Wängerjoch, 1 Std.

Vom Wängerjoch (3026 m) steigt man ca. 50 m gegen W ab und geht am Fuss der Gendarmen nördlich des Wängerjochs durch. Leicht, aber mühsam gelangt man zu P. 3123,9. Man folgt dem Grat über die weissen Felshöcker (der höchste von ihnen hat einen braunen Gipfel) und steigt über ein kleines Wändchen (II) zur tiefsten Senke 3118 m ab. (Die Felshöcker können alle im W umgangen werden.) Von dort über den leichten Kamm zum Gipfel.

Frilijoch oder Col de Barneuza, 3011 m

Zwischen P. 3031 und dem Frilihorn (P. 3145); vom Val d'Anniviers (Barneuza) zum Turtmanntal.
Direktester Übergang von der Alp Barneuza ins obere Turtmanntal. Der Col de l'Omen Roso ist aber noch praktischer. Man gelangt leicht vom einen zum andern über Wegspuren, die P. 3031 westlich umgehen.

766 *Über die W-Seite*

EB Von der Kurve bei ca. 2090 m, 3 Std.
Von Zinal, 4 Std.

Über R. 753 oder R. 754 des Col des Arpettes gelangt man zur Remointse de Barneuza (2519 m). Von dort führen Gras- und Geröllhänge Richtung NE auf das Joch.

767 *Über die E-Seite*

EB Von der Brücke 1901 m, 3 Std.

Vom Ende der Fahrstrasse des Turtmanntales bei der Brücke 1901 m über die Turtmänna führt ein Fahrweg (Privatstrasse, Fahrverbot) zu P. 2187 im S des Sees 2174 m. Man folgt dem Weg bis zum See, an dessen NW-Ende ein markierter Weg beginnt. Er führt gegen NNW (Frili) und zum Bach des Frilitällis, dem man folgt. Durch die Mulde über Geröll und Schnee und ein Absätzchen zum Pass.

Über die Crête de Barneuza, siehe R. 769 des Col de l'Omen Roso.

Col de l'Omen Roso, ca. 3000 m

Ohne Namen und Kote auf der LK.

Zwischen dem Omen Roso und P. 3031; vom Val d'Anniviers (Montagne de Nava oder Alp Barneuza) ins Turtmanntal. Praktische Alternative zum Frilijoch.

768 *Über die W-Seite (Barneuza)*

EB Von der Kurve bei ca. 2090 m, 3 Std.
Von Zinal, 4 Std.

Über R. 753 oder R. 754 des Col des Arpettes erreicht man die Remointse de Barneuza (2519 m). Von dort folgt man R. 766 des Frilijochs bis unterhalb des Passes, wendet sich nach N, um den P. 3031 westlich zu umgehen (Wegspuren, Steinmann) und gelangt fast eben auf den Pass.

769 *Über die W-Seite (über die Crête de Barneuza)*

Das Besondere an diesem Weg ist, dass er über einen Kamm führt, der weniger monoton ist als die Hänge links und rechts.

EB Von der Kurve bei ca. 2090 m, 3¼ Std.

Am Ausgang des Dorfes Ayer (1476 m), an der Strasse nach Saint-Luc, zweigt auf ca. 1480 m eine Fahrstrasse nach Moyes, Nava Secca (2146 m) und Chiesso (neue Hütte, 2197 m) ab. Man folgt ihr bis zur Kurve auf ca. 2090 m, wo ein Strässchen, später Fussweg, nach Naveta (2107 m) abzweigt. Der Weg quert die Mulde, steigt durch den Wald und führt zu P. △ 2170,8. Von dort steigt man über den Gras- und Geröllrücken über P. 2574 zu P. 2902, wo man

a) nach links abzweigend den Pass erreicht (Wegspuren, Steinmann)
b) nach rechts abzweigend das Frilijoch erreicht.

770 *Über die W-Seite (von der Montagne de Nava)*

EB Von Chiesso, 2¼ Std.

Am N-Ausgang des Dorfes Ayer an der Strasse nach Saint-Luc nimmt man R. 775 der Forcletta bis zu den ersten Zickzacken im

Hang unter dem Pass. Dann zweigt man nach SE ab und gelangt über angenehme Geröll- und Schneefelder zum Pass.

771 *Über die E-Seite*

EB Von der Brücke bei 1901 m, 3 Std.

Vom Ende der Fahrstrasse des Turtmanntales, bei der Brücke 1901 m über die Turtmänna, folgt man R. 767 des Frilijochs bis auf ca. 2900 m. Dann wendet man sich rechts und erreicht über Gras und Geröll leicht den Pass.

Omen Roso, 3041 m

So benannt wegen des rötlichen Gesteins. Gipfel ohne Bedeutung, jedoch mit schöner Aussicht.

772 *Über den NNW-Grat*

EB Von der Forcletta, ½ Std.

Von der Forcletta (2874 m) folgt man den Wegspuren im Geröll, die einige Felshöcker und den P. 3015,2 rechts umgehen.

773 *Über den ENE-Grat (Minugrat)*

EB Vom Chalte Berg, 2¼ Std.

Auf den Grat gelangt man:

a) vom Chalte Berg (2488 m): Eine Fahrstrasse führt von der Brücke 1863 m über die Turtmänna nach Blüomatt und Chalte Berg. Von dort quert man das Blüomattälli auf einem Fussweg.
b) vom Frilitälli auf R. 767 des Frilijochs, von der man auf ca. 2700 m abzweigt.
c) über R. 778 der Forcletta, auf der man zum obern Teil des Grates gelangt.

Dann folgt man dem grösstenteils aus Geröll bestehenden Grat, der einige Meter nördlich des Gipfels endet.

774 *Über den SW-Grat*

EB Vom Col de l'Omen Roso, 5 Min.

Vom Col de l'Omen Roso (ca. 3000 m) über Schutt und Gras zum Gipfel.

Forcletta oder Furggilti, 2874 m

Zwischen der Pointe de Forcletta (Hirsihorn) und dem Omen Roso; von der Montagne de Nava zum Blüomatttälli. Auf beiden Seiten markiert.

775 *Über die W-Seite*

EB Von Chiesso, 2 Std.

Am N-Ausgang des Dorfes Ayer (1476 m), an der Strasse nach Saint-Luc, zweigt auf ca. 1480 m eine Fahrstrasse nach Moyes, Nava Secca (2146 m) und Chiesso (neue Hütte, 2197 m) ab. Ein Fahrweg führt zur Hütte von Bella Lé (2457 m) und zum Bach von Nava. Von dort geht ein Fussweg zur Hütte von Tsahélet (2523 m) und zu P. 2607. Immer gut markiert, steigt er dann in bequemen Windungen auf den Pass.

776 *Vom Hotel Weisshorn*

EB Vom Hotel Weisshorn zum Pass, 2½ Std.

Vom Hotel Weisshorn (2337 m) gelangt man nach Les Faches und folgt dann dem Pfad zu den Alpweiden der Tsa du Toûno in Richtung des Col de Vijivi (R. 793). Markierungen im Gras führen östlich von P. 2747,6 vorbei zu P. 2732 und zum Hang, wo man auf den Pfad von R. 775 trifft.

777 *Über die E-Seite*

EB Vom Chalte Berg, 1¼ Std.

Von der Brücke 1863 m über die Turtmänna (Blüomatt) führt eine Fahrstrasse nach Chalte Berg (2488 m). Der Pfad führt über Salzbedu nach SW, gelangt ins Blüomatttälli und steigt auf dem linken Ufer des Baches zum Pass.

778 *Von der Turtmannhütte*

EB Von der Turtmannhütte, 3 Std.

Von der Turtmannhütte (2519 m) steigt man auf dem Hüttenweg (R. 13) zum See 2174 m ab, an dessen NW-Ende der Pfad des Frilijochs (R. 767) beginnt. Man folgt dem Bach des Frilitällis bis unter den Minugrat und überschreitet die Lücke ca. 250 m westlich von P. 2891. Dann gewinnt man durch einen Flankenmarsch den Pass.

Pointe de la Forcletta oder Hirsihorn, 3076 m

Von N oder S gesehen, bildet dieser Gipfel einen freistehenden rötlichen Felsturm und ist der kühnste der Gegend. Er hat einen N-Gipfel und einen S-Gipfel (höchster Punkt, durch eine schmale Scharte getrennter Doppelgipfel, der niedrigere trägt einen Steinmann).

779 *Über den SSW-Grat*

WS Von der Forcletta, 1 Std.

Von der Forcletta (2874 m) folgt man dem Felsgrat (Gendarmen und Geröll) bis zum Fuss des S-Gipfels, dann wendet man sich nach rechts und gewinnt über Geröll und steiles Gras die Scharte zwischen den beiden Gipfeln. Eine kurze Kletterei (II) führt zum höchsten Punkt.

780 *Über den N-Grat*

WS Von der tiefsten Senke, ½ Std.

Von der tiefsten Senke (ca. 2970 m) zwischen dem Gipfel und dem Boudri (Burgihorn) folgt man dem Geröllkamm. Man kann den Gendarmen jederzeit über Schuttbänder rechts oder links des Grates ausweichen. Man gelangt zu einer flachen Stelle mit kompaktem, etwas plattigem Fels, die man direkt übersteigt. Über spitze grüne, dann rostrote Felsen in hübscher Kletterei zum N-Gipfel (II). Von dort steigt man leicht in die Senke zwischen dem N- und dem S-Gipfel. Ein gut gestuftes Wändchen mit kleinen Griffen (II) führt zum S-Gipfel.

780 a *Über die W-Seite und den N-Grat*

L Von der tiefsten Senke, ½ Std.

Man kann auch im Geröll der W-Seite unterhalb des Gratkammes durchgehen und die Scharte des S-Doppelgipfels oder die Senke zwischen dem N- und dem S-Gipfel erreichen.

Wyssus Hiri, 2862 m

Am Fuss des E-Grates der Pointe de la Forcletta gelegenes, auffällig weisses Gipfelchen.

781 *Über die W-Seite*

L Vom Sattel, 5 Min.

Vom Sattel am Fuss der W-Flanke (charakteristischer, nach E geneigter Gendarm) steigt man über ein Wändchen von glänzendem, glattem Fels (II).

Bella Vouarda, 2621 m

Zwischen den Pointes de Nava und der Pointe de la Forcletta; von der Tsa du Toûno zur Montagne de Nava.

782 *Über die N-Seite*

B Vom Hotel Weisshorn, 1¼ Std.

Vom Hotel Weisshorn (2337 m) steigt man nach Les Faches ab und folgt dann dem Pfad, der sich auf dem rechten Bachufer verliert. Über die Weiden von Tsa de Toûno und den See 2472 m gelangt man auf den Pass.

783 *Über die S-Seite*

B Von Chiesso, 1¼ Std.

Von Le Chiesso (2197 m) an der R. 775 der Forcletta folgt man dieser Route noch bis zum Bach von Nava und steigt dann mehr oder weniger dem Bach entlang zum Pass auf.

Bec de Nava, 2667 m

Pointes de Nava, 2723,4 m, 2760 m, 2768 m

Von NW nach SE unterscheidet man vier Spitzen:

1. Eine Doppelspitze ohne Kote auf der LK.
2. Den Bec de Nava (2667 m), eingetragen auf der LK; er verdient seinen Namen eigentlich nicht.
3. Eine kotierte Spitze mit Signal, 2723,4 m auf der LK.
4. Einen auf der LK mit 2760 m kotierten Gendarmen, der den Namen «Bec» eigentlich verdiente.

Der höchste Punkt der Kette (2768 m) liegt weiter südöstlich; es handelt sich um einen Gras- und Geröllrücken.

Auf der W-Seite der Pointes de Nava sind Lawinenverbauungen errichtet worden. In den gröblich angeschnittenen, kahlen Steilhängen sind nun Erdrutsche häufig.
Die Spitzen sind alle über die SSW-Flanken leicht zu ersteigen, während bei einer Überschreitung eine Reihe von Felsabsätzen zu überwinden ist, vor allem zwischen der dritten und vierten Spitze.
Einst beliebtes Ziel der Gäste des Hotels Weisshorn, sind die Spitzen heute eher in Vergessenheit geraten.

1. Spitze, ohne Kote auf der LK

784 *Von N*

Steile, exponierte Route, wo der Pickel nützlich sein kann.

BG Vom Hotel Weisshorn, 1¼ Std.

Vom Hotel Weisshorn (2337 m) gelangt man auf einer Fahrstrasse auf den nördlichen Ausläufer der Pointes de Nava. Ein auf der LK nicht eingezeichneter Weg führt über P. 2465,7, eine Schuttmulde und einen Grat zum Fuss der Spitze. Man steigt gegen links zum Beginn eines steilen, felsdurchsetzten Grascouloirs ab, das zum Geröllrücken unter dem Gipfelaufbau führt. Man umgeht ihn links und hält so bald als möglich auf den Gipfel zu.

785 *Von N und W*

EB Vom Hotel Weisshorn, 1¼ Std.

Bevor man zum Fuss der Spitze gelangt (R. 784), kann man rechts in einen Sattel absteigen und von dort in mühsamer Querung über Rasen und Geröll auf den felsigen Vorbau westlich des Gipfels (auf der LK gut sichtbar) gelangen. Von dort erreicht man über Gras und Felsbänder von SSW den Gipfel. Dieser Weg dient auch als Zugang zur SSW-Flanke der andern Spitzen.

786 *Von W*

EB Vom Fussweg, ¾ Std.

Man zweigt vom Pfad, der vom Hotel Weisshorn zur Bella Lé (2457 m) führt, ab, und zwar am besten bei P. 2419. Dann steigt man über Grashänge gegen den Gipfel auf, den man von SSW über Fels und Rasen erreicht.

2. und 3. Spitze, 2667 m und 2723,4 m

787 *Von W*

EB Vom Fussweg, ¾ Std.

Man zweigt vom Pfad, der vom Hotel Weisshorn zur Bella Lé führt, ab. Man steigt über Grashänge empor und erreicht die Spitzen von SSW über Fels und Rasen.

4. Spitze, 2760 m

Diese Spitze besteht aus geborstenem Fels.

788 *Über den SE-Grat*

EB Von Bella Vouarda, ¾ Std.

Vom Übergang Bella Vouarda (2621 m) führt ein Pfad zum Geröllbuckel P. 2729,6. Man steigt in einen Sattel ab und dann über einen Grasrücken zu P. 2768 (höchster Punkt der Kette). Nun steigt man gegen die vierte Spitze ab. Sie scheint sehr steil, und vor ihr erhebt sich ein Gendarm, der senkrecht gegen E abfällt. Über ein Blockfeld umgeht man den Gendarmen links und gelangt zum Fuss der Spitze, die man über Gras und einige Felsen ersteigt.

789 *Von W*

EB Vom Fussweg, ¾ Std.

Man zweigt vom Pfad, der vom Hotel Weisshorn zur Bella Lé (2457 m) führt, ab. Über Grashänge gelangt man zum Fuss des Gipfels und zu R. 788.

Höchster Punkt, 2768 m

Siehe R. 788.

Pass ca. 2970 m

Zwischen dem Boudri und der Pointe de la Forcletta; von der Bella Vouarda zur Alp Blüomatt (Chalte Berg).
Der Pass dient nicht als Übergang, sondern als Zugang zum N-Grat der Pointe de la Forcletta und zum S-Grat des Boudri.
Die W-Seite besteht aus Geröll und etwas Schnee, die E-Seite ist eine Geröllmulde.

Le Boudri oder Burgihorn, △ 3070,1 m

Dieser Geröllgipfel wirkt durch seinen nördlich vorgelagerten, senkrechten Felsvorbau imposant.

790 *Über den S-Grat*

EB Von der tiefsten Senke, ¼ Std.

Von der tiefsten Senke (ca. 2970 m) zwischen dem Gipfel und der Pointe de la Forcletta folgt man dem Geröllgrat zum Gipfel.

791 *Über die W-Seite*

L Vom Hotel Weisshorn, 2½ Std.

Vom Hotel Weisshorn (2337 m) folgt man R. 776 der Forcletta bis vor P. 2747,6 und gewinnt den kleinen Sattel unmittelbar östlich von P. 2820 (gelblich-schwarzer Felskopf). Man folgt einem Gras- und Geröllkamm bis unter eine grosse Felsbastion auf ca. 2910 m. Man umgeht sie links (mühsam) durch ein Couloir oder rechts über Geröll, um oberhalb auf einem Geröll- und Felsrücken wieder Fuss zu fassen. Man folgt ihm bis zum S-Grat, den man nahe beim Gipfel erreicht.

792 *Über den NNE-Grat*

WS Vom Col de Vijivi, ½ Std.

Vom Col de Vijivi (2914 m) folgt man dem Grat etwa 50 m, wendet sich dann nach links und steigt in der NE-Flanke empor, dort, wo sie am wenigsten hoch ist (zerborstener Fels). Man gelangt so auf den Grat und folgt ihm zum Gipfel.

Col de Vijivi, 2914 m

Auch Col de Boudri genannt.
Zwischen der Pointe de Tourtemagne und dem Boudri; von der Montagne du Toûno (Hotel Weisshorn) ins Turtmanntal.
Der Pass hat zwei Übergänge, südlich und nördlich von P. 2953. Der südliche ist der niedrigere, er führt nach Blüomatt, der nördliche, ca. 2940 m, ins Äugsttälli.

793 *Über die W-Seite*

EB Vom Hotel Weisshorn, 2 Std.

Vom Hotel Weisshorn (2337 m) führt die Strasse, später Fussweg, nach Les Faches (2340 m). Von dort steigt man im oder neben dem Bachbett (Weg) zum Lac du Toûno (2659 m) und weiter durch die Geröll-(Schnee-)mulde zur südlichen oder nördlichen Lücke.

794 *Über die E-Seite (vom Äugsttälli)*

EB Von Massstafel, 1½ Std.

Von der Brücke 1863 m über die Turtmänna (Blüomatt) führt ein Fahrweg nach Massstafel (2235 m) und weiter nach Chalte Berg (2488 m). Vom Massstafel folgt man dem Fussweg ins Äugsttälli bis P. 2596. Dann über Gras- und Geröllhänge zur nördlichen Lücke.

794 a *Variante*

EB Vom Chalte Berg in die nördliche Lücke, 1¼ Std.

Vom Chalte Berg (2488 m) führt ein Weg ins Äugsttälli und zu P. 2596, die Schulter 2692,8 m umgehend. Von dort wie R. 794 in die nördliche Lücke.

795 *Über die E-Seite (über Blüomatt)*

EB Vom Chalte Berg, 1 Std.

Von der Brücke 1863 m über die Turtmänna (Blüomatt) führt ein Fahrweg nach Chalte Berg (2488 m). Man steigt über die Alpweiden, später durch die Geröllmulde, in die südliche Lücke.

Pointe de Tourtemagne oder Turtmannspitze, 3079,6 m, 3070 m

Man gelangt ohne Schwierigkeiten in 10 Min. vom N-Gipfel (3079,6 m) zum S-Gipfel (3070 m). Letzterer heisst im Turtmanntal Turtmannspitze. Sein Gipfelkopf besteht aus rötlichem Fels.

796 *Über den S-Grat*

L Vom Col de Vijivi, 50 Min.

Vom Col de Vijivi (2914 m, südliche Lücke) überschreitet man die Felsköpfe von P. 2953 und steigt in die nördliche Lücke (ca. 2940 m) ab. Man umgeht einen Felsabsatz durch ein Couloir der E-Seite und erreicht den S-Gipfel (3070 m) über das Geröll der SW-Seite. Man folgt nun dem Grat zum N-Gipfel (3079,6 m).

797 *Über den W-Grat*

WS Vom Hotel Weisshorn, 2½ Std.

Vom Hotel Weisshorn (2337 m) folgt man R. 801 des Toûno bis zum Fuss des Geröllcouloirs, das von der Lücke 2899 m zwischen dem Toûno und der Pointe de Tourtemagne herunterkommt. Man steigt durch das Couloir bis vor die Lücke, wendet sich nach rechts, ersteigt ein kleines Wändchen und erreicht den Grat unmittelbar oberhalb der Lücke. Man folgt ihm bis zum Fuss des Gipfels, den man direkt erklettert.

797 a *Variante*

Man kann die Lücke 2899 m auch über R. 802 des Toûno erreichen.

797 b *Variante*

Dieser Weg ist weniger mühsam als der durch das Couloir.

EB

Anstatt im Couloir gegen die Lücke 2899 m aufzusteigen, nimmt man dort, wo R. 801 des Toûno nach links abzweigt, den Aufstieg über einen Grasrücken, dann eine Geröllmulde. Man erreicht den W-Grat in seinem horizontalen Teil, bevor er sich aufschwingt.

798 *Über die NW-Seite*

L Vom Hotel Weisshorn, 1½ Std.

Vom Hotel Weisshorn (2337 m) folgt man R. 805 der Gämschwart bis gegen 2700 m. Dann steigt man in der NW-Seite über Geröll und Firn ziemlich direkt gegen den Gipfel auf und beendet die Besteigung über den W- oder N-Grat.

799 *Über den N-Grat*

L Von der Gämschwart, ¾ Std.

Von der Gämschwart (2794 m) folgt man dem Grat (Geröll und lose Felsen).

800 *Über den ENE-Grat*

WS Vom Meidhorn, 1 Std.

Vom Meidhorn (△ 2874,6 m) folgt man dem Grat (Geröll und Felsen), indem man einige Absätze umgeht und das Gälu Häupt (2918 m) überschreitet, dessen E-Grat grösstenteils aus Fels besteht.

800 a *Variante*

L

Es ist günstiger, den Grat im Sattel (ca. 2890 m) westsüdwestlich vom Gälu Häupt (2918 m) zu betreten, entweder vom Äugsttälli oder von der Äugsttolu her.
Vom Sattel (ca. 2890 m) ist das Gälu Häupt in einigen Minuten über Geröll zu erreichen.

Le Toûno, △ 3017,7 m

Von der Hauptkette losgelöstes, kleines Massiv. Durch die W-Seite seines SW-Gipfels zieht sich eine grosse Geröllrinne. Auf der grasigen S-Seite des Hauptgipfels fällt eine bräunliche Geröllzone auf.
Im Turtmanntal wird er Eifischgrat genannt.

801 *Über die S-Seite*

EB Vom Hotel Weisshorn, 2¼ Std.

Vom Hotel Weisshorn (2337 m) folgt man R. 793 des Col de Vijivi bis vor den Lac du Toûno (2659 m), lässt diesen rechter Hand, um den Fuss des Couloirs zu erreichen, das von der Scharte 2899 m zwischen dem Toûno und der Pointe de Tourtemagne herunterkommt. Man steigt nun über steilen Rasen und Geröll zum Gipfel, zuletzt über den SW-Grat.

802 *Über die N-Seite und den SE-Grat*

L Vom Hotel Weisshorn, 3 Std.

Vom Hotel Weisshorn (2337 m) folgt man R. 798 der Pointe de Tourtemagne bis gegen 2750 m und steigt in die Lücke 2899 m zwischen dem Toûno und der Pointe de Tourtemagne. Auf der Südseite umgeht man einige abschüssige Felsen und betritt dann den SE-Grat, dem man zum Gipfel folgt.

Gälus Häupt, 2918 m

Graterhebung zwischen dem Meidhorn und der Pointe de Tourtemagne. Siehe R. 800 und R. 800a.

Meidhorn, △ 2874,6 m

Charakteristischer Felsturm mit interessanter Aussicht, der schwierig zu besteigen scheint.

803 *Über die S-Seite und über den W-Grat*

L Vom Massstafel, 2 Std.

Von der Brücke 1863 m über die Turtmänna (Blüomatt) auf R. 794 oder 794a des Col de Vijivi ins Äugsttälli und gegen P. 2596. Über den See 2635 m zum Sattel zwischen dem Meidhorn und dem Gälu Häupt (2918 m). Man geht auf dem W-Grat am Fuss eines weisslichen Gendarmen durch und steigt auf Wegspuren (ausgesetzt) weiter, die auf die NW-Seite führen, über die man den Gipfel erreicht.

804 *Über die N-Seite und über den W-Grat*

L Von Meide Ob. Stafel zum Gipfel, 2 Std.

Man erreicht den Sattel zwischen dem Gälu Häupt (2918 m) und dem Meidhorn auf der N-Seite über die Geröllhänge des S-Ufers der Äugsttolu, die von Meide Ob. Stafel (2334 m) leicht zu erreichen ist. Vom Turtmanntal aus (Pletschu, Brücke 1776 m über die Turtmänna) ist die Alp Meide auf einem Fahrweg erreichbar.

Gämschwart, 2794 m

Zwischen dem Pigne de Combavert und der Pointe de Tourtemagne; von der Montagne du Toûno (Hotel Weisshorn) ins Turtmanntal.

805 *Über die W-Seite*

EB Vom Hotel Weisshorn, 2 Std.

Vom Hotel Weisshorn (2337 m) gelangt man über Les Faches und ein fast horizontales Weglein auf der W-Seite des Toûno zum Lac de Combavert (2442 m). Von dort steigt man über Gras und Geröll zum Pass.

806 *Über die E-Seite*

EB Von Meide Ob. Stafel, 1¼ Std.

Von der Brücke 1776 m über die Turtmänna (Pletschu) führt ein Fahrweg nach Meide Ob. Stafel (2334 m). Über Weiden gelangt man zum Längseewji (2570 m), wendet sich nach links und steigt über Steine und Geröll auf den Pass.

Pigne de Combavert oder Meidzänd, 2871 m

Gezackter Gratkamm zwischen der Gämschwart (2794 m) und dem Meidpass (2790 m). Alle Zähne des Kamms, mit Ausnahme eines Monolithen, sind von Jägern und Älplern bestiegen worden; sie bieten kurzweilige Kletterei.

Meidpass, 2790 m

Zwischen der Corne du Bœuf (Meidspitz) und dem Pigne de Combavert; von der Montagne de Roua ins Meidtälli. Auf beiden Seiten markiert.

807 *Über die W-Seite*

EB Vom Hotel Weisshorn, 2 Std.

Vom Hotel Weisshorn (2337 m) folgt man R. 805 der Gämschwart bis in die Gegend des Lac de Combavert (2442 m). Dort trifft man auf einen markierten Pfad, der von La Roja (2308 m) zum Pass führt.

808 *Über die W-Seite*

EB Von Tignousa zum Pass, 2¼ Std.

Von der Bergstation des Sessellifts Saint-Luc–Tignousa (2180 m) folgt man der Fahrstrasse (Fahrverbot) zum Hotel Weisshorn bis zum Chalet Blanc (2179 m). Nun über Pisten Richtung E über den Kamm von Piolousa und nördlich oberhalb des Lac de l'Armina (2562 m) durch erreicht man R. 807 unter dem Pass.

809 *Über die E-Seite*

EB Von Meide Ob. Stafel, 1½ Std.

Von der Brücke 1776 m über die Turtmänna (Pletschu) führt ein Fahrweg nach Meide Ob. Stafel (2334 m). Dann führt ein Pfad durch das Meidtälli und am Meidsee (2661 m) vorbei. Von hier sieht man den Pass und erreicht ihn in einigen Windungen.

Corne du Bœuf oder Meidspitz, 2935 m

Felsgipfel, der nur wenig aus dem Grat hervortritt.

810 *Über den NNW-Grat*

WS Vom Pas du Bœuf, ½ Std.

Vom Pas du Bœuf (2817 m) folgt man, um dem Geröll- und Blockhöcker P. 2897 auszuweichen, dem Weg des Borterpasses (2838 m). Man gelangt dann wieder auf den Grat und steigt über Blöcke, dann über gut gestufte Felsen auf. Den höchsten Punkt der ersten Spitze umgeht man rechts und gelangt in die Lücke vor dem Gipfelaufbau, der sich über Blöcke gut erklettern lässt.

811 *Über den NE-Grat*

L Vom Borterpass, 20 Min.

Vom Borterpass (2838 m) folgt man dem Gras- und Felskamm bis zu einem kleinen Gendarmen, den man links umgeht. Man gelangt in die Lücke (R. 810) vor dem Gipfelaufbau, der sich über Blöcke gut erklettern lässt.

812 *Über den S-Grat*

WS Vom Meidpass, ½ Std.

Vom Meidpass (2790 m) folgt man dem im oberen Teil gezackten Grat.

813 *Über die SW-Seite*

L Vom Meidpass, ½ Std.

Vom Meidpass (2790 m) begibt man sich zum Fuss der SW-Flanke, die man über Geröll und Felsen ersteigt.

Borterpass, 2838 m

Zwischen der Corne du Bœuf und dem Rotighorn; vom Pas du Bœuf und vom Bortertälli nach Gruben/Meiden.
Breites, horizontales Plateau (zahlreiche Steinmänner). Es befinden sich der Borterpass und das Borterhorn nicht in der gleichen Bergkette; sie sind durch das Bortertälli getrennt.

814 *Von der N-Seite (vom Pas du Bœuf)*

EB Vom Pas du Bœuf, ¼ Std.

Vom Pas du Bœuf (2817 m) führt ein markierter Pfad im Geröll zuerst leicht abwärts, dann über Schnee in den Pass.

815 *Von der SE-Seite*

EB Von Meide Ob. Stafel, 1¾ Std.

Von der Brücke 1776 m über die Turtmänna (Pletschu) führt ein Fahrweg nach Meide Ob. Stafel (2334 m). Von dort folgt man R. 809 des Meidpasses zum Meidsee (2661 m) und steigt dann über Geröll in die tiefste Senke.

Rotighorn, 2958,5 m

Höchster Punkt des langen Grates (Rotiggrat genannt), der das Meidtälli vom Rotigtälli trennt.

816 *Über den W-Grat*

EB Vom Borterpass, 20 Min.

Vom Borterpass (2838 m) besteht der Grat zuerst aus grossen Blöcken, später aus Gras und Geröll.

817 *Über den NE-Grat (von der Tällispitze)*

EB Von der Tällispitze, ½ Std.

Von der Tällispitze (2862,0 m) folgt man dem Gras- und Geröllkamm, zuerst leicht abwärts zur Senke 2812 m, dann zum Gipfel hinauf.

818 *Von der E-Seite*

EB Von Meide Ob. Stafel, 2½ Std.

Von der Brücke 1776 m über die Turtmänna (Pletschu) führt ein Fahrweg nach Meide Ob. Stafel (2334 m). Über Jäniltigu gelangt man ins steinige Rotigtälli, durch das man den Fuss der Gras- und Geröllflanke erreicht. Man ersteigt sie zum Gipfel.

819 *Über den SE-Grat (Rotiggrat)*

EB Von Meide Ob. Stafel, 2¼ Std.

Von der Brücke 1776 m über die Turtmänna folgt man R. 809 des Meidpasses bis ins Meidtälli. Vor dem Chlei Seewji (2520 m) wendet man sich nach NE und erreicht den Grat bei P. 2686,7. Man folgt ihm über Gras und Geröll, umgeht den Felskopf P. 2850 und das folgende felsige Gratstück rechts und gelangt über Rasen und Geröll zum Gipfel.

820 *Von der SW-Seite*

L Von Meide Ob. Stafel, 2¼ Std.

Von der Brücke 1776 m über die Turtmänna (Pletschu) folgt man R. 809 des Meidpasses bis zum Meidsee (2661 m). Die SW-Seite besteht aus Geröll und einer Felsbank, die man in der Mitte übersteigt.

Tällispitze, 2862,0 m

Der Gipfel hat im SE einen ausgeprägten Vorbau *(Simmiggrätji)*.

821 *Über die S-Seite*

EB Von Meide Ob. Stafel, 2½ Std.

Von der Brücke 1776 m über die Turtmänna (Pletschu) folgt man R. 818 des Rotighorns bis zuoberst ins Rotigtälli. Dann steigt man in der S-Seite über Gras und Steine zum Gipfel auf.

822 *Über den NE-Grat*

EB Von der Simmiglicke, ½ Std.

Von der Simmiglicke (2637 m) folgt man dem Geröllrücken zum Gipfel.

823 *Über den SE-Grat (Simmiggrätji)*

EB Von Simmigu Mittelstafel, 2½ Std.

Von der Brücke 1776 m über die Turtmänna (Pletschu) führt ein Fahrweg über Simmigu Mittelstafel nach Meide Ob. Stafel (2334 m). Ein Fussweg führt von Simmigu Mittelstafel zu den Ruinen von Simmigu Oberstafel (2301 m). Von dort erreicht man den SE-Grat (breiter Gras- und Geröllrücken), dem man zum Gipfel folgt.

Simmiglicke, 2637 m

Zwischen der Tällispitze und dem Pletschuhorn; vom Bortertälli ins Simmigtälli.

824 *Über die NW-Seite*

EB Von Griebjini Oberstafil, 2 Std.

Von Oberems (1332,1 m) folgt man R. 829 des Pas du Bœuf bis zum Giteilte See (2413 m). Von dort über Geröll und Schneeflecken zum Pass.

825 *Über die SE-Seite*

EB Von Simmigu Mittelstafel, 2 Std.

Von der Brücke 1776 m über die Turtmänna (Pletschu) folgt man R. 823 der Tällispitze bis nach Simmigu Oberstafel (2301 m). Von dort führt ein Weg ins steinige Simmigtälli und verliert sich dann zeitweise vor dem Pass.

Pletschuhorn, 2751 m, 2748 m, △ 2737,2 m

Die N-Seite ist mehrheitlich felsig. Der W-Gipfel wird in Gruben auch Bortergrat genannt. In der Mitte des Grates erhebt sich ein Felsturm, «der hundertjährige Mann» genannt.

826 *Über die SSW-Seite*

EB Von der Simmiglicke, 20 Min.

Von der Simmiglicke (2637 m) steigt man über die Gras- und Geröllflanke zum W-Gipfel (2751 m) auf.

827 *Über den SSE-Vorbau*

EB Von Simmigu Mittelstafel, 2¼ Std.

Von der Brücke 1776 m über die Turtmänna (Pletschu) folgt man R. 825 der Simmiglicke bis gegen 2460 m. Über P. 2492 erreicht man den Vorbau aus Gras und Geröll und folgt ihm bis zum Gipfel.

Pas du Bœuf, 2817 m

Zwischen der Bella Tola und der Corne du Bœuf (Meidspitz); von der Montagne de Roua nach Oberems. Eine breite Skipiste verunstaltet die W-Seite.

828 *Über die W-Seite*

B Von Tignousa, 2 Std.

Von der Bergstation (ca. 2180 m) der Sesselbahn Saint-Luc–Tignousa folgt man R. 832 der Bella Tola bis zum Fuss des Zickzackweges. Man geht auf der Fahrstrasse weiter, um das Seelein 2648 m östlich herum. Über die Skipiste erreicht man Richtung NE den Pass.

829 *Über die E-Seite*

EB Von Griebjini Oberstafil, 2¾ Std.

In Oberems (1332,1 m) beginnt bei P. 1348 eine Strasse, dann Fahrweg, die nach Griebjini Oberstafil (2208,4 m) und weiter zu P. 2265 führt.
Von der Alp führt ein Pfad über den Alpen von Vorsass (2118 m) und Zer Pletschu (2186 m) durch nach Ängi (2357 m), dann beim Giteilte See (2413 m) vorbei zur Ruine der Hütte 2541 m, wo er sich allmählich verliert. Man folgt nun der Mulde, die immer steiniger wird und vor dem Pass eine enge Kehle bildet.

830 *Über die E-Seite*

EB Vom Gasalpji zum Pass, 3 Std.

In Oberems (1332,1 m) beginnt bei P. 1348 eine schmale Strasse, die von der zweiten Haarnadelkurve aus über die Horuschlüocht zum Gasalpji (1833 m) führt. Ein Fussweg führt über den Vordern Borterbach zum Bortervorsass (1850 m) und weiter im Zickzack nach Zer Pletschu (2186 m), wo man auf R. 829 trifft.

831 *Über die E-Seite*

EB Vom P. 2099 zum Gipfel, 3 Std.

Von der Brücke 1776 m über die Turtmänna (Pletschu) führt ein Fahrweg nach Meide Ob. Stafel (2334 m). Bei der Haarnadelkurve auf 2099 m bei Simmigu Mittelstafel beginnt ein Fussweg. Er führt über Grindji Niwe Stafel (2168 m) nach Grindji Oberstafel (2115 m) und, zeitweise unterbrochen, nach Üdri. Man gelangt auf eine Grasterrasse, wo man das Bortertälli sieht. Der Pfad geht nun leicht abwärts über Trümmer nach Zer Pletschu (2186 m), wo man auf R. 829 trifft.
Am einfachsten geht man jedoch über den Borterpass (R. 814 und R. 815).

Runds Horli, 2958 m

Runder, von allen Seiten leicht ersteigbarer Gipfel aus Gras und Geröll, mit einem schönen Stein- und Blockfeld auf der NW-Seite.

Bella Tola, 3025,4 m

Schöner, oft besuchter Aussichtspunkt. Ein ausgezeichneter Weg (früher Saumweg), führt bis zum Gipfel. Auf der E-Seite führt ein Skilift bis unter den Gipfel; auf der N-Seite befindet sich ein Gletscher, der nördlichste des in diesem Führer beschriebenen Gebiets.

832 *Von W und über den NW-Grat*

B Von Tignousa, 2½ Std.

Von der Bergstation (ca. 2180 m) der Sesselbahn Saint-Luc–Tignousa folgt man dem Fussweg oder der Fahrstrasse (Fahrverbot) zur Bella-Tola-Hütte (2346 m).
Die Fahrstrasse, die bei P. 1756 an der Strasse Saint-Luc–Chandolin abzweigt und zur Bergstation der Sesselbahn Tignousa und weiter hinaufführt, ist nur für Anwohner offen (Busse).
Über einen markierten Pfad Richtung E erreicht man die Werkstrasse (Skilifte); diese wiederum führt zum Fussweg, der in zahlreichen Windungen (P. 2634, P. 2732) in den Pass (ca. 2930 m) zwischen dem Rothorn und der Bella Tola führt. Von dort erreicht man, eine Gruppe von Felsen rechts (im Abstieg) umgehend, den Gipfel über den Hang.

833 *Über die N-Seite (über den Bella-Tola-Gletscher)*

L Von der Ob. Meretschialp zum Gipfel, 3 Std.

Auf R. 856 des Meretschihorns erreicht man die Ob. Meretschialp (2286 m). Von dort geht man westlich des unteren (2307 m) und des oberen (2361 m) Meretschisees durch und auf Wegspuren zum Gletscherhügel (2620 m). An einer Reihe von kleinen Seen vorbei (2613 m) gelangt man zu den Stein- und Firnhängen des Bella-Tola-Gletschers. Über den Gletscher (eventuell kleine Spalten) empor und über den NE-Grat (R. 834) oder den NW-Grat (R. 832) zum Gipfel.

834 *Über den NE-Grat*

EB Von der Borterlicke, ½ Std.

Von der Borterlicke (2882 m) folgt man dem Gras- und Geröllgrat.

835 *Von Süden*

EB Vom Pas du Bœuf, ¾ Std.

Vom Pas du Bœuf (2817 m) umgeht man auf einem Pfad P. 2894 östlich (Schneehänge) und gelangt zum Skilift am Fuss des Gipfelhangs. Der Pfad führt dann über loses Geröll zum Gipfel.

Borterlicke, 2882 m

Zwischen dem Borterhorn und der Bella Tola; von der Ob. Meretschialp zum Bortertälli.

836 *Über die NW-Seite*

EB Von der Ob. Meretschialp, 2 Std.

Von der Ob. Meretschialp (2286 m) an der R. 856 des Meretschihorns folgt man R. 833 der Bella Tola bis zum Moränenplateau im S des Kranzes von kleinen Seen (2613 m), am Fuss des Bella-Tola-Gletschers. Über die Geröllmulde steigt man zum Pass.

837 *Über die SE-Seite*

EB Von Griebjini Oberstafil, 2¾ Std.

Von Oberems folgt man R. 829 des Pas du Bœuf bis zur Ruine der Hütte 2541 m. Sich rechts wendend gelangt man zum Längseewji (2621 m) und steigt dann durch die steinige Mulde zum Pass auf.

Borterhorn, 2971 m

Von allen Seiten ersteigbarer Gipfel.

838 *Über den NE-Grat*

EB Von der Brunnetlicku, ½ Std.

Von der Brunnetlicku (2821 m) folgt man dem Gras- und Geröllgrat, bisweilen in die W-Seite ausweichend.

839 *Über den SW-Grat*

EB Von der Borterlicke, ¼ Std.

Von der Borterlicke (2882 m) folgt man dem Gras- und Geröllgrat.

Brunnetlicku, 2821 m

Zwischen dem Brunnethorn und dem Borterhorn; von der Ob. Meretschialp zur Raaftalpu und dem Bortertälli.

840 *Über die W-Seite*

EB Von der Ob. Meretschialp, 2 Std.

Von der Ob. Meretschialp (2286 m) am der R. 856 des Meretschihorns folgt man R. 833 der Bella Tola bis zum Gletscherhügel (2620 m). Von dort steigt man in der steinigen Mulde zum Pass empor.

841 *Über die E-Seite*

EB Von Griebjini Oberstafel, 2¼ Std.

Von Oberems (1332,1 m) folgt man R. 829 des Pas du Bœuf, bis man sich vor und oberhalb der Alp Vorsass (2118 m) befindet. Ein zeitweise unterbrochener Pfad führt nach Chiemattji (2361 m). Von dort steigt man Richtung W zur Raaftalpu und in die steinige Mulde, durch die man den Pass gewinnt.

Brunnethorn, 2952 m

Bildet zwei spitze Gipfel von etwa gleicher Höhe, der S-Gipfel ist höher.

842 *Von W*

L Von der Ob. Meretschialp, 1¾ Std.

Von der Ob. Meretschialp (2286 m) an der R. 856 des Meretschihorns steigt man durch das auffällige Steincouloir, das auf dem NNE-Grat bei P. 2793 endet. Man folgt dem Felsgrat, den ersten Gipfel überschreitend.

843 *Über den NNE-Grat*

L Vom Emshorn auf den Gipfel, 1 Std.

Vom Emshorn (△ 2633,3 m) folgt man dem grösstenteils grasigen Grat und erreicht bei P. 2793 R. 842.

844 *Über den SW-Grat*

EB Von der Brunnetlicku, ½ Std.

Von der Brunnetlicku (2821 m) folgt man dem Gras- und Geröllkamm.

844 a *Variante*

EB Von der Brunnetlicku, 20 Min.

Man kann auch auf der S-Seite über Gras und Geröll aufsteigen.

Emshorn, △ 2633,3 m

Am NE-Ende des Grates, der die Wasserscheide zwischen Turtmann und Meretschi bildet. Der Gipfel ist nicht ausgeprägt.

845 *Von E und über die S-Seite*

EB Von Griebjini Oberstafil, 1¼ Std.

In Oberems beginnt bei P. 1348 eine Strasse, später Fahrweg, die zur Alp Griebjini Oberstafil (2208,4 m) und zu P. 2265 führt. Von der Alp führt ein Pfad durchs Griebeltelli und dann über die S-Seite zum Gipfel.

Über den SSW-Grat

Siehe R. 843.

846 *Von W*

EB Von der Ob. Meretschialp, 1¼ Std.

Auf R. 856 des Meretschihorns gelangt man zur Ob. Meretschialp (2286 m). Von dort folgt man dem Pfad über die Hänge von Salzböden bis gegen 2400 m und steigt dann direkt über Geröll und Rasen zum Gipfel.

Rothorn, △ 2998,1 m

Das Rothorn, oft als NW-Gipfel der Bella Tola betrachtet und in Verbindung mit ihr bestiegen, trägt ein Signal und bietet eine schöne Sicht ins Rhonetal. Von der Bergstation der Sesselbahn Remointse aus (ca. 2470 m) bietet es einen stolzen Anblick.

847 *Über den SE-Grat*

B Vom Pass, ca. 2930 m, ¼ Std.

Auf R. 832 der Bella Tola erreicht man den Pass ca. 2930 m. Von dort führt ein Pfad entlang dem Grat, dann leicht unterhalb auf der linken Seite, zum Signal, das im letzten Augenblick sichtbar wird.

848 *Über den W-Grat*

BG Von der Arête des Ombrintses, ¾ Std.

Bei der Arête des Ombrintses (2719 m und 2770 m) beginnt der W-Grat mit einem Geröllfeld, dann einem Felsabsatz, den man links über einen Hang mit brüchigem Fels umgeht. Nun rechts über einen grasdurchsetzten Grat aus Kreidefelsen, wo man eine Wegspur findet. Über den Grat, dann über den Hang aus Kreidefelsen, der direkt südlich des Signals endet.

849 *Über den N-Grat*

BG Vom Schwarzhorn, 1 Std.

Vom Schwarzhorn (2788,2 m) geht man über ein grosses Blockfeld und Gras bis zum Punkt, wo der Grat sich aufschwingt (R. 855 des Schwarzhorns). Man steigt über Geröll und eine Rippe aus geborstenen Felsen (Wegspuren) zwischen den grossen Block zur Linken und dem Gipfelaufbau. Von hier führen unangenehme, ausgesetzte Hänge (ev. Pickel nützlich) von der E-Seite auf den Gipfel.

849 a *Variante*

Vom Lac Noir (2501 m) kann man den Verbindungsgrat Schwarzhorn–Rothorn durch eine Geröllmulde und über einen Gras- und Geröllhang erreichen.

Le Rotsé, 2632 m

Grasige Schulter im W der Arête des Ombrintses, zu der im Winter eine Sesselbahn führt.

850 *Über den SW-Rücken*

EB Von Tignousa, 1½ Std.

Von der Bergstation (ca. 2180 m) der Sesselbahn Saint-Luc–Tignousa folgt man dem Pfad oder der Fahrstrasse (Fahrverbot) zur Bella-Tola-Hütte (2346 m). Dann gelangt man auf R. 832 der Bella Tola zu P. 2433, von wo ein Weg auf den SW-Rücken führt (Bergstation eines Skilifts). Über den Grasrücken zum Gipfel.

Arête des Ombrintses, 2628 m, 2719 m und 2770 m

Praktisch horizontaler, leichter Grat zwischen dem Rotsé und dem Rothorn. Ein Skilift führt von S zu P. 2719.

851 *Über die S-Seite*

EB

Man kann fast überall aufsteigen, natürlich auch über die Baustrasse des Skilifts.

852 *Über die N-Seite*

L

Diese Seite ist sehr steinig und mühsam, stellenweise versperren einige Felsen den Durchstieg. Man sucht sich den besten Weg.

Schwarzhorn, 2788,2 m

Dieser Gipfel aus grossen Blöcken ist nicht besonders schwarz; er verdankt seinen Namen dem Lac Noir (Schwarzer See) an seinem Fuss.

853 *Über den WSW-Rücken*

EB Vom Illpass, ¾ Std.

Vom Illpass (2482 m) folgt man kurz der Fahrstrasse und nimmt dann den Pfad zum Lac Noir (2501 m). Man folgt seinem N-Ufer und steigt dann über den Grasrücken mit Blockfeldern auf, undeutlichen Wegspuren folgend.

854 *Über den NNE-Grat*

L Vom Illsee, 1¼ Std.

Vom Illsee (2360 m) an der R. 862 des Pas de l'Illsee steigt (am E-Ufer) ein Pfad zum Pass 2552 m (Parilet) auf. Man folgt ihm bis gegen 2450 m, umgeht P. 2615 westlich, erreicht den Gratkamm und folgt ihm über Geröll, dann über Blöcke und Felsen.

854 a *Variante*

EB

Kommt man von der Ob. Meretschialp an der R. 856 des Meretschihorns, überschreitet man vom Pass 2552 m (Parilet) aus P. 2615.

855 *Über den SE-Grat*

EB Vom Lac Noir zum Gipfel, 1 Std.
Von der Ob. Meretschialp zum Gipfel, 1¾ Std.

Man erreicht den SE-Grat auf ca. 2700 m:

a) Vom Lac Noir (2501 m) auf R. 849 a des Rothorns.
b) Von der Ob. Meretschialp (2286 m) auf R. 833 der Bella Tola, indem man bis zum Gletscherhügel (2620 m) steigt, sich nach rechts wendet und über Geröll den Grat erreicht.

Der SE-Grat besteht zuerst aus Gras und Geröll, dann aus grossen Blöcken.

Meretschihorn, 2566,7 m

Ein Kreuz steht auf dem Gipfel.

856 *Von der SE-Seite*

EB Vom Parkplatz beim Meretschibach, 3 Std.

Von Unterems (1003 m) führt eine Strasse nach Oberems. Von der Haarnadelkurve 1215 m führt ein Fahrweg fast horizontal bis über den Meretschibach, wo man den Wagen parkiert. Man kann den Fahrweg auch von Agarn (626 m) über Unter Asp (1009,0 m) und Hinter Asp (1228,4 m) erreichen.
Vom Parkplatz führt ein Pfad in unzähligen Windungen durch das Tal des Meretschibachs zur Unt. Meretschialp und auf das hübsche Plateau der Ob. Meretschialp (2286 m). Von dort steigt man über die grasige SE-Flanke zum Gipfel.

857 *Über den SW-Grat*

EB Vom Pass 2552 m (Parilet), ¼ Std.

Vom Pass 2552 m (Parilet), den man auf R. 854 und 854a des Schwarzhorns erreicht, folgt man dem grasigen Grat.

Illpass, 2482 m

Zwischen P. 2579,8 und dem Schwarzhorn; von der Alp Chandolin zur Illalp.

858 *Über die SW-Seite*

B Von der Remointse, 10 Min.

Von der Remointse (ca. 2470 m), Bergstation der Sesselbahn Chandolin–Remointse, folgt man der Werkstrasse (Fahrverbot) zum Pass.

859 *Über die NE-Seite*

EB Vom Illsee, ½ Std.

Auf R. 862 des Pas de l'Illsee erreicht man den Illsee (2360 m). Von dort steigt man zur Ob. Illalp (2418 m) und durch das Wintertälli auf Wegspuren im Gras und Geröll.
Vom Illpass (2482 m) zum Pas de l'Illsee (2545 m) führt ein Weg über den Grat, links (W) an den Felsen des P. 2579,8 vorbei.

Pas de l'Illsee, 2545 m

Zwischen dem Illhorn und P. 2579,8; von den Alpweiden von Chandolin zur Illalp.

860 *Über die W-Seite*

B Von Chandolin, 1½ Std.

Von Chandolin (1979 m) folgt man R. 866 des Illhorns bis über die *Illhornhütte* (2130 m). Ein Weg führt über die Weiden zum gut sichtbaren Pass.

861 *Über die Remointse*

EB Von der Remointse, 20 Min.

Von der Remointse (ca. 2470 m), Bergstation der Sesselbahn Chandolin–Remointse, steigt man zum Gratkamm zwischen dem Pas de l'Illsee und dem Illpass. Man erreicht ihn bei einer Hütte und steigt etwas abwärts zum Pass.

Vom Illpass (2482 m) zum Pas de l'Illsee (2545 m) führt ein Pfad über den Grat, links (W) an den Felsen des P. 2579,8 vorbei.

862 *Über die E-Seite*

EB Vom Ober Meschler zum Pass, 3 Std.
Vom Güetji zum Pass, 3¾ Std.

Von Susten (630 m) führt eine Strasse durch den Wald auf der rechten Seite des Illgrabens zur Kreuzung P. 828,1 im SW von Pletschen.
Von dort kann man

a) dem Fahrweg auf der rechten Seite des Illgrabens folgen, der zur Hütte Güetji (942,0 m) führt. Ein Fussweg beginnt hinter der Hütte und steigt durch das Tal des Illbachs zu P. 1748,0.

b) der Strasse, dann dem Fahrweg bis über Meschler (1581,4 m) folgen. Von dort führt ein Fussweg zu P. 1748,0.

Dann steigt der Pfad über Unt. Illalp (1821 m), Mittl. Illalp (2191,6 m), den Illsee (2360 m), Ob. Illalp (2418 m) und den Waschsee (2419 m) zum Pass.

Illhorn, △ 2716,5 m

Bemerkenswerter Aussichtspunkt mit eindrücklichem Blick in den Illgraben und auf den Illsee. Die S-Seite ist verbaut (Lawinenverbauungen, Skilift, Werkstrasse), während die z.T. felsige N-Seite unberührter ist.

863 *Über den SSE-Rücken*

EB Vom Pas de l'Illsee, ½ Std.

Vom Pas de l'Illsee (2545 m) folgt man dem Pfad, der über Rasen auf den Gipfel führt. Von dort kann man etwas absteigen zu einem Vorgipfel (Kreuz), von wo der Tiefblick in den Illgraben besonders schön ist.

864 *Über die SSW-Seite*

EB Von der Remointse zum Gipfel, 1 Std.

Von der Remointse (2470 m), Bergstation der Sesselbahn Chandolin–Remointse, geht man auf dem Fahrweg (Fahrverbot) leicht abwärts bis zur Haarnadelkurve bei ca. 2400 m. Dann folgt man einer Werkstrasse Richtung N bis zur Bergstation des Skilifts auf 2661 m. Man gelangt rechts auf den Pfad der R. 863 und folgt ihm zum Gipfel.
Am Eingang von Chandolin befindet sich ein Parkplatz (1979 m). Das Dorf selbst ist autofrei. Die von dort ausgehenden Fahrwege dürfen von Motorfahrzeugen nicht benützt werden. Der Fahrweg zur Remointse ist gesperrt (Barriere) bei der Abzweigung nach Ponchet, beim Reservoir.

865 *Über den W-Grat*

EB Von Chandolin, 2 Std.

Von Chandolin (1979 m) folgt man R. 866 bis zum Fuss des W-Grates. Über Gras und Geröll gelangt man zu P. 2396,0 und folgt dann dem Grat (Gras und einige Felsen) zum Gipfel.

866 *Über die WNW-Seite*

EB Von Chandolin, 2¼ Std.

Von Chandolin (1979 m) folgt man der Strasse, später Fahrweg, bis zur Verzweigung nach Ponchet bzw. zur Remointse. Vom Weg nach Ponchet zweigt nach dem Reservoir ein Fussweg ab, der über die Illhornhütte (2130 m) und um den Fuss des W-Grates herum (P. 2396,0) in die Mulde von La Tsayetta führt. Man steigt durch die Mulde empor, die zum breiten Couloir (Gras und Geröll) wird und zwischen dem Gipfel und dem Vorgipfel endet.

867 *Über den SE-Grat*

EB Von der Ob. Illalp, 1¼ Std.

Von der Ob. Illalp (2415 m, an der R. 862 des Pas de l'Illsee) erreicht man den Grat bei P. 2482,0 (oder höher oben) und folgt ihm über Gras und Geröll zum Gipfel.

Gorwetschgrat, Plaine Madeleine, 2025 m

Dies ist der obere, gezackte Teil des Grates, der den Illgraben vom Rhonetal trennt. Die Kletterei ist ziemlich schwierig. Die Zehnerlücke (1914 m) unterbricht den regelmässigen Grat.
Der Tiefblick von der Gratkante aus in den Illgraben ist ausserordentlich interessant und lohnend.

868 *Von S*

B Von Chandolin, 1 Std.

Von Chandolin (1979 m) führt ein Fahrweg (Fahrverbot) nach Pramarin (2043,3 m, Barriere) und weiter über P. 1961 (Basset du Ruvin, ohne Namen auf der LK) bis Ponchet. Man verlässt den Weg bei der Hütte auf 1950 m und steigt durch den Wald nach Plaine Madeleine.

869 *Von Pontis*

B Von Plan Palet zum Gipfel, 2½ Std.

In Pontis (959 m) an der Strasse von Niouc nach Vissoie zweigt ein Fahrweg (Fahrverbot) nach Plan Palet ab (Beauregard, 1146 m, Erholungsgebiet), wo die Strasse gesperrt ist; Parkplätze kurz vorher. Der Fussweg führt über Couquelle und Ponchet (1870 m) zur Hütte 1950 m, wo man R. 868 erreicht.

ABSCHNITT VII

Barrhörner-Gruppe – Augstbordhorn-Gruppe

Vom Bruneggjoch gegen Norden;
zwischen dem Turtmanntal und dem Mattertal

Nördlich vom Bruneggjoch wird der Grat ganz felsig. Zwischen diesem Joch und dem Brändjijoch liegen alle Gipfel der Kette in einer gelblichen Kalkschicht, die unter der Weisshornhütte und auf der E-Seite des Bruneggborns abermals zum Vorschein kommt. Die Felsen sind lose und brüchig, das ganze Gebiet ist steinschlägig.

Das Schöllihorn und die Barrhörner fallen auf der E-Seite steil ab, während die W-Seiten wenig steile Geröll- und Firnhänge aufweisen.

Bis auf die Höhe des Wasuhorns und des Rothorns bereichern zahlreiche kleine Gletscher das überaus steinige und von Furggwanghorn und Schwarzhorn an trockene und öde Landschaftsbild.

Beim Dreizehntenhorn verzweigt sich die Kette und umschliesst das Ginalstal. Der westliche Arm läuft im Ergischhorn, einem grasigen Gipfel, aus. Der östliche Arm bildet das Augstbordhorn, den meistbesuchten Gipfel der Gegend.

Im Ginalstal, auf der Moosalp und im Törbeltälli sind Wintersporteinrichtungen vorhanden.

Wer weite Einöden liebt und sich für Steine interessiert, wird sich in dieser einsamen Gegend wohlfühlen.

Fahrwege und -strassen

Es werden nur jene Fahrwege aufgeführt, die für die Durchführung einer Tour von Nutzen sind. Manchmal ist ihre Benützung beschränkt erlaubt, manchmal besteht ein allgemeines Fahrverbot. Wer eine solche Strasse dennoch benützt, tut dies auf eigene Verantwortung. Die Strassen sind oft sehr schmal und müssen mit der nötigen Vorsicht und passenden Geschwindigkeit befahren werden.

- Turtmanntal (Vord. Sänntum, 1901 m)–See 2174 m–P. 2281. Privatstrasse, Fahrverbot.
- Ergisch–Obermatte (1550 m)–Tschorr. Eine Verbindung mit der Undri Eischollalp ist vorgesehen.
- Eischoll–Sengg–Gorpatbach (P. 1798)–Unners Sänntum (1993 m). Ein heikler zu befahrender Weg führt über Obers Sänntum (2279 m) zum Ob. Gertschigalpji (2332 m) und noch etwas weiter.
- Unterbäch–Brand (1589 m)–Gorpatbach (P. 1798).
- Bürchen–Chalte Brunne (2048 m, Moosalp)–Törbel.
- Von der Strasse von Chalte Brunne (2048 m, Moosalp) nach Törbel zweigt in Site ein Fahrweg nach Pletsche (2010 m) ab.

Seilbahnen

- Seilbahn Raron–Unterbäch
- Seilbahn Raron–Eischoll
- Sesselbahn Unterbäch–Brand

Private Seilbahnen mit offiziellem Personentransport

- Turtmann–Ergisch (1086 m)
- Embd–Schalb (ca. 1890 m)
- Embd–Grossberg (1627 m)
- Kalpetran–Embd (ca. 1420 m)
- St. Niklaus–Jungu (1955 m)

Schöllihorn, △ 3499,8 m

Der höchste Punkt (Schuttplateau) trägt ein trigonometrisches Signal (△ 3499,8 m). Drei Grate gehen von hier aus, die die natürlichen Anstiegswege bilden. Einzig der NE-Grat weist einige Schwierigkeiten auf. Er trennt den Schölligletscher vom Abberggletscher und überragt diesen in einer Felswand. Der Grat, der sich gegen das Schöllijoch (3343 m) senkt, trägt eine Schulter (ca. 3435 m), auch Üssers Schöllihorn genannt. Lange vor den Touristen haben Gemsjäger das Gebiet schon begangen.

882 *Über den S-Grat*

Frau E.P. Jackson mit Aloys Pollinger, 1880.

L Vom Bruneggjoch, 20 Min. Abb. S. 391, 399

Vom Bruneggjoch (3365 m) hält man sich so nahe wie möglich am Kamm, dessen Felsen dem Schutt der W-Seite vorzuziehen sind.

883 *Über die W-Seite*

L Von der Turtmannhütte, 3 Std. Abb. S. 398, 399

Von der Turtmannhütte (2519 m) folgt man R. 718 des Bruneggjochs bis zum Fuss der Westflanke (3166 m) und steigt über die langweiligen Geröllhänge direkt zum Gipfel.

884 *Über den NW-Grat*

L Vom Schöllijoch, ½ Std. Abb. S. 391, 398, 399

Vom Schöllijoch (3343 m) steigt man über einen kurzen Grat zur NW-Schulter (Üssers Schöllihorn, ca. 3435 m) und über Geröll zum höchsten Punkt.

885 *Über den NE-Grat*

Direktester Weg von der Topalihütte.

WS Von der Topalihütte, 2¼ Std.

Von der Topalihütte (2674 m) folgt man R. 719 des Bruneggjochs bis zum Fuss des Grates, der von P. 3182 herkommt (Moränenkegel). Dann steigt man über Schutt, Felsen und einen meist verwächteten Schneegrat (die Wächten hängen gegen S über) direkt auf den Gipfel.

Schöllijoch, 3343 m

Zwischen dem Inner Barrhorn und dem Schöllihorn; von der Turtmannhütte zur Topalihütte.

Frau E. Main mit Josef Imboden, 7. August 1884.

886 *Über die W-Seite*

L Von der Turtmannhütte, 2¼ Std. Abb. S. 398, 399

Von der Turtmannhütte (2519 m) führt ein Pfad nach SE an den Fuss der Barrwang. Diese ist von einem engen, ausgeprägten Couloir durchzogen (Gässi, 2641 m), zu dem man über einen Schuttkegel gelangt. Es führt auf einen runden Felskopf, wo das Joch sichtbar wird. Man geht zuerst der Moräne entlang (Pfad), dann dem rechten Ufer des vom Joch kommenden Firnfeldes. Durch ein Schnee-(Geröll-)Couloir und über einige Felsen erreicht man das Joch.

Über die W-Seite

L Vom Col de Tracuit, 3–4 Std.

Siehe R. 729.

887 *Über die E-Seite*

L Von der Topalihütte, 2 Std. Abb. S. 391

Von der Topalihütte (2674 m) folgt man R. 719 des Bruneggjochs bis zum Fuss des Schölligletschers. (1 Std.). Man steigt über den fast spaltenlosen Gletscher bis zum Fuss des Jochs, das man über einen kurzen, aber steilen Schlusshang (Schnee/Eis) erreicht.

Barrhörner

Die Barrhörner sind die wichtigsten und höchsten Gipfel der Gruppe; die Aufstiege auf der W-Seite sind viel leichter als diejenigen von E. Von der Topalihütte wird die Überschreitung von N nach S, d.h. vom Barrjoch zum Schöllijoch, besonders empfohlen.

Inners Barrhorn, 3583 m

888 *Über den SSW-Grat*

E.F.M. Benecke, H.A. Cohen, H.V. Reade mit Abraham Müller, 27. Juli 1892.

L Vom Schöllijoch, 40 Min. Abb. S. 391, 398

Vom Schöllijoch (3343 m) folgt man dem breiten und leichten Kamm bis auf den Gipfel.

888 a *Variante*

L

Kommt man von der Topalihütte (2674 m), braucht man nicht über das Schöllijoch zu gehen: Man kann direkt durch ein Couloir aufsteigen und den Grat auf der Höhe des zweiten Drittels erreichen.

889 *Über die W-Seite*

Diese Route dient für die Besteigung sowohl des Üsser als auch des Inner Barrhorns.

L Von der Turtmannhütte zum einen oder andern Gipfel, 3 Std. Abb. S. 398

Von der Turtmannhütte (2519 m) folgt man R. 886 des Schöllijochs bis in die Gegend von P. 2787. Dann steigt man über Gras- und Geröllhänge in die tiefste Einsattelung (3488 m) zwischen dem Inner und dem Üsser Barrhorn. Über R. 890 auf den einen oder andern Gipfel.

890 *Über den NNW-Grat*

E.F.M. Benecke, H.A. Cohen, H.V. Reade mit Abraham Müller, 27. Juli 1892.

L Vom Üsser Barrhorn, ½ Std. Abb. S. 398

Vom Üsser Barrhorn (3610,0 m) folgt man dem breiten, leichten Kamm, der einen Sattel bildet (3488 m).

891 *Über den E-Grat*

Direktester Aufstieg von der Topalihütte.

H. Symons mit Franz Lochmatter, im Abstieg, 22. Juli 1909.

WS Vom Distulberg, 1¼ Std.

Vom Distulberg (3285 m) folgt man dem Schneegrat und wendet sich dann über ein breites Band nach links; man umgeht die Türme des E-Grats links und betritt den Kamm unmittelbar oberhalb des obersten Gendarmen. Über den Grat in wenigen Minuten zum Gipfel.

891 a *Variante*

Walter Flaig, allein, 21. September 1930.

ZS Vom Distulberg, 3¼ Std.

Man kann auch der Gratschneide folgen und die vier obersten Gendarmen direkt überklettern.

Distulberg, 3285 m

Felsbastion, die kaum einen eigenen Namen verdient. Sie entsendet nach ENE den Distulgrat, auf dem die Topalihütte steht. Er liegt am Weg auf das Inner Barrhorn.

892 *Über den ENE-Grat (Distulgrat)*

Diese Route ist wenig interessant.

WS Von der Topalihütte, 1 Std.

Von der Topalihütte (2674 m) folgt man dem Felsgrat bis auf den Gipfel, die Schwierigkeiten mehr oder weniger umgehend.

893 *Über den Unt. Stelligletscher*

WS Von der Topalihütte, 1½ Std. Abb. S. 455

Von der Topalihütte (2674 m) folgt man R. 924 des Brändjijochs bis zum Unt. Stelligletscher. Man steigt an seinem rechten (S-)Ufer auf bis gegen P. 3059, wo der Gletscher einen kleinen Abbruch bildet. Diesen umgeht man

a) entweder über die Felsen des P. 3059
b) oder über das linke Ufer des Gletschers am Fuss der Wand des Üsser Barrhorns.

Von hier über den Gletscher zum Gipfel.

894 *Von S*

L Von der Topalihütte, 1¼ Std.

Von der Topalihütte (2674 m) folgt man R. 719 des Brunegg-jochs bis in die Mulde Chella und steigt dann über Geröll und einige Felsen direkt auf den Gipfel.

Üssers Barrhorn, 3610,0 m

Höchster Punkt der Gruppe mit bemerkenswerter Aussicht.

895 *Über die SW-Seite*

Frau E.P. Jackson mit Aloys Pollinger und Matthias Truffer, 1. September 1883.

Die SW-Seite besteht aus einem Schutt- und Schneehang, über den man überall ansteigen kann. Nachfolgend der beste Weg:

L Von der Turtmannhütte, 3 Std. Abb. S. 398

Von der Turtmannhütte (2519 m) folgt man R. 886 des Schöllijochs bis an den Fuss des Jochs, dann wendet man sich nach NE und steigt über Schutt, Firn und einige Felsen zum Gipfel.

896 *Über den W-Rücken*

Angenehmste Route.

L Von der Turtmannhütte, 3 Std. Abb. S. 398

Von der Turtmannhütte (2519 m) folgt man R. 886 des Schöllijochs bis über das Gässi (2641 m), steigt dann gegen NNE zu P. 3057 und weiter über den zum Teil schneeigen Rücken, der sich in der W-Flanke verliert.

897 *Durch das Couloir des Pipjitälli*

Dieser Weg kann bei guten Schneeverhältnissen für den Abstieg nützlich sein; im Couloir bilden sich jedoch bisweilen Spalten.

WS Von der Turtmannhütte zum Gipfel, 3 Std.
Abb. S. 398

Von der Turtmannhütte (2519 m) folgt man R. 905 des Gässijochs und gelangt zum Beginn des Couloirs, das westlich von P. 2856 herunterkommt. Man steigt im Couloir empor und erreicht R. 896 (W-Flanke).

898 *Über die N-Flanke*

Walter Gröbli mit Aloys und Josef Pollinger, 10. Oktober 1891.

WS Vom Barrjoch, ½ Std. Abb. S. 398

Vom Barrjoch (ca. 3320 m) steigt man über einen steilen Schneehang fast direkt zum Gipfel auf.

898 a *Variante*

WS

Ist der Gipfel verwächtet oder der Hang vereist, folgt man besser R. 901 des Barrjochs und hält sich an die Randfelsen der E-Wand.

Über den SSE-Grat

Siehe R. 890.

Barrjoch, ca. 3320 m

Zwischen dem Gässispitz und dem Üsser Barrhorn; vom Pipjigletscher (Turtmannhütte) zum Unt. Stelligletscher (Topalihütte).
Als Übergang nicht zu empfehlen, dient das Joch als Zugang zum Üsser Barrhorn oder zum Gässispitz. Das Joch ist von der Topalihütte aus sichtbar. Das Schneecouloir auf dieser Seite ist dem Steinschlag ausgesetzt und nur frühmorgens zu begehen.

899 *Über die W-Seite*

Die Route ist dem Stein- und Eisschlag ausgesetzt.

ZS Von der Turtmannhütte, 2–3 Std. Abb. S. 398

Von der Turtmannhütte (2519 m) folgt man R. 905 des Gässijochs bis zum Fuss dieses Passes. Dann wendet man sich immer mehr nach rechts und steigt über einen Schnee- und Eishang (grosse Spalten) auf das Joch.

899 a *Variante*

WS

Wenn man von Westen kommt und sieht, dass die Hänge des Jochs vereist sind, steigt man mit Vorteil über die Felsstufen westlich des Eishangs auf, in Richtung auf das Üsser Barrhorn, um im letzten Moment auf das Joch hinüber zu queren.

900 *Über die E-Seite (durch das Couloir)*

Im Spätsommer kann das Couloir im obern Teil vollständig vereist sein. Steinschlag.

WS Von der Topalihütte, 2 Std. Abb. S. 455

Von der Topalihütte (2674 m) erreicht man auf R. 924 des Brändjijochs den Unt. Stelligletscher und den Fuss des Couloirs. Man steigt über den Schuttkegel, dann durch das Couloir, direkt auf das Joch.

901 *Über die E-Seite (über das Band)*

WS Von der Topalihütte, 1¾ Std.

Von der Topalihütte (2674 m) erkennt man ein breites Band, das vom Barrjoch gegen links (S) abfällt auf die obern Firnfelder des Unt. Stelligletschers. Auf R. 893(b) des Distulbergs erreicht man den Fuss (ca. 3220 m) dieses Bandes. (1¼ Std.). Man folgt dem Band, eventuell die äussern Randfelsen benützend. Vom P. 3269 quert man den Firn in schräger Richtung auf das Joch.

Gässispitz, 3411 m

Der Gässispitz ist die schönste Felsspitze der ganzen Barrhorngruppe. Leider ist der Fels sehr schlecht, so dass die Besteigung, hauptsächlich von N, sehr gefährlich ist.

902 *Über den S-Grat*

Ludwig Friedmann mit Alexander Burgener, August 1891.

ZS Vom Barrjoch, ¾ Std. Abb. S. 455

Vom Barrjoch (ca. 3220 m) erklettert man den ersten Gendarmen, steigt dann in die folgende Scharte ab und erklettert hierauf einen weitern Aufschwung. Dann folgt man einem Band auf der W-Seite (das durch die beiden Zacken des zweiten Gendarmen überragt wird) und gewinnt die Scharte zwischen diesem Gendarmen (ca. 3388 m) und den Gipfelzacken. Von hier klettert man über zerbröckelnde Felsen direkt auf den Gipfel.

903 *Über die W-Seite*

ZS Abb. S. 398, 455

Auf R. 905 des Gässijochs erreicht man den Pipjigletscher. Von dort braucht man nicht auf das Barrjoch zu steigen; man kann das enge, steile Couloir benützen, das direkt in die obere Scharte führt, wo man auf R. 902 stösst.

904 *Über die N-Flanke*

Adrian Mazlam mit Josef Knubel, 22. Juni 1915.

Diese Seite ist kein Grat, wie es von der Topalihütte den Anschein erweckt. Die verschiedenfarbigen Kalkschichten sind horizontal gelagert, und die sehr steile Wand durchschneidet sie fast in einem rechten Winkel. Stark zerborstene und gefährliche Felsen.
Der direkte Anstieg zur Lücke 3235 m am Fusse der N-Wand ist von der E-Seite her sehr gefährlich. Von der Topalihütte muss man daher zuerst zum Gässijoch aufsteigen (R. 906). Vom Pipjigletscher her gewinnt man die Lücke direkt über Schneehänge, zerborstene Felsen und durch das in sie mündende Couloir.
Die Wand ist 170 m hoch. In den untern beiden Dritteln ist der Fels miserabel, weiter oben wird er besser.

S Vom Gässijoch, 2½ Std. Abb. S. 455

Vom Gässijoch (3252 m) folgt man mehr oder weniger dem Grat bis an den Fuss der Wand (3235 m). (½ Std.). Man quert nun den obersten Teil des Couloirs, das zum Pipjigletscher abstürzt, und packt die am Fusse hellgrauen Felsen direkt an. Man steigt, sich leicht nach links wendend, bis zu einer kleinen Schulter ca. 20 m oberhalb der Lücke an. Man klettert von hier gerade aufwärts, wendet sich dann von neuem nach links, ein zerborstenes Felsstück ersteigend. Eine direkte Kletterei führt zu einer weniger steilen Felspartie, die die Verbindung mit einer neuen Felsschicht bildet. Man lässt einen kleinen Firnfleck zur Linken und gewinnt den Fuss der Gipfelwand, die in eine Kalkschicht eingebettet ist, deren Farbe unten dunkel ist und gegen oben heller wird. Ein langer, im untern Teil nicht begehbarer Kamin spaltet die Wand in der Richtung des Gipfels. Rechts (westlich) öffnet sich ein breiter, schräger Kamin, der sich bald in der Wand verliert. Man klettert durch diesen sehr tiefen Kamin aufwärts. Nach ca. 10 m Kaminarbeit verlässt man den Kamin links und klettert nahezu direkt auf den Gipfel.

Gässijoch, 3252 m

Zwischen dem Inn. Stellihorn und dem Gässispitz; vom Pipjigletscher (Turtmannhütte) zum Unt. Stelligletscher (Topalihütte); direkteste Verbindung zwischen diesen beiden Hütten.
Dies ist wahrscheinlich der Pass, der von der Partie Green am 25. August 1884 überschritten wurde, denn er ist der leichteste Übergang zwischen dem Stelli- und dem Pipjigletscher.
Die tiefste Senke zwischen den Barrhörnern und den Stellihörnern ist die Lücke 3235 m unmittelbar nördlich des Gässispitz. Der Übergang befindet sich aber weiter nordöstlich, wo beide Seiten leichter begehbar sind.

905 *Über die W-Seite*

L Von der Turtmannhütte, 3 Std. Abb. S. 398

Von der Turtmannhütte (2519 m) steigt man in östlicher Richtung über Gras, Geröll und die Moräne des Pipjitällis auf. Man geht bei P. 2806 vorbei und betritt den apern Pipjigletscher, über den man zum Fuss des Couloirs steigt, das vom Joch herunterkommt. Dann durch das Couloir direkt auf das Joch.

Gässispitz – Stellihörner, von E

905 a *Variante*

L

Im Frühsommer kann es vorteilhaft sein, südlich von P. 2921 (grosser Felsbuckel) vorbeizugehen und die Schneefelder am Fuss der Felswände des Barrhorns zu benützen, wo jedoch Steinschlag nicht selten ist.

906 *Über die E-Seite*

L Von der Topalihütte, 2 Std. Abb. S. 455

Von der Topalihütte (2674 m) erreicht man auf R. 924 des Brändjijochs den Moränenrücken (westlich von P. 3055), der den Oberen vom Unt. Stelligletscher trennt. Man folgt diesem Rücken gegen W. Er setzt sich in den Felsen in Form eines breiten und leichten Bandes fort, das zum Joch führt.

907 *Abstieg nach Gruben-Meiden*

L Vom Gässijoch nach Gruben-Meiden, 3 Std.

Vom Gässijoch (3252 m) steigt man auf R. 905 zum Pipjigletscher ab, geht am W-Fuss der Stellihörner vorbei, um die rechte Seitenmoräne des Pipjigletschers zu überqueren. Dann steigt man schräg in die Pipjilücke (3050 m) auf. Von hier auf R. 920 nach Gruben-Meiden.

Stellihörner

Die Stellihörner weisen – im Gegensatz zum Schöllihorn und den Barrhörnern – sowohl auf der E- wie auch auf der W-Seite steile Felswände auf. Der Fels ist auch hier sehr lose. Die zwei charakteristischen Spitzen sind durch eine Lücke getrennt, die *Stellijoch* heisst. Als Übergang ohne Bedeutung, dient es zur Besteigung der beiden Gipfel, besonders von der Turtmannseite her.

Inn. Stellihorn, △ 3409,5 m

908 *Über den SSW-Grat*

WS Vom Gässijoch, 1 Std. Abb. S. 398, 455, 457

Vom Gässijoch (3252 m) folgt man grösstenteils dem Felskamm bis auf einen ersten Gipfel (Schutt und plattige Felsen). Dann steigt man in eine Lücke ab und gewinnt darauf den höchsten Punkt.

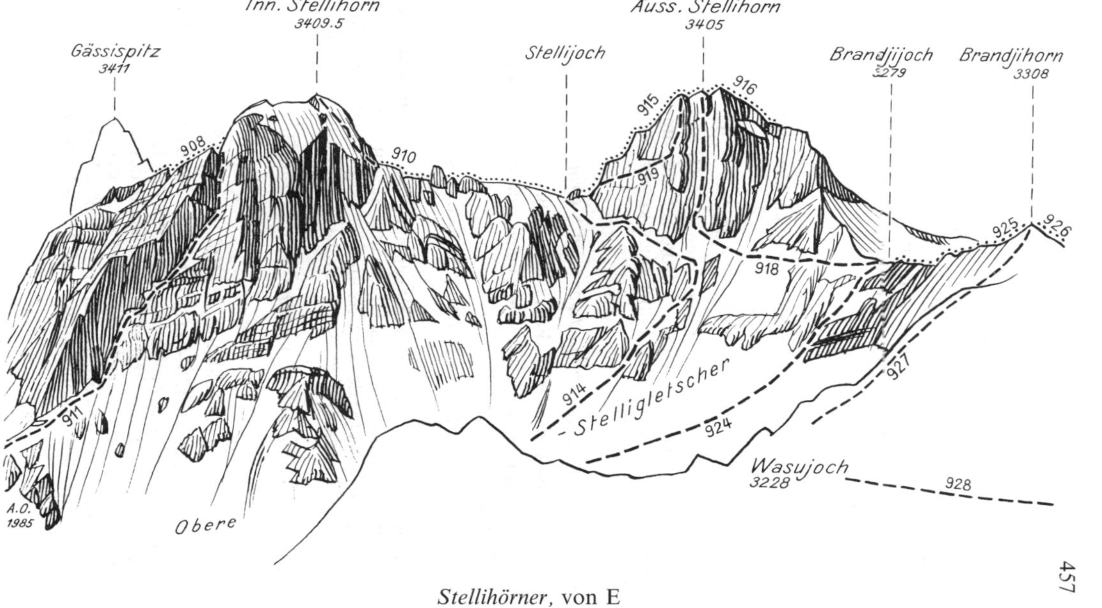

Inn. Stellihorn
3409.5
Äuss. Stellihorn
3405
Gässispitz
3411
Stellijoch
Brandjijoch
3279
Brandjihorn
3308
908
910
915
916
919
918
925
926
911
914
924
927
928
Stelligletscher
Wasujoch
3228
Obere
A.O.
1985

Stellihörner, von E

909 *Über die W-Seite*

WS Von der Turtmannhütte, 2¾ Std. Abb. S. 398

Von der Turtmannhütte (2519 m) folgt man R. 913 des Stellijochs (ohne Namen und Kote auf der LK) bis ca. 200 m unterhalb des Jochs. Man wendet sich nun nach rechts und steigt durch ein enges Couloir auf, das wenige Minuten vom Gipfel auf den S-Grat mündet.

910 *Über den N-Grat*

W.M. Conway, W.A.B. Coolidge mit Christian Almer jun., 23. August 1890.

WS Vom Stellijoch, ½ Std. Abb. S. 398, 455, 457

Vom Stellijoch (ca. 3324 m) folgt man dem Gratkamm. Dort, wo er steiler wird, quert man auf die E-Seite, um einen Aufschwung zu überwinden und über einen kurzen Schneehang die Besteigung zu beenden.

911 *Über die E-Seite und über den S-Grat*

Hans-Fritz von Tscharner mit Felix und Karl Biner, 27. Juni 1932.

Im Spätsommer ist das ausgeaperte Couloir gefährlich und schwierig. Steinschlag.

ZS Von der Topalihütte zum Gipfel, 3 Std.
Abb. S. 455, 457

Von der Topalihütte (2674 m) gelangt man auf R. 924 des Brändjijochs zum Fuss des engen und steilen Couloirs, das unmittelbar links (S) des Gipfels mündet. Man steigt durch das Schneecouloir, dann über den S-Grat (R. 908) auf den Gipfel.

912 *Über die E-Seite und über den S-Grat*

Walter Gröbli mit Aloys Pollinger, 2. Oktober 1891.

WS Von der Topalihütte, 2¼ Std. Abb. S. 455

Von der Topalihütte (2674 m) folgt man R. 906 des Gässijochs bis dort, wo sich der Moränenrücken, der den Oberen und den Unteren Stelligletscher trennt, in der Flanke des Berges verliert. Man wendet sich nun nach rechts und steigt den Felsen entlang über Schnee in den obern Teil einer Schneebucht. Von hier führt ein ausgeprägtes Couloir direkt auf den S-Grat, wo man auf R. 908 trifft.

Stellijoch, ca. 3324 m

Ohne Namen und Kote auf der LK.

Zwischen dem Äusseren und dem Inneren Stellihorn; vom Pipjigletscher (Turtmannhütte) zum Oberen Stelligletscher (Topalihütte).
Das Joch dient als Zugang zu den Stellihörnern, vor allem von der Turtmannseite. Erste touristische Ersteigung: J. Stafford Anderson mit Aloys Pollinger, 5. August 1882.

913 *Über die W-Seite*

L Von der Turtmannhütte, 2½ Std. Abb. S. 398

Von der Turtmannhütte (2519 m) folgt man R. 905 des Gässijochs bis auf die obern Firnfelder des Pipjigletschers. Dann steigt man durch ein mächtiges Schutt-(Schnee-)Couloir direkt zum Joch auf. Steinschlag häufig!
Will man vom Joch nach Gruben-Meiden absteigen, nimmt man auf dem Pipjigletscher R. 907.

914 *Über die E-Seite*

L Von der Topalihütte, 2½ Std. Abb. S. 455, 457

Von der Topalihütte (2674 m) folgt man R. 924 des Brändjijochs bis zum Fuss dieses Passes, wendet sich dann nach links und steigt über Schutt, geborstene Felsen und einige Schneeflecken zum Stellijoch auf.

Äuss. Stellihorn, 3405 m

Rötlicher Gipfel mit drei Zacken.

915 *Über den SE-Grat*

J. Stafford Anderson mit Aloys Pollinger, 5. August 1882.

WS Vom Stellijoch, ½–¾ Std. Abb. S. 398, 455, 457

Vom Stellijoch (ca. 3324 m) folgt man dem zuerst leichten Grat, dann erklettert man die steilen und losen Felsen bis zum Gipfel.

916 *Über den WNW-Grat*

Der Grat erhebt sich wie eine schartige Ruinenmauer über dem Schuttrücken, der den Holesteigletscher und den Brändjigletscher trennt.

ZS Vom Fuss, 1 Std. Abb. S. 398, 457

Man erreicht den Grat:

a) vom Brändjigletscher über den Firn;
b) von der Pipjilücke (3050 m) über die Felsen;
c) vom Pipjigletscher über eintönige Schutthalden.

Man folgt dem Grat in seiner ganzen Länge, eventuelle Schwierigkeiten umgehend. Man gelangt zuerst auf den nördlichen Zacken, von wo man zum höchsten Punkt (im S) gelangt.

917 *Über die NNW-Seite*

Walter Gröbli mit Aloys Pollinger, 11. Oktober 1890.

WS Vom Brändjijoch, 1¼ Std.

Vom Brändjijoch (3279 m) quert man den Firn schräg gegen W und erreicht ein Schneecouloir, das direkt in Richtung des Gipfels aufsteigt. Man erklettert das Couloir und beendet die Besteigung über den Grat.

918 *Über die E-Seite*

J. Stafford Anderson mit Aloys Pollinger, 5. August 1882.

WS Vom Brändjijoch, ¾ Std. Abb. S. 457

Vom Brändjijoch (3279 m) quert man gegen S und gelangt zum Fuss eines Schneecouloirs (Steinschlag). Man steigt im Couloir auf, verlässt es dann gegen rechts (N) und erklettert die zerborstenen Felsen der E-Seite bis zum Gipfel.

919 *Über den SE-Grat und die E-Seite*

ZS– Vom Stellijoch, ¾ Std. Abb. S. 457

Vom Stellijoch (ca. 3324 m) folgt man dem Grat nur ca. 50 m, dann quert man nach rechts über Schutt und Platten in die E-Seite. So erreicht man einen Nebengrat, der vom Gipfel Richtung E abfällt, oberhalb seines Aufschwungs. Man folgt dem Nebengrat, sich eventuell auf seiner S-Flanke haltend, zum Gipfel.

Pipjilücke, 3050 m

Zwischen Längi Egga und dem Äuss. Stellihorn; vom Holesteigletscher (Brändjitälli) zum Pipjigletscher.
Diese breite Senke bildet einen sehr praktischen Übergang.

920 *Von der N-Seite*

L Von der Strasse, 2½ Std. Abb. S. 398

Von der Fahrstrasse des Turtmanntals, 1,8 km südlich von Gruben-Meiden (1822 m), zweigt ein Weg nach Brändji (1890 m) und zur Lichtung Brändji Mittelstafel (1970 m) ab. Dann führt der Pfad durch den Wald nach Hungerli Mittelstafel (2235 m) am obern Waldrand. Von hier führt er seitwärts nach Brändji Oberstafel (2297 m) und ins Brändjitälli. Man lässt den kleinen See (2451 m) zur Rechten und steigt dem Brändjibach entlang aufwärts zum kleinen Holesteigletscher. Über diesen direkt zum Pass.

920 a *Variante*

L Von der Turtmannhütte nach Brändji Oberstafel, 1 Std.

Von der Turtmannhütte (2519 m) steigt man auf dem Hüttenweg (R. 13) bis zu P. 2281 ab (Talstation der Transportseilbahn). Von dort folgt man dem Weg am Hang bis zu P. 2349 am Ausgang des Brändjitällis.

921 *Von der S-Seite*

L Von der Turtmannhütte, 2½ Std. Abb. S. 398

Von der Turtmannhütte (2519 m) folgt man R. 905 oder R. 905a des Gässijochs bis auf den Pipjigletscher. Von dort über Geröll zum Pass.

Längi Egga, 3028 m

Der ganze Grat von der Pipjilücke bis zu P. △ 2932,2 trägt diesen Namen.

922

L

Über den Grat oder die N- oder S-Seite ohne Schwierigkeiten zugänglich.

Brändjijoch, 3279 m

Zwischen dem Brändjihorn und dem Äuss. Stellihorn; vom Brändjigletscher (Turtmanntal) zum Oberen Stelligletscher (Topalihütte). Direktester und leichtester Übergang zwischen dem Gebiet der Topalihütte und dem Turtmanntal.

J. Stafford Anderson, F.M. Govett mit Ulrich Almer und Aloys Pollinger, 5. August 1882.

923 *Von der NW-Seite*

L Von der Strasse, 4½ Std. Abb. S. 398

Von der Strasse des Turtmanntals folgt man R. 920 der Pipjilücke bis zum Beginn des Brändjitällis bei ca. 2500 m. Man lässt dieses rechts und steigt über einen Grashang ins Verloru Tälli, wo man sehr steil und steinig den Brändjigletscher gewinnt. Über den spaltenlosen Firn Richtung SE zum Pass, der im Hauptkamm als leichte Einsenkung erkennbar ist.

924 *Von der SE-Seite*

L Von der Topalihütte, 2 Std. Abb. S. 455, 457

Von der Topalihütte (2674 m) (von wo aus die Route vollständig überblickt werden kann) führen einige Wegspuren fast horizontal über Rasen und Schutthänge zur Moräne des Unt. Stelligletschers, deren Kamm man einige Minuten folgt, bevor man den Gletscher betritt. Man überschreitet ihn schräg gegen NW. Zwischen dem Obern und dem Untern Stelligletscher erhebt sich ein charakteristischer Felskopf (3055 m). Über Rasen und Geröll steigt man unmittelbar links (westlich) dieses Kopfes an bis dort, wo man ebenen Fusses den Firn des Obern Stelligletschers betreten kann. (1¼ Std.). Von hier aus sieht man den Pass. Man geht auf dem Firn dem Fuss des Äuss. Stellihorns entlang und steigt über Schutt und einige Felsen direkt auf den Pass.

Nordöstlich des Brändjijochs (3279 m) erhebt sich der Kamm leicht und bildet einen Felskopf, das Brändjihorn (3308 m), von wo sich ein Grat vom Hauptkamm gegen ENE löst, parallel zum Jungtal. Bevor wir mit der Beschreibung des Hauptkamms weiterfahren, folgt nun die des Nebengrates.

Brändjihorn, 3308 m

Von den Einheimischen Kalte Bise genannt.

925 *Über den SW-Grat*

L Vom Brändjijoch, 10 Min. Abb. S. 398, 457

Vom Brändjijoch (3279 m) folgt man dem aus Fels und etwas Schutt bestehenden Grat.

926 *Über den NNW-Grat*

L Vom Jungtaljoch, ½ Std. Abb. S. 398, 457

Vom Jungtaljoch (3220 m) steigt der Grat zuerst steil an. Man folgt ihm in hübscher Kletterei über Felsen und grosse Blöcke bis zu einer Schulter (ca. 3290 m). Von dort über den fast horizontalen Blockgrat zum Gipfel.

927 *Über den E-Grat*

L Vom Wasujoch, ¼ Std. Abb. S. 457

Vom Wasujoch (3228 m) folgt man einem kurzen Felsgrat.

Wasujoch, 3228 m

Zwischen dem Brändjihorn und dem Wasuhorn; vom Junggletscher (Jungtal) zum Oberen Stelligletscher (Topalihütte). Breiter Schneesattel.

928 *Von der N-Seite*

L Von Jungu, 4 Std. Abb. S. 457

Von St. Niklaus (1114 m) folgt man R. 946 des Jungtaljochs bis auf die obern Firnfelder des Junggletschers, dann hält man in südöstlicher Richtung auf den Pass zu.

929 *Von der S-Seite*

L Von der Topalihütte, 2 Std.

Von der Topalihütte (2674 m) folgt man R. 924 des Brändjijochs bis zum Fuss dieses Jochs, dann wendet man sich nach rechts und erreicht das Wasujoch ohne Schwierigkeiten über breite, schräge Bänder, die von links nach rechts ansteigen.

Wasuhorn, 3343 m

930 *Von W*

Walter Gröbli mit Aloys Pollinger, 11. Oktober 1890.

EB Vom Wasujoch, ¼ Std.

Vom Wasujoch (3228 m) steigt man über Schutt und Firn zum Gipfel.

931 *Von N*

L

Auf R. 946 des Jungtaljochs gelangt man auf den Junggletscher. Von dort über steilen Firn und Geröll zum Gipfel.

932 *Über den NE-Grat*

L Von der Wasulicke, ¾ Std.

Von der Wasulicke (3114 m) folgt man dem zuerst steilen, dann breiten und leichten Felsgrat bis zu einem Vorgipfel und von dort zum Gipfel.

933 *Von S*

L Von der Topalihütte, 2½ Std.

Von der Topalihütte (2674 m) folgt man R. 929 des Wasujochs bis zum Oberen Stelligletscher. Von dort steigt man über den Schutt und die losen Felsen der S-Seite zum Gipfel.

Wasulicke, 3114 m

Zwischen dem Wasuhorn und dem Festihorn; vom Junggletscher (Jungtal) zum Wasmutälli (Topalihütte).
Bester Übergang zwischen dem Jungtal und der Topalihütte.

934 *Von der NW-Seite*

L Von Jungu, 3½ Std.

Von St. Niklaus (1114 m) folgt man R. 946 des Jungtaljochs bis an den Fuss des Junggletschers. Über Firn, dann Geröll, zum Pass.

935 *Von der SE-Seite*

L Von der Topalihütte, 2 Std.

Von der Topalihütte (2674 m) folgt man R. 924 des Brändjijochs bis zum Fuss des Felskopfs 3055 m zwischen dem Oberen und Unteren Stelligletscher. Anstatt links dieses Kopfes anzusteigen, geht man rechts über Gras schräg aufwärts (Stelline) zur Moräne des Obern Stelligletschers und den kleinen Tümpeln 2895 m. Man überschreitet den SE-Grat des Wasuhorns bei einem kleinen Sattel unmittelbar im WNW von P. 2970 und erreicht durch einen Flankenmarsch die Geröllmulde des Wasmutälli, in der man zum Pass aufsteigt.

Festihorn, 3248,2 m

Das Festihorn der Einheimischen ist P. 3092, der in der gleichen Kette weiter östlich liegt und die steilen Halden von Festi überragt.

936 *Über den SW-Grat*

L Von der Wasulicke, ½ Std.

Von der Wasulicke (3114 m) folgt man dem steilen Felsgrat zum Gipfel.

937 *Über den NW-Grat*

L Von Jungu, 3½ Std.

Von St. Niklaus (1114 m) folgt man R. 934 der Wasulicke bis ca. 200 m unterhalb des Passes, wendet sich dann nach links, erreicht den NW-Grat bei P. 3038 und folgt ihm zum Gipfel.

938 *Über die N-Seite und den E-Grat*

W. Gröbli mit Aloys Pollinger, 15. Oktober 1888.

WS Von Jungu, 3½ Std.

Von St. Niklaus (1114 m) folgt man R. 959 des Jungpasses bis ins Jungtal (2387 m). Entlang des Jungbachs steigt man zu P. 2549 auf, dann weiter über Rasen zu P. 2626. Über Geröll und Schnee Richtung S erreicht man die Felsrippe, die bei ca. 2700 m in der Geröllmulde der Sparrulicke untertaucht. Man folgt ihr bis zuoberst und betritt den E-Grat beim Felskopf 3195 m. Über den Grat zum Gipfel.

939 *Über den NE-Grat*

L Von der Sparrulicke zum Gipfel, 2 Std.

Von der Sparrulicke (2882 m) folgt man dem höckerigen Grat in seiner ganzen Länge, P. 3014, P. 3088 und P. 3092 überschreitend. Bei P. 3195 stösst man auf R. 938 und folgt ihr zum Gipfel.

Sparrulicke, 2882 m

Zwischen dem Sparruhorn und dem Festihorn; vom Jungtal nach St. Niklaus.
Dieser Übergang ist kaum von Bedeutung, es sei denn als Zugang zum Sparruhorn und zum Festihorn.

940 *Über die W-Seite*

EB Von Jungu, 3 Std.

Von St. Niklaus (1114 m) folgt man R. 938 des Festihorns bis zu P. 2626. Dann steigt man durch die steinige Mulde Richtung SE zum Pass.

941 *Über die E-Seite*

EB Von St. Niklaus, 4 Std.

Von St. Niklaus (1114 m) führt ein Weg über P. 1347 und Teli (1611 m) nach Sparru (1902 m). Die Seilbahn St. Niklaus–Sparru führt keine Personentransporte durch. Ein Pfad führt über Sällflue bis zu P. 2286. Von dort über Rasen und Steine durch die Mulde auf den Pass.

Sparruhorn, 2988 m

942 *Über den NW-Rücken*

EB Von Jungu, 3½ Std.

Von St. Niklaus (1114 m) folgt man R. 938 des Festihorns bis in die Passmulde auf Höhe von P. 2626. Dann steigt man über den Geröllrücken zum Gipfel.

943 *Über den S-Grat*

EB Von der Sparrulicke, 20 Min.

Von der Sparrulicke (2882 m) folgt man dem breiten, steinigen Grat.

Jungtaljoch, 3220 m

Zwischen dem Inn. Rothorn und dem Brändjihorn; vom Brändjigletscher (Turtmannhütte) zum Junggletscher (Jungtal).

944 *Über die W-Seite*

L Von der Turtmannhütte, 2½ Std. Abb. S. 398

Von der Turtmannhütte (2519 m) erreicht man auf R. 905 des Gässijochs das rechte (N) Ufer des Pipjitälli auf etwa 2800 m. Man überschreitet die Längi Egga bei P. 2960, geht am Fuss des Holesteigletschers durch und steigt über einen steilen Schnee- und Geröllhang zum Brändjigletscher auf. Man überquert den spaltenlosen Gletscher und gelangt fast ebenen Fusses auf den Pass.

945 *Über die W-Seite*

L Von der Pipjilücke, ¾ Std.

Von der Pipjilücke (3050 m) kann man R. 916(b) des Äussern Stellihorns folgen bis zum Fuss seines WNW-Grates. Dann steigt man leicht ab und erreicht den Pass über den Brändjigletscher.

946 *Über die E-Seite*

L Von Jungu, 3½ Std.

Von St. Niklaus (1114 m) folgt man R. 959 des Jungpasses bis zu P. 2704. Nun steigt man südwärts über die Moräne und das linke (NW) Ufer des Junggletschers auf, um den Fuss des Felssporns, der am weitesten herunterreicht, zu erreichen (westlich eines kleinen Eisbruchs). Man ersteigt diesen Felssporn, gelangt auf das obere Firnfeld und erreicht den Pass über einen gerölldurchsetzen Firnhang.

Inn. Rothorn, 3258 m

Felshöcker aus grossen Blöcken, dessen höchster Punkt kaum auszumachen ist.

947 *Über den SE-Grat*

L Vom Jungtaljoch, 10 Min. Abb. S. 398

Vom Jungtaljoch (3220 m) folgt man dem groben Blockgrat. Absätze können leicht rechts umgangen werden, und man erreicht den Gipfel über Platten.

948 *Über den NW-Grat*

L Vom Rothornjoch, 10 Min.

Vom Rothornjoch (3216 m) steigt man über wenig geneigte Platten, einen mächtigen Block links umgehend, dann über grosse Platten, auf einen ersten Gipfel und von dort über Geröll und einige Blöcke auf einen zweiten.

Rothornjoch, 3216 m

Zwischen dem Rothorn und dem Inn. Rothorn; vom Brändjitälli (Verlorus Tälli) zum Junggletscher (Jungtal).
Übergang ohne touristische Bedeutung. Ca. 100 m nordwestlich von P. 3216 befindet sich ein zweiter etwas weniger praktischer Übergang.

949 *Über die W-Seite*

EB Von der Strasse, 4 Std.

Von der Strasse des Turtmanntals folgt man R. 923 des Brändjijochs bis oben ins Verloru Tälli. Man geht dem S-Fuss des Verbindungsgrates Hungerlihorn–Rothorn entlang und gelangt über Geröll oder Schnee zum Pass.

950 *Über die E-Seite*

L Von Jungu, 3 Std.

Von St. Niklaus (1114 m) folgt man R. 946 des Jungtaljochs und steigt dann auf dem linken (NW) Ufer des Junggletschers an, sich in der Mulde haltend, die direkt zum Pass führt.

Rothorn, 3278 m, 3258,7 m

Der Gipfel müsste eigentlich Äuss. Rothorn heissen.
Zwei Gipfel, die durch einen gezackten Grat aus rötlichem Gestein verbunden sind. Der höchste Punkt besteht aus mächtigen Blöcken von zweifelhafter Festigkeit. Auf der W-Seite befindet sich der kleine Rothorngletscher.

951 *Über den S-Grat*

L Vom Rothornjoch, 1 Std.

Vom Rothornjoch (3216 m) folgt man dem von einigen plattigen Felsen unterbrochenen Geröllgrat.

952 *Über die W-Seite und den W-Grat*

E.F.M. Benecke, H.A. Cohen, H.V. Reade, 30. Juli 1892.

L Von der Strasse, 3¼ Std.

Von der Strasse des Turtmanntals folgt man R. 958 des Jungpasses bis auf ca. 2650 m im Hungerlitälli. Man wendet sich nach SSE und erreicht den Rothorngletscher. Über den Gletscher (Spalten), dann über Geröll zum W-Grat des Rothorns, dem man über Geröll zum Gipfel folgt.

953 *Über den N-Grat*

Walter Gröbli mit Aloys Pollinger, 16. Oktober 1893.

WS Vom Jungpass, 1½ Std.

Vom Jungpass (2990 m) führt ein Grat aus Geröll und zerborstenen Felsen ziemlich steil zu einer Schulter (ca. 3200 m). Von dort über Felsen und wacklige Blöcke zum NE-Gipfel (3258,7 m). (¾ Std.). Über nun festeren Fels steigt man in eine Senke ab und folgt dann dem schmalen Grat aus gutem Fels bis zu einem von einem rötlichen Gendarmen gekrönten Blockhaufen. Man kann ihn überschreiten (gute Griffe für den Abstieg) oder rechts umgehen. Nun folgen ein plattiges, dann ein schmales Gratstück, bevor man über Stufen in eine Senke (ca. 3220 m) absteigt. Von dort führen feste, gut gestufte Felsen auf den Gipfel.

954 *Über die NE-Seite*

Der Grat vom Jungpass zum NE-Gipfel (3258,7 m) ist langweilig. Ein angenehmerer und schönerer Weg führt durch die NE-Flanke:

WS Vom Jungpass zum NE-Gipfel, ¾ Std.

Vom Jungpass (2990 m) führt ein Flankenmarsch Richtung SSE in ein kleines Tal mit welligen Felsen, das etwas nordöstlich von P. 3149 auf den Grat führt. Man erreicht über festen Fels P. 3149. Nun folgt man Richtung W einem erstaunlichen, scharfen Schneegrat, der in die Schneemulde am NE-Fuss des NE-Gipfels (3258,7 m) führt. Von dort über den Schneehang zum aus losen Felsen bestehenden N-Grat, den man unweit des NE-Gipfels erreicht.

Hungerlihorli, 3007 m

Unbedeutender Ausläufer des Rothorns.

955 *Über die S-Seite*

EB Vom Verloru Tälli, ¾ Std.

Auf R. 923 des Brändjijochs gelangt man ins Verloru Tälli. Von dort steigt man über einen Grashang in die Senke zwischen dem Brändjispitz und dem Hungerlihorli. Dann über den Geröllgrat zum Gipfel.

956 *Über den SE-Grat*

L Vom Rothorngletscher, ½ Std.

Auf R. 952 des Rothorns erreicht man den W-Grat des Rothorns. Man folgt dem Grat aus Fels und grossen Blöcken, leicht absteigend.

Brändjispitz, 2850,3 m

Kleine Felsspitze.

957 *Über die S-Seite*

EB Vom Verloru Tälli, ½ Std.

Aus dem Verloru Tälli (R. 923 des Brändjijochs) steigt man über einen Grashang zur Senke zwischen dem Brändjispitz und dem Hungerlihorli auf. Dann folgt man dem felsdurchsetzten Grat.

Jungpass, 2990 m

Zwischen dem Furggwanghorn und dem Rothorn; vom Turtmanntal ins Mattertal (Jungu).

958 *Von der W-Seite*

EB Von der Strasse, 2½ Std.

Von der Strasse des Turtmanntals, auf ca. 1800 m, etwa 1,2 km vor dem Vord. Sänntum (1901 m), zweigt ein Weg über Brändji (1890 m) nach Brändji Mittelstafel ab (1970 m). Dann steigt er im Zickzack durch den Wald nach Hungerli Mittelstafel (2235 m) am Waldrand, dann nach Hungerli Oberstafel (2455 m) auf. Man befindet sich am Eingang des Hungerlitälli, wo der Pfad aufhört. Weiter über Gras zu P. 2557 und durch die Steinwüsten (ev. Schneefelder) zum Pass.

958 a *Variante*

EB Von der Turtmannhütte zum Pass, 3 Std.

Von der Turtmannhütte (2519 m) folgt man R. 920a der Pipjilücke bis zu P. 2349 m am Eingang des Brändjitällis. Man folgt dem Weg weiter nach Brändji Oberstafel (2297 m). Von dort über Gras und Steine gegen NE nach Hungerli Oberstafel (2455 m), wo man auf R. 958 stösst.

959 *Von der E-Seite*

EB Von Jungu, 3 Std.

Von St. Niklaus (1114 m) führt eine Seilbahn nach Jungu (1955 m). Von dort steigt ein guter Weg ins Jungtal auf (2387 m) und setzt sich über P. 2546 zu P. 2578 fort. Weiter steigt man im Rasen über P. 2706 und P. 2704 zur Mulde des Rinderalpji, die man quert. Über Schnee und Steine steigt man schräg von rechts nach links zum Pass.

Furggwanghorn, △ 3161,7 m

Wegen der ausgedehnten Schutt- und Geröllhalden ist die Besteigung dieses Gipfels nur im Frühsommer zu empfehlen.

960 *Über den S-Grat*

EB Vom Jungpass, ¾ Std.

Vom Jungpass (2990 m) folgt man dem breiten Geröllkamm, der dann und wann von etwas Fels unterbrochen ist. Man ersteigt den Gipfel von rechts her über einige Felsen.

961 *Über den WNW-Grat (Gigigrat)*

L Von Gruben-Meiden, 3–4 Std.
Von der Strasse, 3–4 Std.

Von Gruben-Meiden (1822 m) oder von der Strasse des Turtmanntals bei der Brücke 1863 m führt ein Pfad nach Gigi Oberstafel (2316 m). Von dort steigt man über langweilige Gras- und Geröllhänge zum interessanten Aussichtspunkt Gigihorli (2731,7 m). Dann folgt man dem breiten Rücken des Gigigrates, der in seinem letzten Teil sehr steinig ist.

962 *Von der NW-Seite*

E.F.M. Benecke, H.A. Cohen, H.V. Reade, 29. Juli 1892.

L Von Gruben-Meiden, 4 Std.

Von Gruben-Meiden (1822 m) folgt man R. 977 des Augstbordpasses bis Grüobu Oberstafel (2369 m). (1½ Std.). Von dort geht man schräg nach S über die beiden Bäche des Grüobtälli und betritt die steinige (Schnee-)Mulde der Ritzichumme. Man folgt der Mulde Richtung Furggwangjoch (3052 m), wendet sich dann aber nach rechts und steigt über Geröll und Schnee auf den Gipfel.

963 *Über den NNE-Grat*

E.F.M. Benecke, H.A. Cohen, H.V. Reade, 29. Juli 1892.

L Vom Furggwangjoch, 20 Min.

Vom Furggwangjoch (3052 m) steigt man über Geröll, am Schluss einige Felsen, zum Gipfel auf.

Gigihorli, 2731,7 m

Schulter im WNW-Grat des Furggwanghorns.

Siehe R. 961.

Furggwangjoch, 3052 m

Zwischen Wyssegga (W-Gipfel, 3137 m) und dem Furggwanghorn; vom Turtmanntal (Gruben-Meiden) ins Mattertal (Jungu).

Julien Gallet mit Philippe Allamand, 22. Juli 1918.

964 *Über die W-Seite*

EB Von Gruben-Meiden, 3½ Std.

Von Gruben-Meiden (1822 m) folgt man R. 962 des Furggwanghorns bis in die Nähe des Passes, den man über Schutt und Steine erreicht.

965 *Über die E-Seite*

EB Von Jungu, 3 Std.

Von St. Niklaus (1114 m) folgt man R. 959 des Jungpasses bis zum Rinderalpji. Man gelangt zum See 2758 m und von dort über P. 2931 durch die Steinwüsten zum Pass.

Wyssegga, 3137 m und 3168 m

Zwei durch einen breiten Geröllsattel (3063 m) getrennte Gipfel. Der Sattel kann an Stelle der Wyssegglicke als Übergang dienen.

966 *Über den WSW-Grat*

E.F.M. Benecke, H.A. Cohen, H.V. Reade, 28. Juli 1892.

L Vom Furggwangjoch zu P. 3137, ¼ Std.
Vom Furggwangjoch zu P. 3168, ¾ Std.

Vom Furggwangjoch (3052 m) folgt man dem steinigen Grat bis zu P. 3137. Von dort steigt man auf der linken Seite des Grates über einige plattige Felsen und Geröll in den Sattel 3063 m ab. Weiter über einen Geröllgrat zum höchsten Punkt (3168 m).

967 *Über den NW-Grat (von Ritzuegg)*

L Von Ritzuegg, 20 Min.
Von Gruben-Meiden, 3½ Std.

Von Gruben-Meiden (1822 m) folgt man R. 977 des Augstbordpasses bis auf ca. 2460 m. Dann überschreitet man den Bach Richtung SSE. Den Beginn des wenig steilen N-Grats von Ritzuegg erreicht man:

a) über Gras, Geröll und Felsen der NW-Flanke aufsteigend;
b) indem man dem Fuss der N-Seite entlanggeht, durch ein breites Schuttcouloir gegen S ansteigt, westlich von P. 2814 durchgeht und über Blöcke und Felsen aufsteigt.

Man folgt nun dem N-Grat, wo die Felsen besser sind als in den Flanken, bis zum Gipfel Ritzuegg (2976 m) und weiter über flache Felsen zum breiten Sattel, von wo der Grat zu P. 3137 ansteigt. Man erreicht ihn von links her über einige plattige Felsen.

968 *Über die NW-Seite*

L Von Gruben-Meiden, 4 Std.

Von Gruben-Meiden (1822 m) folgt man R. 971 der Wysseggličke bis zu einer Geröllterrasse auf ca. 2800 m. Man wendet sich nun in die Geröll-(Schnee-)Mulde, die von der Einsenkung 3063 m herunterkommt. Ohne diese Senke zu berühren, kann man direkt zum höchsten Punkt (3168 m) aufsteigen.

969 *Über den NE-Grat*

E.F.M. Benecke, H.A. Cohen, H.V. Reade, 28. Juli 1892.

L Von der Wyssegglicke, ½ Std.

Von der Wyssegglicke (2992 m) überschreitet oder umgeht man einige Gendarmen und erreicht dann über Geröll und einige Felsen den Gipfel.

970 *Über die S-Seite*

L Von Jungu, 3 Std.

Von St. Niklaus (1114 m) folgt man R. 965 des Furggwangjochs bis zum See 2758 m. Von dort steigt man Richtung NE über Geröll und einige Felsen entweder direkt zum höchsten Punkt (3168 m) oder in die breite Senke 3063 m.

Ritzuegg, 2976 m

Schulter im NW-Grat der Wyssegga.

Siehe R. 967.

Wyssegglicke, 2992 m

Zwischen P. 3133,5 und der Wyssegga; vom Turtmanntal (Gruben-Meiden) ins Mattertal (Jungu).
Direktester Übergang von Gruben-Meiden nach Jungu.

971 *Über die W-Seite*

EB Von Gruben-Meiden, 3¼ Std.

Von Gruben-Meiden (1822 m) folgt man R. 977 des Augstbordpasses bis halbwegs zwischen Grüobu Oberstafel (2369 m) und dem Pass. Dann wendet man sich nach rechts, überschreitet den Hauptbach, steigt über einen steilen Geröllhang direkt östlich von P. 2814 an und erreicht die steinige Mulde (Schneeflecke), die zum Pass führt.

972 *Von E*

EB Von Jungu, 2¾ Std.

Von St. Niklaus (1114 m) folgt man R. 959 des Jungpasses zu P. 2546. Nun steigt man durch das öde Steital auf und gelangt über eine steile Geröllhalde auf den Pass.

P. 3113,5

973 *Über den SSW-Grat*

E.F.M. Benecke, H.A. Cohen, H.V. Reade, 29. Juli 1892.

L Von der Wyssegglicke, ¼ Std.

Von der Wyssegglicke (2992 m) folgt man dem Grat über Geröll und einige Felsen.

974 *Über den N-Grat*

WS Vom Augstbordpass, ½ Std.

Vom Augstbordpass (2894 m) steigt man über den Geröllkamm bis zu einem Absatz, den man direkt erklettert. Dann folgt man dem Grat, der einige Zacken aufweist, bis zum Gipfel.

974 a *Variante*

L Vom Augstbordpass, ½ Std.

Es ist besser, den Gratabsatz rechts oder links zu umgehen. Umgeht man ihn rechts (westlich), kann man auch durch ein Couloir der NW-Flanke direkt den Gipfel erreichen.

Über den ESE-Grat

Siehe R. 975.

Steitalhorn, 3164 m

Ausgeprägteste Erhebung im Steitalgrat, mit vom Augstbordpass her gesehen schlanker Silhouette.

975 *Über den WNW-Grat*

Heinrich Zenhäusern, Pfarrer von Embd, 14. September 1915.

L Von P. 3113,5, ½ Std.

Von P. 3113,5 steigt man auf dem Kamm bis zu einem breiten Sattel (ca. 3060 m) ab. Dann führt der Grat aus Geröll und zerborstenen Felsen zum Gipfel.

976 *Über den ESE-Grat*

Heinrich Zenhäusern, Pfarrer von Embd, im Abstieg, 14. September 1915.

L Von der Äbiheji, ca. 3 Std.

Kurz vor der Äbiheji (2488 m), die man auf R. 980 des Augstbordpasses erreicht, nimmt man über den Geröllgrat, der kaum Felsen aufweist, Richtung auf Twära (△ 2656,9 m), Horn (2892 m) und den Felskopf P. 3098. Von dort sind zwei Felshöcker zu überschreiten, bevor man über Geröll und brüchige Felsen zum Gipfel gelangt.

Augstbordpass, 2894 m

Zwischen dem Schwarzhorn und P. 3113,5; vom Turtmanntal (Gruben-Meiden) ins Mattertal (Jungu oder Embd).
Leichtester Übergang zwischen diesen beiden Tälern. Auf beiden Seiten markiert.

977 *Über die W-Seite*

EB Von Gruben-Meiden, 3 Std.

Von Gruben-Meiden (1822 m) führt ein angenehmer Weg durch den Arvenwald, Grüobu Mittelstafel (2176 m) links lassend. Über der Waldgrenze erreicht man Grüobu Oberstafel (2369 m). (1½ Std.). Der Pfad führt weiter durch das grasige Grüobtälli, dann über einen steileren Hang zum Plateau mit dem See 2788 m. Man quert ein Blockfeld und gelangt zum Geröllhang, der auf den Pass führt.

978 *Über die E-Seite (von Pletsche)*

EB Von Pletsche zum Pass, 3½ Std.

Von der Strasse Törbel–Moosalp (Chalte Brunne, 2048 m) nimmt man bei der Kurve von Site (1740 m) R. 1000, dann R. 999 der Chumminilicke, die nach Läger (2108 m) führt. Dann folgt man einem zu Beginn undeutlichen Pfad, der nach Rieberg zum Bach südöstlich von P. 2247 führt (R. 998 der Chumminilicke). Von dort über P. 2254 und P. 2294 zum Augstbordstafel und zu R. 979. Der Pfad führt über einem Felsabbruch in einer Wand durch. Er ist mit Stahlseil gesichert, dessen Befestigung nicht überall vertrauenerweckend ist.

979 *Über die E-Seite (von Embd)*

EB Von Schalb, 3¾ Std.
Von Embd, 5 Std.

Von Embd (ca. 1420 m) erreicht man Schalb (ca. 1890 m)

a) auf dem Weg über Hasel und Blager (1662 m);
b) mit der Seilbahn (4 Personen), die auf ca. 1890 m führt.

Von der Station führt der Pfad ostwärts unter Gartini durch und zu P. 1909. Dann steigt er steil an und trifft auf den Pfad vom Läger zu P. 1985. Dieser Pfad führt in die Mulde des Embdbaches, den man zweimal überschreitet, bevor man zu den am Hang gelegenen Ställen von Augstbordstafel gelangt. Von dort steigt der Pfad über einen Grasrücken zum Inner Tälli (P. 2663) und weiter zum Pass.

980 *Über die E-Seite (von Jungu)*

EB Von Jungu zum Pass, 3½ Std.

Von St. Niklaus (1114 m) führt eine Seilbahn nach Jungu (1955 m). Von dort folgt man dem Weg des Jungpasses (R. 959) bis jenseits des Lärchenwaldes, wo ein Weg nach rechts zu den Lawinenverbauungen unter P. 2703 abzweigt. Man folgt ihm bis zum Kamm und weiter zur Äbiheji (2488 m). Dann führt er fast horizontal durch die Steinfelder zum Talweg, wo man auf ca. 2530 m auf R. 979 trifft.

NB. Der östlichere Pfad, der über P. 2072 und bei P. 2074, P. 2256 und P. 2061 durchführt, ist zwar viel besser, doch sind der Umweg und der Höhenverlust gross.

Schwarzhorn, △ 3201,5 m

Bemerkenswerter Aussichtspunkt, der aus grossen Blöcken besteht.

981 *Über den SSW-Grat*

L Vom Augstbordpass, 1 Std.

Vom Augstbordpass (2894 m) führt ein schlechtes Weglein auf der rechten Seite des Grates zum Blockgrat (unangenehm). Dann wird der Pfad besser und führt abermals zu Blöcken, über die man P. 3020 erreicht. Weiter über einen Geröllrücken zu den nächsten grossen Blöcken, die man rechts umgeht. Von dort führt der Weg durch die Geröllflanke zu einer Blockgruppe (mit einem grossen Quader) und hört auf. Weiter über Blöcke zum Gipfel.

981 a *Variante*

EB

Kommt man auf R. 977 des Augstbordpasses von Gruben-Meiden her, braucht man nicht bis zum Pass aufzusteigen. Beim See 2788 m unter dem Pass wendet man sich nach NE und gelangt durch eine steinige Mulde bei P. 3020 auf den SSW-Grat. Man gewinnt so eine gute halbe Stunde.

981 b *Variante*

Diese Variante ist angenehmer als R. 981 im ersten Teil.

EB

Wenn man auf R. 977 des Augstbordpasses von Gruben-Meiden kommt, kann man fast überall den Grüobgrat erreichen, besonders ab ca. 2800 m, vor dem See 2788 m, wo man über Rasen angenehm aufsteigt. Auf dem Grüobgrat wandert man bequem über Rasen und Geröll.

982 *Über den WNW-Grat*

L Von Pletschu, 4 Std.

Vom Turtmanntal, bei der Brücke 1776 m über die Turtmänna, folgt man R. 985 der Rots Tällilicke bis gegen 2500 m. In der Gegend von P. 2677 gelangt man zum Fuss des Grates. Er besteht zuerst aus Gras und Geröll, dann aus dem felsigen P. 3027. Man kann ihn links im Geröll umgehen. Dann über Blöcke zum Gipfel.

983 *Übe den NE-Grat*

L Von der Rots Tällilicke, ¾ Std.

Von der Rots Tällilicke (2937 m) steigt man direkt zum Gipfel über steiles Geröll, zerborstene Felsen und schliesslich grosse Blöcke.

984 *Über den ESE-Grat*

L Von Embd, 6 Std.

Von Embd (ca. 1420 m) folgt man R. 979 des Augstbordpasses bis zu P. 2663. Man erreicht den Fuss des Grates, der aus Gras und Geröll besteht. An den Felsen des P. 3024 geht man rechts unschwierig vorbei. Dann geht es weiter über Geröll bis zu den grossen Blöcken, die zum Gipfel führen.

Rots Tällilicke, 2937 m

Zwischen dem Dreizehntenhorn und dem Schwarzhorn; vom Turtmanntal ins Mattertal (Embd).

985 *Über die W-Seite*

EB Von Pletschu, 3 Std.

Vom Turtmanntal, bei der Brücke 1776 m über die Turtmänna, gelangt man zum Weiler Pletschu (1807 m). Ein Pfad führt über Zer Pletschu (2038 m) und Pletschu Oberstafel (2203,4 m) nach Niggelingu Oberstafel (2312 m). Von dort führt ein Pfad durch das Niggelingtälli auf dem rechten Ufer des Baches zu einem kleinen See. Man steigt nun über Rasen zu P. 2735, dann betritt man eine steinige Mulde zur Rechten, mit Schneeflecken, die zum Pass führt.

985 a *Variante*

EB Von Tschafil nach Niggelingu Oberstafel, 1¼ Std.

Man kann auch von Tschafil (1760 m) über Tschafil Oberstafel (2192 m) nach Niggelingu Oberstafel (2312 m) gelangen.

986 *Von N (aus dem Ginalstal)*

EB Vom Ober Sänntum zum Pass, 3 Std.
Vom Unner Sänntum zum Pass, 3¾ Std.

Vom Ober Sänntum (2279 m) folgt man R. 988 des Dreizehntenhorns bis auf den Augstbordgrat. Von dort erreicht man den Pass in 10 Min. schräg über Geröll und Felsen.

987 *Über die E-Seite*

EB Von Jungu, 3½ Std.
Von Schalb, 3¾ Std.
Vom Embd, 5 Std.

Von Schalb (ca. 1890 m) oder von Jungu (1955 m) folgt man R. 979 oder R. 980 des Augstbordpasses bis gegen 2530 m. Dann betritt man das Rot Tälli und erreicht über Geröll und Schnee den Pass.

Dreizehntenhorn, 3052,3 m

Hier stossen die drei Distrikte (Zehnten) Visp, Leuk und Raron zusammen, was dem Gipfel den Namen gab. Auf einem etwa 1860 gebauten Saumweg (in der E-Seite Überreste) früher mit Maultieren begangen. Schöner Aussichtsberg; ein Teil des Panoramas wird jedoch vom Schwarzhorn verdeckt.

988 *Von der NE-Seite*

L Vom Ober Sänntum, 3 Std.
Vom Unner Sänntum, 3¾ Std.

Vom Ober Sänntum (2279 m) an der R. 997 der Chumminilicke folgt man dieser Route bis zum Seefeld. Dann steigt man zum See 2610 m, von wo ein Weg im Zickzack durch die Steinfelder zum Augstbordgrat, etwa 300 m vom Gipfel entfernt, und auf den Gipfel selber führt.

989 *Über den E-Grat (Augstbordgrat)*

L Vom Ginalspass, ¾ Std.

Vom Ginalspass (2913 m) folgt man dem Grat, einige Felsspitzen überschreitend oder umgehend, bevor man auf R. 988 stösst.

990 *Über den SW-Grat*

L Von der Rots Tällilicke, ¼ Std.

Von der Rots Tällilicke (2937 m) über Geröll zum Gipfel.

991 *Über den NW-Grat*

L Von der Niggelinglicke, ¾ Std.

Von der Niggelinglicke (2840 m) steigt man über Geröll, ein Schneefeld und einige Felsen auf.

992 *Über den NNE-Grat*

Auf diesem Grat erhebt sich ein unbedeutender Gipfel, Borterhorn (2897 m) genannt.

L Vom Ober Sänntum, 3 Std.
Vom Unner Sänntum, 3¾ Std.

Vom Ober Sänntum (2279 m) folgt man R. 1015 der Niggelinglicke, von der man abzweigt, um über langweilige Geröllhalden das Borterhorn auf dem NNE-Grat zu erreichen. Von dort folgt man dem Grat zum Gipfel.

Borterhorn, 2897 m

Geröllschulter auf dem NNE-Grat des Dreizehntenhorns.

Siehe R. 992.

Auf dem Gipfel des Dreizehntenhorns gabelt sich der Grat und bildet ein grosses Hufeisen, das das Ginalstal umschliesst.
Wir beschreiben nun die Kette, die das Tal im E begrenzt.

Ginalspass, 2913 m

Zwischen dem Dreizehntenhorn und dem Rieberg; vom Ginalstal ins Augstbordtal.
Schwache Einsenkung im Augstbordgrat. Sie wurde 1869 von Edward Whymper mit Aloys Pollinger überschritten.

993 *Über die N-Seite*

L Vom Ober Sänntum, 2½ Std.
Vom Unner Sänntum, 3¼ Std.

Vom Ober Sänntum (2279 m) an der R. 997 der Chumminilicke folgt man dieser Route bis zum Grosse See (2546 m). Von dort erreicht man den Pass über Gras, Geröll und Schnee.

994 *Über die S-Seite*

EB Von Jungu, 3 Std.
Von Schalb, 3 Std.
Von Embd, 4¼ Std.

Von Schalb (ca. 1890 m) oder Jungu (1955 m) folgt man R. 979 oder R. 980 des Augstbordpasses bis gegen 2530 m. Von dort über sehr steile Grashänge und Steinhalden zum Pass.

Rieberg, 2960,7 m

Bucklige Erhebung im Augstbordgrat.

995 *Über den NE-Grat*

EB Von der Chumminilicke, ½ Std.

Von der Chumminilicke (2803 m) führt ein Weg über den breiten Geröllkamm zum Gipfel.

996 *Über den WSW-Grat*

EB Vom Ginalspass, ¼ Std.

Vom Ginalspass (2913 m) folgt man dem Geröllgrat.

Chumminilicke, 2803 m

Zwischen dem Augstbordhorn und dem Rieberg; vom Ginalstal ins Mattertal (Embd).
Auch Embderlicke genannt. Niedriger als der Ginalspass (2913 m) im Augstbordgrat.

997 *Über die W-Seite*

EB Vom Ober Sänntum, 1¾ Std.
Vom Unner Sänntum, 2½ Std.

Von Unterbäch (Bachtola, 1221 m) führen ein Sessellift und eine Strasse nach Brand (1589 m). Die Strasse, später Fahrweg, führt über P. 1798 beim Gorpatbach ins Ginalstal und zum Unner Sänntum (1993 m), dann zum Ober Sänntum (2279 m), zum Ob. Gertschigalpji (2332 m) und noch etwas weiter.
Man folgt dem Pfad im Talgrund, der nach Seefeld führt und sich nach und nach verliert. Man steigt zum Grosse See (2546 m) und erreicht den Pass über Gras- und Geröllhänge.

998 *Über die E-Seite*

EB Von Schalb, 2½ Std.
Von Embd, 3¾ Std.

Von Embd (ca. 1420 m) folgt man R. 979(a) oder (b) des Augstbordpasses bis nach Schalb (ca. 1890 m). Von dort führt ein Pfad nach Läger und, am Anfang wenig ausgeprägt, nach Ricberg. Man folgt ihm bis zum Bach im SE von P. 2247 und steigt dann über sehr steile Geröll- und Grashänge zum Pass.

999

EB Von Chalte Brunne zum Pass, 3½ Std.

Von der Moosalp (Chalte Brunne, 2048 m) folgt man dem markierten Weg in der Flanke (Tunnels, Taschenlampe nicht unbedingt erforderlich), der nach Läger (2108 m) führt. Dort trifft man auf R. 998.

1000

B Von Pletsche nach Läger, ½ Std.

Von der Strasse Törbel–Moosalp (Chalte Brunne, 2048 m) zweigt bei der Kurve von Site (1730 m) eine Strasse, später Fahrweg, nach Holz und Pletsche (2010 m) ab. Von dort führt ein anfangs undeutlicher Weg (oberhalb der Steinmäuerchen) zum Weg, der von der Moosalp herkommt. Man erreicht ihn am W-Ende eines Tunnels (R. 999).

Augstbordhorn, △ 2972,5 m

Die Einheimischen nennen diesen Gipfel Schwarzhorn, und das Schwarzhorn der LK sollte eigentlich Augstbordhorn heissen, denn es überragt die Weiden von Augstbord und den Augstbordpass.

1001 *Über den NNW-Grat*

EB Von der March, ½ Std.

Vom Gipfel der March (2876 m) steigt man in die Senke des Grätji ab (2821 m) und folgt dem Geröllgrat auf markiertem Weg zum Gipfel.

NB. Kommt man über den ENE-Grat der March mit dem Ziel Augstbordhorn, kann man auf Wegspuren die SE-Flanke der March auf ca. 2840 m queren, ohne den Gipfel zu betreten, und auf den NNW-Grat des Augstbordhorns gelangen.

1002 *Vom Törbeltälli*

EB Von Chalte Brunne zum Gipfel, 2½ Std.

Von Bürchen (Zenhäusern, 1444 m) führt eine Strasse auf die Moosalp (Chalte Brunne, 2048 m) und wieder hinunter nach Törbel (1497 m). Von Chalte Brunne führt ein Weg über P. 2203 ins Törbeltälli, wo er auf ca. 2550 m aufhört (Skiliftstation). Man steigt über die Weiden des Törbeltälli zu den kleinen Seen auf. Man kann

a) vom See 2571 m einen von weitem kaum sichtbaren Pfad nehmen, auf dem man durch eine Schuttrinne den ESE-Grat etwas westlich von P. 2877 erreicht. Weiter auf R. 1003.
b) vom oberen See zu den drei grossen Blöcken (Mordsteina) gelangen und von dort über einen Gras- und Geröllhang die Senke des Grätji erreichen; oder auch den NNW-Grat auf etwa 2850 m, über eine Reihe von gerölldurchsetzten Grasschultern. Weiter auf R. 1001.

1003 *Über den ESE-Grat*

Dieser beginnt auf dem Mällich (△ 2665,7 m) und führt über das felsige Schwarzhorn (2776 m) und P. 2877 auf den Gipfel.

L Von Chalte Brunne, 3 Std.

Von Chalte Brunne (2048 m) folgt man R. 1002 bis zum Eingang des Törbeltällis. Man überschreitet den Törbelbach bei P. 2433 und steigt über den Gras- und Geröllhang auf, der zwischen dem Mällich und dem Schwarzhorn auf den Grat führt. (Am Fuss des Hangs Erdrutschablagerungen.) Man folgt dem Grat, überschreitet oder umgeht (rechts, über Geröll) das Schwarzhorn und kommt bald darauf zu einem Gendarmen, den man links umgeht. Dann über grosse Blöcke zu P. 2877. Von dort führen Wegspuren über den breiten Grat bequem zum Gipfel.

1004 *Über die S-Seite*

EB Von Schalb zum Gipfel, 3 Std.
Von Embd zum Gipfel, 3¾ Std.

Von Embd (ca. 1420 m) folgt man R. 998 der Chumminilicke bis nach Rieberg und steigt dann durch die Mulde von Chummini auf. Direkt über die S-Flanke (Gras und Geröll) zum Gipfel, oder über den ESE-Grat (R. 1003), den man etwas westlich von P. 2877 erreicht.

1005 *Über den SW-Grat*

EB Von der Chumminilicke, ¾ Std.

Von der Chumminilicke (2803 m) folgt man auf Wegspuren dem breiten Gras- und Geröllkamm.

1006 *Über die W-Seite*

EB Vom Ober Sänntum zum Gipfel, 2 Std.
Vom Unner Sänntum zum Gipfel, 2¾ Std.

Vom Ober Sänntum (2279 m) an der Route 997 der Chumminilicke folgt man dieser Route bis zum Grosse See (2546 m). Von dort führen Gras- und Geröllhänge zu P. 2908 und zu R. 1005.

Schwarzhorn, 2776 m

Felsige Erhebung im E-Grat des Augstbordhorns.
Siehe R. 1003.
Der Gipfel ist am leichtesten zugänglich von W.

Mällich, △ 2665,7 m

Letzte Erhebung im E-Grat des Augstbordhorns.

1007

EB

Von allen Seiten über Gras und Geröll leicht zu erreichen.

Grätji, 2821 m

Zwischen der March und dem Augstbordhorn; vom Ginalstal ins Törbeltälli.
Dieser Pass wird kaum überschritten, jedoch beim Aufstieg auf das Augstbordhorn über den NNW-Grat begangen.

1008 *Über die W-Seite*

EB Vom Ober Sänntum, 1¼ Std.
Vom Unner Sänntum, 2 Std.

Vom Ober Sänntum (2279 m) an der R. 997 der Chumminilicke folgt man R. 1013 der March, von der man auf ca. 2700 m zum Pass abzweigt.

1009 *Über die E-Seite*

EB Von Chalte Brunne, 2¼ Std.

Von Chalte Brunne (2048 m) folgt man R. 1002b des Augstbordhorns bis zu den Mordsteina. Über Gras und Steine über den Hang zum Pass.

March oder Violenhorn, 2876 m

Grasiger Gipfel mit etwas Geröll, der oft bei der Besteigung des Augstbordhorns von N überschritten wird.

1010 *Über den N-Grat (Hienergrätji)*

EB Von Brand, 3¼ Std.

Man erreicht von Unterbäch (Bachtola, 1221 m) Brand (1589 m) mit Sessellift oder über die Fahrstrasse. Von dort folgt man der Strasse des Ginalstals bis zum Ausgleichsbecken 1658 m. Etwas weiter hinten beginnt der Pfad nach Gibidum (2039 m) und Ober Gibidum (2252 m, 2321,9 m), der über den Rücken Hienergrätji bis auf den Gipfel führt.

1011

B Vom Unner Sänntum nach Gibidum, ½ Std.

Man kann von Eischoll (1219 m) oder Unterbäch (Bachtola, 1221 m) die Fahrstrasse über Brand (1589 m, Sessellift) zum Unner Sänntum (1993 m) nehmen und gewinnt so Höhe. Vom Unner Sänntum führt ein Forstweg durch den Meiggerwald zur hübschen Lichtung von Gibidum auf ca. 2100 m, wo man auf R. 1010 stösst.

1012 *Über den ENE-Grat (Grat)*

EB Von Chalte Brunne, 2½ Std.

Von Chalte Brunne (2048 m) folgt man R. 1002 des Augstbordhorns bis ins Törbeltälli auf etwa 2550 m. Man gelangt in Richtung NW (Walker) zum grasigen Grat, dem man bis zum Gipfel folgt.

1013 *Über die W-Seite*

EB Vom Ober Sänntum, 1½ Std.
Vom Unner Sänntum, 2¼ Std.

Auf R. 997 der Chumminilicke gelangt man ins Ginalstal und folgt vom Obern Sänntum (2279 m) dem Pfad Richtung E bis über das Ob. Borteralpji hinaus. Dann über Gras- und Geröllhänge zum Gipfel.

Über den S-Grat

Siehe R. 1001.

Nun wenden wir uns der Kette zu, die vom Dreizehntenhorn nach NW läuft und die linke Begrenzung des Ginalstals bildet.

Niggelinglicke, 2840 m

Zwischen der Schwarzi Blatte und dem Dreizehntenhorn; vom Turtmanntal ins Ginalstal.

1014 *Über die W-Seite*

EB Von Pletschu, 3 Std.

Vom Turtmanntal, bei der Brücke 1776 m über die Turtmänna, folgt man R. 985 der Rots Tällilicke bis zu P. 2735. Von dort gelangt man über Rasen und ein Steinfeld auf den Pass.

1015 *Über die NE-Seite*

L Vom Ober Sänntum, 2¼ Std.
Vom Unner Sänntum, 3 Std.

Auf R. 997 der Chumminilicke gelangt man zum Ober Sänntum (2279 m). Von dort folgt man dem Pfad Richtung SW bis zu P. 2502, dann wendet man sich nach S über Weiden auf den Pass zu, der eine ausgeprägte Senke bildet. Über ein steiles Schneefeld in der N-Flanke des Dreizehntenhorns gelangt man auf den Pass.

Schwarzi Blatte, 2975 m

Dieser Gipfel hat zwei felsige, rötliche Erhebungen, die ungefähr gleich hoch sind. Von allen Seiten ersteigbar, vor allem über den Kamm.

1016 *Über den SE-Grat*

L Von der Niggelinglicke, ½ Std.

Von der Niggelinglicke (2840 m) folgt man dem Grat aus Geröll und zerborstenem Felsen.

1017 *Über den N- und W-Grat*

L Vom Ginalshorn, ½ Std.

Vom Ginalshorn (3026,7 m) folgt man dem Grat aus Geröll und einigen Felsen, die unbedeutende Erhebung Borthorn (2993 m) überschreitend.

Borthorn, 2993 m

Unbedeutende Erhebung im Verbindungsgrat Ginalshorn–Schwarzi Blatte, die kaum einen Namen verdient.

Siehe R. 1017.

Ginalshorn, 3026,7 m

Schöner Aussichtspunkt.

Über den S- und E-Grat

Siehe R. 1017.

1018 *Über den NNW-Grat (Riebgrat)*

EB Von Obermatte, 5 Std.

Von Ergisch (1086 m) führt eine Fahrstrasse nach Obermatte, wo man in der Kurve 1528 m parkiert. Von dort führt ein absteigender Pfad über Alber zum Chummugrabebach und zum guten Weg im Brandwald. An der St.-Anton-Kapelle (1684 m) und bei P. 1770 vorbei, steigt man nach Alpetjini (1856,3 m), Sänntum Unnerstafel (1861 m) und zum Wangalpji (1987 m). Der Pfad führt nun schräg durch eine Felswand zur Hütte von Blyschini (Seilgeländer und Haken), dann über den Blyschbach und weiter über exponierte Bänder durch eine Wand (Seilgeländer und Haken). Auf einer Schulter angelangt, verlässt man den Weg und steigt zu P. 2430,8 (Riebu, Schafalpu). Von dort über den zuerst grasdurchsetzten, dann gerölligen Grat zum Gipfel.

1019 *Über den NNE-Grat (vom Altstafelhorn)*

EB Vom Altstafelhorn, 1 Std.

Vom Altstafelhorn (2839 m) folgt man dem zuerst fast horizontalen Grat aus Geröll mit einigen Rasenflecken. Roti Ritze wird links (E) umgangen.

1020 *Über die E-Seite*

EB Vom Ober Sänntum zum Gipfel, 2¼ Std.
Vom Unner Sänntum zum Gipfel, 3 Std.

Vom Ober Sänntum (2279 m) folgt man R. 1015 der Niggelinglicke bis zu P. 2502, steigt dann zum Seelein 2571 m weiter und betritt das Schwarzu Tälli. Man steigt durch das Tal und über eine in der LK gut sichtbare Graszunge zu einer Schulter im NNE-Grat auf, wo man auf R. 1019 stösst.

Altstafelhorn, 2839 m

Wenig ausgeprägter Gipfel.

1021 *Über die W-Seite*

EB Von der Mulde Chummetji, 1 Std.
Von Obermatte, 4 Std.

Aus der Mulde Chummetji an der R. 1025 des Signalhorns steigt man über den grösstenteils grasigen W-Hang auf.

1022 *Über den NNW-Grat*

EB Vom Chummetjigrätji, 10 Min.

Vom Chummetjigrätji (2781 m) folgt man dem gerölldurchsetzten grasigen Grat.

1023 *Über den E-Rücken*

EB Vom Ober Sänntum, 1½ Std.
Vom Unner Sänntum, 2¼ Std.

Vom Ober Sänntum (2279 m) folgt man R. 1015 der Niggelinglicke bis zu P. 2502, steigt dann über die Weiden von Stüofmatt und weiter über den Gras- und Geröllrücken zum Gipfel.

Über den SSW-Grat (vom Ginalshorn)

Siehe R. 1019.

Chummetjigrätji, 2781 m

Diese tiefste Einsenkung zwischen dem Signalhorn und dem Altstafelhorn wird manchmal als Übergang benützt. Es ist jedoch günstiger, das Altstafelhorn auf R. 1021 und R. 1023 zu überschreiten.

Signalhorn, 2910,6 m

Interessanter Aussichtspunkt.

1024 *Über den SSE-Grat*

EB Vom Chummetjigrätji, ½ Std.

Vom Chummetjigrätji (2781 m) folgt man dem Grat, der aus Gras, Geröll und einigen grossen Blöcken besteht.

1025 *Über die SW-Seite*

EB Von der Mulde Chummetji, 1 Std.
Von Obermatte, 4 Std.

Auf R. 1018 des Ginalshorns steigt man bis zu P. 2430,8 und quert dann in die Mulde des Chummetji. Von dort steigt man über die steile Gras- und Geröllhalde auf, den Felsriegel rechts umgehend.

1026 *Über den NW-Grat (vom Ergischalphorn)*

EB Vom Ergischalphorn, ½ Std.

Vom Ergischalphorn (△ 2849,3 m) steigt man über Gras in die Senke 2819 m ab. Dann über grosse Blöcke zu den zerborstenen Felsen, die zum Gipfel führen.

1027 *Über den NE-Grat*

EB Von der Undri Eischollalp, 3 Std.
Vom Unner Sänntum, 3 Std.

Von Unterbäch (Bachtola, 1221 m) führen eine Sesselbahn und eine Fahrstrasse nach Brand (1589 m). Die Strasse, später Fahrweg, führt zu P. 1798 vor dem Gorpatbach. (Hierhin auch direkt von Eischoll.) Um den Rücken Scheidegga zu erreichen, kann man

a) der Fahrstrasse des Ginalstals bis Unners Sänntum (1993 m) folgen, dann auf dem Pfad über Alte Stafel (2090 m) zu P. 2217 aufsteigen und weiter über die Weiden der Rinderalp.

b) der Fahrstrasse bis zur Undri Eischollalp (1868 m) folgen, dann dem Weg über P. 1998,7 zur Obri Eischollalp (2058 m) und weiter bis auf den Rücken.

Vom Rücken Scheidegga folgt man dem breiten, grasigen Grat über P. 2465,6 und P. 2707 zum Gipfel.

1027 a *Variante*

EB Vom Unner Sänntum zum Gipfel, 2½ Std.

Kommt man vom Unner Sänntum (1993 m), kann man, bevor man zu P. 2217 gelangt, über Wegspuren durch das Altstafeltelli und zum Grat steigen, den man bei P. 2707 erreicht.

Rinderhorn, 2626 m

Dem NE-Grat des Signalhorns vorgelagerte Schulter; von allen Seiten zugänglich.

Ergischalphorn, △ 2849,3 m

Massiger Geröll- und Grasgipfel mit einem grossen Steinmann.

1028 *Von der SW-Seite*

EB Von der Mulde Chummetji, 1 Std.
Von Obermatte, 4 Std.

Von der Mulde Chummetji (R. 1025 des Signalhorns) steigt man zur Ruine Chummetjistafel (2504 m) und direkt über den Grashang weiter.

1029 *Über die WSW-Seite*

EB Von Obermatte, 4 Std.

Von Obermatte (1528 m) folgt man R. 1018 des Ginalshorn bis vor den Blyschbach. Dann steigt man links über einen steilen Grashang und über Geröll zum Chummetjitosse (2464,2 m) und weiter zum Gipfel.

1030 *Über den NNW-Grat*

EB Vom Ergischhorn, ¾ Std.

Vom Ergischhorn (2533 m) folgt man dem breiten Gras- und Geröllrücken zum Gipfel.

1031 *Über den NE-Grat*

EB Von Tschongu, 1¾ Std.
Von der Obri Eischollalp, 2 Std.

Der Grat beginnt bei P. 2434,0. Man erreicht ihn

a) auf R. 1034 des Ergischhorns, indem man nach dem Wald Ze Tschongu abzweigt;
b) auf R. 1027b des Signalhorns bis zur Obri Eischollalp (2058 m) und dann nach W über Erez ansteigend.

Man folgt dann dem Gras- und Geröllgrat.

Über den SE-Grat

Siehe R. 1026.

Distelhorn, 2451 m

Unbedeutender Gras- und Felsgipfel.

1032

L

Man erreicht den Gipfel, indem man von R. 1034 des Ergischhorns abzweigt, und steigt am besten von S über Blöcke auf.

Ergischhorn, 2533 m

Kein eigentlicher Gipfel, eher Ausläufer mit interessantem Blick ins Rhonetal.

1033 *Von der W-Seite*

EB Von Obermatte, 4 Std.

Von Ergisch (1086 m) folgt man R. 1018 des Ginalshorns bis nach Sänntum Unnerstafel (1861 m). Dann kommt man Richtung N zurück und erreicht Oberi Alpetjini (2094 m) und Sänntum Oberstafel (2185 m). Von dort führt der Pfad gegen N bis zu P. 2271 und dann (markiert) zuerst gegen SE, dann in einigen Windungen bis zum Gipfel.

1034 *Von der SE-Seite*

EB Von Tschorr, 2 Std.

Von Ergisch (1086 m) führt eine Fahrstrasse auf das Plateau von Obermatte (1550 m), ein Fahrweg weiter bis Tschorr (ca. 1780 m) und zur Undre Eischollalp (1868 m).
Man erreicht Undri Eischollalp auch von Eischoll (1219 m): Auf einer Fahrstrasse bis zu P. 1864, dann auf einem Fahrweg zum Gorpatbach und zur Undre Eischollalp (1868 m), von wo der Weg weiter nach Tschorr geht.
Man erreicht den Gorpatbach auch auf R. 997 der Chumminilicke.
Von Tschorr (ca. 1780 m) folgt man dem markierten Pfad am ausgetrockneten Teich und beim Brunnen vorbei. Bei der nächsten Abzweigung nimmt man nicht den Pfad zur Obre Senggalp, sondern den nach Brand, der sich bald wieder gabelt. Man folgt nun dem angezeichneten Pfad auf das Ergischhorn, der durch den Wald Mosshalte nach Ze Tschongu (schöner, lichter Wald) und in die Steinfelder nördlich des Distelhorns (2451 m) führt. Von dort steigt er etwas ab ins Sängtelli, dann, weniger deutlich, in der SE-Flanke (Gras und Geröll) des Ergischhorns empor. Man erreicht den NE-Grat zwischen dem Gipfel und P. 2456,9 und folgt ihm über Rasen zum Gipfel.

ABSCHNITT VIII

Dent-d'Hérens-Gruppe – Matterhorn-Gruppe

Vom Rocher de la Division
zum Col des Grandes Murailles
und zum Theodulpass

Der dominierende Gipfel in dieser Gruppe ist zweifelsohne das Matterhorn, das zusammen mit der Dent d'Hérens als wundervolle Mauer den Tiefmattengletscher überragt. Wildeinsame Gebiete befinden sich hier in unmittelbarer Nähe bestbekannter Touristenstationen wie Breuil (Cervinia) und Zermatt. Die Entwicklung dieser Touristenzentren hat das zum Skifahren geeignete Gebiet um den Theodulpass in Mitleidenschaft gezogen: Der schönste Gipfel der Welt erhebt sich über einem Gewirr von Kabeln und Pistenfahrzeugen. Der Erschliessungseifer hat auch dazu geführt, dass auf dem Grat zwischen dem Hörnli und der Dent d'Hérens nicht weniger als sieben Unterkünfte aufgestellt worden sind. Doch all dies kann den herrlichen Gipfeln eigentlich nichts anhaben. Vor allem in der Zwischensaison und im Winter erstrahlt das Matterhorn in unnahbarer Würde, auch wenn es zwischendurch immer wieder Schauplatz von Extravaganzen wird (N-Wand: Pierre Gévaux, 1984, Gleitschirmflieger; J.M. Boivin, 1980, Deltasegler), die vielfach ohne Helikopter nicht denkbar wären. Auf der S-Seite haben die italienischen Kletterer einige neue Routen erschlossen.

Fahrwege und -strassen

Es werden nur jene Fahrwege aufgeführt, die für die Durchführung einer Tour von Nutzen sind. Manchmal ist ihre Benützung beschränkt erlaubt, manchmal besteht auch ein allgemeines Fahrverbot. Wer eine solche Strasse dennoch benützt, tut dies auf eigene Verantwortung. Diese Strassen sind oft sehr schmal und müssen mit der nötigen Vorsicht und passenden Geschwindigkeit befahren werden.

– Valpelline: Von Bionaz ist die Strasse gut bis zur Staumauer des Sees von Place Moulin, dann führt sie, schwieriger zu befahren, bis Prarayer.

Seilbahnen

– Seilbahn Cresta di Furggen
– Seilbahn Plateau Rosa
– Seilbahn Zermatt–Schwarzsee
– Seilbahn Zermatt–Klein Matterhorn

Rocher de la Division, 3333 m

Ohne Namen auf der LK.

Grosser Felssporn ohne touristische Bedeutung.

1045 *Über den E-Grat*

L Vom Col de la Division, 5 Min. Abb. S. 145

Vom Col de la Division (3314 m) folgt man dem breiten Geröll- und Felsrücken.

Col de la Division, 3314 m

Zwischen dem Rocher de la Division (3333 m) und der Tête de Valpelline; vom Haut Glacier de Tsa de Tsan (Col du Mont Brulé, Col des Bouquetins, Col de Valpelline) zum Rifugio Aosta.

1046 *Über die N-Seite*

Vom Col du Mont Brulé, siehe R. 127(a) und (b).

Vom Col des Bouquetins, siehe R. 158.

Vom Col de Valpelline, siehe R. 1048.

1047 *Über die S-Seite*

L Vom Rifugio Aosta, 1½ Std. Abb. S. 145

Vom Rifugio Aosta (2781 m) folgt man dem Weg bis zur Moräne, auf der man bis zum Schneefeld am Fuss des Passes aufsteigt. Eine von kleinen, gewundenen Couloirs durchzogene und ca. 70 m hohe Felsmauer versperrt den Zugang zum Pass. Man quert über den Firn zu einem Schuttfeld und geht von dort noch ca. 10–15 m gegen links. Ein erstes Couloir weist einige Meter glatten Fels auf, doch etwas weiter links, jenseits eines Gendarmen, findet man ein zweites und leichteres Couloir, in dem man über losen, zerborstenen Fels zum Pass aufsteigt.

Col de Valpelline, 3568 m

Zwischen der Tête Blanche und der Tête de Valpelline; vom Haut Glacier de Tsa de Tsan (Col du Mont Brulé, Col de la Division) zum Stockjigletscher (Schönbielhütte).

Erste touristische Überschreitung: Fred W. Jacomb mit Johann Kronig, 13. August 1860.

1048 *Über die W-Seite*

L Vom Col de la Division, 1 Std. Abb. S. 145

Vom Col de la Division (3314 m) steigt man auf den Firnfeldern des Haut Glacier de Tsa de Tsan leicht gegen N ab und anschliessend Richtung NE durch die Gletschermulde aufwärts zum Pass.

Über die W-Seite

L Vom Col du Mont Brulé, 2¼ Std.

Siehe R. 126.

1049 *Über die E-Seite*

WS Von der Schönbielhütte, 4–5 Std.

Von der Schönbielhütte (2694 m) folgt man R. 255 des Col d'Hérens. Anstatt zu diesem Pass aufzusteigen, folgt man weiter der Gletschermulde des Stockjigletschers (einige grosse Spalten), die direkt in den Pass führt.

Tête de Valpelline, 3802 m

Mächtige, auf der N-Seite schneebedeckte Kuppe. Die S-Seite wird von einer zerborstenen Felswand gebildet. Prächtiger Blick auf die Dent d'Hérens und das Matterhorn.

1050 *Über die N-Seite*

Edward Whymper mit Franz Biner, 1866.

L Vom Col de Valpelline, ¾ Std. Abb. S. 145

Vom Col de Valpelline (3568 m) steigt man über die sanft geneigten Firnfelder zum Gipfel.

1051 *Über die E-Wand*

Oskar Supersaxo mit seiner Seilschaft, Datum unbekannt.

Diese steile verwitterte Felswand ist von unangenehmen Couloirs durchfurcht. Sie wurde vom Bergschrund am Fuss des obern Gendarmen des SSE-Grates durch die Partie des Führers Oskar Supersaxo erstiegen, welcher es nicht gelungen war, den Bergschrund am Fuss des Tiefmattenjochs zu bezwingen. Die Felsen sind sehr lose, und die Wand, welche früh der Sonne ausgesetzt ist, ist schon am frühen Morgen sehr gefährlich. *Nicht empfehlenswert.*

1052 *Über den SSE-Grat*

John Taylor mit Ambros Supersaxo, Ende Juli oder Anfang August 1880.

Die Umgebung ist grossartig, der Fels aber sehr lose.

WS Vom Tiefmattenjoch, 1½ Std. Abb. S. 499

Vom Tiefmattenjoch W (3565 m) folgt man dem zerborstenen Grat in leichter Kletterei. Eventuelle Schwierigkeiten werden links (S) umgangen. Kurz vor dem Gipfel wird ein markanter Aufschwung jedoch rechts (E) umgangen (die Bänder auf der W-Seite sind heikel). Man steigt auf einem geneigten Band ca. 10 m ab und quert ein steiles, ca. 10 m breites Couloir. Dann 15 m wieder auf den Grat zu, wo der Fels besser wird. Man überwindet einen kleinen Überhang mit ausgezeichneten Griffen und gelangt bald darauf auf den Gipfel.

1053 *Über den SSW-Grat und die SW-Wand*

Aldo Bonacossa, Carlo Prochownick, 9. September 1920.

Der SSE-Grat der Tête de Valpelline teilt sich auf ca. 3700 m. Der eine Arm senkt sich zum Tiefmattenjoch W, der andere begrenzt die Gletscherbucht, die westlich zum Tiefmattenjoch hinaufzieht, und ist an seinem Fuss mit 3337 m kotiert. Steinschlaggefahr im mittleren Teil der SW-Wand.

ZS Vom Rifugio Aosta, 5–6 Std. Abb. S. 499

Vom Rifugio Aosta (2781 m) folgt man R. 1061 der Dent d'Hérens bis über die ersten Séracs und erreicht den Fuss des Grates. Man steigt über diesen Grat bis fast zu seinem Vereinigungspunkt mit dem SSE-Grat (ca. 3700 m) empor. Nun quert man über leichte Bänder nach links bis in die Mitte der SW-Wand und steigt in ziemlich schwieriger Kletterei zum SSE-Grat hinauf, den man unweit des Gipfels betritt.

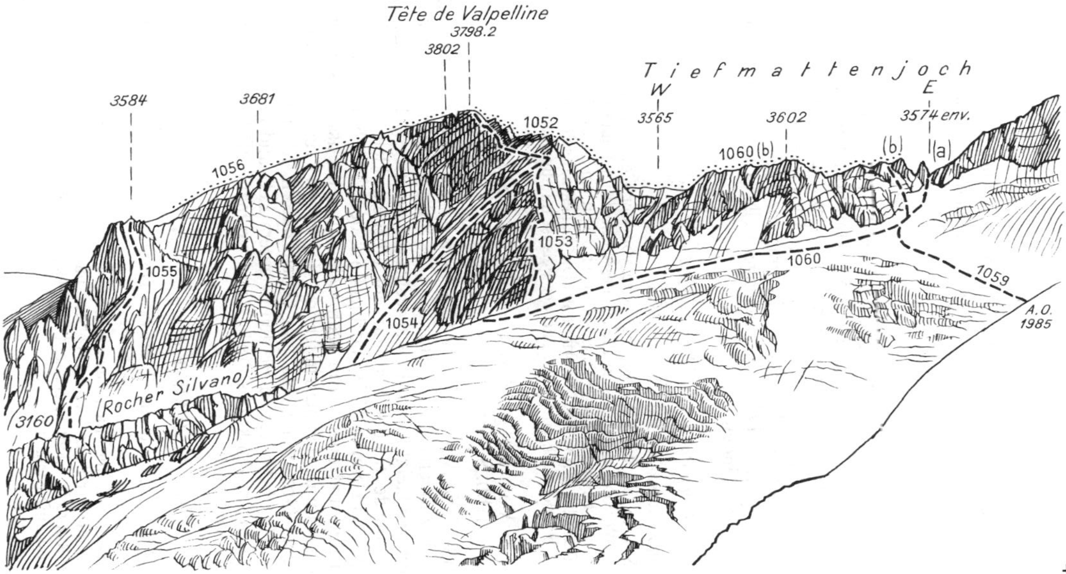

Tête de Valpelline, von S

1054 *Über die SW-Wand direkt*

Gino Costa, Giorgio Moretti, Leopoldo Saletti, 7. Juli 1942.

Gefährlicher und nicht empfehlenswerter Weg in der Mitte der trichterförmigen Wand.

ZS+ Vom Rifugio Aosta, 6¾ Std. Abb. S. 499

Vom Rifugio Aosta (2781 m) folgt man R. 1061 der Dent d'Hérens zum Fuss der Wand. (1¾ Std.). Man übersteigt den Bergschrund und den steilen Eishang (ca. 80 m), der zu den Felsen führt. Diese sind eher lose. Nach ca. 100 m gelangt man zu einem Überhang, den man links umgeht. Weiter direkt zum Gipfel empor, wobei eine schwierige Stelle (1 H) im mittleren Teil zu überwinden ist.

1055 *Über die S-Wand zu P. 3584*

Luciano und Marco Pasi, 13. Juli 1969.

Die S-Seite des WSW-Vorsprungs wird von vier Couloirs durchzogen und im W von einem grossen Pfeiler, dessen höchster Punkt mit 3584 m kotiert ist, begrenzt. Der Pfeiler selbst wird von einem Couloir durchschnitten, das ihn in zwei Sporne teilt. Die manchmal schwierige Route führt über den rechten Sporn, und der Fels ist im allgemeinen gut.

S Vom Rifugio Aosta zum Gipfel, 5 Std.
Abb. S. 499

Vom Rifugio Aosta (2781 m) folgt man R. 1061 der Dent d'Hérens bis zuoberst auf die Moräne. (1¼ Std.). Man erreicht den Sporn und steigt in den Felsen rechts (in Aufstiegsrichtung) der Mündung des Sekundärcouloirs ein. Über eine kleine Verschneidung 5–6 m empor (III) und links auf den Grat hinaus. Man folgt ihm und quert dann nach rechts an den Fuss eines 35 m hohen Kamins, den man in schöner Kletterei (IV) ersteigt. Dann auf dem Grat weiter bis zum Gipefelzacken. Man übersteigt linker Hand die letzten Platten in gutem Fels und gelangt auf den höchsten Punkt des Pfeilers, von wo man auf R. 1056 zum Gipfel weitergeht.

1056 *Über den WSW-Vorsprung*

G.V. Amoretti, Gino und G. Bruschi, Donato di Vestea, 12. September 1928.

Es handelt sich hier nicht um einen eigentlichen Grat, sondern um die Schnittlinie der Firnfelder der W-Seite mit den Felswänden der S-Seite. Diese Route ist nicht interessant, und es ist viel besser, zum Col de la Division aufzusteigen.

WS Vom Rifugio Aosta, 3–4 Std. Abb. S. 499

Vom Rifugio Aosta (2781 m) folgt man eine Zeitlang dem Fussweg der R. 1047 des Col de la Division, dann wendet man sich nach rechts und steigt über Schutt, einen Absatz und Schnee aufwärts, mehr oder weniger dem Rand der Südwand entlang, bis zum Gipfel.

1057 *Über die WNW-Seite*

Wenn die Spalten unmittelbar im E des Col de la Division den Zugang zu diesem Pass verunmöglichen, nimmt man den Umweg über den Col de Valpelline (3568 m).

L Vom Col de la Division, 1½ Std. Abb. S. 145

Vom Col de la Division (3314 m) folgt man dem breiten Schuttrücken Richtung E. Dem folgenden Schneehang weicht man, sobald er steiler wird, gegen links aus und steigt über Schneebuckel, dann zwischen einigen grossen Spalten durch, auf den Gipfel zu.

Tiefmattenjoch, 3565 m

Zwischen der Tête de Valpelline und der Dent d'Hérens; vom Tiefmattengletscher (Schönbielhütte) zum Glacier des Grandes Murailles (Rifugio Aosta).

Der Übergang hat zwei Einsenkungen: Die westliche, ein breiter Schneesattel (3565 m), liegt unmittelbar am Fuss des SSE-Grates der Tête de Valpelline. Auf der S-Seite führen ein Felshang und eine Schneezunge auf den Glacier des Grandes Murailles. Die N-Seite besteht aus einem steilen, mindestens 200 m hohen Schnee- und Eishang (53°) über dem Tiefmattengletscher. Wenn überhaupt, wird diese westliche Senke des Jochs überschritten.

470 m östlich dieser Senke, und von ihr durch den P. 3602 getrennt, befindet sich am Fuss des W-Grates der Dent d'Hérens die zweite, östliche Einsenkung (ca. 3574 m). Sie ist halbmondförmig, und in der Mitte erhebt sich ein spitzer Gendarm. Das Schnee- und Eiscouloir, das von der N-Seite heraufzieht, beginnt unmittelbar am Fuss des unteren Gletscherbruchs der WNW-Flanke der Dent d'Hérens. Es wird oft von Steinschlag durchfegt. Auf der Südseite gelangt man fast eben auf die Firnfelder des Glacier des Grandes Murailles. Die östliche Senke wird nicht überschritten. Beide Einsenkungen dienen vornehmlich als Zugang zur Dent d'Hérens über den W-Grat (R. 1062) oder der Tête de Valpelline über den SSE-Grat (R. 1052).

Von der westlichen Senke (3565 m) gelangt man in die östliche (ca. 3574 m) in ½ Std. Man folgt zuerst dem Schneegrat, umgeht rechts einen Gendarmen, steigt dann ab zu einem weiteren, manchmal verwächteten Schneegrat und quert schliesslich den ausgesetzten Hang der E-Senke.

G.E. Foster, A.W. Moore mit Jakob Anderegg und Hans Baumann, 15. Juli 1871.

1058 *Über die N-Seite*

ZS Von der Schönbielhütte, 3½–5 Std.

Von der Schönbielhütte (2694 m) folgt man R. 255 des Col d'Hérens bis dort, wo der Weg nach N im Zickzack auf den Sattel (3041 m) des Stockji steigt. Man betritt den Tiefmattengletscher und steigt auf seinem linken (N) Ufer auf, indem man dicht unter einer Felswand durchgeht, um die grossen Spalten und Abbrüche bei P. 2902 zu vermeiden. Der zweite Gletscherbruch kommt nun in Sicht und kann auf dem einen oder andern Ufer des Gletschers umgangen werden. Ist der Gletscher nicht allzu stark zerschrundet, so probiert man ihn rechts (nordwestlich) zu überlisten, ohne die Felsen der Tête de Valpelline zu betreten. Ist der Durchgang unmöglich, so benützt man diese Felsen, wobei man ein ausgeprägtes Band findet (dem Steinschlag ausgesetzt), das am Fuss des Schneecouloirs rechts bei P. 3014 beginnt. Man betritt den Gletscher wieder oberhalb des Abbruchs. (Es ist auch möglich, links am Fusse der Dent d'Hérens zu passieren, und oft ist dieser Weg leichter. Er ist aber stark den von der Dent d'Hérens herunterstürzenden Lawinen ausgesetzt, weshalb er nur an einem kalten Morgen begangen werden soll.) Ohne weitere Schwierigkeiten gelangt man nun an den Fuss des Jochs. (2½–3 Std.). Der Bergschrund ist zuweilen sehr breit. Der Schnee- oder Eishang, der zum Schneesattel 3565 hinaufführt, ist sehr steil (53°).

N.B. Die sehr losen Felsen der Tête de Valpelline werden nur im äussersten Notfall benützt, z.B. wenn der Bergschrund unpassierbar ist (siehe R. 1051).
Im *Abstieg* sollte man diesen Hang erst betreten, wenn die E-Wand der Tête de Valpelline im Schatten liegt.

1059 *Über die S-Seite (vom Biwak der Tête des Roèses)*

Diese Route ist heikel wegen der Spalten.

WS Vom Biwak der Tête des Roèses zum Joch,
2½ Std. Abb. S. 499

Vom Biwak der Tête des Roèses (ca. 3160 m) betritt man den Glacier des Grandes Murailles im E der Tête des Roèses und gelangt über einen Hang auf ein grosses Plateau. Dann quert man horizontal gegen NNE auf die Felsinsel 3468 m zu. Man geht am Fuss der Insel vorbei und lässt sich dann in einem gefährlichen Spaltengewirr etwas gegen links abwärts drängen, um eine Art Korridor zwischen zwei Spaltenzonen zu erreichen. Man folgt ihm in Richtung auf die westliche Einsenkung und stösst in der Schneebucht am Fuss des Jochs auf R. 1060.

1060 *Über die S-Seite (vom Rifugio Aosta)*

L Vom Rifugio Aosta, 2½ Std. Abb. S. 499

Vom Rifugio Aosta (2781 m) folgt man R. 1061 der Dent d'Hérens bis über den Gletscherbruch, dann wendet man sich nach links und steigt durch die Schneebucht am Fuss des Jochs auf. Man kann nun

a) über einen Schneehang und einige Felsen (30 m, 2 H, Schutt) in die *E-Senke* (ca. 3574 m) östlich des spitzen Gendarmen steigen, wo R. 1062 der Dent d'Hérens beginnt. Abb. S. 499, 505.
b) der Felsrippe unmittelbar im W der unter a) beschriebenen Route folgen, den Schneekamm zwischen den beiden Einsenkungen erreichen und ihm bis in die *westliche Senke* folgen (wo R. 1052 der Tête de Valpelline beginnt), wobei ein Gendarm links zu umgehen ist. Abb. S. 499, 505.

Dent d'Hérens, 4171,4 m

Mont Tàbel oder Tabor ist ein alter, heute nicht mehr gebräuchlicher Name für die Dent d'Hérens, der im Namen des Gletschers Ghiacciaio di M. Tàbel noch enthalten ist.
Die Dent d'Hérens ist ein merkwürdiger und komplizierter Berg mit unverkennbarer Silhouette. Von W präsentiert sie sich als schlanker Kegel, von der Schönbielhütte aus jedoch als fast vier km breite, leuchtende, eisgepanzerte Mauer. – Die Grenze zwischen der Schweiz und Italien verläuft über den E- und den W-Grat in fast gerader Linie vom Tiefmattenjoch zum Colle Tournanche.
Die Wasserscheide zwischen den Tälern von Valtournanche und Valpelline beginnt nicht auf dem Gipfel der Dent d'Hérens, sondern etwa 400 m östlich, auf ca. 4040 m, bei der Schulter des E-Grats, die nicht mit der

Schneeschulter (3957 m) zu verwechseln ist. Von dort verläuft die Wasserscheide über die ca. 250 m lange Schneeschulter (3957 m) Richtung SSE. Ihre Wächten hängen im E über einer mächtigen Felswand, die auf den Glacier de Chérillon abfällt. Gegen SW senkt sich eine harmlose Firnmulde des Glacier des Grandes Murailles. Auf diesem Weg kann man den E-Grat der Dent d'Hérens erreichen, ohne Fels zu berühren (ausser den letzten Metern).
Am SSE-Ende der Schneeschulter (3957 m) gabelt sich der Grat abermals. Richtung SSE läuft er in die Felsrippe(-wand) der Cresta Albertini aus, die den Gh. di Chérillon und den Gh. di M. Tàbel trennt. Die Wasserscheide verläuft rechtwinklig dazu Richtung SW von der Schneeschulter (3957 m) zum Col des Grandes Murailles und über die gezackte Kette der Grandes Murailles.
Im W dieser Kette liegt der Glacier des Grandes Murailles. Er besteht aus drei Armen. Der nördliche Arm liegt über dem Rifugio Aosta. Die Felsrippe, genannt Rocca Silvano (3160 m, ohne Namen auf der LK) zur Erinnerung an den Erbauer des Rifugio Aosta, trennt ihn vom mittleren Arm. Dieser ist der weitaus mächtigste. Die Tête de Roèses (3216 m), auf der ein Biwak steht, trennt ihn vom südlichen Arm. Eine einzige Route auf die Dent d'Hérens ist als leicht zu bezeichnen: R. 1061 vom Rifugio Aosta aus, Normalroute von der italienischen (SW) Seite her. Von der Schweizerseite her umständlich zu erreichen, bildet sie aber auf jeden Fall einen guten Rückzugsweg.

1061 *Über die SW-Seite und den W-Grat*

F. Craufurd Grove, W.E. Hall, R.S. Macdonald, M. Woodmass mit Melchior Anderegg, Jean-Pierre Cachat, Peter Perren, 12. August 1863.

Vom Rifugio Aosta aus ist diese Tour nicht besonders interessant, die Route eignet sich jedoch für den Abstieg. Von der Schweizerseite her kann die Route wie folgt erreicht werden:

a) Von der Bouquetins-Hütte (2980 m) über den Col du Mont Brulé (R. 125) zum Col de la Division (3314 m) [R. 127(a) oder 127(b)] und auf R. 1047 zum Rifugio Aosta (2781 m). Von Hütte zu Hütte ist mit 3 Std. zu rechnen, Höhenverlust 430 m.
b) Von der Bertolhütte (3311 m) auf R. 157 über den Col des Bouquetins (3357 m) und zum Col de la Division (R. 158). Auf R. 1047 zum Rifugio Aosta. Von Hütte zu Hütte 3 Std., bei einem Höhenverlust von annähernd 500 m.
c) Von der Dent-Blanche-Hütte (3507 m) überschreitet man auf R. 254 des Col d'Hérens den Col de la Tête Blanche (3564 m). Eine Querung führt zum Col de Valpelline (3568 m). Von dort überschreitet man auf R. 1050 und 1052 die Tête de Valpelline (3802 m) und die beiden Einsenkungen des Tiefmattenjochs, bis man schliesslich zum Beginn des W-Grats der Dent d'Hérens gelangt. Der Höhenverlust ist viel geringer, aber R. 1052 ist nicht ganz leicht.

Die Benützung dieser Ausgangspunkte kommt nur für gut trainierte, schnelle Seilschaften und nur bei ausgezeichneten Schneeverhältnissen in Frage.

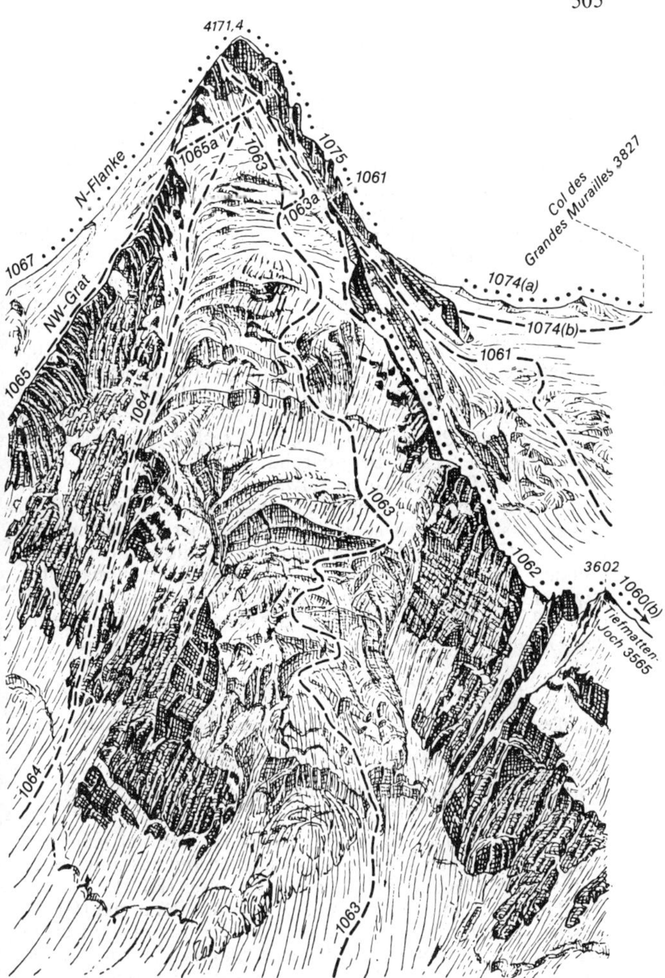

Dent d'Hérens, WNW-Flanke

WS Vom Rifugio Aosta, 5½ Std. Abb. S. 505, 507

Vom Rifugio Aosta (2781 m) ist der unterste Teil der Route gut sichtbar. Man steigt zuerst in südöstlicher Richtung ab, um die rechte (N) Seitenmoräne desjenigen Teils des Glacier des Grandes Murailles, der oberhalb des Rifugios liegt, zu betreten. Man folgt dem Moränenkamm bis zuoberst (vereinzelte Wegspuren). Nun betritt man den Gletscher und steigt durch eine Schneemulde (einige Spalten) an den Fuss des Gletscherbruchs zwischen dem Felssporn der Tête de Valpelline (3337 m) und dem Rocher Silvano (3160 m). Man steigt in der Regel mitten durch diesen Abbruch hinauf, indem man einer Art Korridor folgt, der von rechts nach links ansteigt. Man lässt die Gletscherbucht, die zum Tiefmattenjoch hinaufgeht, linker Hand und wendet sich gegen E, über leichte Firnhänge ansteigend. Einige mächtige Spalten werden links umgangen, dann steigt man schräg nach rechts an, um zwischen zwei Spaltenzonen durchzugehen und den Bergschrund über einen Steilhang zu erreichen, das untere Ende des südsüdwestlichen Felsgrates rechter Hand lassend. Man überschreitet den Bergschrund auf ca. 3800 m und steigt schräg über die SW-Flanke aufwärts (Firn und leichte, aber stellenweise lose Felsen), um den Grenzgrat dort zu betreten, wo dies am besten möglich ist (ca. 200 m vor seiner Vereinigung mit dem NW-Grat). Man folgt nun dem breiten und leichten Kamm (Schnee, Felsen und grössere Blöcke), dann klettert man über etwas steilere Felsen auf den Vorgipfel (Vereinigungspunkt mit dem NW-Grat, R. 1065) und von hier über die Gratschneide auf den Gipfel.

1062 *Über den W-Grat*

A. Gilles Puller mit Louis Carrel, E. Maquignaz, J.J. Pierre, 18. Juli 1873.

Diese Route ist interessanter als R. 1061 und empfehlenswert.

ZS– Vom Tiefmattenjoch zum Gipfel, 3 Std.
Abb. S. 505, 507, 511

Vom Tiefmattenjoch (östliche Senke, 3574 m) folgt man dem Felsgrat bis zu einer kleinen Schneeschulter (interessanter Blick in die WNW-Flanke). Weiter über steile Felsen (III, II) zu einem Gendarmen. Man umgeht ihn oder erklettert ihn direkt (III+). Abstieg auf eine kleine Schulter, von der aus man in einen Felssattel gelangt. Nun über den leichten Grat, bis man in den obersten Teil der WNW-Flanke queren kann (die oft vereist ist). Man gelangt zur Stelle, wo R. 1061 von rechts heraufkommt, und folgt dieser Route zum Gipfel.

Dent d'Hérens, von NW

(Corne)
4040 env. 4075
(Epaule)
3918
(Pte Blanche)
3841
Punta Carrel
3706
(P.M. Cristina)
Col des Grandes
Muraille
1061
1065a
1062
1064
1065
1066
1063
1067
1074 (b)

1063 *Über die WNW-Flanke*

V.J.E. Ryan mit Franz und Jos. Lochmatter, im Abstieg, 30. Juli 1906. Erste Abfahrt mit Ski: Emil Meier, Hans Ritter, Frühling 1941.

Diese schmale Flanke zwischen dem NW-Grat und dem W-Grat (vom Tiefmattenjoch) reicht bis zum Vereinigungspunkt dieser beiden Grate, etwa 150 m unterhalb des Gipfels. Sie ist fast vollständig von einem Gletscher mit mächtigen Abstürzen bedeckt und weist einige riesige Spalten auf. Sie ist nicht sehr steil; 48° im untern, 35° im obern Teil. Es kann Jahre geben, wo die sehr veränderlichen Spalten im Aufstieg nicht zu überschreiten sind. Im Frühsommer, wenn noch viel Schnee liegt, ist der Aufstieg in der einsamen, grossartigen Landschaft sehr schön. Diese Route kann die beste von Schönbiel aus sein, jedenfalls besser als die Route über das Tiefmattenjoch.

ZS Von der Schönbielhütte zum Gipfel, 6–7 Std.
Abb. S. 505, 507

Von der Schönbielhütte (2694 m) folgt man R. 1058 des Tiefmattenjochs bis zum Fuss des Passes. (2½–3 Std.). Man wendet sich nun nach links und sucht sich einen Weg zwischen den Eisabbrüchen, wobei man eventuell Lawinenschnee benützen kann. Man gelangt so auf ein mittleres Plateau. Weiter oben sind noch einmal einige Spalten zu überschreiten. Dann steigt man direkt zum Vereinigungspunkt des W-Grates (R. 1062) und des NW-Grates (R. 1065) hinauf.

1063 a *Variante*

WS Abb. S. 505

Anstatt direkt zum Vereinigungspunkt aufzusteigen, gewinnt man im allgemeinen besser den W-Grat in seinem oberen Teil, wo man auf R. 1061 trifft.

1064 *Durch die NW-Flanke*

Patrick Gabarrou, Romain Vogler, 16. August 1981.

Die 750 m hohe Wandroute beginnt östlich von P. 3351. Sie führt durch die NW-Wand und mündet oben in die WNW-Flanke. Wunderbare, direkte Eisroute, die klassisch werden dürfte. Die Erstbegeher brauchten 2¼ Std. (!), sie gingen, mit Ausnahme der steilen 20 m, ohne Seil.

S– Von der Schönbielhütte zum Gipfel, 6–7 Std.
Abb. S. 505, 507

Von der Schönbielhütte (2694 m) folgt man R. 1058 des Tiefmattenjochs bis in die Gegend von P. 3351. Man geht nun die

Eishänge unmittelbar links der Fallinie des linken Endes der Eisbrüche an, die die WNW-Flanke bedecken, und ersteigt sie bis auf Höhe des Eisriegels. Ca. 20 m sehr steile Eiskletterei führen auf den grossen, wenig steilen Schlusshang der WNW-Flanke, wo man auf R. 1061–1063 trifft.

1065 *Über den NW-Grat*

F. Hicks, T.P.H. Jose mit Ferdinand Imseng, 1. August 1881.

Es handelt sich weniger um einen Grat als vielmehr um eine Felsrippe, die sich nach unten verbreitert und die die N-Flanke von der WNW-Flanke trennt. Das untere Ende befindet sich 350 m im ENE von P. 3351. Im obern Teil, ab P. 3802, überragt die Felsrippe die angrenzenden Firne nicht mehr, und ca. 150 m vom Gipfel entfernt vereinigt sie sich mit dem vom Tiefmattenjoch heraufkommenden W-Grat.

ZS Von der Schönbielhütte, 6–8 Std.
Abb. S. 505, 507, 511

Von der Schönbielhütte (2694 m) folgt man R. 1058 des Tiefmattenjochs und gewinnt den Fuss des Grates. (3 Std.). Über schwierigen Fels (verschneit und vereist) steigt man auf den Grat, den Hängegletscher der N-Wand und seine Eisbrüche links unter sich lassend. Das folgende Gratstück ist das steilste, man erklettert es über zahlreiche Stufen und Blöcke. Ein Turm wird rechts umgangen, dann folgt man genau der Schneide.

1065 a *Variante*

ZS Abb. S. 505, 507

Man kann auch oben auf den W-Grat aussteigen und über ihn und R. 1061 den Gipfel erreichen.

1066 *Über die N-Flanke und den E-Grat (Finch-Route)*

George Ingle Finch, T.G.B. Forster, Raymond Peto, 2. August 1923.

Die Gletscherterrasse wurde am 26. April 1943 von J. Zimmermann und Hermann Wäffler mit Ski begangen. Die Seilschaft gelangte jedoch nur bis zur Schulter (ca. 4040 m).

Die ganze N-Flanke der Dent d'Hérens besteht aus einem Hängegletscher, der grösstenteils eingestürzt ist, so dass die nackten Felsen hervortreten. Eine mächtige Gletscherterrasse kommt vom E-Grat gegen WNW herunter, eine Art Gletscherband bildend, das in einer Eiswand (Séracs) im obern Teil des Tiefmattengletschers endigt. Von hier aus ist es am besten zugänglich.

Die Route Finch führt über die ganze Terrasse zum E-Grat. Sehr interessante, aber lange und gefährliche Tour.

ZS+ Von der Schönbielhütte zum Gipfel, 8½–9½ Std. Abb. S. 507, 511

Von der Schönbielhütte gelangt man auf R. 1058 des Tiefmattenjochs zum Fuss des NW-Grates, 350 m nordöstlich von P. 3351. (3 Std.).
Man überschreitet den Bergschrund am Fuss des NW-Grates (sofern er hier unpassierbar ist, sucht man sich einen Weg weiter rechts in der W-Flanke). Man steigt nun über die Felsen des NW-Grates hinauf bis dort, wo man links ein gewöhnlich vereistes Couloir queren kann, um die Terrasse des Hängegletschers zu betreten. (Die Partie Finch musste sehr hoch hinaufsteigen, bevor sie den obern Bergschrund der Terrasse überschreiten und dann auf diese absteigen konnte.) Es kann Jahre geben, wo die Überquerung direkt erfolgen kann, ohne die Felsen zu betreten. (2–3 Std.). Der Aufstieg über die Firnterrasse bietet keine Schwierigkeiten, ihre Neigung beträgt kaum 20°; sie wird in ⅔ Höhe von einer einzigen grossen Spalte durchzogen. Der Hang wird nun ausgeprägter und führt zum Bergschrund, der den E-Grat umschliesst. Dieser könnte direkt erreicht werden, indem man in die Scharte am Fuss des charakteristischen Horns östlich vom Gipfel hinaufsteigt. Finch zog vor, den Grat über einen sehr steilen Schneehang zu erreichen, der unterhalb der Felsschulter (ca. 4040 m) endigt. (2 Std.). Hier stösst man auf R. 1070 und folgt ihr zum Gipfel.
Diese Route wurde am 4. August 1944 von drei jungen Italienern im Abstieg begangen.
Von der Scharte zwischen der Schulter (ca. 4040 m) und dem charakteristischen grossen Horn (4148 m) seilt man über den vereisten Steilhang auf die Terrasse ab, die dann mühelos begangen werden kann. Man erreicht den NW-Grat (R. 1065), indem man über lose Felsen leicht ansteigt, und folgt ihm bis an sein unteres Ende, wo man den Bergschrund überspringt. (2–4 Std. vom Gipfel zum Gletscher).

1067 *Durch die N-Flanke direkt (Route Welzenbach)*

Eugen Allwein, Willi Welzenbach, 10. August 1925.
Erste Winterbegehung: Christoph Beberka, Gerhard Deves, Eckhard Grassmann, Jerzi Hadjukiewitz, Leo Herncarek, Pierre Monkewitz, Dieter Näf, 14.–17. März 1964.
Erster Alleingang: Karl Lugmayer, 29. Juli 1952.

Diese Flanke misst in ihrer ganzen Höhe 1300 m. Von der Gletscherterrasse, die sie in ⅗ Höhe teilt, löst sich ein Vorsprung, auf welchem der Gletscher haftenblieb, während die Eiswände auf beiden Seiten einge-

4040 env.
(Epaule)
4075
3918
Pte Blanche)
3841
Punta Carrel
3801 env.
(Pte Maquignaz)
3706
1062
1065
1066
1067
1068
1069
1093
Tiefmattengletscher

stürzt sind. Der Vorsprung teilt sich weiter unten in zwei Arme und taucht auf 2861 m in den Tiefmattengletscher. Der Zustand des Eiskranzes, der auf dem Vorsprung liegt, ist entscheidend für die Begehbarkeit der Route.

SS+ Von der Schönbielhütte, 15 Std.
Abb. S. 505, 507, 511

Von der Schönbielhütte (2694 m) folgt man R. 255 des Col d'Hérens bis an den Fuss des Stockji. Dann quert man den Tiefmattengletscher in südwestlicher Richtung und geht unter dem Felsen 2902 m durch, um den Fuss des Felssporns 2861 m (zeitweise mit Schnee bedeckt) zu gewinnen. Man steigt nun zwischen dem Sporn und einem Lawinenkegel an. Durch einen schrägen Anstieg über Schnee gewinnt man die Felsen des linken (E-)Arms des Vorsprungs. Der Kamm ist zuerst nicht besonders ausgeprägt, weiter oben wird er aber schmäler und geht in eine Schneekuppe über, dort wo die beiden Arme des Vorsprungs sich vereinigen. Diese Schneekuppe weist gewöhnlich keine Schwierigkeiten auf, sie ist aber mit der obern Terrasse durch einen Kranz von Séracs (Eismauer) verbunden, der unbezwingbar sein kann. Die grosse Schwierigkeit besteht darin, den Eiswall, der durch den senkrechten Abbruch der Gletscherterrasse gebildet wird, zu bezwingen. Dieser Eiswall wechselt sein Aussehen von Jahr zu Jahr. Man überquert nun die Terrasse und bezwingt den obern Bergschrund, um die Schlusswand anzupakken, die ca. 400 m hoch ist. Man überwindet den Bergschrund und folgt einem wenig ausgeprägten, im Innern vereisten Couloir. Dann wendet man sich nach rechts zu einer undeutlichen Felsrippe, die das Couloir westlich begrenzt, und folgt ihr auf einige Längen, bis sie sich verliert. Weiter über brüchige Platten (50°–55°) in heikler und ausgesetzter Kletterei, die, wenn Schnee liegt, sehr schwierig wird (Haken, schlechte Standplätze). Man steigt direkt zum Gipfel auf.

1068 *Über die N-Flanke und den E-Grat*

Michael Jagiello, Jerzy Milewski, Tadeusz Piotrowski, 13./14. August 1971.

Nicht empfehlenswert; sehr eisschlaggefährlich.

SS Von der Schönbielhütte zum Gipfel, 15 Std.
Abb. S. 511

Von der Schönbielhütte (2694 m) folgt man R. 1067 bis zum Fuss des Felssporns 2861 m. Auf R. 1069 steigt man bis über die ersten Felsen auf, zweigt dann nach rechts ab und gelangt zu einer wenig ausgeprägten, z.T. felsigen Rippe. Diese ersteigt man (II, III) und erreicht den Eisabbruch unter der Finch-Terrasse. Man überwindet die Eisbarriere, teilweise mit technischen Hilfsmitteln (A2). Man quert die Terrasse und überwindet die Randkluft in der Fallinie des Sattels zwischen P. 4075 (hakenförmiger Gendarm) und dem grossen Horn (4148 m). Über den sehr steilen Eishang (60°–70°) und brüchige Felsen gelangt man auf den Sattel. Von dort auf R. 1070 zum Gipfel.

1069 *Über den E-Grat und die N-Flanke (im Abstieg)*

Karl Lugmayer, im Absteig, 30. Juli 1952.

Dieser Absteig ist sehr eisschlaggefährdet und nicht empfehlenswert.

SS Abb. S. 511

Nach seinem Alleingang über die R. 1067 stieg dieser Alpinist über den E-Grat ab, wo er biwakierte. Vom Sattel zwischen der Punta Carrel (3841 m) und der Pointe Blanche (3918 m, ohne Namen auf der LK) seilt man durch das Couloir ab, um auf dem Gletscherband, ganz am östlichen Ende, Fuss zu fassen. Dann steigt man direkt ab und gelangt auf eine Gletscherterrasse, der man gegen W folgt. Weiter direkt durch ein Couloir hinunter, das Sammeltrichter für Lawinen am Fuss der Wand ist.

1070 *Über den E-Grat*

Der oberste Teil dieses Grates von der Schulter (ca. 4040 m) bis zum Gipfel wurde erstmals von H.W. Topham mit Aloys Pollinger und Aloys Supersaxo am 31. August 1889 begangen. Sie kamen vom Col des Grandes Murailles (3827 m).
Von der Schulter (ca. 4040 m) zur Pointe Blanche (3918 m, ohne Namen auf der LK) wurde der Grat im Abstieg von Guido Rey mit Aimé und Ange Maquignaz und Jean Baptiste Perruquet am 20. August 1898 begangen, anlässlich ihrer Erstbesteigung der Pointe Blanche.
Der untere Teil schliesslich, vom Colle Tournanche (3479 m) zur Punta Carrel (3841 m), wurde zum ersten Mal von Evan Mackenzie mit Louis Carrel, Antoine Maquignaz und André Pélissier begangen, anlässlich der Erstbesteigung der Pointe Maquignaz (ca. 3801 m, ohne Namen auf der LK) und der Punta Carrel (3841 m) am 30. August 1894.
Die erste Partie, die den ganzen Grat vom Colle Tournanche bis zum Gipfel der Dent d'Hérens überschritt, war diejenige von V.J.E. Ryan mit Franz und Joseph Lochmatter am 30. Juli 1906, nachdem sie im alten Biwak von Zmutt genächtigt hatte.

Trotz ihrer Länge erfreut sich diese Route einer gewissen Beliebtheit, wobei es allerdings Seilschaften gibt, die von der Schulter (ca. 4040 m) über den Glacier des Grandes Murailles zum Rifugio Aosta absteigen, ohne den Gipfel der Dent d'Hérens zu besuchen.
Der erste Absteig über diesen Grat gelang der Seilschaft von Roger Hoffmann und Edouard Wyss mit Alex und Gottfried Perren am 9. August 1921. Vom Rifugio Aosta kommend, standen sie schon vor acht Uhr auf dem Gipfel der Dent d'Hérens und folgten dann dem ganzen Grat bis zum Rifugio Jean Antoine Carrel (3835 m) am Matterhorn.
Dieser Grenzgrat zwischen der Schweiz und Italien ist einer der längsten der Alpen (mehr als 2 km). Vom Colle Tournanche (3479 m) steigt er zuerst als verhältnismässig leichter Schneegrat zu einem Felsbuckel (3547 m) an. Nach einer leichten Einsenkung wird er steiler und felsig, bildet einen ersten, wenig ausgeprägten Kopf und führt dann weiter ohne gross anzusteigen zu einem zweiten Kopf, der Punta Maria Cristina (3706 m, ohne Namen auf der LK), wo sich das Biwak Giorgio e Renzo Novella befindet. Es folgt nun eine tiefe Scharte, der Col Maquignaz (ca. 3637 m, ohne Namen auf der LK), von dem auf beide Seiten ein Schneecouloir abfällt. Das der italienischen Seite ist besonders lang und ausgeprägt. Nun steigt der auf beiden Seiten sehr abschüssige Felsgrat wieder steil an und bildet einen ersten Felsturm, die Pointe Maquignaz (ca. 3801 m, ohne Namen auf der LK), dann eine Doppelspitze, die nach NE überhängt, Punta Carrel (3841 m) genannt. Es folgt eine rechtwinklige, tiefe Scharte, wo zwei Gesteinsschichten aufeinandertreffen. Der steil aufsteigende Grat bildet nun die Pointe Blanche (3918 m, ohne Namen auf der LK), die etwas weniger hervortritt und auch nicht weisser ist als andere, ausser dass sich der Neuschnee dort besser hält als auf der Punta Carrel. Kurz nachher besteht der Grat auf ein kurzes Stück aus Schnee, hoch über dem Hängegletscher der N-Wand der Dent d'Hérens. Dann wird er wieder felsig und bildet die eigentliche Schulter (ca. 4040 m) der Dent d'Hérens, wo der Glacier des Grandes Murailles beginnt und die Wasserscheide zwischen dem Val Tournanche und dem Valpelline nach Süden zieht. Weiter oben erhebt sich noch ein hakenförmiger Gendarm (4075 m), getrennt durch eine Felsscharte vom charakteristischen Horn (4148 m) unmittelbar vor dem Gipfel.
Vom Colle Tournanche zum Gipfel hat der Grat eine Länge von 2200 m bei einer Höhendifferenz von 692 m.
Bester Ausgangspunkt ist fraglos das Biwak Benedetti im Colle Tournanche (3479 m), wenn man nicht am ersten Tag schon bis zur Punta Maria Cristina (3706 m) aufsteigen und im Biwak Giorgio e Renzo Novella nächtigen will. Geht man vom Rifugio Jean Antoine Carrel (3835 m) aus, muss man 2–2½ Std. bis zum Colle Tournanche rechnen.

S Vom Colle Tournanche, 10 Std. Abb. S. 511, 529

Vom Colle Tournanche, in dem das Biwak Benedetti steht (3479 m), folgt man dem Schneegrat bis zu den ersten Felsen, die bröcklig sind und vermieden werden, indem man auf der S-Seite im Schnee durchgeht. Dann besteht der Grat neuerdings aus Schnee und ist sehr schmal (Wächten nach N); man folgt ihm zum Teil auf der Breuil-(S-)Seite. Es folgt nun ein langes felsiges Stück, das gezackt, aber leicht ist, dann schliesst sich der Schneegrat an, der in der Punta Maria Cristina (3706 m, ohne Nahmen auf der LK) endigt. (1 Std.). Man braucht sie nicht unbedingt zu überschreiten; man kann sie auf der S-Seite umgehen, unter einem dreieckigen Felsen durch und dann über Bänder, bis man jenseits wieder auf den Grat gelangt. Nun steigt man über glatte, schwierige Platten in den Col Maquignaz (ca. 3637 m, ohne Namen auf der LK) ab, wo das mächtige, an die 100 m breite Couloir mündet, unmittelbar vor der Pointe Maquignaz (ca. 3801 m, ohne Namen auf der LK). Je nach den Verhältnissen folgt man der Gratschneide (Wächten) oder steigt mehr oder weniger tief in die italienische Seite ab, um das Couloir zu queren.
Das Couloir verlängert sich in einer Schneezunge in die Felsen der Pointe Maquignaz, und man benützt diesen Schnee soweit wie möglich, da die Felsen brüchig sind. Nach links querend vermeidet man einen Absatz und gelangt über gestufte, frisch zum Vorschein gekommene Felsen (Steinschlag) sehr hoch oben auf den SE-Grat der Pointe Maquignaz. Über diesen Grat, der weniger steil ist als der Hauptgrat, und leichter, erreicht man die Pointe Maquignaz. (2 Std.). Die nun sehr schmale Gratschneide führt zum kleinen Sattel am Fuss der Punta Carrel (3841 m), deren zwei überhängende Zacken den Sattel kühn überragen. Man muss nun in den breiten Kamin zwischen den beiden Zacken gelangen. Man steigt zuerst leicht über die zerborstenen Felsen unter dem linken Zacken an, bis man kurz, aber heikel und sehr exponiert nach rechts in die N-Flanke queren kann. Über schwärzlichen Fels erreicht man den glatten, senkrechten und oft vereisten Kamin, in dem man sich ca. 15 m emporarbeitet (III+). Dann verlässt man ihn durch eine Art Fenster auf der S-Seite. Nach einigen Metern Abstieg erklettert man leicht die Punta Carrel. (1½ Std.).
Über den Schneegrat und die Platten der S-Flanke steigt man in die Scharte vor der Pointe Blanche (3918 m, ohne Namen auf der LK) ab. Hierauf klettert man mehr oder weniger direkt über den breiten, aber steilen Grat. Die Felsen sind etwas weniger

schwierig, als es scheint (heikle, ausgesetzte Platten). Weiter oben wird der Grat schmäler und ausgeprägter. Ein Absatz wird links über steile Platten (25 m) umgangen. Man kann ihn auch rechts in der N-Wand umgehen, wo man nach einer schwierigen Stelle in einer Vertiefung der Wand bei einer Schulter auf den Grat zurückkommt. (Beim Abstieg seilt man auf dem Grat selber ab.) Bis hier Schwierigkeitsgrad III+. Über den Schneegrat zum Gipfel der Pointe Blanche. (2 Std.). Das folgende Gratstück ist schneeig, sehr luftig, und führt leicht abwärts. Eine gezackte Felspartie kann direkt überschritten oder auf der S-Seite umgangen werden, indem man in einem Schneecouloir einige Meter absteigt. Man gelangt in eine Schneescharte am Fuss einer Felsstufe. Man erklettert diese Stufe und die folgende (eventuell die N-Seite benützend) und anschliessend einen Gendarmen. Dann führen einige Felsen und ein Schneehang zum Fuss eines weiteren Aufschwungs. Eine Traverse und einige Risse führen in kurzer, aber heikler Kletterei zur Schulter (ca. 4040 m). (2 Std.). Der Grat wird nun leichter und ist grösstenteils felsig. Man überklettert oder umgeht grosse Blöcke. Nach dem hakenförmigen Gendarmen (4075 m) gelangt man zum Fuss des charakteristischen Horns (4148 m). Man kann es auf Bändern der S-Seite leicht umgehen, aber es ist empfehlenswert, es direkt zu überklettern: Schöne, ausgesetzte Kletterei (kleine Griffe und Risse). Nach einer kurzen, aber schwierigen Seillänge steigt man gegen links in leichterem Fels an. Man erreicht so den höchsten Punkt des Horns und von dort ohne Schwierigkeiten den Gipfel. (1½ Std.).

1071 *Über die SE-Seite der Schneeschulter 3957 m*

Massimo Strumia mit Louis Carrel («dem Kleinen»), 31. August 1929.

Diese Route ist eine Kombination, die eine Zeitverkürzung von 3 Std. bringt.

Erste Winterbegehung: Dominique Neuenschwander, allein, 22. Februar 1976. Dieser Alpinist fand im obern Teil eine Route, die zwischen R. 1071 und 1085 liegt, näher bei der letzteren. Man erreicht die Schneeschulter, ohne den E-Grat der Dent d'Hérens zu berühren.

Der Fels ist zum grossen Teil brüchig. Die Route ist im ersten Teil steinschlaggefährlich. Seit der Errichtung des Biwaks Albertini (jetzt Biwak Camillotto Pellissier) hat diese Route an Bedeutung verloren.

ZS– Vom Rifugio Lo Riondè zum Gipfel, 8¾ Std.
Abb. S. 529

Vom Rifugio Duca degli Abruzzi (Rifugio Lo Riondè, 2802 m) folgt man R. 1097 des Colle Tournanche bis zum Gh. di Chérillon. (1¼ Std.). Man überquert diesen nach W, um den Fuss (ca. 2980 m) (¼ Std.) des grossen Couloirs/Bandes, das von der Pointe Blanche (3918 m, ohne Namen auf der LK) herunterkommt und in R. 1084 erwähnt ist, zu erreichen. Man trifft hier somit auf R. 1084 und folgt ihr im umgekehrten Sinn.
Man gelangt leicht zu den Felsen des linken (E) Ufers, die eine Rippe bilden. Man folgt ihr bis zu einem leichten Überhang, wo man zum ersten Mal ins Couloir zur Linken ausweicht. Dann weiter auf der Rippe über Platten. Dort, wo sie zu glatt werden, betritt man abermals das Couloir und folgt ihm, bis es unter einem überhängenden Felsen endet. Man steigt gegen rechts aus (schwierige Seillänge, H). (2 Std.).
Die Rippe endet in einem kleinen Grat, der zur Wand führt. Man erklettert sie bis zur Cresta Albertini.
Man steigt leicht über eine lange, wenig ausgeprägte Rippe auf, über einen Firnfleck und danach ein kleines Couloir. Dann verliert sich die Rippe in der steilen Wand. Man hält gegen rechts und erreicht nach einem Absatz aus brüchigem Fels den Fuss eines roten Gendarmen im SE-Grat. Die letzte ca. 20 m hohe Wandstufe erklettert man rechts durch ein kleines, senkrechtes und schwierigen Couloir. Man betritt die Cresta Albertini bei ca. 3760 m (3 Std.), unweit vom höchsten Punkt eines weisslichen Gendarmen unter dem mächtigen, horizontalen dunkelroten Felsband der E-Wand, das man von Breuil gut sieht. Man umgeht die Spitze des weisslichen Gendarmen östlich und betritt den Grat wieder (zwischen dem weisslichen und dem roten Gendarmen) durch einen senkrechten Riss (Schlüsselstelle, wahrscheinlich IV+). Man stösst hier auf R. 1072, der man bis zur Schneeschulter 3957 m folgt, wo man auf R. 1074 (a) trifft. (1¼ Std.). Man folgt dieser Route, dann R. 1070, und erreicht in 1 Std. den Gipfel.

1071.1 *Über die E-Seite der Cresta Albertini*

Vittorio de Tuoni mit Marco Barmasse und Walter Cazzanelli, 31. Juli 1988.

Die 450 m hohe Route verläuft über den östlichen Felssporn des dritten, nördlichsten Turms (3371 m) im horizontalen Teil der Cresta Albertini.

S+ Vom Fuss, 5 Std. Abb. S. 529

Von Breuil (2006 m) folgt man R. 55 (Hüttenweg des Biwaks Camillotto Pellissier, ca. 3325 m) bis zum Fuss des Sporns der Cresta Albertini. Über das rechte Ufer des Gh. di Chérillon gelangt man zum Einstieg.
Man erklettert direkt und ohne auszuweichen die ersten 180 m auf der Schneide des Sporns (max. IV). Man gelangt so zum mittleren Teil der überhängenden Wand, die man von unten an der gelblichen Farbe erkennt. Man steigt zuerst (schwierig) auf der rechten (NE) Seite der Spornschneide auf, wendet sich dann nach links (S) und übersteigt nacheinander zwei senkrechte Aufschwünge (100 m, IV+), worauf man in eine charakteristische Nische am Fuss eines breiten, manchmal wasserüberronnenen Kamins gelangt. Diesen Kamin erklettert man direkt (35 m, V–, athletisch) und lässt so den überhängenden Teil der Wand hinter sich. Eine heikle Querung führt gegen links (S), worauf man weniger steil in Richtung auf die Lücke zwischen dem 2. und dem 3. Turm (3371 m) aufsteigt. Die letzte Seillänge führt über Eis (30 m, 40°) auf den Gh. di M. Tàbel, den man etwa 100 m oberhalb des Biwaks Camillotto Pellissier erreicht. Hier trifft man auf R. 1072.

1072 *Über die Cresta Albertini*

Am 19. Juli 1889 folgte Topham (ab 3300 m?) dem Kamm des Sporns, der den Gh. di M. Tàbel vom Gh. di Chérillon trennt. In der Nähe der Schneeschulter musste er wegen schlechten Wetters umkehren. Am 31. August vollendete er die Besteigung vom Stockji her und über den Col des Grandes Murailles (R. 1074).
Der untere Teil dieses Grates (bis ca. 3300 m) ist schwierig. Er wurde erstmals von Gianni Albertini mit Louis Carrel («dem Kleinen») und Giovanni Pellissier am 15. Juli 1937 begangen.
Erste Winterbesteigung: Pierino Nava, Mario Curnis mit Jean Bich und Pierino Pession, am 19. Januar 1964 bis zum Biwak (Albertini, heute Camillotto Pellissier, R. 55), am 20. Januar 1964 bis zum Gipfel.

Der ganze Grat trägt den Namen Cresta Albertini, also auch der unterhalb des Biwaks Camillotto Pellissier gelegene Gratabschnitt, wo der Fels am besten ist. Oberhalb des Biwaks besteht der Grat aus grossen, instabilen Blöcken. Die Tour führt durch eine wundervolle Landschaft, und man kann sie von Breuil aus in einem Tag machen, indem man zuerst R. 54 folgt.

S Vom Biwak Camillotto Pellissier, 5–6 Std.
Abb. S. 529

Vom Biwak Camillotto Pellissier (ca. 3325 m) geht man über den Gh. di M. Tàbel zum tiefsten Punkt des Grates. Dann folgt man praktisch der Schneide: Eine erste Seillänge (IV+); dann umgeht man schwierige oder überhängende Stellen in der Wand rechts (oder auch in der Wand links, 2 H) und geht sogleich auf den Grat zurück. Man erreicht R. 1071, und bevor man zur Schneeschulter (3957 m) gelangt, sind noch Stellen vom Schwierigkeitsgrad IV zu überwinden. Bei der Schneeschulter trifft man auf R. 1074 (a), über die man die Besteigung beendet.

1073 *Über die S-Seite der Schneeschulter 3957 m*

E.F.L. Fankhauser, E. Panchaud, 28. Juli 1900.

WS Vom Biwak Camillotto Pellissier zum Gipfel, 4 Std. Abb. S. 529

Vom Biwak Camillotto Pellissier (ca. 3325 m) steigt man etwas auf, quert dann den Gh. di M. Tàbel (R. 1079 des Col des Grandes Murailles) und gewinnt den Fuss (3512 m) der mittleren der drei Felsrippen, die von der Schneeschulter 3957 m herunterkommen. (½ Std.). Über die Felsrippe oder das Couloir links (im Aufstieg) davon erreicht man den Glacier des Grandes Murailles 100 m westlich der Cresta Albertini. (2½ Std.). Von dort auf R. 1074 (a), dann R. 1070, in 1 Std. auf den Gipfel.

1073 a *Variante*

WS

Die Wand ist an mehreren Stellen zwischen R. 1079 des Col des Grandes Murailles und R. 1073 begehbar.

1074 *Vom Col des Grandes Murailles über die Schneeschulter 3957 m und den E-Grat*

Harold W. Topham mit Aloys Pollinger und Aloys Supersaxo, 31. August 1889.
Erster Abstieg: Michele Gattorno, Evan Mackenzie mit Jean Baptiste Bich, Antoine und Daniel Maquignaz, 18. August 1891.
Erste Winterbegehung: Carla Durando mit Ferdinand Gaspard, 21. März 1948.

Die Route führt fast ganz über Gletscher. Es gibt zahlreiche Varianten und Möglichkeiten, aber die beschriebene (R. 1074) ist die interessanteste, schönste und sicherste.

WS Vom Col des Grandes Murailles zum Gipfel, 2–2½ Std.

Vom Col des Grandes Murailles (3827 m) kann man:

a) Dem Rand der oberen Firnfelder des Glacier des Grandes Murailles bis zur Schneeschulter 3957 m folgen und dann über den Schneerücken bis zu seinem Vereinigungspunkt (ca. 4040 m) mit dem E-Grat steigen. (¾ Std.). Abb. S. 505, 529
b) Die Schneeschulter 3957 m rechts lassend durch die Gletschermulde zur Schulter (ca. 4040 m) aufsteigen, wo man den E-Grat betritt. (¾ Std.). Abb. S. 505, 507

Von der Schulter (ca. 4040 m) weiter auf R. 1070 zum Gipfel.

1074 a *Variante*

WS Vom Rifugio Aosta, 6 Std.

Kommt man vom Rifugio Aosta (2781 m), folgt man R. 1061 der Dent d'Hérens, geht dann unmittelbar am Fuss des felsigen SSW-Grates vorbei und gelangt in die Gletschermulde.

1074 b *Variante*

Einfachste Route.

WS

Anstatt zur Schulter (ca. 4040 m) aufzusteigen, quert man die Schneemulde und steigt über den Schneehang auf, um den E-Grat (R. 1070) in der Lücke zwischen dem hakenförmigen Gendarmen (4075 m) und dem Fuss des charakteristischen Horns (4148 m) zu erreichen.

1074 c *Variante*

Schnellste Route.

WS

50 m vor der obenerwähnten Lücke wendet man sich nach links und erreicht über lose Felsen kleine Bänder unter dem charakteristischen Horn (4148 m).

1074 d *Variante*

Schnellste und gefährlichste Route.

WS

Man kann die Schneemulde auch gegen N queren und durch das Schneecouloir aufsteigen, das zwischen Felsrippen auf den E-Grat führt. Man betritt ihn zwischen dem charakteristischen Horn (4148 m) und dem Gipfel.

1075 *Über den SSW-Grat*

Erasmo Barisone, Frédéric Chabod, 5. August 1921.
Ein grosser Teil des Grates ist im Abstieg von A. Lorria mit Giuseppe Gentinetta und C. Townley mit Luigi Zurbriggen, 7. September 1886, begangen worden.

Der Grat, am Fuss mit 3772 m kotiert, besteht aus brüchigem Fels und weist im mittleren Teil einige Türme auf. Die Route ist wegen des schlechten Fels nicht empfehlenswert.

S Vom Rifugio Aosta, 7½ Std. Abb. S. 505

Vom Rifugio Aosta (2781 m) folgt man R. 1061 bis unterhalb des Bergschrundes. Statt sich nach links zu wenden, steigt man schräg nach rechts, um den Grat an seinem Fuss zu betreten. Man umgeht den Fuss, der einen Absatz bildet, rechts auf dem Gletscher (einige Spalten) und gelangt nach einer Querung gegen links von 50 m auf den Grat oberhalb des Absatzes zurück. (3½ Std.).
Der Grat, zuerst recht flach, wird dann steiler und weist kleine Gendarmen auf, die man direkt überklettert oder links umgeht. Eine einzige plattige Stelle wird von rechts angegangen. Etwa in der Mitte des Grates kommt man zu einem rötlichen, senkrechten und etwa 30 m hohen Gendarmen (2 Std.). Etwas links haltend in Adhäsionskletterei über Platten auf eine 15 m oberhalb gelegene Vertiefung zu. Nach 7 m wendet man sich nach rechts und folgt einem Riss, der auf einer roten Platte bis zu einem flachen Plätzchen auf der E-Seite des Gendarmen führt (V –, 25 m). Durch einen brüchigen Kamin von 8 m auf den Grat zurück (IV), den man 2 m oberhalb des Gendarmen betritt. Es folgen ein kurzer Aufschwung und leichte Platten. Links erhebt sich nun ein grosser, rötlicher Turm, dem man entlanggeht, bis man auf ⅔ seiner Höhe über steile Platten auf den höchsten Punkt (Steinmann) gelangen kann. Der Grat verliert sich in der Flanke, und man steigt weiter über wackelige Blöcke. Dann folgt man rechts auf etwa 50 m einem kleinen Couloir, dann einem brüchigen Couloir zur Linken. Man erreicht so den nun schneeigen Grat, der zum Gipfel führt.

1076 *Über die SSW-Flanke und den SSW-Grat*

Ernesto Bontadini, Paolo Ferrario, Arrigo Giannantonj, Francesco Mauro, 13. August 1913.

Eine ähnliche Route, die aber mehr den Felsen des orographisch linken Randes des Couloirs folgt, ist im Abstieg von Vittorio Franzinetti und Massimo Mila 1932 begangen worden.
Die Route ist nicht interessant, zudem gefährlich (Steinschlag, oft schlechte Verhältnisse) und kann nicht empfohlen werden.

S Vom Rifugio Aosta zum Gipfel, 12 Std.

Vom Rifugio Aosta (2781 m) erreicht man den Fuss der Flanke auf R. 1075 in 3½ Std. Man überwindet den Bergschrund und steigt durch das Couloir zwischen den wenig markanten Platten zur Linken und dem SSW-Grat zur Rechten auf. Das Couloir wird immer steiler. Es ist jedoch nicht ratsam, gegen links R. 1061 erreichen zu wollen, denn die Platten sind brüchig und vereist. Nach einigen heiklen Passagen in losem Fels gelangt man auf einen Schneesattel im SSW-Grat oberhalb des grossen, rötlichen Turms. Auf R. 1075 zum Gipfel.

Col des Grandes Murailles, 3827 m

Zwischen der Dent d'Hérens und der Punta Margherita; vom Glacier des Grandes Murailles (Rifugio Aosta, Biwak der Tête des Roèses) zum Gh. di M. Tàbel (Biwak Camillotto Pellissier, Biwak Balestreri). 300 m nordöstlich des Passes steht das Biwak Cippo Perelli.
Der Pass hat als Übergang keine besondere Bedeutung, dient jedoch als Zugang zur Dent d'Hérens. Er mündet direkt auf den Glacier des Grandes Murailles und befindet sich 500 m nördlich der tiefsten Senke (ca. 3790 m).

Die Führer Jean Baptiste Bich und Jean Antoine Carrel, 8. Juli 1868.

1077 *Von der W-Seite (vom Biwak der Tête des Roèses)*

Dieser Weg führt über einen stark zerschrundeten Gletscher.

WS Vom Biwak der Tête des Roèses zum Pass, 3 Std.

Vom Biwak der Tête des Roèses (ca. 3160 m) folgt man R. 1059 des Tiefmattenjochs bis unter den Pass, wo man auf R. 1078 trifft.
Im *Abstieg* hüte man sich, direkt auf die Tête des Roèses zuzusteuern: Mächtige, von oben nicht sichtbare Spalten versperren den Weg.

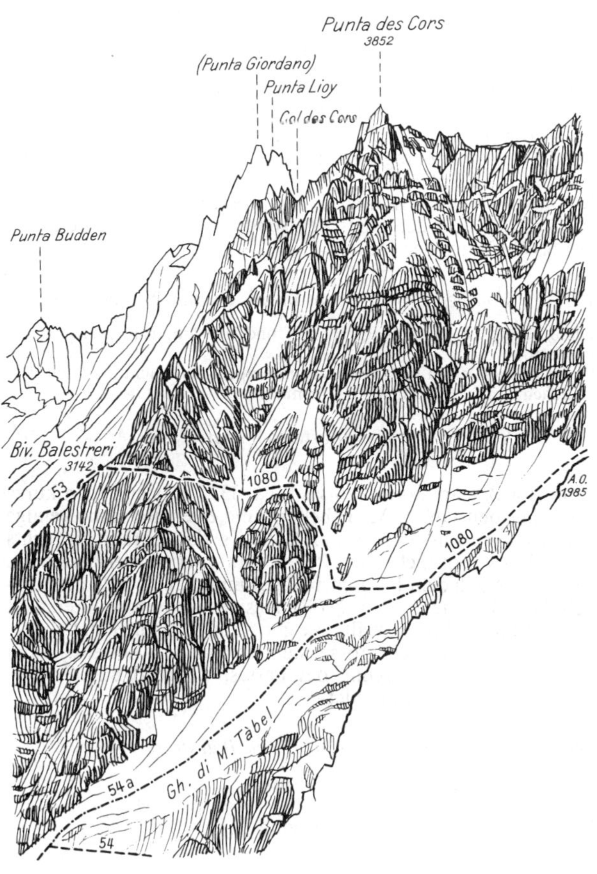

Punta des Cors, von NE

1078 *Von der W-Seite (vom Rifugio Aosta)*

Der Weg führt über einen stark zerschrundeten Gletscher.

WS Vom Rifugio Aosta, 3½ Std.

Vom Rifugio Aosta (2781 m) folgt man R. 1061 der Dent d'Hérens bis zur Spaltenzone am Fuss ihres SSW-Grates. Man wendet sich nun scharf nach rechts (Richtung Punta Margherita), um die Spalten zu umgehen, und steigt dann direkt auf den Pass über leichte Firnfelder.
Im *Abstieg* geht man wegen der grossen Spaltenzonen nicht Richtung W über den Gletscher, sondern zuerst bis an den Fuss des SSW-Grates der Dent.

1079 *Von der E-Seite (vom Biwak Camillotto Pellissier)*

Diese Route ist steinschlaggefährdet und nur am frühen Morgen zu begehen.
Will man die Dent d'Hérens besteigen, braucht man nicht über den Pass zu gehen, sondern kann R. 1073 benützen.

WS Vom Biwak Camillotto Pellissier, 2 Std.
Abb. S. 529

Vom Biwak Camillotto Pellissier (ca. 3325 m) steigt man kurze Zeit über den Gh. di M. Tàbel auf und quert ihn dann (einige Spalten) zum Fuss des zweiten Couloirs, das schräg von rechts nach links nördlich der Punta Margherita herunterzieht. (½ Std.). Nach dem Bergschrund gewinnt man so bald als möglich die Felsen des linken (N) Randes des Couloirs und ersteigt sie. (Sind die Schneeverhältnisse gut, kann man auch im Couloir aufsteigen, wo jedoch grosse Steinschlaggefahr besteht.) Man gelangt in die Einsenkung des Passes, während das Couloir etwas weiter südlich mündet.

1080 *Von der E-Seite (vom Biwak Balestreri)*

Diese Route ist günstig für den Aufstieg.

ZS Vom Biwak Balestreri zum Pass, 4 Std.
Abb. S. 523, 529

Vom Biwak Balestreri (3142 m) folgt man dem Felsband, das unmittelbar hinter der Hütte beginnt und die östliche Umgehung des Ausläufers, auf dem sie steht (3307 m), ermöglicht. Auf der N-Seite dieses Ausläufers angelangt, quert man einige Platten, mehrere Couloirs und Schneehänge bis zum grossen Schneecouloir unter der Punta des Cors. Man quert dieses Couloir und steigt über die Felsen seines linken Ufers und durch Schneerinnen ab auf die Firnfelder des Gh. di M. Tàbel, indem man links (W) der Felsinsel (deren Fuss auf ca. 3000 m liegt) vorbeigeht. (2–2½ Std.). Hier stösst man auf R. 54a, Zugangsweg zum Biwak Camillotto Pellissier. Man folgt dem rechten Ufer des Gletschers aufwärts, trifft auf R. 1079 und folgt ihr zum Pass.

Pointe Blanche, 3918 m

Ohne Namen auf der LK.

1081 *Über den WSW-Grat*

Guido Rey mit Aimé und Ange Maquignaz, Jean Baptiste Perruquet, 20. August 1898.

Diese Besteigung führte über den Glacier des Grandes Murailles, die Schulter (ca. 4040 m) der Dent d'Hérens und den E-Grat (R. 1070) im Abstieg.

ZS Von der Schulter, 1½ Std.

Von der Schulter (ca. 4040 m, die man auf R. 1074 der Dent d'Hérens erreicht) aus gesehen, tritt die Pointe Blanche nicht aus dem Grat hervor. Man steigt über Fels, dann Schnee, ab und folgt auf ca. 150 m mehr oder weniger dem Grat aus losem, aber leichtem Fels. Dann steigt man in einen kleinen Schneesattel hinunter. Hier sieht man die Pointe Blanche elegant in den Himmel ragen. (1 Std.). Ein massiger Gratturm aus aufgehäuften Felsen kann überschritten oder im Schnee rechts auf der Südseite umgangen werden. Dann führt ein schmaler, luftiger Schneegrat auf den Gipfel.

1082 *Über den ENE-Grat*

V.J.E. Ryan mit Franz und Joseph Lochmatter, 30. Juli 1906, bei der vollständigen Überschreitung (R. 1070) vom Colle Tournanche zur Dent d'Hérens.

Von der Lücke über der Punta Carrel (3841 m) steigt der Grat etwa 160 m an. Unangenehmes Gratstück mit brüchigem und oft vereistem Fels.

Siehe R. 1070.

1083 *Über den Pilier (Pfeiler) de Chérillon*

Armando Canova, Ferdinand Gaspard, 31. Juli 1962.

Der Fels ist brüchig, aber die Route relativ steinschlagsicher, mit Ausnahme des oberen Teils.

SS+ Vom Fuss zum Gipfel, 12 Std. Abb. S. 529

Vom Rifugio Duca degli Abruzzi (Rifugio Lo Riondè, 2802 m) folgt man R. 1097 des Colle Tournanche bis zum Glacier de Chérillon (1¼ Std.). Man quert diesen gegen NW (R. 1071) zum Fuss des Sporns, der im W das Couloir zum Sattel zwischen der Punta Carrel (3841 m) und der Pointe Blanche (3918 m, ohne Namen auf der LK) begrenzt.
Man geht die Felsen links an und erklettert die ersten 300 m, bis sich der schneebedeckte Sporn gegen einen senkrechten Felsaufschwung verliert. Man erklimmt den Sporn des roten Aufschwungs, der die grösste Schwierigkeit bietet. Ein roter Überhang zwingt zum Verlassen des Sporns und zu einem waagrechten Quergang nach links (eine Seillänge, V, VI). Zurück nach rechts zum Fuss eines steilen Firnfeldes von 200 m Länge und dann auf einem weniger steilen Grätlein, das zum Teil verfirnt ist, zum Anfang eines dritten Grataufschwungs. Nach diesem führen ein Eisgrat von 50 m und ein Fels- und Eisgrat auf den Grenzgrat oberhalb des Sattels, wo man schliesslich auf R. 1070 stösst.

1084 *Über die S-Seite*

Guido Rey mit Aimé und Ange Maquignaz und Jean Baptiste Perruquet, im Abstieg, 20./21. August 1898.

Dieser Weg ist sehr gefährlich und kann nicht empfohlen werden.

ZS Abb. S. 529

Von der Lücke im W der Pointe Blanche (3918 m, ohne Namen auf der LK) steigt man durch ein trichterförmiges Couloir auf ein Band, das die ganze Felsflanke über dem Gh. di Chérillon von N nach S quert. Dieses Band ist auf der LK eingezeichnet und hört bei einem Schneecouloir auf. Da es zahlreiche Couloirs durchquert, ist es stark dem Steinschlag ausgesetzt. Die Partie Rey folgte diesem Band von oben nach unten und musste im Abstieg biwakieren.

1085 *Über die S-Seite*

Francesco Cavazzani mit Luigi Carrel und Gabriele Pession, 24. August 1938.

Die Partie folgte in grossen Zügen R. 1084 im Aufstieg, wobei sie sich besser nach dem Gelände richtete, um Steinschlag zu vermeiden. Das einzige interessante an dieser Route ist, dass sie durch eine wild-einsame Gegend führt.

ZS Vom Rifugio Duca degli Abruzzi (Rifugio Lo Riondè) zum Gipfel, 7–9 Std. Abb. S. 529

Vom Rifugio Duca degli Abruzzi (Rifugio Lo Riondè, 2802 m) folgt man R. 1071 der Dent d'Hérens bis oben im Couloir, wo man eine schwierige Stelle überwindet. Dann folgt man einer Rippe, die in die SE-Wand der Schulter (ca. 4040 m) führt. Man quert nun mehrere Couloirs in Richtung einer ausgeprägten Felsrippe, die man nach einem grossen Couloir betritt. Sie weist wenig festen Fels und eine Reihe von Gendarmen auf. Der höchste wird rechts umgangen. Über verschneite Platten und Schneehänge erreicht man einen Schneesattel im E-Grat der Dent d'Hérens und folgt von hier R. 1070 zum Gipfel.

Punta Carrel, 3841 m

Dieser Gipfel ist nach dem Erstbesteiger des Matterhorns von der italienischen Seite, Jean Antoine Carrel, dem «Bersagliere», benannt worden, der 1890 am Fuss des Matterhorns den Tod fand.
Von Breuil aus gesehen eine elegante und kühne Spitze. Von der Pointe Maquignaz aus sieht man zwei Pfeiler, die oben zwei überhängende Hörner bilden. Die N-Seite besteht aus einer sehr steilen Eis- und Felswand.

Über den E-Grat

Evan Mackenzie mit Louis Carrel, Antoine Maquignaz und André Pelissier, 30. August 1894.

Siehe R. 1070.

Über den W-Grat

V.J.E. Ryan mit Franz und Joseph Lochmatter, 30. Juli 1906.

Siehe R. 1070.

Pointe Maquignaz, ca. 3801 m

Ohen Namen und Kote auf der LK.

Nach dem berühmten Führer Jean-Joseph Maquignaz aus dem Valtournanche benannt, der 1890 im Mont Blanc verschollen ist.
Eine Art Zwillingsgipfel mit der Punta Carrel, etwas niedriger als diese.

1086 *Über den E-Grat*

Evan Mackenzie mit Louis Carrel, Antoine Maquignaz und André Pélissier, 30. August 1894.

Der Grat ist breit und besteht aus wackligen Blöcken; er sieht abweisend aus, ist aber gestuft.

Siehe R. 1070.

1087 *Über die S-Seite und den E-Grat*

Guido Rey mit Aimé und Ange Maquignaz und J.B. Perruquet, 25. Juli 1897.

Diese Route ist sehr steinschlägig.

ZS+ Vom Bergschrund zum Gipfel, 4–6 Std.
Abb. S. 529

Auf R. 1097 des Colle Tournanche erreicht man den Gh. di Chérillon. Von der tiefen Scharte am E-Fuss des Gipfels fällt ein mächtiges Schneecouloir auf den Gh. di Chérillon ab. Dieses gefährliche Couloir (Couloir Rey) bildet die Anstiegsroute zum Grat. Es sollte nur am frühen Morgen vor Sonnenaufgang begangen werden. In halber Höhe versperrt eine Felsinsel den Weg, die sich nach oben in einer Felsrippe verlängert. Die Felsinsel wurde links umgangen und die Rippe erklettert. Der oberste Teil des Couloirs ist äusserst steil und kann von einer auf diese Seite überhängenden Wächte gekrönt sein. Man gelangt links und oberhalb des Col Maquignaz (ca. 3637 m, ohne Namen auf der LK) auf den Grat und folgt R. 1070 zum Gipfel.

1087 a *Variante*

Guido Rey mit Aimé und Ange Maquignaz und J.B. Perruquet, im Abstieg, 25. Juli 1897.

Diese Route ist der vorbeschriebenen vorzuziehen, obschon sie schwieriger ist.

S Vom Gipfel zum Gh. di Chérillon, 9 Std.

Die Partie Rey stieg am Nachmittag ungefähr auf der gleichen Route ab; um sich jedoch so gut als möglich vor den Lawinen

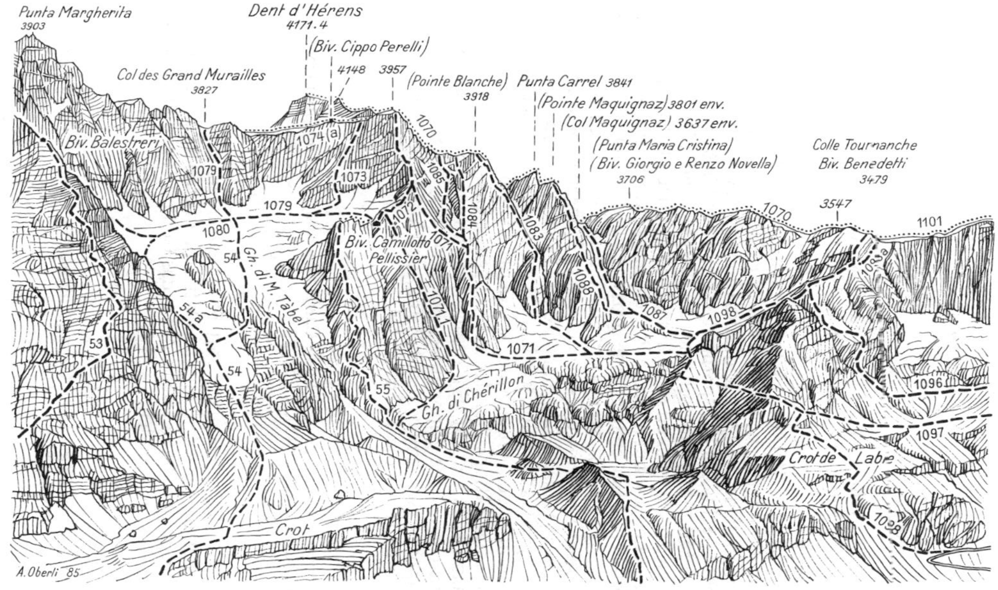

Dent d'Hérens, von SSE

zu schützen, folgte sie der Felsrippe, die das Couloir rechts (W) begrenzt, und betrat das Couloir erst beim Bergschrund.

1088 *Über die S-Seite, direkt*

Francesco Cavazzani mit Louis Carrel (le grand) und Giochino Pession, 18. September 1945.

S Vom Rifugio Duca degli Abruzzi (Rifugio Lo Riondè) zum Gipfel, 8–10 Std. Abb. S. 529

Vom Rifugio Duca degli Abruzzi (Rifugio Lo Riondè, 2802 m) folgt man R. 1097 des Colle Tournanche bis zum Gh. di Chérillon. Von dort gewinnt man den Fuss der Felswand, ca. 150 m unterhalb des Bergschrundes des Couloirs Rey (R. 1087), unmittelbar rechts des Felssporns, dessen Fuss mit 3061 m kotiert ist. (1½ Std.). Man überschreitet den Bergschrund, hält links, und über ein Geröllband erreicht man eine luftige Plattform. Links querend, gewinnt man die Platten, die senkrecht zum Gletscher abfallen. Man ersteigt eine grosse Platte, die unter ein Dach führt (IV, 4 H). Man quert unter dem Dach nach links und erreicht über einige feste Felsen eine Rippe aus roten Blöcken. So gelangt man leicht zum zweiten Aufschwung, den man über eine grosse Platte überwindet (4 H), die in einem Riss und dann Kamin endet. Gute, rote, schwierige Felsen führen zu einer brüchigen Rippe, auf der sich ein gelber Gendarm erhebt, den man rechts umgeht. Ein dritter Aufschwung wird unschwierig links über eine Rippe aus schlechtem Fels umgangen. Diese Rippe verschwindet in der Wand, durch die man zur R. 1070 gelangt. Über diese zum Gipfel.

1088 a *Variante*

Francesco Cavazzani mit Louis Carrel (le grand) und Giochino Pession, im Abstieg, 18. September 1945.

ZS

Im Abstieg kann man, statt über den untersten Aufschwung pendelnd abzuseilen, um die Plattform zu erreichen, einem gut ausgeprägten Band folgen, das in das Couloir Rey führt, und so den Abstieg beenden.

1089 *Über den W-Grat*

Evan Mackenzie mit Louis Carrel, Antoine Maquignaz und André Pélissier, 30. August 1894.

WS Vom kleinen Sattel, 10 Min.

Vom kleinen Sattel zwischen der Punta Carrel (3841 m) und der Pointe Maquignaz (ca. 3801 m, ohne Namen auf der LK) folgt man einem schmalen Grat, der manchmal aus Fels, manchmal aus Schnee bestehen kann und wenig steil zum Gipfel führt.

Siehe R. 1070.

Col Maquignaz, ca. 3637 m

Ohne Namen und Kote auf der LK.

Zwischen der Pointe Maquignaz und der Punta Maria Cristina.
Dieser Pass wird nicht überschritten, denn auf seiner N-Seite stürzt ein sehr steiles und finsteres Couloir in die Séracs des Tiefmattengletschers ab.
Auf der SSE-Seite führt ein breites Schneecouloir, das stark dem Steinschlag ausgesetzt ist, zum Pass. Es wird unter R. 1087 beschrieben.

Punta Maria Cristina, 3706 m

Ohne Namen auf der LK.

Die Italiener haben vorgeschlagen, die Spitze Punta Maria Cristina zu nennen. Auf seinem Gipfel steht das Biwak Giorgio und Renzo Novella.

1090 *Über den ESE-Grat*

Evan Mackenzie mit Louis Carrel, Antoine Maquignaz und André Pélissier, 30. August 1894.

Auf und ab über den Schnee- und Felsgrat zum Gipfel.

WS

Siehe R. 1070.

1091 *Durch die S-Seite*

Francesco Cavazzani mit Luigi Carrel und Gabriele Pession, im Abstieg, 25. August 1938.

Breiter, wenig steiler Felsvorsprung, der unter dem Gipfel von kompakten Felsbänken diagonal durchzogen ist.

WS Vom Rifugio Duca degli Abruzzi (Rifugio Lo Riondè), 4½–5 Std.

Vom Rifugio Duca degli Abruzzi (Rifugio Lo Riondè, 2802 m) folgt man R. 1097 des Colle Tournanche bis zum Gh. di Chéril-

lon, den man gegen W quert. Man lässt das Couloir Rey (R. 1087) deutlich zur Linken und gelangt zum Fuss der Flanke. (2¼ Std.).
Durch ein Couloir und über eine Art Band packt man die Wand, die aus losem Fels besteht, an. Man ersteigt sie und erreicht den Kamm stark östlich des höchsten Punktes, beim ersten wenig ausgeprägten Felskopf.

1092 *Über den W-Grat*

Evan Mackenzie mit Louis Carrel, Antoine Maquignaz und André Pélissier, 30. August 1894.

ZS Vom Col Maquignaz, ¾ Std.

Vom Col Maquignaz (ca. 3637 m, ohne Namen auf der LK) steigt man zuerst über die glatten, schwierigen Platten des ersten Aufschwungs, dann folgt man leicht dem wenig steilen Grat.

Siehe R. 1070.

1093 *Über den N-Sporn*

Francesco Cavazzani mit Luigi und Leonardo Carrel und Pierino Pession, 6./7. September 1957. Die Seilschaft war spät dran und biwakierte auf dem Sporn.

S Von der Schönbielhütte, 10 Std. Abb. S. 511

Von der Schönbielhütte (2694 m) erreicht man den Fuss des Sporns (2900 m) über den Tiefmattengletscher in 2 Std. Man packt ihn links an und umgeht auf diese Weise die weissliche, undurchsteigbare Wand an dessen Fuss. Nach dem Bergschrund klettert man (ohne Steigeisen, schwierig) auf die Schneide des Sporns hinauf, wo leichtere Felsen zu einem charakteristischen, schwarzrötlichen Gendarmen mit flachem Gipfel führen. Nach dem Gendarmen nehmen die Schwierigkeiten erneut zu. Die Kletterei wird gemischt und anstrengend. Schwierige Felspartien (H) führen zu einem Eiskamm, den man zuerst zur Linken, dann zur Rechten (Steigeisen, H) ersteigt. Ein Eishang (H) führt unter die Wächte des Grates, die man einige Meter rechts des Gipfels überwindet.

Colle Tournanche, 3479 m

Zwischen der Punta Maria Cristina (3706 m, ohne Namen auf der LK) und der Testa del Leone; vom Tiefmattengletscher (Schönbielhütte) zum Gh. del Leone (Rifugio Duca degli Abruzzi, Rifugio Lo Riondè).

F.W. Jacomb, J.A. Hudson mit Peter Perren und Ignaz Lauber, 25. August 1864.

Wenig westlich des Passes steht auf einem Zacken das Biwak Benedetti. Ca. 70 m westlich des Colle Tournanche zweigt der lange Grat, der den Gh. de Chérillon vom Gh. del Leone trennt, gegen S ab.
Die leichteste Stelle für den Übergang befindet sich ca. 300 m westlich der tiefsten Senke, auf ca. 3536 m, und 100 m östlich von P. 3547. (Diese Stelle wird manchmal Col de Chérillon genannt.)
Die N-Seite des Passes besteht aus einem sehr steilen Schnee- und Eishang mit einigen Abbrüchen, die den direkten Zugang zum Pass versperren. Auf der S-Seite erheben sich steile Platten über dem Gh. del Leone.
Der Pass wird kaum überschritten, dient jedoch als Zugang zum E-Grat der Dent d'Hérens (R. 1070).

1094 *Von der N-Seite*

ZS Von der Schönbielhütte, 4–5 Std. Abb. S. 571

Von der Schönbielhütte (2694 m) folgt man R. 1113 des Matterhorns bis auf das obere Plateau des Tiefmattengletschers. Dieses quert man gegen SW, um den Fuss der Felsrippe 3078 m zu gewinnen, die gegen S ansteigt und sich in einem Schneerücken fortsetzt, der im Schneebuckel 3547 m auf dem Grat endigt. Die Felsen werden von links her angegangen. Man folgt der Rippe, dann dem Schneerücken, und betritt den Grenzgrat entweder auf dem Schneebuckel 3547 m oder links oder rechts davon. Der steile Schlusshang ist oft vereist. Man folgt nun dem Schneegrat gegen E (Wächten!) zum Biwak Benedetti (ca. 3510 m), umgeht die Felsnase nördlich und steigt in den Pass hinunter.

1095 *Durch die S-Seite der Testa del Leone*

Dies ist der schnellste Weg, er wird aber selten gewählt, da das Firnfeld in der S-Seite der Testa del Leone stark dem Steinschlag ausgesetzt ist.

WS Vom Rifugio Duca degli Abruzzi (Rifugio Lo Riondè) zum Pass, 2½ Std.

Vom Rifugio Duca degli Abruzzi (Rifugio Lo Riondè, 2802 m) folgt man R. 58 des Rifugio Jean Antoine Carrel bis unter die Gipfelfelsen der Testa del Leone. Man quert den steilen Schneehang gegen W und erreicht den WSW-Grenzgrat östlich von P. 3559,9, wo man auf R. 1101 der Testa del Leone stösst. Man folgt ihr im Abstieg bis zum Pass (Schneegrat mit Wächten).

1096 *Von der S-Seite, vom Rifugio Duca degli Abruzzi (Rifugio Lo Riondè)*

L Vom Rifugio Duca degli Abruzzi (Rifugio Lo Riondè) zum Pass, 3½ Std. Abb. S. 529

Vom Rifugio Duca degli Abruzzi (Rifugio Lo Riondè, 2802 m) folgt man einige Minuten R. 58 des Rifugio Jean Antoine Carrel bis vor die Croce di Carrel (2920 m) und quert dann Richtung W über Gras und Geröll die Mulde unter dem Gh. del Leone. Man geht auf zwei nebeneinanderliegende Couloirs zu. Das linke kommt von einer Lücke im Felssporn, der den Gh. di Chérillon vom Gh. del Leone trennt, herunter. Man nimmt das rechte, kürzere (ca. 40 m), wendet sich dann nach rechts auf einem kurzen, geneigten Band und erreicht einen charakteristischen Geröllhang in der E-Flanke des Felssporns. Man ersteigt ihn bis auf halbe Höhe und geht dann nach links über eine steiler werdende Rampe, um die Schneide des Felssporns bei P. 3200 zu betreten, wo man auf R. 1098 stösst. (2 Std.). Weiter auf dieser Route zum Pass.
Im *Abstieg* hüte man sich, nach dem Geröllhang direkt weiter abzusteigen: Man kommt zu einer senkrechten Felswand. Deshalb folgt man dem Geröllhang bis an sein unterstes Ende und hält sich rechts, wo man das Band findet, das zum Couloir führt.

1097 *Von der S-Seite, vom Rifugio Duca degli Abruzzi (Rifugio Lo Riondè)*

EB Vom Rifugio Duca degli Abruzzi (Rifugio Lo Riondè) zum Pass, 3½ Std. Abb. S. 529

Vom Rifugio Duca degli Abruzzi (Rifugio Lo Riondè, 2802 m) steigt man auf dem Fahrweg bis zur dritten Kurve ab. Dann folgt man über Grashänge Wegspuren Richtung W. Man umgeht den Fuss des Felssporns, der den Gh. di Chérillon und den Gh. del Leone trennt, in der Nähe von P. 2773, wo er noch grasig ist. Über einen Flankenmarsch erreicht man die östliche Moräne des Gh. di Chérillon, wo man auf R. 1098 trifft. (1 Std.). Man folgt ihr bis zum Pass.

1098 *Von der S-Seite (von Breuil)*

WS Von Breuil, 5–6 Std. Abb. S. 529

Von Breuil (Cervinia, 2006 m) folgt man R. 56 des Rifugio Duca degli Abruzzi (Rifugio Lo Riondè) bis zur Alp Crot de Palet

(2268 m). Man verlässt den Fahrweg und steigt auf einem Pfad zur Linken bis Crot de Labie (2479 m). Der nicht immer deutliche Pfad führt weiter Richtung NW im Zickzack in die Mulde des Gh. di Chérillon und über seine östliche Moräne bis auf ca. 2900 m, wo man zu einem rundlichen Felskopf gelangt. Man umgeht ihn links. (2½ Std.). Nun Richtung NNE über den Gh. di Chérillon bis dort, wo die Firnhänge beinahe zum Kamm des Felssporns reichen, der vom Pass gegen S herunterkommt und die Gletscher di Chérillon und del Leone trennt. Über eine Platte von 10–20 m Höhe (je nach Schneehöhe) erreicht man den Kamm bei einem Sattel. Ist der Gletscher bis hierher stark zerschrundet, steigt man schon früher auf den Kamm, der leicht ist (eine Graterhebung wird rechts umgangen). Leichte Platten mit Rissen und ein letzter Schneehang führen auf den Grenzgrat, den man oberhalb und links (W) der Felsnase betritt. Man steigt zum Biwak Benedetti (ca. 3510 m) ab und dann nördlich an der Felsnase vorbei über den Schneegrat in die tiefste Senke.

1098 a *Variante*

Francesco Cavazzani mit einem Führer. Datum unbekannt.

Die Route wurde im Abstieg begangen, ist aber sicher auch im Aufstieg möglich. Beim Sattel im Kamm handelt es sich um den letzten vor dem letzten Schneehang.

WS Abb. S. 529

Von der tiefsten Einsenkung des Passes steigt man direkt über die relativ leichte Felswand ab. Man hält stets gegen rechts und gelangt über ein Band auf einen Sattel im Felssporn, der vom Pass gegen S zieht und die Gletscher di Chérillon und del Leone trennt.

Testa del Leone, 3715 m

Dieser Kopf hat die Form eines Daches, wobei der östliche Giebel etwas höher ist als der westliche. Das Dach besteht aus festem Arolla-Gneis, der auf einer brüchigen Schicht aufliegt. Die beiden Schichten werden auf beiden Flanken durch ein ausgeprägtes Band getrennt, das im Colle del Leone endigt.

1099 *Von der S-Seite*

Aimé Gorret mit Jean Antoine und Jean-Jacques Carrel, 1857.

WS Vom Rifugio Duca degli Abruzzi (Rifugio Lo Riondè), 2½ Std. Abb. S. 560

Vom Rifugio Duca degli Abruzzi (Rifugio Lo Riondè, 2802 m) folgt man R. 58 des Rifugio Jean Antoine Carrel bis zum grossen Band, das zum Colle del Leone führt. Man steigt je nach Gutdünken mehr oder weniger direkt über die losen Felsen zum Gipfel.

1100 *Über die S-Seite und den WSW-Grat*

WS Vom Rifugio Duca degli Abruzzi (Rifugio Lo Riondè) zum Gipfel, 3 Std. Abb. S. 560

Vom Rifugio Duca degli Abruzzi (Rifugio Lo Riondè, 2802 m) folgt man R. 1099 bis unter die Gipfelfelsen der Testa del Leone. Dann quert man den steilen Schneehang und gewinnt den WSW-Grenzgrat östlich von P. 3559,9, von wo man auf R. 1101 zum Gipfel steigt.

1101 *Über den WSW-Grat*

WS Vom Colle Tournanche, 1 Std. Abb. S. 529, 560

Vom Colle Tournanche (3479 m), wo das Biwak Benedetti steht, folgt man dem ziemlich scharfen Schneegrat (Wächten auf beiden Seiten). Dann über oft verschneite Felsen und Geröll wenig steil auf den Gipfel.

1102 *Von der N-Seite*

J.H. Wicks mit Theodor Andermatten und Ambros Supersaxo, 8. August 1881.

Diese gefährliche Route führt über eine fast 600 m hohe Wand mit oft vereistem Fels. Steinschlag.

S Von der Schönbielhütte, 10 Std.

Von der Schönbielhütte (2694 m) folgt man R. 1104 des Colle del Leone bis zum Fuss des Couloirs (3169 m), das zum Colle del Leone aufsteigt. Man erklettert die Wand, indem man rechts hält (der Weg ist nicht eindeutig), und erreicht den Grat ca. 100 m westlich des Gipfels.

1103 *Über den E-Grat*

Ettore Carrucio mit Grato Maquignaz, 13. August 1931.

Dies ist kein eigentlicher Grat, sondern eine Art Schiffsbug, der oberhalb des Colle del Leone in eine senkrechte Wand aus grauem Gneis ausläuft. Die Höhendifferenz zwischen dem Colle und der Testa del Leone beträgt nur 135 m.

S Vom Colle del Leone, 4¾ Std. Abb. S. 560

Vom Colle del Leone (3580 m) geht man dem Fuss der Wand ca. 15 m horizontal nach links (südsüdwestwärts) entlang. Nun steigt man direkt (sich ganz leicht links haltend) durch ein ausgeweitetes und wenig ausgeprägtes Couloir auf den obersten Punkt der grauen Felsen. Diese sind fest, die Griffe aber spärlich. Die Kletterei von weniger als 100 m Höhe erforderte 3¼ Std. Von hier führt ein horizontales Band auf die Gratschneide aus rötlichen Felsen, die man direkt erklettert.

Colle del Leone, 3580 m

Zwischen der Testa del Leone und dem Matterhorn.
Als Übergang hat der Pass keine Bedeutung. Er wird von S oft begangen, da er am Weg ins Rifugio Jean Antoine Carrel (3829 m) liegt.
Die N-Seite besteht aus einem gewundenen, äusserst steilen Couloir, das nachmittags von Steinschlag durchfegt ist.

1104 *Über die N-Seite*

Albert Frederick Mummery mit Alexander Burgener, 6. Juli 1880.

Die Route ist gefährlich und gar nicht empfehlenswert.
Eine grosse Wächte hängt über dem Ausstieg.

S Von der Schönbielhütte, 6½–8½ Std. Abb. S. 571

Von der Schönbielhütte (2694 m) folgt man R. 1113 des Matterhorns, gelangt auf das obere Plateau des Tiefmattengletschers und quert diesen zum Fuss (3169 m) des Couloirs. (2½ Std.). Man steigt über die Felsen des linken Ufers (W) des Couloirs, dann folgt man eine Zeitlang dem Couloir selbst, um schliesslich über die Felsen der rechten Seite die Besteigung zu beenden.

Über die S-Seite

Victor Carrel, Gabriel Maquignaz, 1857.
Erste Abfahrt mit Ski: Angelo Vallet, Mai 1986.

Siehe R. 58 und R. 58a.

Matterhorn, △ 4477,5 m und △ 4476,4 m

Das Bild des Matterhorns ist so bekannt, dass wir es hier nicht mehr lange zu beschreiben brauchen. Es ist der gewaltigste Felsobelisk der Alpen: Vier steile, ausgeprägte Grate führen zum Gipfelkopf, der, leicht geneigt, auf die grünen Weiden von Zermatt hinunterblickt.
Der Gipfel des Matterhorns besteht aus einem schmalen, fast horizontalen Felsgrat von 80 m Länge, der fast genau in ostwestlicher Richtung verläuft. Das östliche Ende ist der Schweizer, das westliche der Italiener Gipfel. Dieser ist um 1,1 m niedriger als der Schweizer Gipfel, auf dem der Hörnli- und der Furggengrat enden; auf dem Italiener Gipfel stossen der Zmutt- und der Liongrat zusammen. Die Landesgrenze Schweiz–Italien verläuft über den Furggen-, den Gipfel- und den Liongrat. Der Hörnli- und der Zmuttgrat sind somit ganz auf schweizerischem Gebiet. Am Hörnli- und am Liongrat sind fixe Seile angebracht; am Zmutt- und am Furggengrat nicht. Die Schwierigkeit der Grate nimmt wie folgt zu: Hörnli, Lion, Zmutt, Furggen (ohne Seile wäre der Liongrat aber schwieriger als der Zmuttgrat). In dieser Reihenfolge wurden sie auch bestiegen. Die ersten zwei 1865, der dritte 1879, der vierte erst 1911.
Die Grate bilden die natürlichen und schönsten Anstiegsrouten, da die steilen Flanken stets dem Steinschlag ausgesetzt sind.
Der Berg besteht fast ganz aus Arolla-Gneis, mit Ausnahme des Gipfelkopfs und des Sockels auf der S- und W-Seite, wo Gabbro der Valpelline-Serie vorherrscht. Die Schichten fallen leicht gegen S ab, ein Vorteil bei der Besteigung des Hörnligrats, ein Nachteil beim Liongrat, wo die Platten dachziegelartig abwärts geschichtet sind. Im allgemeinen ist der Fels auf den Graten einigermassen fest, auf dem Hörnligrat weniger.
Infolge seiner grossen Höhe und seiner isolierten Lage auf dem Grenzgrat ist das Matterhorn, wie kein anderer Berg, den Launen des Wetters ausgesetzt, das sehr schnell wechseln kann. Die Verhältnisse sind an diesem reinen Felsberg im Spätsommer günstiger als im Vorsommer.
Bei guten Verhältnissen ist die schönste Überschreitung sicherlich die von der Schönbielhütte über den Zmuttgrat und den Liongrat zum Rifugio Jean Antoine Carrel. Es ist empfehlenswert, am folgenden Tag wieder zum Col Félicité aufzusteigen, die Galerie Carrel zu begehen, den Gipfel zu erklettern und über den Hörnligrat abzusteigen. Es lohnt sich, den Liongrat sowohl im Auf- wie im Abstieg zu begehen, weil er sehr schön ist.
Die gewöhnliche Überschreitung führt über den Hörnligrat hinauf (der Abstieg ist monoton) und den Liongrat hinunter (die fixen Seile sind im Abstieg weniger mühsam).
Bemerkenswert ist die Leistung der Führer René Arnold und Joseph Graven, die von einem Biwak am Fusse des Furggengrates auf 3300 m am 28. September 1966 aus gingen. Über die Route Piacenza (Furggengrat) stiegen sie auf den Gipfel, gingen den Hörnligrat hinunter, traversierten den Matterhorngletscher am Fusse der N-Wand, um über den Zmuttgrat wieder auf den Gipfel zu gelangen, von wo sie über den Liongrat nach Breuil abstiegen. Vom Biwak bis Breuil 19½ Std.
Die gleiche Routenkombination im Alleingang: Marco Barmasse, 11. September 1985.

Routen über die Grate

1106 *Über den NE-Grat (Hörnligrat)*

Edward Whymper, D.R. Hadow, Charles Hudson, Francis Douglas mit Michel-Auguste Croz und Peter Taugwalder Vater und Sohn, 14. Juli 1865.
Erste Winterbegehung, im Abstieg (nach dem Aufstieg über den Liongrat): Vittorio Sella mit Jean Antoine, Jean Baptiste und Louis Carrel, 17. März 1882.
Erste Winterbegehung im Aufstieg: Charles F. Meade mit Jos. Lochmatter und Jos. Pollinger, 31. Januar 1911.
Erster Alleingang: W. Paulcke, 1898.

Der Hörnligrat ist der längste der vier Grate. Man folgt aber kaum der Schneide. Er ist vom Fuss bis zur Schulter felsig und schmal und trägt eine Reihe von Gendarmen, die aber lediglich einmal im Abstieg (Ludwig Gelpke mit Hans Schnyder, 4. August 1916) alle überklettert wurden (8 Std. von der Solvay- zur alten Hütte).
Da die E-Flanke viel weniger steil ist als die N-Wand, hält man sich fast immer an erstere. Der Fels ist nicht fest, aber in trockenem Zustand unschwierig.
Die Schulter entspricht jener im Furggengrat, mit der sie über fast horizontale Bänder verbunden ist. Sie ist weniger ausgeprägt als jene des Liongrates, die den Pic Tyndall bildet.
Oberhalb der Schulter erleichtern fixe Seile die Erkletterung der heikelsten Stellen. Diese Route wird am häufigsten begangen. An einem schönen Sommertag sieht man nicht selten zahlreiche Seilschaften «Schlange stehen». Dann bildet der Steinschlag die grösste Gefahr. Normalerweise bricht man zwischen 2 und 3 Uhr früh vom Hörnli auf und macht den ersten Teil des Weges im Dunkeln; die Route ist aber kompliziert, weil wenig augenfällig. Manche Spur führt in eine Sackgasse. Steigeisen und Pickel sind im obern Teil nützlich. Schwierigkeitsgrad II, bei den fixen Seilen III.

ZS– Von der Hörnlihütte, 5–6 Std. Abb. S. 555, 575, 583

Von der Hörnlihütte (3260 m) folgt eine Wegspur dem Schuttrücken bis zum Fuss der Felsen. Der erste Aufschwung von ca. 15 m wird schräg von rechts nach links erklettert (II). Dann 10 m direkt über Platten aufwärts (II), worauf man sich nach links wendet, um ein erstes Geröllcouloir, das vom Grat herunterkommt, zu erreichen. Man quert dieses Couloir zu einem zweiten (Steinschlag! Nach der Querung von Couloir I steigt man sofort höher und betritt Couloir II hoch oben, um weniger dem Steinschlag ausgesetzt zu sein). Nun steigt man 20–25 m in diesem Couloir auf und verlässt es links durch einen schrägen Kamin, bis man weiter links zu einem dritten Couloir kommt, das von einem Überhang überragt wird. Man hält nun nach rechts und steigt mehr oder weniger direkt (parallel zum zweiten Couloir) bis auf den Grat. (1 Std.).

Nun folgt man dem Grat etwa 100 m, quert dann ca. 50 m horizontal in die E-Flanke hinaus bis zum Beginn eines Bandes, das schräg in der Flanke ansteigt und das man *Elwe Fatt* nennt (elwe = gelbbraune Farbe der Felsen, die von diesem Band durchquert werden). Man folgt diesem Band, das fast parallel zum Grat verläuft, bis oben, und klettert dann gerade hinauf bis 20–30 m unter den Grat. Dann wendet man sich neuerdings nach links zu den *Eselstritten*, einer Felsrippe, über die man bis 50 m unter den Grat ansteigt. Abermals links haltend, erreicht man den Fuss eines dunklen Turms, wo sich die Überreste der *alten Hütte* befinden. (1 Std.). Man umgeht den Turm links und steigt während 5 Min. gegen den Grat, um sich dann einmal mehr nach links zu wenden und eine Felsrippe zu betreten (II), von der aus die Solvayhütte sichtbar ist. Nun gelangt man in eine Art Steinmulde, *Im Gebiss* genannt (wahrscheinlich wegen der Schwierigkeiten bei Eis). Man folgt dieser Mulde während 5 Min., bis man sich fast senkrecht unter der Solvayhütte befindet (Steinschlag). Direkt gegen die Hütte hinaufkletternd, gelangt man zur *Moseleyplatte* (wo dieser Amerikaner am 13. August 1879 zu Tode stürzte, nachdem er sich losgeseilt hatte). Man erklettert diese Platte rechts, im Winkel (II, Stift) und betritt die Terrasse der *Solvayhütte* (4003 m) über die N-Ecke. (¾ Std.). Von der Hütte quert man einige Schritte horizontal nach links, erklettert die *obere Moseleyplatte* (15 m, II) und steigt dann fast direkt zum Grat. Man folgt ihm bis zu einem rötlichen Turm (*Roter Turm*, ca. 10 m hoch), den man links umgeht, um unmittelbar oberhalb den Grat wieder zu betreten. Man folgt ihm nun bis zur *Schulter (Axle)*, d.h. bis zum Fuss des Schnee- oder Eishangs, der sie bedeckt. (¾ Std.). Über den Hang leicht links des Grates empor (Eisenstifte zum Sichern und Abseilen) bis zum Schneekamm, von wo aus man in die gewaltige, senkrechte N-Wand hinunterschaut. Man folgt dem Kamm der *Schulter* bis zur Gipfelwand des Horns. Hier trifft man zuerst auf eine kleine senkrechte Wandstufe (8 m, II, gute Griffe), die man links erklettert, dann folgt ein Aufschwung von ca. 30 m Höhe. Dann bewältigt man auf der N-Seite mit Hilfe einer Kette und eines Seils eine Platte (III–). (½ Std.). (Von hier querten die Erstbegeher in die N-Wand, viel weiter als heute üblich, und in halber Höhe dieses Hangs ereignete sich im Abstieg die Katastrophe.)

Unmittelbar oberhalb erleichtern fixe Seile die Erkletterung der steilsten Partie (*Rote Felsen* genannt, II). Man gelangt so auf einen weniger steilen Hang *(Unter Dach)*, von wo aus man direkt zum *Ober Dach* hinaufklettert. Hier findet man im Geröll einen regelrechten Fussweg, der auf den Schweizer Gipfel und höchsten Punkt (△ 4477,5 m) führt. (50 Min.).

1107 *Im Abstieg*

ZS– Vom Gipfel zur Hörnlihütte, 4 Std.

Vom Gipfel (△ 4477,5 m) steigt man gegen NE über den breiten Geröllkamm (Weg) ab. Dann steigt man steil an einigen fixen Seilen hinunter. Weiter unten erleichtern ein fixes Seil und eine Kette die Überwindung einer Platte in der N-Wand. Über einen Aufschwung von ca. 30 m absteigen, dann auf der rechten Seite über einen 8 m hohen Absatz hinab. Man befindet sich nun am Fuss des Gipfelkopfes. Von hier über den Schneegrat der *Schulter* zum Schneehang (Eis), wo man Eisenstifte zum Sichern und Abseilen findet.
Man steigt über den Felsgrat ab, umgeht einen rötlichen Turm rechts und folgt dann weiter mehr oder weniger dem Grat. Dann steigt man gegen rechts über eine Platte ab, quert einige Meter nach links und erreicht die *Solvayhütte* (4003 m). Nach der Hütte hält man sich in der E-Flanke zuerst auf der linken Seite der *Moseleyplatte* (Stift) und steigt dann in der Fallinie der Hütte weiter ab. Bei einem dunklen Turm wendet man sich nach links und steigt dann immer in der Flanke, sich jedoch in Gratnähe haltend, weiter ab. Die einzige Schwierigkeit besteht darin, den richtigen Weg zu finden.
Man quert über Rippen, Couloirs und fünf Mulden, die vom Grat herunterkommen, bis man sich oberhalb eines gewöhnlich verschneiten Bandes aus gelblichem Fels befindet, das die E-Flanke schräg durchzieht. Dem zerrissenen Grat folgend, steigt man steil zu einem rötlichen Couloir ab, dann durch ein zweites Couloir, das man gegen links quert, um auf der andern Seite zu einem dritten Couloir zu gelangen. Dieses letztere quert man horizontal bis zu einem grossen Steinfeld, wo man, über einige Stufen und Felsen absteigend, einen Weg findet, der zur *Hörnlihütte* (3260 m) führt.

1108 *Über den SE-Grat (Furggengrat)*

Am 19. Juli 1880 ging Albert Frederick Mummery mit Alex. Burgener und Benedikt Venetz auf der Schweizerseite vom Breuiljoch bis zur Schulter von Furggen diesem Grat entlang. Diese Schulter ist symmetrisch zu derjenigen im Hörnligrat und entspricht der gleichen harten

Felsschicht (eine Art Gneis). Breite, von zahlreichen Schneecouloirs durchzogene Bänder in der E-Flanke verbinden die beiden Schultern. Auf der Schulter von Furggen angelangt, hielt Mummery den Aufschwung für unbezwingbar und querte die ganze E-Flanke, um den Hörnligrat zu erreichen. Die Partien Guido Rey 1890 und Young-Ryan 1905 taten das gleiche.
Am 24. August 1899 liess sich Guido Rey ein über 80 m langes Seil über den Aufschwung herunterwerfen; es gelang ihm jedoch nicht, den oberen, überhängenden Teil zu bezwingen. Vier Tage später stieg er über den Liongrat auf den Gipfel und überwand den Aufschwung im Abstieg mit Hilfe von zwei Strickleitern.
Am 9. September 1911 umging Mario Piacenza mit Jean-Joseph Carrel und Joseph Gaspard den Aufschwung auf der italienischen Seite und erreichte den Gipfel. Am 2. September 1930 wiederholte Enzo Benedetti mit Louis Carrel (le petit) und Maurice Bich die Route Piacenza, reduzierte aber die Querung in die italienische Seite auf das absolut Notwendige.
Erste Winterbegehung: Giorgio Carrozza, Andrea Perron, Augusto Tamone, 10. Februar 1989 (Originalroute).

Vom Gipfel des Horns senkt sich dieser Grat mit zunehmender Steilheit und fällt dann senkrecht auf die Furggenschulter (ca. 4243 m). Diese ist auf ca. 30 m horizontal; südöstlich erhebt sich ein grosser, alleinstehender Turm (ca. 4191 m, Picco Muzio), wo sich der Grat teilt. Der Grenzgrat bildet einen nach S offenen Bogen, dann eine zweite Schulter, und wird zur Schnittlinie zwischen der italienischen und der E-Flanke. Diese Linie biegt zuletzt nach E ab und endet oberhalb des Breuiljochs (3323 m) bei P. 3478. In der SE-Wand des Picco Muzio ereignete sich am 10. August 1943 der grosse Felssturz, dessen Abriss von Zermatt aus sichtbar war. Von den Graten des Matterhorns ist dieser der schwierigste und im mittleren Teil der gefährlichste (Steinschlag). In den leichten Abschnitten ist der Fels im allgemeinen brüchig, weiter oben wird er besser und ziemlich fest.

S+ Vom Biwak Bossi, 7 Std. Abb. S. 555, 561, 563

Vom Biwak Bossi (ca. 3300 m) im Breuiljoch (3323 m) übersteigt man leichte Felsabsätze und quert auf die linke Seite des Grates. Man packt einen tief eingeschnittenen, am Fuss breiten Kamin an, der schräg gegen rechts zieht und manchmal eher einer Verschneidung gleicht (30 m, III). Es folgt eine schuttbedeckte Platte von 10 m, die in leichtes Gelände auf der E-Seite des Grates führt, in dem man mindestens 300 m über Schnee und lose, leichte Felsen, die mancherorts begehbar sind, ansteigt. Man betritt den Grat dort, wo er eine erste Schulter (ca. 3807 m) bildet. Von hier an ist die Route dem Steinschlag ausgesetzt. Sich rechts haltend folgt man einer Schneezunge und kommt dann über Bänder und Terrassen nach links zurück. Man quert ein wenig ausgeprägtes, sehr gefährliches Couloir

(III) und nähert sich wieder dem Grat. Nun über wenig schwierige Felsen empor. Dann wendet man sich nach rechts, quert ein Schneecouloir und ersteigt es gegen rechts (gefährlich). Schwierige, heikle Platten führen gegen links hinauf zur Schulter von Furggen (ca. 4243 m).
Von der Nahtstelle, wo die Schulter und die überhängende Wand zusammentreffen, führt ein bandartiger Riss horizontal nach links (30 m, III, heikel und sehr exponiert). Dann erklettert man eine sehr weite Verschneidung von 4 m Höhe und trifft auf ein schmales Band (wo Piacenzas Ringhaken steckte, der jetzt im Museum von Breuil aufbewahrt wird). Man folgt diesem Band leicht absteigend gegen links unter einem überhängenden Kamin durch bis zu hervorstehenden, gelblichen, brüchigen Felsen (III). 10 m rechts dieser Felsen ersteigt man die zum Teil überhängende Wand durch einen Riss (IV, athletisch) bis zu einem guten Standplatz. Man quert horizontal gegen links und übersteigt ein senkrechtes, schwarzes Wändchen, wo Wasser rinnt (IV), um eine winzige Plattform (H) zu erreichen. Man geht noch 30 m weiter nach links und steigt dann über leichteren Fels direkt auf. Über einen Schneehang geht man an einem letzten Überhang vorbei, der einem Balkon gleicht. Man gelangt in eine Nische am Rand der Schneeflecken am S-Fuss des Gipfelkopfes, von wo aus man leicht den Col Félicité an der R. 1110 (Liongrat) erreichen könnte. Nun rechter Hand über leichtere Felsen (worunter ein schräger Riss, III) zu einem abschüssigen Plattenband am Fuss der oberen Wand. Man folgt ihm gegen rechts bis zum Beginn des letzten Couloirs/Kamins vor dem Kamm. Im Couloir empor über einen eingeklemmten Block (IV) oder auch auf der Rippe zwischen dem Couloir und dem Kamm (IV+). Nun nach rechts zum zerborstenen Grat und über diesen ohne Schwierigkeiten zum höchsten Punkt (△ 4477,5 m).

1108 a *Variante*

Über diese Route, manchmal Mummery-Band genannt, erreicht man den Grat erst dort, wo er interessant und schwierig wird.

WS

Kommt man über den Hörnligrat (R. 1106) herauf, steigt man bis zum Fuss des Schneehangs der Schulter und quert dann gegen links. Zuerst steigt man leicht aufwärts, dann folgt man den fast horizontalen Bändern bis zur Schulter von Furggen. Es ist ratsam, diese Querung zum voraus gut zu erkunden, um sie möglichst schnell hinter sich zu bringen, da man ständig dem Steinschlag ausgesetzt ist.

1108 b *Variante*

René Aubert, René Dittert, Léon Flory, Francis Marullaz, 20. August 1943.

Weniger direkte und kompliziertere Route.

SS– Abb. S. 563

Nach den ersten beiden Querungen gegen links, die unter die gelblichen, brüchigen Felsen führen, steigt man anstatt gegen rechts gegen links weiter auf. Nach einer kleinen Mauer findet man einen grossen Haken der Erstbegeher. Man gelangt relativ leicht zu einem erdbedeckten Band unter mächtigen Überhängen. Man erklettert eine nasse Platte, ein Band und eine Wand. Durch einen Kamin und über Platten hinauf, immer gegen links haltend (III, IV). Nun in leichtem Gelände (geneigte Platten und Schutt) zum Fuss der oberen Wand.
Man folgt kurze Zeit R. 1108. Anstatt gegen rechts dem leichten Teil des Grates zu folgen, kann man über schwierige Kamine (IV, H) aufsteigen und durch ein Couloir in eine kleine, charakteristische Gratsenke ¼ Std. vor dem Gipfel gelangen.

1109 *Direkte Route über die Überhänge*

Alfredo Perino mit Louis Carrel (le petit) und Giacomo Chiara, 23. September 1941.
Erste Winterbegehung: Roberto Bignami mit Walter Bonatti, 20./21. März 1953.
(Am 22. Februar 1932 stiegen Gabriele Boccalatte, Guido Derege und Giusto Gervasutti vom Breuiljoch zur Schulter von Furggen, querten dann aber zur Schulter des Hörnligrates.)
Dies ist der logische, geradeste Weg, der direkt durch die senkrechte und überhängende Zone über der Schulter von Furggen führt. Sie ist relativ kurz (ca. 150 m), sehr schwierig, sehr ausgesetzt und sehr anstrengend. Die Erstbegeher verwendeten 43 Haken (davon 14 steckengelassen) und brauchten 7 Std.
Es gibt zahlreiche Varianten.

SS Von der Schulter von Furggen, 4 Std. Abb. S. 563

Man erreicht die Schulter von Furggen auf R. 1108 oder 1108a. Von dort steigt man gegen rechts durch ein leichtes, brüchiges Couloir 40 m zum Rand der E-Flanke hinauf. Ca. 15 m über heikle, manchmal verschneite plattige Felsen empor. Man quert rechts ein Schneefeld in seinem obersten Teil und gelangt zu einem brüchigen Risskamin, den man bis fast zuoberst ersteigt (40 m, III, IV). Man verlässt ihn gegen links und steigt zu einer kleinen, fast auf dem Kamm gelegenen Terrasse auf. Man erklettert einen Kamin (10 m, IV) links des Kamms. Von einer Terrasse etwas rechts des Kamms überwindet man die kleine Wand, die sie überragt, indem man links hält. So gelangt man an den Fuss der Überhänge (10 m, IV+, Standplatz, H), die unüberwindlich scheinen. Entlang eines Risses für die Finger quert man horizontal gegen links (heikel) und erreicht den Kamm (V). Über den Überhang aus wenig festem Fels empor (2 H) und weiter über Blöcke (die 1 m voneinander entfernt sind) zu einem Standplatz (V+). Ein kurzer, manchmal vereister Kamin wird in Adhäsionskletterei überwunden (V), und man steigt gegen links in die Grotte aus, eine von Rissen durchzogene, nach S gewandte Platte, die von einem Dach überragt wird. Man verlässt die Grotte, indem man den linken Rand des Daches umklettert (2 m, V, schlecht sichtbare Haken). Man kann das Dach auch rechts umgehen. Eine kleine, brüchige und manchmal vereiste Wand (V−) führt zu einer Nische und etwas weiter oben zu einem bequemen Band. Von nun an folgt man dem weniger steilen und leichteren Grat (R. 1108), der zum Schluss leicht zum höchsten Punkt (△ 4477,5 m) führt.

1109 a *Variante in der Mitte*

Diese Variante ist schwieriger als R. 1109.

SS+

Von der Schulter von Furggen (ca. 4243 m) ersteigt man gegen rechts das leichte, brüchige Couloir (40 m) und die anschliessende Länge von 15 m. Nun quert man gegen links durch einen Kamin und geht um den Kamm herum, bis unter eine grosse, überhängende Platte. Man überklettert sie (15 m, V+, A2, H) und gelangt auf eine schöne Terrasse mit einem Block. Nach einer Seillänge wendet man sich nach rechts, dann direkt aufwärts (IV, V), und gelangt zu steilen Platten, die, leichter, etwa 10 m weiterführen. Direkt über einen 4 m hohen Überhang (V, H), durch eine glatte, steile Verschneidung und über glatte Platten gelangt man zu kleinen Terrassen unter dem Überhang der Grotte.

1109 b *Variante im obern Teil*

Roberto Bignami mit Walter Bonatti, 20./21. März 1953.

SS+

Von der Grotte überwindet man das stark überhängende, von Rissen durchzogene Dach direkt (10 m, V+, A2, 7 H, wovon 3 steckengelassen). Eine heikle Querung diagonal nach rechts (7–8 m) führt unter einen Überhang. Dann folgt eine Seillänge über steile Platten. Man steigt weiter durch eine Reihe von parallelen Verschneidungen (IV) in einigen Metern Entfernung vom Kamm, dann gelangt man über lose Felsen auf die Gratschneide.

1110 *Über den SW-Grat (Liongrat)*

Die Führer Jean Baptiste Bich und Jean Antoine Carrel, 17. Juli 1865. Sie verliessen den Grat beim Col Félicité, querten über die Galerie Carrel in die Tiefmattenflanke und beendeten die Besteigung über den Zmuttgrat. Zwei Mitglieder der Seilschaft, Aimé Gorret und Joseph-Auguste Meynet, warteten am Ende der Galerie Carrel, um die beiden Sieger beim Überqueren eines Couloirs zu sichern.
Die Führer Jean-Joseph und Jean-Pierre Maquignaz waren die ersten, die direkt vom Col Félicité zum Italiener Gipfel (△ 4476,4 m) aufstiegen (13. September 1867).
Erste Winterbegehung: Vittorio Sella mit Jean Antoine, Jean Baptiste und Louis Carrel, 16./17. März 1882 von Breuil aus, mit Abstieg über den Hörnligrat.

Zahlreiche fixe Seile (1986 neue Verankerungen, 1986/87 Seile ersetzt) erleichtern die Besteigung dieses Grates, der sonst Schwierigkeiten vom IV. Grad aufweisen würde und schwieriger als der Zmuttgrat wäre. Dennoch sollte man die Tour nicht unterschätzen: Die Seile sind im Aufstieg mühsam und im Abstieg nicht immer leicht zu finden. Der Fels ist ziemlich fest, die Standplätze gut und zahlreich, ausser vor dem Pic Tyndall.
Die Steinschlaggefahr ist nicht besonders gross, jedoch nicht ausser acht zu lassen, wenn viele Seilschaften unterwegs sind. Die Route ist ziemlich gegeben und man findet zahlreiche Wegspuren. Der Grat ist manchmal auch im Sommer verschneit, und Steigeisen können gute Dienste leisten.

ZS Vom Rifugio Jean Antoine Carrel, 4–5 Std.
Abb. S. 560, 561, 563

Vom Rifugio Jean Antoine Carrel (3829 m), direkt hinter dem alten Rifugio Savoia, gelangt man zum ersten Seil *(Corde de l'éveil)*, das die Überwindung der *Degrés de la Tour* (dachziegelartige, oft vereiste Platten) erleichtert. Nun über die S-Seite des grossen Turms *(Grande Tour)* aufwärts, die Überreste der alten Cabane de la Tour (ca. 3890 m) linker Hand lassend. Man steigt schräg gegen rechts weiter, zwischen zwei Felsen durch, und gelangt in das kleine *Vallon des Glaçons*, wo ein Seil schräg gegen rechts die Überwindung der oft vereisten Stufe erleichtert. Man quert 30 m gegen rechts, ersteigt eine Verschneidung von 25 m und geht rechts über Platten weiter (30 m, III–). Ein kleines Couloir führt oberhalb des grossen Turms auf den Grat zurück, der mit Gendarmen gespickt ist und *Crête du Coq* genannt wird. Zuerst umgeht man ihn rechts auf der S-Seite. Man steigt in eine Gratlücke und über die *Dalles Crétier* auf. Dann umgeht man einen markanten Grataufschwung rechts. Ein abschüssiges, schmales Band, der *Mauvais Pas*, führt heikel (10 m, III, 1 H) zu einer Stufe am Fusse eines glatten Felsens, dem *Rocher des Ecritures*. Man quert weiter gegen rechts zum *Linceul*, einem Schnee- und Eishang, dessen linke (W) Randfelsen man erklettert. (Über dem Schneefeld findet man ein wenig vertrauenerweckendes Stahlseil). Über Felsen und einen Aufschwung gelangt man zum 30 m langen *Tyndallseil (Grande Corde)*, das über eine senkrechte Wand herunterhängt. Der Aufstieg an diesem Seil über die manchmal griff- oder trittarme Wand ist sehr mühsam. Es führt bei ca. 4080 m auf den Grat. Er besteht aus steilen Platten die, wenn verschneit, zu den heikelsten und gefährlichsten Stellen der Route zählen. Weiter über die Gratschneide und dann über die *Cravate*, ein breites, horizontales, fast immer schneebedecktes Band auf der S-Seite, das man in einigen Schritten überquert, um wieder über den Grat den *Pic Tyndall* (4241 m) zu erreichen, (3 Std.), wobei Schwierigkeiten (speziell eine Stufe, die durch ein kleines Couloir mit losen Felsen erstiegen wird) auf der N-Seite umgangen werden. Von hier überblickt man den weiteren Weg, der durch die Seile und die Echelle Jordan gegeben ist, gut. Man geht über die über 200 m lange, fast horizontale *Schulter (Crête Tyndall)*, die schmal und manchmal verwächtet ist. Nach einem kurzen Abstieg und nach zwei massigen Gendarmen endet sie in der *Enjambée*, einer schmalen Scharte, die sie vom Gipfelkopf trennt. (½ Std.). Man erreicht die gegenüberliegende Wand, indem man zuerst etwas absteigt und dann einen grossen Schritt nimmt. Der Grat ist nun wieder breit. Man steigt über Fels, Schutt oder Schnee bis zum *Col Félicité*, einer kleinen Plattform am Fuss einer Felsstufe (benannt nach Félicité Carrel, der ersten Frau, die hierher gelangte, am 13. September 1867). (½ Std.). Man umgeht den Aufschwung links in der Tiefmattenseite (von wo man die *Galerie Carrel* sieht).

Man gelangt so zum Gipfelkopf (Tête du Cervin), dort, wo sich der Grat nochmals aufschwingt. Auf der linken Seite des Grates einige Meter aufwärts, dann über ein schmales Band wieder auf die rechte (S) Seite, wo ein erstes Seil den Aufstieg über einen ca.

12 m hohen Aufschwung erleichtert. Man quert eine schmale, geröll- oder schneebedeckte Plattform schräg gegen rechts und findet ein zweites, ca. 15 m langes Seil, das über kompakte Platten zur *Echelle Jordan* (rechter Hand) führt. (Dieser englische Alpinist liess auf seine Kosten die erste Leiter anbringen.) Diese Strickleiter mit 12 Sprossen dient zur Überwindung eines Überhangs. Ihr folgt ein Seil *(Corde Pirovano)*, mit dessen Hilfe man gegen links über eine glatte Platte geht. Von hier gelangt man auf einem guten Band *(Gîte Wentworth)* wieder links zurück zum Grat, wo zwei weitere Seile, ein schmales Band *(Pas Thioly)* und leichte Felsen zum Italiener Gipfel (△ 4476,4 m) führen. Den höchsten Punkt (Schweizer Gipfel, △ 4477,5 m) erreicht man in 10 Min., indem man zuerst in eine Lücke absteigt und dann dem im allgemeinen schneeigen Grat folgt.

1110 a *Über die Galerie Carrel*

Die Führer Jean Baptiste Bich und Jean Antoine Carrel, 16./17. Juli 1865, anlässlich der Erstbesteigung.

Unter dem Gipfelkopf des Matterhorns verläuft etwa 10 m unterhalb des Col Félicité ein Band durch die steile W-Flanke zum Zmuttgrat. Es ist an einer Stelle unterbrochen, fast horizontal und meistens verschneit.
Die Route ist historisch interessant und leichter als der Liongrat (R. 1110), bevor dort die Seile angebracht wurden. Bei guten Verhältnissen ist der Umweg kaum länger als die normale Route.

ZS Vom Col Félicité zum Zmuttgrat, 1¾ Std.
Abb. S. 571

Vom Col Félicité steigt man 10–12 m schräg links hinunter auf das oberste horizontale Band (Galerie Carrel), das zuerst nicht sehr ausgeprägt ist. (Man kann auch, wie die Erstbegeher, den Grat 15 m vor dem Col Félicité verlassen und das Band ganz am Anfang, wo es aus Blöcken besteht, schon betreten.) Das Band bietet keine Schwierigkeiten (gute Griffe in der Wand), wenn es aper ist; liegt jedoch Schnee (Eis), ist die Traverse sehr heikel. Etwa 30 m vor dem Zmuttgrat ist das Band deutlich unterbrochen (H), man steigt ca. 20 m ab und erreicht horizontal den Zmuttgrat (R. 1113) über verschneite Bänder.

1110 b *Variante*

Alberto Deffeyes mit Louis Carrel (le petit) und Pierre Maquignaz, 25. September 1941.

S

Anstatt 20 m abzusteigen, kann man auch horizontal weitergehen und die Platte queren (sehr schön und heikel).

1110 c *Variante, «Route des Trois Baptistes» oder Route Aymonod*

Jean Baptiste Aymonod, Jean Baptiste Maquignaz, Jean Baptiste Perruquet, 9. Juli 1887.

1886 zerstörte ein Felssturz ein Seil der Normalroute in der Nähe des Gipfels. Deshalb stieg diese Seilschaft in der S-Flanke der Gipfelpyramide auf und erreichte den Gipfelgrat etwas links des Schweizer Gipfels (höchster Punkt). Diese Variante wurde später auch mit fixen Seilen ausgerüstet (von denen Überreste sichtbar sind), doch wird sie heute höchstens von jenen begangen, die das Gewimmel der Normalroute vermeiden wollen.

ZS Abb. S. 563

Beim ersten Seil am Gipfelkopf quert man auf einem breiten, leichten Band gegen rechts in das tief eingeschnittene, schräge, kaminartige Couloir, das von der Lücke zwischen dem Schweizer und dem Italiener Gipfel herunterkommt. (Auf R. 1122 wird dieses Couloir vollständig durchstiegen.) Man quert es und steigt schräg gegen rechts weiter, um den Gipfelgrat nahe beim Schweizer Gipfel zu betreten.

1111 *SW-Grat (Liongrat) im Abstieg*

Im Abstieg folgt man genau der gleichen Route wie im Aufstieg.

ZS

Vom Italiener Gipfel (△ 4476,4 m) steigt man über den W-Grat bis zu einem ersten Seil ab. Von seinem untern Ende quert man auf einem Band gegen links zu einem zweiten Seil, dann steigt man über die *Echelle Jordan* und ein drittes Seil weiter ab. Auf einer schmalen, geröllbedeckten Plattform quert man gegen rechts zum vierten Seil, an dessen unterem Ende man gegen rechts über ein schmales Band in die Tiefmattenflanke quert, die hier weniger steil ist und aus mächtigen Blöcken besteht. Man kommt auf den Grat zurück und gelangt in zwei Zickzacken auf die kleine Plattform des *Col Félicité* am Fuss der steilen Gipfelwand. Über Fels, Schutt oder Schnee zur schmalen Scharte *(L'Enjambée)*, wo man nach einem grossen Schritt auf dem fast horizontalen Grat der *Schulter (Crête Tyndall)* Fuss fasst. Man folgt diesem Grat auf und ab bis zum Pic Tyndall (4241 m). Von dort nach SW abwärts über den Grat *(Crête du Coq)*, Schwierigkeiten rechts (N) umgehend. (Vorsicht: Ausgesetzte und heikle Stellen ohne gute Sicherungsmöglichkeiten.) Von einer Gratlücke steigt man gegen links dem grossen Seil *(Grande Corde)* entlang ab. Dann, rechts haltend, weiter und über die westlichen Randfelsen des *Linceul* hinunter bis an sein unteres Ende (Vorsicht, nicht zu weit absteigen). Vom Fuss der steilen Felsen quert man leicht aufsteigend gegen rechts und erreicht jenseits eines kaum ausgeprägten Sporns ein schmales, abschüssiges Band. Erst im letzten Moment wird das horizontale Seil sichtbar, das die Querung *(Mauvais Pas)* sichert und zum Grat führt. Man folgt dem Grat nun bis zu einer Lücke, steigt einige Meter auf, folgt einem Band, das einen flachen Gratturm südlich umgeht und steigt dann in die Lücke vor dem grossen Turm (Grande Tour) ab. Dann durch die S-Flanke abwärts und den Seilen entlang zum Fuss des grossen Turms, wo das Rifugio Jean Antoine Carrel (3829 m) steht.

1112

Will man von Zermatt aus über den Liongrat aufsteigen, oder nach dem Abstieg über diesen Grat auf dem kürzesten Weg Zermatt erreichen, geht man über das Breuiljoch (3323 m) oder das Furggjoch (3271 m). Dies ist aber nur dann empfehlenswert, wenn der Gh. inf. del Cervino nicht allzu viele Spalten aufweist, was nach einem schönen Sommer selten der Fall ist. Unter der Croce Carrel quert man gegen NE, geht unter dem Eisbruch des Gh. sup. del Cervino durch und dann am Fuss des Berges über den Gh. inf. del Cervino. Man folgt so R. 1144 des Breuiljochs oder R. 1149 des Furggjochs (von der Croce di Carrel bis ins Breuiljoch ca. 2 Std.), wobei man i.a. das Furggjoch vorzieht, weil es niedriger ist. Auf alle Fälle sollte man (vor allem nachmittags) die S-Seite des Colle del Leone meiden, da sie gefährlich ist (auch wenn der Abstieg dort kürzer wäre). Eine schnelle Seilschaft kann das Matterhorn durchaus von der Hörnlihütte aus überschreiten und gleichentags wieder nach Zermatt zurückkehren.

1113 *Über den NW-Grat (Zmuttgrat)*

Albert Fredrick Mummery mit Alexander Burgener, Augustin Gentinetta und Johann Petrus, 3. September 1879.
Erster Alleingang: Hans Pfann, 1. September 1906.

Zwei Tage bevor Mummery den Zmuttgrat beging, erkundete William Penhall mit Ferdinand Imseng und Ludwig Zurbrücken alias Aloys Zurbriggen den Grat. Sie gelangten bis in die Gegend der Zmuttzähne, traten aber den Rückzug an, nachdem sie auf dem ganzen Schneegrat Stufen geschlagen hatten. Zwei Tage später konnte die Partie Mummery diese Stufen benützen und gelangte zum Gipfel, während die Seilschaft Penhall auf einem ganz anderen, viel gefährlicheren Weg (R. 1130) gleichentags, aber später, oben ankam.
Der Zmuttgrat ist der komplizierteste. Vom Italiener Gipfel fällt er fast geradlinig bis auf ca. 4300 m unterhalb der Galerie Carrel ab, gabelt sich dann und bildet eine senkrechte Wand, die ungefähr parallel zum Hörnligrat verläuft. Das ist der von der Stafelalp aus gut sichtbare «Buckel». Der NE-Arm ist die Schnittlinie dieser Wand mit der N-Wand des Matterhorns. Zwischen dem NE- und dem NNW-Arm liegen die Wand und das mächtige Schneecouloir, das auf den *Matterhorngletscher* fällt. Der NNW-Arm bildet die nicht sehr klare Schnittlinie zwischen der senkrechten Wand und der Tiefmattenflanke und, weiter unten, zwischen dieser Flanke und dem mächtigen Couloir. Sie wird dort zu einem wirklichen Grat und bildet die Zmuttzähne, von denen nur die unteren zwei charakteristisch sind. Man nennt den Überhang der Wand, im Profil gesehen, Zmuttnase. *Diese liegt also nicht im Grat selber.*
Unter den Zmuttzähnen geht der Grat in seiner ursprünglichen Richtung (NW) weiter, besteht aus Schnee, ist auf ca. 700 m mehr oder weniger scharf und viel weniger steil als im obern Teil. Er trennt die Schneeflanke über dem Matterhorngletscher von den Felsabstürzen über dem Tiefmattengletscher. Dann wird er breiter und endet im P. 3424, dem höchsten Punkt eines mächtigen Sporns, der sich weiter unten gabelt und einen kleinen Seitengletscher des Zmuttgletschers einschliesst.
Diese Tour sollte nur bei ganz sicherem Wetter unternommen werden. Verschlechtert es sich unterwegs, ist es besser, sofort umzukehren und gar nicht erst in die Tiefmattenflanke einzusteigen, da diese bei schlechten Verhältnissen äusserst gefährlich und schwierig wird.
Die Verhältnisse im Fels sind nur selten wirklich gut. Die wild-einsame Umgebung und der im Schneeteil elegante Aufstieg machen den Zmuttgrat zu einer sehr schönen Tour.

S Von der Schönbielhütte, 8–10 Std. Abb. S. 571

Von der Schönbielhütte (2694 m) führt ein kleiner Fussweg (es ist gut, ihn am Vorabend zu erkunden) südwestlich (südlich desjenigen, der zur Wandfluh führt) abwärts, bei zwei grossen Blöcken vorbei, im Gras und über Felsen auf den Zmuttgletscher hinunter. Man überquert diesen und geht nördlich von P. 2841 vorbei. Dann steigt man auf dem kleinen Seitengletscher aufwärts und überschreitet den kleinen Pass unmittelbar östlich von P. 2974 *(Sattelti)*.
Von hier steigt man leicht schräg über Schnee und Schutt nach links. Man geht unter einem ersten Couloir und unter einem grossen Felssporn (demjenigen, der am weitesten auf den Tief-

mattengletscher herunterkommt) durch. Man steigt durch die Schneebucht zwischen diesem ersten und dem weiter südlich folgenden, viel kleinern und viel höher liegenden Sporn aufwärts. In ihrem obern Teil bildet die Bucht einen Halbmond und hat im Vorsommer zwei Schneezungen. Man folgt der rechten Zunge, die zu einem von links nach rechts verlaufenden Band oberhalb des kleinen Felssporns führt. Man überschreitet einen Bach und steigt kurz danach (leicht rechts haltend) über Felsstufen und Schutt, dann direkt durch eine enge, ausgewaschene Felsschlucht aufwärts. Man gelangt so auf ein grosses Schuttplateau. Nun wendet man sich nach links und kommt über Platten zum vorerwähnten Bach zurück *(Wassercouloir)*. Man steigt durch dieses Couloir (oder besser auf seinem rechten Ufer) aufwärts und gelangt dann über Firn und Geröll direkt auf den *Schneegrat*. (4–5 Std.).
(Sind die Schneeverhältnisse ungünstig, so kann man in den Felsen links schräg ansteigen und den Schneegrat an seinem untern Ende betreten.)
Man folgt dem Schneegrat bis zu den *Zmuttzähnen*. Der erste (3895 m) wird über die Gratschneide traversiert, der zweite rechts umgangen. Man betritt den Grat in einer Scharte wieder, wo sich ein verkeilter Block befindet. Von hier kann man dem Grat weiter folgen (oder sich leicht rechts halten) bis zu einer Scharte jenseits der Zähne, die durch weissliche Felsen gekennzeichnet ist.
Man folgt dem Grat über Stufen, die leichter sind, als sie scheinen. Früher stieg man über den Hang weiter links über glatte und vereiste Platten hinauf. Der Grat ist aber vorzuziehen. Man kommt zu einer Schulter, von wo aus man die Galerie Carrel sieht. Diese Schulter ist auf ein kurzes Stück horizontal. Man klettert durch eine kleine Runse (Eis) hinauf und folgt dem Grat wieder bis zum Fuss eines überhängenden Aufschwunges, den die Führer von Zermatt fälschlicherweise Zmuttnase (4158 m) nennen. (3 Std.). Nun wendet man sich nach rechts (gegen den Liongrat), einem typischen, mehr oder weniger verschneiten Band folgend. Vom Ende dieses Bandes steigt man direkt über eine Felsrippe und eine Runse, deren Platten oft vereist sind, aufwärts. Man gelangt so auf die Galerie Carrel (siehe R. 1110a), über die man horizontal den Zmuttgrat wieder erreicht, sofern der Schnee gut ist. Wenn nicht, so folgt man der Galerie nur wenige Meter und steigt über eine steile Schneezunge zu einem Kopf aus roten Felsen hinauf. Man klettert nun direkt durch eine ausgeprägte Runse aufwärts und quert einige rötliche Felsbänder. Endlich wendet man sich nach links, betritt

den Grat wieder und folgt ihm bis auf den italienischen Gipfel (△ 4476,4 m).

1114 *Zugang zum Zmuttgrat von der Hörnlihütte*

Da die Hörnlihütte 566 m höher liegt als die Schönbielhütte, liegt es nahe, dass man versuchte, den Schneeteil des Zmuttgrates über den Matterhorngletscher zu erreichen. Schon 1896 gelangte Edw. Davidson vom Riffelberg aus dorthin und stieg dann auf den Tiefmattengletscher ab. Am 22. Juli 1906 stieg Felice Trossi mit Jos. Knubel und Raphael Lochmatter direkt von Stafel zum Matterhorngletscher und zum Zmuttgrat (5 Std.), dem sie bis zum Gipfel folgten.
Am 20. August 1908 beging J. Moore mit Ambros und Oskar Supersaxo die Route Davidson (1886), musste aber ebenfalls auf den Tiefmattengletscher absteigen. Die ersten, denen die Besteigung von der Hörnlihütte aus gelang, waren Isaie de Bruyn mit Adolf Aufdenblatten und Heinrich Gentinetta, 8. Juli 1923.
Diese Route ist vor allem den (italienischen) Seilschaften zu empfehlen, die vom Biwak Bossi über das Breuiljoch (3323 m) kommen und für die die Schönbielhütte zu weit entfernt ist.
Die Verhältnisse auf dem Matterhorngletscher und am Zmuttgrat dürften aber selten gleichzeitig günstig sein. Die Route kann auch für jene Seilschaften von Nutzen sein, die nach der Besteigung des Zmuttgrats über den Hörnligrat absteigen.

ZS+ Von der Hörnlihütte zum Zmuttgrat, 2 Std.

Von der Hörnlihütte (3260 m) folgt man R. 1106 während einiger Minuten, dann steigt man rechts in schräger Richtung auf den Matterhorngletscher ab. Ein Felsband, das sich im Gletscher fortsetzt (bis zum P. 3113), entspricht dem ersten Aufschwung des Hörnligrates. Der Gletscher bildet hier einen Abbruch (Séracs). Das Felsband wird am leichtesten am Fuss des Hörnligrates beim Bergschrund überstiegen. Man gelangt in ½ Std. dorthin. Man steigt über die brüchigen Felsen, dann einen Schnee- oder Eishang (3 Seillängen 55°–58°) hinauf, um sich dann so bald als möglich nach rechts zu wenden und den Gletscher darüber zu betreten. Diese Stelle ist dem Stein- und Eisschlag stark ausgesetzt, wenn Seilschaften auf dem Hörnligrat klettern. Nun quert man das Gletscherplateau am Fuss der N-Wand entlang gegen W, um den Schneehang des Zmuttgrates dort zu betreten, wo er am wenigsten steil ist. Man kann die Schneehänge auch bis in die Nähe von P. 3424 queren, es ist aber meistens besser, den Grat höher oben zu betreten, wobei man eventuell einer Felsrippe, deren Fuss mit 3377 m kotiert ist, folgt.

Routen durch die Wände

E-Wand

1116 *Durch die E-Seite und E-Wand*

Enzo Benedetti, Giuseppe Mazzotti mit Maurice Bich, Louis und Lucien Carrel und Antoine Gaspard, 18./19. September 1932.
Erste Winterbegehung: René Arnold, Guido Bumann, Candide Pralong, 27./28. Februar 1975.
Erste Skiabfahrt: Toni Valeruz, 14. Mai 1975, von der Höhe der Schulter, die er per Helikopter erreichte.

Diese Wand ist die einfachste und am wenigsten steile (40°–45°) der vier, sie wird aber vom Gipfelkopf des Horns überragt, der auf dieser Seite senkrecht abfällt. Am Fuss des Kopfs verläuft ein Band (Mummery-Band) von der Schulter des Furggengrates zu jener des Hörnligrates. Unterhalb des Bandes liegt gewöhnlich etwas Schnee in der Flanke. Man kann überall ansteigen, die Felsen sind aber sehr lose, und ständig gehen Steinlawinen nieder, die tiefe Furchen in den Berg gegraben haben. Über dem Band erhebt sich die Wand in voller Steilheit. Die Erkletterung ist sehr schwierig. Die Erstbesteiger brauchten für die letzten 200 m 10 Std. und biwakierten im letzten Kamin. Bis zu den Bändern war die Wand wiederholt begangen worden; die Seilschaft Benedetti-Mazzotti war wahrscheinlich die erste, die mitten durch die Wand stieg, die eintönig und sehr gefährlich ist.

SS Von der Hörnlihütte, 14 Std.
Vom Biwak Bossi, 14 Std. Abb. S. 555

Man erreicht den Wandfuss, indem man

a) von der Hörnlihütte (3260 m) auf dem Firn dem Fuss des Hörnligrates entlanggeht, um über den obersten Abbrüchen des Furgggletschers durchzugehen. Man quert die Firnfelder Richtung SSW und gelangt zu P. 3436. Abb. S. 555
b) vom Biwak Bossi (ca. 3300 m) über den Schneehang (oder die Felsen zur Rechten) unter dem Breuiljoch (3323 m) absteigt. Nach etwa 100 m folgt man dem breiten, horizontalen Schneeband unter der E-Flanke und steigt dann bis über den Gletscherbruch am Fuss und in der Mitte der Wand (Steinschlag). Abb. S. 555

Über die oft verschneite Wand direkt aufwärts, indem man sich so gut als möglich an die wenig ausgeprägten Felsrippen hält. Auf Zweidrittelshöhe der Wand kommt man zu drei parallelen, deutlicheren Rippen. Man folgt der linken, die in einen Schneegrat ausläuft und zum Band unter der Gipfelwand führt. (4 Std.). Sehr steinschlägig (I, einige Stellen II).

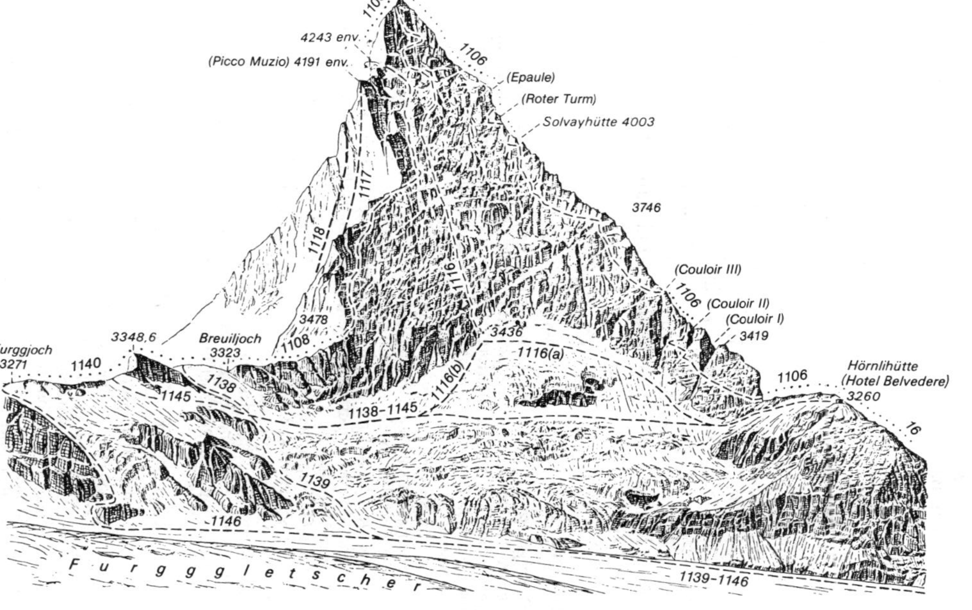

Matterhorn, E-Wand

Man ersteigt einen ersten Felsgürtel des Gipfelkopfes, der von zahlreichen Bändern durchschnitten wird. Man erreicht das charakteristische Band, das den Gipfelkopf schräg durchzieht. (Rechts sieht man einen Kamin, der zum Hörnligrat führt.) Man folgt dem Band gegen rechts bis zu einer roten, gegen die Wand gelehnten Platte, über der eine Ader aus weissem Fels verläuft. Hier packt man die Schlusswand an. Man erklettert die Platte (1 H) und steigt dann links über eine kleine, zuerst brüchige, dann steile, glatte Wand (20 m, 2 H) zu einem weiten Kamin. Darüber erreicht man ein Dach aus grünem Fels. Von einem abschüssigen, horizontalen Band (H) quert man gegen links, zuerst auf dem Band selbst, dann über wacklige, überhängende Blöcke. Man steigt etwas ab und anschliessend 10 m aufwärts zu einem Felsblatt. Von dessen höchstem Punkt gelangt man zu einem Kamin (1 H). Durch diesen und dann über leichtere Felsen zum Gipfel.

S-Wand

Diese grosse, zerrissene Flanke bildet in ihrem untern Teil einen ungeheuren Trichter, in den alle Lawinen niedergehen und durch ein mächtiges Couloir auf den Gh. inferiore del Cervino stürzen. Der Wandfuss ist mit 3243 m kotiert, die vollständig felsige Wand ist also ca. 1230 m hoch. Sie besteht aus mehreren Spornen und Nebencouloirs. Eine auffällige Schulter im SE-Grat, rechts der Wand, ist der Picco Muzio (ca. 4191 m) mit seiner senkrechten SE-Wand. Am 10. August 1943 brach ein grosser Teil der Gipfelfelsen ab und stürzte auf den Gh. inferiore del Cervino hinunter. Am Fuss der Gipfelpyramide ziehen sich einige Bänder durch die Wand. Von der Enjambée und vom Pic Tyndall fallen zwei Sporne ab, der letztere ist ausgeprägter.
Über dem Gh. superiore del Cervino ist die Wand gegen SW gerichtet und trägt den Schneefleck, Linceul (Leichentuch) genannt.
Die Wand besteht grösstenteils aus losem Fels, ist steil und damit die steinschlaggefährlichste des Matterhorns.
Zahlreiche Routen sind in dieser Wand begangen worden. Selten wurde eine wiederholt, und keine ist klassisch geworden.

1117 *Über die SE-Wand des Picco Muzio*

Giuseppe Lanfranconi, Annibale Zucchi, 11.–13. August 1965.

Die Wand ist 900 m hoch. Die ersten 350 m bestehen aus einem im Innern schneeigen Couloir, die restlichen 550 m sind senkrecht und bilden die eigentliche Wand. Sie wird von einem breiten Riss durchschnitten, der den gegebenen Anstieg bildet. Der Fels ist lose, in den Rissen liegen wacklige Blöcke. Das Einstiegscouloir und weitere 150 m sind sehr steinschlägig. Die Route ist von zwei Dolomitenkletterern eröffnet und Via Ragni getauft worden.

AS Vom Biwak Bossi, ca. 30 Std. Abb. S. 555, 561

Vom Biwak Bossi (ca. 3300 m) steigt man auf der W-Seite des Breuiljochs ab und gewinnt durch einen Flankenmarsch über den Firn (R. 1143) die Mündung des Couloirs unter der SE-Wand des Picco Muzio. Man ersteigt das ganze, zuerst enge, dann weitere Couloir bis auf ca. 3650 m, am Fuss der Felswand. Man beginnt bei einer Art Verschneidung, die gegen links ansteigt. Über Verschneidungen, Kamine und Platten (V, H) in etwas morschem Fels zur langen Kamin-Verschneidung, die die Wand schräg gegen rechts durchzieht. Man ersteigt sie (V, VI) bis unter einen überhängenden Wandteil (1. Biwak links der Verschneidung). Man wendet sich auf mehrere Längen gegen links (IV). Durch einen engen Kamin gelangt man zu einer weiten Verschneidung, einer Art Couloir mit Schnee, Eis und losem Fels, das nach rechts hinaufzieht und über den Überhängen mündet (2. Biwak). Eine glatte Wand, die von einem langen, schrägen Dach überragt wird, versperrt den Zugang zum Gipfel. Man steigt zuerst durch den engen Riss unter dem Dach, dann klettert man immer gegen rechts in der Wand unterhalb des Risses (40 m, VI –, A2, H, 2–3 Bh). Man gelangt unter ein letztes Dach (Eis zur Linken), umgeht es rechts (VI) und erreicht über eine Platte (VI) den Gipfel.

1118 *Über den Pfeiler der SSE-Flanke des Picco Muzio*

Gianni Calcagno, Leo Cerrutti, Carmelo di Pietro, Guido Machetto, 14./15. Juli 1970.

Diese 800 m hohe Route liegt westlich der R. 1117, links der Linie vom Gipfel des Picco Muzio zum grossen vereisten Couloir, das den Unterbau des Picco Muzio teilt. Sie verläuft längs eines gut sichtbaren Pfeilers, ist technisch interessant, frei von Steinschlag in allgemein gutem Fels und mit recht günstigen Standplätzen. Es ist der sicherste Weg der S-Seite; wer den Aufstieg vom Picco Muzio weiter über die Furggenüberhänge fortsetzt, hat den schönsten und «saubersten» Aufstieg des Matterhorns gewählt.

Die Erstbesteiger biwakierten mit der Absicht, weiterzugehen bis zum Gipfel. Das schlechte Wetter zwang sie zum Rückzug auf der Aufstiegsroute, wo sie 25–26mal abseilten. Vom Biwak kann man R. 1120, den Picco Muzio und die Furggenschulter erreichen. Oder auch durch die S-Flanke queren, bis man auf R. 1121 stösst.

SS+ Vom Biwak Bossi, 16 Std. Abb. S. 555

Vom Biwak Bossi (ca. 3300 m) erreicht man den Wandfuss auf R. 1143 des Breuiljochs.

Vom Rifugio Duca degli Abruzzi (Rifugio Lo Riondè, 2808 m) gelangt man zum Wandfuss auf R. 1143 des Breuiljochs.
Die Route beginnt bei der Mündung des grossen Eiscouloirs. Man ersteigt es entweder zu zwei Dritteln (Steinschlag), hält über Bänder und Geröll schräg nach links oder nimmt es so rasch wie möglich direkt, um Steinschlag zu vermeiden. Über Geröllbänder und kurze senkrechte Aufschwünge steigt man im Zickzack bis zum Fuss des Pfeilers. Die Route ist nicht gegeben; der Fels in den Grataufschwüngen ist allgemein gut. Die Schwierigkeiten beginnen beim «blühenden Riss», der, 40 m hoch, ausgesetzt ist bei ungesundem Fels (V, V+, 4 H). Vom Ende des Risses weicht man einige Seillängen leicht gegen links von der Gratlinie des Pfeilers ab (IV, IV+, kurze Stellen V). Der Fels ist kompakt und bietet schöne Kletterei mit Hakensicherung. So erreicht man die geräumige Nische, die den Pfeiler in der Mitte unterbricht; sie wird in zwei sehr schönen Seillängen (V, V+), welche die Schlüsselstelle bilden, links umgangen. Direkt neben der Nische auf grauweissen Felsen weiter, über eine abstehende Platte, die man vorsichtig ersteigt. Einige Risse führen unter einen kleinen Überhang, über dem man sich seitwärts 3–4 m nach rechts schiebt; weiter nach rechts zum Stand. Vier Haken für diese Seillänge. Dann in einem schwierigen Riss diagonal 35 m von links nach rechts, anschliessend gerade empor auf glattem, kompaktem Fels. Ende der Schlüsselstelle. Die Kletterei geht mit schönen Seillängen und fast ohne Haken weiter (IV, V). Man ersteigt Platten, Risse und kurze Kamine mit winzigen, aber soliden Griffen. Die Kletterei endet auf dem Grat links der Kante, welche der Gipfel des Picco Muzio bildet, oberhalb der grossen Verschneidung, die den Pfeiler von der Wand des Picco Muzio trennt, durch die R. 1117 führt.

1119 *Über den S-Sporn des Picco Muzio*

Vittorio de Tuoni mit Marco Barmasse, 28. September 1983.

Diese Route ist nicht vollständig neu, da sie teilweise schon bekannten Routen folgt.
Sie ist 900 m hoch, davon 300 m am Picco Muzio. Ein einziger Standhaken und zwei Klemmkeile wurden von den Erstbegehern zurückgelassen. Sicherung mit Klemmkeilen.

ZS+ Im untern Teil,
SS–AS am Picco Muzio
Vom Biwak Bossi, 11 Std. Abb. S. 561

Vom Biwak Bossi (ca. 3300 m) folgt man R. 1143 des Breuiljochs bis jenseits des Couloirs. Auf ca. 3250 m steigt man direkt am Fuss in den S-Sporn ein, ohne das steinschlägige Couloir der S-Wand des Horns zu berühren. Die ersten 150 m ab Einstieg führen über Platten und Risse (2 Längen IV), was schwieriger, aber sicherer ist als die gewöhnliche Route. Man folgt der Schneide des S-Sporns (Steinschlag) bis zu einem mächtigen in den Grat eingefügten Block auf ca. 3900 m (III). Hier verlässt man R. 1122 (Route Benedetti), die gegen links führt, und dann R. 1120 (Cresta Muzio), die links zum Beginn des SW-Sporns des Picco Muzio führt. Man erklettert die überhängende Verschneidung etwas links der Schneide des S-Sporns (3 Längen IV+, dann V) bis oben, wo der Sporn unter einem charakteristischen Dach in der Wand des Picco Muzio endet. Von hier umgeht man über eine weniger steile Platte (IV, dann III) das grosse Dach rechts (eine zum Schluss sehr ausgesetzte Länge). Man gelangt auf den Gipfel über die letzten zwei Seillängen (35 m, VI und 30 m, IV) der R. 1117.

1120 *Über den SW-Grat (Cresta Muzio) des Picco Muzio*

Louis Maquignaz, Italo Muzio mit Louis Carrel (le petit), 3./4. September 1953.
Amilcare Crétier, allein, gelangte am 9. August 1931 bis ca. 3900 m, wo er umkehrte.

Die Erstbegeher brauchten 60 Haken.

SS Vom Fuss, 12 Std. Abb. S. 561

Vom Rifugio Duca degli Abruzzi (Rifugio Lo Riondè, 2808 m) erreicht man auf R. 1122 den Fuss der grossen, schrägen Felsrampe (Schutt), die links von der S-Wand des Horns und rechts von der SE-Wand des Picco Muzio begrenzt ist. Man ersteigt die Rampe, sich eher rechts haltend (links ist die Steinschlaggefahr grösser) über kurze Aufschwünge, Platten und Risse. Einen Aufschwung von 30 m nimmt man etwas links und gelangt zum senkrechten Teil. Von hier ist die Kletterei durch Kamine fast ausschliesslich mit künstlichen Hilfsmitteln (A1) zu bewältigen. Über etwas leichtere Platten erreicht man den Gipfel.

1121 *Durch die S-Wand (Route Ottin-Daguin)*

Renato Daguin mit Giovanni Ottin, 23. September 1962.

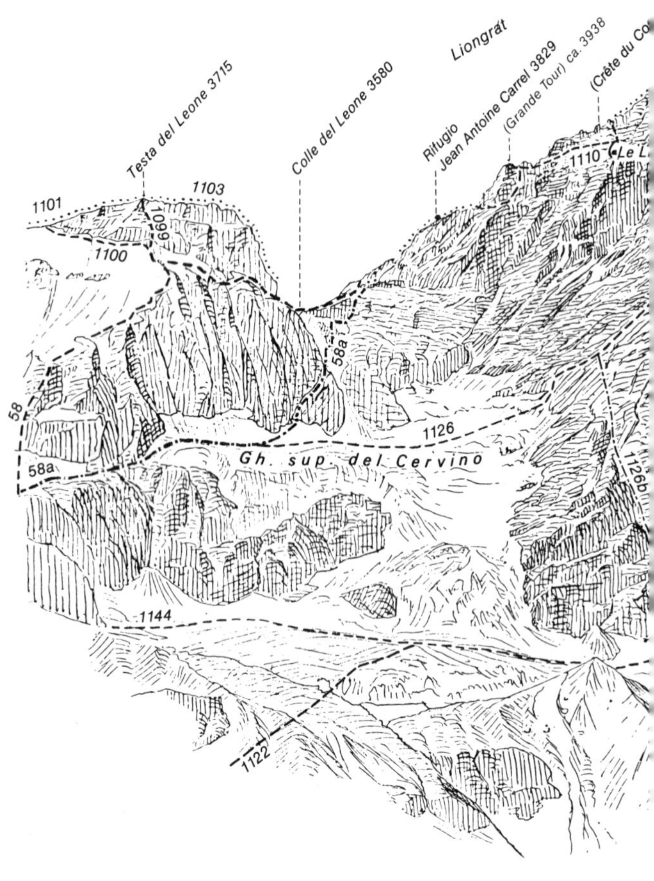

Matterhorn, S-Seite

Matterhorn, S-Seite

SS Vom Fuss, 12 Std. Abb. S. 561, 563

Diese Route bietet drei wichtige Varianten zur Route der Erstbegeher der S-Wand (R. 1122).

1. Über dem Gletscher, wo man einsteigt, und dem Band vermeidet sie den Umweg nach rechts und geht stattdessen über dem Couloir in den Felsen weiter bis zum Fuss der Cresta Muzio.

2. Von dort traversiert sie die ganze Wand diagonal, um sich der R. 1122 ca. 100 m unter dem Picco Muzio zu nähern.

3. Vom grossen Band an geht die Route senkrecht weiter (H) in Richtung des Schweizer Gipfels bis dort, wo man weniger steile Felsen erreicht (unmittelbar unter dem genannten Gipfel). Die Route quert diese über der alten Route bis zum Kamin-Couloir zwischen den beiden Gipfeln (rechts des italienischen Gipfels).

1122 *Über die S-Wand (Route Benedetti)*

Enzo Benedetti mit Maurice Bich und Louis Carrel (le petit), 15. Oktober 1931.

Erste Winterbegehung: Arturo und Oreste Squinobal, 20.–23. Dezember 1971, gefolgt von Ettore Bich und Vincenzo Menabreaz, 22./23. Dezember 1971.

T. Galuf, Francek Knez, J. Tucic stiegen vom 15.–17. Juni 1983 rechts von R. 1122 36 Seillängen (von 45 m) Richtung Gipfel auf, kreuzten R. 1109b und stiegen bei schlechtem Wetter wieder ab. Stellen (V) und (A0).

Die 1300 m hohe Route ist relativ leicht, aber in den untern zwei Dritteln, wo die Route nicht vorgegeben ist, steinschlägig. Die einzige Stelle, die vorgegeben ist, wenn man zur Gipfelpyramide des Horns gelangen will, ist sehr schwierig. Man kann aber über Bänder links zum Liongrat (R. 1110) hinüber queren und sie so vermeiden. Der Fels ist im obern Teil ziemlich gut.

S+ Vom Rifugio Duca degli Abruzzi (Rifugio Lo Riondè), 13 Std. Abb. S. 560, 561, 563

Vom Rifugio Duca degli Abruzzi (Rifugio Lo Riondè, 2802 m) folgt man dem Weg zum Matterhorn 200 m, bis er aufhört. Man geht weiter, gegen rechts (Spuren im Geröll), und folgt eine Zeitlang der linken Seitenmoräne des Gh. superiore del Cervino. Dann quert man weiter auf dem Gh. inferiore del Cervino, bis man zum Fuss des grössten Schneekegels kommt, der bis in die Mitte der Wand hinaufreicht. (1 Std.). Man ersteigt ihn bis fast zuoberst, wendet sich dann nach rechts und gelangt über ein steiles Schutt- und Schneeband auf einen Felsabsatz. Dann steigt man weiter über einen grossen Geröllkegel.

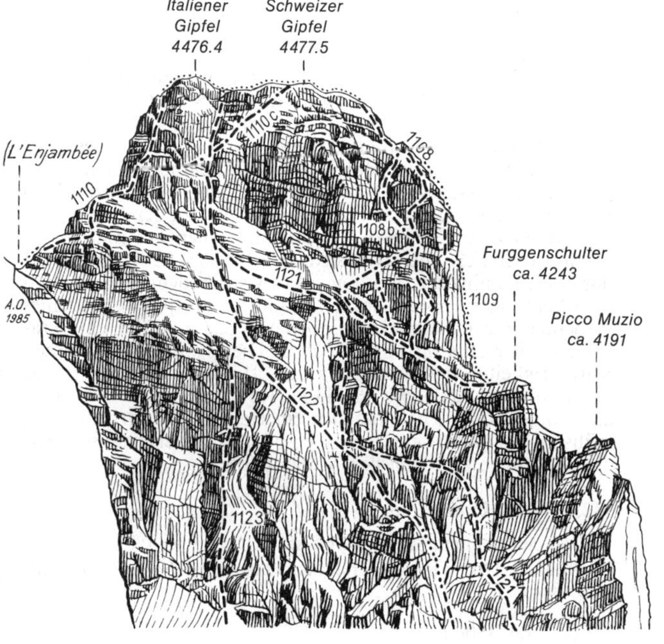

Matterhorn, Gipfelkopf von SSW

Vom Biwak Bossi gelangt man hierher, indem man über dem Felsabsatz durchgeht.
Am obern Ende des Geröllkegels führen Risse nach links. Ein ca. 15 m hohes Couloir führt zu Felsen. Man geht gegen links auf das grosse Couloir in der Mitte zu und erreicht den Fuss der steilen, charakteristischen Rampe, die schräg gegen rechts bis fast zum Picco Muzio hinaufführt. Man ersteigt sie leicht (lose Felsen und schuttbedeckte Platten), muss aber stets Schutz vor dem Steinschlag suchen. Man hält sich im linken Teil der Wand. Ein kleines Felsband auf Zweidrittelhöhe der Rampe wird überklettert. 100 m weiter oben findet man eine Nische, links auf einem Band. Die bis hier leichte Wand wird nun steiler. Man

umgeht einen Vorsprung und geht dann direkt weiter aufwärts; nach ca. 50 m geht man unter einer grossen Grotte durch, die manchmal rechts hinter einem Eisfall versteckt ist. Wenig oberhalb der Grotte wendet man sich nach links und erreicht über mehrere kleine Couloirs eine oft schneeige Schulter. Man sieht von hier linker Hand, jenseits von einigen Überhängen, den untern Rand der Schuttbänder unter dem Gipfelkopf des Matterhorns. Drei Seillängen durch ein Couloir empor auf eine stark geneigte Terrasse. Man folgt ihr gegen links und quert dann weiter (lang, ausgesetzt, 1 H) in nassem Fels zu den Schuttbändern unter dem Gipfelkopf. Man folgt ihnen auf mindestens 150 m (loser Fels und schuttbedeckte Platten) in Richtung auf das enge, kaminartige Couloir, das zwischen dem Italiener und dem Schweizer Gipfel herunterkommt. Man quert ein kleines Nebencouloir, umgeht einen Sporn und gelangt durch eine Traverse nach rechts ins enge Couloir. Dieses bietet die grössten Schwierigkeiten der Besteigung und ist 70 m hoch (V). Etwas unterhalb der Stelle, wo R. 1110c (Route des Trois Baptistes) das Couloir quert, befindet sich ein Haken. Man arbeitet sich mühsam im Innern des Couloirs empor (V) und erreicht schliesslich die Lücke zwischen den beiden Gipfeln.

1123 *Direkt durch die S-Wand*

Vittorio de Tuoni mit Marco Barmasse, 13. November 1983.

Die Route ist 1200 m hoch und führt direkt durch die Wand. Klemmkeile mitnehmen.

ZS+ bis 3600 m,
SS+ oberhalb.
Vom Rifugio Duca degli Abruzzi zum Gipfel,
15 Std. Abb. S. 561, 563

Vom Rifugio Duca degli Abruzzi (Rifugio Lo Riondè, 2802 m) folgt man R. 1122 bis zum Fuss des grossen Schneekegels am Fuss der S-Wand auf ca. 3000 m. Über den Schneekegel zum Ausgang des Trichters, wo in der Fallinie des Italiener Gipfels ein Sporn beginnt.

Man packt den Sporn direkt über die Schneide an und entfernt sich rasch von der Steinschlagzone im Trichter. Man folgt dem Sporn bis auf ca. 3600 m (III+), wo die grossen Schwierigkeiten beginnen. Man steigt über Platten aus gutem Fels (max. IV+ auf zwei Längen) an den Fuss des Turms, der genau in der Mitte der Wand steht und schon von unten gut sichtbar ist. Direkt über die Schneide des Sporns, in ausgezeichnetem, manchmal überhängendem Fels, zum höchsten Punkt des Turms (ca. 3850 m) (V, V+). Eine leichte und nicht steile Schulter führt unter die von der Enjambée bis zum Picco Muzio reichenden Überhänge der S-Wand. Diese ca. 350 m hohe Felsbarriere hat einzig an ihrem rechten Ende, beim Picco Muzio, eine schwache Stelle (R. 1122 führt dort durch). Sie ist die Schlüsselstelle der Besteigung. Durch Verschneidungen und Kamine (etwas rechts der grossen Dächer) geht man den breiten, abgerundeten mittleren Pfeiler direkt an und folgt ihm bis oben, in ausgezeichnetem Fels, teilweise senkrecht bis überhängend. Die Kletterei (z.T. am äussern Rand, z.T. Stemmarbeit) ist athletisch und führt zu den Schuttbändern auf ca. 4200 m am Fuss der Gipfelpyramide. Von hier kann man gegen links (III+) den Liongrat (R. 1110) beim Col Félicité erreichen, oder auf R. 1122 (Route Benedetti) weitergehen.

1124 *Über den Crestone Deffeyes-Carrel*

Albert Deffeyes mit Louis Carrel («dem Kleinen»), 11. September 1942. Erste Winterbegehung: Marco Barmasse, Gianni Gorret, Leo und Luigi Pession, 10. März 1983.

Dieser Grat trennt die eigentliche S-Wand von der Bastion des Pic Tyndall. Der Grat, der bei der Enjambée beginnt, tritt nicht besonders deutlich hervor.

(SS) Vom Rifugio Duca degli Abruzzi, 10–12 Std.
Abb. S. 561

Vom Rifugio Duca degli Abruzzi (Rifugio Lo Riondè, 2802 m) erreicht man auf R. 1122 den Einstieg auf dem Gh. inferiore del Cervino. Ein Moränenkamm führt zu einem Band, dem man gegen rechts folgt. Über leichte Felsen quert man ein ausgeprägtes Couloir, das den Crestone Deffeyes-Carrel von der Cresta De Amicis trennt. Man folgt dem Grat, der oben an die überhängende Mauer der Cresta De Amicis stösst. Durch ein grosses Couloir (Steinschlag) quert man gegen rechts und folgt der nun steilen Gratschneide zu einer Schulter, über der sich eine von einem Dach abgeschlossene Verschneidung befindet. Man wendet sich nach links (2 H) und erreicht dann den Grat wieder, der interessante Stellen aufweist. Durch einen vereisten Kamin erreicht man ein Couloir (Eis, Steinschlag), das man nach rechts quert (1 H). Der Grat wird steiler und steigt schmal und ausgesetzt zur Enjambée an. Eine Seillänge (1 H) führt zu einer sehr glatten, stets wasserüberronnenen Platte und zu einer Terrasse unter einem überhängenden, grauen Gendarmen, der von unten gut sichtbar ist.

Über die Platte klettert man (2 H) gegen rechts auf den Grat, dann gegen links weiter. Man stemmt sich durch einen 4 m hohen, 30 cm breiten, überhängenden Riss mit Armen und Beinen hoch bis auf eine kleine Terrasse. Den grauen Gendarmen umgeht man zuerst rechts über glatte Platten (1 H), dann gegen links zum höchsten Punkt. Im Winter bilden sich am scharfen Grat zahlreiche sehr lockere Wächten, die man oft mit grösster Vorsicht rittlings hinter sich bringen muss (schlechte Sicherungsmöglichkeiten). Oben wird der Grat wieder felsig und mündet wenig links der Enjambée in den Liongrat (R. 1110).

1124 a *Variante, Direkter Ausstieg auf den Pic Tyndall*

Giovanna de Tuoni mit Marco Barmasse und Walter Cazzanelli, 4. Oktober 1983.

Dieser Ausstieg von ca. 240 m Länge hat den Vorteil, auf einen Gipfel zu führen. Klemmkeile mitnehmen.

S+ Abb. S. 561

Man folgt R. 1124 bis auf ca. 4000 m, wo diese Route gegen rechts abzweigt und das Couloir (Eis) überquert. Man packt die Wand in Richtung des Gipfels des Pic Tyndall direkt an, indem man zwei Längen über Platten aus ausgezeichnetem Fels (V, dann IV+) klettert. Den folgenden Überhang überwindet man direkt (IV+ auf eine Länge) und steigt dann über von Schuttbändern unterbrochene Felsabsätze (III+) weiter. Zum Schluss wendet man sich nach links und erreicht R. 1126 (Cresta De Amicis) wenige Meter vor dem Gipfel des Pic Tyndall.

1125 *Über die S-Wand des Pic Tyndall*

Gian Carlo Grassi, Renato Casarotto, 28. September 1983.
Erste Winterbegehung: Marco Barmasse, Walter Cazzanelli, Augusto Tamone, 17. März 1984.

Zwischen der Cresta De Amicis und dem Crestone Deffeyes-Carrel fällt die kompakte S-Wand des Pic Tyndall senkrecht bis überhängend ab. Zur Rechten wird sie von einem ausgeprägten, senkrechten Pfeiler begrenzt, über den die Route führt. Die Wand ist der des Picco Muzio vergleichbar.

SS+ Vom Rifugio Duca degli Abruzzi zum Pic Tyndall, 12 Std. Abb. S. 561

Vom Rifugio Duca degli Abruzzi (Rifugio Lo Riondè, 2802 m) erreicht man auf R. 1122 den Einstieg auf dem Gh. inferiore del Cervino. Man steigt über die Schnee-(Eis-)zunge, die rechts vom Einstieg der R. 1126a (Cresta De Amicis) am höchsten in die

Felsen hinaufreicht und gegen oben immer steiler wird. Über die anschliessenden Felsen quert man ohne Schwierigkeiten gegen rechts ins Hauptcouloir, das sich oben gegen die S-Wand des Pic Tyndall zu einem Trichter öffnet. Man ersteigt das Couloir, indem man sich auf dem Sporn zur Rechten hält, wo die Felsen steiler (IV), aber weniger dem Steinschlag ausgesetzt sind. Im Trichter am Fuss der S-Wand angekommen, bleibt man auf dem Kamm des Sporns auf der linken Seite des Couloirs, das von der Lücke bei der Schulter (an der die R. 1124, Crestone Deffeyes-Carrel, rechts vorbeigeht) herunterkommt. Nach einem steilen Gratstück (IV, IV+) läuft dieser Sporn gegen den senkrechten Sporn aus, der die S-Wand rechts begrenzt.
Vom Band am Fus der Wand beginnt man links des Kamms auf der Wandseite, rechts der Fallinie eines deutlichen, überhängenden Risses, der höher oben eine glatte, unbezwingbare Wand durchzieht. Man hält auf einen Haken jenseits einer ersten, gegen rechts ansteigenden Rampe zu, um den obersten, von unten am wenigsten deutlich sichtbaren Riss (IV, V−) zu erreichen. Man folgt ihm gegen rechts, bis er unterbrochen wird (IV+), und geht noch weiter gegen rechts bis auf eine gute Terrasse (V, IV). Nun direkt über einen wenig markanten Überhang (V+) und gegen rechts zum Fuss einer prächtigen Verschneidung (V, IV), die man ein Stück weit ersteigt (V). Dann steigt man gegen links aus zum höchsten Punkt eines grossen Sporns, der gegen die Wand lehnt. Man kommt nach rechts zum Ausstieg der Verschneidung zurück, steigt über unsichern Fels auf (V+, VI) und gelangt gegen rechts auf eine Schutterrasse. In weniger gutem Fels (IV) steigt man zuerst rechts der Spornschneide auf und hält dann mehr und mehr links zur Spornmitte hin. Man folgt einem System von Verschneidungen und Rissen (IV+, IV) und gelangt in eine Zone mit zerborstenem Fels. Weiter über Stufen (III), bis die Wand steil wird. Man erklettert überhängende Platten gegen links (V), indem man auf eine Verschneidung zuhält. Zuerst am linken Rand, dann im Innern der Verschneidung empor (IV). Dann über schlecht geschichteten Fels (IV+) bis zu einem guten Stand.
Über gute Risse 45 m gerade aufwärts zu einer geräumigen Terrasse.
Man steigt in der Mitte des Sporns, zuerst leicht, bis unter eine Stufe unter einer Platte, dann gegen rechts, und quert links der Platte zu einem Riss (IV+). Man klettert im Riss (IV) und zum Schluss über überhängende Blöcke sehr heikel (V, eine Stelle V+) empor. Über morsche Felsen erreicht man R. 1126 (Cresta De Amicis) 70 m vor der Cravate.

1126 *Über den SSW-Vorsprung des Pic Tyndall (Cresta De Amicis)*

Am 11. August 1906 erkletterte Ugo De Amicis mit Arrigo Frusta den Vorsprung vom Fuss (R. 1126a) östlich von P. 2996 bis zur Cravate, dann stiegen sie über den Liongrat ab.
Am 7. Juli 1933 gelang Amilcare Crétier und Basilio Ollietti mit Antoine Gaspard die Bezwingung des letzten Aufschwungs. Sie stiegen vom Gh. sup. del Cervino über den Vorsprung direkt zum Gipfel des Pic Tyndall. Im Abstieg über den Liongrat verunglückten sie tödlich. Die erste Seilschaft, die über diesen Weg bis zum Gipfel des Matterhorns gelangte, war jene von Alfredo Perino mit Louis und Marcel Carrel, 19. August 1940, in nur 8½ Std. vom Rifugio Duca degli Abruzzi.
Erste Winterbegehung: Luciano Ratto mit Giovanni Ottin, 9. Februar 1964.

Vom Pic Tyndall löst sich südlich ein grosser Vorsprung, welcher in drei mächtigen Stufen auf den Gh. inf. del Cervino abfällt. Sein unterster Felssporn (2996 m) trennt den Gh. inf. del Cervino vom Gh. sup. del Cervino. In seinem obersten Teil, unter der Gipfelwand des Pic Tyndall, wird der Vorsprung durch die *Cravate* horizontal durchschnitten. Bis zur Krawatte ist der Weg leichter als der Liongrat, bevor die Seile angebracht wurden, weshalb man sich wundert, dass er nicht früher entdeckt wurde.

S Vom Rifugio Duca degli Abruzzi zum Pic Tyndall, 7 Std. Abb. S. 560, 561

Vom Rifugio Duca degli Abruzzi (Rifugio Lo Riondè, 2802 m) folgt man R. 58 des Rifugio Jean Antoine Carrel bis zum Fuss der Testa del Leone, bis zum Schneefeld, das in einen Lawinenkegel ausläuft. Man wendet sich nach rechts und folgt dem Schneeband, das auf den Gh. superiore del Cervino (R. 58a) führt. Man überquert diesen Richtung NE, überschreitet einen oder zwei Bergschründe und packt die Felsen an, die auf ca. 3400 m einen gelblichen Fleck bilden. Über leichte Platten klettert man zu den Terrassen der Schulter 3558 m, wo man die Cresta De Amicis erreicht. (2½ Std.).
Den ersten Aufschwung umgeht man links über ein kleines Band unter einer vorspringenden Platte. Den zweiten erklettert man durch eine leichte, rötliche Verschneidung. Den dritten und vierten umgeht man links in der Wand. Eine letzte steile, 40 m hohe Platte wird zuerst links (2 H), dann einige Meter auf der rechten Seite und schliesslich wieder links (III+, IV, 3 H) erstiegen. Man kann diese Stelle links umgehen, doch besteht Steinschlaggefahr. Über zerborstene Felsen und Schnee gelangt man leicht zur Krawatte, (2½ Std.), unter glatte Felsen mit einem dreieckigen, rötlichen Dach über einem Riss. Diesen schwärzli-

chen Riss im Innern einer offenen Kaminverschneidung erklettert man (IV+, 1 H). Das dreieckige Dach umgeht man rechts heikel über grosse, brüchige Felsblätter. Über leichte, aber sehr lose Felsen gelangt man auf den Gipfel des Pic Tyndall.

1126 a *Variante*

Ugo De Amicis, Arrigo Frusta, 11. August 1906.

Loser, gefährlicher Fels.

ZS Vom Fuss zur Schulter, 3 Std. Abb. S. 561

Der Einstieg befindet sich 300 m östlich der Variante 1126b. Man steigt über leichte Felsen, immer links haltend, bis zur Schulter 3558 m.

1126 b *Variante*

Francesco Cavazzani mit Louis (le grand) und Marcel Carrel, 30. August 1936.

ZS Vom Fuss zur Schulter, 3 Std. Abb. S. 560, 561

Man steigt über den ersten Schneekegel nach der linken Seitenmoräne des Gh. superiore del Cervino auf. Weiter im tiefen, teilweise schneegefüllten Couloir empor. Man verlässt es gegen rechts über leichten Fels, um auf R. 1126 zu stossen, kurz vor der Schulter 3558 m.

1126 c *Variante*

Erasmo Barisone, Paolo Micheletti, August 1925.

Dieser Weg ist sehr steinschlaggefährdet.

ZS

Man steigt etwas rechts der R. 1126 a ein und erreicht die Schulter 3558 m über zerborstene Felsen. 100 m höher oben, dort wo der Grat (Cresta De Amicis) beginnt, quert man in ¼ Std. horizontal die ganze SW-Wand des Pic Tyndall auf einem breiten, leichten Band, bis zum Liongrat hinüber.

1126 d *Variante*

Mario Piacenza mit Louis Carrel (le petit), 6. September 1942.

ZS

Diese Seilschaft querte die SW-Wand des Pic Tyndall schräg vom Linceul zur Cresta De Amicis.

W-Wand

Diese eigenartig gestaltete Wand wird vom schlanken Dreieck des Gipfels beherrscht. Die geologischen Schichten sind augenfällig. Am Fuss der Gipfelpyramide verläuft die Galerie Carrel. Von den Zmuttzähnen zum Grossen Turm auf dem Liongrat zieht sich ein Gürtel von Überhängen durch die Wand, und von den Zmuttzähnen (3895 m) fällt das mächtige Couloir Penhall auf den Tiefmattengletscher ab. Es ist der Sammeltrichter aller Lawinen in dieser Wand, die überdies überall steinschlaggefährdet ist.
Keine der Routen durch diese etwas formlose Wand ist gegeben. Der Fels ist fast überall lose und erst noch ungünstig abwärts geschichtet.

1127 *Querung durch den untern Teil der Wand*

Amilcare Crétier, Leonardo Pession, 24./25. Juli 1931.

Diese zwar originelle Tour führt über vereisten Fels und ist sehr stark dem Steinschlag ausgesetzt.

S Von der Schönbielhütte zum Liongrat, 6–8 Std.
Abb. S. 571

Von der Schönbielhütte (2694 m) folgt man R. 1113, dann steigt man durch die Schneebucht am Fuss der Wand an. Auf dem linken Ufer des Penhall-Couloirs gelangt man zum Beginn des grossen Bandes, das von links nach rechts ansteigt und auf dem Liongrat, beim Colle del Leone, endet. Dieses Band ist eine Folge von wenig steilen Platten, die bei Vereisung schwierig sind. Sie werden durchzogen von Couloirs, die manchmal heikel zu durchqueren sind. An einer Stelle ist das Band unterbrochen; man erklettert sehr schwierig eine glatte, senkrechte Mauer von 10 m. Auf halbem Weg verlässt man das Band und steigt schräg durch die Wand zum Liongrat auf, den man wenig unter der Seilerplatte (R. 58) erreicht.

1128 *Route rechts mit Ausstieg zur Enjambée*

Carlo Taddei mit Louis Carrel (le petit), 20.–22. August 1947.

Die 1100 m hohe Route ist höchst gefährlich. Der Fels ist schlecht, und die Kletterei stets heikel. Schwierigkeit (IV, IV+), im überhängenden Wandgürtel (V, V+).

SS Von der Schönbielhütte zur Enjambée, 8–10 Std.
Abb. S. 571

Von der Schönbielhütte (2694 m) folgt man R. 1127 bis zum Fuss des Penhall-Couloirs. Man steigt über den Schuttkegel, die Felsen und Couloirs am linken Ufer des Penhall-Couloirs em-

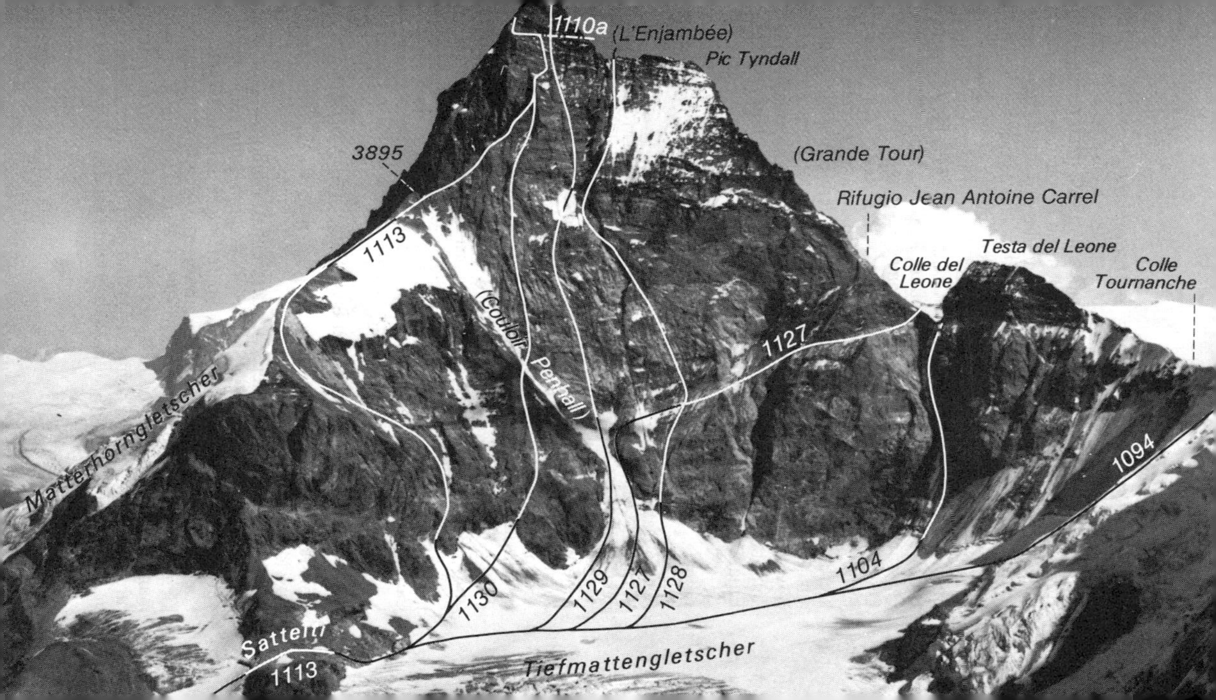
1110a
(L'Enjambée)
Pic Tyndall
3895
(Grande Tour)
Rifugio Jean Antoine Carrel
Testa del Leone
Colle del Leone
Colle Tournanche
1113
(Couloir Penhall)
1127
Matterhorngletscher
1094
1104
1130
1129
1127
1128
Sattelti
1113
Tiefmattengletscher

por. Nach dem ersten Absatz wendet man sich nach rechts und steigt senkrecht über glatte Platten. Eine heikle Querung nach links vermittelt den Zugang zum Rand des grossen Felscouloirs in der Mitte der Wand. Man nimmt über sehr schwierige Stellen Richtung auf einen gelben Gendarmen (30 H). Vom Fuss des Gendarmen folgt man einem Schnee- und Eiscouloir. Dann quert man über schwierige Platten nach links (3 H) bis zu einem Block zwischen dem gelben Fels und dem Eis. Eine sehr heikle Querung nach links führt zu einem 2-m-Riss in festem Fels. Dann erreicht man ein kleines Band, 10 m unter dem obern Ende des Aufschwunges, unter einem Überhang. Diesen überklettert man mittels Steigleitern; man ist dem Steinschlag sehr ausgesetzt. Ein Band, 20 m weiter oben, bietet Schutz für ein Biwak. Über Felsen und sehr steile Schneecouloirs erreicht man den oberen weniger geneigten Teil der Wand und gelangt bei der Enjambée auf den Liongrat (R. 1110).

1129 *Direkte Route*

Renato Daguin mit Giovanni Ottin, 13. August 1962.
Vom 16.–18. April 1949 stiegen Jean Fuchs und Raymond Monney etwas links der Route Carrel-Taddei auf, querten aber auf Höhe der Zmuttzähne zu R. 1130 hinüber.
Erste Winterbegehung: Rolando Albertini († unter dem Gipfel), Marco Barmasse (per Helikopter gerettet), Innocenzo Menabreaz, Leo Pession, Arturo und Oreste Squinobal, Augusto Tamone, 10./11. Januar 1978.
Erster Alleingang (?): Jacques Sangnier in vier Tagen, September 1983.

Diese Route führt ganz durch die Wand. Sie liegt zwischen den Routen Imseng-Penhall und Carrel-Taddei. Zu den beachtlichen technischen Schwierigkeiten und der Steinschlaggefahr kommt die Unsicherheit betreffend den Zustand des mittleren, vom Schmelzwasser der Galerie Carrel überronnenen Wandteils, dessen heikelste Stellen bei Vereisung unbegehbar werden können. Die Erstbegeher fanden hier kein Eis vor.

SS Von der Schönbielhütte, 12 Std. Abb. S. 571

Von der Schönbielhütte (2694 m) folgt man R. 1127 bis zum Fuss des Penhall-Couloirs.
Man steigt auf dem rechten Ufer des Penhall-Couloirs ca. 100 m auf. Dann quert man es (Steigeisen) diagonal, um nicht sehr schwierige Platten zu erreichen. Später folgen sehr ausgesetzte Platten mit Untergriffen (2 H), dann wieder leichtere, und auch kleine Verschneidungen. Nach 400 m Wandkletterei kommt man zu einem diagonalen Riss, der zu einem abweisenden Sporn führt. Man quert nach rechts (1 H) und geht über einen kleinen, brüchigen Felskamm weiter. Man erreicht so den kleinen Firn

(Biwak Carrel) am Fuss des oberen Drittels der Wand, der dem Steinschlag besonders ausgesetzt ist. Man ersteigt ihn ganz links, wo man weniger gefährdet ist, und gelangt zu einem senkrechten Aufschwung, der Schutz bietet. Darüber ist man wieder voll dem Steinschlag ausgesetzt. Die Überwindung des Aufschwungs ist sehr schwierig (5 H, 50 m). Einige Meter links findet man eine Plattform. Über sehr glatte Platten in feiner Kletterei weiter, wobei man ständig dem Steinschlag ausgesetzt ist. Ein Grätchen, das zur Galerie Carrel führt, bietet dürftigen Schutz. Auf Höhe der Enjambée angelangt, steigt man 2–3 Seillängen weiter und geht dann längs eines horizontalen Risses unter einem Dach 7–8 m gegen rechts. Dann klettert man senkrecht durch eine ca. 15 m hohe Verschneidung (keine H) auf einen wenig komfortablen Balkon. Weiter durch einen sehr schwierigen, 10 m hohen, senkrechten Riss (1 H), und dann bis unter ein Dach (wo man sich an einem Haken sichert). Nun quert man heikel gegen rechts in einem Riss unter dem Dach, wo man sich mit den Fingern anklammert. Dann über eine senkrechte, 7–8 m hohe Platte (V+, Schlüsselstelle), wo man keine Haken schlagen kann. Der letzte Teil der Besteigung ist nicht viel leichter. Über einem Band türmt sich die Wand wie eine Anhäufung senkrechter und wenig stabiler Felsen auf. Man sucht sich den besten und möglichst direkten Weg (12 H, wovon mehrere stecken).

1130 *Durch das Penhall-Couloir*

William Penhall mit Ferdinand Imseng und Ludwig Zurbrücken, 3. September 1879. Von Zermatt aus in 17 Std.
Zweite Begehung und erster Alleingang: Fritz Hermann, 18./19. Juli 1929.

Dieses Schneecouloir fällt von den Zmuttzähnen (3895 m) direkt auf den Tiefmattengletscher hinunter. Es ist sehr lawinengefährlich. (Am 3. August 1887 wurden Guido Lammer und August Lorria beim Traversieren des Couloirs von einer Lawine erfasst und auf den Gletscher geschleudert. Sie trugen nur Verletzungen davon.)

S Von der Schönbielhütte zum Gipfel, 8–10 Std.
Abb. S. 571

Von der Schönbielhütte (2694 m) folgt man R. 1113 und steigt dann durch die Gletscherbucht unmittelbar nördlich des Sporns 3042 m (mächtiger Felssporn, der das Penhall-Couloir nördlich begrenzt) auf. Man klettert über den Sporn, dann die Felsrippe, die seine Fortsetzung bildet, auf der rechten (nördlichen) Begrenzung des Penhall-Couloirs empor. Man quert das Couloir dort, wo es am engsten ist. Dann steigt man so direkt als möglich aufwärts zu R. 1113 (Zmuttgrat), der man zum Gipfel folgt.

N-Wand

Es ist dies die Wand zwischen dem Hörnli- und dem Zmuttgrat. Sie wurde lange als eines der grössten «letzten Probleme der Alpen» betrachtet. Wenn der Berg ganz trocken ist (was selten vorkommt), besteht sie grösstenteils aus Fels. Zwischen dem Bergschrund und dem Gipfel hat sie eine Höhe von 1000 m. Kaum ein Sonnenstrahl trifft diese Wand, weshalb sie fast stets vereist ist.
Der Fels ist im allgemeinen nicht günstig zum Klettern und im obersten Drittel am wenigsten fest. Je nach den Verhältnissen in der Wand ist Steinschlag häufig. Im rechten Teil der Wand führt eine deutliche Felsrippe zur Zmuttnase.
Jede der Routen in dieser Wand ist ein Markstein in der Geschichte des Alpinismus.

1131 *Direttissima über die Zmuttnase*

Michel Piola, Pierre-Alain Steiner, 29. Juli–1. August 1981 (genau 50 Jahre nach der Erstbesteigung der Gebrüder Schmid).
Erste Winterbegehung: Daniel Anker, Thomas Wuschner, 26.–31. Dezember 1982.
Zweite Winterbegehung: Krzysztof Kraska, Jan Wolf, 8.–14. März 1983.
Erster Alleingang: J. Jeglic, 28. Juli 1986, mit Variante im zweiten Drittel, teilweise im Fels, teilweise im Eis.

Die 1000 m hohe Route führt rechts von R. 1132 etwa 100 m vor dem Gipfel auf den Zmuttgrat. Die Umgebung ist grandios, der Fels für das Matterhorn ungewöhnlich gut.
Die Route ist vielseitig: Schwierigkeiten im Eis, im Fels und im gemischten Gelände.

AS Abb. S. 575, 579

Von der Hörnlihütte (3260 m) folgt man R. 1114 bis in die Fallinie der Wand der Zmuttnase (über den Einstieg von R. 1132, Zmuttnase, hinaus). Über den Eishang (doppelter Bergschrund) gelangt man zu einer Eisrinne (manchmal Fels) am Rand einer charakteristischen Felsinsel.

1. Teil (Eis): Man erklettert die Rinne (eine Länge senkrecht) und geht dann links den Felsen entlang in Richtung auf ein Band am Beginn der Felswand der Zmuttnase.

2. Teil (Fels): Von diesem (verschneiten) Band aus erklettert man auf zwei Längen einen senkrechten Riss, dann hält man gegen rechts (dritte Länge) und ersteigt eine weniger steile Zone.

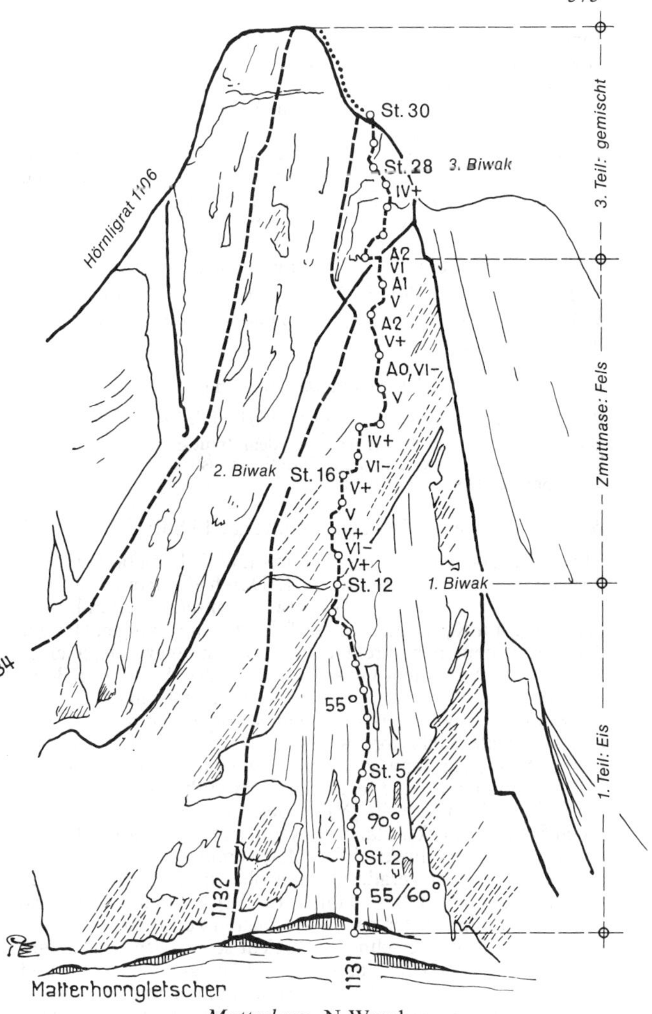

Matterhorn, N-Wand

Eine Verschneidung führt zu einer Terrasse (Schnee, zweites Biwak) unter mächtigen, glatten Überhängen. Man quert gegen rechts und erklettert eine ausgesetzte, glatte Fläche, dann einen Riss mit Überhang und eine Kamin-Verschneidung, die zu Terrassen führt. Hier quert man gegen rechts. Man befindet sich links der beiden grossen, überhängenden Verschneidungen, die vom Fuss der Wand aus gut sichtbar sind, und am Beginn einer riesigen Rampe, die schräg gegen links ansteigt (St. 19). Über die Rampe, die immer steiler wird, empor bis zu einem Band unter den letzten grossen Überhängen (St. 22). Man quert gegen rechts und überwindet die Überhänge durch einen Riss (athletisch).

3. Teil (gemischt): Von St. 24 steigt man in möglichst direkter Linie zum Zmuttgrat auf (R. 1113) und folgt ihm bis zum Italiener Gipfel.

1131.1 *Über die NW-Flanke der Zmuttnase*

Patrick Gabarrou, François Marsigny, 18./19. Juli 1989.

Diese Route liegt zwischen R. 1131 und dem Zmuttgrat. Es ist zu bemerken, dass R. 1131 eigentlich keine Direttissima ist.
Die Höhe der Route ist 1050 m.

AS Vom Wandfuss zum Zmuttgrat, 15 Std.

Man steigt über einen kurzen Schnee- und Eishang bis zum Fuss der schönen Eisrinne der R. 1131. Durch die Rinne aufwärts (zwei Längen von 60 m, 70°/85°, etwas gemischtes Gelände, gute Sicherung mit Klemmkeilen). Sie führt zu einem langen Hang in der Mitte, den man direkt ersteigt, indem man zuerst einen Gürtel mit gemischtem Gelände überwindet. Stand (an Bohrhaken) links im Fels am oberen Ende des Hangs, in der Fallinie der Zmuttnase. Von dort steigt man schräg gegen rechts, wobei eine gemischte Stelle dort, wo es um die Ecke geht, heikel sein kann. Dann steigt man ganz gerade zu einem guten Stand auf, wo man im Schnee eine feine Plattform graben kann.
Nun direkt 40 m aufwärt (V) an den Fuss eines charakteristischen Schneedreiecks. Stand links unter dem Dreieck. Über die Platte zur Linken direkt einige Meter empor, dann nach links queren und wieder gerade bis zum oberen, steileren Teil, den man im Riss rechts (VI–, dann VII–/VII, mittelmässiger Fels) erklettert. Einige Meter nach links queren zu Stand.
Durch eine kleine Verschneidung leicht schräg gegen links empor, nach links queren, dann etwa 10 m gerade empor und horizontal nach rechts queren zu Stand auf einem Absatz senkrecht über dem Einstieg (frei und A2/A3 zu Beginn, v.a. wegen

der Felsqualität; nun, wo die Stelle gesäubert und z. T. ausgerüstet ist, ist sie in freier Kletterei machbar). 6–8 m schräg gegen rechts ansteigen (frei und A1, wie oben), dann horizontal nach rechts queren (VI –, VI) zu einem grossen, horizontalen Band. Man folgt ihm gegen rechts bis zu einem 60 m hohen, grossen Kamin, der auf den Zmuttgrat führt (VI, dann VII – /VII, exponiert und vereist). Man erreicht den Gipfel auf R. 1113 (Zmuttgrat) in 1½ bis 2 Std.

1132 *Über die Zmuttnase*

Leo Cerruti, Alessandro Gogna, 14.–17. Juli 1969.
Erste Winterbegehung: Tom Gross, Edgar Oberson, 21.–28. Januar 1974. Auf dem Gipfel bestellte die Seilschaft per Funk einen Helikopter für die Rückkehr nach Zermatt.
Erster Alleingang: André Georges, 12./13. Juli 1982.
Jean-Marc Boivin und André Georges erkletterten am 17./18. Juli 1986 in 24 Std. den NNW-Grat der Dent Blanche (R. 285) und die Zmuttnase hintereinander.

Die Zmuttnase bildet den NNW-Pfeiler des Matterhorns. Sie ist eine Wand für sich und gehört weder zur N-Wand noch zur W-Wand.

Die Besteigung führt durch drei Zonen:
1) Gemischtes Gelände, Fels und Eis, 400 m.
2) Senkrechte Zone, 400 m.
3) Schlusswand (in der N-Wand), 200 m.

Die Höhendifferenz ist demnach 1000 m. Es handelt sich um eine aussergewöhnliche, äusserst schwierige Besteigung. Die Hindernisse sind vielfältig; die Route führt durch zum Klettern ungünstige Gesteinsschichten. Für diese Besteigung in ausserordentlich wilder Umgebung braucht man mehrere Tage. Befindet man sich oberhalb des zweiten Biwaks, ist der Rückzug problematisch.
Begehung von grosser Klasse.

AS+ Abb. S. 575, 579

Von der Hörnlihütte (3260 m) folgt man R. 1114 und gelangt zur Bucht am Fuss des rechten Teils der N-Wand. Man übersteigt den Schneehang und den Bergschrund. In zwei Seillängen erreicht man einen gemischten Aufschwung (Fels und Eis), genau senkrecht unter einem grossen Gendarmen, auf dessen rechter Seite sich die Abflussrinne der darüberliegenden Wand befindet, St. 5. 10 m ganz gerade empor zum Beginn eines Eisbandes, das sich nach links zieht, St. 6. 30 m diagonal gegen links aufwärts zu festeren Blöcken als die wenig unterhalb des Kamms einer Nebenrippe, St. 7. Über steile, kurze Eisflecke und kleine Couloirs gelangt man auf die Rippe (15 m), St. 8. Nun leicht links haltend weiter, dann 40 m gerade hinauf, bis sich die

Wand zurücklegt, St. 9. Noch 10 m weiter hinauf bis an den Rand des Eishanges, der bis unter die Zmuttnase hinaufreicht, St. 10. 10 m gegen links queren bis zu einem steinschlägigen, vereisten Couloir, in dem man 10 m aufsteigt. Über den Eishang (St. 11) bis zu einem kleinen Felssporn links einer Zone mit Blankeis, St. 12. In gemischtem Gelände 20 m leicht schräg gegen rechts zu St. 13.
Man befindet sich nun unter dem grossen, senkrechten Aufschwung der Zmuttnase. Es gilt, eine sehr lange Rissverschneidung zu erreichen, die den einzigen sinnvollen Weiterweg darstellt: Man erreicht sie nach drei Längen in gemischtem Gelände, diagonal gegen rechts, St. 16. Die bis hierher auftretenden Schwierigkeiten sind nicht leicht zu bewerten. Für jede Seillänge ist ein gutes Gleichgewicht auf den Steigeisen erforderlich, gute Risse zum Hakenschlagen fehlen, und die Standplätze sind unbequem. Bis hier muss man 20 Fortbewegungshaken plus die Standhaken rechnen.
Man packt die Rissverschneidung durch einen kleinen Riss schräg links an. Nach ca. 12 m quert man ca. 5 m gegen rechts in den Hauptriss. 40 m gerade aufwärts bis zu einem sehr unbequemen Biwakplatz (IV, 5 H), St. 17. Erstes Biwak. 30 m im Riss empor (IV, V, 4 H) zu gutem Stand, St. 18. Weiter durch die Rissverschneidung über zwei Überhänge (30 m, V+, A1, V+, A2, V+, 7 H), St. 19 oberhalb des zweiten Überhangs. Im Riss bis zu einem Dach, das man durch eine schräge Verschneidung rechts überklettert (30 m, V, A1, VI–, A1, 4 H), St. 20 dort, wo der Riss senkrecht wird. 20 m senkrecht zu bequemerem Stand am Beginn eines grossen, senkrechten Aufschwungs (V, 3 H), St. 21. Man packt eine Verschneidung an, quert 1½ m unter ein Dach der Wand links, erklettert einen senkrechten Riss mittels Haken, steigt nach links in eine andere Verschneidung, der man bis zu einem guten Stand folgt (35 m, A2, V, A1, V, A1, 9 H, 5 Kk), St. 22. Dann nimmt man einen senkrechten Riss und steigt in eine weniger steile Zone aus unter riesige, schräg nach rechts gelagerte Dächer (20 m, V+, A2, 1 Stelle VI–, 6 H), St. 23. Zweites Biwak. Querung 10 m nach rechts in brüchigem Fels. Ein Sporn wird umgangen, dann steigt man 10 m auf zum Fuss einer Verschneidung (III, IV, 1 H), St. 24. In der Verschneidung empor (VI–, A2, VI). Nach 12 m verlässt man sie nach links und steigt noch 10 m auf zu gutem Standplatz (V, 7 H, 2 Hk), St. 25. Zur Linken sieht man einen abstehenden Block unter einer glatten Platte. Einige Meter aufwärts bis 2 m vor ein charakteristisches Loch. Man quert 6 m gegen links (1 m über dem abstehenden Block) (VI, 3 H). Noch einige Meter weiter

Matterhorn
1131
1132
1133
1134
1135
Matterhorngletscher

gegen links (VI+), dann nach rechts zu einem ausgezeichneten Stand, St. 26. 4 m gerade hinauf (IV, V), Querung nach links (8 m, V+, 1 H), wieder schräg nach rechts zurück auf einer Rampe (V+, 1 H), bis zum Beginn eines Schneehanges (St. 27), über den man eine kleine Schulter erreicht (40 m, III, IV, V, 2 H), St. 28. Diese Stelle ist besonders eindrücklich. Man erklettert die rechte Seite einer riesigen Verschneidung (die linke Seite ist überhängend). Den Rissen im Innern der Verschneidung kann man nicht folgen, weil sie überhängend oder unmöglich sind. Nun nimmt man Richtung auf einen 30-m-Riss, immer auf der rechten Seite der Verschneidung. Um seinen Anfang zu erreichen, muss man auf- und abwärts klettern. Man geht 5 m nach rechts, dann folgt man einem kleinen Kamin (8 m, IV), quert nach rechts (1 H), zuerst auf Adhäsion abwärts kletternd, dann mit Dülfertechnik (V+). Man erreicht so den Beginn des Risses, 15 m rechts und 5 m über dem letzten Standplatz, St. 29. Man steigt im Riss aufwärts (30 m, V, VI, 4 H), St. 30. Weiter durch den Riss, der zur Verschneidung wird (20 m, V, V+, eine Stelle VI–, III, 2 H), St. 31. Drittes Biwak. Man verlässt die Verschneidung und erklettert die Wand links durch einen kleinen, überhängenden Riss (A1, 3 H). Dann links auf eine grosse Platte hinaus (V) und 5 m queren bis zu einer kleinen Stufe, St. 32. Links befindet sich eine grosse, schneebedeckte Platte, die links von einer mächtigen, überhängenden Mauer begrenzt wird. Durch einen überhängenden Riss gerade aufwärts, dann gegen rechts queren und wieder gerade empor zum Stand (35 m, V+, VI–, A2, A3, A1, 16 H, 2 Kk), St. 33. Man erklettert schräg gegen rechts einem Riss entlang eine grosse Platte (10 m, IV, V, 2 H). 8 m nach rechts queren (IV, IV+, 1 H), dann 6 m gerade hinauf unter einen riesigen Überhang, St. 34. Nun hält man rechts, dann quert man nach rechts (15 m, A2, A3, 1 Stelle VI–, 7 H, 2 Kk). Guter St. 35. Der Weiterweg ist wenig augenfällig. Man übersteigt einen Überhang links (A2, 1 Hk) und erreicht eine Plattform. Über einen nächsten Überhang (V+, 1 H); dann Querung gegen links von 12 m, die aus der Wand führt (VI–, A3, 5 H). Diese Querung ist zweifellos die ausgesetzteste Stelle der ganzen Besteigung. Man umgeht den Pfeiler, St. 36. Die letzte Länge ist voll ausgerüstet. Weiter durch die N-Wand (II, III), St. 37, dann über den Zmuttgrat (R. 1113), den man ungefähr an der gleichen Stelle wie die Route Bonatti (R. 1133) erreicht.

1133 *Route Bonatti*

Walter Bonatti, allein, 18.–22. Februar 1965.

Auf den Spuren von Victor Imboden und Kaspar Mooser, die im August 1928 450 m über den Bergschrund hinaufgelangten, fand Bonatti, im Winter, eine neue Route.
Diese Leistung erregte grosses Aufsehen und bleibt bis heute geheimnisumwittert.

AS Abb. S. 579

Von der Hörnlihütte (3260 m) folgt man R. 1114 bis zum Fuss der N-Wand und geht dann gegen W weiter. Man überschreitet den Bergschrund unter der Zmuttnase und ersteigt einen Schneehang von 55°. Drei Seillängen in brüchigem Fels (IV+) führen zu überhängenden Felsen, die rechts umgangen werden (V+). 50 m mit künstlichen Hilfsmitteln (A1) in brüchigem Fels zu schlechtem Stand. 30 m bis zu einem Couloir hinauf, das zum zweiten Schneefeld führt. Im Couloir 40 m empor, dann nach links zum zweiten Schneefeld. Drei Längen gerade hinauf bis zu den ersten Felsen eines weitern Couloirs. Hier beginnt die «Engelstraverse», die in sieben Längen schräg gegen links zum Pfeiler führt, wo die Wand die Richtung ändert. Man quert 20 m gegen links und dann drei Längen (III) in der gleichen Richtung weiter bis zur Mitte der Querung. Es folgt ein Abstieg von 20 m über eine glatte Platte, dann quert man weiter gegen links (3 Seillängen, VI, H) an abwärts geschichteten Griffen. Ein Pendelquergang von 3–4 m führt über ein Couloir. Man folgt dem Band auf zwei sehr ausgesetzte Längen (gute Haken) bis zum Pfeiler, der die Wand unterbricht. In zwei Längen (VI) zum oberen Ende des Pfeilers hinauf, dann eine weitere Länge senkrecht empor. (Diese Längen sind die ausgesetztesten der Besteigung.) 40 m über den Sporn hinauf zu Platten (III, IV). Man hält gegen links, geht über ein Schneefeld und erreicht in drei Längen eine glatte Platte (V+). Man folgt dem Riss in der Platte bis zu seinem Ende (V+, H). Eine Länge in gutem Fels und drei weitere Längen führen zu einem kleinen Band. Von dort gelangt man zu einem gebogenen Pfeiler zur Rechten (III), der zu zwei Türmen führt. Rechts vom zweiten Turm geht man über das Couloir (VI), das zwischen den Türmen verläuft. Die Türme umgeht man rechts, steigt dann über eine senkrechte, 10 m hohe Wand (VI) und gelangt ins Couloir, das vom Zmuttgrat herunterkommt. Vom Couloir hält man links unter einem charakteristischen, durchbrochenen Turm durch und erreicht eine deutliche, gelb-braune Rippe. Nach vier Längen auf der Rippe erreicht man den Schlussteil der Wand und den Zmuttgrat (R. 1113), über den man zum Gipfel steigt.

1134 *Route Schmid*

Franz und Toni Schmid, 31. Juli/1. August 1931.

Der erste und einzige bedeutende Versuch war jener der Wiener Alfred Horeschowsky und Franz Piekelko am 12. August 1923 (ein sehr trockener Sommer). Vom Steinschlag gegen links abgedrängt, gelangten sie schliesslich auf den Hörnligrat, unweit der Solvayhütte (4003 m).
Ende Juli 1931 kamen die Brüder Franz und Toni Schmid per Fahrrad von München ins Wallis, zelteten bei Stafel und am 30. Juli am Fuss des Matterhorngletschers. Um Mitternacht brachen sie auf, gingen bei der Hörnlihütte vorbei und informierten den Hüttenwart über ihr Vorhaben, erreichten den Matterhorngletscher und überschritten um 4 Uhr den Bergschrund. In der Nacht mussten sie auf ca. 4150 m biwakieren; am 1. August um 14 Uhr standen sie bei Sturmwetter auf dem Gipfel.
Dieser wahrlich aussergewöhnliche Sieg versetzte die ganze Welt in Erstaunen: Zwei junge, in den Westalpen völlig unbekannte Menschen nehmen sich zum ersten Mal einen grossen Walliser Gipfel vor und bezwingen auf ersten Anhieb eine Wand, die im Ruf steht, unersteigbar zu sein. Und dies in einem so miserablen Sommer wie 1931, wo ständig schlechtes Wetter herrschte und aussergewöhnlich viel Schnee lag. Diese Schneemengen dürften allerdings dem Unternehmen förderlich gewesen sein, bedeckten sie doch die glatten, dachziegelartig abwärts geschichteten Platten mit einer gut begehbaren Schnee- und Eisschicht.

1. Alleingang: Dieter Marchart, 22. Juli 1959, in 5 Std.
Erste Winterbegehung: Hilti von Allmen, Paul Etter, 3./4. Februar 1962. (Einen Tag später folgten ihnen Werner Bittner, Rainer Kauschke, Erich Krempke, Leo Schlömmer, Peter Siegert.)
Erster Alleingang im Winter: Tsuneo Hasegawa, 14.–16. Februar 1977.

Die Wand ist ca. 1100 m hoch, die Route ist jedoch, weil sie schräg verläuft, länger. Es fehlen eindeutig die guten Standplätze, und das Hakenschlagen ist sehr schwierig und zeitraubend. Die Route gliedert sich in drei Teile: der untere Eishang, der mittlere, gemischte Teil und der obere, felsige Teil. Die Route ist nicht genau bestimmt, ausser beim Übergang von der mittleren in die obere Zone. Die Länge der Besteigung, in dauernd unsicherem Gelände, ist die erste Schwierigkeit. Die technischen Schwierigkeiten sind nicht allzu gross (150 m IV, einige Stellen V), aber der Steinschlag bildet, vor allem im untern Teil, die grosse Gefahr, denn auch und gerade vom Hörnligrat fallen die Steine bis in die Couloirs der N-Wand hinunter.
Der schlechte Fels erheischt ständige Vorsicht. Die Wand darf nur angegangen werden, wenn die Verhältnisse speziell günstig sind, d.h. die Wand mit Schnee und Eis gepflastert ist. Stu-

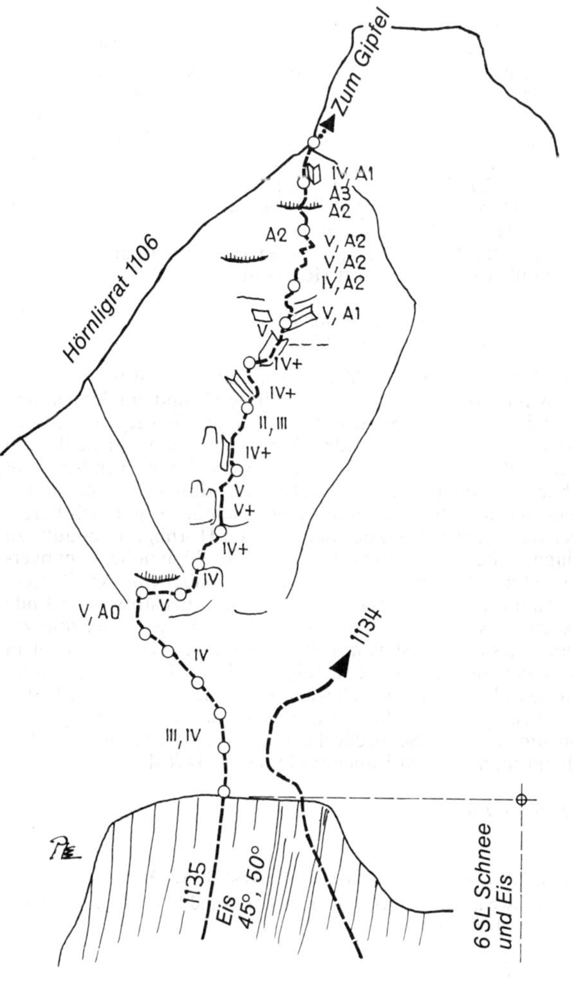

Matterhorn, N-Wand

fenschlagen ist nicht leicht, und man muss sehr aufpassen, dass sich die Eisschicht unter Belastung nicht vom Fels löst. Im allgemeinen klettert man von unten bis oben mit Steigeisen.
Auf 4000 m angelangt, ist man natürlich daran interessiert, den Gipfel (der nicht mehr so fern ist) zu erreichen. Man kann auch die Wand queren, wo aber kaum Sicherungsmöglichkeiten bestehen, und für die Querung zum Hörnli- oder Zmuttgrat (R. 1136, Rundtour um den Gipfelkopf) oder zur Solvayhütte (Route Horeschowsky-Piekelko) benötigt man ebenso viel Zeit wie für den Aufstieg zum Gipfel.
Will man im Abstieg Zeit gewinnen, nimmt man am besten die Route über den Hörnligrat (R. 1006).

SS Von der Hörnlihütte, 12–14 Std.
Abb. S. 575, 579, 583

Von der Hörnlihütte (3260 m) folgt man R. 1114 bis zum Fuss der Wand. Man überschreitet den Bergschrund auf 3353 m und steigt dann über den Schnee- oder Eishang (50°) gegen rechts bis fast zu seinem oberen Ende. Dann steigt man 3–4 Seillängen über leichte, aber steile und zerborstene Felsen gemischt mit Schnee bis unter eine steile Felswand. Man steigt nun immer mehr gegen rechts, um zum langen, schrägen, gut sichtbaren, aber wenig tiefen Riss, der parallel zum Hörnligrat verläuft, zu gelangen. Bevor man ihn erreicht, ist eine 30 m hohe Kaminverschneidung (IV) zu erklettern. Der Riss bildet eine Art Rampe, der man folgt, wobei man oft auf lästiges Eis stösst. Am Ende des langen Risses quert man nach rechts auf eine Plattenzone zu. Man übersteigt die steilen, brüchigen Platten (IV) bis zu einem Band, dem man gegen rechts folgt (ev. Biwak). Dann steigt man ganz gerade aufwärts durch weite Verschneidungen, oder besser über Felsrippen, auf den Zmuttgrat zu, wo die Schwierigkeiten abnehmen. Über Schneeflecke und kurze Aufschwünge (IV) gelangt man auf den Italiener Gipfel (△ 4476,4 m).

1134 a *Variante*

SS

Z. Drlick, L. Horka, B. Kadlcik, V. Prokes, 11.–13. August 1972.

Diese Seilschaft stieg im ersten Drittel der Wand links von R. 1133 auf und erreichte dann R. 1134.

1135 *Route links*

M. Pitelka, J. Rybicka, G. Smid, 21. Februar bis 1. März 1983.

Dieser wenig logische Weg führt durch den linken Teil der Wand und mündet in den Hörnligrat, auf der Höhe der Schulter. Man übersteigt dabei das massive Bollwerk, das wir «Hörnlinase» nennen. Die Kletterei ist gemischt; im oberen kompakten Felsteil mehrheitlich mit künstlichen Hilfsmitteln zu bewerkstelligen. Keine guten Biwakplätze (Hängematte).

AS Abb. S. 579, 583

Von der Hörnlihütte (3260 m) gelangt man auf R. 1114 zum Wandfuss. Route gemäss techn. Skizze.

1136 *Rundtour um den Gipfelkopf*

Albert Deffeyes mit Louis Carrel (le petit) und Pierre Maquignaz, 25. September 1941.

Nachdem die Grate und Wände schon gut erforscht waren, sann diese Seilschaft eine Rundtour um den Gipfelkopf des Horns aus.
Sie ging von der Hörnlihütte aus, gelangte zur Schulter des Hörnligrates, querte die E-Flanke über das Mummery-Band bis zur Schulter von Furggen und stieg dann über den schwierigen Teil des Furggengrates (R. 1108) auf, bis sie in der S-Wand zum Col Félicité queren konnte. Über die Galerie Carrel der W-Flanke erreichte sie den Zmuttgrat (siehe R. 1110a und 1110b).
Schliesslich querte sie noch die N-Wand (sehr schwierig, da vereist) und schloss den Kreis auf dem Hörnligrat nach 6 Std.
Von dort stieg die Seilschaft zum Gipfel auf und über den Liongrat ab und erreichte gleichentags am Abend Breuil.

Furgggrat

Am Fuss des Furggengrates beginnt der *Furgggrat*, der die Grenze zwischen der Schweiz und Italien und die Wasserscheide zwischen dem *Furgggletscher* und dem *Gh. della Forca* bildet. Der Name wurde wahrscheinlich vom ältesten und bekanntesten Übergang des Furgggrates, dem Furggjoch, auf den ganzen Grat bis zum Theodulhorn übertragen. Der Furgggrat wird manchmal in seiner ganzen Länge vom Breuiljoch (3323 m) bis zum Theodulpass (3301 m), oder umgekehrt, begangen. Hübsche Gratwanderung ohne Schwierigkeiten, für die man 3–4 Std. rechnet; stellenweise schöne Ausblicke. Man folgt mehr oder weniger dem Grat.
Mit Ausnahme der beiden viel begangenen Übergänge des Breuiljochs und des Furggjochs ist der Grat touristisch wenig interessant. Die beiden Übergänge sind in der alpinen Literatur so hartnäckig verwechselt worden, dass die ersten touristischen Überschreitungen nicht sicher auszumachen sind.
Von Breuil führt eine Luftseilbahn mit Zwischenstation in Plan Maison zu P. 3491 (Stazione del Furggen) des Furgggrates.

Breuiljoch oder Colle del Breuil, 3323 m

Zwischen dem Matterhorn und dem Furgggrat; von Breuil nach Zermatt (Schwarzsee).
Bester Übergang von der Hörnlihütte (3260 m) zum Furggengrat oder zum Liongrat (siehe R. 1112). Von den zwei Einsenkungen befindet sich die eine direkt am Fuss des Furggengrates (ca. 3440 m), während der richtige Übergang ca. 200 m weiter im SE liegt.
Ca. 100 m nordwestlich des Passes steht das Biwak Bossi.

1138 *Über die NE-Seite (von der Hörnlihütte)*

L Von der Hörnlihütte, 50 Min. Abb. S. 555

Von der Hörnlihütte (3260 m) steigt man über Schutt südwärts ab, geht an der Wasserfassung vorbei und quert dann den Furgggletscher gegen SW auf einer Gletscherterrasse, zwischen zwei Spaltenzonen, am Fuss des Matterhorns (auf ca. 3240 m). Dann steigt man in schräger Richtung über einen Schneehang oder die leichten Felsen zur Linken auf das Joch.

1139 *Über die NE-Seite (vom Schwarzsee)*

WS Vom Schwarzsee zum Joch, 2½ Std. Abb. S. 555

Vom Schwarzsee (2583 m, Station der Luftseilbahn Zermatt–Schwarzsee mit Zwischenstation in Furi) folgt man R. 16 der Hörnlihütte (3260 m) bis zur Stelle, wo der Weg nach rechts abbiegt und zum Hirligrat (△ 2888,7 m) aufsteigt. Man wendet sich nach links und erreicht über P. 2747 und die Moränen den Furgggletscher, über den man emporsteigt (Spalten unter dem Joch). Am Fuss des Jochs trifft man auf R. 1138.

1140 *Über den SE-Grat (von der Stazione del Furggen)*

L Von der Stazione del Furggen, 1¼ Std.
Abb. S. 555

Von der Stazione del Furggen (3491 m) der Luftseilbahn Breuil–Cresta di Furggen (mit Zwischenstation in Plan Maison, 2548 m), folgt man dem leichten, schneeigen Grenzgrat Richtung NW. P. 3355 wird links umgangen oder überschritten, dann steigt man auf das Furggjoch (3271 m) ab. Von dort steigt man über einen felsigen, ca. 50 m hohen Gratabsatz, «la Madonnina», der mit Haken und fixem Seil gesichert ist. Vom rötlichen Felskopf P. 3348,6 führen Wegspuren (Steindauben) zum Joch.

1141 *Über die W-Seite (von der Station Plan Maison)*

L Von Plan Maison zum Joch, 2½ Std.

Von der Station Plan Maison (2548 m) der Luftseilbahnen Plateau Rosa und Cresta di Furggen erreicht man durch einen weglosen Flankenmarsch R. 1142 bei den mächtigen Blöcken.

1142 *Über die SW-Seite (von Breuil)*

L Von Breuil zum Joch, 4¼ Std.

Von Breuil (2006 m) führt eine Fahrstrasse zum Albergo Pirovano (2095 m), früher Albergo Monte Cervino. Ein Pfad führt links im grasigen Tal des Torrente Cervino nach Pré du Veau (2285 m). Man geht hoch am Talhang weiter und quert ein riesiges Gras- und Geröllbecken (mächtige Blöcke), wo sich der Weg verliert. Man erreicht die erste lange linke Seitenmoräne des Gh. della Forca. Über das Weglein auf dem Moränenkamm und über Moränenschutt steigt man zum Gletscher, dem man bis unter den Pass folgt. Dort stösst man auf R. 1143.

1143 *Über die SW-Seite (vom Rifugio Duca degli Abruzzi)*

L Vom Rifugio Duca degli Abruzzi, 2 Std.
Abb. S. 561

Vom Rifugio Duca degli Abruzzi (Rifugio Lo Riondè, 2802 m) folgt man R. 1122 des Matterhorns bis zum Gh. inferiore del Cervino. Unter den riesigen Felsmassen des Matterhorns steigt man Richtung NE über den Gletscher empor zum Fuss des Jochs. Man kann nun

a) über Geröll schräg nach rechts aufsteigen, unter dem charakteristischen, hellen Felsband durch, und so den Grat erreichen;
b) links über ein kleines Gletscherchen aufsteigen, über ein paar Felsen (eine Stelle II) empor und dann schräg nach rechts über Schnee und Schutt das Biwak Bossi und das Joch erreichen.

1144 *Über die SW-Seite (vom Rifugio Jean Antoine Carrel)*

L Vom Rifugio Jean Antoine Carrel, 3 Std.
Abb. S. 560

Vom Rifugio Jean Antoine Carrel (3829 m) steigt man auf dem Hüttenweg (R. 58) zur Croce di Carrel (2920 m) ab. Von dort

geht man zum Gh. inferiore del Cervino hinüber und trifft auf R. 1122, dann auf R. 1143, die vom Rifugio Duca degli Abruzzi (Rifugio Lo Riondè) herkommt.
Siehe auch R. 1112.

Furggjoch oder Colle di Furggen, 3271 m

Zwischen P. 3348,6 und P. 3355 des Furgggrats; von Breuil nach Zermatt (Schwarzsee).
Tiefste Senke im Furgggrat; von alters her bekannter Übergang.

1145 *Über die E-Seite (von der Hörnlihütte)*

Beste Route, wenn der Schneehang gut verfirnt ist.

L Von der Hörnlihütte, 1¼ Std. Abb. S. 555

Von der Hörnlihütte (3260 m) folgt man R. 1138 des Breuiljochs bis zum Fuss dieses Jochs, wendet sich dann nach links und quert einen ziemlich steilen Schneehang, direkt unter einem rötlichen Felskopf (3348,6 m) durch. Man erreicht den Grat und steigt auf den Pass ab.

1146 *Über die E-Seite (vom Schwarzsee)*

L Vom Schwarzsee, 2½ Std. Abb. S. 555

Vom Schwarzsee (2583 m) folgt man R. 1139 des Breuiljochs bis auf ca. 2900 m und erreicht den Fuss (2972 m) der Felsrippe, die nördlich von P. 3355 herunterkommt. Über das Firnfeld östlich der Rippe empor. Über ein charakteristisches Band gelangt man nach rechts auf die Rippe zurück. Hier findet man ein kurviges, aber deutliches Weglein durch Felsen und Geröll. Sobald als möglich verlässt man die Rippe, quert den Firn nach rechts und erreicht schräg ansteigend den Pass.

1147 *Über die W-Seite (von Breuil)*

L Von Breuil zum Joch, 4¼ Std.

Von Breuil (2006 m) folgt man R. 1142 des Breuiljochs bis unter das Joch. Man trifft hier auf R. 1148 und folgt ihr.
Von der Station Plan Maison (2548 m) der Luftseilbahnen Plateau Rosa und Cresta di Furggen geht man auf R. 1141 des Breuiljochs bis zu den mächtigen Blöcken, wo man auf R. 1142 des Breuiljochs stösst.

1148 *Über die W-Seite (vom Rifugio Duca degli Abruzzi)*

L Vom Rifugio Duca degli Abruzzi, 2 Std.

Vom Rifugio Duca degli Abruzzi (Rifugio Lo Riondè, 2802 m) folgt man R. 1143 bis unter das Breuiljoch (3323 m). Man wendet sich nach rechts, geht am Fuss einer Felsrippe durch (3085 m) und erreicht das Joch über Schnee und Geröll.

1149 *Über die W-Seite (vom Rifugio Jean Antoine Carrel)*

L Vom Rifugio Jean Antoine Carrel, 3 Std.

Vom Rifugio Jean Antoine Carrel (3829 m) folgt man R. 1144 des Breuiljochs bis zum Fuss des Jochs, wo man auf R. 1148 stösst.

Über den SE-Grat (von der Stazione del Furggen)

Siehe R. 1140.

P. 3491, Stazione del Furggen oder Cima di Furggen

Höchster Punkt und wichtigster Gipfel des Furgggrats. Die Bergstation der Luftseilbahn Cresta di Furggen steht praktisch auf dem Gipfel. Die Bahn kommt von Breuil (2006 m) über die Zwischenstation Plan Maison (2548 m).

John Tyndall mit Jean-Joseph und Pierre Maquignaz, 24. Juli 1868.

Über den NW-Grat (vom Breuiljoch)

Siehe R. 1140.

1150 *Über den ESE-Grat*

L Vom Schwarzseejoch, 1½ Std.

Vom Schwarzseejoch (3351 m, ohne Namen auf der LK) folgt man dem grösstenteils schneeigen Grat, der auch noch einige Felsen aufweist, zum Gipfel.

1151 *Über den SW-Sporn*

Alfonso Caracciolo, Mario Serantoni mit Gino Gandolfo, Anfang August 1948. Vermutlich wurde die Route schon früher von Bruno Bich und Gino Gandolfo begangen.

Man kann die Route von der Station Plan Maison aus sehen. Sie ist nicht interessant.

S Vom Fuss, 2–3 Std.

Man überwindet die erste sehr steile und steinschlägige Felsbastion (2 H, ziemlich guter Fels) und gelangt auf ein horizontales Band. Über weniger steile, aber auch weniger feste Felsen weiter bis zum verschneiten Teilstück, das man direkt durch Couloirs ersteigt. Den letzten Aufschwung erklettert man in schwierigen, losen Felsen (2 H) und durch eine Verschneidung (1 H), die direkt zum Gipfel führt.

1152 *Über die W-Seite*

Dieser Weg führt durch ein Winter- und Frühlings-Skigebiet.

L Von Plan Maison, 2¾ Std.

Von der Station Plan Maison (2548 m) der Luftseilbahnen Plateau Rosa und Cresta di Furggen folgt man R. 1141 und 1142 des Breuiljochs bis zum höchsten Punkt der langen Moräne. Dann wendet man sich nach rechts (SE) und steigt über den Gh. della Forca oder Geröll und Felsen an seinem linken (S) Ufer auf. Zuletzt steigt man gegen links zum Grenzgrat, über den man bald die Bergstation und den Gipfel erreicht.

Schwarzseejoch, 3351 m

Ohne Namen auf der LK.

Zwischen P. 3941 (Stazione del Furggen) und dem Furgghorn: Es handelt sich zwar um einen Pass, der aber nie benützt wird. Die S-Seite besteht aus einer steilen Felswand, die N-Seite aus einem oft vereisten (Firn)Hang. Deshalb vermeidet man diesen Übergang auf alle Fälle.

Friedrich Schrempp mit J.B. und Anselme Maquignaz, 3. August 1899.

Furgghorn oder Cima del Breuil, △ 3466,6 m

Kleiner Schneehügel, auf dem sich ein Felsdaumen mit einem Eisenkreuz befindet.

1153 *Über den SE-Grat*

L Vom Furggsattel, 20 Min.

Vom Furggsattel (3351 m) ersteigbar über den Schneehang.

1154 *Über den W-Grat*

L Von der Stazione del Furggen, ¾ Std.

Von der Stazione del Furggen (3491 m) folgt man dem zuerst felsigen, dann schneeigen Grat zum Schwarzseejoch (3351 m, ohne Namen auf der LK) hinunter. Von dort führt ein Schneegrat zum Gipfel.

Furggsattel, 3351 m

Zwischen dem Furgghorn und dem Theodulhorn; vom Oberen Theodulgletscher (Trockener Steg, Gandegg) zum Theodulpass (Rifugio del Teodulo).
Auf der NE-Seite führt ein Skilift in diesen Sattel.

1155 *Über die NE-Seite*

L Von Gandegg, 1½ Std.
Von Trockener Steg, 2 Std.

Von Trockener Steg (2939 m), Zwischenstation der Luftseilbahn Zermatt–Klein Matterhorn, oder von Gandegg (3029 m) steigt man über den Firn (einige Spalten) des Oberen Theodulgletschers zum Pass.

1156 *Über die SE-Seite*

L Vom Rifugio del Teodulo, ¾ Std.

Vom Rifugio del Teodulo (3317 m) steigt man Richtung NW über den Firn und erreicht den Pass über einige Felsen.

Theodulhorn oder Corno del Teodulo, 3468,6 m

Erste touristische Besteigung: H.B. de Saussure mit Joseph-Marie Couttet, 14. August 1792.

Dieser Aussichtspunkt wird oft besucht, sei es vom Rifugio del Teodulo aus oder bei der Überschreitung des Theodulpasses.

1157 *Über den S-Grat*

L Vom Rifugio del Teodulo, ¾ Std.

Vom Rifugio del Teodulo (3317 m) folgt man dem breiten Grat über Geröll, Schnee und Felsen und erreicht den höchsten Punkt über brüchige, gelbliche Felsen.

1158 *Über den NW-Rücken*

L Vom Furggsattel, ¼ Std.

Vom Furggsattel (3351 m) steigt man über den breiten Schneerücken.

KLETTERGELÄNDE

Im Wallis, dem Eldorado der Alpinisten, hat nun auch die Sportkletterei hohen Niveaus Einzug gehalten. Die Kletterer haben zahlreiche Felsen und Wände ausfindig gemacht und ausgerüstet, um zu trainieren und ihre Klettertechnik bis ins Letzte auszufeilen.
Die Klettergebiete sind verstreut und befinden sich in verschiedenen Höhenlagen, weshalb ihre Benützung saisonabhängig ist. Wir führen diese Klettereien in einem gesonderten Kapitel auf, weil sie für ein Publikum bestimmt sind, das sich nicht unbedingt für das Hochgebirge interessiert. Auch beim Bergsteigen ist eine Art Spezialisierung zu beobachten, und viele Kletterer finden ihr Glück bereits im Klettergarten.
Der SAC steht auch diesen Aktivitäten positiv gegenüber und bemüht sich, die Interessierten möglichst vollständig und genau über den aktuellen Stand der Klettergebiete zu informieren. Auch Sportkletterer haben das Bedürfnis, sich immer wieder zu übertreffen, und sie diskutieren leidenschaftlich gern über Schwierigkeitsgrade: Die Bewertungsskala ist auch bereits erweitert worden. Über die in diesem Kapitel angegebenen Bewertungen (denen das UIAA-System zugrunde liegt) wird natürlich auch nie völlige Einigkeit herrschen! – Mehrere Autoren haben vor einiger Zeit begonnen, diese Art von Klettereien zu beschreiben, im besonderen Lucien Abbet, und neuerdings auch Eric Blanc und Dominique Lugon, und langsam gewinnt man einen gewissen Überblick. Das Klettergelände bietet den jüngeren Kletterern die wertvolle Möglichkeit, ihren Tatendrang auszuleben.
Grundlagen für die Beschreibungen in diesem Kapitel lieferten persönliche Erkundigungen bei Mitarbeitern (hier ist besonders Michel Siegenthaler zu nennen), ferner bereits in der früheren Ausgabe des Walliser Clubführers beschriebene Kletterrouten und technische Skizzen, die bei den Kletterern im Umlauf sind. Daneben sind auch zwei Skizzen dem Kletterführer «Escalades en Valais» von Blanc und Lugon, der von der Sektion Monte Rosa des SAC finanziert wurde, entnommen.
Dieser Führer bietet eine fast vollständige Beschreibung der Klettermöglichkeiten im Wallis (entsprechende Kapitel findet

man auch z.B. im Führer «Alpes et Préalpes Vaudoises»). Man wird feststellen, dass das Klettern im Wallis ein ebenso hohes Niveau erreicht hat wie anderswo und dass man den wichtigen Schritt vom traditionellen, auf das Hochgebirge ausgerichteten Klettern zum spezialisierten, technisch ausgefeilten Sportklettern hat machen können.

Dieses Kapitel liefert Beschreibungen für eine bestimmte Art des Bergsteigens, will aber nicht über Wert oder Unwert urteilen. Wichtig ist, dass jeder auf seine Weise glücklich wird und dabei die Bedürfnisse und den Geschmack des andern respektiert.

Wahre Kameradschaft führt auch dazu, dass man seine Entdekkungen andern mitteilt. Es wäre unser Wunsch, dass die Sportkletterer vertrauensvoll mit dem SAC zusammenarbeiten und ihm neue Routen bekanntgeben würden. Ein neu entdecktes Klettergelände kann ja doch nicht lange geheimgehalten werden, und es ist viel freundschaftlicher, andere auch teilhaben zu lassen und sich nicht selber zu einem engstirnigen, verschlossenen Aussenseiter zu machen. Überdies verteilen sich die Kletterer natürlich viel besser, wenn ihnen zahlreiche Klettergebiete bekannt sind.

Wir erinnern daran, dass grösstmögliche Rücksicht auf die Umgebung selbstverständlich sein muss, wenn man sich die Gebiete zur freien Benützung erhalten und nicht Kletterverbote riskieren will. Diskretion und Sauberkeit sind unerlässlich. Nicht selten liegen die Kletterfelsen auch in der Nähe von bewohnten Gebieten.

Vielleicht geben diese Routen, die nur für wenige Kletterer in Frage kommen, neben der Bestätigung der körperlichen Leistungsfähigkeit auch Anreiz, nicht nur auf der Schwierigkeitsskala, sondern auch in den Bergen noch höher aufzusteigen!

INHALT

Douves Rousses

Koordinaten: 604,70/94,12

Lage: LK Blatt 1347

Der Name bezeichnet den unteren Teil des Grates der Douves Blanches im W von P. 2629.

Zugang: Von Arolla (1956 m) folgt man R. 1 (Hüttenweg der Bertolhütte). Der obere Weg führt dem Fuss der Douves Rousses entlang; eine Stange markiert die Stelle. Vom Ende der Fahrstrasse ½ Std.

Schönes Gelände mit im allgemeinen kompaktem Fels, sehr geeignet als Kletterschule. Mehrere interessante, ausgerüstete Routen. Klemmkeile mitnehmen.

Abstieg siehe Skizze.

Route 1 Voie du pylône
S 270 m

Jean Blaise Fellay, Jacques Jenny, 18. Juli 1984.

Route 2 Voie du Centre alpin
SS– 270 m

Jean Blaise Fellay, Jacques Jenny, 6. August 1978.

Route 3 La Walligator
SS+ 270 m

Christopher Botfield, Eric Treboux, Michel Vasserot, 6. Juli 1983.

Route 4 Mémé Raegué
SS 270 m

Michel Siegenthaler, Juli 1981.

Route 4a Ausstiegsvariante
S+ 40 m

Michel Goy, Michel Vasserot, 7. Juli 1984.
Prächtige Verschneidung, die man vom zweitletzten Stand der Route 4 erreicht (20 m nach rechts queren, III+).

Route 5 La banane
SS 30 m

Michel Goy, Michel Vasserot, 8. Juli 1984.
Die Route führt durch die Mitte einer kleinen, bananenförmigen Wand an der Abstiegsroute. Schwierigkeit (V, A1).

Route 6 Dalle du Plan Bertol
SS 80 m

Robert Friedberger mit Michel Siegenthaler, August 1981.

La Maya

Koordinaten: 603,90/95,65

Lage: LK Blatt 1347

Diese Platten befinden sich ganz am Fuss der W-Flanke der Maya, im SE des Elektrizitätswerks 2008 m.

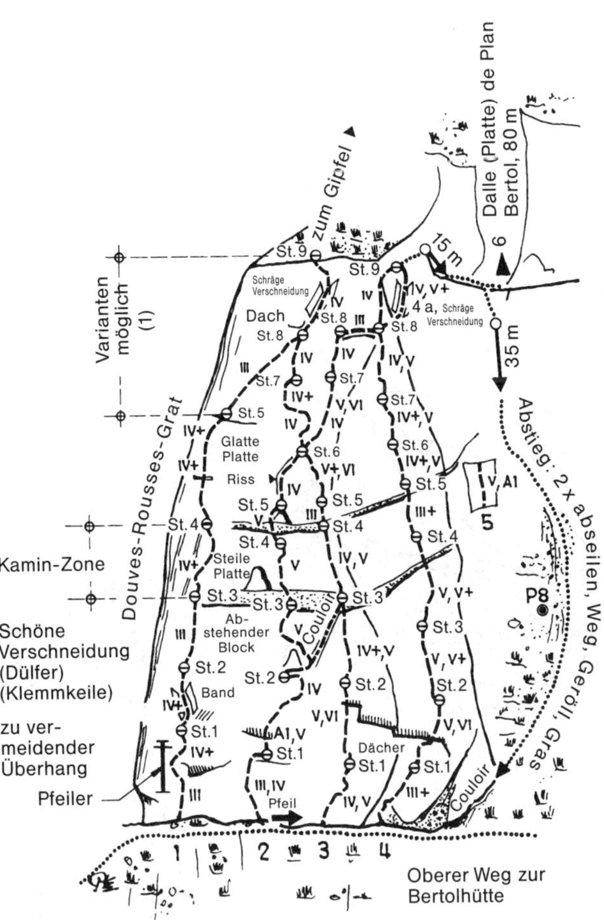

Douves Rousses

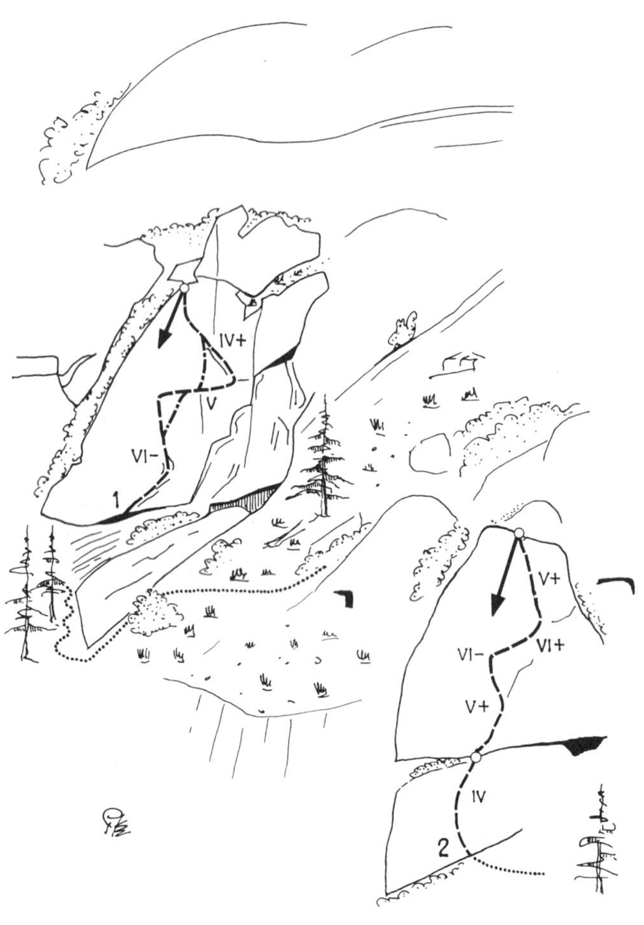

La Maya, linker Teil

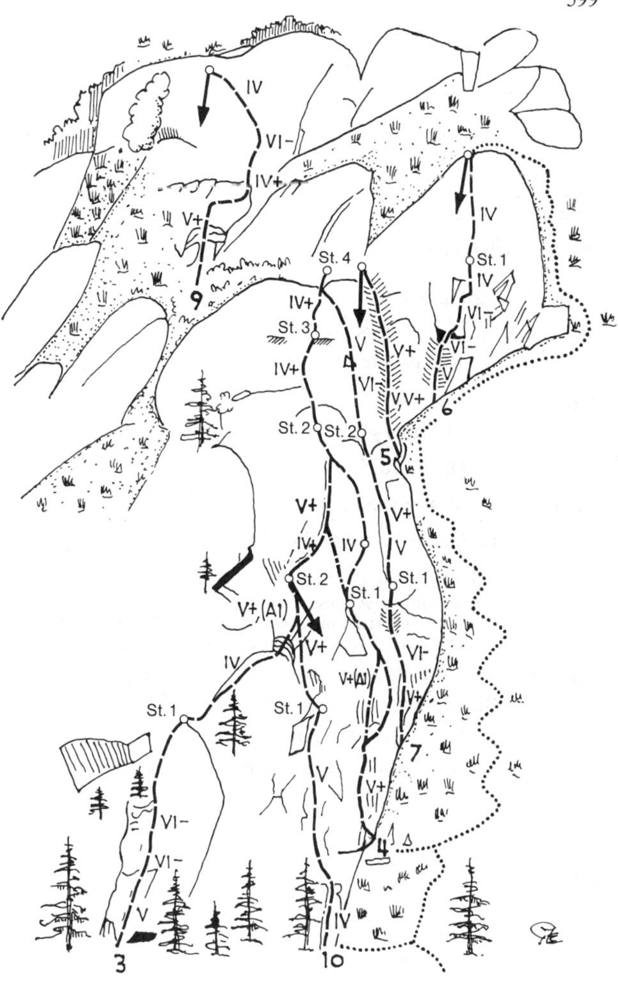

La Maya, rechter Teil

Zugang: Von Arolla (1956 m) folgt man der Fahrstrasse (Fahrverbot ab P. 1973 m) bis auf Höhe des Elektrizitätswerks 2008 m. Man überschreitet die Borgne (keine Brücke) und steigt auf einem Weg zu den Felsen auf. ¼ Std. vom Elektrizitätswerk.

Alle Routen sind ausgerüstet; die längsten sind 5 SL. Klemmkeile mitnehmen.

Abstieg siehe Skizze.

Route 1 La Paresse (Faulheit) **(SS)**

Route 2 La Finesse **(AS−)**
Germain Paratte, 25. August 1976

Route 3 La Délicatesse **(SS+)**

Route 4 La Maya **(S+)**

Route 5 Le Dièdre (die Verschneidung) **(SS)**

Route 6 La Migou **(SS)**

Route 7 La Chauve-Souris (die Fledermaus) **(SS)**

Route 8 Und so sprach Zarathustra **(SS)**
Michel Goy, 1. August 1984.
Die auf der Skizze nicht eingezeichnete Route beginnt wie Route 3, kreuzt Route 4 und erreicht das obere Band.

Route 9 Le Jardin botanique (der botanische Garten) **(SS)**
Germain Paratte, J. Weiss, 27. Juli 1985.

Route 10 Le Lézard (die Eidechse) **(SS)**
Germain Paratte, Jacques Perroud, 20. Juli 1986.

La Tour

Koordinaten: 605,30/104,85

Lage: LK Blatt 1327

Es handelt sich um die Felsen des P. 1465,6 südlich von La Tour.

Zugang: Man folgt der Strasse Evolène–Les Haudères bis zur Abzweigung 1402 m beim Weiler La Tour. Man parkiert in der Abzweigung oder am Strassenrand bei den Kletterfelsen.

Es handelt sich um eine kleine, ca. 15 m hohe Felsmauer mit einigen Wändchen und Dächern. Sie ist von den Führern des Val d'Hérens zum Teil etwas ausgerüstet worden.

Pilier Albert (Albert-Pfeiler), Rocs de Villa

Koordinaten: 604,66/107,25

Lage: LK Blatt 1327

Zugang: Von Evolène (1371 m) folgt man dem Fahrweg nördlich des Dorfes in zahlreichen Kurven Richtung Forêt des Planches. Man kann unter dem Pfeiler parkieren.

Wenn man von Les Haudères nach Evolène fährt, ist der Pfeiler von der Strasse aus gut sichtbar. Von den Führern des Val d'Hérens teilweise etwas ausgerüstet, bietet er Klettereien von (IV) bis (VI).

Le Pont

Koordinaten: 603,60/107,90

Lage: LK Blatt 1327

Es handelt sich um die Felswand südlich von P. 1509,4, bei der Brücke über den Torrent de Martémo.

Zugang: Man zweigt von der Strasse Praz Jean–Evolène vor der Brücke 1380 m ab und folgt einem Fahrweg bis zum Fuss der Felswand, wo man gute Parkplätze findet.

Durch die 80–100 m hohe Wand führen fünf ausgerüstete Routen, die hauptsächlich von André Georges und Michel Siegenthaler eröffnet wurden.

Route 1 Je pensais que (Ich dachte, dass), 50 m **(AS)**

Route 2 La danse du balai (Besentanz), 90 m **(AS)**

Route 3 La flèche (Der Pfeil), 45 m **(S+)**

Route 4 Fosbury, 90 m **(AS)**

Route 5 Ecureuil (Eichhörnchen), 100 m **(SS+)**

Les Crêts

Koordinaten: 608,35/113,85

Lage: LK Blatt 1307

Felsmassiv im NW der Bergstation Les Crêts des Sessellifts (Winterbetrieb) Grimentz–Bendolla–Les Crêts.

Zugang: Von Grimentz (1564 m) nimmt man den Sessellift (Sommerbetrieb) bis Bendolla (2112 m). Von dort auf der Fahrstrasse bis zur Bergstation Les Crêts, von wo ein Weg zum Fuss der Felsen führt.

Die Fahrstrasse Grimentz–Bendolla–Les Crêts ist nur für landwirtschaftliche Fahrzeuge offen.

Der kompakte, von Rissen durchzogene Felsgürtel ist an seinem Fuss mit 2420 m kotiert. Die ungefähr zwanzig markierten und ausgerüsteten Routen sind von Armand, Aurèle und Marcellin Salamin eröffnet worden. Höhen zwischen 15 und 35 m. Schwierigkeiten von (ZS) bis (SS+).

Klettergelände bei der Moiryhütte

Koordinaten: 612,15/104,40

Lage: LK Blatt 1327

Das Klettergebiet befindet sich in der näheren Umgebung der Moiryhütte.

Zugang: Siehe R. 7

Die Routenbeschreibungen findet man in der Hütte.

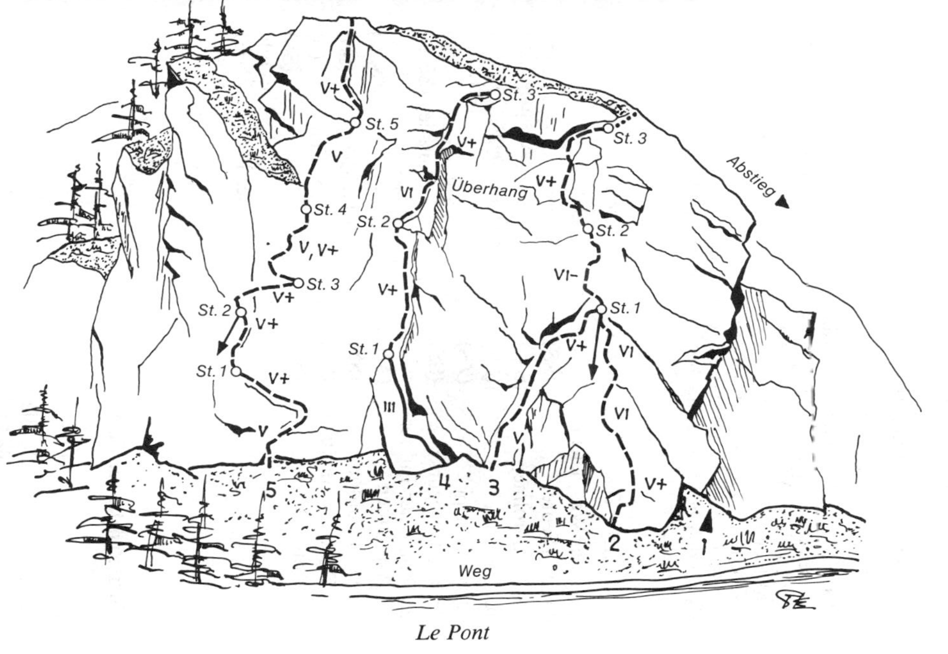
V+
St. 5
V
St. 4
V, V+
St. 3
V+
St. 2
V+
St. 1
V+
V
St. 3
V+
VI
St. 2
V+
St. 1
III
Überhang
St. 3
V+
St. 2
VI–
St. 1
V+
VI
VI
V+
V
Abstieg
5
4
3
2
1
Weg

Le Pont

Der Mammouth, 3215 m

Koordinaten: 616,85/101,50

Lage: LK Blatt 1327

Der Felsgrat Mammouth nördlich der Mountethütte hat eine fast senkrechte, 180–200 m hohe SE-Wand. Trotz der Höhenlage ist diese Wand als Kletterschule sehr geeignet. Seit 1970 sind hier veschiedene Routen eröffnet worden, zuerst von den Führern der Gegend mit ihren Gästen.
Die Routen sind ausgerüstet, rot markiert und numeriert.
Es handelt sich um das am höchsten gelegene Kletter-Übungsgebiet dieses Führers.

Unterer Teil

Nr.	Route	Schwierigkeit
0	Alter Weg, leicht	
1a	Le Dièdre	(SS)
1b	La Caroline	(S+)
1c	L'Arnica	(S+)
2a	Le Génépi	(ZS)
2b	Les Gerbeurs	(SS)
2c	Route der Führer-Aspiranten	(AS)
2d	Les Chardons	(SS)
3	Directe sommitale	(SS)
4	Route Alain	(SS)

Oberer Teil

Nr.	Route	Schwierigkeit
5	Les Dalles	(S)
6	L'Envol	(S) Ausstieg (SS)
7	La Dalle rouge	(S) (A1, Bh)
8	Les Surplombs	(S) Ausstieg (SS+)
8a	Les doigts dans le nez	(SS+)
9	Les Choucas	(SS)
10	Route der Führer	(S)
11	L'Araignée	(SS) Variante in der Platte (SS+)

Kletterblöcke bei Zinal

Koordinaten: 614,85/106,75

Lage: LK Blatt 1327

Die Blöcke befinden sich am Ende des Plat de la Lé (bevor der Weg nach Vichiesso ansteigt).

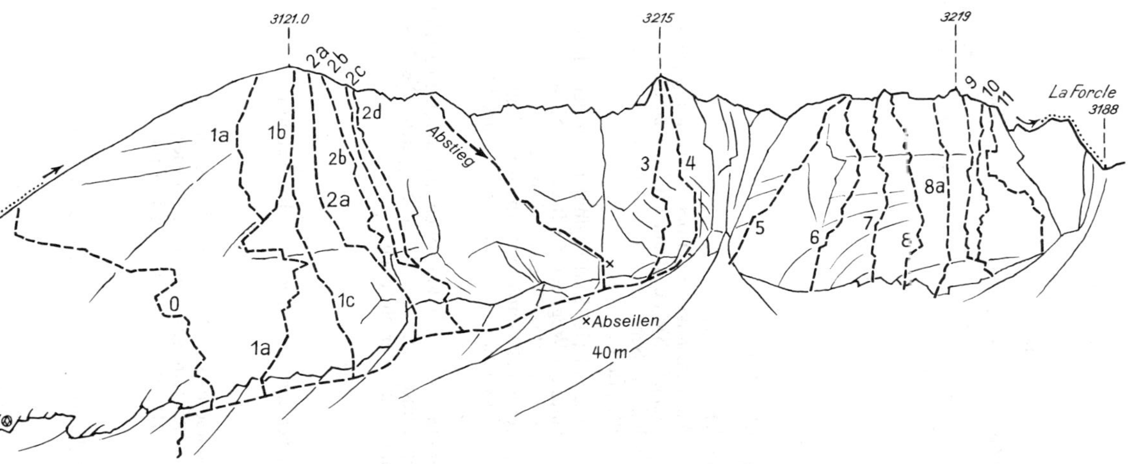

Mammouth, SE-Wand

Zugang: Von Zinal folgt man R. 8 (Hüttenweg der Mountethütte).

Es gibt zwei Gruppen von Blöcken, die eine südwestlich von P. 1723,5, die andere westlich der Brücke 1731 m. Die Klettereien (markiert) sind ziemlich abwechslungsreich. Einige Blöcke tragen eine Gipfelstange.

Belvédère Zinal

Koordinaten: 614,25/109,25

Lage: LK Blatt 1327

Auf dem linken Ufer der Navisence, gegenüber Zinal, im SW der Brücke 1653 m, erhebt sich ein Felsen. Schöner Aussichtspunkt, zu dem ein Weg führt.

Zugang: In Zinal (1675 m) beginnt neben dem Tennisplatz ein Weg, der zur Brücke 1653 m (Pont de la Barmettaz) über die Navisence führt. Nach der Brücke nimmt man die Abzweigung «Belvédère» und erreicht in ¼ Std. den Felsen (Barriere).

Dieser Kletterfelsen ist bis zu 30 m hoch und durch eine Kluft in einen unteren und einen oberen Teil gespalten. Die Ausrüstung der Routen ist unterschiedlich.

Unterer Teil

Hier befinden sich die meisten Routen. Exposition E und N.

E-Seite:

Hier gibt es mindestens fünf Routen, eine davon Kletterei mit künstlichen Hilfsmitteln, eine gemischt. Schwierigkeitsgrad der freien Kletterei (III) und (IV), der künstlichen (A1).

N-Seite:

Mindestens sechs Routen, freie Kletterei, (III) und (IV).

Oberer Teil

Hier befinden sich weniger Routen. Exposition S und E.

S-Seite:

Eine Route (mit Dach, dem man entlanggeht oder das man übersteigt).

E-Seite:

Eine Route mit Überhängen, schlecht ausgerüstet.
Man kann sicher auch durch die Kluft aufsteigen und zum höchsten Punkt des oberen Felsens aussteigen.

Paroi des Aigles (Adlerflüe)

Koordinaten: 614,10/109,30

Lage: LK Blatt 1327
Nordwestlich oberhalb des Belvédère befindet sich eine Felswand, in deren rechtem Teil eine Route verläuft.

Zugang: Von Zinal (1675 m) folgt man dem Weg zum Belvédère. Von dort führt ein weniger deutlicher Weg im Zickzack zum Beginn der Route hinauf. Von Zinal ½ Std.
Nach der Brücke 1653 m (Pont de la Barmettaz) kann man auch durch ein Couloir im Wald schräg gegen rechts aufsteigen.

Route 1

Diese Wand ist gelb und überhängend im oberen Teil und weist im unteren Teil dunklere Platten auf. Die Route ist 150 m lang, davon sind 70 m sehr schwierig. Sie ist ausgerüstet mit 15 H und 40 Hk. Schwierigkeit (III) im ersten Teil, (V, A1, A2) im oberen Teil, der sehr luftig ist.

Gabriel Melly, Georges Vianin, Oktober 1977.

SS Vom Wandfuss, 3–5 Std.

Man quert horizontal gegen rechts (10 m) und steigt dann gerade aufwärts zum Fuss der gelben Wand. Von dort quert man 40–50 m gegen rechts zu einem grossen Band, wo die Schwierigkeiten beginnen. Nach einigen Metern freier Kletterei ist ein kleiner Überhang zu überwinden (H, Hk). Dann folgt ein breiter Riss (man verwendet dicke Hk), von vier Überhängen (A1–A2) unterbrochen. Man gelangt zu einem Felsen (unbequemer Stand) und steigt dann im Riss weiter, über einen letzten, noch etwas schwierigeren Überhang (A2). Ausstieg in freier Kletterei.

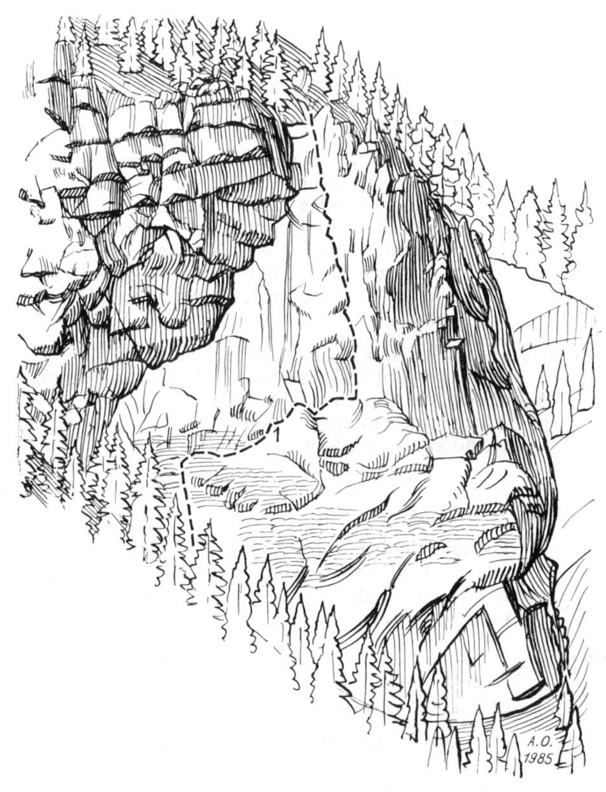

Paroi des Aigles / Adlerwand

Les Pontis

Koordinaten: 609,96/123,75

Lage: LK Blatt 1287

Die Routen liegen in den Felsen der SE-Wand von P. 1180,3.

Zugang: Auf der Strasse Niouc–Vissoie fährt man über Les Pontis (959 m) zur Haarnadelkurve 954 m. (Parkieren ev. in der Kurve selbst.) Von dort geht man im Talgrund im ausgetrockneten Bachbett Richtung NE. Nach ca. 200 m steigt man gegen links durch weniger dichte Vegetation und über eine steile Böschung zum Fuss der Felswand.

Der linke Teil der Wand besteht aus gelblichem Fels. Hier ist ein Seil über das Tal gespannt. Den rechten Teil bildet eine schöne, graue, teilweise glatte Kalkmauer.
Für den Abstieg seilt man ab.
Routen 3–6 sind gut ausgerüstet.

Von links nach rechts:

Route 1 Diese Route liegt links einer grossen Verschneidung (Couloir), die in der Mitte rechts von einem Band begrenzt wird, das in eine Grotte ausläuft.

Eröffnet von Hubert Bruchez.

Route 2 Die Route folgt der Verschneidung (Couloir). Höhe 90 m **(SS)** mit **(A1)**.

Eröffnet von Dominique Praz.

Route 3 «Vol du Grand Corbeau» (Flug des grossen Raben). 90 m **(SS+)**.

Armand, Aurèle und Marcellin Salamin.

Route 4 «Les Fourmis» (Die Ameisen), 80 m **(S+)**. Ca. 50 m rechts von Route 3.

Armand, Aurèle und Marcellin Salamin.

Route 5 «La Momie» (Die Mumie), 35 m **(SS+)**. Ca. 80 m rechts von Route 4.

Armand, Aurèle und Marcellin Salamin.

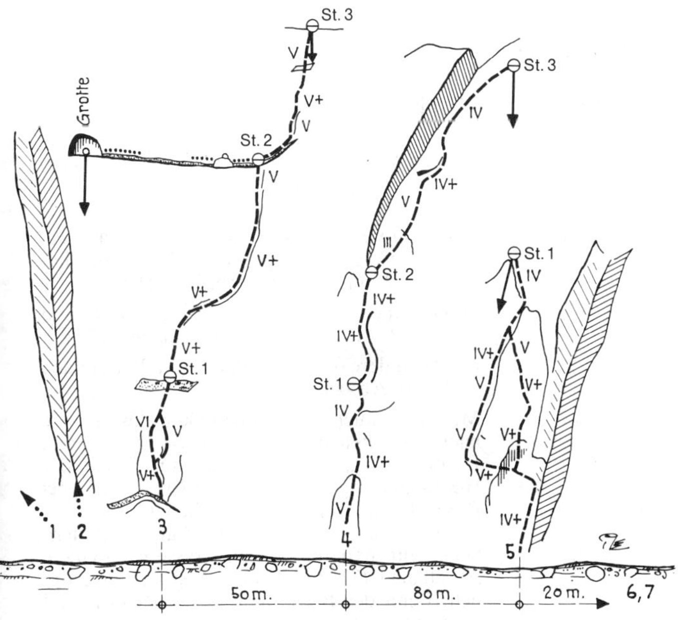

Les Pontis

Route 6 «Court mais beau» (Kurz, aber schön), 25 m **(SS)**.
Ca. 20 m rechts von Route 5.
Armand, Aurèle und Marcellin Salamin.

Route 7 «La Daille», 25 m **(S)**.
Ca. 20 m rechts von Route 6.
Armand, Aurèle und Marcellin Salamin.

Gorwetschgrat

Koordinaten: 613,95/126,60

Lage: LK Blatt 1287

Auf der N-Seite des Gorwetschgrates, in der Fallinie von P. 1495,6, befindet sich eine zum Klettern geeignete Felszone.

Zugang: Man geht von der Strasse Sierre–Susten aus, ca. 350 m westlich der Illgraben-Brücke. Hier hat man die Wahl zwischen zwei Forststrassen:

a) Die eine führt an einem Sender vorbei und über P. 727 nach Obere Abschlacht (737 m).

b) Die andere führt über P. 646 und P. 661 nach Obere Abschlacht (737 m).

Man kann auch von Susten (630 m) die Strasse nach Pletschen nehmen, beim Sportplatz und Rufilji vorbei. Man parkiert auf Höhe der Hochspannungsleitung, vor der Abzweigung bei P. 828,1. Hier ist der Illgraben in der Nähe eines Rinnsals gut zu überqueren. Auf der andern Seite trifft man auf die Fahrstrasse nach Obere Abschlacht (737 m). Dieser Weg ist nur möglich, wenn der Bach wenig Wasser führt, und wird, wenn es regnet, schnell unpassierbar.
Von Obere Abschlacht führt ein undeutlicher Weg im Wald Richtung SW. Er quert eine steinige Schlucht und führt zum Fuss des Pfeilers.

N.B. Der Zugang von Pfyn (565 m) ist nicht mehr möglich. Die Strasse ist gesperrt, und durch die Gebäude unter der Strasse darf man auch nicht gehen.

Abstieg: Man steigt mit Vorteil über Route 1 ab. Man kann 5mal 40 m abseilen, gemäss Skizze; bei einer Seillänge von mindestens 46 m seilt man 4mal ab. Es ist möglich, aber nicht empfehlenswert, jeweils nur 30 m abzuseilen.

Am Fuss des Pilier de Finges befinden sich kleinere Übungsfelsen mit Bohrhaken.

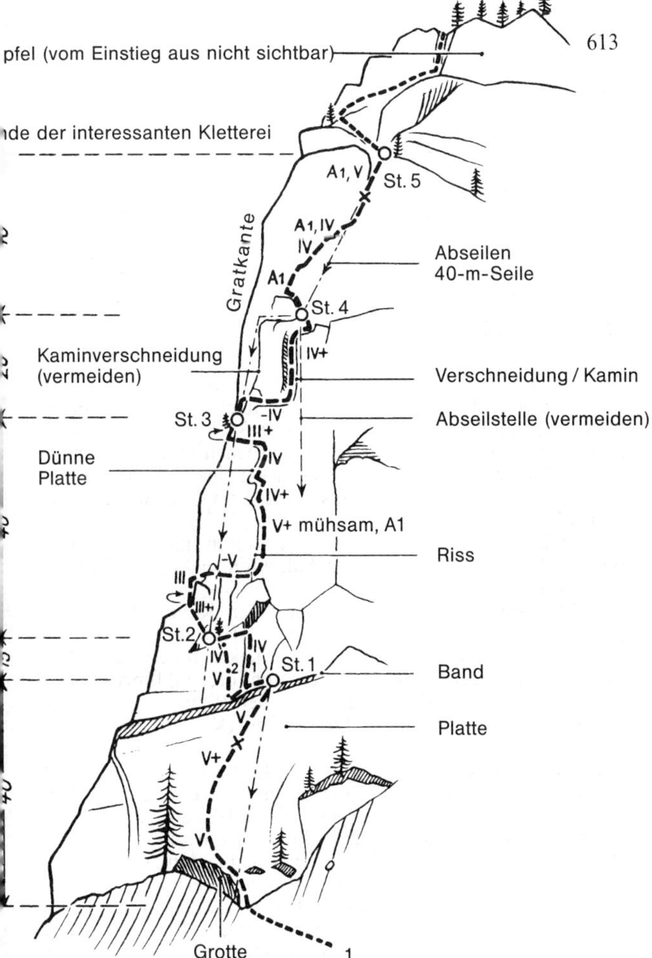

Feste Stifte zum Abseilen (zwei 30-m-Seile)

ıB. 30 m Abseilen nicht empfehlenswert (Schlingenstand x)

Gorwetschgrat, Route 1

Route 1 (Pilier de Finges)

Fernand Baud, Rolf Roth, 1968.

In der Fallinie von P. 1495,6 steigt ein Pfeiler an, der auf ca. 200 m eine interessante Kletterei bietet. Von der Oberen Abschlacht (737 m) aus ist er gut sichtbar. Er mündet nicht auf den Grat. Nach der Kletterei kann man entweder über den Pfeiler abseilen oder noch bis zum höchsten Punkt aufsteigen, was wenig interessant ist, weil die letzten 50 m überwachsen sind. Der Fels ist im allgemeinen auf dem ganzen Pfeiler gut, die Kletterei anstrengend und ausgesetzt. Sind andere Seilschaften am Klettern, achte man auf Steinschlag.

SS Vom Fuss, 3½ Std.
Abstieg: 1½ Std.

Einstieg rechts einer deutlichen Grotte. Durch einen bogenförmigen Riss erklettert man von links nach rechts eine Platte (40 m, V, mit Stellen V+, 9 H, 1 Stift St. 1 (Stift) auf gutem, geneigtem Band. Von St. 1 steigt man gegen links leicht ab (8 m).
1. Mit Dülfertechnik erklettert man 10 m eine auffällige, dünne Platte (IV) und quert nach links zu St. 2 im Grunde eines Kamins (Stift).
2. Man klettert 3 m weiter links als (1.) durch einen breiten Riss (Hk, V, dann IV) 8 m empor und hält dann leicht gegen links zu St. 2 (Stift).
Von St. 2 steigt man gegen links auf den Kamm des Sporns (III+, 1 H), dann auf dem Kamm selbst (III) weiter, bis man auf die kompakte Felsmauer stösst. Eine heikle, horizontale Querung von 3 m gegen rechts (V–, Reepschnürchen) führt zu einer kleinen Terrasse am Fuss eines gebogenen Risses, den man von rechts nach links auf 7 m direkt erklettert (V+, mühsam, dann A1, 3 H).
Man hangelt 4 m nach links (IV+, 2 H) und klettert 8 m direkt aufwärts über eine dünne Platte (IV, ausgesetzt, schöne, athletische Stelle). Man quert 3 m gegen links (III+) und steigt durch ein leichtes, gerölliges Couloir zu St. 3 (Strauch mit H).
Nach St. 3 vermeidet man die Kaminverschneidung rechts oberhalb (1 H, vom St. aus nicht sichtbar) und quert über wacklige Blöcke (IV–) horizontal nach rechts (3 m ausgesetzt, 2 H) zum Fuss einer kleinen Verschneidung, die man direkt erklettert (IV+, 1 Hk, 2 H). Man steigt rechts aus und geht 2 m nach links zurück zu St. 4 (Stift).
Von St. 4 auf einer Stufe gegen links zu den ersten Haken der künstlichen Kletterei. Man schiebt sich 8 m vorwärts, richtet sich heikel wieder ein (IV), quert 2 m gegen rechts und folgt den Haken bis zum Beginn eines Risses. Gesamthaft (A1, IV) auf

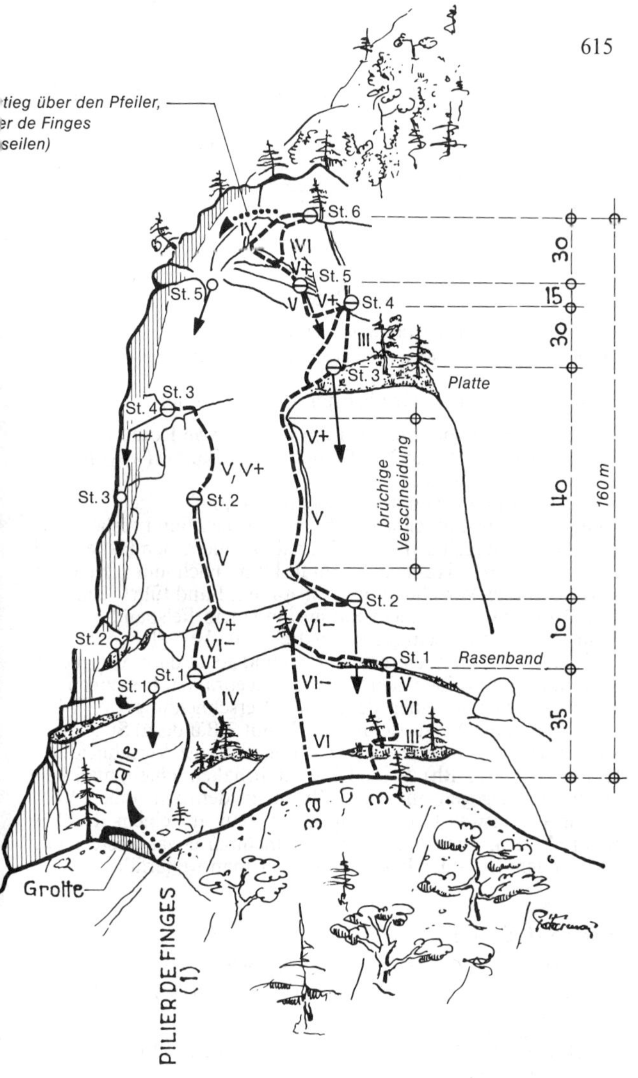

Gorwetschgrat, Routen 2, 3, 3a

15 m. Man erklettert den Riss bis zu seinem Ende (15 m, A1, V). Für die ganze SL 7–8 Bh, 5–6 H, 1 Stift). St. 5 befindet sich am Ende des Risses, der zu einer Verschneidung wird.
Hier hört die interessante Kletterei auf. Wer noch höher hinauf will, hält gegen links auf eine wenig auffällige Föhre zu und steigt dann durch eine offene Verschneidung zum höchsten Punkt auf. Dieser letzte Teil ist nur teilweise ausgerüstet.

Route 2 (Route Jean Daniel Pitteloud)

J.D. Pitteloud mit Kameraden, ca. 1980.
Die Route ist 95 m hoch und mündet dann in Route 1 ein.

SS+ Vom Fuss zum höchsten Punkt, 3½ Std.

Der Einstieg befindet sich ca. 15 m westlich von Route 1 und ca. 20 m östlich von Route 3, auf Höhe zweier Bäume (wovon einer ein Zwillingsbaum ist).
Man steigt durch einen deutlichen, halbmondförmigen Riss von rechts nach links, bis er sich in einem grasigen Band verliert, das von links nach rechts ansteigt. Man findet hier einen Haken und quert auf dieser Höhe horizontal 1,5 m nach links zu einer kurzen Kamin-Verschneidung, die auf ein Band führt (2 m, IV, 2 H, 2 Bh). St. 1 bei einem Baum und einem Felsband.
Man ersteigt eine senkrechte Platte (4 m, VI, VI– oder A1, 3 Bh), quert 1,5 m nach rechts (V+) und steigt dann von rechts nach links durch einen zuerst wenig ausgeprägten Riss zu einem Baum am Beginn einer deutlichen Verschneidung (V, 1 H). Nach 2 m in der Verschneidung (2 H mit 2 Bändern) St. 2. Nun klettert man 15 m durch die halbmondförmige Verschneidung hinauf (V, V+, 3 Bh). Beim dritten Bohrhaken schiebt man sich einen Schritt gegen links und übersteigt den 2 m hohen Vorsprung (IV, etwas lose). Dann quert man auf einem leichten Band (III) ca. 10 m gegen links, manchmal etwas absteigend, und erreicht St. 4 der Route 1, auf der man weiterfährt.

Route 3 (L'Ecolo)

Daniel Dischinger, Olivier Schallbetter, September 1983.
Die Standplätze sind ausgerüstet mit zwei Haken oder Bohrhaken mit Drahtschlinge.
Für die 5. und 6. SL sind Klemmkeile nützlich.
Unterhalb und bis St. 5 kann man für den Abstieg abseilen.
Von St. 6 aus nimmt man den Abstieg über Route 1.

SS+ Vom Fuss, 3½ Std.

1. Länge: Über eine Platte bis zu einem dürren Baum. St. 1. 7 H.

2. Länge: Man quert über das grasige Band zur Linken bis zu seinem Ende und überwindet dann einen Überhang (VI–, athletisch). St. 2, Baum 4 H.

3. Lange: Durch eine lange (45 m Seil), zu Beginn etwas brüchige Verschneidung bis zu einem grossen Band. St. 3. 9 H.

4. Länge: Man steigt bis zum Fuss eines Kamins auf (etwas lose). St. 4 auf einem gelben H und einem Spit. 3 H.

5. Länge: 4 m nach links queren und in ein schwärzliches Loch aufsteigen. St. 5. 1 H.

6. Länge: Man folgt 6 m einem Riss (Hangeltraverse, V+),
   a) dann ersteigt man einen Riss ganz direkt (VI);
   b) oder man umgeht den Riss links (IV). St. 6.

Route 3a (Voie Eve)

Daniel Dischinger, Olivier Schallbetter, 1983.

AS

Diese Variante (VI, VI–) vermeidet St. 1 der Route 3.

Klettergarten St. Niklaus

Koordinaten:	627,83/114,37
Lage:	LK Blatt 1308 Der Klettergarten befindet sich in den Felsen im WSW von P. 1208.
Zugang:	Vom Bahnhof St. Niklaus durch die Unterführung zum Weg nach Jungu, der an P. 1208 vorbeiführt, wo man den Beginn der Routen findet. Sie sind farbig markiert.

Klettergelände bei Visp

Koordinaten: 633,57/125,90 (Supertramp)
633,65/125,35 (Wyssi Flüe)

Lage: LK Blatt 1288

Im unteren Teil des Vispertals, auf der Höhe von Hohbrunne, befinden sich zwei Klettergebiete in den Felswänden der linken Talseite.

Supertramp

Zugang: Man zweigt von der Strasse Visp–Zeneggen beim Helbrigacher ab und folgt dem markierten Weg «Visp–Chatzuhüs» ca. 300 m bis zu einem auffälligen Stein. Links findet man ein Schild «Klettergarten». Man steigt links Richtung NE ohne Weg zur unteren Felswand ab und folgt ihrem Fuss gegen NNW bis zum Einstieg (markierter Riss).

Die 40 m hohe Route führt durch schönen, gelblichen, kompakten Fels. Zwei SL (V+); ein Sortiment Kk mitnehmen. Meinrad Bittel und Patrick Z'Brun, Mai 1981.

Wyssi Flüe

Die Routen führen durch die weisslichen Felsen des P. 1122,8.

Zugang: Man zweigt von der Strasse Visp–Zeneggen beim Helbrigacher ab und folgt dem markierten Weg «Visp–Chatzuhüs» ca. 300 m bis zu einem auffälligen Stein. Links findet man ein Schild «Klettergarten». Man steigt Richtung SE bis zur mittleren Felswand ab.

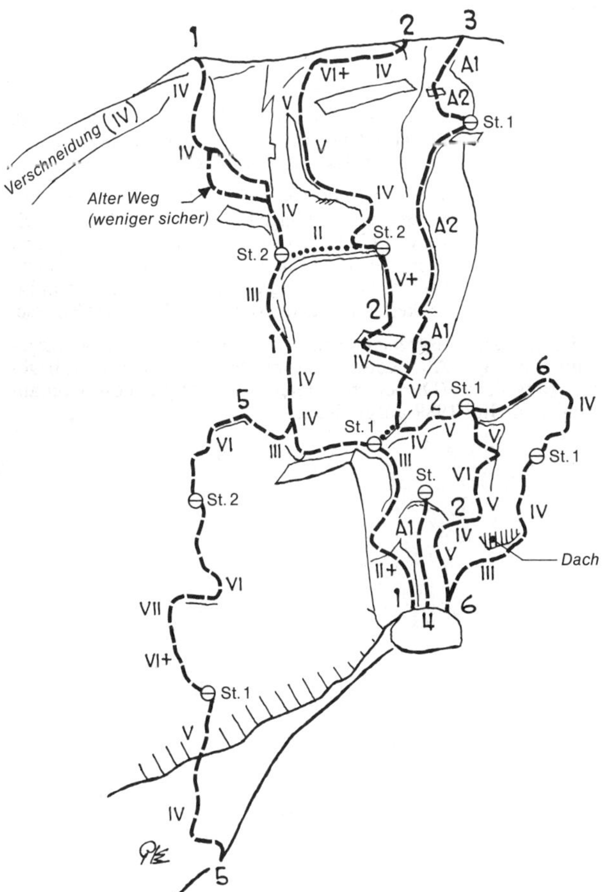

Wyssi Flüe

Felsen von Les Haudères

Koordinaten: 605,65/103,65

Lage: LK Blatt 1327

Es handelt sich um die Felsen über der Strasse Les Haudères–La Sage–La Forclaz bei der Abzweigung des Fusswegs nach La Forclaz.

Zugang: Von Les Haudères (1450 m) folgt man der Strasse nach La Sage bis jenseits der Haarnadelkurve 1473 m, wo die Strasse in den Wald führt. Hier zweigt der Fussweg von Les Haudères nach La Forclaz ab. Beschränkte Parkierungsmöglichkeiten etwas oberhalb, beidseits der Strasse.

Felswand aus ausgezeichnetem Gneis in wind- und wettergeschützter Lage. Alle Routen sind mit einem 50-m-Seil zu begehen (abseilen). (Die ersten Meter sind erdig.) Von Romain Vogler im Juli 1989 ausgerüstet.

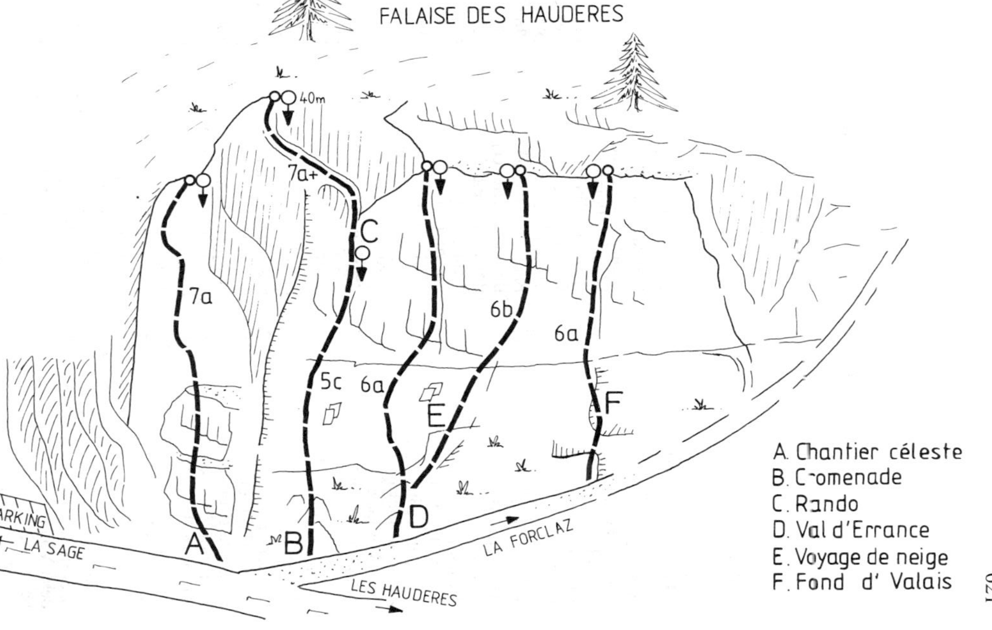

Kletterfelsen bei Les Haudères

ALPHABETISCHES VERZEICHNIS

Z

Landeskarten der Schweiz   Cartes nationales

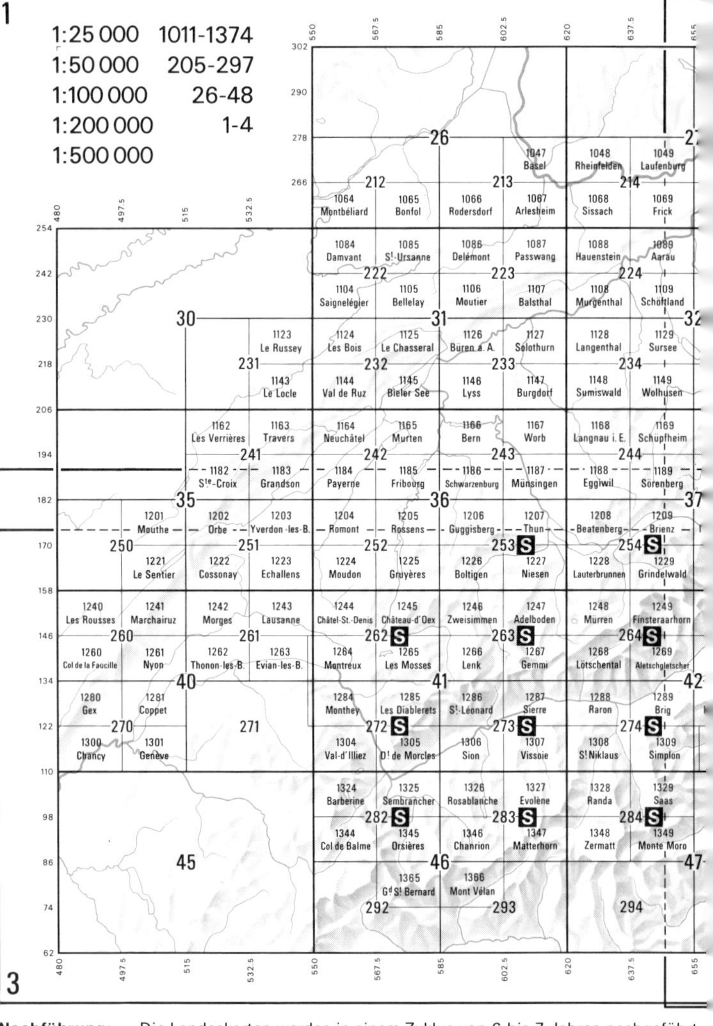

Nachführung: Die Landeskarten werden in einem Zyklus von 6 bis 7 Jahren nachgeführt. Die Jahrzahl auf der Karte bezeichnet das Datum der Flugaufnahme und ni

Mise à jour: Au cours d'un cycle de 6 à 7 ans les cartes nationales sont mise à jour. Le millésime figurant sur la carte désigne la date des prises de vues aérien

Aggiornamento: Le carte nazionali vengono aggiornate in un ciclo di 6 a 7 anni. La data indicata sulla carta si riferisce alle riprese aeree e non a quella di p